HERMENÉUTICA DEL ESPÍRITU

Leyendo las Escrituras a la luz de Pentecostés

Craig S. Keener

HERMENÉUTICA DEL ESPÍRITU

Leyendo las Escrituras a la luz de Pentecostés

Craig S. Keener

© 2017 Craig S. Keener
© 2017 Publicaciones Kerigma

Hermenéutica del Espíritu: Leyendo las Escrituras a la luz de Pentecostés
Publicado originalmente en inglés bajo el título:
Spirit Hermeneutics: Reading Scriptures at the ligth of Pentecost.
Wm. B. Eerdmans Publishing Co. 2140 Oak Industrial Drive N.E., Grand Rapids, Michigan 49505 www.eerdmans.com

Traducción al Español: Jorge Ostos
Revisión en Español: Jesús Escudero Nava

Salem Oregón, Estados Unidos
http://www.publicacioneskerigma.org

Todos los derechos son reservados. Por consiguiente: Se prohíbe la reproducción total o parcial de esta obra por cualquier medio de comunicación, sea este digital, audio, video escrito, salvo para citaciones en trabajos de carácter académico según los márgenes de la ley, o bajo el permiso escrito de Publicaciones Kerigma.

Diseño de Portada: Publicaciones Kerigma

Arte de portada: Tiziano Vecellio, Pentecost, 1545.

2017 Publicaciones Kerigma
Salem Oregón
All rights reserved
Pedidos: 971 304-1735
www.publicacioneskerigma.org
ISBN: 978-0-9989204-9-8
Impreso en Estados Unidos
Printed in United States

*A todos mis amigos académicos que valoran las obras del Espíritu,
incluyendo a todos mis colegas de Asbury, en especial al
Dr. Ben Witherington,
quien hace algunos años tomó a un joven académico bajo sus alas*

Contenido

Prólogo, por Amos Yong xv
Agradecimientos xx

Introducción 1
Lo Que Este Libro No Es 2
¿Qué es Hermenéutica del Espíritu? 3
   Perspectivas a partir del Énfasis Pentecostal dado al Espíritu 5
   Hermenéutica Pentecostal y Hermenéutica del Espíritu 7
   Lo "Pentecostal" dentro de la "Hermenéutica Pentecostal" 9
   ¿Descriptivo o Prescriptivo? 11
   Un Enfoque más Prescriptivo 12
La Amplia Hermenéutica Cristiana del Espíritu 14
   ¿Cómo funciona la Iluminación? 14
   La Amplia Tradición Cristiana Afirma la Iluminación 15
   El Consenso Interdenominacional 17
Mi Propio Trasfondo 19
   El Desarrollo de mi Propio Pensamiento 19
   Un Legado de los Eruditos Pentecostales 21

I. UNA LECTURA TEOLÓGICA HACIA LA PRÁCTICA Y LA MISIÓN 25

1. Leyendo Experiencialmente 27
Lectura Misionológica del Pentecostalismo Temprano de Hechos Dos 27
   Observando la Narrativa Bíblica para Obtener Modelos 28
   El Valor de la Lectura Devocional 31
Leer Bíblicamente es Leer Experiencialmente 32
   Un Enfoque Pentecostal 35
   La Lectura Experiencial en Otra Hermenéutica Carismática 38
   La Lectura Experiencial es Inevitable 39
   La Lectura Experiencial es Deseable 41
   La Lectura Experiencial es Bíblica 45
   Eventos Únicos 47

Conclusión 48

2. Leyendo desde el Punto de Vista del Pentecostés 49
Conociendo el Corazón de Dios 50
Leyendo de Manera Misional 53
Leyendo desde dentro de la Experiencia Espiritual 54
Leyendo con el Humilde 57
Una Lectura Escatológica 62
   En la Frontera de un Nuevo Mundo 62
   Los Últimos Días de Hechos 2:17 64
   El Pentecostés y Sus Avivamientos Posteriores 66
Lectura Continuista o No cesacionista 68
Conclusión 70

II. LECTURAS GLOBALES 73

3. Lectura Global: El Modelo Bíblico del Pentecostés 75
La Inversa de Babel 75
La Función Narrativa de las Lenguas en Hechos 77
La Asociación con el Bautismo en el Espíritu de la Interpretación Pentecostal Clásica 78
Las Lenguas y la Misión Intercultural 81
Los Helenistas Biculturales (Hechos 6) 84
Conclusión 85

4. Lectura Global: Contextualización y Escritura 87
Introducción: Escritura y Contexto 88
La Escritura como un Canon Intercultural 88
Perspectivas de la Escritura desde Distintas Culturas 90
La Comunicación Intercultural dentro de la Escritura: Un Caso de Estudio 91
Contextualización dentro de la Biblia 94
Recontextualización para un Nuevo Contexto en la Escritura 97
Conclusión 98

5. Necesitando Aporte de Otras Culturas 101
La Contextualización es Inevitable 101
La Cultura Forma lo que Pensamos que es Cultural 102
Puntos Ciegos 104

Priorizando Textos.. 105
Enseñanza Bíblica e Imperialismo Cultural 106
Escuchando a la Iglesia Global de Hoy 107
Una Breve Paréntesis sobre el Método 112
Conclusión 114

6. Algunas Perspectivas Valiosas de los Países en Desarrollo 117
Caso de Estudio I: Espíritus 117
Experiencias Globales con respecto a los Espíritus 118
Occidente Académico vs. Interpretaciones Indígenas 119
Brujería 121
Caso de Estudio II: Milagros 123
Simpatía vs. Antipatía 124
Amplias Experiencias 126
Leyendo los Milagros con la Iglesia Global 127
Desafiando el Escepticismo Occidental ante los Milagros 128
Conclusión 130

III. CONECCIÓN CON EL SENTIDO DISEÑADO 133

7. La Vara de Medir 135
La Forma de los Documentos Canónicos 135
Las Metas Interpretativas Condicionan los Métodos 136
Tradición Pentecostal y el Canon 138
Verdades Fundamentales 139
La Carismática Barra de Granola 141
El Propósito del Canon 142
Evaluando Otras Revelaciones 142
Discernimiento 145
El Espíritu Bíblico, Biblia Inspirada en el Espíritu 148
Respetar las Escrituras Requiere Respetar el Primer Sentido Inspirado 148
Espontaneidad No Es Lo Mismo Que Inspiración 149
El Espíritu Da el Don de la Enseñanza 151
Un Círculo Hermenéutico 152
Principios Básicos 153
La Nueva Dinámica 154
Conclusión 155

8. ¿Importan los Significados Antiguos? 157
    ¿Hermenéutica Pentecostal Posmoderna? 157
    ¿Cualquier interpretación es tan buena como cualquier otra? 159
    ¿Polivalencia? 161
  Nomenclatura Potencialmente Ambigua 163
  Rechazo Equivocado del Contexto Antiguo 164
  Significado Antiguo de los Textos 166
  Mi Testimonio Pentecostal para el Contexto Antiguo 168
  Una Manera Premoderna y Moderna de Leer 170
    Antigüedad Grecorromana 170
    Intereses de la Reforma 172
  Conclusión 174

9. ¿Espacio para los Autores? 175
  ¿Intención del Autor Hoy en Día? 175
    Escuchando la Comunicación 176
    Intención del Autor en la Exégesis Premoderna 179
    El Debate de Hirsch 180
    La Intención del Autor y los Pentecostales 181
  Autores Implicados y Límites en la Determinación de la Intención del Autor 183
  Conclusión 185

10. Tanto... Como 187
  Enfoques Tanto Literarios Como Históricos 187
    La Necesidad de Ambos Enfoques 188
    Enfoques que se Basan en Contextos más Amplios 189
  Significados Tanto Antiguos Como Modernos 192
    El Consenso Habitual 192
    La Necesidad de Ambos Significados 193
  Algunas Lecturas Son Más Útiles Que Otras 195
  Más Allá del Significado Antiguo 196
    Bases Antiguas Para Nuevos Significados 196
    Mutuo Interés 197
  Conclusión 199

IV. LA EPISTEMOLOGÍA Y EL ESPÍRITU 201

11. Una Epistemología de la Palabra y del Espíritu 203

Aproximaciones Epistémicas Tradicionales y sus Limitaciones 204
Una Epistemología Teocéntrica y Cristocéntrica 205
   Cristo Representado por el Espíritu en el Evangelio 206
   Particularidad Histórica 207
Evidencia Experiencial y Testimonial en la Epistemología Kerigmática............. 207
   Testimonio y Experiencia en el Evangelio de Juan 208
   Revelación y Recepción 209
   Cosmovisiones Caídas 210
La Fe Como Compromiso Epistémico 211
Algunos Ejemplos de Lectura Fiel 213
   Antes y Ahora: La Cultura 214
   Lectura Narrativa 215
   Interpretando los Milagros 218
Cosmovisiones bajo Juicio 222

12. Epistemología y Hermenéutica Bíblica 225
Fuertes Reclamos a la Verdad 226
   Opiniones Conflictivas de la Realidad 226
   Fe y Verdad 227
   El Espíritu de la Verdad y la Fe 228
La Incredulidad como una Cosmovisión 229
   Algunos Ejemplo del Pecado Oscureciendo la Mente 230
   La Ceguera a Nivel Corporativo 231
   Grados de Ceguera 232
   Ejemplos de Prejuicios Hostiles 233
El Dualismo Epistémico de Juan 236
   El Malentendido 236
   Conociendo a través del Encuentro 237
   El Dualismo Joánico Utiliza Tipos Ideales 239
Conclusión 240

13. Leyendo la Biblia como la Verdad 241
Confiando en la Escritura 242
La Verdad no es un Género Literario 244
   Un Caso de Estudio 247
   Cuando Armonizar Detalles a Menudo Hace Perder el Punto 249
   Rompecabezas del Antiguo Testamento 251

Lo Que Realmente Significa Tener Fe en la Palabra de Dios 253
Imaginación Fiel 255
   Entrando a Mundos Narrativos 256
   Suspendiendo la Incredulidad 257
   Expectativas 259
Conclusión 261

V. Modelos Dentro de la Biblia para Leer la Escritura 263

14. Cómo Jesús nos Invita a Oír la Biblia 265
Jesús Presupone el Contexto 266
Cuestiones Importantes de la Ley 267
Jesús Aplicó la Escritura a Su Día 270
Más que la Ley 272
El Reino Restaura el Ideal de Dios 274
Fuera de la Caja 275
La Interpretación Cristológica de Jesús 276
Conclusión 278

15. Leyendo la Torá como la Ley de la Fe 279
Dos Maneras de Leer 279
El Espíritu de la Ley: Principios Continuos, Contenido Ajustado 281
   Tanto Diferente como lo Mismo 281
   El Espíritu de la Ley en el Antiguo Israel 282
Aplicando los Principios de Pablo 284
Interpretando la Ley Bíblica 285
   Comparando la Ley de Israel con la de sus Vecinos 286
   Diferencias de los Enfoques de los Contemporáneos de Israel 292
   Concesiones en la Pecaminosidad Humana 293
   Entendiendo y Aplicando la Ley de Dios Hoy 295
Conclusión: El Dios de Amor del Antiguo Testamento 297

16. ¿Lectura Cristológica o Aplicación Personal? 299
Una Opción Forzada 299
La Interpretación Cristocéntrica de Esteban 301
La Lectura Cristocéntrica de Mateo 303
   El Hijo de Dios e Israel 303
   El Modelo Tipológico de Isaías 304

Los Intereses Interpretativos de Mateo 305
Otras Analogías en los Evangelios 307
Analogías y Aplicación 309
   Definiendo Términos 310
   Aplicación 310
Aplicaciones Personales Consistentes con la Escritura 313
   El Espíritu Habla a través de la Escritura 313
   Modelos para Aplicaciones Personales en la Escritura 315
Leyendo Narrativas Bíblicas para los Modelos 316
Patrones para Nosotros, No solo para Registros 318
Consistencia en Cómo Aplicamos la Escritura... 320
Letra y Espíritu 321
La Última Palabra 324
Conclusión 326

VI. ¿LA INTERPRETACIÓN CARISMÁTICA DE QUIÉN? 327

17. Lecturas "Pentecostales" Inocentes vs Lecturas Pentecostales Bíblicamente Sensibles 329
El Enfoque Populista 330
Problemas con este Enfoque 331
El Tipo Equivocado de Lectura Experiencial 333
   Algunos Predicadores Carismáticos de Televisión 334
   ¿Rompiendo Maldiciones Generacionales? 336
   Las Enseñanzas de la Palabra de Fe 337
   Modelos Genuinos de Fe en la Biblia 339
Un Ejemplo Positivo: Releyendo 1 Corintios 14 de Manera Experiencial............ 341
Conclusión 343

18. ¿La Comunidad Pentecostal Global como una Red Segura? 345
Comunidad e Interpretación 345
   Comunidad Cristiana 346
   Peligros en las Apelaciones a la Comunidad 347
   Autoridad Apostólica y las Comunidades 348
¿Quién es la Comunidad Pentecostal? 350
Haciendo que la Distinción Carismática sea Superflua 351
Experiencia Carismática, No Solo Doctrina Carismática 353

Conclusión: La Escritura Habla Personal e Históricamente 355
   El Empuje de este Libro 355
   La Hermenéutica Pentecostal como una Hermenéutica Cristiana 356
   El Espíritu y la Aplicación 357

APÉNDICE A: **Algunos Intentos Teóricos para una Mejor Comprensión**........... 361

APÉNDICE B: **Enfoques Poscoloniales**... 365
   Enfoques variados 365
   ¿Lecturas poscoloniales? 366
   La importancia de evitar nuevos etnocentrismos.. 367

APÉNDICE C: **La Comunidad Académica Carismática Global** 369

   Bibliografía Resumida de las Fuentes Citadas... 377

Prólogo

Como coeditores de la serie Manifiesto Pentecostal publicado por William B. Eerdmans, James K. A. Smith y yo, hemos estado en conversación desde el principio con Craig Keener y anticipando que algún día él haría una contribución en el área de hermenéutica bíblica-teológica y escritural. La descripción de la serie sugiere que los volúmenes "incluirían dos tipos diferentes de libros: (a) más cortos, volúmenes fuertemente argumentados de 128 a 200 páginas que articulan una visión audaz dentro de un campo; y (b) monografías académicas más largas… (250 a 300 páginas)" que serían "declaraciones audaces de una interpelación claramente pentecostal en discusiones y debates contemporáneos, respaldadas por una erudición rigurosa". Sin duda, Keener es la persona adecuada para escribir un manifiesto pentecostal sobre hermenéutica respaldado "por una erudición rigurosa", aunque incluso expresarlo de esa manera es un eufemismo para quienes conocen su trabajo; sin embargo, de alguna manera subestimamos que un manifiesto de Keener sería algo menos que una tarea multivolumen, o anticipamos que su hábito de generar comentarios multivolúmenes o de doble columna por página, pasaría a sus otros proyectos e incrédulamente presumimos que nos enviaría un libro dentro de los parámetros más largos como se describió arriba (b). Bueno, por no decir algo peor, una vez que Keener finalmente produjo el manuscrito, era el doble del tamaño de cualquier otra cosa en la serie de Manifiestos, y Eerdman ha decidido que sería mejor publicarlo como un volumen independiente.

Como ya me he implicado en precipitar este proyecto, permítanme ahora presentar nueve razones por las cuales los lectores que han llegado tan lejos deben pasar el resto de estas páginas. Organizo mi razonamiento bajo tres títulos generales: sobre cómo la *Hermenéutica del Espíritu* hace una contribución a la discusión actual de la hermenéutica bíblico-teológica; sobre su capacidad para impactar las conversaciones hermenéuticas más amplias; y sobre por qué este libro tiene la clave para comprender a Keener, el erudito bíblico y cristiano, y al cuerpo keeneriano en general (de lo cual solo tenemos un fragmento hasta ahora, en comparación con el legado que eventualmente se dejará atrás, si Dios quiere).

Primero, si bien este no es el primer libro sobre hermenéutica pentecostal (como lo mostrarán las notas a pie de página de este trabajo), es el más ampliamente articulado y registra magisterialmente el por qué es esencial atender a las perspectivas pentecostales en el ámbito más amplio de la hermenéutica bíblica y teológica. Si el cristianismo mundial está explotando, al menos en parte, debido al crecimiento de iglesias pentecostales y carismáticas en casi todo el mundo, entonces las lecturas pentecostales de las Escrituras en particular y las orientaciones y enfoques hermenéuticos pentecostales en general, no pueden desatenderse en la interpretación bíblica y en el campo más amplio de la erudición teológica. A diferencia de las contribuciones previas a la hermenéutica pentecostal, la contribución de Keener es la más global y la más atenta a las culturas globales y a la dinámica intercultural. Para aquellos que se preocupan por las dimensiones teológicas del cambio del centro de gravedad del cristianismo al Sur global, este libro ofrece un trampolín tan bueno como cualquiera para rastrear las implicaciones hermenéuticas tanto para la interpretación bíblica como para sus consecuencias teológicas.

Segundo, *Hermenéutica del Espíritu* aumenta e introduce las voces pentecostales al centro de la presente agitación en la interpretación teológica de las Escrituras (ITE). Los académicos —teólogos bíblicos y sistemáticos— involucrados en este debate, discuten actualmente sobre el papel que desempeñan las tradiciones confesionales en la ITE. El pentecostalismo no es una forma "confesional" del cristianismo sino más bien espiritualidad, un carácter distintivo y un conjunto de sensibilidades, pero esta combinación podría ser potente para desencadenar conversaciones, incluso para intensificar la polémica que ya ha germinado en los círculos de la ITE. El punto es que la hermenéutica pentecostal no es menos teológica al leer las Escrituras con la expectativa de que el Espíritu Santo obra a través del texto, sino que esa lectura tiene el potencial tambalear las categorías establecidas en la disputa de la ITE, precisamente porque lo que está en primer plano no son solo las tradiciones teológicas recibidas o el credo, sino las experiencias existenciales bajo el impacto dinámico del trabajo continuo del Espíritu en el mundo.

En tercer lugar, el cristianismo pentecostal surgió, al menos en parte, como lo hicieron las tradiciones de la Reforma en general y el luteranismo más específicamente: así como Lutero nunca tuvo la intención de fundar una nueva iglesia (o denominación), igualmente los creyentes pentecostales siempre creyeron que estaban recuperando y reapropiándose de mensaje apostólico de una manera más vital y completa de lo que hasta ahora habían experimentado, de modo que tal restauración se entendió desde el principio como un vivir más plenamente en el camino y la tradición apostólica. En ese sentido, la espiritualidad pentecostal o el cristianismo pentecostal no es otro tipo o forma de seguir a Cristo, sino simplemente vivir plenamente en el don del Espíritu de Cristo a la diestra del Padre (Hechos 2:33).En ese sentido, entonces, la hermenéutica pentecostal es nada menos que la hermenéutica cristiana, dedicada a comprender y luego a vivir la vida en Cristo por medio del Espíritu. Craig Keener es aquí un maestro amable y eficaz: atento al triunfalismo que con demasiada frecuencia impregna (y plaga) a las esferas pentecostales, pero invita a todos los que confían en Jesús –aquellos que entran en la etiqueta de pentecostal u otra– a vivir más plenamente en la obra continua del Espíritu Santo en el mundo. En resumen, *Hermenéutica del Espíritu* trata sobre la fidelidad bíblica, no solo para aquellos que se encuentran en comunidades de fe pentecostales, sino para todos los que desean seguir a Jesús como el hombre que fue, ungido por el Espíritu y que ahora es el Cristo resucitado precisamente a través del poder del Espíritu

Si las tres razones anteriores confirman específicamente cómo el libro de Keener impacta en el campo de la interpretación bíblica, las tres siguientes se enfocan en cómo hace una diferencia para quienes piensan sobre la hermenéutica en general y la filosofía hermenéutica en un sentido más amplio. Si la hermenéutica después de Friedrich Schleiermacher, el supuesto "padre" de la teología moderna, continúa tratando de comprender (de "adivinar", como él dijo) la mente del autor, y si la hermenéutica después de Karl Barth y Hans Frei tiene la intención de entrar más plenamente en el "extraño mundo nuevo de la Biblia", entonces (cuarto) Keener nos muestra cómo la hermenéutica cristiana es incluso más radical que el liberalismo anterior y el posliberalismo que le sigue al explicar las sensibilidades hermenéuticas que están atentas tanto a la otredad del texto antiguo y las dimensiones afectivas de tales textos. Sin embargo, la radicalidad de las propuestas de Keener consiste precisamente en la apertura de la forma en que tal atención involucra, no excluye, la afectividad y los horizontes de los lectores contemporáneos y sus comunidades lectoras. Este último no elimina la alteridad del texto, sino que permite un compromiso más efectivo con estos aspectos de horizontes tan lejanos.

Además, y como quinto, Keener muestra que la comprensión de los textos antiguos tiene implicaciones contemporáneas. Los cristianos llaman a esto discipulado, y los compromisos bíblico-teológicos de Keener lo llevan a enmarcarlo en términos de los horizontes escatológicos de la Biblia. Pero desde el punto de vista de la hermenéutica general, este impulso anticipatorio involucra lo que se identifica como la dimensión pragmática o incluso teológica de la lectura: ¿Cómo nuestra comprensión y recepción del pasado conducen a una actividad liberatoria en el presente hacia fines que anticipan un futuro mejor? Si la hermenéutica marxista prioriza esta última trayectoria, la *Hermenéutica del Espíritu* insiste en que tales dinámicas liberatorias son desatadas a través de las realidades pentecostales de la obra del Espíritu en el mundo tal como está escrito –lo que es distinto a estar predeterminado– e incluso fundado por la Escritura.

Sexto, entonces, si Keener nos muestra cómo vivir de lleno en la hermenéutica dialéctica de Gadamer que no minimiza el horizonte del texto inspirado por el Espíritu o subyuga tal horizonte bajo el del lector, él también permite compromiso cristiano con la hermenéutica emancipadora de Habermas en formas que resaltan cómo la racionalidad comunicativa puede ser profundamente religiosa por un lado y, sin embargo, también verdaderamente pública por el otro. Keener está más alerta que la mayoría de los teóricos hermenéuticos cristianos al carácter del cristianismo mundial, particularmente como se manifiesta en sus formas pentecostales y carismáticas, y por lo tanto puede indicar cómo tales horizontes globales pueden dar forma al discurso público, tanto en términos de interacción con tales y en términos de la efectividad de ciertas formas de praxis liberatoria. Los pensadores cristianos que buscan hacer contribuciones a la teoría hermenéutica general no pueden hacer mucho mejor que prestar atención a cómo Keener navega por los medios de comunicación entre el texto antiguo y los contextos públicos y globales contemporáneos.

Sin embargo, muchos lectores de este libro se sentirán atraídos por la estatura establecida y reconocida de Keener como un exegeta y comendador bíblico. Para los de este grupo, estos tres últimos motivos serán anticlimáticos ya que ellos estarán preparados para disfrutar de largos libros en sus exquisitos detalles. No obstante, permítanme aventurar estas recomendaciones de todos modos, levantando el hecho obvio (séptimo) de que este libro muestra los instintos hermenéuticos y compromisos de Keener que solo están implícitos en gran parte de su trabajo anterior. Hay un sentido en el cual las presuposiciones hermenéuticas de cualquier exegeta solo pueden ser sacadas de su cuerpo de escritos (incluso cuando el método teológico de un sistemático solo puede ser rastreado a partir de su obra), y eso seguramente se aplica aquí también. Pero la belleza de este libro es que el mismo Keener ahora ha articulado clara y extensamente lo que sus lectores, de otro modo, tendrían que adivinar mientras se adentran interminablemente en sus voluminosas publicaciones (¡ningún lector puede ponerse al día con lo que escribe Keener!), pero él lo hace en su propia forma característica que atrae, en lugar de simplemente hablar de las Escrituras. Esto significa que tenemos aquí una visión de Keener, el erudito y la persona, y también de las Escrituras.

Además (octavo), *Hermenéutica del Espíritu* nos da una ventana a cómo un cristiano pentecostal–que puede dejarse solo en cristiano, sin el calificativo, dadas mis observaciones anteriores– ejemplifica la convergencia de la vida de la mente y la vida en el Espíritu. Muchos cristianos se equivocan en uno u otro lado, abrazando uno mientras rechazan al otro, o pensando que uno es incompatible con el otro. En Craig Keener finalmente tenemos un ejemplo que revela cómo el uso riguroso del intelecto y la prodigalidad en la producción académica son actividades espirituales, obligadas por la vida en el Espíritu de Jesús, en anticipación del reino venidero de Dios. Es más, incluso puede decirse que, en cierto sentido, no hay vida mental en su caso, sin una vida espiritual que sostenga e impulse las actividades intelectuales.

El último (noveno) pero no menos importante, *Hermenéutica del Espíritu* no simplemente modela una vida académica llena del Espíritu, sino que marca un camino más allá de las polaridades que han amedrentado la educación teológica, incluso en la generación actual. Intelectual versus pietista; académica versus espiritual; cognitiva versus afectiva; autodidactica versus cambiante; racionalista versus carismático; especulativa/teórica versus pragmática/práctica; sectaria/parroquial versus ecuménica/católica; eclesial versus pública, etc. En cada caso, Keener señala un camino más allá de los binarios y dualismos que algunos preferirían exagerar. Como acaba esto en este libro no significa que hemos superado a las dos partes, sino que se mantienen de una manera que nos hace capaces de un espectro de lectura y vida más robusto. A los seminaristas, sin mencionar a los que enseñan en sus escuelas, se les insta a prestar atención no solo a los detalles de los argumentos hermenéuticos de Keener, sino a la forma en que modela el compromiso discursivo con problemas enormemente discutidos y cómo intenta llevar la conversación hacia adelante trayendo a los contendientes con él en lugar de dejarlos atrás.

Sin duda, los lectores no estarán de acuerdo con Keener en todos los casos o en cada punto que haga. Sin embargo, tales diferencias se pueden discernir y aclarar solo a través del compromiso con este trabajo de un verdadero maestro. Estoy agradecido de que Keener haya tomado en serio la invitación original de escribir un Manifiesto Pentecostal, y de alguna manera, creo que su aparición fuera de esa serie no solo facilitó el libro mucho más extenso sino que atraerá a un grupo más amplio de lectores. Que el aliento del Espíritu se sienta de manera palpable e incluso sea transformador para aquellos que encuentran su atención enfocada en las siguientes páginas.

AMOS YONG
Profesor de Teología y Misión
Seminario Teológico Fuller
Pasadena, California

Agradecimientos

Agradezco a mis editores en Eerdmans por recibir y editar este libro: Michael Thomson, James Ernest y Jenny Hoffman. También quiero agradecer a Amos Yong y a James K. A. Smith por la invitación a la realización de este libro, y a Lalsangkima Pachuau, por haberme impulsado a participar de manera conceptual e intercultural.

Introducción

Hermenéutica del Espíritu está diseñado principalmente para funcionar como una reflexión teológica y bíblica que respalda una lectura dinámica y vivencial de las Escrituras. Al mismo tiempo, una genuina sensibilidad a la voz del Espíritu en las Escrituras debería llevar a una comprensión más profunda del medio histórico y cultural en el cual el Espíritu formó la Escritura tal como la tenemos hoy, una sensibilidad contra la cual algunos proponentes de la lectura experiencial y teológica a veces han reaccionado.

Aunque tiene en mente las lecturas cristianas en general, este trabajo se relaciona particularmente con las tradiciones pentecostales y carismáticas debido a su especial interés en el Espíritu y mi familiaridad con ejemplos históricos y discusiones en estos círculos. Soy un erudito bíblico carismático en casa, aunque a veces de diferentes maneras, tanto en el pentecostalismo global[1] como en las discusiones académicas sobre las Escrituras.

Debido a que yo soy un erudito bíblico, puedo hacer la contribución distintiva más fuerte y sólida no analizando el estado actual de la discusión hermenéutica (un trabajo realizado por muchos otros) sino enfocándome en la evidencia bíblica misma.[2] Tal evidencia es relevante para todos las tradiciones cristianas interpretativas y también es donde comenzó mi propio viaje con la Escritura, nutrido particularmente por los pentecostales. La Escritura misma proporciona muchos precedentes para escuchar partes pasadas de la Escritura como aplicables al tiempo de los oyentes. De hecho, la Escritura modela una apropiación experiencial de su mensaje.

Empiezo mostrando la importancia de (y aprecio tradicional por) este énfasis experiencial, el valor de escuchar el texto desde múltiples ubicaciones (cristianismo global) y la consistencia potencial de estos enfoques con una base en el mensaje en su primer contexto original. Luego muestro cómo estos enfoques reflejan una epistemología basada en el evangelio de Cristo y surgiendo en múltiples corrientes cristianas tempranas (incluidos los enfoques Paulinos, Joánicos y Lucanos). Luego me dedico a mostrar de manera inductiva cómo las Escrituras mismas nos invitan a escucharlas de estas maneras, especialmente en términos de cómo Jesús y Pablo leen las Escrituras. Finalmente, reflexiono brevemente sobre estas implicaciones y

---

[1] Por razones explicadas más adelante en el texto principal, sigo la convención de algunos trabajos recientes al usar una "p" minúscula para la experiencia pentecostal global que incluye, pero no se limita a las denominaciones pentecostales. [**Nota del Traductor**: esta especificación con respecto a minúsculas (o mayúsculas) de algunos términos, aplican solamente al inglés].

[2] Boda, "*Palabra y Espíritu*", 25, lamenta con razón que la mayoría de los enfoques teológicos cristianos sobre la hermenéutica se centran en el NT. Este trabajo no será una excepción, aunque eso se debe a mi experiencia académica, no por falta de respeto teológico o negligencia devocional al AT.

otros factores que podrían relacionarse, con lo que a menudo se denomina hermenéutica "pentecostal" o "carismática".

Lo Que Este Libro No Es

Cuando en el pasado enseñé sobre hermenéutica a alumnos de la maestría de ministerio pastoral, gran parte del curso abordó el método y los modelos exegéticos básicos (más una teoría a nivel introductorio). Generalmente ofrecí una transición integrativa explícita a otras disciplinas teológicas al final del curso, especialmente sobre la predicación, pero esto fue relativamente breve.

Sin embargo, yo mismo prediqué regularmente, aplicando textos a la configuración de mi audiencia y con mayor regularidad escuché espiritualmente lo que podía aprender del texto bíblico. Hice modelar este enfoque cuando enseñé varios cursos de la Biblia (incluido el mencionado curso de hermenéutica), pero rara vez reflexioné o intenté explicarlo de manera deliberada. En este libro, quiero corregir un poco esa deficiencia teórica mediante comentarios sobre por qué un enfoque espiritualmente específico y específicamente cristiano del texto bíblico es para los cristianos un compañero valioso (aunque no un sustituto) de la exégesis.

En este libro presupongo que la mayoría de los lectores ya comprenden el valor de la atención al contexto literario e histórico, que he abordado frecuentemente en otros lugares. Por lo tanto, este libro no es un manual que aborde los principios básicos de la interpretación bíblica básica, el cual he proporcionado sin costo en un nivel popular en otros lugares,[3] ni una discusión filosófica avanzada sobre la hermenéutica, que muchos otros estudiosos (quizás el más notable y famoso Anthony Thiselton) ha proporcionado mejor que yo.[4]

Así, este libro asume principalmente la competencia existente en la hermenéutica literaria básica de los lectores (incluyendo la importancia del contexto y género literario e histórico); eso es lo que suelo enseñar, y eso es más fundamental para la mayoría de los lectores comunes de las Escrituras. Este trabajo está destinado a complementar y suplir estos enfoques básicos, aunque no para suplantarlos. Como quedará claro más adelante en el libro, tengo poca paciencia para los enfoques que dicen ser "del Espíritu", pero ignoran la concreción de los escenarios en los que el Espíritu inspiró los escritos bíblicos, escenarios que ayudan a explicar las particularidades en la forma de tales escritos.

---

[3] Centrado en el contexto, el trasfondo y el género, está disponible de forma gratuita en Internet en inglés, español, francés y algunos otros idiomas en *http://www.craigkeener.com/free-resources/*. Lo produje gratis con especial preocupación para proporcionarlo en lugares donde los lectores tenían menos acceso a los recursos publicados

[4] Además de algunas obras explícitamente carismáticas abordadas en otras partes de este libro, las contribuciones relevantes, valiosas e influyentes de algunos de mis colegas eruditos evangélicos incluyen, entre muchos otros, Thiselton, *Horizons*; Osborne, *Spiral*; Klein, Blomberg y Hubbard, *Introduction2*; Brown, *Scripture as Communication*; Bartholomew, *Hermeneutics*; muchos otros, de diversas tradiciones y enfoques, podrían ser nombrados. Explico el enfoque retórico-social-histórico utilizado en mi comentario de Hechos (aunque sea como un solo enfoque, no la forma necesaria para todos los enfoques) en Keener, *Acts*, 1:16-26.

INTRODUCCIÓN

Por lo tanto, este trabajo no trata todo lo que uno necesita para comprender las Escrituras, sino que se centra en una pregunta o elemento particular de la hermenéutica: ¿Cómo escuchamos la voz del Espíritu en las Escrituras? Otras técnicas, comunes a otros tipos de literatura, necesariamente siguen siendo relevantes para varios géneros de las Escrituras. Después de todo, los textos bíblicos son textos, comunicados en un idioma real, historia, cultura y géneros que al menos se parecen a géneros identificables desde su contexto histórico. La forma de estos textos invita a enfoques interpretativos apropiados a su propia forma.

Sin embargo, lo que es distintivo de la hermenéutica del Espíritu es que los creyentes lean los textos como Escrituras.[5] Una vez que hayamos hecho una exégesis responsable (o durante ese proceso), ¿cómo podemos esperar que el Espíritu aplique el texto a nuestras vidas y comunidades? Aquellos de nosotros ya formados en la exégesis somos a menudo los que más necesitamos recordar esta última preocupación, que a menudo no abordamos cuando enseñamos metodologías exegéticas tradicionales.

¿Qué es Hermenéutica del Espíritu?

El título *Hermenéutica del Espíritu* sugiere varias lentes teológicas a través de las cuales creo que la Escritura nos invita a leer las mismas Escrituras.[6] El origen de este libro ayuda a explicar su trayectoria y la elección de analogías. Amos Yong y James K. A. Smith gentilmente me invitaron a contribuir con un volumen sobre la hermenéutica pentecostal a su serie sobre teología pentecostal. Las sugerencias de Amos también me empujaron a considerar cómo personalmente leo la Escritura como Escritura, más allá de los métodos más restringidos sobre los cuales di una conferencia formal en mis cursos de interpretación. Debido al tamaño del libro, Michael Thomson, los editores de la serie y yo acordamos publicar este libro fuera de la serie, pero su origen explica su orientación.

Sin embargo, desde el comienzo del proyecto, insistí en que el título "Hermenéutica Pentecostal", como iba a ser, podría confundir a posibles lectores, ya que finalmente concluí que los elementos que caracterizan a una buena hermenéutica "pentecostal" son elementos que deberían caracterizar una hermenéutica verdaderamente cristiana y dirigida por el Espíritu. Es decir, es "pentecostal" en el sentido de que todos nosotros, como cristianos, debemos leer

---

5 Green, *Seized*, 2-5, señala que leer la Biblia como cualquier otro libro puede ser útil, pero argumenta que esto no es leer la Biblia como Escritura, como la Palabra de Dios. Para una discusión sobre "hermenéutica bíblica confesional", vea Spawn, "Principle", 46-47, citando el trabajo de Craig Bartholomew y otros.

[6] Elegí el título "Hermenéutica del Espíritu" al principio del proceso, mientras buscaba redactar el libro inductivamente a partir de datos bíblicos antes de abordar las lecturas pentecostales modernas. Fue solo más adelante en el proceso, cuando descubrí que, fortuita e independientemente, el teólogo carismático Clark Pinnock había acuñado la misma frase; ver de manera útil aquí Pinnock, "Work of Spirit" (originalmente publicado como Pinnock, "Interpretation", en 2009), 233-34, 237-39.

desde el punto de vista de Pentecostés y la experiencia del Espíritu. Aunque una cantidad significativa de mis socios directos en las notas de este libro provienen de tradiciones de renovación pentecostal, carismática y de otro tipo, las observaciones hermenéuticas apenas son relevantes para los pentecostales solamente.

Un título como "Hermenéutica Pentecostal" podría engañar aún más a los lectores porque el objetivo del libro no es una descripción de cómo los distintos miembros de las denominaciones pentecostales interpretan las Escrituras.[7] De hecho, la expresión "pentecostalismo global" en su uso actual generalmente abarca a todos aquellos que reclaman una experiencia dinámica del Espíritu y sus dones, sin ningún tipo de limitación a denominaciones pentecostales o iglesias carismáticas independientes. Además, las definiciones de "pentecostal" y, por lo tanto, de hermenéutica pentecostal son escurridizas.[8] Incluso las prácticas interpretativas pentecostales clásicas son tan diversas como las raíces y la configuración histórica de estas iglesias y el entorno académico de sus intérpretes; la mayoría de sus enfoques no son en realidad distintivos de la experiencia pentecostal *per se*.[9] Algunos pentecostales, de hecho, describen como problemáticas las prácticas hermenéuticas de otros pentecostales,[10] por lo que la mera descripción, útil como sería para el análisis sociológico, no puede en ningún caso funcionar prescriptivamente sin una calificación considerable.[11]

Más bien, mi objetivo aquí es ayudar a articular cómo la experiencia del Espíritu que dio poder a la iglesia en el día de Pentecostés puede y debe formar de manera

---

[7] Para la descripción, vea Gray, *Crowd* (dibujando en una variedad de configuraciones populares, ver 197-204); por el valor de tal descripción al llevar la voz del pentecostalismo a la mesa, ver Gray, *Crowd*, 5, comparando la hermenéutica feminista y liberacionista. Para un tratamiento detallado de las primeras décadas de interpretación pentecostal, ver Archer, *Hermeneutic*, 89-127; para su contexto hermenéutico, ver 47-88; para la historia de la comunidad pentecostal como filtro hermenéutico, ver 128-71. Archer, *Hermeneutic*, 211, apoya el uso de esta historia como fundamento para la hermenéutica pentecostal hoy, pero incluso los observadores comprensivos (tanto dentro como fuera del movimiento) pudieran preguntar por qué la historia pentecostal temprana, en lugar de historias de movimientos de renovación más recientes, debe dársele tal peso.

[8] La definición es elusiva porque los límites son fluidos, aunque hay una identidad espiritual central (también lo es Archer, "Hermeneutics and Society", aquí 320-22). La Sociedad de Estudios Pentecostales en sí es "una comunidad hermenéutica diversa" (332-35). "La interpretación pentecostal es una actividad hermenéutica teológica contextualizada", escuchando al Espíritu (331). Otros también enfatizan la necesidad de interpretación contextual dentro de una comunidad cultural (en oposición a simplemente una "hermenéutica pentecostal" general); ver aquí Estrada, "Hermeneutic".

[9] Cf. Spawn y Wright, "Introduction" xvii, sobre la hermenéutica en la tradición de renovación (por ejemplo, carismáticos católicos y protestantes globales) pero sin "un método académico específico"; ídem, "Emergence", 21-22; Thomas, "Spirit Is Saying", 115 (en la amplia gama de enfoques pentecostales para la hermenéutica); Bauckham, "Review of Waddell"; "Hearing", 190-91, siguiendo a K. Archer, sobre "estrategias múltiples... sin violentar el texto"; Gray, *Crowd*, 4, en lecturas "pentecostales" conformadas "para adaptarse a cualquier categoría de la academia más amplia que cada estudiante considere más apropiado, ya sea posmoderno, evangélico o de otro tipo". Otros señalan que, a pesar de mucha discusión teórica sobre "interpretación neumática", poco se ha hecho para describirlo (Davies, "Read as Pentecostal", 261). Aún así, incluso aquellos que expresamente reconocen la diversidad pentecostal (por ejemplo, Archer, *Hermeneutic*, 181-92) a veces dicen "los pentecostales creen" (252, 254). Este problema no está limitado a pentecostales; cf. la falta de una identidad bautista única y distintiva en Kidd y Hankins, *Baptists*, 248.

[10] Por ejemplo, criticando el trabajo de Archer, ver Spawn y Wright, "Emergence", 14-15; Poirier, "Critique" (traído a mi atención por John Wyckoff); cf. Oliverio, *Hermeneutics*, 193, 231.

[11] También un punto clave en Poirier, "Critique", esp. 1, 3.

dinámica nuestra lectura de las Escrituras. Se trata menos de leer la Biblia dentro de una comunidad interpretativa particular perteneciente a una denominación o movimiento, que de formas de leer la Biblia que son fieles tanto al texto bíblico inspirado por el Espíritu como a la experiencia del Espíritu dentro de un creyente o entre creyentes como una comunidad interpretativa. Ese enfoque es relevante para los pentecostales denominacionales, pero también para todos los que comparten su compromiso de leer la Biblia experiencialmente, escuchando en las Escrituras la voz inspirada de Dios para nosotros, su pueblo, en todas las eras.

Perspectivas a partir del Énfasis Pentecostal dado al Espíritu

Como ya se sugirió, este enfoque es consistente con algunos énfasis claves del primer avivamiento pentecostal, pero también es relevante para la iglesia en general. Lo que los primeros pentecostales introdujeron (o a menudo se desarrollaron a partir de los avivamientos contemporáneos de santidad) fue algo que los distinguió a ellos y a muchos de sus pares del extendido y bastante rígido cesacionismo de su tiempo. Pero su visión original era ecuménica –la renovación de toda la iglesia de los últimos tiempos– y no la creación de un solo movimiento competitivo separado de los demás.

Aunque los pentecostales denominacionales hoy en día constituyen una proporción significativa de la iglesia global,[12] la contribución de lo que los estudiosos hoy llaman a menudo "pentecostalismo global" se ha vuelto mucho más amplia que su círculo inmediato.[13] En parte debido a la contribución histórica de los primeros pentecostales, muchos de la iglesia de hoy reconocen la importancia de depender del Espíritu y el valor de toda la gama de dones espirituales. La hermenéutica dirigida aquí debe pertenecer a ese círculo amplio, a todos los que son personas del Espíritu.[14]

Así, mi enfoque aquí será en algunos principios hermenéuticos modelados por lecturas intrabíblicas, por lo tanto inspiradas por el Espíritu. De acuerdo con mis propios intereses y la invitación de los editores a la serie, comprometeré la erudición pentecostal y extraeré lo que considero perspectivas importantes del

---

[12] Muchos estiman aproximadamente cien millones; ver Johnson y Ross, *Atlas*, 102.
[13] Muchos observadores hoy estiman al menos quinientos millones en las familias de creyentes pentecostales y carismáticas, que comprenden casi el 30 por ciento de la membresía de la iglesia mundial y casi el 40 por ciento de los asistentes regulares a la iglesia; ver, por ejemplo, Johnson, Barrett y Crossing, "Christianity 2010", 36; cf. Sanneh, *Disciples*, 275. Estas figuras usan definiciones más amplias de carismáticos de las que muchos carismáticos adoptarían (ver Anderson, *Pentecostalism*, 11), y métodos más refinados en el futuro pueden requerir ajustes en tales figuras; sin embargo, transmiten una sensación de tamaño masivo y crecimiento de tales movimientos.
[14] Así, Ellington, "Authority", 153, señala su "frustración" al describir la "experiencia pentecostal", ya que, aunque es común a los pentecostales, no es exclusiva de ellos; nótese también Waddell, "Hearing", 174-75n12 y 183, con respecto a la lectura teológica, y 181, con respecto a las conexiones teológicas pentecostales con varios movimientos (según Land, "Passion", 29-30).

pentecostalismo temprano.[15] Sin embargo, más ampliamente, la hermenéutica de hoy ya no es meramente una hermenéutica pentecostal clásica, sino que se ha vuelto, en cierta medida, más una hermenéutica cristiana. Todos los cristianos deben leer las Escrituras como personas que viven en la experiencia bíblica, no en términos de cultura antigua, sino como personas que viven del mismo Espíritu que guió al pueblo de Dios en las Escrituras.

Sin embargo, este es un enfoque claramente no cesacionista (es decir, es uno continuista) de las Escrituras. Como seguidores del Mesías resucitado, somos personas de la era del Mesías y del Espíritu, inaugurada en Pentecostés. Somos un pueblo profético y escatológico. Refiriéndose a los eventos que comenzaron en Pentecostés, Hechos anuncia la era del Espíritu que Dios había prometido anteriormente: "En los últimos días… Derramaré mi Espíritu sobre toda carne, y tus hijos e hijas profetizarán". Una "hermenéutica del Espíritu" parece un título apto para ese lugar interpretativo. Además, es uno compartido por los primeros pentecostales y la mayoría de los pentecostales y carismáticos globales, incluido yo mismo.

Esto significa que nos interesan los textos bíblicos no solo por lo que nos enseñan acerca de la historia o las ideas antiguas, sino porque esperamos compartir el tipo de experiencia espiritual y relación con Dios que descubrimos en las Escrituras.[16] La resurrección de Jesús no es un mero dato histórico; declara que el Jesús que aprendemos en los Evangelios es ahora el Señor exaltado, que ha enviado su Espíritu para que podamos continuar experimentando su presencia.

A lo largo de las Escrituras, leemos acerca de personas que escuchan de Dios, profetizan y experimentan milagros. Aunque no todos podamos experimentar todas estas actividades del Espíritu a diario, los patrones bíblicos nos llevan a esperar que el Dios que obró estas actividades con poder a lo largo de las Escrituras es el Dios que todavía obra con el mismo poder. Muchos enfoques tradicionales fallan en hacer justicia al propio testimonio de las Escrituras; por ejemplo, leen la Escritura como si estuviera diseñada simplemente para satisfacer nuestro interés histórico sobre la historia de la salvación pasada (el enfoque de algunos intérpretes conservadores) o de ideas pasadas (el enfoque de algunos intérpretes liberales), o como si ellas simplemente nos enseñan doctrina sobre Dios sin invitar a una relación con él, o como si solo ejemplificaran las virtudes morales sin dar fe del poder del Espíritu para implementarlas.

Si bien el estudio cuidadoso de las Escrituras ayuda a contrarrestar el subjetivismo desenfrenado de los excesos carismáticos populares, un estudio que no

---

[15] Para las primeras décadas del movimiento pentecostal como reflejo del corazón de la espiritualidad pentecostal, véase, por ejemplo, Thomas, "Spirit Is Saying", 119.

[16] Cf. Bultmann, "Problem of Hermeneutics", 76-77, 79: una vez que los textos se han entendido por primera vez según su función propuesta, también se pueden usar como "fuentes" mediante las cuales abordamos otras cuestiones.

conduzca a vivir la experiencia bíblica en la era del Espíritu, no entiende correctamente los textos bíblicos.[17]

Toda la experiencia cristiana en esta era debe ser propiamente "pentecostal", es decir, moldeada por la experiencia del Pentecostés, el derramamiento del Espíritu en la iglesia.

Hermenéutica Pentecostal y Hermenéutica del Espíritu

Debido a que el origen de este libro fue una invitación a aportar un volumen sobre hermenéutica a una serie de estudios sobre teología pentecostal, el resto de mi introducción aborda una relevancia más consciente de la hermenéutica pentecostal para con este libro, y de este libro a ese tipo de hermenéutica pentecostal. Varios pentecostales tienen puntos de vista diferentes sobre cómo hacer hermenéutica, y de qué manera la hermenéutica pentecostal es distintiva de la hermenéutica de otros.

Uno podría acercarse a un libro sobre hermenéutica pentecostal desde varios ángulos; como se señaló antes, un enfoque valioso sociológicamente hablando sería descriptivo, pero hay otros mucho más calificados para examinar descriptivamente todos los diversos métodos.[18] En cambio, estoy construyendo un enfoque que creo es bíblico y, por lo tanto, fiel al original, un enfoque distintivamente pentecostal y restauracionista dirigido bíblicamente,[19] uno que compartirán muchos otros estudiosos bíblicos pentecostales y otros relacionados con el ministerio pastoral.

No obstante, creo que el pentecostalismo global puede ayudar a ofrecer una perspectiva interna valiosa sobre algunos tipos de experiencias espirituales enfatizadas en el Nuevo Testamento.[20] Los primeros pentecostales creían que vivían dentro del mundo narrativo más amplio de las Escrituras, un mundo donde lo

---

[17] Cf. la advertencia en Moore, "Canon", 29-30 contra "una Palabra sin espíritu (racionalismo)" y "un Espíritu sin palabras (subjetivismo)"; Pinnock, "Work of Spirit", 233, 241; para valorar las dimensiones tanto afectivas como cognitivas, ver la discusión más adelante en el texto principal, con el ejemplo de los salmos bíblicos.

[18] Para un muestreo muy importante, ver Martin, *Reader*; las encuestas en Gray, *Crowd*, 36-61; Macchia, "Spirit and Text"; Ahn, "Debates"; extensamente, Oliverio, *Hermeneutics*; y las bibliografías en, por ejemplo, Wyckoff, *Pneuma*, 143-50; Martin, *Reader*, 285-90; Spawn y Wright, *Spirit and Scripture*, 199-211; Archer, *Hermeneutic*, 270-88; Oliverio, *Hermeneutics*, 363-76; y (aunque no se limita principalmente a la hermenéutica) Mittelstadt, *Reading*, 170-205.

[19] Los primeros pentecostales, como muchos de sus contemporáneos, leían las Escrituras como autoritativas y canónicamente (Martin, "Introduction", 4-5). Esto concuerda con la interpretación cristiana en general, que, si bien permite las voces distintivas de los diferentes autores, afirma la narrativa general y la unidad teológica fundamental del canon (Brown, *Scripture as Communication*, 229). Para enfoques canónicos, ver, por ejemplo, Childs, *Canon*; ídem, *Scripture*; Childs et al., *Bible as Scripture*; Bartholomew, *Canon*; Hahn, *Kinship*; en fuentes patrísticas, por ejemplo, Young, "Mind of Scripture"; para estudios sobre enfoques canónicos, cf. también Brett, *Criticism*; Noble, *Approach*. Algunos incluso aceptarían el valor de Marcos 16:9-20 porque es canónico (aunque no marcano) y debido a su papel en la tradición pentecostal temprana (Thomas y Alexander, "Signos").

[20] Cf. Martin, "Spirit and Flesh" 1, citado en Johns y Johns, "Yielding", 51: "exégesis según el Espíritu" "presupone que el lector está en contacto vivo con las mismas realidades sobre las cuales el autor está hablando en el Texto Sagrado".

sobrenatural y la escatología eran reales.[21] Debido a que la experiencia carismática es una parte importante de la experiencia del Nuevo Testamento, proporciona un punto de partida o un entendimiento previo mucho más adecuado para abordar el texto, que aquel donde se omiten tales experiencias.[22] Sugerir que los pentecostales pueden ofrecer esta perspectiva no es de ninguna manera limitarla únicamente a los pentecostales (incluso en el sentido más amplio). Es simplemente sugerir que este es un énfasis distintivamente pentecostal, y que es por lo tanto un regalo que los pentecostales históricamente han estado aportando a gran parte del resto de la iglesia.[23]

Los énfasis pentecostales claves se basan en énfasis bíblicos genuinos, al igual que el énfasis anabaptista se basa en el cuidado de los pobres, el énfasis evangélico en la comprensión de las Escrituras y otras partes de la iglesia contribuyen con una genuina comprensión bíblica al resto de la iglesia. Los creyentes empobrecidos, los creyentes judíos mesiánicos, los miembros de las iglesias domésticas, los miembros de las minorías religiosas y, a menudo, las étnicas, los que han experimentado encuentros de poder o persecución y otros que tienen aspectos distintivos de su identidad en común con la de muchos o la mayoría de los miembros de las iglesias que aparecen en el Nuevo Testamento, pueden ofrecer perspectivas un tanto "internas" sobre la experiencia cristiana primitiva al ofrecer analogías comprensivas. Sus respectivos sistemas les permiten resaltar aspectos de la experiencia que de otro modo podríamos pasar por alto.[24]

Por eso, este libro no tiene la intención de describir o prescribir toda una hermenéutica usada por pentecostales o exégetas carismáticos; es más bien destinado a resaltar el énfasis que los pentecostales, los carismáticos y otras personas del Espíritu pueden agregar a la sabiduría hermenéutica ya existente.[25]

Además, mi interés en este libro no es simplemente un enfoque hermenéutico, sino un enfoque epistemológico más fundamental en el cual descansa mi texto, una epistemología tanto sugerida por como dirigida hacia la voz de las Escrituras. Cuando escribo para el mundo académico secular, trabajo desde enfoques epistemológicos y hermenéuticos significativamente más limitados, enfoques compartidos en un terreno común aceptado por académicos de una amplia gama de persuasiones. Pero fuera del ámbito académico, apenas algunos viven plenamente con el fuerte agnosticismo de tales enfoques; incluso si uno comienza con ese agnosticismo, tarde o temprano aprenderá algo y dejará de ser agnóstico en ese

---

[21] Ver Martin, "Introduction", 6-8.
[22] Cf. aquí Stronstad, "Experience", 17, 25-26, como se cita en Archer, "Retrospect and Prospect", 144.
[23] Cf. aquí también Thomas, "Women", 82: lejos de simplemente desear articular su propia hermenéutica distintiva, los pentecostales buscan proporcionar un don hermenéutico a la iglesia en general, tal como lo han hecho con su énfasis e intuición en pneumatología.
[24] Cf. Polibio sobre la escritura de la historia: "De modo que así como simples estudiantes escriben sin experiencia o viveza, sus obras no son de utilidad práctica para los lectores" (Polibio 12.25g.2).
[25] Otros también sugieren que las percepciones pentecostales distintivas pueden contribuir a una erudición evangélica más tradicionalmente cesacionista, y que la prioridad evangélica en las Escrituras también debería ayudar a los pentecostales; ver Cartledge, " Text-Community-Spirit ", 135-42.

punto. Aquellos que adoptamos el mensaje cristiano como verdaderos compartimos entre sí un terreno común más amplio que los académicos que simplemente trabajan por la neutralidad teológica o el agnosticismo más allá de una metodología limitada compartida.[26] Para abordar adecuadamente cualquier hermenéutica conscientemente cristiana, debo explorar elementos de una epistemología específicamente cristiana. Creo que lo que algunos hoy llaman una hermenéutica pentecostal es simplemente una expresión enfática de lo que debería ser una hermenéutica cristiana más amplia.

Lo "Pentecostal" dentro de la "Hermenéutica Pentecostal"

La creciente erudición sobre el pentecostalismo en muchas universidades importantes de todo el mundo a menudo habla de "pentecostal" de dos maneras: denominaciones pentecostales y aquellos que comparten una experiencia pentecostal básica o distintiva, incluidos los carismáticos, los miembros de las iglesias de la Tercera Ola y otros que hacen hincapié en una experiencia espiritual similar.[27] Este libro, al igual que la serie, presupone la etiqueta más amplia, aunque muchos de los ejemplos específicos que dedico derivan de los movimientos de avivamiento global del siglo XX, los cuales proporcionan antecedentes importantes para nuestra práctica actual más generalizada.

Cuando hablo aquí de la experiencia pentecostal, me refiero a una experiencia con Dios modelada en Hechos 2, no una denominación o título que debe contener tal experiencia. De hecho, a muchos de los primeros pentecostales, no les gustaba la organización humana; ¡algunos abandonaron la Misión de la calle Azusa una vez que pusieron un título![28] Felizmente, las denominaciones pentecostales han proporcionado una organización inestimable para misiones, capacitación y otros beneficios. Sin embargo, desde el comienzo, la visión para el avivamiento pentecostal fue la renovación del cristianismo en su conjunto.[29] Hoy en día, el pentecostalismo global atraviesa muchos límites; por ejemplo, uno de los grupos individuales más grandes dentro del movimiento amorfo que muchos sociólogos clasifican como pentecostalismo global es el movimiento carismático católico.[30]

---

[26] Green, *Practicing Theological Interpretation*, 101-2 (siguiendo especialmente a Haskell, *Objectivity*, especialmente 145-73), distingue entre la neutralidad del compromiso personal, que en cuestiones importantes para una persona es a menudo el autoengaño, y el ideal erudito de objetividad, con lo que él significa honestidad, equidad, apertura a otros puntos de vista y autoevaluación realista.

[27] Para unas pocas muestras de algunos trabajos académicos importantes sobre el pentecostalismo, ver, por ejemplo, Anderson, *Pentecostalism*; Blumhofer, *Faith*; Blumhofer, Spittler y Wacker, *Currents*; Bomann, *Faith in Barrios*; Cartledge, *Tongues*; Chesnut, *Born Again in Brazil*; Dempster, Klaus y Petersen, *Globalization*; Jacobsen, *Thinking in Spirit*; Kalu, *African Pentecostalism*; Khai, *Cross*; Poloma, *Assemblies*; Satyavrata, "Globalization"; Angela Tarango, *Jesus Way*; Wacker, cielo; Yong, *Spirit Poured*.

[28] Cf. preocupaciones iniciales para la institucionalización observadas en Robeck, *Mission*, 290.

[29] Oliverio, *Hermeneutics*, 78-81, 255-57. Ver también Smith Wigglesworth en Anderson, *Ends of the Earth*, 206; Aimee Semple McPherson en Blumhofer, *Sister*, 16-17, 144, 167, 176-77, 207, 211, 217-21.

[30] Anderson, *Pentecostalism*, 152 (pero véase 155), y también, *Ends of the Earth*, 212-13, sugiere más de 120 millones de carismáticos católicos; la cifra es aún mayor en Johnson y Ross, *Atlas*, 102.

De manera similar, las personas emplean el término "carismático" en una amplia variedad de formas. Yo uso el término con referencia a la afirmación de los carismas mencionados por Pablo. Algunas iglesias de hoy, que se ajustan a esta definición, evitan el término debido a sus connotaciones en círculos particulares (que asocian el término con, por ejemplo, la enseñanza de la prosperidad). Sin embargo, "carismático" parece ser el término más amplio (y más utilizado que el "pentecostal", en su sentido más amplio), por lo que lo conservo con la definición que se ofrece aquí.

Aunque el término "carismático" ha adquirido una gama de significados en varios círculos, la clasificación moderna se origina en la representación de Pablo de dones (*carismata*) espirituales (Rm. 12:6-8; 1 Cor. 12:4-11). Tales dones pertenecen a todo el cuerpo de Cristo; por definición, cada miembro del cuerpo tiene al menos un don para contribuir al resto del cuerpo (Rm. 12:4-6; 1 Cor. 12:12-30). Es decir, todos los cristianos deben ser considerados carismáticos por definición. Usaré el título un tanto más estrechamente más adelante en el libro (capítulo 18, esp. Apéndice C) solo como una concesión al uso popular, y por la falta de otro término para describir a los practicantes no cesacionistas.

Algunos pensadores protestantes tradicionalmente abogaron por el cese específico de los dones "sobrenaturales". No obstante, esta dicotomía tiene más que ver con la reacción protestante temprana contra la tradición católica (similar al rechazo temprano protestante de las misiones porque los católicos se involucraron en ella) y con el querer acomodarse más con el escepticismo de la Ilustración que con la Escritura. Para Pablo, todos los dones están facultados por el Espíritu. Un cuerpo que excluye tipos particulares de dones de los que Pablo afirmó, desde una perspectiva paulina, sería un cuerpo discapacitado o malformado, careciendo de algunos de los dones necesarios para que éste complete la madurez. Que algunos cuerpos cristianos hayan amputado tradicionalmente miembros valiosos como si meros miembros inútiles, no puede justificar el tratar de construir un nuevo cuerpo a partir de miembros amputados.

En teoría, la mayoría de los cristianos de hoy en día creen que la variedad de dones bíblicos continúa hoy, pero en la práctica la mayoría de las iglesias solo tienen algunos de esos dones. De hecho, muchas iglesias que en principio aceptan que los dones son para hoy, con respecto al culto público, cesan en la práctica de cualquier don bíblico que no se ajuste a su orden de servicio tradicional. Esto es cierto incluso para muchas iglesias pentecostales y carismáticas, a veces incluso con respecto a los dones tradicionalmente asociados con esas iglesias. Es la verdad incluso en la mayoría de las iglesias donde he ministrado (aunque no tanto donde pastoreé). Si bien me complace ministrar y adorar allí, creo que, bíblicamente, nos estamos perdiendo algo importante. (A veces, el tamaño de la congregación prohíbe el ejercicio de los dones de muchos miembros, pero a menudo se pueden acomodar a través de pequeños grupos).

INTRODUCCIÓN

¿Descriptivo o Prescriptivo?

Como se señaló anteriormente, un trabajo que aborda la "hermenéutica pentecostal" podría ser descriptivo, mostrando cómo una gama de intérpretes pentecostales leen textos bíblicos. Un valioso y común enfoque de respuesta del lector implica lecturas de diferentes ubicaciones sociales, un enfoque que, como la historia de recepción, puede ampliar nuestros horizontes interpretativos al colocar un rango más amplio de lecturas sobre la mesa.[31]

Las lecturas pentecostales, sin embargo, pueden ser bastante diversas. Pueden incluir la enseñanza de la prosperidad, así como el ascetismo, el sincretismo local, al igual que la tradición de la iglesia principal, las estrictas tradiciones contra el consumo de alcohol así como la contextualización radical. No hay un magisterio pentecostal para decidir cuál punto de vista es "el punto de vista pentecostal", a menos que varios estudiosos o grupos que pretendan hablar a favor de la hermenéutica pentecostal tengan la intención implícita de establecerse a ellos mismos como uno.[32] Al describir gran parte de lo que debería ser la hermenéutica pentecostal que hemos prescrito;[33] no podemos asumir que especialmente esa hermenéutica fue lo que empoderó al pentecostalismo,[34] ni que los pentecostales no puedan aprender de otras partes del cuerpo de Cristo de esa manera.

Después de todo, la primera figura pentecostal Smith Wigglesworth profetizó un futuro avivamiento que uniría la Palabra y el Espíritu;[35] tal vez eso signifique que, en lugar del temprano pentecostalismo populista proporcionando ambos elementos, el énfasis pentecostal en el Espíritu podría combinarse con el énfasis evangélico en el Palabra. Con suficiente humildad, los pentecostales y otros evangélicos pueden, y muchas veces aprenden mucho unos de otros.[36] Algunas veces los evangélicos temen los excesos carismáticos, y los carismáticos se impacientan con la desconfianza de los evangélicos a participar en algunas experiencias genuinamente bíblicas. En nuestro orgullo y temor, no podemos ver cuánto nos necesitamos unos

---

[31] Ofrece tanto un estudio histórico y sociológico útil en sí mismo, y, lo que es más pertinente aquí, es útil para criticar los diversos sesgos heredados de los intérpretes. Traducir y recontextualizar el mensaje del texto para varias audiencias nos ayuda a lidiar con los textos más concretamente.

[32] . Los pentecostales ni siquiera tienen un sínodo o consejo del tipo recomendado por Calvino (Wyckoff, *Pneuma*, 28-29), y si lo hiciéramos, pocos eruditos o denominaciones pentecostales confiarían lo suficiente en este punto para someternos a sus decisiones. Hoy la mayoría de los teólogos, tanto católicos como protestantes, afirman que el Espíritu puede iluminar el texto para cualquier creyente (Wyckoff, *Pneuma*, 90). Sin embargo, que los creyentes (y las comunidades) a veces lleguen a "iluminaciones" competitivas, sigue siendo un problema. Bullinger y algunos otros líderes de la Reforma "vieron la necesidad de una especie de magisterio protestante" para evitar el uso individual de la conveniencia como criterio interpretativo (George, "Introduction" xxviii), pero por supuesto la falta de consenso siempre ha condenado virtualmente este enfoque desde el comienzo, a menos que definamos el consenso teológico en términos amplios y cristianos.

[33] Poirier, "Critic".

[34] Cf. Gray, *Crowd*, 187: El crecimiento del pentecostalismo "no es necesariamente un corolario de una buena hermenéutica".

[35] Stormont, *Wigglesworth*, 114.

[36] Los pentecostales clásicos compartían la "alta visión de las Escrituras" de los protestantes conservadores, ofreciendo conexiones naturales (Oliverio, *Hermeneutics*, 83); también surgieron de una matriz holística-evangélica (como se enfatiza a menudo, especialmente desde Synan, *Movement*).

a otros como compañeros en el cuerpo de Cristo, y que ambos están considerando elementos genuinos del mensaje bíblico. En lugar de reaccionar unos contra otros, o postular acerca de cuáles dones son más importantes, aceptemos la experiencia bíblicamente afirmada de manera bíblica. La Biblia ofrece modelos repetidos de experiencia espiritual; también ofrece orientación y un marco dentro del cual podemos mantener nuestra experiencia en marcha.[37]

Los enfoques hermenéuticos pentecostales son tan variados como los intérpretes pentecostales que los usan; a menudo tendemos a favorecer aquellos enfoques hermenéuticos en los que hemos sido enseñados (por ejemplo: histórico-gramatical, histórico-crítico, o posmoderno). Lo que es más útil para identificar descriptivamente un núcleo común para la hermenéutica pentecostal es mirar los distintivos históricos en los enfoques pentecostales, especialmente cuando estos siguen siendo útiles para un público más amplio.

Sin embargo, hoy, el tipo de hermenéutica históricamente característica de los pentecostales no es distintiva para ellos, sino que es compartida ampliamente entre otros cristianos. Una hermenéutica "pentecostal" por lo tanto no necesita ser como algunos enfoques hermenéuticos de interés especial que están diseñados simplemente para producir los resultados teológicos, éticos o políticos, ni es necesario ningún enfoque distintivo de la Escritura para producir un resultado que enfatice el Espíritu. Si se lee en sus propios términos (o incluso con una breve búsqueda de concordancia paulina), la Biblia nos invita a afirmar la vida, los dones, el fruto y el poder del Espíritu. El Nuevo Testamento enfatiza de manera penetrante la nueva era del Espíritu en Cristo, un énfasis que no se pierde por las búsquedas de concordancia ni por la exégesis, sino únicamente por cosmovisiones que no pueden enfrentarse con él. Este énfasis, entonces, es el resultado de una hermenéutica bíblico que está simplemente atenta al texto; que es relevante para toda la iglesia, y no solo para el segmento masivo que se llama pentecostalismo. Si definimos pentecostal en este sentido más amplio, idealmente toda la iglesia debería ser pentecostal, leyendo desde el punto de vista del Pentecostés.

Un Enfoque más Prescriptivo

Como erudito bíblico más que historiador o sociólogo de la iglesia, el tener años lidiando con textos bíblicos me ha calificado para sugerir mejores maneras de abordar la Escritura más que para estudiarla como lo hacen en algunos sectores de la iglesia. Sin embargo, así como las lecturas desde varios lugares pueden ampliar nuestros horizontes interpretativos y ayudarnos a superar nuestros puntos ciegos, escuchar percepciones pentecostales/carismáticas puede llamar nuestra atención, y a

---

[37] Adapto la última parte de este párrafo de Keener, " Biblical Fidelity", 40.

menudo ha llamado la atención de la iglesia, a puntos que gran parte de la iglesia se ha perdido.

A través de los movimientos carismáticos, los valores pentecostales positivos han afectado a gran parte de la iglesia. Una de las mayores atracciones del cesacionismo hoy (sentida incluso por muchos carismáticos como yo) es el subjetivismo extremo de algunos carismáticos. El énfasis evangélico en la enseñanza bíblica cuidadosa es crucial aquí. No obstante, la vida está llena de experiencias subjetivas, y aquellos que realmente obedecen las Escrituras no pueden descuidar la experiencia espiritual. La Biblia en sí misma está llena de experiencias dinámicas con Dios, y la iglesia necesita recordar esto regularmente.

Sea que llamemos a esas experiencias "pentecostales" o no, es una cuestión de semántica (en el país de mi esposa, por ejemplo, la mayoría de los cristianos experimentan profecías y sanidades, tanto verdaderas como falsas, fuera de los círculos denominacionalmente pentecostales y neopentecostales). Pero si queremos ser fieles a la Escritura, no solo debemos explicar lo que ella significó para los oyentes del primer siglo, sino también aprender de sus modelos. La mayoría de los eruditos bíblicos reconocen hoy que el cesacionismo carece de una sólida base bíblica, pero la interpretación bíblica requiere más que ese reconocimiento. Con demasiada frecuencia, los cristianos occidentales son inconsistentes: no somos cesacionistas en nombre, pero los somos en práctica. Desafortunadamente, esto también se ha convertido en la realidad de algunos pentecostales también.

Necesitamos leer la Biblia dinámicamente como algo que nos habla acerca de cómo Dios actúa en nuestro mundo, en nuestro tiempo y no solo en el pasado. Esa es una contribución que gran parte de la iglesia aún necesita captar del pentecostalismo global, incluso cuando la iglesia en general ofrece sus propias contribuciones al pentecostalismo global. Idealmente, toda la iglesia debe ser experiencial si desea ser bíblica.

En última instancia, un enfoque "pentecostal" es una apología por leer textos cristianos de una manera específicamente cristiana, en lugar de la manera en que a veces leemos esos textos en la academia. No se trata de devaluar la contribución de la lectura académica crítica histórica.[38] La información histórica enriquece y es a menudo necesaria para nuestra plena comprensión del texto; el punto es simplemente que el análisis de las cuestiones históricas en sí mismo no es equivalente a comprender, acoger o abrazar el mensaje de un texto.

Por ahora, basta con decir que comprender la gramática de un texto o incluso reconocer sus instrucciones no es lo mismo que aceptar su mensaje con fe. La mayoría de los estudiosos, independientemente de que acepten personalmente el texto con fe, reconocen que simplemente saber información sobre un texto no es lo mismo que aceptar el mensaje del texto en obediencia fiel.[39] Además, un enfoque

---

[38] Cf. Stibbe, "Thoughts", 181, 192, quien aboga por valorar tanto la crítica histórica como el abrazo subjetivo del texto.

[39] Por ejemplo, Pablo quería que su audiencia no solo reconociera su orden de que practicaran la hospitalidad, sino también que cumplieran con ella (Brown, *Scripture as Communication*, 98).

escéptico a lo sobrenatural desde cualquier fe difiere significativamente de cómo los escritores bíblicos pretendían que sus obras fueran leídas. Para los interesados en los debates filosóficos sobre esta distinción, vea el Apéndice A.

La Amplia Hermenéutica Cristiana del Espíritu

Aunque la mayoría de los eruditos cristianos, cualquiera sea su tradición, estarían impacientes con cualquier enfoque que reduzca el estudio disciplinado, la mayoría también valora el trabajo del Espíritu para ayudar a los creyentes a comprender y obedecer las Escrituras.

¿Cómo funciona la Iluminación?

La iluminación divina no significa pretender abandonar la naturaleza textual del texto bíblico; en la medida en que sea textual, las Escrituras en virtud de su forma textual deben abordarse de la forma en que debemos abordar los textos. Algunos sugieren que, en última instancia, el objeto de la iluminación puede ser menos sobre permitir el tipo de exégesis gramatical que somos capaces de hacer por nuestra cuenta, y en lugar, de permitirnos reconocer las demandas del texto para nosotros y abrazar el mensaje de texto en fe.[40]

Otros estudiosos evangélicos subrayan además que el papel del Espíritu de iluminar al lector no está destinado a "rehacer", y ciertamente tampoco a "deshacer", el trabajo del Espíritu en inspiración. El espíritu ya generó significado a través de los agentes humanos inspirados al escribir en su propio idioma y contexto. El papel de la iluminación del Espíritu se centra así en la perlocución de los textos, es decir, "la conclusión exitosa del acto del discurso": normalmente comprensión y respuesta. "La perlocución es lo que identifica la respuesta esperada a un acto de discurso. Si la alocución es un mandamiento, la perlocución sería obediencia... El Espíritu Santo está ampliamente involucrado en el nivel perlocutivo ya que estamos capacitados para comprender la verdad del texto, reconocer lo que requiere de nosotros y luego tomar los pasos apropiados para realizar las intenciones que el Espíritu Santo inicialmente entregó al ser humano instrumento".[41]

No obstante, el Espíritu puede ser activo incluso en el nivel de la exégesis, más a menudo a través del claro funcionamiento de nuestras facultades cognitivas en la exploración y el abordaje del texto.[42] Como sugiere un erudito pentecostal, "La iluminación ocurre junto con la aplicación normal de los principios hermenéuticos,

---

[40] Ver Stein, *Guide*, 60-66.
[41] Walton y Sandy, *Mundo*, 288-89.
[42] En acuerdo aquí con la mayoría de los eruditos bíblicos; así Wyckoff, *Pneuma*, 56, 82-84; Thiselton, "Hermeneutics", 148-49. Ver también Thiselton, *Horizons*, 91-92 (siguiendo a T. F. Torrance), 440.

no aisladamente".[43] Debemos esperar tal ayuda a la luz del rol del Espíritu como maestro y como alguien que nos recuerda la enseñanza de Jesús (Juan 14:26).[44]

En un importante ensayo moderno sobre la iluminación, el exegeta pentecostal; French L. Arrington señala la importancia de la actividad del Espíritu en la interpretación, en "(1) la sumisión de la mente a Dios para que las habilidades críticas y analíticas se ejerzan bajo la guía del Santo Espíritu; (2) una genuina apertura al testimonio del Espíritu cuando se examina el texto; (3) la experiencia personal de la fe como parte de todo el proceso interpretativo; y, (4) la respuesta al llamado transformador de la Palabra de Dios"[45]. El primero de estos puntos reconoce amablemente que el Espíritu puede obrar tanto como fuera de nuestras facultades cognitivas.[46]

La Amplia Tradición Cristiana Afirma la Iluminación

Tratar de escuchar la voz del Espíritu en el texto bíblico tiene una larga historia.[47] Se caracteriza en el enfoque meditativo *lectio divina*, desarrollado entre los benedictinos en el siglo V.[48] (Muchos elementos tanto de la *lectio divina* como del hesicasmo ortodoxo oriental, pueden ser significativos y adaptados de maneras relevantes para los creyentes en gran variedad de culturas).[49] De hecho, los primeros intérpretes cristianos como Orígenes, Juan Crisóstomo y Agustín insistieron en la necesidad de la ayuda del Espíritu para entender las Escrituras, además de la propia diligencia del lector en estudio.[50]

Lutero enfatizó la necesidad de que los intérpretes experimenten la fe y la iluminación del Espíritu, además de la exégesis gramatical e histórica,[51]"La experiencia es necesaria para la comprensión de la Palabra", la cual debe "creerse y

---

[43] Wyckoff, *Pneuma*, 84. A pesar de mi manera de enmarcar las perspectivas reflejadas en la elección de las citas anteriores, creo que Stein, Walton y Sandy estarían de acuerdo.
[44] Sobre el Espíritu como maestro, ver Wyckoff, *Pneuma*, 80, 97-122 (especialmente 117-18), 129-30; Stibbe, "Thoughts", 184; para este papel del Espíritu para Calvino, cf. también Wyckoff, *Pneuma*, 27, citando a Forstman, *Word and Spirit*, 75. Sobre los antecedentes propuestos para la imagen joánica del Espíritu como maestro, véase Keener, *John*, 2: 977-82.
[45] Arrington, "Use", 105, como se cita en Archer, "Retrospect and Prospect", 145; Archer, *Hermeneutic*, 195-96.
[46] Abordo esta cuestión con mucha más profundidad en Keener, *Mind*, pássim. Afirmando tanto el "a través" como el "más allá", enseño, profetizo y oro en lenguas.
[47] , "Hermeneutics", 161-62, señala que la mayoría de los enfoques hermenéuticos neumáticos propuestos por los pentecostales no se limitan a los pentecostales, apareciendo incluso en los padres de la iglesia.
[48] Cf., por ejemplo, Magrassi, *Praying the Bible*; Paintner y Wynkoop, *Lectio Divina*; Robertson, *Lectio Divina*; McEntyre, *Phrase*, x.
[49] Ver Nyunt, "*Hesychasm*".
[50] Wyckoff, *Pneuma*, 13-18, 124. Ver, por ejemplo, Cris. Hom. Cor. 37 (citado en Wyckoff, *Pneuma*, 16).
[51] Ramm, *Interpretation*, 98; Wyckoff, *Pneuma*, 22-24. Para el objetivo teológico cristocéntrico de Lutero en la interpretación histórico-gramatical, ver Grant y Tracy, *History*, 94; por su énfasis en la aplicación, ver Wengert, "Luther", 104, 106. A diferencia de Lutero, algunos de sus sucesores del siglo diecisiete vieron la Escritura solo con intelecto crítico y no con el corazón (Grant y Tracy, *History*, 97).

sentirse".[52] Leer la Biblia apropiadamente incluyó la oración y la meditación.[53] Calvino también insistió en que la gente podía entender la Palabra de Dios solo a través de la iluminación del Espíritu.[54] Tanto los puritanos como los pietistas insistían en que solo el Espíritu de Dios proporciona una verdadera comprensión del mensaje de la Escritura.[55] Los primeros fundadores del Seminario de Princeton también enfatizaron la iluminación,[56] aunque en el siglo XIX se desarrolló allí un escolasticismo conservador que restó importancia al papel del Espíritu en la interpretación.[57] Francis Wayland, de la Universidad Brown, el mejor erudito bautista de las décadas de 1830 y 1840, enfatizó la necesidad de la iluminación del Espíritu Santo para interpretar la Biblia.[58]

Del mismo modo, J. B. Lightfoot, un exégeta sensible a la cultura antigua y tal vez el más destacado erudito bíblico británico del siglo XIX, articula bien nuestra necesidad de involucrar al Espíritu al escuchar las Escrituras. Una de sus observaciones es tan equilibrada que me veo obligado a citarla aquí:

> Por último, estas observaciones serían las más defectuosas, si no les recordara, como debo recordarme a mí mismo, que sobre todo la oración es necesaria para la correcta comprensión de la Sagrada Escritura. Como hablándole a cristianos, podría apelar de inmediato a la autoridad de la Escritura misma, una autoridad que todos ustedes reconocen. Pero si se puede decir que, como argumento, estoy discutiendo en círculo, porque el reconocimiento del deber de oración presupone una creencia en la verdad de la Sagrada Escritura, podría poner el asunto bajo esta luz. Si se está estudiando un escritor antiguo, un historiador, por ejemplo, Tucídides o Tácito, no esperarías entenderlo a menos que te esforzaras por transportarte a la época en que escribió, para pensar y sentir con él, y para darte cuenta de todas las circunstancias que influyeron en la vida y las acciones de los hombres de ese día. De lo contrario, tu estudio sería estéril de resultados. De igual manera es con el estudio de la Sagrada Escritura. Estos documentos aparecen ante ti como escritos espirituales, y para apreciarlos debes ponerte en comunicación con el Espíritu. La oración es el medio de comunicación. Y, por lo tanto, es necesaria para la comprensión correcta de la Biblia.[59]

---

[52] Luther WA 5: 108, citado en Bartholomew, *Hermeneutics*, 198; Lutero insistió en que había aprendido a abandonar su propia sabiduría y a depender del Espíritu para escuchar las Escrituras (WA 4: 519.3-4, citado en Bartholomew, *Hermeneutics*, 199). Lutero señala la apelación de Pablo a la experiencia de su audiencia en Gal. 3:5 (Primeras conferencias sobre Gálatas, en 3:5, en Bray, *Galatians, Ephesians*, 93).
[53] George, "Introduction", xxv.
[54] Wyckoff, *Pneuma*, 27, citando a Calvin, *Corinthians*, 117; Calvin, *Catholic Epistles*, 389; Osborne, *Spiral*, 340, citando el Inst. 1:93-95; George, "Introduction", xxix; ver esp. Adhinarta, *Doctrine*, 38 (aborda las confesiones subsiguientes en 39-43).
[55] Oliverio, *Hermeneutics*, 85, siguiendo a Grenz, *Renewing*, 69, 71.
[56] Wyckoff, *Pneuma*, 43.
[57] Wyckoff, *Pneuma*, 43-45. Wyckoff también cita influencias a este respecto, como Tomás de Aquino (18-20) y Francis Turretin (29-30).
[58] Kidd y Hankins, *Baptists*, 122. Wayland fue el presidente de Brown de 1827 a 1855. Uno de sus estudiantes fundó la Baylor University y otro fue presidente de la Universidad de Michigan durante casi cuatro décadas (122-23).
[59] Lightfoot, *Acts*, 51.

Los principales intérpretes cristianos populares de principios del siglo XX también a menudo enfatizaron este enfoque, a veces incluso de maneras que podrían llevar a la preocupación de algunos evangélicos subsiguientes. Mientras que afirmaba la Escritura como la Palabra de Dios, Oswald Chambers también "creyó que las palabras de las Escrituras, aunque son la Palabra de Dios, 'no nos dan la vida a menos que Jesús nos las hable'"[60]. Uno puede comparar también al teólogo devocional de Alianza Cristiana y Misionera A. W. Tozer: "Es la Voz presente ella la que hace que la Palabra escrita sea toda poderosa"[61].

El Consenso Interdenominacional

Los pentecostales, los wesleyanos y los exegetas anteriores no son los únicos que valoran este nivel de compromiso.[62] En términos de valoración de la aplicación, los estudiosos y filósofos clásicos a menudo miran a los textos antiguos como una valiosa sabiduría.[63] ¿Cuánto más podemos esperar nosotros tales intereses junto a aquellos que valoran los textos bíblicos como canónicos? El erudito de los Hermanos de Plymouth, F. F. Bruce, por ejemplo, insistió en que los lectores que aceptan la Escritura como el libro de Dios no deben detenerse con la base gramatical e histórica, sino también escuchar el texto teológicamente.[64] Asimismo, Bernard Ramm enfatizó la necesidad de la lectura devocional en la tradición pietista, siempre que no estuviera desconectado de la interpretación contextual sólida.[65] "El Espíritu Santo solamente", subraya Grant Osborne, "puede empoderar al predicador para que su mensaje no ejemplifique palabras 'palabras persuasivas de

---

[60] King, *Only Believe*, 207, citando Chambers, *Help*, 146 (también Chambers, *Chambers*, 152; ídem, *Psychology*, 200), y distinguiendo su enfoque del de Karl Barth. Argumentando que la Escritura "no es en sí misma la palabra de Dios, sino que se convierte en la palabra de Dios para el lector" a través del Espíritu (Ellington, "Authority", 156-57) suena neoortodoxo, pero no siempre fue así (cf. la negación de Davies, "Read as Pentecostal", 257, aunque también suena neoortodoxo).

[61] King, *Only Believe*, 207-8, citando a Tozer, *Pursuit*, 68.

[62] Cf. la importancia del Espíritu en la interpretación en Klein, Blomberg y Hubbard, *Introduction*, 425-26. Incluso desde un punto de vista puramente secular, los recurrentes apelativos modernos a la Escritura requieren atención al método; cf. las observaciones de Collins, *Babel*, 133.

[63] Por ejemplo, Newlands, "Ovid"; Tsouna, "Introduction", viii. Los académicos también pueden sacar ideas contemporáneas de otros textos antiguos; ver, por ejemplo, Espinoza, "Pia Desideria" en un trabajo de 1675 de Phillip Spener. Los eruditos del estoicismo a menudo quieren que los alumnos aprecien el estoicismo y traten de responder algunas de las objeciones en su contra (Rorty, "Faces", 243; véase también Irwin, "Stoic Inhumanity", 238). Otros citan el valor de los conocimientos estoicos antiguos para la psicología cognitiva (véase Sorabji, *Emotion*, 1-4, 225-26, véase Rorty, "Faces", 260-62).

[64] Bruce, "Interpretation", 566, citado favorablemente en Wyckoff, *Pneuma*, 3. Véase en detalle Marshall, *Beyond Bible*, que incluye 79: "Las Escrituras necesitan interpretación y nueva aplicación, tanto en nuestra doctrina como en nuestra práctica".

[65] Ramm, *Interpretation*, 60-63. Ramm también protesta por el rechazo liberal de la profecía porque lleva demasiado énfasis en el significado original (68). Pero Ramm advierte contra la lectura devocional que usa los pasajes de las Escrituras como adivinación personal (111-12). Aún así, no debe pasar por alto que los judíos, cristianos y paganos antiguos abrieron textos sagrados al azar y tomaron el mensaje como relevante para ellos en ese momento; ver Van der Horst, "Bibliomancy", 165-67.

sabiduría [humana]', sino que demuestre 'el Espíritu y el poder de Dios' (1 Cor. 2: 4-5)."[66]

Los defensores del estudio inductivo de la Biblia también reconocen que la experiencia espiritual de Dios ayuda a los lectores a apropiarse de los textos bíblicos de la forma en que deben apropiarse.[67] Simplemente objetivar y evaluar textos como si pudiéramos controlarlos deja poco espacio para que oigamos Dios allí.[68] El erudito católico Daniel J. Harrington señala que después de examinar el significado original, la mayoría de los intérpretes también desean escuchar el significado del texto para nosotros en la actualidad.[69] El objetivo de los teóricos hermenéuticos como Fuchs y Ebeling es escuchar a las Escrituras hablar de nuevo en nuevos escenarios.[70] Este interés ciertamente impregnó las primeras lecturas cristianas de las Escrituras, incluso entre los reformadores[71] y muchos intérpretes modernos.[72]

La mayoría de los teólogos modernos también valoran el papel del Espíritu en la interpretación. Por ejemplo, Karl Barth aceptó la crítica histórica como un primer paso para acercarse a la Escritura, pero insistió en que solo el Espíritu podía proporcionar una comprensión completa más allá de la gramática y la historia.[73] Carl F. H. Henry considera que esta es la posición protestante ortodoxa.[74] Donald Bloesch, Thomas F. Torrance, J. I. Packer y otros enfatizan igualmente el papel del Espíritu en la interpretación.[75] Algunos han descrito la división tradicional de esta labor como: eruditos bíblicos (histórico-críticos) estudiando lo que el texto significó hace mucho tiempo, y como teólogos descubrieron el mensaje de Dios para hoy, sin interferir mucho en la disciplina del otro.[76] Hoy, sin embargo, muchos eruditos y

---

[66] Osborne, *Spiral*, 340, pasando a citar a Spurgeon y a Calvino. Cf. también Green, *Seized*, 94-100, enfatizando que el compromiso de las Escrituras "debe estar imbuido por el Espíritu"; McQuilkin, *Understanding*, 85-88, citando como requisitos para entender la regeneración de las Escrituras, la oración, la humildad y (en 86-87) la fe genuina en ella, que implica compromiso, y (en 87) la dependencia del Espíritu. Cf. también Wong, "Mind"; Cartledge, "Theology".

[67] Bauer y Traina, *Inductive Bible Study*, 36-37, citando a Jn. 7:16-17; 1 Cor. 2:14. Las Escrituras contienen varios géneros, pero algunos de ellas deben leerse de manera exhortativa (Póster, "Affections", 23) y la mayoría deben seguirse o enfatizar puntos a seguir.

[68] Mulholland, *Shaped*, 19-21, 134. Al leer así, "tenemos oídos para oír y no oímos" (23); Mulholland recomienda vernos a nosotros mismos como el objeto moldeado por el texto (57) y, siguiendo a Wesley, invita al texto a evaluarnos (130). Su enfoque relacional puede hacerse eco del "I-Thou" de Martin Buber (para quien el último "Thou" ["you" en inglés antiguo] es Dios, Buber, *I and Thou*).

[69] Harrington, *Interpreting*, 126, citado en Wyckoff, *Pneuma*, 67.

[70] Thiselton, "New Hermeneutic", 80, citando Ebeling, *Word and Faith*, 92; también, *Studies*, 35, 191-206. Para la crítica retórica, ver, por ejemplo, Kwon, *1 Corinthians 1–4*, 3-4.

[71] Para el énfasis de Lutero en "la unidad orgánica, teológica de la Biblia", véase Ramm, *Interpretation*, 56 (énfasis suyo), aunque Lutero a veces redujo el grado las obras bíblicas que carecían de este enfoque (Fuller, "Analogy", 210n13).

[72] Blackman, "Exegesis", 26, insiste en que la crítica no es suficiente; debemos tratar de entender un texto, y luego poder relacionarlo, primero "con Cristo y la doctrina bíblica central de la salvación" y "con la situación de hoy".

[73] Wyckoff, *Pneuma*, 46-48.

[74] Wyckoff, *Pneuma*, 56, citando a Henry, *God Who Speaks*, 256, 258. Ver también Wyckoff, *Pneuma*, 131.

[75] Wyckoff, *Pneuma*, 57, 75, 136, citando a estos autores y otros; ver también Bloesch, "Christological Hermeneutic", 99-102.

[76] Green, *Practicing Theological Interpretation*, 1.

teólogos bíblicos han buscado un acercamiento a través de la interpretación teológica de la Biblia.[77]

Mi Propio Trasfondo

Muchas otras partes del cuerpo de Cristo aprecian y comparten el carácter pentecostal o carismático. Actualmente se pueden encontrar representantes de este espíritu distintivo y experiencia en casi todas las comuniones globales. Por ejemplo, yo soy ordenado como ministro bautista y enseño en un ambiente predominantemente wesleyano y metodista. Pero oro en lenguas (probablemente a menudo una hora por día), amo la adoración profunda en el Espíritu y asistí a un seminario pentecostal, y el ministro bautista que ofició mi ordenación oró en lenguas sobre mí y me profetizó. Mi ordenación bautista no tuvo que ver con quejas sobre la práctica pentecostal, sino con mi compromiso con la reconciliación étnica, y con la iglesia y comunidad local donde fui ordenado.[78] También he escrito obras sobre el Espíritu y la experiencia espiritual que me identifican explícitamente como carismático.[79] De hecho, presumiblemente porque las Escrituras no me permitieron ninguna concesión con el cesacionismo en absoluto, una reseña de un periódico local de uno de mis libros escrita por un ministro presbiteriano conservador me identificó como "tremendamente carismático".[80]

El Desarrollo de mi Propio Pensamiento

Sin embargo, este no es un libro que podría haber escrito hace varios años, por dos razones. Primero, estuve en la cúspide de mi trabajo histórico-crítico sobre los Evangelios cuando escribí *El Jesús Histórico de los Evangelios*.[81] Me incliné hacia atrás para limitar mis argumentos a argumentos de consenso y datos que podrían

---

[77] Ver, por ejemplo, Green y Turner, *Horizons*; Treier, *Interpretation*.
[78] Durante la mayoría de los años desde esa ordenación en 1990 (Véase, por ejemplo, Johnston, "Ordenation", White, "Calling"; Usry y Keener, *Religion*, 125-29), he servido como ministro asociado en las iglesias bautistas afroamericanas. Debido a la demografía de nuestra ubicación, la logística de esta asociación se hizo más difícil después de que nos trasladáramos a enseñar en el Asbury Seminary, aunque mis compromisos y planes a largo plazo siguen siendo los mismos. En parte debido a que mi hijo se unió al equipo de adoración (pero también porque realmente nos gusta la iglesia), asistimos a una iglesia en Vineyard aquí.
[79] Keener, *Questions*; revisado también es, *Gift*; también, "Gifts for Today"; también, "Luke's Pneumatology"; y, "Power". Además, las obras que tratan temas de interés carismático desde una perspectiva académica más general, leídas más allá de los círculos carismáticos incluyen Keener, *Miracles*; ídem, *Spirit*; ídem, "Acts 2:1–21"; ídem, "Gifts"; ídem, "Holy Spirit"; ídem, "Miracle Reports in Gospels and Today"; ídem, "Miracle Reports: Perspectives"; ídem, "Miracles"; ídem, "Miracles: Dictionary"; ídem, "Pentecost"; ídem, "Pneumatology"; ídem, "Possession"; ídem, "Raised"; ídem, "Review of Strange Fire"; ídem, "Spirit"; ídem, "Spirit Perspectives"; ídem, "Tongues"; ídem, "Warfare".
[80] Frank Collier, "Holy Spirit book not best source", Salisbury Post (6 de octubre de 1996).
[81] Jesús histórico.

ofrecer suficiente apoyo. Creía que mis conclusiones eran desde un punto de vista historiográfico neutral mucho más plausible y mejor informado históricamente que las de los escépticos. Para mi decepción, varios escépticos simplemente rechazaron mi trabajo al estereotiparlo como "apologética" evangélica, como si solo los argumentos que favorecieran una posición más convencional pudieran considerarse una "defensa" de algo.[82]

La reacción de los escépticos reforzó mi idea de los muchos prejuicios que pueden encontrase, incluso entre algunos estudiosos que afirman ser imparciales, críticos y abiertos. Desafortunadamente, ajustándose a lo que a menudo es el mayor interés y popularidad para una era saturada de medios y publicidad, la erudición de algunos está orientada más a la novedad que a la precisión. Constantemente advierto a mis estudiantes de doctorado que, aunque la creatividad es ideal, la precisión es más vital. Después de escuchar y leer las respuestas más críticas de los eruditos de una tradición bastante escéptica, tuve que resistir la tentación de renunciar incluso a involucrarme en este círculo de eruditos. Mi trabajo posterior sobre los milagros me forzó a pensar fuera del cuadro histórico-crítico. Las preguntas metahistóricas no necesitan devaluar el uso de los métodos histórico-críticos en la esfera histórica-crítica; aun así, esa esfera no debe verse como la única digna de consideración epistemológica.

En segundo lugar, a lo largo de los años había enseñado interpretaciones bíblicas a quizás mil estudiantes, además de haber escrito un breve y práctico libro sobre el tema que ha circulado entre decenas de miles de lectores en África.[83] Mi énfasis en tales cursos fue en gran parte un corrección de la interpretación popular: estaba guiando a mis alumnos a tener en cuenta especialmente el contexto, los antecedentes y el género. Estos son aspectos cruciales que los lectores populares a menudo omiten.

No obstante, mientras presentaba un modelo yendo del texto al sermón y del texto a la vida, dejé principalmente a la homilética y a colegas de formación espiritual, la tarea de explicar las conexiones. Los intérpretes populares comúnmente pasan del texto a la aplicación, en un proceso que no creo necesitara justificación, excepto en un nivel académico más esotérico, una justificación ya proporcionada de manera adecuada por otros académicos.

Cuando Amos Yong me invitó a escribir sobre hermenéutica pentecostal, mi reflejo académico seguía siendo principalmente correctivo. Más allá del contexto literario, mi propia contribución académica principal ha estado proporcionando material antiguo que ayuda a los lectores a reconstruir el entorno, ya que es lo más difícil para los lectores modernos al momento de adquirirlo por sí mismos. Pero Amos me presionó para que considerara la valiosa contribución de una

---

[82] . "Apologética" es técnicamente una defensa de algo.
[83] Una versión es Keener, *La Biblia en su Contexto*(más a menudo distribuida en francés y una versión en español en América Latina); también contribuí con McCain y Keener, *Understanding and Applying*.

hermenéutica pentecostal, y cuanto más luchaba con esta invitación, más me intrigaba.

El resultado es este libro. No está escrito, por cierto, como lo habría escrito un teólogo, un filósofo o un historiador de interpretación. Escribo como un erudito bíblico y he tocado ligeramente en áreas que otros pueden abordar con mucha mayor habilidad. Sin tratar de reemplazar otro trabajo importante sobre la interpretación, espero estimular más discusiones y contribuir a esta interesante área en la interfaz de varias disciplinas y en la vida cristiana. Mi interés en parte es mostrar que es bíblico para los creyentes leer el texto desde un lugar dentro del mundo teológico bíblico.[84]

En contraste con mis comentarios exegéticos, mi enfoque de los testigos bíblicos aquí es deliberadamente integrador, yendo y viniendo entre diferentes escritores bíblicos en un esfuerzo por mostrar que los énfasis en cuestión rara vez se limitan a un solo escritor bíblico. Muchos de estos énfasis, de hecho, son omnipresentes. Si encontramos paralelos con otras ideas judías tempranas, no deberíamos sorprendernos de encontrar corrientes comunes de pensamiento en el cristianismo primitivo.

Un Legado de los Eruditos Pentecostales

Los primeros pentecostales emergieron especialmente del ala radical de los evangélicos de fines del siglo XIX ("evangélica" era la expresión religiosa norteamericana dominante en ese siglo), un ala que enfatizaba la santidad, las misiones, la justicia y la reforma social y la sanidad divina. Debido a que esos sectores se endurecieron, los fundamentalistas de principios del siglo XX en su mayoría excluían y a veces demonizaban a los pentecostales. En ese momento, los pentecostales habrían sido poco recibidos en la mayoría de las instituciones educativas fundamentalistas. Aunque los pentecostales todavía se basan a menudo en argumentos fundamentalistas, sus agendas primarias diferían.[85] En parte debido al rechazo fundamentalista anterior, hoy muchos estudiosos pentecostales y carismáticos se entrenan en instituciones no evangélicas.

Personalmente, estudié con varios académicos pentecostales, entre ellos Stanley Horton, Ben Aker y Gary McGee. Con la bendición de Stanley antes de que falleciera, fui el primer conferencista de Horton después de su partida. Esto fue en

---

[84] Para la idea de que la Biblia es para la comunidad de creyentes, vea a los padres de la iglesia sobre la Biblia como el libro de la iglesia (especialmente Tertuliano *Praescriptione* 5, 40, citado, por ejemplo, en Nichols, *Shape*, 170); ver hoy Hauerwas, *Unleashing*, 9, citado en Ellington, "Authority", 161. Ver también Rom. 15: 4; 1 Cor. 10:11; uno podría distinguir las preguntas de "a quién" (contextos originales) y "para quién" (la gente de Dios continua) fue escrita la Escritura.

[85] Los primeros pentecostales se basaron especialmente en los evangélicos de santidad radicales en lugar de la tradición más racionalista que finalmente se desarrolló particularmente en la dirección del fundamentalismo (Waddell, "Hearing", 181), aunque durante la controversia modernista-fundamentalista se identificaron más fácilmente con los fundamentalistas que con los modernistas antisobrenaturalistas.

el Seminario Teológico de las Asambleas de Dios, una de las instituciones donde estudié con él. Stanley hizo parte de su trabajo en Harvard (casi al mismo tiempo que George Ladd), y Ben y Gary hicieron estudios de doctorado en la Universidad de San Luis, una institución católica. Cuando fui a estudiar a Duke, comprendí que, como pentecostal, pertenecía a la tradición evangélica más amplia, pero nuestra percepción pentecostal era que ofrecíamos una contribución especial que los cesacionistas no.

En un debate de clase en Duke, un estudiante siguió criticando que mi enfoque difería del de Martín Lutero (en algún punto que ya no recuerdo), la verdad no podía entender por qué él estaba discutiendo sobre ese fundamento. Finalmente, un colega anglicano intercedió por mí: "Craig no siente compromiso con esa tradición". Compartí el valor de las Escrituras por parte de Lutero, pero no necesariamente todas sus interpretaciones. Como exegeta, Lutero estaba dispuesto a desafiar las tradiciones de su época, y yo estaba más ansioso por seguir su ejemplo al valorar las Escrituras por encima de la tradición que hacer eco de todas sus interpretaciones como mi propia tradición. Apoyar cualquier interpretación histórica dada no fue una batalla en la que me sentí interesado por participar.[86]

De manera similar, aunque sabía que muchos evangélicos se oponían a la participación de las mujeres en al menos algunas formas particulares de ministerio, quedé desconcertado por la dura respuesta que recibí de muchos evangélicos cuando me pronuncié en apoyo de las mujeres en el ministerio. Desde el punto de vista de algunas otras tradiciones evangélicas, yo era ahora "liberal", aunque en ese punto yo era fiel a la mía, la tradición evangélica pentecostal[87] (y en ese momento el círculo local de iglesias bautistas afroamericanas donde ministraba). Mi tutoría y mis amistades con otros eruditos evangélicos surgieron en gran parte después de mi trabajo de doctorado. Muchas viejas barreras de malentendidos se han roto, y creo que este es un momento ideal para que todos aprendamos de muchos otros movimientos en el cuerpo de Cristo.

El espíritu de mi llamado, al igual que el de muchos otros eruditos bíblicos (así como el de los reformadores y muchos movimientos de renovación anteriores y posteriores), es llamar a la iglesia a un regreso a las Escrituras. Reconozco que hay otros llamamientos válidos y que estos se complementan entre sí, pero las características de mi llamado, tal como se han desarrollado hasta ahora, parecen incluir el enseñar al pueblo de Dios a leer libros bíblicos como Dios nos los dio

---

[86] Eso incluye las tradiciones pentecostales. Estoy absolutamente convencido, por ejemplo, de que el antiguo enfoque escatológico dispensacional que me enseñaron en un ambiente pentecostal particular es exegéticamente insostenible (pude haber hecho demasiada diferencia cuando estaba en ese entorno, pero siempre he encontrado el enfoque muy fácil de deconstruir exegéticamente).

[87] Ver, por ejemplo, Alexander y Yong, *Daughters*; Wacker, *Heaven*, 158-65 (aunque contrasta las tendencias opuestas en 165-76); Yong, *Spirit Poured*, 190-94; McGee, *Miracles*, 135 (aunque en 136-37 se observa el declive en el pentecostalismo posterior); Powers, "Daughters"; ídem, "Recovering"; Alexander, "Conscience", 59. En varias partes del mundo, ver, por ejemplo, Ma, "Women", 136-42; Espinosa, "Healing in Borderlands", 140; Kalu, *African Pentecostalism*, 161-62; Pothen, "Missions", 191-92, 255.

(con contextos literarios y culturales concretos), así como el corregir algunos errores interpretativos populares.

Al mismo tiempo, cuando entendemos correctamente las Escrituras, encontramos también un testimonio repetido de encuentros divinos y una relación viva con Cristo. Reconocer en las Escrituras el predominio y la promesa de la actividad divina, y esperar la presencia y la pedagogía del Espíritu mientras leemos las Escrituras, es una hermenéutica del Espíritu.

PARTE I

UNA LECTURA TEOLÓGICA HACIA LA PRÁCTICA Y LA MISIÓN

La Escritura misma nos invita a leerla teológicamente con interés en la práctica (*praxis*) y en la misión.[1] Es decir, la mayoría de los escritores bíblicos querían que su audiencia implementaran las lecciones que comunicaron, y su enseñanza frecuentemente destaca a Dios, a Cristo y a la misión de la iglesia. Aunque algunas veces menospreciada por los lectores académicos modernos, la lectura de la Escritura con fines teológicos caracterizó a los intérpretes premodernos y se encuentra de nuevo sobre el tapete de los intérpretes posmodernos.[2] La iglesia nunca abandonó este interés, y el énfasis pentecostal temprano ofrece un ejemplo de este enfoque.

Los estudiosos de hoy, generalmente describen el entendimiento de los textos en términos de dos horizontes: el horizonte del texto original o del autor, y el horizonte del lector. Casi todo mi trabajo académico en estudios bíblicos se ha dedicado al primer horizonte, pero debido a que este libro se centra en un elemento distintivo de la hermenéutica del Espíritu, me concentro más aquí en la lectura que va más allá de ese horizonte. Sin embargo, si realmente respetamos el texto bíblico como autoritativo, ese horizonte es un fundamento necesario para la interpretación y, por lo tanto, regresaremos a él, especialmente en los capítulos 8 y 9.

Por el contrario, las recientes discusiones sobre la hermenéutica del Espíritu se han centrado tanto en los lectores, que a veces ellos mismos han reaccionado contra los énfasis interpretativos anteriores con respecto al primer horizonte. No obstante, los propósitos para los cuales aparentemente fue diseñado un texto sugieren sus usos más obvios, y una interpretación genuinamente iluminada por el Espíritu debe ser consistente con el diseño originalmente inspirado por el Espíritu. Nuestra lectura de la Escritura como comunicación está mejor anclada, en la medida de lo posible, en los contextos de los textos bíblicos.

---

[1] Para la praxis en la hermenéutica pentecostal, véase Johns and Johns, "Yielding", 42-46 (que define la praxis más específicamente que yo aquí).
[2] Ver, por ejemplo, Waddell, "Hearing", 182, 186, citando aquí también Steinmetz, "Superiority" (también publicado en 65-77 en McKim, *Guide*); cf. hoy también Bartholomew and Thomas, *Manifesto*. Para la interpretación teológica de Lutero, ver, por ejemplo, Ramm, *Interpretation*, 55-57.

Pero las recientes discusiones plantean una pregunta crucial: ¿cómo es que esos textos nos hablan en diferentes entornos? Aquí, las analogías conocidas son muy útiles, una cuestión a la que abordaré más tarde (especialmente en el capítulo 16). Aunque primero, quiero mostrar el valor de las lecturas experienciales y escatológicas de los textos, siempre que se relacionen con el rango de significado implicado en la comunicación inspirada original.

CAPITÚLO 1

Leyendo Experiencialmente

Desde un punto de vista cristiano, la historia bíblica se mueve hacia la venida de nuestro Salvador y la consumación final. El período actual entre las dos venidas de Jesús es un tiempo escatológico en el que debemos esperar que el Espíritu actúe de manera decisiva en la iglesia. Aunque los primeros pentecostales generalmente leían la Escritura a través de un marco narrativo de una especie de "lluvia tardía" en lugar de un enfoque bíblicamente más preciso como lo es la escatología del ya/todavía no de reino, su lectura fue incuestionablemente escatológica.[3] Ellos y otros movimientos de avivamiento de la época pueden proporcionarnos un modelo útil para leer la Escritura de forma experiencial y escatológica, reconociendo el significado de la experiencia presente. Esta manera de leer es sugerida por nuestra ubicación en la historia bíblica.

Lectura Misionológica del Pentecostalismo Temprano de Hechos Dos

Los evangélicos radicales de finales del siglo XIX enfatizaron la importancia de la Gran Comisión, la misión de alcanzar a todos los pueblos con el evangelio de Cristo. Escatológicamente, su frecuente posmilenialismo desempeñó un papel en esta expectativa, pero fue también uno de otros esquemas escatológicos que fueron compartidos en la época. Muchos evangélicos radicales, especialmente en círculos que enfatizan la santidad, rogaban por una experiencia especial de empoderamiento.

Los círculos en Keswick y algunos otros acertadamente se dieron cuenta de que el enfoque de la actividad del Espíritu relatada en Hechos era el empoderamiento divino para la misión (ver especialmente Hechos 1:8), y estaban orando en concordancia con ello. Algunos, creyendo que la tarea global era demasiado grande sin ayuda milagrosa, creían que solo se podía lograr si los misioneros podían evangelizar directamente sin tener que aprender todos los idiomas primero (hay muchos idiomas que no son oficialmente conocidos aún). Estaban orando por las

---

[3] La Tercera Ola, fuertemente influenciada por la teología bíblica de George Ladd, ha cambiado amablemente este énfasis; ver, por ejemplo, Stibbe, "Thoughts", 188: "Una de las cosas distintivas de la interpretación y exposición carismática es su énfasis tanto en el 'ahora' como en el 'todavía no' del reino de Dios".

lenguas misioneras, es decir, que Dios les diera poderes sobrenaturales para que hablasen idiomas sin necesidad de aprenderlos primero.

Cuando algunos cristianos en círculos de santidad comenzaron a hablar en lenguas como parte de su experiencia dramática del Espíritu, primero creyeron que estaban experimentando lenguas misioneras.[4] Aunque en la mayoría de los casos descubrieron posteriormente lo contrario,[5] su interés en el poder para la misión permaneció y en esas primeras formas pentecostales modernas de cristianismo, se han expandido mucho más rápido que cualquier otro movimiento cristiano, gran parte globalmente por el crecimiento de la conversión.[6] La conexión entre las lenguas y las misiones, sin embargo, a menudo fue olvidada.[7]

Aunque los pentecostales no siempre reconocieron la conexión, el uso narrativo de las lenguas de Lucas también estaba relacionado con la misión. Debido a que Lucas se enfoca en el poder del Espíritu para la misión (Hechos 1:8), naturalmente enfatizó la intersección más visible entre la dimensión profética de la actividad del Espíritu y el elemento intercultural. ¿Qué mayor signo de empoderamiento profético intercultural podría enfatizar Lucas que los embajadores de Dios, inspirados por el Espíritu, adorándolo en los idiomas de otros pueblos?[8]

Observando la Narrativa Bíblica para Obtener Modelos

Cuando los primeros pentecostales leyeron Hechos en busca de pistas sobre los signos narrativos del bautismo del Espíritu, algunos críticos replicaron que uno no puede obtener teología de la narrativa. Por supuesto, los eruditos de hoy en día reconocen que las narrativas ciertamente comunican perspectivas, que pueden ser teológicas, políticas, morales o una combinación de varios énfasis.[9] Contra la dicotomía entre historia y teología que a veces prevaleció en la crítica bíblica de mediados del siglo XX, los historiadores antiguos a menudo señalaron

---

[4] Como se observa regularmente, por ejemplo, Anderson, *Pentecostalism*, 33-34; McGee, *Miracles*, 61-76; ídem, "Hermeneutics", 102; ídem, "Strategy", 52-53; Goff, "Theology of Parham", 64-65; Jacobsen, *Thinking in Spirit*, 25, 49-50, 74, 76, 97; Robeck, *Mission*, 41-42, 236-37, 243, 252; ver especialmente McGee, "Shortcut"; igualmente, "Logic"; Anderson, "Signs", 195-99.

[5] Ver, por ejemplo, Wacker, *Heaven*, 47-51; McGee, *People of Spirit*, 77-78; ídem, "Strategies", 204; Hudson, "Strange Words", 61-63; Anderson, "Points", 167; Ma, "Eschatology", 100.

[6] Ver, por ejemplo, Lee, "Future", 105; Mullin, *History*, 211; Berger, "Faces", 425; Tomkins, *History*, 220; Sweeney, *Story*, 153; Barrett, "Renewal", 388; Barrett, Johnson y Crossing, "Missiometrics 2006", 28; Barrett, Johnson y Crossing, "Missiometrics 2007", 32; Sanneh, *Disciples*, 275; Noll, *Shape*, 22, 32, 34; Johnson y Ross, *Atlas*, 102; Hanciles, *Beyond Christendom*, 121; Satyavrata, "Globalization", 3. Pero para más matices, ver esp. Anderson, *Pentecostalism*, 11.

[7] Algunas veces se ha persistido o resurgido, sin embargo; ver de manera útil McGee, *Miracles*, 102; esp. Miller, *Tongues Revisited*.

[8] Keener, *Acts, 1: 823-31*, esp. *823-24*; igualmente, "Tongues".

[9] Vea las muchas fuentes citadas en Keener, *Acts*, 1: 148-65; entre los evangélicos, vea el trabajo seminal Marshall, *Historian and Theologian*; también, "Luke as Theologian"; entre los pentecostales, cf. Stronstad, *Charismatic Theology*. Para la compatibilidad de las lecturas teológicas y políticas, ver, por ejemplo, Elliot, *Arrogance*, 23.

explícitamente este propósito en su escritura.[10] Los escritores bíblicos mismos afirmaron esta práctica (ejemplo, Rm. 15:4; 1 Cor. 10:11;2 Ti. 3:16-17).

Los estudiosos pudieran debatir si los primeros pentecostales siempre notaron los patrones correctos en Hechos (muchos argumentan, por ejemplo, que los signos del bautismo espiritual pueden ser más diversos de lo que anticipaban). Su narrativa hermenéutica, sin embargo, era más sensible al texto que la de la mayoría de sus críticos. Los eruditos bíblicos en general se volvieron más sensibles al valor teológico de las narraciones después del surgimiento de la crítica de la redacción y especialmente de la crítica narrativa y la teología narrativa.[11] Hoy, muchos eruditos evangélicos importantes, por ejemplo, reconocen que los patrones consistentes en Hechos son instructivos, incluyendo la conexión entre el Espíritu y el poder para el ministerio de Lucas.[12]

Los críticos también respondieron a menudo a las lecturas pentecostales de Hechos al citar declaraciones específicas de la teología paulina, las cuales los pentecostales, con razón, consideraron a menudo como algo aparte del punto. James D. G. Dunn fue uno de los primeros eruditos en tomar el pentecostalismo lo suficientemente en serio como para escribir una gran crítica académica sobre éstos y su entendimiento habitual del bautismo en el Espíritu.[13] (Cabe señalar que el mismo Dunn, al participar en un diálogo riguroso sobre puntos exegéticos, ha sido siempre conciliador y amistoso hacia los pentecostales y sus prácticas. De hecho, aunque no carismático por algunas definiciones populares, él es un "carismático paulino" que afirma la continuidad de todos los dones y sobresale especialmente por su don de enseñanza).[14] Muchos exégetas pentecostales respondieron que Dunn estaba leyendo a Lucas a la luz de Pablo, en lugar de permitir que sus voces fueran distintas pero complementarias. También argumentaron que este enfoque era irónico en vista del propio énfasis de Dunn en la diversidad y la unidad de la teología en el NT.[15]

---

[10] Polyb. 1.1.1; Dion. Hal.*Ant. rom.* 1.2.1; Livy 1, *pref.* 10; Val. Max.2.pref .; Tac. *Agr. 1*; *Ann.* 3.65; Lucian *Hist.* 59; cf. Diod. Sic. 37.4.1; Hdn 3.13.3; Max.Tyre 22.5; para apartes moralizantes, ver, por ejemplo, Polyb. 1.35.1-10; Diod. Sic. 31.10.2; Dion. Hal. *Ant. rom.* 7.65.2; Vell. Paterc. 2.75.2; Dio Cass. 1.5.4; Arrian *Alex.* 4.10.8; Corn. Nep. 16 (Pelopidas), 3.1; Tac. *Ann.* 16.15.

[11] Para la importancia de la narrativa bíblica cohesiva para la teología narrativa contemporánea, ver, por ejemplo, Stroup, *Promise*; Hauerwas y Jones, *Narrative*; Loughlin, *Story*; Bartholomew, *Hermeneutics*, 58-84. El énfasis en la narrativa no garantiza que todos los académicos lean esa narración de la misma manera o que encuentren todos las mismas "fases" clave en la historia. Sin embargo, la narrativa ya era el género más común en la Biblia, y proporciona la estructura que da contexto a la mayoría de las otras piezas del canon. En la historia de la salvación, ver antes Cullmann, *Salvation*.

[12] Ver Klein, Blomberg y Hubbard, *Introduction*, 350-51.

[13] Dunn, *Baptism*.

[14] Correspondencia personal, 26 y 27 de julio de 2015. "Sobresalir" es mi propio brillo en sus comentarios más humildes.

[15] Dunn, *Unity*. Véase, por ejemplo, Pinnock, "Foreword", vii: "Irónicamente, en este punto al menos, hay una mayor diversidad en el Nuevo Testamento de lo que incluso Jimmy Dunn está dispuesto a otorgar".

Varios movimientos de renovación han mirado a la iglesia primitiva de Hechos como un modelo y han tratado de vivir Hechos de varias maneras.[16] Los movimientos de misiones de finales del siglo XIX y los primeros pentecostales extrajeron correctamente de Hechos un modelo para la misión. Más importante aún, Hechos nos enseña patrones de la actividad de Dios, incluso parte del patrón es que Dios a menudo derrama su Espíritu de manera inesperada a través de su pueblo.

Curiosamente, aunque muchos de los debates sobre los derramamientos del Espíritu en Hechos se centran, comprensiblemente, en la experiencia cristiana individual, las narrativas de Lucas se centran en derramamientos corporativos, quizás algo así como lo que los historiadores de las iglesias estadounidenses llaman avivamientos. Los elementos en los "avivamientos" en Hechos a veces varían en características particulares, como el sacrificio económico (Hechos 2:44-45; 4:32-35) o gozo (13:52). Dado el enfoque de Lucas, no es sorprendente que enfatice especialmente el elemento del empoderamiento profético (2:17-18, Lucas 1:67), incluyendo un audaz discurso inspirado por Dios (Hechos 4:8,31, 19:6), la proclamación de una visión (7:55) y la adoración en lenguas (2:4; 10:46; 19:6). Pero tampoco debemos sorprendernos si algunos de esos derramamientos del Espíritu incluyen varias características específicas, ya sea dolor por el pecado, gozo en Cristo (como en Hechos 13:52), o algo similar.[17] (Idealmente todos los creyentes deben expresar siempre todo el fruto del Espíritu, pero en la práctica, expresiones particulares a veces salen a la luz cuando Dios llama nuestra atención a ellas de maneras especiales).

Algunos críticos de hoy creen que las narraciones bíblicas nos enseñan solo sobre las acciones de Dios, pero no proporcionan modelos para nuestras actitudes hacia Dios. Argumentan que estos textos nos enseñan la historia de la salvación, pero no ejemplos para nuestra fe. Pero esa no es la forma en que Pablo lee las Escrituras. Él ve la fe de Abram (Gn. 15:6) como un modelo para todos los creyentes (Rm. 4); De una manera diferente, también Santiago (Stg. 2:21-23). Eso no quiere decir que cada aspecto del comportamiento de Abram sea un modelo positivo, pero el comportamiento de Abram que Dios consideró como justo ciertamente lo fue. Del mismo modo, Santiago usa las experiencias de los profetas y Job como modelos para la resistencia y paciencia ante el sufrimiento (Stg. 5:10-11). Él no solo reconoce la humanidad de Elías en común la nuestra, sino que por esta misma razón también coloca su fe para la acción divina como modelo para nosotros (Stg. 5: 17-18).

---

[16] Por ejemplo, para compartir posesiones en Hechos 2, Evans, *Wycliffe*, 155, 226; Wesley en Jennings, *Good News*, 25, 97-117 (especialmente 111-16); los primeros moravos (Williams, *Radical Reformation*, 429; ver 229-33); para los huteritas (McGee, "Possessions", 167-68; Williams, *Radical Reformation*, 232, 426-29); y, menos literalmente, muchos otros anabaptistas (véase Finger, *Meals*, 21-22); más recientemente, la familia comunitaria de Jesús en China (Anderson, *Pentecostalism*, 135; Zhaoming, "Chinese Denominations", 452-64; Yamamori y Chan, *Witnesses*, 54-62); algunos elementos en el Movimiento de Jesús norteamericano de los años 1960-70 (Jackson, *Quest*, 32; Di Sabatino, "Frisbee", 395-96; Eskridge, *Family*, 88 [véase 78-79]).
[17] Para la diversidad de avivamientos, ver, por ejemplo, Shaw, *Awakening*, 203-6.

Leyendo Experiencialmente

Volveré a la aplicación de los modelos narrativos más detalladamente adelante en los capítulos 10 y 15. Mi punto aquí es simplemente que esta forma de leer ha caracterizado la interpretación pentecostal desde el principio.

El Valor de la Lectura Devocional

Las críticas a la hermenéutica carismática, así como las críticas a los avivamientos, a menudo provienen de académicos o ministros entrenados en seminarios que critican la interpretación carismática popular. Algunas de estas críticas pueden ser tanto una crítica de los enfoques populares como de la teología carismática en particular. Uno se pregunta si las interpretaciones populares no carismáticas mejorarían significativamente si los académicos carismáticos las criticaran. Los intérpretes populares a menudo sacan la Escritura fuera de contexto, y a medida que nuestra cultura avanza cada vez más hacia la comunicación en frases cortas y tweets concisos, la capacidad de seguir un argumento entero, relevante para algunos géneros en las Escrituras, será cada vez más escasa.

Dicho esto, la interpretación popular y devocional, aporta una idea que muchos de nosotros, académicos, por toda nuestra precisión metodológica, hemos omitido. Es decir, necesitamos escuchar las Escrituras con fe, abrazándolas en nuestras vidas personales. Un lector puede aceptar una idea falsa cuando saca la Escritura fuera de su contexto, pero un lector que lo entiende en contexto pero que no acepta sus demandas, también omite su función como Escritura. La distancia hermenéutica tiene ventajas en un nivel de interpretación,[18] pero coloca al intérprete en una grave desventaja cuando se trata de vivir el mensaje del texto.

Este enfoque de la proximidad hermenéutica no se limita a los pentecostales,[19] sino que los pentecostales se cuentan como algunos entre los que de manera convencional leen de esta manera.[20] Como cristianos, leemos la Biblia con fe

---

[18] Ciertamente, ayuda a reducir la presión por los prejuicios, ya sea teológica (por ejemplo, querer defender la doctrina denominacional) o cultural (por ejemplo, ofensa a valores teocráticos). Por ejemplo, soy libre de explorar lo que dijo Jesús sobre el divorcio o lo que dijo sobre el comportamiento homosexual, cualesquiera que sean mis predisposiciones personales y preocupaciones pastorales con respecto a esos temas, las cuales luego puedo abordar y ajustar después de la exégesis.

[19] Véase, por ejemplo, Green, *Practicing Theological Interpretation*, 13-20, sobre la reducción de la distancia hermenéutica (véase Green, *Seized*, 4); Fraser y Kilgore, *Friends*, 32-36, sobre encontrarnos a nosotros mismos y a nuestro mundo en la Biblia, en lugar de resaltar la distancia cultural en la medida en que esto se vuelve imposible. En particular, las iglesias ortodoxas orientales, que ya enfatizan el valor de la iluminación del Espíritu, no han sido afectadas por los problemas de distancia hermenéutica que Bultmann y sus sucesores trataron de superar (Vassiliadis, "Ermeneutike").

[20] Por ejemplo, Archer, *Hermeneutic*, 167; Oliverio, *Hermeneutics*, 80. Los primeros pentecostales populistas, de hecho, probablemente prestaron muy poca atención al contexto original (véase la descripción de su interpretación en Byrd, "Theory", aquí 204-5, como se cita en Archer, "Retrospect and Prospect",134; ídem, *Hermeneutic*, 167); el problema a menudo permanece hoy (ver observaciones en Gray, *Crowd*, 119). Aunque este enfoque ignoró en gran medida el primer horizonte en lugar de fusionar horizontes, la mayoría de los primeros pentecostales carecían de acceso a información más completa. El estudio bíblico académico de hoy generalmente ignora el horizonte actual, a menudo sin siquiera pasar la antorcha a aquellos cuyo enfoque es la predicación o la contextualización; cada enfoque, entonces, puede aprender de la fortaleza del otro.

personal, no solo para entenderla sino para abrazar su mensaje y cosmovisión teológica como cierta para el mundo en que vivimos. Uno puede hacer un trabajo académico que siga sus reglas, pero tales lecturas, si bien legitima sus propósitos, difieren de la lectura deliberadamente cristiana que se enfatiza aquí, que también es legítima para su propósito.[21]

Wesley instó a los lectores que encontraban algunos pasajes bíblicos difíciles de entender, a que buscaran a Dios en oración.[22] Orar por la comprensión es sin duda un concepto bíblico (por ejemplo, 1 R. 3:9-10; Sal. 25:4-5; Dn. 2:18- 19; Ef. 1:17-18; Fil. 1:9-10; Col. 1:9-10; Sal. 6; Stg. 1:5), y este principio ciertamente se aplica a la comprensión de la Escritura (Dn. 9:2-3, 23). La oración por la comprensión de la ley es un estribillo frecuente en el Salmo 119 (119:27, 34, 73, 125, 144, 169). No obstante, no necesitamos esperar hasta que haya un pasaje que no entendamos cognitivamente. Cuando leemos devocionalmente la Escritura, podemos orar mientras leemos, tomamos tiempo para alabar a Dios y meditar en oración, lo que encontramos allí. Este enfoque no necesita detenerse en cada punto, pero podemos orar por los puntos que ofrecen desafíos o ideas complejas para nosotros. La oración podría ser un breve susurro antes de continuar, o una luchar intensa con un asunto particularmente desafiante para nosotros.

Leer Bíblicamente es Leer Experiencialmente

Las lecturas puramente "experienciales" subjetivas son comunes en un nivel popular: buscan una "emoción" particular en un texto o algún significado "profundo" que no esté relacionado con el significado evidente menos "espiritual". Desafortunadamente, tales lecturas subjetivas y las lecturas puramente "racionales" a menudo reaccionan y/o se alimentan mutuamente. Una forma de lectura puramente racional es aquella que analiza la gramática y el sentido contextual, pero nunca se compromete con el texto en términos de considerar las demandas o invitaciones o alientos de su mensaje. Esta lectura racional a menudo puede referirse a una parte del texto, pero no aborda el mensaje como la palabra de Dios.[23] Una persistente negación a abrazar el mensaje en la fe, condicionando la forma habitual de leer el texto, puede producir una dureza en contra tal mensaje.

La lectura experiencial de una manera responsable no respalda la subjetividad pura en la interpretación. Tampoco me refiero a buscar una aplicación personal o

---

[21] Note la valoración de cada uno en su esfera en Green, *Seized*, 1-2. Cf. Green, *Practicing Theological Interpretation*, 73, sobre cómo las lentes teológicas a través de las cuales los cristianos leen la Torá difieren de los de, por ejemplo, los fariseos o los esenios.

[22] Green, *Practicing Theological Interpretation*, 107, citando a Wesley, *Works*, 5: 3; ver también Mulholland, *Shaped*, 171, citando a Wesley, *Works*, 14: 252-53.

[23] En contraste con las lecturas más escépticas, algunos pueden acercarse a la letra del texto como la palabra de Dios, venerando la gramática. Sin embargo, si el gramático no acepta el mensaje del texto, puede perder el bosque a causa de los árboles, un enfoque miope sobre el cual Jesús advirtió (Mateo 23: 23//Lucas 11:42).

una "comida lista para llevar" para cada verso o incluso párrafo, aunque (como se argumenta más adelante en el libro) la aplicación por analogía responsable nos ayuda a escuchar y abordar el texto de manera más comprensiva y concreta. Más bien, por lectura experiencial me refiero a creer en lo más profundo de nuestro ser lo que encontramos en el texto. Por ejemplo, una cosa es afirmar académicamente que Dios nos ama. Es otra abrazar esa verdad en nuestros corazones que se han sentido heridos y desconfiados. Yo mismo he experimentado tanto la afirmación meramente racional como, posteriormente, el cálido abrazo del amor del Padre. Aunque los sentimientos son parte de la experiencia humana y, por lo tanto, un elemento de nuestra vida espiritual, el tipo de experiencia que abordo aquí tiene más que ver con la fe y la acción que exige que con el sentimiento.

La espiritualidad pentecostal siempre ha leído las Escrituras de manera experiencial.[24] Con esto no me refiero a que los cristianos pentecostales simplemente lean las Escrituras a la luz de su experiencia, aunque a veces ha sido así (y no solo para los pentecostales). Más bien, quiero decir que especialmente leemos y desarrollamos nuestra experiencia a la luz de la Escritura.[25]

Por supuesto, la experiencia, al igual que nuestra cultura y tradición, también moldea la forma en que leemos las Escrituras, para bien o para mal. Nadie llega a los textos sin presuposiciones, generalmente moldeadas por experiencias o instrucciones pasadas.[26] Puede que tratando de eliminar el prejuicio y abordando honestamente los textos ajuste nuestras presuposiciones.[27] Pero no deberíamos pretender no tener alguna presuposición.[28] Incluso la reflexión básica requiere "categorías mentales" y algunos sistemas para interpretar la realidad.[29] Como señala Anthony Thiselton, "el condicionamiento histórico tiene dos caras: *el intérprete*

---

[24] Ver, por ejemplo, Oliverio, *Hermeneutics*, 51; Moore, "Approach", 12; Archer, "Retrospect and Prospect", 133; cf. Clarke, "Wine Skins", 180. El reciente énfasis hermenéutico en los lectores ha resaltado esta dimensión de interpretación subjetiva y experiencial (Wyckoff, *Pneuma*, 87).

[25] Menzies, "Methodology", 12-13 (como se cita en Stronstad, "Trends", Archer, "Retrospect and Prospect", 143), sugiere que la experiencia, aunque no sea la fuente misma de la teología, debería ser capaz de verificar las enseñanzas bíblicas en la vida de los creyentes. Si la "verificación" suena demasiado modernista (y por lo tanto cultural e históricamente específica, véase la preocupación en Archer, "Retrospect and Prospect", 147), caminar en la realidad de la propia condición, al menos, es un concepto bíblico (Rom. 6:11; 1 Cor. 6:11). Uno puede comparar el papel de Wesley de la experiencia, subordinada a las Escrituras, en lo que los intérpretes posteriores han llamado el cuadrilátero wesleyano (también valoran la razón y la tradición guiadas por el Espíritu, cómo se inspiró en esta hermenéutica pentecostal, véase Oliverio, *Hermeneutics*, 127-28). Wesley consideraba que la experiencia era la evidencia más sólida para la fe cristiana aparte de las Escrituras, y con esto quería decir que experimentó lo que las Escrituras describieron.

[26] Esto lo señala mi amigo Darrell Bock, que pertenece a círculos de cesacionistas moderados, pero en la práctica compartimos enfoques hermenéuticos muy similares. Darrell articula la importancia de pasar de la experiencia al texto y viceversa (discusión personal, 19 de noviembre de 2015).

[27] En este sentido, la precomprensión simplemente reconoce que el intérprete comienza con una hipótesis, pero que esta hipótesis permanece abierta a la falsificación y el ajuste (Hirsch, *Validity*, 260).

[28] Casi todos los eruditos hoy reconocen que ningún intérprete viene sin presuposiciones; ver, por ejemplo, Dilthey, *Pattern*, 81; Bultmann, "Exegesis"; Thiselton, "New Hermeneutic", 86; Klein, Blomberg y Hubbard, *Introduction*, 7; Fiorenza, "Hermeneutics", 361 (usando esto para argumentar a favor de usar suposiciones liberadoras, 378-81); Green, *Seized*, 24-25; Bauer and Traina, *Inductive Bible Study*, 34-36; Spawn y Wright, "Cultivating", 191-92; Archer, *Hermeneutic*, 223.

[29] Osborne, *Spiral*, 412.

moderno, no menos que el texto, se encuentra en un determinado contexto histórico y tradición".[30]

Las experiencias contemporáneas, sin embargo, pueden ayudarnos a escuchar el texto bíblico de una manera que resuene con sus valores. Al igual que el diálogo con otras culturas y puntos de vista o el aprendizaje de nueva información nos permite ajustar nuestras suposiciones iniciales, también lo hace el compromiso con la voz de las Escrituras. Así, Thiselton también señala que "el texto bíblico cobra vida como un 'acto de habla'… cuando ocurre algún tipo de correspondencia o interrelación entre la situación dirigida por el escritor bíblico y la situación del lector u oyente moderno".[31] La Escritura ya posee autoridad y es verdadera, pero se la *experimenta* como autoritativa, por ejemplo en asuntos de perdón, cuando uno personalmente abraza su verdad.[32]

Experiencias similares a las de las Escrituras a menudo hacen que las Escrituras sean más dignas de confianza o cercanas a nosotros de lo que sienten quienes no las tienen. Señalé antes que los judíos mesiánicos o los miembros de las congregaciones domésticas pueden escuchar un énfasis o resonar con experiencias o enfatizar en las Escrituras lo que otros omiten; del mismo modo, aquellos que han experimentado milagros a menudo encuentran más plausibles a éstos que aquellos que no lo han hecho.[33] Además, una experiencia de poder espiritual también puede animarnos a defender nuestras convicciones acerca de la verdad frente a un diferente consenso prevaleciente, una experiencia que también puede tener implicaciones hermenéuticas tanto para académicos como para otros lectores.

La contribución más distintiva del pentecostalismo clásico a la iglesia global ha sido la restauración de la lista completa de dones espirituales como un prejuicio experiencial del cual leemos las Escrituras. Esta no es una contribución pequeña, sino una hermenéutica del Espíritu completa la cual debería enfatizar no solo los elementos que son distintivos del movimiento pentecostal temprano, sino también aquellas experiencias bíblicas que han sido compartidas por los movimientos eclesiales de donde nació.

Sin embargo, por muy valioso que sea el prejuicio experiencial, mi enfoque principal aquí es cómo leemos nuestras experiencias a la luz de experiencias análogas en las Escrituras. Hasta cierto punto, la lectura experiencial de las Escrituras es inevitable. Sin embargo, no es solo inevitable; es también deseable y bíblica, siempre que tal lectura devocional también sea amoldada por la cuidadosa disciplina de cómo la Escritura misma nos invita a leerla. Jesús, sus seguidores y los primeros profetas muestran formas de leer las Escrituras experiencialmente.

---

[30] Thiselton, *Horizons*, 11; cf. también 12, 15.
[31] Thiselton, *Horizons*, 436.
[32] Thiselton, *Horizons*, 436-37. Stanley, *Diffusion*, 222, también cita este pasaje y lo señala como un importante paso adelante en la hermenéutica evangélica.
[33] Cf. Ervin, "Hermeneutics", 33, citado en Fogarty, "Hermeneutic"; Abraham, *Revelation*, 101, 108-11 (como se cita en Spawn, "Principle", 51); también experiencias carismáticas en Spawn, "Principle", 62, 71; Thomas, "Spirit Is Saying", 121; cf. Boda, "Walking", 169; Lewis, "Epistemology".

Leyendo Experiencialmente

Un Enfoque Pentecostal

La experiencia ha influido durante mucho tiempo en la interpretación. Por ejemplo, la experiencia de Whitefield y Wesley de predicar en los campos les dio una apreciación más completa de la predicación abierta de Jesús, de la cual ya eran conscientes a partir de los Evangelios. La experiencia de Wesley de ministros laicos y mujeres que comunicaron con precisión las Escrituras lo abrió a dimensiones genuinas de las Escrituras que había resistido inicialmente.[34] (Dado que para este libro tengo un público amable, me encantaría repetir mi caso bíblico que apoya a las mujeres en el ministerio aquí, pero dados los otros temas que necesito cubrir aquí, simplemente remitiré a los lectores a mi trabajo anterior sobre el tema, y el de otros).[35]

Los evangélicos radicales de finales del siglo XIX, como muchos otros lectores de las Escrituras a lo largo de la historia, querían vivir de acuerdo con las Escrituras y esperaban que Dios los encontrara mientras la estudiaban. Su piedad formó el intuitivo telón de fondo de las primeras prácticas pentecostales, prácticas que también hoy se atestiguan ampliamente entre los carismáticos y otros cristianos. El énfasis primordial pentecostal en el Espíritu y en la experiencia en realidad refleja un tema omnipresente de las Escrituras y particularmente en la vida del cristianismo primitivo ejemplificada en las cartas de Hechos y de Pablo. Algunos intérpretes protestantes habían minimizado estos énfasis bíblicos, presumiblemente porque parecían ajenos a su propia experiencia.

El pentecostalismo fue, como muchos de sus precursores y (en menor medida) la Reforma y algunos movimientos monásticos católicos, un movimiento restauracionista.[36] Querían apartarse de las tradiciones eclesiales bíblicamente inadecuadas. El restauracionismo en sí mismo, por supuesto, se convirtió en una tradición y, como muchas tradiciones, diversas formas de restauracionismo a veces son endurecidas y reducidas a códigos legalistas o se vuelven un medio para exaltar a su grupo por encima de los demás. Sin embargo, su interés original y fundamental era valioso. El ímpetu de muchos reformadores medievales y movimientos monásticos fue la protesta contra la corrupción en la iglesia; el énfasis renacentista en la recuperación de las primeras fuentes también ayudó a alimentar la Reforma.[37]

---

[34] Wesley permitió que la experiencia desempeñara un papel en la interpretación (articulada posteriormente en el "cuadrilátero wesleyano"), aunque subordinada a la Escritura misma.

[35] Por ejemplo, Keener, *Paul*; ídem, "Perspective"; Keener, "Learning"; Belleville, *Leaders*; Pierce, Groothuis, y Fee, *Discovering*. Se pueden encontrar vistas contrarias en, por ejemplo, Piper y Grudem, *Recovering*; Köstenberger, Schreiner y Baldwin, *Women*.

[36] Sobre la influencia de los primeros restauracionistas sobre la identidad pentecostal temprana, ver, por ejemplo, Archer, *Hermeneutic*, 150-56; brevemente, Blumhofer, *Popular History*, 16-18. Los primeros pentecostales vieron su avivamiento como continuar o incluso completar la restauración de la iglesia iniciada en la Reforma (Oliverio, *Hermeneutics*, 76).

[37] Cf., por ejemplo, el énfasis en el contexto original en Bartholomew, *Hermeneutics*, 195-97. Muchos restauracionistas tenían un enfoque ahistórico (sin la suficiente apreciación de la historia o el contexto histórico como lugares para la actividad divina), pero el ímpetu inicial del restauracionismo era, en cierto sentido, lo contrario. Los cristianos que no aceptan que "la Iglesia" siempre está progresando hacia una verdad mayor (para

Aunque la controversia fundamentalista-modernista finalmente colocó un mayor enfoque en las proposiciones doctrinales, muchos restauracionistas (incluyendo de nuevo todo desde los movimientos monásticos a los evangélicos radicales) enfatizaron un retorno al estilo de vida ideal o una experiencia espiritual más alta representada en el Nuevo Testamento. Este enfoque pudiera idealizar a la iglesia más antigua, pero con razón nos llama de vuelta a lo que Jesús, y prácticamente toda la tradición cristiana, afirma es la Palabra de Dios, y a lo que por tanto debemos valorar más que cualquier otra fuente de enseñanza en nuestra tradición.[38]

En el enfoque pentecostal de las Escrituras, el Dios sobrenatural de la Biblia es el Dios del mundo presente. La línea divisoria entre la historia de la salvación en la narración bíblica y la historia continua de salvación es escasa, de modo que los lectores abordan el texto como un modelo de vida e idealmente esperan que Dios continúe actuando como actuó en las Escrituras. Al igual que experimentar la presencia de Dios, el experimentar su aparente ausencia es bíblico, como nos muestran algunos de los salmos. Así, el salmista le suplica a Dios: "¡No te alejes de mí!" (Sal. 22:11; 35:22; 38:21; 71:12), o pregunta: "¿Hasta cuándo no oirás, Señor?" (Sal. 13:1; 79:5; 89:46; también Hab. 1:2). Lejos de ser utilizados exclusivamente para el beneficio del salmista, los salmos bíblicos también hablaban de las situaciones de aquellos que se unieron al culto corporativo en el templo (1 Cr. 16:42, 2 Cr. 20:21, Esd. 3:11, Ne 12:8, 27, 46) y después de la destrucción del templo (Sal. 89:38); el cronista explícitamente señala que las canciones anteriores fueron reutilizadas para alabanza (2 Cr. 29:30).[39]

Sin embargo, lejos de poner excusas para un Dios que a veces parece estar ausente, la espiritualidad caracterizada por la experiencia de pentecostés comienza típicamente con la premisa de que Dios está presente y activo. Incluso cuando parece estar lejos, hemos experimentado el Espíritu recordándonos que Dios está con nosotros, entre nosotros y dentro de nosotros. Es cierto que el énfasis puede errar si no se equilibra con otras expectativas bíblicas; bíblicamente, la presencia de Dios a menudo trae sufrimiento así como restauración a plenitud. A veces, comenzar con la expectativa de que Dios está activo ha llevado a los pentecostales a una especie de reduccionismo que refleja el reduccionismo naturalista. El naturalismo puro no permite milagros; algunos sobrenaturalistas han reducido a Dios a una fórmula que efectúa milagros automáticos si se cumplen las condiciones dadas. Por el contrario, uno puede ver el mundo como un lugar encantado, pero esto

---

varios puntos de vista, ver Toon, *Development*) deben llamar regularmente a los cristianos a los documentos de la fundación. La idea de que la iglesia progresa hacia la verdad, en lugar de tener que recurrir periódicamente a ella, puede ajustarse al carácter distintivo del postmilenialismo de finales del siglo XIX entre los protestantes y la evolución social entre otros. Al mismo tiempo, el énfasis de los restauracionistas en llamar activamente a la iglesia a la verdad también puede encajar en el arminianismo dominante de gran parte del evangelicalismo popular del siglo diecinueve.

[38] La excepción podrían ser las iglesias que consideran la tradición también como dirigida por el Espíritu (ver discusión en Toon, *Development*), pero la mayoría no pone la tradición multivocal en el mismo nivel que la Escritura misma.

[39] Sobre usar Salmos hoy, vea, por ejemplo, Longman, "Honest"; combinado con el historial de recepción, ver, por ejemplo, Waltke, Houston y Moore, *Psalms*.

se convierte en una fantasía infantil si no se somete a la voluntad bíblica de Dios; de hecho, Jesús considera el deseo terrenal caracterizado por ese querer evitar el sufrimiento por Cristo, como satánico (Marcos 8:33-35). No obstante, siempre que reconozcamos los temas bíblicos de enfrentar la oposición y resistir, es bíblico ver el mundo entero como un reflejo de la actividad de Dios y reconocer y esperar la actividad de Dios en el cumplimiento de su voluntad.

Algunos de los que hoy se dice que vieron milagros significativos comenzaron reconociendo a Dios trabajando incluso en detalles más pequeños de su vida cotidiana: una actitud de confianza.[40] A veces tales personas pueden asumir más conocimiento de la obra de Dios de lo que ellos podrían haber tenido e interpretado erróneamente sobre los detalles de cómo Dios está trabajando. Pero, como cristianos, nunca deberíamos culparlos por confiar en que Dios está obrando, a menudo más que nosotros. Esa es una forma pentecostal de acercarse a la realidad, pero no se limita a la tradición pentecostal (los calvinistas, por ejemplo, típicamente y con razón reconocen a Dios trabajando en todo en sus vidas).

Este no es el enfoque de la realidad que los profesores generalmente aprendemos en nuestra rigurosa formación académica, que generalmente se centra en explicaciones naturales predecibles y cuestiona de forma crítica todas las premisas.[41] Sin embargo, algunas fuentes son más confiables que otras, y el hábito de evaluación crítica que se aplica a las afirmaciones en los textos no siempre es provechoso cuando se aplica a las relaciones con personas que merecen nuestra confianza. En el momento álgido de mi investigación histórica sobre Jesús, cuando mi esposa me informaba algo, por ejemplo me recordaba sobre lo que ella escribió en su disertación, yo respondía por hábito: "¿puedes proporcionarme pruebas para esa afirmación?" Aprendí rápidamente que ese enfoque tiene sus limitaciones y peligros, y que hay un lugar para una confianza saludable. Esto debería ser cierto más que nada en nuestra relación con Dios.

En el mejor de los casos, la espiritualidad pentecostal trata de vivir una relación dinámica con Dios. Tal espiritualidad lee las Escrituras dinámicamente, como historias de cómo el Dios con el que uno tiene una relación ha obrado con su pueblo a lo largo de la historia.[42] Quien lee las Escrituras de esta manera, naturalmente recibirá la narración de forma diferente a alguien para quien simplemente es

---

[40] En una conversación personal en 2013, un viejo conocido de Heidi Baker me reclamó que la Dr. Baker veía a Dios trabajando incluso en los más mínimos detalles, asuntos que no eran milagros según las definiciones habituales. Sospecho que Dios ha honrado esta actitud, porque Dios a menudo está haciendo obras mucho más visibles a través de Heidi y su esposo Rolland ahora (véase Brown, Mory, Williams y McClymond, "Effects", Brown, *Testing Prayer*, 194-233).

[41] Como se señala en Keener, *Mind of the Spirit*, 188: "La evaluación crítica carnal queda fuera de la dependencia de Cristo y suspende la creencia, trabajando desde otras cosmovisiones a menudo no reconocidas; la evaluación llena del Espíritu comienza con la premisa de la fe y evalúa críticamente lo que no está de acuerdo con la revelación confiable de Dios". Mi trasfondo ateo simplificó la evaluación críticamente de la evidencia teísta, pero reconocer el conflicto entre este enfoque erudito y mi nueva fe personal y viviente en Cristo tomó algo de tiempo.

[42] Para el conocimiento bíblico de Dios en términos de relación y compromiso con Dios, ver Johns y Johns, "Yielding", 35-40 (especialmente 35-37); Ellington, "Authority", 160 (citando a Pinnock, "Spirit in Hermeneutics", aquí 5); en la epistemología joánica, Keener, "Knowledge" (especialmente 30-43); ídem, *John*, 1:233-47.

información o historias o mitos. En algunos casos, nuestra exégesis podría ser la misma, pero la forma en que apropiamos de la narración en nuestras vidas es completamente diferente. Aquellos que leen con fe leen con esperanza, y leen de acuerdo con el propósito que algunos cristianos primitivos encontraron en las Escrituras: "Porque las cosas que se escribieron antes (en las Escrituras), para nuestra enseñanza se escribieron, a fin de que por la paciencia y la consolación de las Escrituras, tengamos esperanza". (Rm. 15: 4).

Algunos consideran tales lecturas como ingenuas, preparándonos para la desilusión; pero los primeros cristianos confiaban en que aquellos que confían en Dios no serían defraudados ni se avergonzarían de su esperanza (Is. 28:16, citado en Rm. 9:33; 10:11; 1 P. 2: 6; ver Sal. 22:5; Rm. 5:5). En la práctica, uno podría sufrir pero no ser abandonado; incluso en la desesperación, la presencia de Dios nos proporciona ayuda (2 Cor. 4:8-9; 6:4-10). De hecho, los estudios médicos sugieren que no solo la fe de algún tipo se correlaciona con una mortalidad reducida,[43] sino que también aparentemente puede dar una mayor fortaleza para enfrentar la mortalidad (véase Prov. 17:22).[44]

La Lectura Experiencial en Otra Hermenéutica Carismática

Varios estudiosos han sugerido independientemente muchas de las mismas características distintivas de la exégesis pentecostal o carismática que identifico y desarrollo en este libro. Por ejemplo, un escritor carismático anglicano identifica como elementos distintivos de una hermenéutica carismática muchas de las mismas características que enfatizo aquí como parte de una hermenéutica del Espíritu, aunque abordo estas características en varios puntos de este libro en lugar de hacerlo en un solo lugar.[45] Él encuentra e ilustra estas características en el sermón

---

[43] Como se observa en Keener, *Miracles*, 2:623-29, ver, por ejemplo, Hall, "Attendance", 106, 108; Wong et al., "Factors"; Ellison et al., "Involvement"; Heuch, Jacobsen y Fraser, "Study" (entre los Adventistas del Séptimo Día, como es lógico); Comstock y Patridge, "Attendance"; Matthews y Clark, *Faith Factor*, 158-61; Koenig, *Medicine*, 129-45; Lutgendorf et al., "Participation"; Musick, House y Williams, "Attendance and Mortality"; Bagiella, Hong y Sloan, "Attendance as Predictor"; Strawbridge et al., "Attendance"; Strawbridge et al., "Strength"; Cour, Avlund y Schultz-Larsen, "Religion"; Hill et al., "Attendance and Mortality"; Helm et al., "Activity"; Krause, "Support"; Van Ness, Kasl y Jones, "Religion"; Yeager et al., "Involvement"; Ironson et al., "Spirituality" (con respecto al SIDA); Eng et al., "Ties"; Oman et al., "Attendance"; Sears y Wallace, "Spirituality"; pero cf. los resultados más ambiguos entre los israelíes en Kraut et al., "Association"; y resultados negativos en Wrensch et al., "Factors" (aunque el tamaño de la muestra fue de menos de 600 pacientes en un condado). La asociación de asistencia alta es indirecta a través de niveles más bajos de Interleucina-6 (Thoresen, "Health", 8). Sobre la voluntad de vivir y "madurar" la religión, ver Hedgespeth, "Power". De manera más notoria, vea a los adventistas en Matthews y Clark, *Faith Factor*, 22; Koenig, *Medicine*, 109, 124-25.

[44] Cf. ejemplos anecdóticos de cómo lidiar con la enfermedad terminal en Lesslie, *Angels*, 45-46, 222-23.

[45] Otros eruditos pentecostales y carismáticos también han notado muchas de las mismas características. Véase, por ejemplo, Martin, "Introduction", 5-9 (que cita también a Ellington, "Locating"; Green, *Theology*, 182-83), enfatizando la presencia del Espíritu, la lectura canónica, el ingreso a la narración bíblica, la experiencia reveladora, enfoque teológico a la narración, enfoque cristológico, comunidad congregacional (especialmente en la predicación cristiana) y lectura escatológica.

de Pentecostés de Pedro.[46] Me referiré a algunos aspectos complementarios de la experiencia de Pentecostés más adelante en este libro.

1. Una lectura experiencial.[47]
2. Una lectura analógica.[48]
3. Una lectura comunitaria.[49]
4. Una lectura cristocéntrica.[50]
5. Una lectura escatológica.[51]
6. Una lectura emocional.[52]
7. Una lectura práctica.[53]

Prácticamente todos estos elementos son características bíblicas de una hermenéutica dirigida por el Espíritu, aunque los intérpretes difieren, a veces sustancialmente, en la forma precisa en que las implementan. Mi enfoque inmediato en esta sección es la lectura experiencial.

La Lectura Experiencial es Inevitable

La gente lee textos con intereses y agendas. Los historiadores, por ejemplo, pueden tener intereses personales, especializándose en la historia de la iglesia, la historia de las mujeres, la historia militar, etc., sin dejar de ser historiadores por ello.[54] También es natural leer la Biblia con preguntas pastorales y teológicas en mente, y también con los problemas personales en cada uno de nuestros corazones. Muchos principios bíblicos hablarán legítimamente sobre estos temas. Los cristianos antiguos a menudo escuchaban las Escrituras como relevantes para sus comunidades; algunos, como Antonio o Agustín, también la escucharon personalmente y, por lo tanto, abandonaron la riqueza o la inmoralidad sexual.

---

[46] Aunque Stibbe, "Thoughts", es de 1998, lo descubrí y lo leí solo después de haber estructurado y escrito casi todo este libro; es decir, donde nuestras observaciones se superponen, se refuerzan mutuamente. Nuestras aplicaciones difieren, sin embargo; aunque su sugerencia de que la Bendición de Toronto podría ser como una cuarta ola en Ezequiel 47 se afirma como una analogía tentativa (182), creo que su lenguaje va más allá de la analogía normal (193).
[47] Stibbe, "Thoughts", 182-84.
[48] Stibbe, "Thoughts", 184-85. Stibbe traza un tipo diferente de analogía lo que enfatizo más adelante, sin embargo, enfatizando el enfoque del *pesher* (184-85); pero Stibbe también ahora reconoce la vulnerabilidad de dicho enfoque (185).
[49] Stibbe, "Thoughts", 185-87. Siguiendo a J. Rodman Williams (*Theology*, 2: 241-42), Stibbe (Stibbe, "Thoughts", 186) señala apropiadamente el valor de compartir la experiencia de Dios de los autores bíblicos, pero también apela a una interpretación de la "comunidad carismática global" que está abierta a la pregunta de manera exegética (186).
[50] Stibbe, "Thoughts", 187-88.
[51] Stibbe, "Thoughts", 188-89.
[52] Stibbe, "Thoughts", 189-91, enfatizando correctamente que el mensaje bíblico involucra a la persona completa y sigue a Jonathan Edwards (*Affections*) y a McQueen, *Joel and Spirit*, 111-12.
[53] Stibbe, "Thoughts", 191-92.
[54] Green, *Practicing Theological Interpretation*, 2, explica que la interpretación teológica, la exégesis latinoamericana y otros enfoques perspectivos son intereses, no métodos.

La experiencia personal inevitablemente da forma a cómo nos afectan los textos o el mensaje. El mismo informe de un evento deportivo afectará de manera diferente a los que estaban apoyando a los diferentes equipos. Un informe sobre el aumento del racismo puede parecer más amenazante para algunas personas (incluyéndome a mí, ya que mi familia es interracial) que a otros. Los informes sobre la violencia en muchas partes del mundo me afectan, pero cuando aprendo de los lugares donde he vivido y tengo amigos cercanos, como en el norte de Nigeria, me afectan más profundamente. No soy capaz ni estoy dispuesto a renunciar a mi encuentro experiencial con tales textos o informes. Esto no significa que tenga conocimiento de los significados secretos de las palabras usadas en tales fuentes; significa que no puedo dejar de leerlos en contextos a veces más grandes y más personales.

Esto es lo que algunos académicos quieren decir cuando hablan del "significado más completo" de los textos, aunque otros prefieren el lenguaje de "aplicación".[55] Personalmente prefiero (y usualmente aquí uso) la última designación, no menos por razones logísticas, ya que es útil distinguir de algún modo la recepción actual del mensaje del texto de las probables experiencias de sus receptores ideales. Pero incluso aquellos enfoques homiléticos y evangélicos *más* insistentes en emplear la etiqueta "aplicación" excluirían esta actividad más que aquellos que la incluyen bajo la categoría de "significado". Aunque muchos debates contemporáneos sobre el significado son muy importantes, algunas de nuestras diferencias podrían ser resueltas de mejor manera definiendo el cómo estamos usando nuestros términos clave.

Estudiar las Escrituras inductivamente, así como tratar de escuchar otros informes con honestidad, sigue siendo el ideal; al aprender lo que dicen los textos bíblicos en su propio entorno, es muy probable que captemos con precisión los principios que se están expresando genuinamente. En la ciencia, es más probable que la investigación aplicada encuentre una cura más específica que la investigación básica, pero la investigación básica (como la investigación del genoma humano) rinde acumulativamente más curas a largo plazo. Prepararse para los sermones el sábado por la noche o hablar en la inspiración de un momento no puede sustituir el trabajo extenso y diligente en las Escrituras. El estudio inductivo de la Biblia en sus propios términos descubre, por tanto, más información a largo plazo que ir a la Biblia con nuestras preguntas (¡especialmente si un pastor comienza a preparar un sermón la noche antes de que él o ella lo deban predicar!).[56] Es por medio de un trabajo fiel a través de libros bíblicos de forma disciplinada, que nos abrimos a las

---

[55] Nótese el rango de definiciones en Wyckoff, *Pneuma*, 5, 65-68; cf., por ejemplo, Archer, *Hermeneutic*, 192, insistiendo en la importancia de "lo que el texto significa hoy". Para Vanhoozer, *Meaning*, 264-65, el "significado más pleno" derivado de la autoría divina funciona completamente solo en el nivel canónico, sobreviniendo en lugar de contradecir la intención de los autores humanos.

[56] En al menos algunos escenarios culturales, el estudio inductivo del texto bíblico funciona como una herramienta más efectiva para el evangelismo y el discipulado; ver Trousdale, *Movements*.

enseñanzas del Espíritu sobre una gama más amplia de temas que aquellos en los que ya estábamos interesados.

Sin embargo, necesitamos aprender lo que dice la Biblia en nuestras situaciones actuales. La única alternativa para traer nuestras preguntas y nuestras luchas es dejar esos temas intactos por las Escrituras. Debemos estar abiertos a los principios bíblicos que hablan de nuestras situaciones. De hecho, aunque cualquiera con un enfoque exegético sano puede descubrir ideas exegéticas en los textos bíblicos (u otros), son los *discípulos* quienes escucharán las demandas del texto sobre sus vidas.

Idealmente, un lector cristiano debería tener tanto una comprensión sólida del mensaje original como la consiguiente percepción de cómo habla ese mensaje a nuestro entorno. Esto es vital porque cuando escuchamos el mensaje original del texto con el mayor cuidado es que podemos estar seguros de que nuestra experiencia con el texto es relevante más allá de nosotros. El Espíritu puede despertar nuestra conciencia a través de cualquier cosa que nos recuerde un principio bíblico (u otro), incluso si ese recordatorio no surge de la exégesis sana del texto. Pero la razón por la cual Dios nos da tanto las Escrituras como el Espíritu es para proporcionar una guía y un marco más objetivo para nuestra experiencia personal de Dios; esto anula el propósito de tener una Biblia para simplemente tenerla como un tesoro en el que esperamos encontrar allí de cualquier modo, alguna joya ya sea teológica o experiencial.

Volveré a la discusión de un recurso más objetivo en la tercera parte del libro. Pero por ahora, debo señalar que escuchar la Biblia personal y experiencialmente no solo es inevitable; sino que tampoco está en conflicto con leer las Escrituras de una manera que respete el mensaje original. La lectura personal y experiencial es deseable, siempre y cuando esté conformada e instruida por la disciplina de la lectura cuidadosa y consistente, tal como se discutirá más adelante en este libro.

La Lectura Experiencial es Deseable

Muchas partes de las Escrituras invitan abiertamente a la lectura experiencial. Por ejemplo, los salmos deben ser orados y cantados más que exagetizados a la luz de su contexto específico (que a menudo desconocemos).[57] Los salmos evocan sentimientos, emplean una variedad de recursos retóricos, incluyendo algunas formas complejas de paralelismo (tales como el acróstico estéticamente agradable en Sal. 119) o construyendo un *crescendo* (como en Sal. 150).[58] Podemos tratar de

---

[57] Esto es cierto incluso si uno toma la mayoría de las suscripciones como auténticas, lo que no me inclino a hacer. Por el contrario, podemos tener en cuenta, por supuesto, las configuraciones generales, como las antiguas formas literarias del Cercano Oriente o el idioma hebreo.

[58] Para el uso evocador del lenguaje de los salmos, véase Brueggemann, *Praying*, 28, citado en Ellington, "Authority", 167; por su calidad emotiva, ver Martin, "Psalm 63", esp. 265, 268. Cuando oro usando salmos, mis oraciones pasan rápidamente a temas análogos en mi vida o en el mundo de hoy, por ejemplo, para la iglesia

reconstruir su situación histórica (bastante difícil para muchos de los salmos), o compararlos con formas litúrgicas de las culturas circundantes (como los salmos cananeos o himnos egipcios a sus deidades). Pero una vez que hayamos hecho todas las investigaciones posibles, los salmos, por su mismo género, nos invitan a actuar más que a estudiarlos: nos invitan a orar, cantar o usarlos como modelos para reactivar nuestras propias oraciones. Nos proporcionan un vocabulario histórico de oración.

Ciertamente, una forma de "experimentar" las Escrituras es usarlas, una vez que se comprenden correctamente, en adoración dinámica y oración; estas son expresiones tradicionalmente características de un enfoque neumático.[59] Estos elementos resaltan el impacto afectivo de las Escrituras así como sus desafíos cognitivos.[60] Uno de mis predecesores en la interpretación bíblica en el Seminario de Asbury, Bob Mulholland, instó a los lectores a considerar cómo el Espíritu de Dios nos habla cuando abordamos los motivos de nuestras respuestas emotivas al texto bíblico.[61]

La mayoría de los lectores estarían de acuerdo en que los salmos deben ser orados, como lo oraron los puritanos. Pero, ¿la narrativa histórica invita a la lectura experiencial? ¿Qué hay de la biografía? Incluso aquí, las narrativas están destinadas a atraernos a su mundo, a facilitar la identificación del lector,[62] a invitarnos a absorber algo de su cosmovisión. Podemos tomar como ejemplo el Evangelio de Juan. Cuando leemos que Jesús enseñó a sus discípulos a amarse los unos a los otros, ¿tomamos genuinamente la intención ya sea del autor del cuarto Evangelio o la de Jesús que habló en la narración para estudiar meramente los términos griegos usados? ¿Lo tomamos simplemente para comparar opiniones antiguas sobre el amor y mostrar cómo la opinión expresada aquí es diferente? Tales estudios tienen un valor de apoyo, pero es de suponer que Juan quiere que respondamos al texto fielmente amándonos unos a otros.

Incluso aquellos que leen las narraciones bíblicas como asuntos de interés casi exclusivamente histórico, sin aplicación personal, podrían hacer excepciones de la enseñanza contenida en esas narraciones. Sin embargo, alguien podría argumentar que estos dichos solo se dirigen a los primeros discípulos de Jesús. Tal enfoque, no

---

perseguida. Algunos enfoques hermenéuticos buscan elucidar la evocación afectiva; ver, por ejemplo, D'Sa, "Dhvani"; Soares Prabhu, "Reading". Mucha de la poesía antigua tenía fines puramente estéticos (Quint. *Inst.* 10.1.28), pero los salmos eran para *adoración*.

[59] También en la Escritura; ver, por ejemplo, Juan 4:23-24; Ef. 5:18-20; Fil. 3:3; cf. 1 Re. 3:15; 1 Cr. 25:1-2; 1 Cor. 14:15; Col 3:16.

[60] Para la importancia de las dimensiones tanto afectivas como cognitivas de la apropiación del texto, véase Johns y Johns, "Yielding", 34-35, 40-41; Thomas, "Spirit Is Saying", 121-22. Muchos hoy en día sigue la aversión estoica al pathos, pero Pablo en Hechos 20:31 no lo hizo (para Pablo y el pathos, ver Kraftchick, "$Πάθη$", 61-63; esp. Sumney, "Rationalities"; Anderson, *Rhetorical Theory*, 181-82; Martin, "Voice of Emotion", 181-202, Keener, *Acts*, 3: 3050-52).En la dimensión afectiva, véase también Martin, "Psalm 63", 265-69, en 266 citando modelos anteriores, por ejemplo, Edwards, *Affections*; Wesley en, por ejemplo, Collins, "Topography". Véase además Baker, "Pentecostal Bible Reading", que señala (en 98-100) Barthes, *Pleasure*, esp. 14, pero encuentra más relevante el modelo de Clapper, Wesley, esp. 85, 154-56.

[61] Mulholland, *Shaped*, 22.

[62] Cf. Beck, "Anonymity"; ídem, *Paradigm* (p. ej., 144).

obstante, no es satisfactorio. Dentro de la narrativa, Jesús se dirige a los discípulos presentes en esa ocasión, pero ¿por qué Juan informa estas palabras? Es de suponer que Juan también tiene su propia audiencia en mente, probablemente incluyendo una audiencia potencial más grande que su círculo inmediato. Poco después, el mismo Jesús aplica su mensaje no solo a sus oyentes inmediatos, sino a todos sus seguidores (Juan 17:20).

Es de suponer que debemos abordar de la misma manera los dichos de Jesús acerca de la venida del Espíritu, enviado a continuar revelándonos a Jesús (Juan 14:16-17, 26; 15:26; 16:7-15). Algunos aplican estas promesas específicamente a los discípulos que estuvieron con Jesús en esa ocasión, como autores del mensaje del Nuevo Testamento. Aunque tal aplicación es apropiada, no agota todas las aplicaciones legítimas de estas palabras. El propio John aparentemente no estaba interesado en esa aplicación exclusivamente. Estamos de acuerdo que el Espíritu viene específicamente a los primeros discípulos en Juan 20:22, pero también sabemos que todos los que creen en Jesús recibirán el Espíritu (7:39). El morar del Espíritu y las obras mayores que Jesús prometió (14:12-13, 17, 23) se aplican seguramente a todos los creyentes como la posibilidad de venir a Jesús a través del Padre porque Jesús es el camino (14: 6).[63]

Que esta sea la forma correcta de entender el Evangelio de Juan es claro en 1 Juan, el cual probablemente se dirige a los mismos círculos que el cuarto Evangelio y se basa en su retrato de Jesús. Claramente, el "nuevo mandamiento" se dirige no solo a los primeros discípulos de Jesús, como en Juan 13:34-35, sino a toda la audiencia de Juan (1 Juan 2:7-10, 2 Juan 5). "Amarse los unos a los otros" es lo que Jesús nos ordenó a "nosotros" (1 Juan 3:23), en un contexto inmediato en "nosotros" parecería referirse a todos los creyentes en Jesucristo (3:14, 16, 18-24). De la misma manera, los verdaderos creyentes tienen el Espíritu viviendo en ellos (3:24; 4:13), y así como Jesús dijo que el Espíritu enseñaría a sus seguidores todas las cosas (Juan 14:26), aquí la unción les enseña acerca de todas cosas (1 Juan 2:20, 27).[64] El Evangelio de Juan más que ser exegetizado intelectualmente; invita a los que lo atienden a él, a alimentarse de Jesús, el pan de la vida, para anhelarlo como nuestra verdadera fuente de vida.[65]

Alguien puede objetar nuevamente que tales características están bien y son buenas para las enseñanzas de Jesús, pero no se aplican a las narraciones sobre Jesús. El Evangelio de Juan, sin embargo, usa la relación de Jesús con el Padre

---

[63] Para que un erudito carismático contrarreste los enfoques cesacionistas en Juan 14, vea Brown, *Authentic Fire*, 188-90.
[64] Para el papel de enseñanza del Espíritu, ver, por ejemplo, Boda, "Word and Spirit", 41; Keener, *John*, 2: 977-82; Wyckoff, *Pneuma*, pássim. Sin embargo, la unción joánica no invita a una interpretación totalmente individualista que rechaza el don de los maestros en el cuerpo de Cristo (ver 1 Juan 1:2, 2:19, 4:6, ver Rom. 12:7, 1 Cor. 12:28-29; Ef. 4:11; 2 Tim. 1:11), un punto enfatizado también por Calvino en contra de los "entusiastas" (Wyckoff, *Pneuma*, 28-29).
[65] Ver mi preocupación en *John*, xxviii-xxix. Aunque no soy un deconstruccionista, Moore, "Cadaver", 270, tiene razón en que los eruditos bíblicos tienden a "diseccionar" textos como cadáveres en lugar de alimentarse de ellos. Para una discusión sobre las imágenes joánicas de comer y beber, vea Webster, *Ingesting Jesus*, 53-64.

como un modelo para la relación de los creyentes con Dios (Juan 10:14-15). Aunque se refiere menos explícitamente en el Evangelio, 1 Juan más aún invita a su audiencia a usar el comportamiento de Jesús como modelo: el que permanece en él, debe caminar tal como él caminó (1 Juan 2: 6).

Tales observaciones no pueden limitarse al cuarto Evangelio. La mayoría de los estudiosos de lucanos creen que Lucas, el único evangelista que incluye una secuela completa de su Evangelio: la historia acerca de la misión cristiana primitiva, pone deliberadamente en paralelo a los miembros de la iglesia en ese volumen, Hechos, con Jesús en primer lugar; los paralelos parecen bastante extensos.[66] Además, la descripción inicial del segundo volumen que narra que "todo lo que Jesús comenzó a hacer y enseñar" en el primer volumen, puede indicar la continuidad de su trabajo entre sus seguidores en el segundo volumen.[67] El Espíritu dado para empoderar a los primeros testigos (Hechos 1:8) se les da a todos los creyentes (2:38-39), porque el trabajo asignado no ha terminado. La misión del segundo volumen es abierta, de modo que la misión a las naciones continúa.[68] Lucas presenta a Jesús como modelo (Lucas 22:27); Hechos también presenta a Pablo como uno (Hechos 20:35). Como se señaló anteriormente, las audiencias antiguas esperaban aprender de las narraciones. Los eruditos pueden leer textos bíblicos puramente para obtener información, pero los cristianos (ya sean académicos o no) también los leen para su edificación. Nuevamente, como dijo Pablo, las Escrituras "para nuestra enseñanza se escribieron, a fin de que por la paciencia y la consolación de las Escrituras, tengamos esperanza" (Rm. 15:4).

La asociación juega un papel importante en la memoria humana. Si bien la asociación libre e indisciplinada a menudo establece vínculos inapropiados, la asociación es inevitable y, a veces, útil. Cuando nos hemos encontrado con Dios de diversas maneras mediante el estudio de diferentes textos, esas asociaciones se activarán cuando pensamos en tales textos. Es decir, una vida disciplinada de formación espiritual en conexión con las Escrituras puede producir ideas acumulativas al evocar un rango de experiencias espirituales pasadas a medida que viajamos a través de las Escrituras nuevamente. (El entrenamiento bíblico a menudo nos separa de aquellas experiencias anteriores cuando esas experiencias se basaban en la incomprensión de textos bíblicos, por lo que es ideal aprender a leer textos de manera fiel a su mensaje al principio de nuestro desarrollo espiritual). De esta manera, las Escrituras se convierten en punto de contacto para nuestra relación con Dios y en utilidad para la formación espiritual. Confiar en la soberanía de Dios y/o en la dirección del Espíritu también puede invitarnos a asociaciones particularmente provechosas, incluidas las analogías para nuestras vidas y ministerios.

---

[66] Ver esp. Goulder, *Type and History*; más cuidadosamente, Talbert, *Patterns*; Tannehill, *Luke*; ídem, *Acts*; también Keener, *Acts*, 1: 550-73; Edwards, "Parallels".
[67] Ver Keener, *Acts*, 1:645, 651-53, y las opiniones citadas allí.
[68] Ver Keener, *Acts*, 1:708; 4:3758 - 62; cf. también Dunn, *Acts*, 278; Rosner, "Progress", 232-33; Cayzer, "Ending"; Marguerat, "Enigma of Closing", 304; Lunares, "Time", 117.

La Lectura Experiencial es Bíblica

Aquellos que buscamos escuchar y traducir el mensaje bíblico para la iglesia reconocemos tanto su carácter histórico y el cómo podemos aprender de él mediante una analogía apropiada.

Hoy miramos hacia atrás y entendemos, incluso con cierto apoyo del Antiguo Testamento, que Jesús fue un Mesías pacífico en su primera venida. Algunas veces incluso criticamos a sus contemporáneos por no reconocerlo en el Antiguo Testamento (Is. 11:6-10 [no obstante, ver 11:4]; Za. 9:9-10 [no obstante, ver 9:1-8]). Sin embargo, había una variedad de profecías sobre la era mesiánica y la obra del Mesías, y había pocas maneras de discernir de manera segura lo que era literal de lo que era figurativo, lo que pertenecía a una primera venida en lugar de una segunda venida, y así sucesivamente. Un lector antes de la primera venida no discerniría fácilmente siquiera que habría dos venidas.

Los primeros cristianos aprendieron los textos correctos de Jesús (véase Lucas 24:25-27, 44-45), y de lo que encontraron como cumplido en Jesús. En otras palabras, leen el texto a la luz de su experiencia con Jesús, la cual encaja demasiado bien y era demasiado divino para ser un accidente o un invento. Su experiencia los ayudó a ordenar una serie de profecías para comprender cómo encajaban juntas. La discusión posterior en este libro abordará este tema con mayor detalle (ver Parte V, especialmente el capítulo 16).

Cuando los instruidos en las Escrituras criticaron a un hombre que basó su fe en su experiencia, él solo pudo responder: "Una vez estuve ciego, pero ahora veo", y así derribar la inconsistencia de sus argumentos (Juan 9:25, 31-33). Tales respuestas no conmovieron a los arrogantes, pero la experiencia del hombre con Jesús fue innegablemente genuina. Es cierto que, otros a veces desafiarán nuestra experiencia al citar contra experiencia (por ejemplo, Ex. 7:11-12, 2 Re. 18:33-35). Proporcionar respuestas para fortalecer la fe y refutar objeciones es un ministerio válido (Lucas 21:15, Hechos 18:28, Tito 1:9). Sin embargo, Dios revela la verdad a las personas en encuentros como sucedió repetidamente en el ministerio de Jesús; dejar de prestar atención a tales experiencias, que encajan en un amplio contexto bíblico, es omitir la visita de Dios a su pueblo.

Quienes están preocupados por los peligros de dejar libre este enfoque experiencial están en lo correcto por supuesto.[69] Pero cuando la experiencia es incontrovertiblemente divina y permanece consistente con las Escrituras y con el carácter de la experiencia en la Escritura, equipa a quien ha tenido tal experiencia con preguntas nuevas y legítimas para ser buscadas en las Escrituras. Como se señala a menudo, la visión de Pedro en Hechos 10 derrumba siglos de práctica ya

---

[69] Tal vez en parte debido a nuestra experiencia con afirmaciones carismáticas y reveladoras erróneas, algunos de nosotros los carismáticos más antiguos estamos particularmente interesados en enfatizar los límites objetivos.

basados en la Escritura.⁷⁰ Esta experiencia tenía evidencia externa que garantizaba que trascendiera más que la creencia personal: se confirmó a través de la visión independiente de Cornelio y por medio de la impartición soberana de Dios de su Espíritu a estos gentiles. Es decir, la revelación de Pedro no puede explicarse fácilmente como puramente subjetiva. Por supuesto, otros factores también respaldaron este cambio en la teología y práctica de la iglesia, pero la mayoría tuvieron que ver con la nueva experiencia de Jesús. Entre la primera y la segunda venida, no estamos teniendo el mismo tipo de experiencia nueva de Jesús (la encarnación es una vez para siempre), pero seguimos teniendo experiencias que nos ayudan a entender nuestra vida con Cristo.

Además, no solo nuestros recursos subjetivos sino también los objetivos son limitados. Hay muchos problemas que no podemos resolver de manera exegética, como cualquier exegeta honesto te dirá. A menudo podemos discernir lo suficiente como para refutar algunas afirmaciones subjetivas de interpretaciones. La Escritura es ya una revelación y nos ofrece una visión objetiva a través de la cual podemos evaluar otras afirmaciones interpretativas. Las experiencias personales de textos, donde el Espíritu puede aplicar el estilo o el mensaje de alguna manera, pueden ser únicos para el individuo y no determinan ni revelan necesariamente el significado canónico del texto. Sin embargo, claramente hay mucho significado que se ha perdido en la exégesis porque ya no entendemos los aspectos particulares del lenguaje, la cultura o la experiencia de los escritores bíblicos. Si queremos vivir en Cristo tal como ellos lo hicieron, necesitamos lo que podemos entender de las Escrituras, pero también debemos estar dispuestos a vivir y depender de Cristo como lo hicieron ellos.

El fruto del Espíritu, esperado por todos los creyentes, es experiencial, emotivo y conductual: amor, alegría, paz, paciencia y el resto. Como ya se señaló, no se puede leer los salmos de la manera en que se los debe escuchar, sin abrazar la emoción que contienen. La emoción, entonces, no es ajena a la Escritura (la cual atribuye emociones en cierto sentido, incluso a Dios), incluso si es eso a lo que algunos de nosotros consideraríamos el investigador ideal e independiente. En contraste con algunas estrategias de lectura consideradas como más sofisticadas y respetables, los primeros pentecostales, muchos de los cuales no eran de las mismas clases sociales que los académicos respetados de la época, no se avergonzaron de abrazar la emoción.⁷¹ Ellos podrían entrar en los textos con sentimiento, no solo por medio de la amputación cerebral de la gramática. (Mi contraste binario aquí está destinado a subrayar el punto gráficamente, aunque podría exagerar la dicotomía real, especialmente en el aspecto académico.)

---

⁷⁰ Ver, por ejemplo, Thomas, "Women", 85; Pinnock, "Work of Spirit", 236.
⁷¹ Baker, "Pentecostal Bible Reading", 95, compara, probablemente a medias, el frecuente enfoque crítico de la experiencia desapasionada de muchos pacientes esquizofrénicos, para quienes una anomalía cerebral causa *anhedonia*. Para un acercamiento cristiano útil a la emoción, vea Elliott, *Feelings*.

Eventos Únicos

Por supuesto, no estamos destinados a replicar hoy todo tipo de experiencia de las Escrituras. Claramente, algunos eventos fueron una vez solamente: obviamente, la promesa angelical de que María concebiría un hijo por el Espíritu Santo (Lucas 1:31-35) no puede ser una promesa para ningún lector de que ellos también tendrán un nacimiento virginal. Sin embargo, podemos aprender del ejemplo de María; ella recibe el mensaje de Dios y se somete al Espíritu y al llamado de Dios como una "sierva" (δούλη) del Señor (Lucas 1:38; ver 1:48). La próxima vez que escuchemos este mismo término griego –su otro único uso en el Nuevo Testamento– es hacia el comienzo del segundo volumen de Lucas, donde todas las personas de Dios son siervos y siervas empoderados por el Espíritu (Hechos 2:18). La sumisión de María al Espíritu ofrece un modelo de discipulado para todos nosotros, ya que también nos sometemos al reino del Espíritu de Dios en nuestras vidas.

De la misma manera, algunos estudiosos enfatizan que las largas narraciones sobre David aparecen en la Biblia solo porque él se convertiría en rey de Israel, y eventualmente, en el propósito más grande de Dios, progenitor de nuestro Rey Eterno, el Mesías Jesús. Estos eruditos seguramente están en lo correcto; no obtenemos relatos tan detallados sobre la mayoría de los profetas en las Escrituras, incluso si algunos de ellos han caminado más cerca de Dios que David. David desempeñó un papel especial que ordenó el interés especial de los antiguos israelitas. Su pasado reino y las promesas de Dios para él, ofrecieron una esperanza para el reino futuro.

Pero este enfoque no nos excluye de descubrir lecciones personales de la vida de David. Por supuesto, debemos hacer esto de una manera disciplinada; alguien que trata de ser un héroe como David sin el llamado de David puede enfrentar una sorprendente derrota. Su sobrino Asael trató de ser un héroe, quizás como su tío David o su hermano Joab. Al hacerlo, sin embargo, simplemente provocó su propia muerte, a pesar de su destreza atlética (2 Sam. 2:18-23). Debemos recordar que cuando David enfrentó a Goliat, lo hizo confiando en que Dios defendería su honor (1 Sam. 17:26), y también porque David acababa de recibir una promesa específica de Dios sobre su destino (16:1, 13). David enfrentaría sus propias pruebas tan pronto como iba aprendiendo, al igual que Sara, y José, y otros, que Dios cumple sus promesas, pero no siempre tan rápido como podríamos esperar. Las lecciones que aprendemos sobre la fidelidad de Dios, no obstante, se aplican a cualquier llamado; también las lecciones de que el llamado de Dios a menudo es costoso, que su bendición importa más de lo que otros cuentan como fuerza (17:33), y así sucesivamente.

Pero, también aprendemos incluso de las acciones de David como personaje bíblico. Obviamente, David no siempre es un ejemplo positivo (véase 2 Samuel 11:1-27), pero sus actos positivos de fe sí lo son. Ellas se ajustan a un patrón de ejemplos positivos en las narraciones bíblicas, y son explícitamente aclamados por el antiguo coleccionista del material en los dos libros de Reyes, como un modelo positivo para sus sucesores (por ejemplo, 1 R. 11:33, 38; 15:3, 5, 11; 2 R. 14:3; 16:2; 18:3; 22:2). Otros escritores estuvieron de acuerdo (2 Cr. 28:1; 29:2; 34:2). Del mismo modo, el escritor de Hebreos cita explícitamente a David como un ejemplo de fe de quien podemos (selectivamente) aprender (Heb. 11:32; ver Mc. 2:25; Rm. 4: 7-8).

Conclusión

Los primeros pentecostales, como muchos lectores en tiempos de renovación espiritual, se entendieron a sí mismos como parte de la continua narración bíblica. Buscaron en las narraciones bíblicas no simplemente información sobre el pasado, por interesante que haya sido, sino sobre las verdades de cómo Dios continúa trabajando con los agentes humanos. Ellos leían devocionalmente, buscando experimentar a Dios en el texto.

Leer nuestras experiencias a la luz de la Biblia, y tomarlas en cuenta cuando leemos la Biblia, no es una práctica limitada a los primeros pentecostales. Siempre que nuestra lectura fluya del mensaje auténtico dado en las Escrituras (ver Parte III), la lectura experiencial es inevitable, deseable y bíblica.

CAPITÚLO 2

Leyendo desde el Punto de Vista del Pentecostés

Aunque está construido sobre lo que vino antes, el Pentecostés introdujo algo nuevo. La experiencia de Pentecostés en Hechos 2 hace eco de muchos temas bíblicos anteriores y particularmente refleja la experiencia del Espíritu de Jesús en el Evangelio de Lucas.[1] Sin embargo, significa algo nuevo: el derramamiento del Espíritu de Dios de los últimos días, el cual le da poder de manera profética a todo el pueblo de Dios para el ministerio. El empoderamiento proféticoya no se limitaba solo a algunos profetas en Israel; ahora era para todo el pueblo de Dios, y para una misión con todos los pueblos. El Espíritu sería derramado sobre toda carne, para que todos los seguidores de Jesús, judíos y gentiles, tuvieran el poder de participar en esa misión (1:8; 2:17-18, 38-39).[2]

¿Cómo afecta la experiencia de Pentecostés nuestra lectura de las Escrituras? La venida del Espíritu necesariamente agrega una dimensión experiencial a nuestra lectura.[3] En este caso, el impulso central de la narración de Pentecostés es el empoderamiento para la misión, por lo que leer desde este punto de vista nos invita a leer las Escrituras de forma misional: sensible al trabajo que Dios quiere que hagamos, y no solo a lo que los creyentes quieren que Dios haga por ellos. Leer desde el punto de vista de Pentecostés también es leer con el humilde que depende del Espíritu de Dios. Finalmente, una lectura desde la perspectiva de Pentecostés es a la vez una lectura escatológica y una lectura continuista (no cesacionista), porque Pentecostés ofrece un punto de vista de "los últimos días" sobre las Escrituras.

---

[1] Los primeros ecos bíblicos incluyen la misión Isaianica recordada en Hechos 1:8 (ver Pao, *Isaianic Exodus*, especialmente 85, 92); la transición ministerial de Elías a Eliseo (2 Re. 2:9-15 en Hch. 1:8-11, ver Keener, *Acts*, 1:713-19, especialmente 713, 715, 719); los ecos de las teofanías en 2:2-4 (ver discusión en Keener, *Acts*, 1:801-3); la mesa de las naciones y la dispersión en Babel, de Gn. 10-11, en Hechos 2:5-13 (ver discusión en Keener, *Acts*, 1:841-44); y, en 2:17-39, referencias explícitas a Joel, la línea davídica y los Salmos 16 y 110 (sobre el uso de Lucas de las alusiones de David, ver Strauss, *Messiah*).
[2] Sobre que la promesa es para todos los pueblos y no se limita a los once apóstoles, ver la discusión en Keener, *Acts*, 1:696, 987.
[3] Sobre Pentecostés en Hechos 2 produciendo una nueva forma de leer (sin rechazar los enfoques judíos tradicionales), ver también Martin, "Introduction", 2.

Conociendo el Corazón de Dios

Inspirado por el Espíritu (Hechos 2:4), Pedro habla el mensaje de Dios a sus oyentes, incluyendo el de las Escrituras (2:17-21, 25-28, 34-35). En su explicación guiada por el Espíritu de estos pasajes, Pedro apela al conocimiento que tenían sus oyentes de las señales de Jesús (2:22), la experiencia de los apóstoles con el Señor resucitado (2:32) y la experiencia de sus oyentes como testigos de los frutos de la actividad del Espíritu(2:15-16, 33). La aplicación de la Escritura sigue siendo prominente en la prédica dirigida por el Espíritu en Hechos, especialmente para aquellos familiarizados con las Escrituras (3:22; 4:11, 24-26; 7:2-53; 13:15-41, 47; 15:16-18; 20:26; 23:5; 26:17-18, 22-23, 26-27; 28:26-27), pero implícitamente incluso entre aquellos que no pudieron reconocer tal aplicación (10:24, 43; 14:15; 17:24-26; 24:14-15).

De manera más general, la venida del Espíritu agrega una dimensión experiencial a nuestra lectura. Esta dimensión no necesita suplantar todas las ideas de los enfoques anteriores de los escribas (véase Mt. 13:52) sino que los complementa con el corazón transformado para vivir según los principios bíblicos (Ez. 36:27). La comprensión previa da forma a cómo llegamos a los textos,[4] para que el corazón transformado también transforme la forma en que abordamos las Escrituras (con entusiasmo, fe y obediencia) y lo que escuchamos allí

Los métodos críticos bien disciplinados nos brindan un marco para interpretar las Escrituras en muchos aspectos, pero el elemento más importante de escuchar las Escrituras puede eludir incluso la mejor erudición crítica. Obviamente, creo que el trasfondo cultural es esencial; y he dedicado la mayor parte de mi carrera académica a que ese trasfondo esté disponible. Pero un trasfondo aún más profundo viene en la comprensión de la personalidad de los personajes principales y la voz de los autores. Si conozco personalmente a un autor o personaje principal, puedo escucharlos hablar en gran parte del modo en que lo habrían dicho. Normalmente puedo captar su intención básica incluso si algunas alusiones culturales o lingüísticas me eluden. Esta experiencia puede no siempre afectar nuestras conclusiones críticas, pero seguramente afectará nuestra recepción del texto.

Si realmente escuchamos el corazón de Dios en las Escrituras, entonces leeremos las Escrituras de manera diferente.[5] Un bribón leerá las afirmaciones de Pablo como falsa humildad debido a la pasada persecución de cristianos (1 Cor. 15:9; Efesios

---

[4] Dilthey enfatizó la humanidad compartida como un elemento de prejuicio que permite a los lectores identificarse con personas históricas (Dilthey, *Pattern*, 66-67, 70; véase Rickman, *Dilthey*, 141-42; ídem, "Introduction", 39-41). Aquí hablo de un elemento más común compartido en las Escrituras, porque nosotros como creyentes reconocemos a la misma Persona divina tanto en las Escrituras como en la oración; para compartir un elemento de la mente divina en términos de perspicacia (pero no identidad común), ver, por ejemplo, mi libro *Mind of the Spirit*, 205-6. Jonathan Edwards fue más allá; ver McClymond y McDermott, *Theology of Edwards*, 422-23; Hastings, *Edwards and Life of God*.

[5] Para el puro, el Señor revela su pureza, pero rinde a cada uno según su corazón (véase Sal. 18:25-26); quien quiera hacer la voluntad de Dios la encontrará (Juan 7:17), y quien haga lo que es verdadero encuentra la luz (Juan 3:20-21). En un nivel popular, me dirijo a conocer el corazón y la voz de Dios en Keener, *Gift*, 17-50.

3:8; 1 Tim. 1:15); por el contrario, alguien que ha experimentado la gracia profundamente se identificará con la gratitud que expresa dicha afirmación (véase 2 Sam. 16:10-12, Lucas 7:44-47; 18:10-14). Aquellos que experimentamos la ira de las figuras de autoridad al principio de nuestras vidas pudiéramos retroceder ante las expresiones de la ira de Dios en las Escrituras; pero muchas de las narraciones que encierran estas expresiones generalmente dejan claro cuán lento es Dios para enfurecerse, a pesar de cómo la gente lo provocó y resistió a la fe.

Por ejemplo, en los Evangelios, Jesús sana el sufrimiento y acoge a los marginados. Él modela la relación perfecta con el Padre, y se lamenta por aquellos que no pueden entender el corazón del Padre. Las personas religiosas podrían juzgar a otros desde una situación de superioridad, y las denuncias de Jesús sobre ellos se debieron a que estas personas religiosas estaban sacando del camino de Dios a aquellos a quienes les imponían más cargas (ver Mt 23:4, 13). Jesús vino a dar su vida para salvar a las personas, y el servicio amoroso es el camino de aquellos que verdaderamente entienden el corazón del Padre. Jesús explicó que no buscaba su propio honor, sino que solo buscaba honrar a su Padre (aunque su Padre también lo amaba y buscaba su honor). "Pero vosotros no le conocéis", se lamentó, "mas yo le conozco, y si dijere que no le conozco, sería mentiroso como vosotros; pero le conozco, y guardo su palabra"(Juan 8:55).

Uno podría escuchar a Jesús como si alardeara indirectamente (la manera apropiada de alardear en contextos urbanos antiguos). Pero debido a que he experimentado una profunda intimidad con el Padre, puedo escuchar a Jesús aquí jactándose no en sí mismo sino en la magnificencia de una relación con el Padre que honra la bondad del Padre. Puedo imaginar cómo alguien que no ha experimentado esta alegría podría malinterpretar mis propias palabras aquí. Sin embargo, hay algunas actitudes que nunca comprenderemos o con la que podríamos identificarnos a menos que las hayamos experimentado o hayamos conocido confiadamente a quienes las han tenido.

Conocer el corazón de Dios en las Escrituras, donde nos es más claro, nos ayuda a escuchar su voz en otros lugares también. Podemos reconocer, por ejemplo, que algunas palabras de juicio se pronuncian con dolor (para un ejemplo claro, véase Os. 11:5-8; Jue. 10:16), aunque, por supuesto, incluso en tales textos Dios comunica este dolor en formas culturales y lingüísticas inteligibles para su audiencia (véase Oseas 2:2-3).[6] Jesús dijo que los suyos lo conocen, así como él conoce al Padre y el Padre lo conoce (Juan 10:14-15). Tal vez esta afirmación de que debemos conocer al Padre íntimamente describe íntimamente el ideal o una posibilidad divina iniciada por Dios, pero el punto es que los creyentes deben tener una relación con el Padre.

Los críticos más elitistas de los cristianos de joánicos fueron probablemente más hábiles académicamente que ellos, y probablemente alardearon de un conocimiento

---

[6] Para la costumbre evocada aquí, vea Gordon, *Near East*, 229-30; Friedman, "yIsrael's Response", 202; Yamauchi, "Adultery", 20; Harrison y Yamauchi, "Clothing", 326; cf. Tácito *Germania* 19.

superior de la Torá;⁷ pero Juan asegura a su audiencia que conocen la Torá incluso más que sus críticos, ya que la audiencia de Juan conoce la Palabra hecha carne (1:1-18). Experimentan a Dios a través del Espíritu que sus críticos ni siquiera pretenden poseer.⁸ El Espíritu continuaría revelando a Jesús al mundo a través de ellos (16:7-11), y continuaría revelando incluso los asuntos secretos de Jesús a todos que aman y siguen al Mesías (16:12-15; cf. el paralelo con 15:15).⁹ Los creyentes tenemos una experiencia de Dios, y esto moldea la manera en que leemos las Escrituras. Para nosotros, mucho menos que para Moisés, el velo ha sido quitado (2 Cor. 3:14-18).¹⁰ El conocimiento crítico, que tiene su lugar, puede provenir del estudio crítico, pero este conocimiento íntimo de Dios viene a través de la actividad del Espíritu de Dios en nosotros, transformándonos a la imagen de Cristo (2 Cor. 3:17-18).¹¹

Así, un erudito bíblico que después de su entrenamiento experimentó dramáticamente el Espíritu exclama desgarrado: "La tarea académica requiere que uno se pare, por así decirlo, fuera del escenario, como un crítico o quien hace alguna reseña, para que uno pueda observar el drama con el más objetivo enfoque de la erudición, mientras que el Espíritu Santo trae a uno al escenario junto a los actores".¹² Aunque reconoce su gran deuda con el estudio académico, describe la tensión como la que refleja la diferencia entre ser "testigos" y "analistas".¹³ La tensión es menor para los que estudiamos con profesores que encarnaban ambos valores, pero reconozco que es una tensión con la que yo mismo luché durante varios años.

De ninguna manera estoy afirmando que una lectura crítica no puede ayudar a nuestra comprensión. Un crítico narrativo puede analizar a Dios como un personaje en el texto, y puede abrazar la voz de Dios en el texto, y así podría experimentar algo de lo que el Espíritu habla en el texto. Pero hay una dimensión adicional y profunda, y es cuando el crítico (o no crítico) lee el texto y lo abraza con fe, o cuando alguien que ya conoce a Dios escucha directamente en el texto la voz del Dios con quien ya se tiene una relación íntima. A veces, por supuesto, este abrazo conduce a la disonancia, como cuando alguien que conoce a Dios en Cristo lee las narrativas de la conquista en Josué. ¿Cómo puede un seguidor del Príncipe de Paz soportar tal violencia? No obstante, tal disonancia también nos beneficia al obligarnos a ubicar al Dios del libro de Josué en un contexto teológico más amplio (incluido el de la ley de Moisés presupuesta allí) y también a ser sensible a las

---

⁷ Keener, *John*, 1:207-14, 358-63.
⁸ Ver Keener, "Knowledge"; idem, "Pneumatology".
⁹ Keener, *John*, 2:1035-43, esp. 1038. Reviso la relevancia de Juan 16 en el capítulo 11 del presente libro: "Una Epistemología de la Palabra y el Espíritu".
¹⁰ Ver también McKay, "Veil"; Wyckoff, *Pneuma*, 76.
¹¹ Cf. Nebeker, "Spirit". A través de la lectura transformacional y la meditación, el Espíritu nos conforma a la imagen de Cristo, a nuestra imagen original en Adán, al propósito para el que fuimos diseñados.
¹² . McKay, "Veil", 74.
¹³ McKay, "Veil", 77. Cf. una tensión similar descrita (pero más completamente resuelta) por Moore, "Fire of God", 117-18; también Spittler, "Enterprise", 76, reconociendo la legitimidad de la metodología históricamente crítica para los métodos históricos pero su inadecuación para la fe y la vida de la comunidad.

pistas en el libro de Josué,[14] que apunta a esa imagen más completa de Dios. Luchamos con un texto a la luz de lo que sabemos del corazón de Dios hasta que comprendamos mejor el punto de dicho texto.

Para otro ejemplo, Jesús no se opuso al divorcio arbitrariamente, para no imponer dificultades innecesarias, sino porque la acción del marido divorciado fue "en contra" de su esposa (Marcos 10:11). La traición es errónea, y Jesús se negó a acomodar la dureza del corazón de los hombres a expensas de sus esposas (10:5, o viceversa, véase 10:12).[15] Sin embargo, si comprendemos el corazón de Jesús, también encontraremos trágico la práctica común de los cristianos posteriores de exigir el celibato de la parte inocente. Además daña a la parte traicionada que Jesús compasivamente trató de proteger.

Leer a la luz del corazón de Dios puede comenzar con el sentido de la participación personal de Dios en la vida y la lectura. Eventualmente, a medida que crecemos en el corazón de Dios y nos preocupamos por lo que a Él le importa, también creceremos en la misión de cuidar a otras personas y especialmente a la gente de Dios. Debido a que somos finitos en nuestro conocimiento, no menos de lo que fueron los profetas bíblicos (por ejemplo, Mt. 11:3 // Lc. 7:20, 1 Cor. 13:9), no siempre podemos hacer las mejores aplicaciones. Pero, idealmente, el Espíritu omnisciente puede guiarnos y mostrarnos al menos lo que necesitamos ver para actuar conforme a sus demandas.

Leyendo de Manera Misional

La promesa de Jesús con respecto al derramamiento del Espíritu en Pentecostés fue una promesa de empoderamiento para la misión (Lc. 24:48-49, Hch. 1:8). Jesús asciende y confiere el Espíritu de una manera que evoca el modelo de Elías y su sucesor Eliseo, quien recibió una doble porción de su espíritu (Hch. 1:8-11). Si el Espíritu nos capacita especialmente para la misión, no debería sorprendernos si una lectura de las Escrituras dirigida por el Espíritu resaltara el tema de la misión.[16] Siguiendo la guía de Jesús, entonces, la explicación bíblica de Pedro del Espíritu derramado es el empoderamiento profético (2:17-18).

---

[14] Por ejemplo, narraciones sobre Rahab y los gabaonitas, o la total locura de los cananeos que luchan contra el Dios de Israel en lugar de huir (Jos. 11:20, lo que implica que podrían haber sobrevivido de otra manera). Ver más adelante, por ejemplo, Paul Copan, *Is God a Moral Monster? Making Sense of the Old Testament God* (Grand Rapids: Baker, 2011); Hubbard, *Joshua*, 42-48; Dallaire, "Joshua", 841-45; Colesan, "Joshua", 13-17; mis propios pensamientos en http://www.craigkeener.com/slaughtering-the-canaanites-part-i-limitante-factors/; http://www.craigkeener.com/slaughtering-the-canaanites-parte-ii-switching-side/; http://www.craigkeener.com/slaughtering-the-canaanites-part-iii-gods-ideal/; cf. también http://www.craigkeener.com/slaughtering-the-benjamites-i-benjamins-depravity-judges-191-2028/; http://www.craigkeener.com/slaughtering-the-benjamites-ii-merciless-anarchy-judges-2029-2125/.
[15] Trato el contexto histórico en Keener, *Marries Another*; brevemente, igualmente, "Adultery"; y en, "Remarriage".
[16] Para la lectura misional de las Escrituras, ver, por ejemplo, Wright, *Mission*.

Lucas revela cuán fundamental es este empoderamiento al subrayar su necesidad tanto en la conclusión de su Evangelio como en la introducción de su continuación.[17] Así es como el aspecto de siervo del ministerio de Jesús se convierte en el de sus seguidores. El énfasis principal de Lucas con respecto al Espíritu involucra la misión, y la mayoría de los eruditos reconocen el empoderamiento para la misión como la actividad más prominente del Espíritu en Hechos.[18]

Las narraciones bíblicas ofrecieron modelos ampliamente válidos para la conexión de Lucas entre el don del Espíritu y la ascensión de Jesús. Aunque Moisés también impartió del Espíritu a Josué, de modo que fue lleno del Espíritu de sabiduría (Dt. 34:9; ver Hch.2:4; 6:3, 10), la transferencia del poder espiritual y el ministerio de Elías a Eliseo es aún más relevante (2 Re. 2:9, 15; véase Sir 48:12).[19] Esto se debe a que también pertenece a la única escena de ascensión explícita del Antiguo Testamento (explícitamente conectada a la transferencia; 2 Re. 2:10, 13, véase Sir 48:9, 12). Tales modelos bíblicos indican que Jesús está delegando a sus seguidores su empoderamiento profético.[20]

La apertura del sermón pentecostal de Pedro resalta esta característica. De hecho, todos los textos programáticos de Lucas (Lc. 4:18-19, 24: 45-49, Hch 1:8, 2:16-17, ver Lc 3:4-6) comparten en común que el Espíritu de Dios empodera a los embajadores de Dios para su misión. El empoderamiento del Espíritu conduce a la misión y, siempre y cuando la predicación académica sobre la experiencia ofrezca un modelo para nosotros, a una lectura misional de ese empoderamiento.[21]

Leyendo desde dentro de la Experiencia Espiritual

Pedro explicó la experiencia de Pentecostés a la luz de la Escritura y la Escritura a la luz de la experiencia de Pentecostés. "[N]o es vano hablar de amor a alguien que no ha conocido el amor", pregunta un erudito, "¿ni del gozo de aprender a quien lo rechaza?"[22] La experiencia comunicada permite una comprensión más profunda de la misma. Entre otros contextos que deben considerarse en la interpretación, como contextos históricos y literarios, el contexto espiritual también importa: los autores de las Escrituras se dirigieron al público en situaciones históricas particulares, pero

---

[17] Con Miller, *Empowered for Mission*, 62, 69; Hernando, "Function", 247-48.
[18] Para el Espíritu y la misión en Hechos, ver, por ejemplo, Hull, *Spirit in Acts*; Marshall, "Significance of Pentecost"; Stronstad, *Charismatic Theology*; Shelton, *Mighty in Deed*; Penney, *Missionary Emphasis*; Hur, *Reading*, 275; Haya-Prats, *Believers*, 97–108, 192; Bovon, *Theologian*, 198–238; Meagher, "Pentecost Spirit"; Klaus, "Mission," 574–75; cf. Bruce, "Holy Spirit in Acts"; Russell, "Anointing"; Wyckoff, "Baptism," 448–49; Robinson and Wall, *Called*, 122; Keener, "Power."
[19] Con, por ejemplo, Green, "Repetition," 292
[20] Con, por ejemplo, Johnson, *Acts*, 30; Stronstad, *Charismatic Theology*, 20-21.
[21] De acuerdo, este es el énfasis distintivo de Lucas, pero no es exclusivo de él (Mt. 10:20; Mc. 13:10-11; Juan 15:26-27; 20: 21-22; Rom. 15:19; 1 Cor. 12:7; 1 Ts. 1:5-6; 1 Pe. 1:12; Ap. 19:10).
[22] Palmer, *Hermeneutics*, 87-88, citado en Thiselton, "Hermeneutics", 161.

a veces también a comunidades de fe que compartían las realidades espirituales presupuestas por los autores.[23]

Las experiencias carismáticas y proféticas dentro de la Biblia toman una variedad de formas, por lo que la mera experiencia de profecía o milagros no significa que la experiencia de uno sea ontológicamente idéntica a cualquier experiencia bíblica dada. Sin embargo, proporciona una simpatía por la experiencia y una ventana a tales experiencias en general de una manera en la que aquellos sin tales experiencias no podrían identificarse tan fácilmente.[24] Es decir, si hemos experimentado el Espíritu de alguna manera en absoluto, seremos más propensos a dar al menos un asentamiento con nuestras cabezas a esas experiencias en las Escrituras, que alguien para quien todas esas descripciones son enigmas desconcertantes de una era pasada o algún tipo de ficción literaria.

Compartir experiencias bíblicas, como dones espirituales particulares (o para el caso, fruto espiritual), afecta la forma en que conceptualizamos esas experiencias en las Escrituras. Ten en cuenta, por ejemplo, la forma en que algunas películas basadas en libro de Hechos muestran el hablar en lenguas; alguien que ha experimentado ese don podría representarlo de manera diferente. Ciertamente, alguien que conoce al buen Señor Jesús personalmente, no reconocería mucho de Él en la hosca película de Jesús de Nazaret, sin pestañear, a pesar de las características positivas de la película.

De manera similar, un carismático pudiera identificarse con las ambigüedades de la experiencia profética descritas en 2 Re. 2:3-5, 16-17 y Hch 21:4, 11-14, aun cuando tales ambigüedades confunden a muchos otros lectores.[25] Del mismo modo, el interés en asuntos del Espíritu puede ayudarnos a hacer preguntas e identificarnos con experiencias atestiguadas en las Escrituras, pero a menudo ignoradas por los intérpretes. Cuando Samuel era un niño, las visiones eran raras (1 Sam. 3:1), pero después de su liderazgo, los profetas proliferaron en Israel, incluso con varias personas profetizando juntas, algunas veces sobre los montes (10:5, 10; 19:20, 24). Puede que no todos seamos líderes proféticos innovadores como Samuel, pero todos podemos aprender de la experiencia espiritual representada aquí y podemos orar por la renovación.[26] Los detalles de la experiencia no están completos; el narrador probablemente asume que su público está familiarizado con el comportamiento de

---

[23] Digo "a veces" porque varias obras bíblicas se dirigen directamente a cualquier persona, desde el Israel caído (por ejemplo, Amos) hasta los que comparten el ministerio (por ejemplo, Tito). Cf. Green, *Practicing Theological Interpretation*, 42, para el pueblo de Dios como un contexto compartido.

[24] Para mayor interés en la experiencia espiritual detrás del texto, vea Fee, *Listening*, 11 (debemos buscar la empatía con la espiritualidad de los autores); este tipo de trasfondo debería ser, aunque de una manera diferente, no menos valioso que el "trasfondo cultural". Véase, por ejemplo, la identificación con la experiencia de Isaías en Is. 6 narrada en Gray, *Crowd*, 68-69, una aplicación neumática que yo afirmaría. Varias lecturas pentecostales populares en Gray, *Crowd*, 69-76, evocan útilmente varios elementos genuinos del pasaje de Isaías, aunque la mayoría no abarca el contexto completo; cf. útilmente 176-79.

[25] Ver Keener, *Acts*, 3:3083-84.

[26] De hecho, Ana ni siquiera estaba orando por un avivamiento, sino simplemente por un hijo y, por lo tanto, una reivindicación; pero Dios está cerca de los humildes (1 Sm. 1:10-11). En Lucas-Hechos, las efusiones del Espíritu a menudo seguían a la oración (Hechos 1:14, 4:31; vea el principio en Lucas 11:13).

los profetas israelitas. Si no carecemos de esa familiaridad, podemos comprender mejor la experiencia dinámica de inspiración de los profetas a través de nuestra propia experiencia del Espíritu.

Recurro a mi propio ejemplo aquí porque algunos escritores sobre el tema hoy en día suponen que al citar la tradición pentecostal, han resuelto el cómo debería ser una hermenéutica pentecostal. Debido a que he ministrado regularmente en el don de la profecía en ciertos períodos de mi vida, no solo tengo una empatía por los profetas bíblicos sino también un sentido de lo que a veces se siente como inspiración profética (aunque de buena gana puedo asegurarle a los cesacionistas preocupados que nunca escribí alguna cosa canónica). También encuentro que tal experiencia en la Escritura es imposible de descartar y fácil de hacer eco.[27] A partir de un período de mi vida, puedo identificarme con la intensa alienación de Jeremías de una sociedad que rechazó su mensaje; de otro, puedo llorar con el corazón roto de Dios en el libro de Oseas.

Considerando que Dilthey encontró en la humanidad común un medio general para conectar al autor y al lector, así como aquellos con antecedentes tradicionales de Medio Oriente o del Mediterráneo[28] podrían encontrar conexiones culturales comunes más específicas con textos bíblicos. La experiencia espiritual común también proporciona una conexión valiosa en un nivel especial.[29] Un erudito más liberal o radical que experimente la actividad del Espíritu encontrará más difícil el descartar los reportes en las Escrituras sobre actividad sobrenatural;[30] alguien de antecedentes anticamismáticos, después de una experiencia del Espíritu, encontrará más simpatía por la experiencia carismática. Del mismo modo, alguien que experimente inspiración profética encontrará menos plausible la visión arcaica de la inspiración mediante el dictado mecánico.[31]

Como alguien que se ha movido en el don de la profecía, yo reconozco que la profecía debe ser evaluada. También reconozco que una profecía que doy a alguien puede significar algo más preciso y profundo en su contexto de lo que podría haber

---

[27] Ver aquí McKay, "Veil", 64-68. El doctorado de McKay era de Cambridge. Cf. también Moore, "Fire of God", 114-17.

[28] Aunque las fuentes antiguas concretas son las mejores, la cultura contemporánea de Medio Oriente normalmente permanece más cerca de la cultura del Medio Oriente que la cultura occidental (Bailey, *Peasant Eyes*, xv). Algunos elementos comunes también dominan gran parte de la cultura mediterránea (Gilmore, "Shame", 3, 16), aunque no debe pasarse por alto una variación significativa (Eickelman, *Middle East*, 154). Sin embargo, los movimientos posteriores, no menos las religiones monoteístas, han remoldeado las culturas locales (ver Stanley Brandes en Brandes, "Reflections", 126, sobre la cultura mediterránea; Eickelman, *Middle East*, 9-10, 97, sobre el Medio Oriente).

[29] Cf. McKay, "Veil", 66-67, sobre "experiencia compartida"; cf. Pinnock, "Work of Spirit", 246, sobre ser incapaz de entender las palabras de la Escritura adecuadamente sin entender "las realidades que están detrás de ellas"; Ellington, "Authority", 162, sobre la Escritura siendo "reexperimentada en el mismo entorno en que se formó originalmente, es decir, en la comunidad de fe". En Dilthey, ver la discusión en el presente libro. Para lecturas desde una perspectiva tradicional de Medio Oriente, ver, por ejemplo, Kenneth Bailey, *Poet*; ídem, *Peasant Eyes*.

[30] McKay, "Veil", 68. Cf., por ejemplo, cómo atestiguar los milagros cambió gran parte de la cosmovisión de Walter Wink, miembro del Seminario de Jesús (Wink, "Write", especialmente 4-6).

[31] McKay, "Veil", 69, citando 1 Cor. 13:9; 14:32.

imaginado.³² Al mismo tiempo, mi contexto personal normalmente impone algunas limitaciones en el rango de posibles significados –las profecías comúnmente vienen en el lenguaje del hablante y en el rango potencial de su vocabulario, por ejemplo.

Si alguien profetiza: "El Señor dice: 'levantaré una espada contra las naciones'", un oyente puede estar en lo cierto al inferir de esto como una nueva advertencia contra los que viven conforme a los valores de este mundo. Por el contrario, alguien que usó esta profecía para asegurarse una inminente riqueza financiera al vincular esto con algunos otros textos de prueba, como la riqueza del pecador que está siendo guardada para los justos (Pr. 13:22), probablemente se iría del espíritu del mensaje. Incluso si las profecías no significaran nada, no me inclino a pensar que los textos antiguos inspirados tampoco significan nada, especialmente aquellos en los que el uso de las fuentes y los procesos de razonamiento por parte de los autores (como en, por ejemplo, historia o la argumentación bíblica de Pablo, respectivamente) estaban más comprometidos.

Leyendo con el Humilde

Cuando Pedro, lleno del Espíritu (Hch. 4:8), se enfrenta a la élite de Jerusalén en Hechos 4:8-12, esta última observa que Pedro y Juan carecen de educación de élite (4:13). Ellos reconocen que estos pescadores hablan con valentía porque habían estado con Jesús (4:13). Sin embargo, Pedro y Juan regresan y oran por osadía continua para los creyentes (4:24, 29), a los cuales Dios concedió llenarlos a todos con el Espíritu (4:31). Jesús llama (Lc. 5:2, 10; 6:13) y autoriza (Hch. 2:4) no a los orgullosos sino a los humildes que dependen de Él. Eso fue al menos parte del por qué el Espíritu no fue dado a la élite sino a los humildes que obedecieron a Dios (5:32).

La Escritura a menudo indica que Dios está cerca de los quebrantados pero lejos de los orgullosos (Sal. 138:6; Prov. 3:34; Mt. 23:12; Lc. 14:11; 18:14; Stg 4:6; 1 P 5:5). Deberíamos esperar que esta afirmación tenga implicaciones hermenéuticas.³³ ¿Por qué Dios se revelaría de manera diferente entre aquellos que leen (o escuchan) la Biblia, a cuando se revela a sí mismo de manera más general? Los exegetas a veces nos sentimos orgullosos de nuestro conocimiento; el conocimiento, como lo señaló Paul, tiende a llevarnos a sobreestimar nuestro propio estatus (1 Cor. 8:1). Muchos de los primeros pentecostales provenían de círculos que eran pobres y socialmente marginados;³⁴ muchos de nosotros hoy consideraríamos los preceptos de algunos de estos creyentes orientados a la santidad marginal (incluso el mismo Wesley y ciertamente William Law y la mayoría de los puritanos) demasiado

---

[32] Por ejemplo, en el otoño de 1978 le di una profecía a una divorciada para quien mis palabras significaban más de lo que podría haber imaginado (ella me informó después su estado); ver Keener y Keener, *Impossible Love*, 24-25.
[33] Sobre la humildad ante Dios en la lectura, ver, por ejemplo, Mulholland, *Shaped*, 59; para esta insistencia en el pentecostalismo temprano, véase Oliverio, *Hermeneutics*, 91 (y ver el "poor in spirit" de D. W. Kerr).
[34] Con, por ejemplo, Archer, *Hermeneutic*, 23-29, siguiendo a George Marsden y otros; Grey, *Crowd*, 26.

radicales a veces,[35] sin embargo, estaban decididos a obedecer lo que creían que Dios estaba enseñando, sin importar el costo social. Por supuesto, aquellos que sobresalen en esos círculos pueden desarrollar un orgullo propio, pero en general, estos fueron círculos mucho más humildes que aquellos que dominaron las instituciones teológicas más prestigiosas de la época.

La mayoría de los lugares que hoy en día experimentan un avivamiento profundo también son círculos entre los pobres y los marginados.[36] Los avivamientos de Whitefield y Wesley comenzaron en los campos; compárense también los avivamientos de las fronteras estadounidense del siglo XIX, como en Cane Ridge, Kentucky,[37] o en el estado de Nueva York.[38] Varios avivamientos a comienzos del siglo XX se ajustan a este patrón; por ejemplo, el avivamiento galés de 1904-1905 floreció inicialmente entre los mineros y otros elementos marginales de la sociedad galesa;[39] el avivamiento llegó al orfanato de Pandita Ramabai en la India en 1905;[40] un humilde y tuerto predicador de la santidad afroamericana del Jim Crow South dirigió el Avivamiento de la Calle Azusa que comenzó en 1906. "El gran avivamiento" de 1907 en Corea se produjo en un momento de dificultades y decepciones nacionales.[41] Dios también ha derramado su Espíritu entre los campesinos de China en la década de 1980, los huérfanos en Mozambique moderno y otros.[42]

Incluso algunas de las excepciones más notables no son ajenas al patrón general. Así, el avivamiento de la oración del mediodía que solía representar a los hombres de negocios en 1857-58 siguió a un colapso del mercado en 1857.[43] El avivamiento entre los estudiantes nigerianos en la Unión de Escrituras a partir de 1967 siguió a una trágica guerra civil que devastó particularmente al sudeste, mayoritariamente cristiano.[44] El Avivamiento de Jesús en los Estados Unidos floreció entre los jóvenes descontentos, y muchos avivamientos estudiantiles, como los de Asbury College, llegaron entre estudiantes insatisfechos con su estado actual y hambrientos

---

[35] Cf., por ejemplo, el primer metodista que, según los informes, arrojó las cartas de su primo al fuego, lo que provocó que prestara atención al llamado de Dios (Wigger, *Saint*, 44).

[36] Nótese el caso de muchas sanaciones hoy, por ejemplo, Währisch-Oblau, "Healthy", 97; Chevreau, *Turnings*, 16-17; MacNutt, *Healing*, 26-27; Bomann, *Faith in Barrios*; ídem, "Salve". Para avivamientos especialmente florecientes en tiempos de convulsión social, ver Shaw, *Awakening*, 25-28.

[37] Ver, por ejemplo, Noll, *History*, 167; Wolffe, *Expansion*, 58-61.

[38] Ver, por ejemplo, Noll, *History*, 174-75; Wolffe, *Expansion*, 71-78.

[39] Shaw, *Awakening*, 22.

[40] Shaw, *Awakening*, 22-23. Sobre Pandita Ramabai y su ministerio, ver, por ejemplo, Burgess, "Pandita Ramabai"; Arles, "Study"; ídem, "Evaluation"; Frykenberg, *Christianity in India*, 382-410.

[41] Ver Shaw, *Awakening*, 33, 39.

[42] Como observó John Wesley, el Espíritu de Dios produce diligencia y ahorro, lo que lleva a la riqueza, pero con el tiempo esta movilidad ascendente puede producir generaciones dependientes de las bendiciones de generaciones anteriores. Si Dios ha bendecido a algunos de nosotros con una movilidad ascendente que nuestros antepasados en avivamiento carecían, debemos usarla sabiamente (1 Tim. 6:17-19); no nos atrevemos a perder la conexión especial con los pobres y quebrantados. Podemos servirlos y empoderarlos, pero también somos bendecidos por ellos; ellos tienen algo que nosotros también necesitamos. Cf. Sanders, *Margins*.

[43] Noll, *History*, 288.

[44] Shaw, *Awakening*, 163-65.

de más de Dios. "Bienaventurados los que tienen hambre y sed de justicia, porque ellos serán saciados"(Mateo 5:6).

Esto es lo que la teología de la liberación debería llevarnos a esperar,[45] y es ciertamente lo que la teología bíblica nos lleva a esperar. "Bienaventurados vosotros los pobres" (según Lucas) y/o "Bienaventurados los pobres en espíritu" (según Mateo), "porque de ellos es el reino de los cielos" (Mateo 5:3; ver Lucas 6:20). "Bienaventurados los mansos", es decir, para aquellos que no están envanecidos con su propia importancia sino que son sensibles a los demás, "porque ellos recibirán la tierra por hereda" (Mateo 5:5). Del mismo modo, es maravilloso para los quebrantados porque serán consolados (5:4) y para los perseguidos a causa de la justicia y el nombre de Jesús (5:10-12).

Jesús no vino a este mundo en un palacio en Jerusalén, aunque es presumiblemente lo que los magos pensaron, pues precisamente ahí fue donde lo buscaron primero (Mateo 2:1-2). Lucas, de hecho, probablemente contrasta a Jesús en su nacimiento con el respetado emperador Augusto, cuyo decreto establece parte de la premisa geográfica de del nacimiento en la narrativa de Lucas (Lucas 2:1). Augusto reclamó un imperio universal, unido por la fuerza y la propaganda; por el contrario, Jesús era el verdadero y benevolente gobernante de la humanidad.[46]

Augusto, emperador del mundo mediterráneo	Jesús, el verdadero rey davídico destinado a gobernar la creación
Augusto estaba en un palacio	Jesús estaba en un pesebre (2:7)
Coros terrenales elogiaban a Augusto	Coros celestiales alaban a Jesús en su nacimiento (2:13)
Augusto se jactó de haber establecido la *Pax Romana*	Jesús está asociado con la "paz en la tierra" (2:14)
Augusto fue aclamado como "salvador" y "señor"	"... ha nacido hoy... un Salvador, que es CRISTO el Señor." (2:11)
Ante Augusto asistieron poderosos	El nacimiento de Jesús fue asistido por pastores, un grupo socialmente marginal y las huestes del cielo (2:8, 13).
Augusto tuvo el estatus más alto en el mundo mediterráneo	Jesús nació de una joven pareja galilea en lo que podría parecer una situación escandalosa (2:5)

Dos capítulos más adelante, Lucas resume en parte la misión de Jesús como una buena noticia para los pobres (Lucas 4:18). Cuando Jesús resume las señales que indican la era mesiánica, enumera varios milagros y luego concluye con la predicación de buenas nuevas para los pobres (Mateo 11:5//Lucas 7:22). Los pobres son objetos de la primera bienaventuranza de Jesús (Lucas 6:20; ver Mt. 5:3). Aunque Lucas aparentemente dedica su volumen a una persona de buen estatus

---

[45] A la luz de la población pentecostal global, Waddell, "Hearing", 187, afirma que las lecturas pentecostales están "desde abajo o desde los márgenes", como con la teología de la liberación, citando amablemente Johns, *Pentecostal Formation*.
[46] La tabla aquí sigue mis notas de clase, pero cf. amablemente Danker, *New Age*, 24.

(Lucas 1:3), entre las pocas personas ricas que pasan a través del ojo de una aguja (véase 6:24; 8:14; 12:21; 16:22-23; en especial 18:25), que en su Evangelio, son aquellos que se sacrifican por los pobres (19:8; ver 14:12-14) o que arriesgan sus propias vidas para honrar a Jesús (23:52).[47]

Del mismo modo, Jesús eligió a los pescadores (Lucas 5:10) y al recaudador de impuestos (5:27) como sus discípulos. Estas son las únicas profesiones específicamente nombradas entre los discípulos de Jesús que pudría sugerir que los otros discípulos tenían ocupaciones incluso menos prestigiosas; la gran mayoría de los galileos probablemente eran campesinos, por lo que los pescadores y los recaudadores de impuestos se ganaban la vida mejor que la mayoría. Por el contrario, aparentemente ninguno de los principales discípulos de Jesús fueron escribas; ninguno pertenecía a la secta más prestigiosa de los fariseos, y ciertamente ninguno pertenecía a la élite sacerdotal saducea en Jerusalén.[48] Con pocas excepciones privadas, no era la élite intelectual de los días de Jesús, sino los humildes, quienes lo seguían. "Te alabo, Padre", oró Jesús, "porque escondiste estas cosas de los sabios e intelectuales, y las revelaste a los niños" (Mt. 11:25//Lucas 10:21). Solo aquel que reciben al reino como un niño entrará en él (Marcos 10:15).

En un nivel espiritual y más allá del nivel metodológico, Agustín y Anselmo hablan de la fe buscando entendimiento;[49] del mismo modo, Lutero y Calvino elevaron la fe por encima de la razón.[50] Para Lutero, alguien que no estuviera sumergido en la Escritura y ni comprometido con el servicio de la iglesia, no podía entender más de lo que uno podría entender *Los bucólicos* o *Las geórgicas* de Virgilio sin ser un pastor o granjero.[51] Barth consideraba que la fe era necesaria para el entendimiento verdadero.[52] Nuestra información e intelecto son finitos, por lo que la mayor sabiduría es confiar primero en el omnisciente. Puede que a los intelectuales no les guste esto, ya que este no es el enfoque epistémico que hemos cultivado y para el que hemos trabajado diligentemente, pero Jesús declaró que es la manera en que Dios ordenó las cosas. Estamos justificados por la confianza, no por mérito o ventaja personal, incluido el intelecto.

Lejos de mí está sugerir que el conocimiento obstaculiza nuestro estudio de la Escritura; Proverbios nos insta a buscar el conocimiento diligentemente (Prov. 8:17; 15:14; 18:15). (Retomo este tema más adelante cuando respondo brevemente a aquellos que suponen lo contrario).[53] Pero Proverbios también nos advierte que no debemos considerarnos sabios (3:7; 12:15; 26:5, 12, 16), y que la verdadera

---

[47] Para el riesgo de la vida de José de Arimatea, véase Keener, *John*, 2:1160-61.
[48] Puede que José de Arimatea haya sido (Mt. 27:57; Jn. 19:38) o se haya convertido en discípulo, pero es poco probable que haya seguido a Jesús durante la mayoría de su ministerio en Galilea.
[49] Véase, por ejemplo, Wyckoff, *Pneuma*, 18, aunque contrasta el enfoque de Aquino (19-20). La expresión particular refleja a Anselmo.
[50] Wyckoff, *Pneuma*, 22-23; Wengert, "Luther", 110. También la Confesión de Westminster, como se señala en Wyckoff, *Pneuma*, 31.
[51] Edwards, "Revolution", 53, citando una de las últimos escritos de Lutero.
[52] Wyckoff, *Pneuma*, 47. Para que la Palabra de Dios llegue a los humanos como "la realidad subjetiva de la revelación", Wyckoff, *Pneuma*, 48, cita Barth, *Church Dogmatics*, 1.2.1-25, 203-40, 717.
[53] Ver esp. Parte III.

sabiduría y conocimiento comienza en el temor a Dios (Prov. 1:7, 9:10, 15:33, ver Sal. 111:10). Es un tonto quien es derecho en su opinión y, por lo tanto, no está dispuesto a aprender de los demás (Prov. 12:15; ver 26:12, 16). Isaías también condena a los que son sabios en su propia opinión (Isa. 5:21).

Los humildes leen las Escrituras no solo para reforzar su conocimiento, sino también con desesperación y/o fe para escuchar a Dios allí. Leen con dependencia de Dios, confiando en que el Espíritu Santo los guía. Los métodos y la información nos ayudan, pero no existe un sustituto mecánico para esperar encontrarse con Dios en el estudio de las Escrituras.[54] Esa era una forma de leer entre los primeros pentecostales y sigue siendo prevalente en el pentecostalismo del mundo de la mayoría de hoy (ver más sobre esta discusión en Parte II). Los primeros pentecostales insistieron en "una actitud apropiada de recepción" con respecto el texto; esto generaría ideas mucho más frescas, según creían, que simplemente organizar información bíblica de manera sistemática, lo que cualquier persona sin discernimiento espiritual también podría hacer.[55] La expectativa de encontrarse con Dios en el texto, por supuesto, nunca se limitó a los pentecostales.[56] Wesley, por ejemplo, instó a la meditación continua en las Escrituras con el fin de "alcanzar el mejor conocimiento", es decir, conocer a Dios.[57]

La academia tiene qué ofrecerle a la espiritualidad pentecostal tradicional; sin embargo, la espiritualidad pentecostal tradicional también tiene qué ofrecerles a los eruditos como lectores que también son seres humanos. Estas observaciones siguen siendo relevantes incluso para algunos estudiosos emergentes en el Primer Mundo, ya que la minoría educada en el Primer Mundo que a menudo tiene educación occidental y una audiencia en Occidente, puede diferir de las voces cristianas básicas.[58] Es decir, no necesitas abandonar tu preciosa experiencia de Dios simplemente para satisfacer a las élites occidentales, a menudo aisladas de las realidades más amplias. Estas observaciones sirven como una advertencia aún mayor para nosotros los profesores occidentales titulados, que pueden enseñar y escribir en aisladas burbujas culturales. "De cierto os digo, que el que no reciba el reino de Dios como un niño, no entrará en él" (Marcos 10:15).

---

[54] Los pentecostales leen las Escrituras no exclusivamente para obtener información, "sino para encontrarse con Dios en el texto" -ver Davies, "Read as Pentecostal", 251-52 (también citado en Anderson, *Ends of Earth*, 122); Waddell, "Hearing", 184; Thomas, "Spirit Is Saying", 122; Archer, *Hermeneutic*, 251; Gray, *Crowd*, 3, 10, 15 - 21, 161; Martin, "Pslm 63", 280-81, citando una variedad de fuentes, incluidas las primeras figuras pentecostales y Green, *Theology*, 289.
[55] Oliverio, *Hermeneutics*, 97, sobre D. W. Kerr.
[56] El mismo deseo devocional aparece en otros escritores no pentecostales pero dirigidos por el Espíritu como R. A. Torrey y A. W. Tozer; ver también Mickelsen, *Interpreting the Bible*, 365-66; Mulholland, *Shaped*, 21, 95; Green, *Practicing Theological Interpretation*, 5.
[57] Mulholland, *Shaped*, 123; cf. Wesley sobre leer para descubrir la voluntad de Dios, 127.
[58] Ver la queja de Chan, *Grassroots Asian Theology*, 22-27. Esta observación no pretende disminuir el valor de las voces académicas; las bases pueden estar influenciadas por las ideologías populares occidentales u otras que no son útiles. Es simplemente un recordatorio de que debemos usar nuestros dones como siervos, no engañándonos sobre el rebaño de Dios.

Una Lectura Escatológica

Pedro reconoce que los seguidores de Jesús ahora viven en un tiempo especial, prometido bíblicamente, los "últimos días" cuando Dios derramará su Espíritu y salvará a los que invocan a Jesucristo (Hechos 2:17-21). La comprensión de Pedro permanece incompleta en este punto (10:28-29), pero ya Dios está enseñando un nuevo marco mesiánico, y por lo tanto escatológico, para conceptualizar la Escritura (véase Lucas 24:27, 44-49, Hechos 3:18, 24; 10:43).

En la Frontera de un Nuevo Mundo

Los primeros pentecostales creían que estaban en los últimos días. Al leer el contexto del último derramamiento de Joel, prometido en Joel 2:28-29, con frecuencia imaginaban su propio tiempo como una "lluvia tardía" correspondiente a la "lluvia anterior" (2:23) del día de Pentecostés.[59] Desafortunadamente, esta lectura alegórica de las condiciones de los ambientes de Israel probablemente pasó por alto el punto de Joel. Sin embargo, el corazón de la intuición de los primeros pentecostales acerca de los últimos días era seguramente correcto. Bíblicamente tenían razón al verse a sí mismos como parte de una iglesia del tiempo del fin.[60] Esta perspectiva escatológica a menudo ha caracterizado a la iglesia en tiempos de renovación.[61]

Dios no derramó el Espíritu solamente en Pentecostés, derramó el Espíritu durante la mayor parte de la historia y luego derramó el Espíritu nuevamente en su propio día. Tampoco Dios comenzó los últimos días, Él permite algunos días después de esos últimos días que no fueron realmente los últimos días, y ahora concluirá con algunos días más. Seguramente el Espíritu no cesó su actividad después de que el libro de Hechos concluyó. El enfoque restauracionista pentecostal temprano simplemente adoptó el cesacionismo contemporáneo y lo modificó haciendo que el cese fuera temporal. Cualquiera que sea la historia desde el punto de vista de los primeros pentecostales o de los reformadores o restauracionistas

---

[59] Cf. discusión del último motivo de lluvia en Archer, *Hermeneutic*, 136-50. Para el cambio de Lluvia Tardía a enfoques más dispensacionales, ver, por ejemplo, Oliverio, *Hermeneutics*, 114; Myer Pearlman señaló más amablemente la metanarrativa bíblica de la redención (Oliverio, *Hermeneutics*, 122-23, 129).

[60] Para su autocomprensión tradicional como escatológica, ver, por ejemplo, Anderson, *Ends of the Earth*, 61; Menzies, *Anointed*, 57; Blumhofer, *Sister*, 209; Waddell, "Hearing", 179–80, 187; Martin, "Psalm 63", 284; para la conexión entre su "entusiasmo misionero" y su "sentido de destino escatológico", véase Anderson, *Ends of the Earth*, 62. Desafortunadamente, la urgencia escatológica también redujo la preparación misionera temprana (84). Algunos, como Aimee Semple McPherson, consideraban a las mujeres predicadoras como "una parte legítima de la iglesia de los últimos tiempos" (Blumhofer, *Sister*, 195); cf. Hechos 2: 17-18.

[61] En los últimos siglos, ver, por ejemplo, Lutero y los primeros puritanos en Kyle, *Last Days*, 55, 61-62, 65; Gritsch, "Reformer", 35; bautistas tempranos en Hayden, "Walk", 8; Edwards en "God's Wonderful Working", 15; Booth in Green, "Booth's Theology", 28; el movimiento de Jesús en Eskridge, *Family*, 85-87; cf. Joseph Smale en Robeck, *Mission*, 83.

Leyendo desde el Punto de Vista del Pentecostés

antes que ellos, las Escrituras no prescriben un período intermedio de inactividad espiritual, incluso la actividad espiritual es ciertamente necesaria para lograr algunos eventos predichos antes del final (Mt. 24:14 ; Rm. 11:12, 25-26).[62] A lo largo de la Escritura, hubo un flujo y reflujo de actividad espiritual, de apostasía y lo que llamamos avivamiento, igualmente de períodos de abandono y arrepentimiento.

El enfoque bíblico no era (como piensan muchos cesacionistas) para visualizar una era intermedia actual a diferencia del período bíblico, ni era (como muchos pentecostales tempranos) el imaginar de un nuevo avivamiento que pusiera fin a tal tiempo intermedio. Más bien, los últimos días en los que el Espíritu se derramó en Pentecostés fue un tiempo del empoderamiento de Dios para la misión de la iglesia en el mundo, por lo tanto, es para que nos apropiemos de ese poder en todo momento. Esa gran parte de la historia habla también de los fracasos de la iglesia (incluyendo nuestros días), pero no por alguna deficiencia de la disponibilidad del Espíritu. En el nivel experiencial, sin embargo, esto equivale a lo que el pentecostalismo afirmó experimentar: las personas con poder del Espíritu de Dios son escatológicas.

Desde el punto de vista del Nuevo Testamento, el pueblo de Jesús siempre debería reconocerse a sí mismo como viviendo en lo que los eruditos han denominado el "ya/todavía no". Jesús no solo anunció el reino venidero; Sus señales fueron un anticipo de la plenitud de ese reino (Mt. 12:28//Lc. 11:20). Cuando Juan el Bautista escuchó que Jesús estaba sanando a los enfermos pero no bautizando en fuego, él cuestionó la identidad de Jesús (Mateo 11:3//Lucas 7:19). Pero Jesús respondió enmarcando las sanaciones en un lenguaje que evocaba la restauración prometida (Mt. 11:5//Lc. 7:22; Is. 35:5; 61:1); Sus señales eran un anticipo del nuevo mundo prometido, donde la curación y la liberación serían completas. El majestuoso reino ya estaba presente como una semilla de mostaza, reconocible solo para aquellos que tenían los ojos de la fe (Marcos 4:31-32).

De manera similar, Pablo declara que Cristo nos ha librado de esta presente época perversa (Gal. 1:4), por lo que nos urge a no conformarnos (Rm. 12:2). En lugar de conformarse a esta era, deberíamos pensar con mentes hechas nuevas, es decir, conforme a los estándares de la venidera era prometida.[63] Este enfoque revela la comprensión de Pablo acerca de la era escatológica que incide en el presente, y naturalmente exige que leamos la Escritura también desde esta perspectiva escatológica (comparar: la calificación neumática de la negación bíblica de que los mortales pueden entender a Dios, 1 Cor. 2:9-10 y 2:16).[64] Pablo leyó las Escrituras

---

[62] Aunque Ef. 4:11-13 es siempre el ideal, la importancia de revelar la sabiduría de Dios en la iglesia "ahora" (3:10) puede sugerir que Dios planea ejemplificar este ideal al menos una vez en esta era, quizás en circunstancias tales como aquellas en las cuales se representa a las personas ideales de Dios en Ap. 12:10-11, 17.
[63] Ver Keener, *Mind*, cap.5. Cf. Mulholland, *Shaped*, 135.
[64] Ver Keener, *Mind*, cap. 6. Sobre 1 Cor. 2:10-16, ver también, brevemente, Wyckoff, *Pneuma*, 142; Ervin, "Hermenweutics", como se cita en Spawn and Wright, "Emergence", 6; esp. Pinnock, "Work of Spirit", 240. Para leer las Escrituras a partir de nuevos "marcos perceptivos", cf. también Mulholland, *Shaped*, 33.

como relevantes para el pueblo de Dios que vivía en el fin de las eras (1 Cor. 10:11). El Espíritu es el primer fruto de la cosecha futura prometida (Rm. 8:23), el pago inicial de nuestra herencia futura en el mundo por venir (2 Cor. 1:22; 5:5; Ef. 1:13-14). Por lo tanto, las incomparables riquezas del futuro prometido, actualmente representadas en palabras a través de imágenes de similitudes apocalípticas, ya se experimentan como un anticipo a través del Espíritu (1 Cor. 2:9-10). Como dijo otro cristiano primitivo, hemos probado "de la buena palabra de Dios y los poderes del siglo venidero" (Heb. 6:5).

Si, como la mayoría de los comentaristas creen, el niño arrebatado para gobernar a las naciones en Ap. 12:5 es Jesús, los creyentes que sufren por su nombre en el resto de ese capítulo viven en un tiempo escatológico. Al menos en pasajes como este, la tribulación escatológica que muchos judíos esperan probablemente represente, en cambio, toda la era actual, un período de dolores de parto que preceden al nuevo mundo (véase también Rm. 8:22).[65]

Los Últimos Días de Hechos 2:17[66]

Al explicar el derramamiento del Espíritu en el día de Pentecostés, Pedro describe su propia era como una que está experimentando los "últimos días". Los "últimos días" de Pedro alteran el texto de Joel, sustituyendo el "después" de Joel por "en los últimos días", pero este cambio simplemente resalta las implicaciones del contexto que él no continúa citando.[67] "En los últimos días" (y expresiones relacionadas como "últimos tiempos") era una frase bíblica que aplicaba especialmente al período de la restauración prometida de Israel, esperanzas judías ahora fijadas al tiempo escatológico (Is. 2:2; Os. 3:5; Miq. 4:1; Dn. 2:28).[68]

Este título para el período escatológico de restauración también se aplicó a un período de gran sufrimiento justo antes de esa restauración (Jer. 23:20; 30:24; Ez. 38:16; Dn. 10:14),[69] un período que la tradición judía esperaba se produjera

---

[65] Para esta imagen para la tribulación escatológica, cf. 1QHa XI, 3-18; 1 *En.* 62: 4; *b. Sanh.* 98b; *Šabb.* 118a; ver orígenes para el trabajo escatológico, para el Mesías y/o la comunidad, en Isaías 26:17-19; 66: 7-8; Mic. 5:2-4. La imagen traumática de "dolores de parto" desarrolla un lenguaje de juicio (Sal. 48:6; Is. 13:8; 21:3; 26:17; 42:14; Jer. 4:31; 6:24; 13:21; 22:23; 30:6; 31:8; 48:41; 49:22; 24; 50:43; Os. 13:13; también Glasson, *Advent*, 175; véase más adelante 1QHa XI, 8, 12; XIII, 30–31; 4Q429 1 IV, 3). Ver también Keener, "Charismatic Reading".

[66] En esta sección, estoy adaptando Keener, *Acts*, 1:877-80.

[67] Cf. Joel 4:1 LXX (ET 3: 1). Con, por ejemplo, Ridderbos, "Speeches of Peter", 13; Horton, *Spirit*, 146.Las audiencias greco-romanas también estarían familiarizadas con la práctica de adaptar citas para aclarar sus intenciones (Stanley, *Language of Scripture*, 291; véase 335, 337, 342-44).

[68] También 11Q13 II, 4; 1 *En.* 27: 3-4 (después del juicio final); cf. 4Q509 II, 19; 2 *Bar.* 76: 5; *Test. Zeb.* 8:2; 9:5. Los intérpretes judíos de esta época también entenderían Dt. 4:30; 31:29; cf. restauración de otros en Jer. 48:47; 49:39. Los "últimos días" o "última generación" son una característica natural de los pesharim (p. Ej., 1QpHab I, 2; II, 5-6).

[69] También 1Q22 I, 7-8; 4QpNah 3-4 III, 3; 4Q162 II, 1 en su contexto; 4Q163 23 II, 3-11; 4Q176 12 + 13 I, 9; 4QMMT C.21-22; *Test. Dan 5:4; Test. Zeb.9:5; Test. Iss. 6:1; cf. Sib. Or. 5.74; Apoc. Elij. 1:13.*

apostasía entre los insinceros.⁷⁰ Los textos cristianos también mencionan un período escatológico de sufrimiento y apostasía (véase Marcos 13:9-13, Rm. 8:22; 1 Juan 2:18), a menudo lo designa como el presente, período final antes del fin (1 Ti. 4:1;⁷¹ 2 Ti. 3:1; 2 P. 3:3). Como un tiempo de sufrimiento final, los últimos días prefiguraron el final del "día del Señor" (Hechos 2:20); como un tiempo de la restauración de Israel, son idénticos o sigue uno al otro. Por lo tanto, la frase significa "el tiempo escatológico".

Los primeros cristianos consideraban consistentemente este tiempo escatológico como el período en el que vivían (1 Ti. 4:1; 2 Ti. 3:1; Heb. 1:2; Stg. 5:3; 1 P. 1:20; 2 P. 3:3).⁷² No hay ninguna razón para suponer que Lucas menciona la frase (Hechos 2:17) de manera diferente, especialmente porque el título no tendría sentido si éste fuera seguido por otros períodos no caracterizados como "lo último", "final" o "escatológico".

Lucas seguramente expresa su uso programático de Joel como teológicamente prescriptivo y no meramente descriptivo históricamente; es decir, él cree que la iglesia de su tiempo continúa, o debe continuar, para experimentar el derramamiento del Espíritu y la profecía. "Y en los postreros días... Derramaré de mi Espíritu sobre toda carne, Y vuestros hijos y vuestras hijas profetizarán; Vuestros jóvenes verán visiones, Y vuestros ancianos soñarán sueños; Y de cierto sobre mis siervos y sobre mis siervas en aquellos días Derramaré de mi Espíritu, y profetizarán" (Hechos 2:17-18). Para que nadie se pierda en este punto, Pedro agrega al texto de Joel una línea aclaratoria más, "y profetizarán". El empoderamiento profético del pueblo de Dios caracteriza la era escatológica en la cual viven los seguidores de Jesús.

Lucas debe ver la promesa como válida para todos los creyentes en su época, dada su apelación a un texto que se refiere a "toda carne" (es decir, a toda clase de personas, Hechos 2:17) y su énfasis en que el regalo era para sus descendientes, incluso aquellos que están lejos (2:39). La idea de que tal empoderamiento o sus expresiones proféticas habían cesado en su día, o estaba programado que cesaran antes del regreso del Señor, es algo que, dado el lenguaje de Lucas, seguramente no podría haber ocurrido para Lucas. Para Lucas, esa actividad caracteriza la era escatológica en la que vive la iglesia; Lucas difícilmente enfatizaría que esta era se inauguró en Pentecostés, para luego esperar que nosotros hagamos la inferencia de que, sin pruebas claras, la era sería eliminada antes de su consumación en el regreso

---

⁷⁰ Ver Test. Iss. 6:1; also 1Q22 I, 7–8; 4QpNah 3–4 III, 3; 4Q162 II, 2–7; 4Q390 1 7–9; 1 *En.* 91:7; 3 *En.* 48A:5–6; 4 *Ezra* 14:16–18; *Sib. Or.* 5.74; *Test. Naph.*4:1; *Test. Dan* 5:4; *Test. Zeb.*9:5; *Sipre Deut.* 318.1.10; b. *Sanh.*97a; *Pesiq.Rab Kah.* 5:9. Cf. quizás 4Q501, linea 3.

⁷¹ Wilson, *Pastoral Epistles*, 16, piensa que 1 Timoteo emplea los "últimos días" al estilo Lucano.

⁷² Como en los rollos de Qumran (por ejemplo, 4Q162 I-II, especialmente II, 1-10; 4Q163 23 II, 10-11). Los rollos de Qumrán usaron su interpretación del pesher (en salmos, etc.) para aplicar gran parte de las Escrituras a la situación especial de los últimos días, una era especial de cumplimiento (por ejemplo, 4Q162 I-II; 4T176 12 + 13 I, 7-9 ; 4QpNah 3-4 IV, 3; ver también 1 *En.* 108:1); Pedro hace lo mismo, creyendo que ha llegado el tiempo del cumplimiento (Hechos 3:18-26). Dios expondría la maldad de los líderes comprometidos de Israel en el tiempo del fin (4QpNah 3-4 III, 3). Para la "exégesis carismática" en los textos de Qumrán, ver Wright, "Jewish Interpretation", 75-91.

de Cristo.[73] Dios difícilmente derramaría su Espíritu, para luego refrenar tal derramamiento.[74] De hecho, tal contradicción habría jugado un papel en las manos de aquellos que cuestionaron si el Mesías escatológico había llegado genuinamente, y socavaría la apologética y teología del cumplimiento de Lucas.

Además, Lucas presenta la era mesiánica intermedia del reinado de Cristo a la diestra del Padre (2:34-35) como en continuidad con la actividad de Dios en las Escrituras. Si esta era escatológica continúa la experiencia "bíblica", entonces es relevante que, a pesar de los reflujos y flujos, Lucas crea que el profetismo siempre estuvo activo en la historia bíblica (Hechos 3:18, 21, 24). Aquellos que recibieron el mensaje serían, de hecho, "hijos de los profetas", así como también de Abraham (véase 3:25).[75] No es de extrañar que la profecía cristiana continuaría en los siglos posteriores,[76] y más tarde los opositores al cristianismo continuaron atacándola.[77]

El Pentecostés y Sus Avivamientos Posteriores

Si Dios derramó el Espíritu en el día de Pentecostés, entonces gran parte de lo que visualizamos como "avivamiento" es simplemente parte de la vida cristiana normal. No es la única posesión de una parte del cuerpo de Cristo, como si otras partes pudieran descartarlo como un asunto sectario o divisivo; es parte del don de Dios, y es impío y un pecado contra Dios el despreciarlo (véase 1 Ts. 5:20). Al mismo tiempo, no es algo que pertenece a una etiqueta, como si llamarnos "pentecostales" o "carismáticos" significa que lo tenemos, reduciéndolo a una posesión meramente sectaria. No viene con etiquetas o con una teología que simplemente lo afirma. Viene de la fe obediente en el don de Dios a su iglesia.

Los primeros cristianos se vieron viviendo tanto en los últimos días como en la continuación de la era bíblica, esperando que Dios actuara en su propio día. Como notó un observador dominicano, lo que era particularmente distintivo del movimiento pentecostal de comienzos del siglo xx no eran tanto las lenguas, sino el hecho de que pertenecían a "la vida de la iglesia de los apóstoles, la 'iglesia de Pentecostés'"; entendieron la renovación de la profecía, la sanación y cosas por el estilo, "como señales de que estaban trayendo los 'últimos tiempos'".[78] Es decir, su

---

[73] Cf. de manera similar, la expectativa de la profecía de Pablo hasta el regreso de Cristo en 1 Cor. 13:8-13, que analizo brevemente en Keener, *Corinthians*, 109-10.

[74] Es decir, en términos teológicos modernos, Lucas no puede ser un cesacionista con respecto a este don profético del Espíritu. Para este pasaje y la expectativa de continuar con los signos, vea también Menzies, "Paradigm".

[75] Es más probable que la idea de la cesación de la profecía derivara de la lectura en el NT de la experiencia observada de los cristianos en algunas eras posteriores, donde la profecía era rara o demostrablemente errada. Incluso esta observación debe ser equilibrada, por la frecuencia de los fenómenos proféticos en muchas otras épocas de la historia cristiana, incluida su frecuencia actual en círculos carismáticos y especialmente en algunas regiones del mundo.

[76] Ver, por ejemplo, Shogren, "Prophecy".

[77] Ver, por ejemplo, Cook, *Interpretation*, 77-79.

[78] John Orme Mills, citado en Land, *Pentecostal Spirituality*, 62, y en Robinson, *Divine Healing*, 39.

Leyendo desde el Punto de Vista del Pentecostés

continuidad con la iglesia apostólica fue también un anticipo y anunciador del reino venidero.

Aunque los primeros pentecostales, al igual que otros movimientos restauracionistas de su época, enfatizaron demasiado en su propio papel distintivo en la historia de la iglesia, entendieron correctamente la perspectiva bíblica de que nuestra experiencia del Espíritu es escatológica. Ya sea que los restauracionistas entendieran correctamente el esquema más amplio de la historia, a menudo tenían razón en que estaban restaurando los énfasis o las experiencias que sus contemporáneos habían olvidado. Y, aparte del restauracionismo teológico, los primeros pentecostales tuvieron un papel histórico al restaurar en la iglesia en general, el reconocimiento de que los dones espirituales deberían continuar (aunque al hacerlo formaban parte de un movimiento más amplio de predecesores evangélicos radicales, como la Alianza Misionera de A. B. Simpson).

Como han demostrado varios eruditos, los primeros pentecostales vieron la restauración de los dones como una señal del regreso inminente de Cristo, y esta esperanza escatológica ayudó a impulsar el crecimiento del pentecostalismo.[79] Aunque muchos pentecostales primitivos aceptaron la escatología dispensacionalista clásica popular en ese momento, su perspectiva también continuó la escatología expectante del movimiento de santidad, que consideraba la era actual de la iglesia como la era del Espíritu.[80] Además, en contraste con la relegación de ciertos eventos con respecto al pasado y/o al futuro por parte del dispensacionalismo clásico, estos creyentes se apropiaron más de los principios de la Escritura para el presente.[81] El creciente dominio del dispensacionalismo clásico en el entorno fundamentalista que rodeaba a los primeros pentecostales abrumaba en gran medida los elementos más distintivos y relevantes de la escatología pentecostal temprana,[82] pero la erudición bíblica (no menos importante que el énfasis de George Eldon Ladd en el ya/todavía no del reino) ha llevado a un resurgimiento generalizado en lo que estaba mucho más cerca del ímpetu espiritual original del avivamiento pentecostal.

Dios a veces actúa de diferentes maneras en diferentes momentos. Hoy en día los cristianos a menudo hablan de esos períodos especiales como períodos de avivamiento o despertar. En algunos entornos y momentos, los milagros parecen ocurrir regularmente, y en otros momentos más raramente. Necesitamos reconocer el elemento de la soberanía de Dios. Al mismo tiempo, Dios nos invita a orar por su actividad (ver Hechos 4:29-30) y promete escucharnos (Lucas 11:13). Vivir en la

---

[79] Ver las obras influyentes Faupel, *Everlasting Gospel*; Althouse, *Spirit*.
[80] Ver Dayton, *Roots*, 145, 149-52 (distinguiendo varios hilos contribuyentes); King, *Disfellowshiped*, 59-60. Dayton probablemente tenga razón en que las influencias dispensacionales fueron más fuertes en las partes del movimiento más directamente afectadas por el fundamentalismo en ascenso (véase *Roots*, 146).
[81] Dayton, *Roots*, 145.
[82] Ver nuevamente Althouse, *Spirit*. La mayoría de los organizadores de las Asambleas de Dios en Hot Springs, Arkansas, por ejemplo, tenían Biblias de referencia Scofield; para la influencia de este trabajo en las primeras Asambleas de Dios, ver, por ejemplo, Oss, "Hermeneutics of Dispensationalism", 2, citado en Campos, "Tensions", 149n14. Para una controversia temporal sobre el libro, vea McGee, *People of Spirit*, 192-93.

realidad de la palabra de Dios y la presencia de su Espíritu es algo que puede caracterizar nuestras vidas todo el tiempo, y hacer que estemos cada vez más preparados para cualquier otra forma en que Dios derrame el Espíritu en nuestro tiempo y lugar. La fe puede expresarse con expectativa, y esta fe puede expresar por sí misma el sentido de que Dios se mueve, un sentido basado en la propia actividad de Dios en nuestros corazones. Como se señalará más adelante, la fe bíblica no es "hacer creer" o desear arduamente;[83] es un sentido espiritual que tiene ojos para ver y oídos para oír, que reconoce que Dios es digno de confianza y, a la luz de algunos pasajes bíblicos, reconoce que Dios está actuando o reconociendo lo que Dios está haciendo. La fe es el sonido y la respuesta apropiada a la confiabilidad de Dios.

Lectura Continuista o No cesacionista

Cuando aplicamos textos, buscamos la continuidad entre el mensaje del texto y las circunstancias actuales. Este proceso no se limita a aquellos cuya teología permite un mayor grado de continuidad, sino que es mucho más simple. Sin apoyo bíblico, los cesacionistas fuertes (el tipo de cesacionista criticado principalmente en este libro) postulan la discontinuidad radical en algunos puntos significativos.[84]

Cuando era un joven cristiano, asistí a algunos estudios bíblicos impartidos por un dispensacionalista tradicional fuerte (no la actual especie de "dispencionalista progresivo"). Algunos de estos dispensacionalistas extremos no creían que ni siquiera el bautismo o la Cena del Señor fueran para esta dispensación, aceptando solo lo que se enseñaba en las epístolas de la prisión de Pablo. Encontré ese enfoque tan extremo, por tanto estaba en desacuerdo con ellos con respecto a los dones espirituales. Sin embargo, aprecié su amor por las partes de la Biblia que aplicaban, y durante varios meses acepté la premisa básica de la discontinuidad radical entre los testamentos hasta que mi estudio continuo de las Escrituras lo hizo impracticable.

Leyendo a Pablo, pronto me di cuenta de que él basa sus argumentos de la salvación por la fe en Cristo en el Antiguo Testamento, y acepta también su relevancia. Si él estaba equivocado, lo máximo que podría salvar de mi joven fe era a Jesús más el Antiguo Testamento, y tendría que practicar la ley. Sin embargo, mientras me adentraba en Deuteronomio, descubrí que estaba tan lleno de gracia. Dios siempre ha salvado a las personas por gracia mediante la fe; el cambio o

---

[83] R. A. Torrey aprendió esto del ejemplo de George Müller (King, *Moving Mountains*, 28). Sobre la naturaleza de la fe, ver también Moreland y Issler, *Faith*.

[84] Hablo aquí de cesacionistas "fuertes" en una especie de sentido idealizado. En la práctica, la mayoría de los cesacionistas, al menos entre mis amigos que conozco bien, descartan solo dones sobrenaturales regulares, no una actividad divina especial. Considero que esta postura es inconsistente bíblica y filosóficamente, pero quienes la sostienen no son todos cesacionistas "fuertes". Aún así, incluso descartar los mensajes proféticos sugiere una ruptura radical con la práctica de toda la tradición bíblica, sin advertencias bíblicas de tales. Tal ruptura simplificaría abordar la fragilidad de las personas que reclaman tales mensajes y nos absuelve de la necesidad de discernimiento, pero ese no es el enfoque bíblico de tales problemas.

discontinuidad no tenía que ver con la gracia sino con revelaciones más nuevas y eventos reveladores en la historia de la salvación, el último, por supuesto, Dios encarnándose y muriendo y resucitando por nosotros. Pero leer la Biblia en busca de continuidad siempre que sea posible me ayudó a recibir su mensaje para mi propia vida hoy.[85]

Algunos cesacionistas críticos han argumentado que, aunque no hay un texto claro que diga que los dones cesarían después de que el canon estuviera completo, tampoco hay textos que argumenten lo contrario. Esta es realmente una forma curiosa de argumentar, ya que uno esperaría que un cambio tan dramático de los modelos proféticos tanto del Antiguo como del Nuevo Testamento, fuera anunciado explícitamente en las Escrituras. En cambio, Pablo parece suponer que las profecías y las lenguas permanecen hasta que vemos a Jesús cara a cara, el conocimiento parcial es valioso hasta que es suplantado por el conocimiento perfecto (1 Cor. 13:8-12).

Este argumento cesacionista también parece una táctica curiosa cuando consideramos la naturaleza selectiva del razonamiento. ¿Alguien podría argumentar que la unidad del cuerpo multidimensional de Cristo desaparecería con la finalización del canon a menos que exista evidencia explícita de lo contrario (véase Efesios 4:11-13)? O más análogamente, ¿alguien podría argumentar que una vez que el canon esté completo ya no necesitamos el don de la enseñanza? ¿Por qué algunos dones y otros no? (La enseñanza parece correr más riesgo de competir con el canon que las lenguas). Algunas personas argumentan que no debemos usar música instrumental si no se menciona en el Nuevo Testamento; otros podrían responder que bien podrían excluir automóviles y luces eléctricas.[86]

Pero el cesacionista hace un reclamo aún más extraño: él o ella excluye algo que está en la Biblia (como la profecía a lo largo de la historia bíblica y el mandato bíblico de buscarla en 1 Cor. 14:1, 39), sin ninguna evidencia de que se detendría. La base para esto no es la Escritura, sino una inferencia teológica sobre la Escritura. Irónicamente, esta es una doctrina posbíblica, ¡precisamente lo mismo que los cesacionistas dicen temer en permitir: las profecías postbíblicas!

En contraste con este enfoque, parece más bíblicamente fiel leer la narración bíblica como un modelo para entender el cómo Dios obra en nuestro mundo y vivir a la luz de esa narración. Tal lectura requiere fe e invita a una visión del mundo o un enfoque de la realidad completamente nuevos a nuestro alrededor. Presenta la expectativa de un Dios que obra activamente en el mundo que nos rodea. Por lo tanto, ambos confiamos en su providencia en nuestras vidas, y esperamos que su Espíritu nos guíe y realice obras inusuales donde las encuentre apropiadas para cumplir sus propósitos.

---

[85] Nuestro lenguaje de "testamentos" es realmente un nombre inapropiado, ya que la mayoría del material en ambas secciones es narrativo, no directamente parte de los convenios *per se*. Para una encuesta de acercamientos a la relación entre los "testamentos", vea Baker, *Testaments*, 34-176.
[86] Es cierto que la música instrumental de los cesacionistas producen muchos de los mejores cantantes de acapella. Y si la red eléctrica se cae alguna vez, nadie estará mejor preparado que el viejo orden Amish.

Tal lectura nos invita a experimentar la actividad de Dios de la manera en que lo hicieron los primeros cristianos, siempre que estemos dispuestos a participar en la misma misión de compromiso incondicional que ellos siguieron. Esto fue cierto en el evangelismo radical del primer metodismo en los Estados Unidos. Desde la llegada de Francis Asbury a los Estados Unidos hasta su muerte, los metodistas crecieron mil veces más.[87] Cerca del final de su vida, Asbury advirtió que la Reforma eliminó solo parte de la corrupción que había apagado el espíritu de la iglesia del siglo primero. La conferencia eclesial de 1784 en la que se convirtió en el líder de la iglesia, formó "una forma apostólica de gobierno de la Iglesia".[88] Algunos, advirtió, cuestionaron si la iglesia de hoy podía, "como en los días apostólicos anteriores, tener tales doctrinas, tal disciplina, tal convicciones, tales conversiones, tales testigos de santificación, y tales hombres santos. Pero digo que sí podemos; yo digo que debemos; digo que tenemos..."[89]

El absorber perspectivas bíblicas es necesario para una vida cristiana saludable. Sumergiéndonos solo en las noticias mundiales puede engendrar desesperación; algunos enfoques escatológicos generan miedo. Sin embargo, la inmersión en las Escrituras nos permite identificarnos con el pueblo de Dios que tenemos ante nosotros (por ejemplo, 1 Cor. 10:1-12); hemos pasado por tales crisis anteriormente. Incluso las predicciones bíblicas del sufrimiento final generalmente dan paso a la esperanza bíblica final más allá de ella misma. Sumergirnos en las Escrituras refuerza nuestra confianza de que el futuro final está en las manos del Señor soberano, que es digno de nuestra confianza.

Conclusión

Como los antecedentes bíblicos ya compartidos por los autores bíblicos y sus primeras audiencias pueden ayudar a los lectores a llenar vacíos en el texto, también la experiencia espiritual compartida puede ayudarnos a relacionarnos con las experiencias en el texto, por ejemplo, entendiendo cómo se siente (en por lo menos en algunos casos) el experimentar la guía, las visiones o las profecías del Espíritu. A veces, una inquietud interna me guarda para no acercarme a un pasaje como pretendía, obligándome a luchar en oración y exegéticamente con el texto hasta que

---

[87] Ver Noll, *Rise*, 190; menos dramáticamente, ver Mullin, *History*, 182-83; Sweeney, *Story*, 64; cf. otras figuras metodistas tempranas en Bebbington, *Dominance*, 51; Wolffe, *Expansion*, 57-62, 70; Kidd, *Awakening*, 322; cf. también bautistas (ochenta veces más en 72 años, en Kidd y Hankins, *Baptists*, 77). Tales figuras también caracterizan otros períodos de avivamiento (ver las fuentes citadas en Keener, *Acts*, 1:998nn64-66), como el resurgimiento coreano de 1907 (Lee, "Korean Pentecost", 81).

[88] Tenga en cuenta que Asbury no fue un obispo con dotes políticos o financieros; él se movía miles de millas al año para servir a todas las iglesias, por una paga muy pequeña, para el Señor Cristo.

[89] Del discurso de despedida de Francis Asbury de 1813, reproducido en *Christian History* 114 (2015): 39 ("El patriarca reflexiona sobre el futuro de su familia"). Rechazando "la doctrina católica del episcopado histórico", Asbury buscó regresar al "orden primitivo verdadero" del Nuevo Testamento, "un orden apostólico de pobreza e itinerancia" (Cracknell y White, *Methodism*, 48).

mi intelecto y mi espíritu estén satisfechos. Vivir por fe en la actividad presente de Dios afecta nuestra recepción de la Escritura.

Leer desde el punto de vista de Pentecostés incluye conocer el corazón de Dios, leer misionalmente, leer desde dentro de la experiencia llena del Espíritu, leer con los humildes, leer escatológicamente y leer con nosotros mismos como parte del mundo teológico que narra la Escritura.

PARTE II

LECTURAS GLOBALES

Las comunidades de interpretación se han vuelto prominentes en la discusión hermenéutica y teológica, y muchos estudiosos que hablan de la hermenéutica del Espíritu enfatizan el rol de la comunidad. Sin embargo, para los cristianos en general y especialmente para varios (y superpuestos) movimientos cristianos como los pentecostales, católicos y anglicanos, pertenecemos a comunidades de interpretación más amplias que son globales en la actualidad. En la Parte II sugeriré que podamos escuchar la voz del Espíritu con mayor claridad cuando nos escuchemos unos a los otros.

El Capítulo 3 sugiere que la narración de Pentecostés en Hechos, que es paradigmática para la mayoría de los movimientos cristianos que enfatizan el Espíritu, también invita a las lecturas globales. El Capítulo 4 argumenta que la contextualización es bíblica, está ejemplificada para nosotros en las Escrituras, y debe comenzar con el mensaje bíblico. De hecho, debido a que los textos antiguos reflejan culturas diferentes a la nuestra, exponerlos apropiadamente requiere una sensibilidad intercultural (incluso a sus culturas originales), y aplicar su mensaje en nuestro entorno requiere una recontextualización. El Capítulo 5 enfatiza el valor de las ideas de una gama de culturas globales para comprender el texto bíblico. El capítulo 6, concluyendo esta sección, destaca dos casos específicos de estudio de áreas donde la iglesia occidental, afligida por su sincretismo con la filosofía radical de la Ilustración, puede aprender de los creyentes respecto a los espíritus y los milagros.

CAPITÚLO 3

Lectura Global: El Modelo Bíblico del Pentecostés

Leer desde el punto de vista de Pentecostés también significa una lectura multicultural y globalmente sensible. Antes de examinar el valor de las lecturas globales hoy, debo llamar brevemente la atención sobre la conexión en Hechos 2 entre la experiencia del Espíritu de Pentecostés y la aceptación de las contribuciones de los compañeros creyentes de todos los entornos culturales.

La conexión parece clara a partir de la aparente reversión de (o, en algunos puntos de vista, paralela a) Babel en Hechos 2:5-13, una narración en la que también destaca el elemento intercultural en la pneumatología de Lucas (1:8) y específicamente su mención de la oración en lenguas (2:4). Aunque presumiblemente Pedro no reconoce el significado de sus palabras dentro del mundo narrativo, en el contexto más amplio de Hechos, "toda carne" (2:17) y "todos los que están lejos" (2:39) presumiblemente incluyen a los gentiles. Pentecostés es para todos los pueblos; su repetición entre los samaritanos (8:14-17) y gentiles (10:44-48) enfatiza que los creyentes de nuevos grupos de personas también reciben el empoderamiento para la misión y se convierten en compañeros de creyentes en la misión.

La Inversa de Babel[1]

Muchos eruditos entienden Hechos 2 como una inversión de la historia de Babel y creen que Lucas modeló su narración a partir de ella;[2] algunos comentaristas antiguos hicieron la misma conexión.[3] Tal enfoque sin duda encajaría en el tema de

---

[1] Adaptado de Keener, *Acts*, 1:842-44.
[2] Por ejemplo, Moule, *Messengers*, 23; Bruce, *Commentary*, 64; Dominy, "Spirit, Church, and Mission"; Smith, "Hope after Babel?"; Spencer, *Acts*, 32-33; Chéreau, "Babel à la Pentecôte"; Venter, *Reconciliation*, 155; Turner, "Experience", 32; Kim, "Mission", 40; Nasrallah, "Cities", 557; Asamoah-Gyadu, "Hearing"; Wackenheim, "Babel"; cf. B. H. Carroll (1916) en Barr, Leonard, Parsons, y Weaver, *Acts*, 120.
[3] Cyril Jer. *Cat. Lect.* 17.16–17 (Martin, *Acts*, 24); Arator *Acts* 1 (Martin, *Acts*, 26); Bede *Comm. Acts* 2.4 (L. Martin, *Bede*, 29, también Martin, *Acts*, 23); ver otras fuentes patrísticas en Marguerat, *Actes*, 81n45. Los primeros pentecostales también leyeron su experiencia como una inversión de Babel (Anderson, *Pentecostalism*, 44).

la misión de Lucas trascendiendo barreras culturales y lingüísticas.[4] Algunos objetan que aunque la conexión puede ser una inferencia teológica legítima para trazar las fuentes de Lucas u otros,[5] el texto no da ninguna indicación de que Lucas hizo la conexión.[6]

Sostengo, sin embargo, que la acumulación de varias alusiones específicas parece una razón convincente para afirmar una conexión deliberada,[7] y Lucas ofrece sutiles alusiones, incluso en la estructura de la narración. Si suponemos que la lista de naciones en Génesis 10 comunica la lista de naciones de Lucas en Hechos 2:9-11 (como Gn. 10 informó la mayoría de las listas judías de naciones), una alusión a Babel en Gn. 11:1-9 en el mismo contexto parece probable.[8] Esta sugerencia es aún más probable cuando consideramos que Babel representa la única dispersión de idiomas en el Antiguo Testamento y, por lo tanto, el único trasfondo potencial para la historia de Lucas compartida por toda su audiencia ideal. Este es el "milagro del lenguaje" de las Escrituras. (Ciertamente, la historia de Babel, como parte del muy popular libro de Génesis, fue ampliamente contada, vez tras vez,[9] y fue reaplicada para nuevos escenarios).[10]

Cuando el autor de los Rollos de Guerra de Qumrán se refiere a una "confusión de lenguas",[11] sabemos que se refiere a Babel porque esta mención sigue a la creación de Adán y su simiente, y es paralela a la dispersión. El uso de Lucas de una lista de naciones y su mención de lenguas dispersas parecen igualmente transparentes. Cualquiera que sea la fecha de las lecturas trienales del leccionario judío,[12] al menos algunas reflejan tradiciones anteriores, por lo que probablemente

---

[4] Ver, por ejemplo, Keener, "Tongues", 181-82. González, *Acts*, 39, enfatiza aquí un "segundo Babel" con una nueva dispersión, subrayando la apreciación de la diversidad cultural en oposición a una demanda de uniformidad (por ejemplo, haciendo que todos entiendan el arameo). Cf. más completamente Wagenaar, "Kumba". Del mismo modo, Macchia, "Babel", imagina una reversión parcial pero una analogía parcial: "una relación promesa/cumplimiento entre estos eventos, en la que solo la locura y la amenaza de Babel se revierten en Pentecostés pero no la voluntad y propósitos providenciales de Dios"(51).

[5] Por esta conexión en la teología de la iglesia (ya sea que Lucas lo haya notado o no), vea, por ejemplo, Cloete y Smit, "Name Called Babel". Arrington, *Acts*, 20, trata la alusión como una posibilidad fuerte pero incierta.

[6] Varios estudiosos, incluido Polhill, *Acts*, 105; cf. Barrett, *Acts*, 112.

[7] Compare la unidad de la mente en Hch. 1:14; 2:46 con "una lengua y una voz" en la LXX de Gn. 11:1; "Toda nación debajo del cielo" en Hch. 2:5 con "toda la tierra" en Gn. 11:1, 8; la elaboración de los pueblos de Mesopotamia no se enfatizó en ninguna otra parte en Lucas-Hechos en Hechos 2:9 con Gn. 11:2, 9; quizás honrar el nombre de Jesús (Hch. 2:21, 38) con los que honran a los suyos en Gn. 11:4 (un contraste deliberado con 12:2). El verbo de Lucas en 2:6 para la respuesta de la multitud en 2:6 probablemente alude al lenguaje en la versión griega común de la narrativa de Babel (Gn. 11:7, 9; Sab. 10:5; véase también el uso frecuente de los términos en Philo *Conf.* 1, 9, 43, 84, 109, 152, 158 y 183-98, especialmente 168, 182, 189, 191; Josephus *Ant.* 1.117). Aquí es la audiencia más que el lenguaje lo que se confunde, pero a la vista de otras alusiones, es probable que sea un ejemplo adicional (tal vez invertir la identidad de los confundidos, para resaltar la inversión).

[8] También Goulder, *Type and History*, 158; Scott, "Horizon", 530.

[9] Para comentarios judíos posteriores sobre la narrativa de Babel, ver, por ejemplo, Jos. *Ant.* 1.116–18; *L.A.B.* 7; *Sib*. Or. 3.98–107; 8.4–5; 11.9–13; y. *Meg.* 1:9, §1.

[10] Inowlocki, "Rewriting", encuentra tal reescritura, para un público gentil, en Josefo (quien aquí, como en otros lugares, se opone a la tiranía y prefigura el juicio de Dios sobre Jerusalén).

[11] 1QM X, 14.

[12] Ver, por ejemplo, Safrai, "Synagogue", 927 (dudando de cualquier secuencia fija en el período inicial); Perrot, "Lecture de la Bible" (algunos principios de los leccionarios posteriores se usaron aún cuando el ciclo aún no se utilizaba).

no sería una coincidencia si concluyéramos por otros motivos, con algunos, que el primer año del ciclo usó a Génesis 11 como una lectura para Pentecostés.[13] Sin embargo, incluso si la conexión del leccionario es pura coincidencia, la alusión de Babel en esta narración es lo suficientemente clara. Valga la pena o no, sabemos que al menos algunos judíos también imaginaron una reversión escatológica de Babel (véase Test. Jud. 25: 3).[14]

Las diferencias entre las narraciones son claras, por supuesto. Dios dispersó a las naciones en Babel por tratar de deificarse a sí mismas (Génesis 11:4), en paralelo a la rebelión de Adán y su expulsión del jardín (3:5, 22-23). Por el contrario, los discípulos en Pentecostés esperan en obediencia un mandato divino (Hechos 1:4-5); en lugar de intentar alcanzar el cielo, están esperando a su Señor, que había ascendido al cielo (1:9-11), para enviarles el Espíritu. En Génesis 11:7, Dios descendió para confundir a los transgresores (la redacción refleja su rebelión en 11:3-4), pero en Pentecostés, Dios desciende, en un sentido, de una manera diferente (Hechos 2:33). En Génesis, Dios descendió y dispersó las lenguas para evitar la unidad; en Hechos, el Espíritu desciende y dispersa lenguas para crear unidad multicultural (1:14; 2:1, 42, 44-46).

La Función Narrativa de las Lenguas en Hechos[15]

Mi interés aquí no es una teología completa sobre las lenguas, sino hablar sobre cómo funcionan en este contexto. Pablo enfatiza un aspecto diferente de las lenguas, pero Lucas usa la experiencia para enfatizar que el Espíritu capacitó a los testigos, y por lo tanto a la iglesia en última instancia, para atravesar las barreras culturales con su mensaje proféticamente inspirado. ¿Qué mejor símbolo de este empoderamiento intercultural para la misión podría haber estado disponible que el fenómeno de las lenguas, el cual Lucas entiende como un discurso inspirado en idiomas que los hablantes no habían aprendido?[16]

Que Lucas enfatice las lenguas no es una sorpresa; como señala Barrett, "El discurso es en Hechos la marca característica de la presencia del Espíritu, a veces en la *glosolalia* (2.4; 10.46; 19.6), a veces en la profecía (2.17, 18; 11.27; 13.1-3; 21.(4), (9), 10, 11), a veces en la proclamación (p. Ej., 4.31)."[17] Como la actividad

---

[13] Ver Charnov, "Shavuot"; Cf., cautelosamente, Moule, *Messengers*, 23.
[14] Cf. el final de la maldición de Babel en el día del juicio (*Jub*. 10:22), pero probablemente no deberíamos leer mucho sobre esto.
[15] Adaptado de Keener, *Acts*, 1:823-30; ver también más completamente, Keener, "Evidence"; también Keener, *Questions*, 69; igualmente, *Gift*, 180; también, "Tongues", 177-78, 180-81, 183-84; cf. Wrede, *Secret*, 232; Lenski, *Acts*, 62-63; Wikenhauser, *Apostelgeschichte*, 38; Fitzmyer, *Acts*, 239; York, *Missions*, 80, 185-86; y especialmente Ladd, *Young Church*, 56; Dupont, *Salvation*, 52, 59; Stendahl, *Paul*, 118-19; Kilgallen, *Commentary*, 16; Kim, "Mission," 37-40.
[16] Sólo en Pentecostés, los demás presentes entienden los idiomas; los hablantes pueden experimentar lenguas como adoración afectiva, como en Pablo.
[17] Barrett, *Acts*, 2:lxxxiv.

del Espíritu a menudo producía un discurso profético en el antiguo Israel, Bruce observa, que entonces ahora produjo "discurso profético", pero "de un tipo peculiar".[18] Lucas usa explícitamente lenguas para identificar la actividad del Espíritu de profecía (2:17-18), pero se enfoca particularmente en cruzar fronteras culturales.

Presumiblemente, el aspecto profético del empoderamiento del Espíritu que articula en general incluye y podría ser evidenciado por cualquier discurso inspirado por el Espíritu o tal vez por un profeta, como también a través de los milagros, siempre que testifiquen acerca de Jesús. Pero en vista de su probable declaración de tesis en 1:8, la preocupación principal de Lucas no es simplemente el discurso profético en general, sino especialmente el profético que se extendió a otros pueblos (promoviendo lo que los eruditos típicamente identifican como el énfasis de Lucas en la "misión gentil").

Por lo tanto, las lenguas funcionan aquí como un signo de empoderamiento profético para una continua misión intercultural. En contraste con esta representación de los apóstoles al principio de Hechos, Lucas, al comienzo de su primer volumen, informa de un sacerdote que inicialmente no creyó en el mensaje divino y quedó mudo (Lucas 1:20). Sin embargo, cuando más tarde fue lleno del Espíritu, incluso él profetizó el mensaje divino (1:67).[19] Más en paralelo con la escena aquí, Jesús, lleno del Espíritu, presagia la misión gentil (4:1, 14, 24-27). Así, las lenguas ofrecen un tipo de habla profética (Hechos 2:16-18), y una particularmente relevante para el énfasis de Lucas en la misión intercultural.

La Asociación con el Bautismo en el Espíritu de la Interpretación Pentecostal Clásica

En la historia subsiguiente, diferentes avivamientos del Espíritu han tenido diferentes énfasis;[20] aunque las lenguas ocurrieron esporádicamente antes,[21] la contribución de la adoración personal extendida en lenguas ha sido un énfasis valioso del avivamiento pentecostal del siglo XX. Sin embargo, incluso en el avivamiento pentecostal temprano, las opiniones variaban en cuanto a su necesidad. Muchos defensores pentecostales de las lenguas (por ejemplo, Agnes Ozman, F.F. Bosworth, Minnie Abrams y, según muchos, incluso el líder de la calle Azusa, William Seymour) aparentemente negaron o llegaron a negar que el hablar en lenguas era una evidencia necesaria de la valiosa experiencia del Espíritu que se

---

[18] Bruce, *Commentary*, 56.
[19] Cf. Spencer, *Acts*, 32–33.
[20] Para la diversidad de avivamientos, ver, por ejemplo, Shaw, *Awakening*, 203-6.
[21] Para su aparición anterior, ver, por ejemplo, Anderson, *Pentecostalism*, 24-25, 36-37; Hinson, "History of Glossolalia", 57-66.

describe en Hechos.[22] Esta perspectiva probablemente era aún más prevaleciente fuera de los Estados Unidos.[23] Algunos otros líderes pentecostales tempranos deseaban colocar el foco del movimiento fuera de las lenguas.[24] Esta consideración será importante cuando consideremos, más adelante en el libro, si hay una sola hermenéutica pentecostal; incluso la doctrina más distintiva del primer pentecostalismo no fue una conclusión unánime.

A pesar de la disidencia de algunas de las primeras figuras principales del pentecostalismo,[25] las lenguas como la "evidencia inicial" del bautismo en el Espíritu se convirtió en la visión dominante entre los pentecostales clásicos.[26] Esta podría ser una opinión minoritaria hoy entre los carismáticos en general y ciertamente entre los carismáticos en la mayoría denominaciones tradicionales.[27] Sin un legado de la evidencia inicial de la doctrina detrás de ellos, quizás incluso algunas denominaciones pentecostales tradicionales, si formularan sus doctrinas en el clima actual, hubieran acogido una mayor diversidad de puntos de vista.[28] De hecho, incluso el principal formulador de la doctrina de la evidencia inicial dentro de la denominación pentecostal más grande, aparentemente sostenía que las lenguas

---

[22] Robeck, "Seymour", 81-89; McGee, "Hermeneutics", 108-10; idem, *Miracles*, 135 (Abrams); Wacker, *Heaven*, 41; Opp, *Lord for Body*, 152 (sobre Bosworth); Williams, "Acts", 219 (sobre Seymour); Alexander, *Fire*, 130-31 (Seymour); cf. Robeck, *Mission*, 178; Jacobsen, *Thinking in Spirit*, 10; Kalu, *African Pentecostalism*, 20 (sobre Abrams). Puede que Seymour haya minimizado el papel de las lenguas en lugar de negar su inclusión en el bautismo del Espíritu (Jacobsen, *Thinking in Spirit*, 78; Tarr, *Foolishness*, 379-80); de acuerdo con su trasfondo de santidad, conectó las lenguas más estrechamente con la ética (ver Brathwaite, "Tongues").

[23] En el período inicial, nota especialmente Pandita Ramabai (Burgess, "Evidence", 33-34; McGee, "Hermeneutics", 107-8; Hudson, "Strange Words", 67; Burgess, "Pandita Ramabai", 195), así como Minnie Abrams, mencionada anteriormente. Muchos movimientos pentecostales en Europa y América Latina son menos insistentes en las lenguas que muchos otros pentecostales tradicionales (Spittler, "Glossolalia", 339).

[24] Blumhofer, *Sister*, 208-14. De hecho, muchos líderes y eruditos pentecostales han enfatizado desde el principio que el enfoque no debería ser las lenguas sino el empoderamiento (Wyckoff, "Baptism", 450, y las fuentes que cita; Robeck, *Mission*, 163 [sobre Seymour]; Jacobsen, *Thinking in Spirit*, 75-80 [especialmente sobre Seymour], 190-91, 287, 289, 354).

[25] Ver McGee, "Hermeneutics", 107-10; Jacobsen, *Thinking in Spirit*, 293, 314-15, 395n4.La libertad doctrinal en asuntos secundarios del evangelio caracterizó al pentecostalismo temprano (ver Lederle, *Treasures*, 29-31, especialmente 29, ver también Hollenweger, *Pentecostals*, 32, 331-36).

[26] Ver, por ejemplo, Jacobsen, *Thinking in Spirit*, 62, 84, 95-98, 288-90; Johns, "New Directions"; Horton, *Spirit*, 157, 216-19, 259-60. Esta visión fue iniciada por Charles Parham (Jacobsen, *Thinking in Spirit*, 19, 48-49) y proporcionó un marcador social definitivo que distingue a los pentecostales de sus familiares de santidad (288; véase esta función de la retórica restauracionista temprana, Nienkirchen, "Visions"), aunque la preocupación por tal "evidencia" puede reflejar supuestos epistemológicos modernistas (Smith, *Thinking*, 124n1). Algunos estiman que quizás el 35 por ciento de los pentecostales han orado en lenguas (Lederle, "Evidence", 136, aunque las cifras más recientes y extensas en *Landscape Survey*, 55, están más cerca del 50 por ciento), estadísticas probablemente comparables a los pentecostales de primera generación tambien (Wacker, *Heaven*, 41). Al menos hasta cierto punto, Edward Irving en el siglo XIX aparentemente asoció las lenguas con el bautismo en el Espíritu; ver Dorries, "Irving and Spirit Baptism"; Strachan, *Theology of Irving*; cf. Synan, *Voices*, 85-87.

[27] Lederle, "Evidence", 131ff.

[28] En 1918, la insistencia de D. W. Kerr en las lenguas como evidencia inicial ganó lugar contra la opinión más abierta de F. F. Bosworth de que era una evidencia, pero no la única, que condujo a la partida de Bosworth para la Alianza Cristiana y Misionera (Oliverio, *Hermeneutics*, 101n68); el clima de hoy podría haber sido más inclusivo en este punto.

a veces culminaban un proceso en vez de acompañar siempre una experiencia inicial de bautismo en el Espíritu.[29]

Aunque los intérpretes incluso en las tradiciones pentecostales y carismáticas difieren en cuanto a si las lenguas marcan a cada individuo que es bautizado en el Espíritu, una conexión más general entre lenguas y bautismo en el Espíritu se basa en una observación genuina sobre el texto y el patrón narrativo general de Lucas, patrón que algunos intérpretes anteriores podrían haber pasado por alto precisamente porque era muy ajeno a su propia experiencia. (Esto a pesar del hecho de que algunos de los primeros intérpretes cristianos aparentemente reconocieron la conexión).[30] Tanto los primeros pentecostales clásicos como sus eruditos modernos que asocian las lenguas con el bautismo del Espíritu, observaron una característica genuina en la historia de Lucas.[31]

Tampoco son los pentecostales los únicos lectores que notan esta conexión. James D. G. Dunn, quien es conocido por desafiar al pentecostalismo clásico al identificar el bautismo del Espíritu con conversión-iniciación más que con una experiencia posterior, ha notado, "Es indudablemente cierto que Lucas consideró la *glosolalia* de Pentecostés como un signo externo de la efusión del Espíritu". Lucas usó las lenguas de la misma manera en 10:45-46 y 19:6, y Dunn piensa que las lenguas probablemente ocurrieron en 8:17, aunque no se menciona.[32] Dado que estos pasajes agotan los "rellenos" iniciales que se describen en Hechos (9:17 predice pero no describe los de Pablo), Dunn reconoce que el caso "que Lucas intentó retratar el 'hablar en lenguas' como 'la evidencia física inicial' del derramamiento del Espíritu" hace que tenga mucho más sentido de lo que la mayoría de los estudiosos han notado.[33]

Sin embargo, Dunn rechaza la conclusión pentecostal tradicional dominante: la intención de Lucas es demostrar la presencia del Espíritu en lenguas, no "enseñar" que las lenguas siempre acompañarían al Espíritu (Lucas, después de todo, omite su mención en 8:17).[34] La mayoría de los intérpretes concuerdan con la conclusión de Dunn, basada en la muy limitada evidencia que tenemos en Hechos: él concluye

---

[29] Menzies, "Tongues", sobre D. W. Kerr; esto dejó espacio para algunos líderes pentecostales tempranos como J. Roswall Flower, cuya experiencia en lenguas siguió a su experiencia de bautismo en el Espíritu por semanas o incluso meses (185-86n30; véase también la flexibilidad de E. N. Bell en 184-85n29).

[30] Severo de Antioquia, en *Cat. Act.* 10.44 (Martin, *Acts*, 140), dudaba que los milagros y tales evidencias siguieran siendo necesarios en su propia época, pero sostuvo que en los tiempos apostólicos, "los que recibieron el santo bautismo hablaron en lenguas y profetizaron para probar que habían recibido el Espíritu Santo". Cf. Ago. *Retract* 1.13.7 (PL 32: 604-5, citado en Kelsey, *Healing*, 185); McDonnell y Montague, *Initiation*, 314 (citados en McGee, "Miracles and Mission").

[31] Por ejemplo, Menzies, *Empowered*, 254-55. De esto él infiere aún más que aquellos que reciben el don del Espíritu "deben *esperar* manifestar las lenguas" (255).

[32] Dunn, *Jesus and Spirit*, 189. Lo opuesto podría argumentarse en 8:17 (ver Keener, *Acts*, 2:1520-27). Pero cualquiera de los argumentos viene, en última instancia, del silencio.

[33] Dunn, *Jesus and Spirit*, 189-90. Cf. El erudito católico Haya-Prats, *Believers*, 120: "Lucas presenta la glosolalia como la manifestación típica del Espíritu".

[34] La distinción lógica entre la premisa *a* que lleva necesariamente a la conclusión *b* y la inversa (*b* que conduce a la conclusión *a*) no se habría perdido en los pensadores antiguos (por ejemplo, Hermog. *Issues* 51.16-22; 52.1-4; Porph. Ar. *Cat.* 90.12-91.12; véase otro tipo de distinción en Epicto *Diatr.* 1.8.14).

Lectura Global: El Modelo Bíblico del Pentecostés

que Lucas consideró las lenguas como una manifestación verbalmente inspirada del Espíritu profético entre otras más, junto con la alabanza (2:11; 10:46), la profecía (19:6, ver 2:17-18), y la audacia o denuedo (4:8, 31).[35] Tales expresiones subrayan el carácter profético del empoderamiento. Del mismo modo, como se señala más adelante, el hablar en lenguas evidencia la experiencia del bautismo en el Espíritu (es decir, revela su propósito y función), no los destinatarios individuales de este bautismo; por lo tanto, no sería necesario que ocurriera en cada ocasión para así mantener su función simbólica.[36] Sin embargo, el énfasis de lenguas que Lucas hace no es arbitrario, sino que refleja una conexión con la misión intercultural.

Las Lenguas y la Misión Intercultural

Los debates sobre este tema continúan, pero el propio énfasis de Lucas puede residir especialmente en lo que las lenguas significan teológicamente. Las manifestaciones más notables del Espíritu comunicadas por Lucas, especialmente en textos clave y paradigmáticos, son referentes al habla (1:8, 2:4, 17-18). Lucas no se enfoca en cada aspecto de la actividad del Espíritu mencionado por otros escritores cristianos primitivos; él se enfoca en el discurso inspirado que fluye del Espíritu profético (2:17-18). Al mismo tiempo, Lucas tiene una razón para enfatizar una forma particular de discurso inspirado, es decir, las lenguas, (por eso soy más escéptico que Dunn, aunque no tan dogmáticamente).Esta forma particular de habla profética proporciona el símbolo más obvio de personas facultadas para cruzar barreras culturales y lingüísticas con el evangelio, que se ajusta al énfasis de Lucas (1:8).

Las lenguas por sí mismas no son simplemente una señal entre muchas, sino que están vinculadas arbitrariamente con el bautismo del Espíritu. Más bien, están intrínsecamente conectadas con el énfasis de Lucas en el empoderamiento del Espíritu para proclamar a Cristo de manera intercultural (1:8).[37] Esta experiencia puede no ser necesaria para evidenciar la facilidad intercultural de cada receptor

---

[35] Dunn, *Jesus and Spirit*, 190-91; cf. del mismo modo Turner, *Power*, 446-47 (quien también es escéptico de que las primeras fuentes judías esperaban alguna "evidencia inicial" particular, 448-49); Talbert, *Acts*, 33, 99; Twelftree, *People*, 98-99 (cualquier manifestación extática o sobrenatural). Cf. El erudito bautista nigeriano Caleb Olapido, quien señala que cuando los cristianos yoruba están llenos del Espíritu, "las expresiones extáticas son comunes" (*Development*, 108, 112-13, en Barr, Leonard, Parsons y Weaver, *Acts*, 133).

[36] Por supuesto, el empoderamiento profético debería llevar al menos a un testimonio profético, y el empoderamiento intercultural debería llevar a la participación en el testimonio intercultural. Con frecuencia, Lucas informa evidencias proféticas de este empoderamiento en el momento de la experiencia, pero no en todos los casos. Por lo tanto, las opiniones varían según lo que hagamos de los incidentes en los que Lucas no informa ningún fenómeno carismático en el momento de la recepción. Cada lado, en cierto sentido, discute qué hacer con ciertos casos de silencio. Es posible que los fenómenos carismáticos en el punto de la experiencia representen para Lucas un patrón ideal; pero Lucas no impone estrictamente sus patrones ideales (compare, por ejemplo, Hechos 2:38 con 10:44-48).

[37] Ver Keener, "Tongues".

individual, pero en la narración de Lucas sí hace evidenciar el carácter del bautismo del Espíritu mismo, explicando así la naturaleza de ese empoderamiento

Algunos historiadores han notado que algunos defensores del movimiento de Santidad del siglo XIX buscaron inicialmente el "don de lenguas" porque creían que era relevante para el esfuerzo misionero.[38] Siguiendo esta expectativa, muchos de los primeros exponentes del pentecostalismo entendieron las lenguas como una forma de *xenoglosia* misionera,[39] atestiguado también entre algunos padres de iglesia.[40] Aunque han aparecido algunos casos de *xenoglosia*, la mayoría de las experiencias en lenguas no han funcionado de esta manera (ya sea en el Nuevo Testamento o en la actualidad).[41] Aunque la mayoría de los primeros pentecostales abandonaron rápidamente las "lenguas misioneras" debido a que falló en la prueba empírica,[42] el primer maestro pentecostal Charles Parham insistió hasta el final, criticando a otros por abandonarla.[43] Los primeros pentecostales continuaron adoptando tanto el poder para la misión como el hablar en lenguas, pero con el segundo como una señal más simbólica de lo primero.

Sin embargo, mientras la mayoría de los pentecostales tradicionales ya no reclamaban una función "misionera" directa para las lenguas, y la *xenolalia* no era la función habitual del don, los primeros defensores de la doctrina habían notado una conexión genuina que la mayoría de los intérpretes posteriores (incluyendo la mayoría de los pentecostales) habían omitido: la conexión en la teología de Lucas entre el habla de lenguas y el empoderamiento para la misión global.[44]

El aspecto del bautismo del Espíritu en el cual Lucas se enfoca es el empoderamiento para la misión transcultural; aunque hablar en lenguas proporciona una ilustración clave de este empoderamiento en Hechos, el verdadero enfoque

---

[38] Por ejemplo, Anderson, *Pentecostalism*, 33-34; McGee, *Miracles*, 61-76; y algunas fuentes en la siguiente nota sobre los primeros puntos de vista pentecostales sobre la xenoglosia.

[39] Ver McGee, "Hermeneutics", 102; igualmente, "Strategy", 52-53; Goff, "Theology of Parham", 64-65; Jacobsen, *Thinking in Spirit*, 25, 49-50, 74, 76, 97; Robeck, *Mission*, 41-42, 236-37, 243, 252; ver especialmente McGee, "Shortcut"; igualmente, "Logic"; Anderson, "Signs", 195-99. Antes del pentecostalismo, algunos defensores de las misiones evangélicas, como A. B. Simpson, la Alianza Cristiana y Misionera temprana y tres miembros del famoso "Cambridge Seven", buscaron lenguas misioneras, aparentemente en la mayoría de los casos sin éxito (McGee, "Radical Strategy", 77-78, 80-83).

[40] Ver especialmente Parmentier, "Zungenreden"; Talbert, *Corinthians*, 90 (citando a Ireneo *Her.* 5.6.1; Crisóstomo. *Hom. 1 Cor. 29*, en 12:1-11; aunque señalando que esto es menos común que la interpretación de la glosolalia, Ireneo *Her.* 5.6.1; Tertuliano, *Marc.* 5.8).

[41] Para algunas de las excepciones, ver Keener, *Acts*, 1:829; May, *Witnesses*.

[42] Por ejemplo, Wacker, *Heaven*, 47-51; McGee, *People of Spirit*, 77-78; Hudson, "Strange Words", 61-63; Anderson, "Points", 167; Ma, "Eschatology", 100 (señalando Goff, *Fields*, 16). El destacado líder G. B. Cashwell aparentemente abandonó el movimiento en parte porque la xenolalia falló en la misión (Alexander, *Fire*, 141). Nótese especialmente el cambio en el contexto de la misión india, después de lo cual Garr enfatizó que el punto no eran las lenguas en sí sino cómo simbolizaban el bautismo en el Espíritu (McGee, "Calcutta Revival", 138-39). La interpretación de xenolalia "ya estaba disminuyendo en 1906", poco después del comienzo del movimiento (McGee, "Strategies", 204).

[43] Anderson, *Pentecostalism*, 190.

[44] Algunos otros han reconocido la conexión, sin embargo, notablemente incluyendo Miller, *Tongues Revisited*. McGee, *Miracles*, 102, señala que este énfasis continuó. Ciertamente, la misión global ha seguido siendo un tema central en la teología pentecostal (con Ma, "Studies", 62-63); este énfasis indudablemente ha estimulado el crecimiento masivo del pentecostalismo a lo largo del siglo XX.

neumático de Lucas es la inspiración profética para comunicar el mensaje de Cristo a través de las culturas.[45] El reconocimiento de esta asociación no se limita a los intérpretes modernos. Como notó Juan Crisóstomo, los corintios exaltaron las lenguas porque fue el primer regalo espiritual en Pentecostés; pero fue primero "porque era una señal de que debían ir a todas partes, predicando el evangelio".[46] De manera similar, el Venerable Bede creía que Hechos 2:3-4 "indicaba que la santa iglesia, cuando se había extendido hasta los extremos de la tierra, era para hablar en las lenguas de todas las naciones".[47]

Para Lucas, las lenguas no son una evidencia arbitraria del bautismo en el Espíritu Santo, sino que se destacan porque están intrínsecamente relacionadas con el sentido de lo que Lucas quiere decir con esta experiencia.[48] Desde una perspectiva narrativa, parece evidente que las lenguas son una señal que atestigua o explica la naturaleza de la experiencia, incluso si los académicos pentecostales debaten si es una señal obligatoria de la recepción de cada persona de esa experiencia.

Por lo tanto, no debe sorprender que muchos intérpretes vean hoy la globalización del cristianismo, el multiculturalismo global de la iglesia o la sensibilidad de la misión cristiana a las lenguas y culturas indígenas como una extensión teológica de Pentecostés.[49]

---

[45] Cf. con mayor extensión Keener, *Questions*, 66-76, esp. 69; y especialmente también, *Gift*, 177–85, esp. 180; e ídem, "Tongues."

[46] Crisóstomo *Hom. 1 Cor.* 35.1 (Bray, *Corinthians*, 138); sobre los corintios exaltándolo como el primer don, véase también Teodoreto*Comm. 1 Cor.* 251. Teodoreto de Ciro (*Comm. 1 Cor.* 240) cree que estos dones eran comunes en días anteriores y reprueba a los corintios por abusar de los dones al presumir en lugar de edificar a la iglesia.

[47] Bede *Comm. Acts* 2.3A (Martin, *Acts*, 22). Cf. León el Magno *Sermons*, 75.2 (Martin, *Acts*, 23): en Hechos 2:4, "las voces particulares de cada persona distinta se hacen familiares en la boca de la iglesia". Orígenes *Comm. Rom.* sobre Romanos 1:14 (CER 1:128, 130; Bray, *Romans*, 28) concluye que Pablo estaba en deuda con todos los pueblos porque había recibido sus idiomas (1 Cor. 14:18). Cf. Wesley sobre las lenguas en Pentecostés como un anticipo de personas de todos los idiomas que adoran a Dios (Wesley, *Notes*, 396, citado en McGee, *Miracles*, 61). Mucho más recientemente, ver, por ejemplo, Packer, *Acts*, 27: "El don de lenguas (*glosolalia*) fue un símbolo del trabajo mundial que debían hacer (1:8)".

[48] Ver más en detalle Keener, "Tongues".

[49] Por ejemplo, Bediako, "African Culture", 120 (para traducción en lengua vernácula); González, *Months*, 18; Solivan, *Spirit*, 112-18; Míguez Bonino, "Acts 2", 163-64; cf. Keener, "Acts 2:1-21," 526-27; ídem, "Diversity "; Marguerat, *Actes*, 81; por fin, cf. Harms, *Paradigms*. Esta aplicación también fue importante en la aplicación de Hechos del avivamiento de la calle Azusa a principios del siglo XX (por ejemplo, Robeck, *Mission*, 88, 137-38; testimonio en Horton, *Corinthians*, 66n29; véase Synan, *Movement*, 80, 109-11, 165-69, 172, 178-79, 182-83, 221; Synan, "Seymour", 778-81; ídem, "Legacies", 148-49; Lovett, "Holiness-Pentecostalism", 83; Daniels, " Differences ", Jacobsen, *Thinking in Spirit*, 63, 260-62). La reconciliación étnica y de clase es una aplicación natural del pasaje (por ejemplo, Yong, *Spirit Poured*, 94, 169-73; Park, *Healing*, 130-32; Keener, "Acts 2:1-21," 526-27; Williams, "Acts", 219-20 [señalando también fallas]), y así se aplicó en la calle Azusa (Yong, *Spirit Poured*, 183) y en el pentecostalismo indio temprano, aunque el status quo étnico o de casta a menudo se reafirmó rápidamente (Yong, *Spirit Poured*, 56-57); para la reconciliación étnica en un avivamiento diferente en India en 1921, ver Hickson, *Heal*, 62, 64, 66. En Sudáfrica, ver LaPoorta, "Unity", citado en Tarr, *Foolishness*, 379-80.

Los Helenistas Biculturales (Hechos 6)

A pesar del nacimiento de Pentecostés en una forma multicultural en Hechos 2, las divisiones culturales y sociales han deformado la iglesia de Jerusalén para cuando el lector llega a Hechos 6. (Del mismo modo, los frutos del avivamiento interracial y multicultural de la Calle Azusa fueron finalmente divididos a la fuerza por Jim Crow y otros factores sociales mundanos.)[50] Las viudas de la facción helenista se quejan de la facción dominante "hebrea" de la iglesia de Jerusalén. "Helenistas" probablemente se refiere a aquellos que hablaban exclusivamente griego y eran más propensos a las costumbres griegas, en muchos casos, probablemente judíos inmigrantes de la diáspora de otras partes del mundo mediterráneo.[51] Los judíos de la diáspora ya aparecen en 2:7-12 y 4:36 y están claramente a la vista aquí (ver 6:9).

Los Doce responden a las quejas de las viudas de una manera rara o casi sin precedentes en la antigüedad: entregan la distribución de alimentos a miembros mutuamente aceptables de la minoría ofendida, siempre que estén llenos del Espíritu y sabiduría (6:3). Sus nombres griegos sugieren que estos siete pertenecían todos a la minoría helenista. Por supuesto, algunos judíos tenían nombres griegos,[52] pero algunos de los judíos que se mencionan claramente eran helenistas. En general, era más probable que los judíos de la diáspora llevaran nombres bíblicos que incluso los judíos ricos llevar griegos.[53] En Roma, donde las tres cuartas partes de todas las inscripciones judías están en griego y solo el 1% son semíticas, el 15,2% de los nombres judíos incluían algunos elementos semíticos.[54] La mezcla lingüística de los nombres de los traductores putativos de la LXX en Pseudo Aristeas también es informativa.[55] Incluso siglos más tarde, los rabinos palestinos reconocieron que los nombres gentiles eran particularmente comunes en la diáspora, pero mucho menos comunes en Tierra Santa.[56]

Que los siete aquí, por el contrario, tengan nombres griegos, no es una coincidencia, fue deliberadamente pensado,[57] y sería reconocido por la audiencia antigua de Lucas en regiones donde tales nombres griegos eran comunes; los

---

[50] Para la visión multicultural de William Seymour, ver *The Apostolic Faith 1* (1, 1906): 1, citado en Waddell, "Hearing", 20; cf. Seymour hablando sobre "todos los idiomas del mundo" en Robeck, *Mission*, 162. Bartleman, *Azusa Street*, 54, notó que "la 'línea de color' fue arrastrada por la sangre"; pero por la respuesta violenta de los segregacionistas de Jim Crow que motivaron algunos cambios, cf. Bosworth, "Beating".

[51] Cf. 2 Mac. 4:10, 13, 15; 6:9; 11:24; ver Keener, *Acts*, 2:1253-59. Para obtener evidencia arqueológica de los judíos de la diáspora que se establecen en Jerusalén, ver Safrai, "Relations", 193-94.

[52] Fitzmyer, *Acts*, 350; ver esp. Mussies, "Greek", 1051-52, y las fuentes citadas allí. En estos párrafos restantes de esta sección adapto Keener, *Acts*, 2:1287.

[53] Cf. algunos nombres griegos entre "los ricos y bien educados" (Williams, "Names", 109), pero la clase de uno no proporcionaría los siete nombres griegos a menos que realmente fueran helenistas, lo que encaja en el punto de la historia (Hechos 6: 9).

[54] León, *Jews of Rome*, 107-8; también Lung-Kwong, *Purpose*, 102-3.

[55] *Let. Aris.* 47-50. Cohen, "Names of Translators", ve los nombres persas como una marca de la transición de un marco persa a otro helenístico, pero la procedencia alejandrina del documento sugiere la expectativa alejandrina (al menos en un período inicial) de que los judíos palestinos tenían nombres variados.

[56] Ver y. *Giṭ.* 1:1, §3.

[57] Con Hill, *Hellenists*, 47.

Lectura Global: El Modelo Bíblico del Pentecostés

oyentes de Lucas de repente están en terreno familiar desde su propio entorno. La mayoría de los estudiosos coinciden en que los siete son miembros de la facción helenista.[58] Así como los "Doce" (Hechos 6:2, Lucas 8:1, 9:1, 12, 18:31, 22:3, 47, ver Marcos 3:16; 1 Cor 15:5) dirigieron a la mayoría de la iglesia, los "Siete" (Hechos 21:8) brindarían un liderazgo reconocido y universalmente aceptado para la subcultura minoritaria en la iglesia de Jerusalén.[59]

Estos nuevos líderes, uno de ellos incluso un prosélito (6:5), presagian líderes que surgirían en la diáspora (13:1) y para la misión gentil. Su competencia bicultural convirtió a los cristianos judíos helenistas en un puente natural para llegar a los helenistas no judíos (11:20).[60] Así, el entorno bilingüe de la iglesia de Jerusalén ya en este período proporcionó una base para la transición que vendría.[61] Comisionados por los apóstoles (6:6), estos helenistas ahora expanden de manera teológica la esfera del ministerio de los apóstoles (Hechos 7),pero también de manera geográfica y cultural(Hechos 8). Al hacerlo, son guiados por el Espíritu para avanzar hacia el objetivo del trabajo señalado por Jesús en 1:8.

Como se señaló anteriormente, la repetición del derramamiento del Espíritu entre los samaritanos (8:14-17) y los gentiles (10:44-48) enfatiza que los creyentes de nuevos grupos de personas también están facultados para la misión y se convierten en creyentes socios de la misma misión. Aunque el enfoque de Lucas es el empoderamiento para difundir las buenas nuevas, esta misión también debe incluir la comprensión y la aplicación de las Escrituras a sus propios nuevos contextos.

Conclusión

A veces, los sistemas alternativos resultan más precisos que aquellos con los que comenzamos, una situación que también aparece entre los apóstoles en Hechos. ¿Por qué los creyentes helenistas biculturales como Esteban (teológicamente) y Felipe (prácticamente, Hechos 6-8) pudieron comenzar a cerrar brechas culturales antes que los apóstoles de Jerusalén lo hicieran? Los apóstoles fueron a quienes Jesús instruyó directamente para llevar las buenas nuevas a "los confines de la tierra" (1:8), pero inicialmente pudieron haber esperado que se extendiera indirectamente o por un milagro soberano mientras continuaban trabajando en Jerusalén. Sin embargo, una vez que Pedro y Juan presenciaron y apoyaron el éxito de Felipe en Samaria, también comenzaron a predicar en las aldeas samaritanas

---

[58] Por ejemplo, Klausner, *Jesus to Paul*, 289; Bruce, *Commentary*, 129; Dunn, *Acts*, 83.
[59] Cf. Dunn, *Acts*, 84; Simon, *Stephen and Hellenists*, 7.Los líderes en el movimiento de Jesús pueden dar más "propiedad" del movimiento (es decir, más participación en su liderazgo) a los líderes de sus minorías culturalmente marginadas cuando también ellos son guiados por el Espíritu de Dios; cf. González, *Acts*, 92-93.
[60] Con Larsson, "Hellenisten und Urgemeinde", esto era más lingüístico que producto de una teología menos fiel a la ley.
[61] Cf. Hengel, *Jesus and Paul*, 26.

(8:25). ¿Es posible que los lentes culturales influyeran en quién entendió las instrucciones de Jesús más claramente?

Si leemos desde el punto de vista de Pentecostés, reconocemos que Dios habla todos los idiomas y se extiende a todas las culturas. Diferentes culturas pueden escuchar diferentes aspectos de la voz del Espíritu más fácilmente. Una lectura desde el punto de vista de Pentecostés, entonces, nos invita a confiar en el trabajo del Espíritu en la iglesia, lo suficiente como para que dialoguemos entre nosotros, nos escuchemos los unos a los otros y compartamos entre nosotros.

El Espíritu habla a través de diferentes dones en la iglesia local, y todos proporcionamos una red de seguridad de discernimiento de los puntos ciegos de los demás (1 Cor 14:29).[62] Lo mismo será cierto con la iglesia global; a veces lo que otros escuchan del Espíritu en la iglesia global nos desafiará, y algunas veces lo que escuchamos desafiará a otros. Sin embargo, estamos juntos en un cuerpo, en Cristo, necesitándonos unos a otros. El único Espíritu se oye mejor a través del único cuerpo en el cual el Espíritu nos ha bautizado (1 Cor. 12:13; Ef. 4:4-6).

Este capítulo ha sugerido que una lectura desde el punto de vista de Pentecostés debe ser una lectura lista para involucrar a múltiples culturas. Los siguientes tres capítulos ofrecen sugerencias sobre la mejor manera de implementar esta visión de manera exegética.

---

[62] Cf. Pinnock, "Work of Spirit", 244: "La mejor salvaguarda" para la hermenéutica del Espíritu "es la autoridad de la comunidad carismática". Sin embargo, debemos señalar que algunas comunidades carismáticas individuales, impregnadas de enseñanzas y prácticas erróneas (p. ej., Las enseñanzas de la Palabra de Fe) necesitan más aportes externos de otros que escuchan a Dios.

CAPITÚLO 4

Lectura Global: Contextualización y Escritura

Si leer desde el punto de vista de Pentecostés incluye la sensibilidad a una variedad de culturas, como se argumentó en los capítulos anteriores, ¿qué implicaciones debería tener ese reconocimiento para nuestra exégesis dirigida por el Espíritu?[1] Se puede comparar cómo Jacobo, aprendiendo de la conversión de los no judíos, aplica las Escrituras en consecuencia y esta aplicación se atribuye al Espíritu Santo (Hechos 15:14-18, 28). La nueva comprensión de Pablo de lo que las Escrituras dicen acerca de los gentiles estaba de hecho en el corazón de su misión global, una nueva revelación apostólica (Rm. 16:25-26; véase Efesios 3:5-6). El Espíritu continúa moviendo a los seguidores de Cristo atravesando las barreras culturales como sucede en el libro de los Hechos (por ejemplo, Hechos 8:29; 10:19, 44; 11:12, 15; 13:2, 4; 15:8, 28), aplicando las Escrituras en nuevas situaciones culturales.[2] Aunque otros han explorado este desafío más completamente en otros lugares, examino algunos de los problemas prácticos aquí.[3]

Comienzo abordando la contextualización y la Escritura, sugiriendo el valor de escuchar textos desde múltiples entornos culturales. Más adelante, sugeriré dos ejemplos concretos de asuntos tradicionalmente asociados con "temas pentecostales" en los que muchas de las lecturas de la mayoría de los países en desarrollo podrían ayudar a los lectores occidentales a escuchar los textos bíblicos con más simpatía y de una manera más cercana a lo que los primeros oyentes habrían escuchado.

---

[1] Otros también han notado que, dada la composición del pentecostalismo global y la proporción de carismáticos en la iglesia global, una lectura "pentecostal" debería ser una lectura global (ver, por ejemplo, Waddell, "Hearing", 188).

[2] Para el Espíritu y la enseñanza, a menudo con respecto a la correcta interpretación de la Escritura, ver, por ejemplo, cf. Hechos 20:28; Rom. 7:6; 1 Cor. 2:13; 12:8; 2 Cor. 3:6, 15-18; Gal. 3:2-5; 5:18, 22-23; Ef. 3: 5.

[3] Estos tres capítulos siguientes se basan en mi presentación al coloquio interdisciplinario para estudios bíblicos y estudiantes de doctorado en estudios interculturales, Asbury Theological Seminary, 10 de octubre de 2014. Se publica como Keener, "Scripture and Context", y he condensado y adaptado aquí con el permiso del editor, Robert Danielson, 4 de marzo de 2015. Incluye material condensado de mis milagros, especialmente en el capítulo de estudios de casos. Ver también ideas, incluso con respecto a contextualizar el lenguaje del Espíritu, en Harrison, *Overwhelmed*, 194-96.

Introducción: Escritura y Contexto

El erudito anglicano carismático N. T. Wright, uno de los más creativos y prolíficos teólogos de Nuevo Testamento de nuestra generación, ha argumentado que Marcos 13 "es un consejo 'más útil para un refugiado por invasión militar que para un hombre sorprendido por la última trompeta'."[4] Si bien este veredicto es cierto en parte del pasaje, le pregunté a mi esposa, que fue refugiada durante dieciocho meses, acerca de Marcos 13:24-27. Ella respondió que, en su opinión, sonaba como "el fin del mundo", y añadió que así era como la gente en el Congo-Brazzaville leía el pasaje fueran refugiados o no.[5] En este caso, las tradiciones interpretativas pueden jugar un rol tanto como la ubicación social. Sin embargo, la ubicación social inevitablemente influye en cómo escuchamos los textos.

Los seres humanos han reconocido desde hace tiempo que la cultura hace una diferencia en la comunicación.[6] Además de las complicaciones ordinarias de la comunicación intercultural, no obstante, escuchar los mensajes de las Escrituras implica una complicación cultural adicional: lo que la teoría de relevancia (señalada a continuación) llama "comunicación secundaria".[7] Cuando mi esposa congoleña y yo nos comunicamos, podemos aclarar nuestro significado a través del debate, esto a veces se denomina significado de negociación. Sin embargo, si simplemente leemos un informe de otra cultura con la que no estamos familiarizados, las palabras se traducen, pero las expresiones idiomáticas, las formas literarias, etc. no, y la conversación directa no siempre es posible.

La Escritura como un Canon Intercultural

En la comunicación secundaria, las culturas del receptor y el comunicador siguen siendo importantes. Si realmente nos importa entender lo que la comunicación original tenía la intención de informar (lo que nos preocupara al hablar de una comunicación inspirada), también necesitamos cierta comprensión del contexto cultural de esa comunicación original.[8] Si las Escrituras son no solo una decoración

---

[4] Wright, *Victory*, 359, citando a su maestro, G. B. Caird.
[5] Médine Moussounga Keener, Wilmore, KY, 19 de septiembre de 2012.
[6] Los antiguos pueblos mediterráneos también reconocieron fácilmente que los pueblos diferentes tenían costumbres diferentes; ver, por ejemplo, Cornelius Nepos *Generals* pref. 5; Plutarch *Themistocles* 27.2-3; Sextus Empiricus *Eth.* pássim.
[7] Este enfoque es más útil que ver textos que no están directamente dirigidos a uno como "lenguaje muerto" (véase la opinión observada en Patte, *Structural Exegesis*, 5). Además de la teoría de la relevancia, algunos otros enfoques, más directamente asociados con la comunicación intercultural, buscan traducir conceptos culturales más amplios. Aunque es más reciente y aún menos ampliamente conocido en los estudios bíblicos que la teoría de la relevancia, ver muy intuitivamente Zhang, "Ethics of Transreading"; Zhang trabaja con textos bíblicos y otros literarios en diversas culturas.
[8] Brown, *Scripture as Communication*, 27, señala que "los textos son actos comunicativos localizados culturalmente, vinculados a un lugar y tiempo particular (aunque con potencial para hablar más allá de esa

Lectura Global: Contextualización y Escritura

y apoyo para lo que queremos decir, sino que ellas mismas tienen una autoridad especial para nosotros, entonces queremos escuchar lo que Dios inspiró a sus autores a decir. (Los carismáticos, de todos los tipos,[9] deben reconocer que Dios puede inspirar a las personas a que hablen su mensaje. Ciertamente, podemos inferir este punto de Hechos 1:8, 2:4 y 2:17). Sin embargo, estos autores comunicaron su mensaje en idiomas, culturas y circunstancias particulares.

La sensibilidad cultural al leer las Escrituras ofrece una base para los creyentes de todas las culturas, ofreciendo una base funcional común o un canon para el diálogo intercultural; es un componente natural del mismo enfoque que nos invita a escucharnos unos a otros interculturalmente. Como cristianos, compartimos una base común para la conversación en el texto canónico recibido.[10] Ese texto no se originó en un vacío cultural, sino en un entorno lingüístico, cultural e histórico concreto que puede explorarse.[11] El hebreo, el arameo y el griego e incluso las letras son marcas ininteligibles cuando se extraen de las configuraciones lingüísticas particulares en las que se originaron.[12]

Los críticos de la neo-aristoteliana "Escuela de Chicago", como Booth, difieren de los Nuevos Críticos anteriores al enfatizar la comunicación entre el escritor y el lector.[13] La actividad del autor funciona de manera diferente en diferentes tipos de textos; es más prominente en la comunicación "transmisora" (como las cartas) que en la comunicación más "expresiva" (como la poesía), con narrativas (como Hechos), que evocan un mundo narrativo, que se interpone entre estos polos.[14]

Hoy la teoría de la relevancia, un enfoque basado concretamente en la lingüística cognitiva, aborda los textos en términos de comunicaciones, teniendo en cuenta las suposiciones culturales que los informan.[15] Para tomar un ejemplo común, el contexto cultural rellena el contenido semántico faltante de "Café, por favor". La pregunta, "¿Dónde estabas el 11 de septiembre?", tiene sentido en un contexto norteamericano de principios del siglo XXI, pero no tendría sentido o llevaría a un

---

particularidad), entonces las preguntas de sus autores y orígenes serán relevantes para la interpretación". Para "Un modelo de comunicación de la hermenéutica", consulte Brown, *Scripture as Communication*, 29-56.

[9] Algunos que no son pentecostales también esperan que los pentecostales sean particularmente comprensivos con la dinámica de la inspiración; ver, por ejemplo, Dunn, "Role", 155.

[10] Para consultar sobre la Escritura siendo lo que une a todos los cristianos, véase Sunquist, *Century*, 181, comentando sobre el Patriarca Ecuménico de Constantinopla Bartolomé I, al Sínodo de los Obispos de la Iglesia Católica, "El día llegará cuando nuestras dos iglesias se converguen totalmente" (18 de octubre de 2008).

[11] Véase, por ejemplo, Dunn, "Reconstructions", 296. El antiguo mundo mediterráneo era una cultura de "alto contexto" que presumía "un conocimiento ampliamente compartido, generalmente bien entendido, del contexto de todo lo que se menciona en una conversación o en la escritura" (Malina y Pilch, *Letters*, 5).

[12] Con, por ejemplo, Vanhoozer, *Meaning*, 242; cf. 249 para la aplicación de Vanhoozer de los conceptos de agencia y emergencia a cómo la intención autoral aporta significado a los signos lingüísticos. Cf. Hirsch, *Validity*, 23: "Lo que se ha negado aquí es que los signos lingüísticos de alguna manera pueden expresar su propio significado, una idea mística que nunca se ha defendido de manera persuasiva"; ciertamente carecen de valor comunicativo para alguien que no está familiarizado con el idioma (134).

[13] Aune, *Dictionary of Rhetoric*, 317–18.

[14] Brown, *Scripture as Communication*, 75–76.

[15] Ver, por ejemplo, Sperber y Wilson, *Relevance*; igualmente, "Précis"; Wilson y Sperber, "Representation"; en estudios bíblicos, ver, por ejemplo, Jobes, "Relevance Theory"; Scripture as Communication; Green, "Relevance Theory". Ver más discusión en el cap. 10.

significado diferente a cualquier lector en 1997, y aún más a uno en octubre de 1911.[16] Para ofrecer un ejemplo menos familiar, si alguien nos dice: "Fue bueno verte brevemente", ¿debemos inferir que nos está diciendo: "fue bueno verte, aunque sea solamente por un momento" o "fue bueno tener que verte solo brevemente"?[17]

Las alusiones literarias o culturales pueden ser aún más elusivas. Debido a que mi esposa creció en el Congo, no puedo intercambiar alusiones sobre *Star Trek* o *Batman* con ella; al menos ambos leemos a *Tarzán*. Pero tanto nosotros como nuestro hijo podemos citar líneas de epopeyas bíblicas que vimos juntas a lo largo de los años. En 2015, un amigo y yo nos lamentamos de las técnicas fraudulentas de recaudación de fondos y él nos ofreció: "con gusto te pagaré el martes por una hamburguesa hoy". Yo respondí: "olvida la hamburguesa, necesito las espinacas". Aquellos que eran niños norteamericanos cuando íbamos a captar las alusiones a Wimpy y Popeye, pero el sentido de nuestra broma (aparte de tal vez su carácter juguetón) sería prácticamente ininteligible sin ese conocimiento.

Algunos enfoques contemporáneos podrían concluir: "No me importa lo que el autor pretendió". Sin embargo, si nos importa, como en el caso de la comunicación humana normal, o en el caso de cualquier texto donde respetemos lo que un autor podría haber hecho para comunicarse, solo el contexto (como la relación entre el hablante y el oyente previsto) nos ayudará a resolver el significado. Parte de nuestro objetivo intercultural debe ser escuchar honestamente los textos. Cuanto más efectivamente escuchemos textos en sus primeros contextos, mayor será la confianza con la que podamos recontextualizar los principios para otros entornos, y mayor será nuestra base compartida para dialogar sobre lo que los textos nos dicen hoy.[18]

Perspectivas de la Escritura desde Distintas Culturas

Sin embargo, también escucharemos el texto más claramente cuando nos escuchemos unos a otros, porque los cristianos en algunas culturas intuitivamente oirán las costumbres y los conceptos en pasajes particulares de maneras más cercanas al contexto original. Incluso las costumbres generalizadas, como el precio

---

[16] Mirando hacia atrás en septiembre de 1911, ese año incluyó los siguientes eventos: el imperio ruso reclamó la Isla Wrangel (2 de septiembre); 200,000 alemanes protestaron por la militarización de su gobierno (3 de septiembre); el Monte Etna entró en erupción, dejando un estimado de 20,000 italianos sin hogar (11 de septiembre); Cy Young de Boston logró su victoria final (su 511a), estableciendo un récord a largo plazo (20 de septiembre); trescientos murieron cuando explotó el buque de guerra francés *Liberté* (25 de septiembre); Italia luchó contra Turquía e invadió Libia (29 de septiembre); y setenta y ocho murieron en el accidente de un dique en Pensilvania (30 de septiembre, el número real de víctimas probablemente fue mucho mayor). Probablemente lo más dramático es que las misiones publicaron noticias sobre la inundación del río Yangtsé en China, un desastre que puede haber causado hasta 300,000 muertes.
[17] Walton, *Thought*, 19, cita ejemplos de "Kent State" (inteligible en la década de 1980), el "Muro de Berlín" o el "Telón de Acero".
[18] Este es el propósito de mi Keener, *Background Commentary*.

de una boda, el levirato del matrimonio, etc. difieren de una cultura a otra. Aunque un cristiano ghanés puede entender intuitivamente tales costumbres mejor que un occidental, ella todavía puede imaginarlos de una manera algo diferente a la forma en que los escritores bíblicos anticiparon a lo que sus primeras audiencias entenderían.

Interpretamos intuitivamente las acciones o dichos de las personas a la luz de nuestro conocimiento más amplio o supuestos culturales; los intérpretes de otras culturas ofrecen posibilidades alternativas para la comprensión. Algunas veces, nuestra propia cultura o la lectura de un intérprete explica el texto de manera más satisfactoria que la de otro; a veces las diversas opciones interpretativas nos llevan a explorar más profundamente el contexto cultural original, o simplemente sirven para hacernos más prudentes sobre nuestro *a priori*, especialmente cuando carecemos de medios para reconstruir algunos detalles más allá del texto.

Las enseñanzas sobre la justicia y el cuidado sacrificial de los pobres constituyen una proporción tan significativa de la Biblia que pueden considerarse entre los temas más comunes de ella.[19] Los teólogos de la liberación se refirieron a temas tan importantes que la teología sistemática occidental tradicional, a pesar de su valor, típicamente había descuidado como tema de estudio disciplinado.[20] Si hacemos de la hamartiología una rúbrica teológica, las preocupaciones sobre si la gula es un pecado venial o si los niños de la calle en Brasil son abusados, representan contextos diferentes pero genuinos. Confieso que tener mucha hambre como pastor joven no remunerado afectó mi visión hermenéutica, pero creo que esa experiencia me dio un énfasis bíblico (que ya reconocí en principio) en lugar de crear un sesgo análogo al de aquellos que nunca han experimentado hambre.

La Comunicación Intercultural dentro de la Escritura: Un Caso de Estudio

Incluso dentro de la Biblia misma, la comunicación intercultural podría resultar complicada. Por lo tanto, cuando Jesús habla con la mujer samaritana en Juan 4, su conversación presupone un trasfondo de hostilidad entre judíos y samaritanos que el público de Juan probablemente dio por hecho. Jesús cruza tres barreras sociales para comunicarse con esta mujer.[21] Primero, en la cultura de Jesús, la opinión conservadora fruncía el ceño cuando los hombres hablaban solos con mujeres que

---

[19] Ver, por ejemplo, Sider, *Cry Justice*; ídem, *Fed*; sobre la enseñanza de Wesley, ver Jennings, *Good News*.
[20] Algunos escritores abolicionistas del siglo XIX ya destacaron estos temas; ver, por ejemplo, Sunderlund, *Testimony*; ídem, *Manual*.
[21] Doy más detalles sobre esta sección de Juan en Keener, *John*, 1:584-628; más brevemente, cf. Keener, "Invitations", aquí 195-202; más brevemente, ídem, "Reconciliation", 124-25.

no eran parientes.²² Si alguien tiene la tentación de dudar de que esta costumbre afectó a alguien en la narración, uno necesita solo recordar el informe de 4:27: los propios discípulos de Jesús estaban asombrados de que estaba "conversando con una mujer". Por supuesto, Jesús también transforma esta situación, ya que en 4:29 ella termina invitando a toda su gente ir a Jesús con las mismas palabras ("Venid, ved") a través de las cuales Felipe invitó a Natanael en 1:46. Es decir, se convierte en un testigo de Jesús en un nivel aún más dramático, esto a pesar del hecho de que el testimonio de las mujeres usualmente era menospreciado en mayor parte de la cultura ²³

En segundo lugar, tanto judíos como samaritanos coincidieron en que las personas honestas deberían evitar el contacto innecesario con aquellos que se sabe que son inmorales. Jesús cruza esas barreras en los otros Evangelios y, aunque el asunto generó más debate en este caso, probablemente también lo haga aquí. De acuerdo, esta mujer podría haber enviudado cinco veces y vivir con su hermano (4:18),²⁴ pero esto no explicaría por qué ella llega sola al pozo, una acción notable ya que las mujeres de las aldeas normalmente llegan juntas a los pozos.²⁵ Además, ella viene específicamente a la hora sexta (4:6), cuando en la literatura mediterránea antigua, la gente dejaba de trabajar y descansaba a la sombra, a menudo incluso tomando siestas.²⁶ Llega justo en el momento en que nadie más vendría. Que esta mujer deba ir sola al pozo en la hora más calurosa del día (4:6), en lugar de venir con las otras mujeres de la aldea, probablemente sugiere probablemente no era bien recibida entre las otras mujeres

En entornos interculturales, las acciones de una manera pueden malinterpretarse fácilmente. Cuando Jesús le dice a la mujer que "llame" a su esposo (un término usado anteriormente, nuevamente, por Felipe antes de que "llamara" a Natanael, 1:48), ella responde: "No tengo marido" (4:16-17). Hoy podríamos leer esta respuesta de varias maneras, pero la respuesta pudo haber afectado menos a la primera audiencia de Juan. En el entorno de Jesús, las personas a veces buscaban parejas maritales o sexuales en los pozos;²⁷ los informados bíblicamente pensarían en encuentros con Rebeca, Raquel y Séfora (Gn. 24:13-15; 29:10; Éx. 2:15-21).²⁸ Pero si la mujer sospecha que las intenciones de Jesús son sexuales o conyugales,

---

²² Por ejemplo, *m. Abot* 1:5; *Ketub.* 7:6; t. *Shab.* 1:14; *b. Ber.* 43b, bar.; *Erub.* 53b; cf. *Sir* 9:9; 42:12; *T. Reub.* 6:1-2; *y. Abod. Zar.* 2:3, §1; *Sot.* 1:1, §7; entre los primeros gentiles, cf. Eurípides *Electra* 343-44; frg. 927; Theophrastus *Char.* 28.3; Livy 34.2.9; 34.4.1.
²³ Ver, por ejemplo, Justiniano *Inst.* 2.10.6; Josefo *Ant.* 4.219; *m. Yeb.* 15:1, 8-10; 16: 7; *Ketub.* 1: 6-9; *t. Yeb.* 14:10; *Sipra Vayyiqra Dibura Dehobah* pq. 7.45.1.1. Para las calificaciones de esta práctica general, ver Ilan, *Women*, 163-66; Maccini, *Testimony*, 63-97.
²⁴ Para argumentos en contra de esto, ver Keener, *John*, 1: 606-8.
²⁵ Cf., por ejemplo, Gn. 24:11; Pizzuto-Pomaco, "Shame", 50; Eickelman, *Middle East*, 163.
²⁶ Ej., Sus 7 (Dn. 13:7 LXX); *Joseph and Asenath* 3:2/3; *Life of Aesop* 6; Virgil *Georg.*3.331-34; Columella *Trees* 12.1; Plutarch *Them.*30.1; Longus 1.8, 25; 2.4; Aulus Gellius 17.2.10; Suetonio *Aug.* 78.1; *Vesp.*21; Pliny *Ep.* 1.3.1; 7.4.4; 9.36.5.Para el calor, ver, por ejemplo, Aeschylus *Seven Ag. Thebes* 430-31; Sophocles *Antig.* 416; Apollonius Rhodius 2.739; 4.1312-13.
²⁷ Ver, por ejemplo, Menander *Dyskolos* 200; Arrian *Alex.* 2.3.4; Llewellyn-Jones, *Tortoise*, 88; cf. Cicero *Pro Caelio* 15.36; Probablemente *Lam. Rab.* 1:1, §19.
²⁸ Cf. consideración en Brant, "Husband Hunting", 211-16.

su señalamiento sobre la propia situación doméstica de ella (Juan 4:18) aclara la naturaleza de su interés, y ella reconoce que él es el profeta de Dios (4:19).

La tercera barrera es explícitamente étnica. Como Juan 4:9 lo expresa de manera simple, "los judíos no se relacionan con los samaritanos". Los maestros judíos consideraban que las mujeres judías eran inmundas una semana por mes, pero las samaritanas estaban impuras cada semana de cada mes desde la infancia.[29] Por lo tanto, no es extraño que se sorprenda por su solicitud de una bebida; eso viola la tradición judía.

Y sin embargo, la mujer misma ahora se aventura más allá de la tradición samaritana. Al menos si nuestras fuentes posteriores son precisas, los samaritanos no creían en los profetas que surgieran entre Moisés y el futuro restaurador que sería también como Moisés.[30] Por eso, una vez que ella reconoce a Jesús como un profeta en 4:19, ella inmediatamente cambia a lo que nos podría parecer un tema diferente. "Nuestros padres adoraron en este monte [Gerizim], y vosotros decís que en Jerusalén es el lugar donde se debe adorar" (4:20). Si él es un profeta, los judíos tienen razón y los samaritanos están equivocados. Sin embargo, ya que los samaritanos habían profanado el templo de Jerusalén, no era ya bienvenidos allí; por lo tanto, no había esperanza para ella o su pueblo. Su uso del tiempo pasado para su lugar de culto ancestral también es deliberado, evocando la historia de división entre ellos: los judíos habían destruido el templo samaritano en el monte Gerizim más de un siglo antes.[31] Jesús continúa y trasciende esta división étnica al hablar de un lugar para el culto más grande que Jerusalén o el monte Gerizim: en Espíritu y en verdad (4:22-24).

Tanto la cultura como el lenguaje están codificados en este texto, y si solo tenemos una traducción sin el contexto cultural, perderemos parte del significado.[32] Las señales en la narrativa señalaron este significado para su primera audiencia, pero parte del significado podría quedar implícito porque cierta información podría simplemente ser asumida como conocida entre el autor y el público.[33] (Volviendo nuevamente a la teoría de la relevancia: la comunicación a menudo adopta las formas más simples al dejar los elementos no dichos que los involucrados en la comunicación pueden dar por sentado).[34]

---

[29] Ver *m. Nid.* 4:2; *t. Nid.* 5:1-2; cf. *m. Toh.* 5:8.
[30] Ver Bruce, *History*, 37-38; cf. MacDonald, *Theology of Samaritans*, 15. La posible excepción en Josefo *Ant.* 18.85-87 es aparentemente un profeta escatológico, que podría ser considerado como el profeta como Moisés.
[31] Para los conflictos sobre estos sitios sagrados, ver, por ejemplo, Josefo *Ant.* 11.310, 346-47; 12.10, 259; 13.74; 18.10; *War* 1.62-63; 2.237.
[32] Para los límites fluidos "entre la traducción lingüística y cultural", ver Thiselton, *Horizons*, 131.
[33] Para el regreso del "autor implícito" en la interpretación, ver Brown, *Scripture as Communication*, 69-72; Osborne, *Spiral*, 393-95; más extensamente, Vanhoozer, *Meaning*, 201-80. Que los textos bíblicos asuman que la información cultural a menudo es oscura para los lectores modernos no es una nueva idea; ver, por ejemplo, Ramm, *Interpretation*, 5-6, 98-99, 133-35, 150-57.
[34] Ver, por ejemplo, Gutt, *Relevance Theory*, 33; nota arriba. Como sugiere un crítico, "Todo texto, incluso el más elemental, implica información que se da por sentada y no explica. Conocer esa información es la habilidad decisiva de la lectura "(Hirsch, *Literacy*, 112). Este punto es ampliamente aceptado por los críticos del NT que consideran la intertextualidad con el Antiguo Testamento.

Esto sucede también en otras partes de las Escrituras. Marcos, por ejemplo, explica una costumbre judía en Marcos 7:3-4. Cuando Mateo vuelve a contar la misma historia en Mateo 15:1-2, omite la explicación porque la audiencia cristiana judía de Mateo no la necesitaría. ¿Con qué frecuencia la Biblia deja asuntos culturales sin explicación porque sus primeras audiencias no necesitaban estas explicaciones, no obstante hoy lo hacemos?

Algunos protestan porque Dios ha hablado adecuadamente a personas usando versículos fuera de su contexto literario e histórico. Porque Dios es soberano, podemos otorgar esta concesión; sin embargo, su experiencia no proporciona el mensaje universal del texto, y podríamos esperar que escuchen a Dios con mayor claridad al comprender mejor los textos de la forma en que Dios los inspiró.

Además, podría comparar esta protesta sobre el uso del trasfondo con alguien en el siglo XVI protestando por el valor de las traducciones vernáculas de la Biblia con el argumento de que tales obras implicarían que la iglesia occidental no estaba cumpliendo bien con la Vulgata. Hoy tenemos traducciones disponibles, y también tenemos una cantidad considerable de antecedentes disponibles a nivel popular.[35] La pregunta hoy es si utilizaremos lo que los sacrificios de otros nos han dado.

Si descartamos la relevancia de tal trasfondo en las Escrituras, ¿haríamos lo mismo para una conversación multicultural moderna? Cuando mi esposa y yo nos casamos por primera vez, a menudo yo afirmaba: "Te amo", a lo que ella respondía: "Gracias". Me desanimé, porque en mi cultura la respuesta anticipada a "Te amo" es "También, te amo", y temí que ella no me amara. Eventualmente descubrimos que la respuesta esperada a esta afirmación difiere entre nuestras culturas; no era una cuestión de amor, sino una cuestión de comunicación intercultural. ¿Las Escrituras están escritas en algún código mágico que, a pesar de todas las apariencias, suspende las reglas normales de género y comunicación de sus culturas? Una lectura verdaderamente sensible y respetuosa de las Escrituras, una lectura que también concuerde con la naturaleza global de la iglesia de hoy, debe tener en cuenta lo que podemos saber sobre la situación cultural original.

Contextualización dentro de la Biblia

Le pregunté a mi querido amigo, vecino y colega de misionología en mi antiguo seminario, Samuel Escobar, dónde los estudios bíblicos podrían ser útiles para la misionología. Sugirió que los eruditos bíblicos podrían ayudar a los misionólogos a definir los límites entre la contextualización y el sincretismo.[36] Como toda la Biblia

---

[35] Proporcionar antecedentes a nivel popular fue la razón por la que ofrecí el primer "comentario de antecedentes" en 1993 (ver ahora el comentario de fondo); mucho estará disponible en un nivel aún más popular en la Biblia de estudio *NIV Cultural Backgrounds* (Grand Rapids: Zondervan, 2016).

[36] Para algunas discusiones evangélicas occidentales anteriores sobre contextualización y hermenéutica, véanse, por ejemplo, los ensayos de Carson, *Interpretation*; Blomberg, "Globalization"; para algunos enfoques contextuales

tiene un contexto cultural, la Biblia entera nos ofrece modelos para la contextualización no sincretista.

Aquellos que aceptamos las Escrituras como revelación divina debemos reconocer que Dios se comunicó a través de las culturas. Toda comunicación tiene un contexto cultural; nadie se comunica o escucha en un vacío cultural. En la medida en que deseamos escuchar la Biblia como comunicación, entonces, debemos tener en cuenta su contexto cultural.[37]

La Biblia proporciona innumerables ejemplos de Dios identificándose con las culturas, a veces hasta los términos utilizados para diversos tipos de sacrificios; formas literarias usadas por oráculos; o Proverbios, Jesús y Pablo usando formas retóricas de sabios contemporáneos. Sin embargo, también proporciona innumerables ejemplos de Dios cuestionando la cultura, por ejemplo, en advertencias contra las estatuas de deidad. La contextualización genuina no adopta simplemente todos los valores de la cultura acogida (una adopción que llevaría al sincretismo); más bien, comunica el mensaje previo de Dios en el lenguaje y el idioma de la cultura local, haciendo que tanto sus afirmaciones como sus demandas sean más inteligibles.

Dios fue mucho más allá al relacionarse con las culturas locales de lo que muchos de nosotros hoy estamos dispuestos a hacer. En muchos casos, Dios usó formas que se asemejaban a formas usadas en las prácticas religiosas de los vecinos de Israel, mientras infundía esas formas con nuevos significados.

Aunque algunos de los ejemplos de la Biblia representan un acomodo cultural limitado por debajo del ideal de Dios (véase Marcos 10:5: "Por la dureza de vuestro corazón"), otros representan una traducción al lenguaje y a las imágenes inteligibles en la cultura anfitriona. Por ejemplo, el Tabernáculo[38] adapta el estándar de diseño tripartito de los templos egipcios y algunos templos cananeos.[39] De manera similar, como en la mayoría de los templos del Cercano Oriente, el Tabernáculo tiene un objeto sagrado en el santuario más interior.[40] Los santuarios de tiendas también formaban parte de su entorno.[41] El uso de los tintes y metales más caros cercanos al arca puede reflejar una comprensión más amplia de la gradación de la santidad, enfatizando la majestad de la deidad y el asombro con el que debería ser abordado.[42] Tales características ayudarían a los israelitas, a quienes los egipcios pueden haber empleado en construcción del templo, a relacionarse mejor con el Tabernáculo como templo (véase Éx. 25-27).

---

más recientes, ver, por ejemplo, Jayakumar, *Mission Reader*; Satyavrata, *Witness*. Para la contextualización dentro del NT en sí, ver en espwecial completamente Flemming, *Contextualization*.

[37] Algunos de estos ejemplos reflejan un documento de respuesta que presenté al Institute of Biblical Research, Orlando, noviembre de 1998. La exégesis es un acto intercultural (deSilva, *Global Readings*, x).

[38] Ver más completamente mi libro Keener, "Worship".

[39] Nelson, "Temple", 147; Scott, "Pattern", 314; Badawy, *Architecture*, 176-77. En el Levant, vea Gray, "Ugarit", 146-47; Dever, "Stratifications", 43.

[40] Nelson, "Temple", 148-49; Badawy, *Arquitecture*, 177.

[41] Por ejemplo, Kitchen, "Background", 8-11; Nelson, "Temple", 148-49; Meyers, *Exodus*, 220.

[42] Haran, "Image", 202, 206.

Sin embargo, estas analogías culturales aumentan el significado de los contrastes explícitos con otros antiguos santuarios del Cercano Oriente: por ejemplo, el Tabernáculo no tiene un lecho para la deidad,[43] porque YHWH ni se adormece ni duerme (Sal 121:4). De hecho, lo más llamativo es que el clímax de otros templos antiguos fue la imagen de la deidad, pero ninguna imagen está entronizada sobre los querubines del arca.[44] El Señor le recuerda a su pueblo que no deben tener imágenes ni otros dioses a su vista (Éx. 20:3-5). Los elementos de la cultura pueden ser útiles o perjudiciales; una buena contextualización evita el sincretismo.

Los sacerdotes en el antiguo Cercano Oriente a menudo trataban a los templos terrenales como portales que imitaban la imagen de los templos celestiales.[45] La idea de un templo celestial se vuelve más común en las fuentes apocalípticas. Cuando Hebreos o Apocalipsis hablan de un templo celestial, carecen de los detalles alegóricos platónicos encontrados en el filósofo judío alejandrino Filón.[46] Sin embargo, emplean imágenes que los oyentes contemporáneos habrían entendido.

Las estrategias interculturales de los siervos de Dios en las Escrituras pueden proporcionar modelos aún más directos para la contextualización guiada por el Espíritu. Al tratar de ganar la mayor cantidad de gente posible, Pablo dice que se convirtió en todo para todas las personas (1 Cor. 9:19-23).[47] Pablo predica a partir de las Escrituras en una sinagoga (Hch. 13:16-41), a partir de la naturaleza en una comunidad agrícola (14:15-17), y a partir de poetas griegos y temas filosóficos que intersectaron la teología bíblica en Atenas (17:22-31).[48] En su misión gentil, Pablo se hizo amigo de los asiarcas, muchos de los cuales habrían participado en algunos aspectos de la religión pagana pública (Hch. 19:31).[49] Asimismo, reafirmando su

---

[43] Ver, por ejemplo, Murray, *Splendor*, 183-84; Cassuto, *Exodus*, 322-23; Gurney, *Hittites*, 149-50; Meyers, *Exodus*, 221.

[44] También contraste los santuarios contiguos por deidades tutelares en muchos templos egipcios (Badawy, *Architecture*, 180).

[45] Ver Keener, "Tabernacle", 838; ídem, "Worship", 130-31.

[46] Véase, por ejemplo, G. B. Caird, "The Exegetical Method of the Epistle to the Hebrews", *Canadian Journal of Theology* 5 (1, 1959): 44-51; cf. J. R. Sharp, "Philonism and the Eskatology of Hebrews: Another Look", *East Asia Journal of Theology* 2 (2, 1984): 289-98. La revelación es por supuesto mucho más comparable a las fuentes apocalípticas, y el libro de Hebreos al judaísmo helenístico (cf., por ejemplo, Charles Carlston, "The Vocabulary of Perfection in Philo and Hebrews", 133-60 en *Unity and Diversity in New Testament Theology: Essays in Honor of George E. Ladd* [editor Robert A. Guelich, Grand Rapids: Eerdmans, 1978]), pero el autor de Hebreos escribe en un nivel helenístico menos sofisticado que Filón.

[47] Para un breve debate, ver, por ejemplo, Keener, *Corinthians*, 80-81. La adaptación a las costumbres locales podría verse positivamente (Cornelius Nepos 7.11.2-6), porque se entendía ampliamente que las costumbres variaban en diferentes tierras (por ejemplo, Apollonius Rhodius 2.1017). La ideología aristocrática se oponía con regularidad, sin embargo, a cualquier complacencia hacia las masas, que consideraban demagogia (por ejemplo, Aristófanes *Acharnians* 371-73, *Frogs* 419, Aristóteles *Pol.* 4.4.4-7, 1292a, Diodorus Siculus 10.7.3, Dionysius of Halicarnassus 7.8.1; 7.45.4; 7.56.2; Livy 6.11.7; Appian *R.H.* 2.9; 3.7.1). Los filósofos y moralistas que apelaron a las masas se arriesgaron así a enajenar a los de mayor estatus (Aristóteles *Rhet.* 2.20.5, 1393b; Liefeld, "Preacher", 39, 59, 162), lo cual Pablo probablemente hizo en Corinto (véase Martín, *Slavery*, 92-116).

[48] La adaptación a la audiencia fue buena retórica (Quintilian *Inst.* 3.7.24; para ejemplos, véase Suetonius *Rhet.* 6; Eunapius *Lives* 495-96).

[49] Ver más completamente mi libro Keener, "Asiarcas".

solidaridad con la herencia de Israel (pero no su etnocentrismo) ofreció sacrificio en el templo de Jerusalén (Hch. 21:24-26).[50]

En las cartas de Pablo abunda la sensibilidad con respecto a situaciones locales o culturales. Por ejemplo, afirmaciones sobre cubrirse el cabello, que al menos para las personas de clase baja en el Mediterráneo oriental representaba la modestia sexual.[51] Aunque muchos de nosotros hoy reconoceríamos que Pablo contextualizó el principio amablemente para su entorno, la mayoría de nosotros también se sentiría cómodo expresando modestia sexual de diferentes maneras para culturas muy diferentes.

Pero la contextualización requiere interpretación, y algunos matices y conexiones con imágenes anteriores se pierden necesariamente en este proceso. Por lo tanto, una tensión dinámica permanece. Sin embargo, el Espíritu nos ayuda en la interpretación (véase 1 Cor. 2:11-13, 2 Cor. 3:14-18). De hecho, incluso cuando conceptualmente tenemos meramente imágenes del mundo futuro, por ejemplo, podemos participar de manera experimental en un anticipo de ese mundo a través del Espíritu (1 Cor. 2:9-10).

Recontextualización para un Nuevo Contexto en la Escritura

La recontextualización, al aplicar principios o imágenes de diferentes maneras para nuevos contextos, ya se practicaba dentro de las Escrituras. Por ejemplo, los escritores del NT recontextualizaron imágenes de AT para nuevas configuraciones. Así, Apocalipsis actualiza las imágenes del Antiguo Testamento de la caballería celestial (con carros, 2 R. 6:17, Is. 66:15, ver 2 R. 2:11, Zc. 6:1-8) a la caballería del día de la Revelación (jinetes montados; Ap. 19:14). Tal vez las imágenes de hoy estarían más cerca de los aviones de combate.

Del mismo modo, Apocalipsis adapta los oráculos contra la Babilonia literal (por ejemplo, Is. 21:9; 47:7-9; Jr. 51:6-14) para aplicarlos a Roma (Ap. 18:2-8). Esta transferencia fue lógica porque para el pueblo judío, Roma constituía el imperio tipo Babilonia de su época, lo que los intérpretes judíos del día interpretaron como el último sucesor de Babilonia entre los cuatro reinos de Daniel (Dn. 2:37-45; 7:3-14).[52] Algunos pensadores judíos describieron a Roma como una nueva Babilonia,[53]

---

[50] Ver discusión en Keener, *Acts*, 3:3113-43, especialmente 3141-43.
[51] Cf. Charillus 2 en Plut.*Saying of Spartans*, *Mor.* 232C; Valerius Maximus 5.3.10-12; *m. Ketub.*7:6; cf. en la cultura tradicional del Medio Oriente, Delaney, "Seeds", 42; Eickelman, *Middle East*, 165. Ver más en detalle Keener, *Paul*, 19-69; MacMullen, "Women in Public", 217-18; y especialmente Keener, "Head Coverings".
[52] Cf., por ejemplo, Josefo *Ant.* 11.276; *2 Bar.* 39:4-7; *Sipre Deut.* 317.4.2; 320.2.3; *Tg. Neof.* 1 en Gn. 15:12. Nótese también la probable interpretación de Daniel Kittim en los últimos textos de Qumran como Romanos; ver Dupont-Sommer, *Writings*, 349; Vermes, "Elements". Los antiguos griegos y romanos imaginaron cuatro imperios orientales, aunque reemplazaron a Babilonia con Asiria, antes de agregar Roma; ver Velleius Paterculus *Compendium* 1.6.6 (aunque algunos ven esto como un brillo); Mendels, "Empires"; cf. *Sib. Or.* 8.6–11.
[53] Ej., *Sib. Or.* 5.143, 159-61; probablemente 1 Pe. 5:13 (con Papias *frg.* 21.2); 4 Esd. y 2 Bar. pássim. Consulte la discusión en, por ejemplo, Gaster, *Scriptures*, 318; Kelly, *Peter*, 218; Kraybill, *Cult and Commerce*, 149-50.

ya que había destruido el templo y había esclavizado al pueblo de Dios como lo hizo Babilonia; la gente también se refería regularmente a Roma como una ciudad en siete colinas o montañas (Ap. 17:9),[54] la veían como la ciudad que gobernaba a los reyes de la tierra (17:18),[55] la ciudad que comerciaba con la mercancía enumerada en Ap. 18:12-13,[56] y demás. Sin embargo, debido a que la bestia de Apocalipsis combina las cuatro bestias de Daniel (Dn. 7:3-14; Ap. 13:1-7), parece claro que Juan no esperaba que Roma agotara la importancia de la imagen. El espíritu del imperio del mal sobrevivió a Roma, aunque finalmente está tan condenado como lo fueron Babilonia y Roma (véase 2 Tesalonicenses 2: 8).

De manera similar, Pablo aplica la figura de Eva a algunas mujeres en 1 Timoteo 2:13-14, pero también a la iglesia de Corinto en 2 Corintios 11:3. En 1 Timoteo 5:14, las mujeres idealmente gobiernan la esfera doméstica, como en los ideales griegos apropiados en Éfeso; en varios pasajes del Antiguo Testamento, sin embargo, a veces trabajan fuera del hogar (Gn. 29:9; Prov. 31:16, 24; Ct. 1: 6).[57]

Para reducir los malentendidos tanto como sea posible, lo ideal debería ser resolver los problemas lingüísticos lingüísticamente -mediante la traducción- y los problemas contextuales mediante el suministro de conocimiento contextual.[58] Así recontextualizamos al llevar a nuestros oyentes al mundo del texto y ayudarlos a escucharlo mejor.[59] En mi opinión, el recurso ideal sería una buena traducción con abundantes notas que proporcionen elementos de la cultura antigua, para así informar sobre los pasajes que quizás son ajenos a los lectores modernos.[60]

Conclusión

Si tomamos en serio el papel del Espíritu de Hechos de colocar un puente entre las divisiones culturales y étnicas (como se argumenta en el capítulo 3), debemos prestar atención al mensaje inspirado por el Espíritu de las Escrituras pero concretamente dentro de la cultura y la dinámica de comunicación intercultural

---

[54] Ver, por ejemplo, *Sib. Or.* 2.18; 11.113-16; Dionisio de Halicarnaso *Ant.rom.* 4.13.2-3; Varro *Latin Language* 5.7.41; Ovid *Tristia* 1.5.69-70; Pliny *N.H.* 3.5.66; Silius Italicus 10.586; 12.608; Statius *Silvae* 2.3.21; 4.1.6-7; Symmachus *Ep.* 1.12.3. Para el festival anual que celebra Roma por su fundación en estas colinas, vea Suetonius *Dom.* 4.5.
[55] Ej., Diodorus Siculus 1.4.3; Dionisio de Halicarnaso *Ant. rom.* 1.9.1; Cicero *Phil.* 4.6.15.
[56] Ver, por ejemplo, Bauckham, *Climax*, 352-66; esp. Pliny *N.H.* 37.78.204.
[57] Completo estas preguntas en Keener, *Paul*.
[58] Gutt, *Relevance Theory*, 73. La recontextualización suele lograrse más fácilmente en la predicación contextual que en las traducciones que pueden volverse obsoletas rápidamente (por ejemplo, la coloquial *Cotton Patch Version*, útil como parece haber sido para su contexto).
[59] Con Hays, *First Corinthians*, 173, criticando la "relevancia" forzada.
[60] Esto es lo que nos hemos esforzado por producir en la nueva *NIV Cultural Backgrounds Study Bible* (Grand Rapids: Zondervan, 2016). Debido a que la información cultural en sí es discutible, y las interpretaciones de los pasajes a menudo dictan qué trasfondo antiguo es más relevante, las herramientas como esta seguirán siendo obras en progreso y siempre secundarias al contexto literario inmediato de un pasaje. Sin embargo, nuestros crecientes recursos acumulados para comprender las antiguas costumbres e ideas permiten una mayor precisión en muchos asuntos de este tipo hoy en día de lo que ha sido posible desde la antigüedad misma.

ejemplificada por la Escritura misma. Dios contextualizó su mensaje, y también debemos contextualizar nuestra interpretación para los nuevos escenarios, sin dejar de ser fieles al mensaje original. Podemos realizar esta tarea de manera más adecuada con aportes de otras culturas.

CAPITÚLO 5

Necesitando Aporte de Otras Culturas

Al tratar de distinguir el mensaje permanente de la Escritura a partir de sus aplicaciones culturales concretas a su audiencia original, muchos cristianos a menudo se sienten tentados a recurrir meramente a nuestras propias suposiciones, que a menudo están culturalmente informadas.[1] Las iglesias y denominaciones occidentales a menudo incluso se dividen hoy sobre qué asuntos son culturales e interculturales, aunque todos los textos, sean cuales sean los puntos interculturales que comunican, son comunicados de manera cultural y lingüística.

La Contextualización es Inevitable

La contextualización es necesaria y la practicamos regularmente. Los principios aplicados de una manera en las culturas bíblicas pueden expresarse de diferentes maneras en diferentes contextos. ¿Cuántos de nosotros seguimos los códigos bíblicos de construcción? Deuteronomio 22:8 requiere un parapeto o borde alrededor del techo para no incurrir en una culpa de sangre. Los israelitas podían realizar diversas actividades en sus techos planos y, por lo tanto, se les requería protección contra alguien que se caiga y se lastime o muera.[2] Actualmente, la mayoría de nosotros pasamos poco tiempo en nuestros techos, pero el principio de cuidar la seguridad de nuestros vecinos y seguir los protocolos de seguridad permanecen así vayamos a construir o no un parapeto allí.

Relacionar las Escrituras con culturas particulares, incluida la nuestra, también debería permitirnos escuchar su mensaje de una manera más gráfica, de ahí que no solo sea un mensaje de consuelo, sino que a veces también sea un mensaje que ofenda. Por eso, por ejemplo, mientras no entendamos las expectativas que los miembros influyentes de la iglesia de Corinto tuvieron que enfrentar por parte de sus pares, perderemos de vista fácilmente su inmadurez espiritual. Sin embargo, cuando entendemos mejor su situación y encontramos situaciones análogas en

---

[1] Por supuesto, la mayoría de los estudiosos son mucho más matizados en su hermenéutica; ver, por ejemplo, Webb, *Slaves*.
[2] Por ejemplo, Craigie, *Deuteronomy*, 289.

nuestros propios entornos, no podemos evadir fácilmente los desafíos del texto a nuestros propios prejuicios y conductas.

Pero mientras que la contextualización es inevitable, es posible contextualizar de manera incompatible con el espíritu del mensaje original; incluso, a menudo intercambiando la contextualización por el sincretismo. La contra lectura de textos al leerlos en el contexto incorrecto crea un problema nuevo. Al leer las Escrituras de la manera que ellos habían aprendido, los rivales de Pablo en Galacia mezclaron su propia cultura con el evangelio. Cuando llegaron al punto de imponer esta mezcla a los creyentes en otra cultura, Pablo resistió su enfoque como herético.

La historia de las misiones modernas incluye abundantes casos de percances interculturales. Por ejemplo, los misioneros occidentales del siglo XIX trataron de imponer una cobertura para los senos de las mujeres en una cultura; al ignorar la función de la cubierta como un marcador de estatus, provocaron malestar social.[3] En otras partes, la misma preocupación misionera por cubrir la piel hirió profundamente los espíritus de algunos cristianos usando una forma culturalmente indígena para expresar su fe.[4]

La Cultura Forma lo que Pensamos que es Cultural

Estas preguntas pueden surgir en cualquier cultura. Cuando estaba enseñando un curso en la Universidad de Jos en el estado de Plateau, Nigeria, algunos estudiantes creían que la Biblia ordena a las mujeres de todas las culturas a cubrirse la cabeza en la iglesia. Sin embargo, se rieron cuando pregunté por qué ninguno de ellos me había saludado con un beso santo, ordenado aún más a menudo en la Biblia (Rm. 16:16; 1 Cor. 16:20; 2 Cor. 13:12; 1 Ts. 5:26; 1 P. 5:14).[5]

Los besos no funcionaban como una forma de saludo en su cultura, mientras que los protectores de cabeza funcionaban como marcadores de género y modestia en su cultura. Sin embargo, cuando exploramos los temas de la modestia sexual, la ostentación y el conflicto de clases en el texto, la mayoría de los estudiantes reconocieron que los principios en el texto iban más allá de la cobertura de la cabeza. El uso de cubiertas para la cabeza fue apropiado en su contexto, pero no funcionaría de la misma manera en todos los entornos; algunos estudiantes se quejaron de que otras personas incluso usaban ostentosamente cubiertas para la cabeza o para atraer la atención de otros géneros a veces.

---

[3] Carson, "Colonialism", 148-49; Lalitha, "Feminism", 82. Para que los misioneros insistan en que las mujeres locales se cubran el pecho, véase también, por ejemplo, Putney, *Missionaries*, 41.
[4] Mayers, *Christianity Confronts Culture*, 204 (véase 207).
[5] El beso fue una forma de saludo ampliamente practicada en la cultura mediterránea antigua (por ejemplo, Homero *Od.* 21.224-27; Eurípides *Androm.* 416; Virgilio *Georg.* 2.523; Ovid *Metam.* 2.430-31; Artemidoro *Oneir.* 2.2; 1 Esd. 4:47; t., *Hag.* 2:1); ver con más detalle Keener, "Kiss." Sobre cubrirse la cabeza, vea el comentario en la nota anterior.

Necesitando Aporte de Otras Culturas

Una amiga de Indonesia notó que cuando comenzó a conducir en los Estados Unidos y conduciendo como acostumbraba a hacerlo en Yakarta, pensó que los estadounidenses la saludaban amigablemente. No obstante, no sabía que mostrar el dedo medio de la mano era un gesto obsceno. Mostrar el dedo medio también fue inapropiado en la antigua Grecia,[6] pero no necesariamente por las mismas razones, por lo que tanto indonesios como norteamericanos malinterpretarían intuitivamente el punto de tal señal en un texto clásico.

Algunos amigos africanos han expresado sorpresa al saber que las costumbres tradicionales de las esposas y los matrimonios arreglados por la familia se parecen más a los arreglos matrimoniales judíos de los días de Jesús que las costosas bodas de iglesias y los anillos de boda.[7] Esta idea resultó valiosa porque algunos cristianos africanos estaban viviendo juntos durante años mientras ahorraban dinero para una boda en la iglesia. En este caso, tal costumbre problemática fue en parte importada por misioneros occidentales que asumieron que las costumbres de sus culturas eran de hecho cristianas.

Casi todos hoy reconocen que al menos algunos textos abordan situaciones locales. La mayoría de los cristianos, por ejemplo, no reservan dinero cada domingo para enviar a la iglesia en Jerusalén (1 Cor. 16:1-3). Menos aún han ido a Troas para tratar de encontrar la capa de Pablo y llevársela (2 Ti. 4:13). Pero los textos tienen contextos culturales y, a menudo, situacionales, incluso cuando el caso no es tan obvio. Cuando no prestamos atención al entorno cultural original de los textos bíblicos, intuitivamente los leemos a la luz del nuestro; no podemos leerlos sin ningún ajuste en absoluto en los espacios en blanco del texto.[8] Para muchos lectores hoy, Jesús mismo no es más que una "mancha de tinta de Rorschach", "defendiendo y legitimando lo que individuos y grupos decidan hacer 'en su nombre'".[9] Tal, por ejemplo, fue el Jesús ario del Tercer Reich.[10]

Como cristianos, aceptamos toda la Escritura como el mensaje de Dios, pero también debemos reconocer que está contextualizada dentro de los idiomas y las culturas. De hecho, los cristianos no pueden cuestionar si la Palabra de Dios podría comunicarse en contextos concretos que invitan a nuestra consideración, ya que afirmamos la encarnación. La última contextualización es la Palabra que se hizo carne como un hombre judío galileo del siglo primero, en una particularidad que podría identificarse mejor con nosotros en nuestras particularidades que una persona imposiblemente genérica y sin cultura.

Gran parte del Nuevo Testamento simplemente refuerza el mensaje básico del evangelio apostólico y sus implicaciones éticas, contextualizándolo para una

---

[6] Diog. Laert. 6.2.34-35.
[7] Ver, por ejemplo, Keener, *Matthew*, 89-94; ídem, "Marriage", sobre esponsales, contratos nupciales y otras costumbres.
[8] Ver también, por ejemplo, Brown, *Scripture as Communication*, 205.
[9] Malina, Anthropology, 153.
[10] Ver, por ejemplo, discusión en Head, "Nazi Quest"; ver los documentos seleccionados en Solberg, *Church Undone*.

variedad de situaciones concretas. Al hacerlo, los escritores del Nuevo Testamento nos brindan modelos sobre cómo aplicar sus enseñanzas en situaciones concretas a menudo bastante diferentes hoy en día, ya sea en Nigeria, Nepal, Nicaragua o América del Norte.

Puntos Ciegos

Muchos intereses teológicos son contextuales; pero la teología o apologética de una generación puede convertirse simplemente en la tradición de la próxima generación. A menudo, la misión y el encuentro con nuevas culturas liberan la teología del cautiverio de las culturas de los teólogos.[11] Los nuevos entornos culturales plantean nuevas preguntas que a veces contribuyen a importantes conocimientos teológicos. Esto también sucedió en los tiempos bíblicos; la Escritura probablemente primero habla de Satanás por nombre, por ejemplo, en textos del período persa. Cuando sea que haya sido el comienzo de la creencia de la resurrección,[12] se articula por primera vez más explícitamente en el período persa, cuando la cultura circundante podría haber estado planteando a los de Judea nuevas preguntas sobre la escatología personal. Las nuevas situaciones y la interacción con las culturas de los alrededores a veces plantean nuevas preguntas que abren la puerta a nuevas respuestas divinas, respuestas que a veces se parecen, y en ocasiones resisten, a las de la cultura circundante.

Todos tenemos puntos ciegos culturales, y con demasiada frecuencia estamos listos para quitar la astilla del ojo de otra persona antes de quitar el tronco de la nuestra (Mateo 7:3). Por ejemplo, la mayoría de los evangélicos norteamericanos están más inclinados a pensar en el sincretismo en términos de, por ejemplo, veneración de antepasados del este de Asia que en términos de adorar a Dios y a Mamón, aunque Jesús explícitamente consideró a la última idolatría (Mt. 6:24; Lc. 16:13).[13] En nuestra cultura, el secularismo y el consumismo desenfrenado compiten con los valores cristianos; sin embargo, se supone que el monoteísmo no significa un Dios o menos.

Del mismo modo, algunos cristianos occidentales critican rápidamente las alusiones de los cristianos de otras culturas a las tradiciones paganas locales, sin embargo les cuentan a sus hijos sobre las hadas de los dientes, un conejito de Pascua, tradiciones adivinatorias sobre la actividad estacional de las marmotas o relatos de brujas y magos moralmente positivos. Los cristianos occidentales que

---

[11] Cf. Bonk, "Missions." Un creciente número de teólogos hoy escriben en el contexto de la nueva iglesia global, por ejemplo, Tennent, *Theology*; Yong con Anderson, *Renewing*.

[12] Sobre la resurrección en el Antiguo Testamento, ver especialmente Raharimanantsoa, *Mort*; para debates sobre la influencia persa en esta creencia, ver, por ejemplo, Yamauchi, *Persia*, 303, 452-61.

[13] Adorar a cualquier persona que no sea Dios está prohibido; sin embargo, las figuras principales en las Escrituras emplearon muchas expresiones convencionales de honrar al difunto, al menos al momento de su fallecimiento (Gn. 23:2-20, Mr. 14:8, Jn. 19:38-40, Hch. 8:2; 9:39).

confían en que pueden aislar esos mundos de historias de la esfera de la fe a menudo no otorgan tales expresiones de confianza hacia los cristianos maduros en otras culturas.

Este problema es normalmente más agudo para los miembros de una cultura dominante. Los miembros de culturas minoritarias tienen que aprender sobre una cultura mayoritaria para sobrevivir, pero los miembros de una cultura dominante pueden vivir sus vidas enteras sin saber mucho sobre las culturas minoritarias. Las críticas cristianas occidentales al tribalismo y las luchas étnicas en otras partes del mundo suenan huecas para otros que observan la frecuente segregación racial y la separación ideológica de las iglesias norteamericanas junto a líneas raciales ya menudo culturales.

Priorizando Textos

La mayoría de los cristianos funcionan con un canon *de facto* dentro de un canon, priorizando algunos textos y enseñanzas por encima de otros.[14] La analogía de Martín Lutero con la hermenéutica de fe creó bastante abiertamente un canon dentro del canon,[15] pero varias tradiciones eclesiales tienen cánones funcionales todo el tiempo. Los creyentes judíos mesiánicos, por ejemplo, llaman con razón la atención de los cristianos gentiles a los textos positivos sobre la ley o al pueblo judío que históricamente hemos descuidado. Debido a los valores confucianos tradicionales, los creyentes chinos y coreanos resaltan acertadamente los valores de honor y respeto que se encuentran en las Escrituras.[16] En nuestro individualismo occidental, es fácil descuidar las enseñanzas bíblicas sobre honrar a los padres y a quienes tienen autoridad; de hecho, parece casi un deber de América del Norte criticar a los líderes políticos incluso cuando votamos por ellos.

Al mismo tiempo, aquellos de nosotros modelados por el avivamiento occidental de Jesús de la década de 1970 o por algunos contextos revolucionarios en América Latina pueden contribuir con énfasis en la justicia y la liberación, incluso cuando estos énfasis conducen a desafíos proféticos para la autoridad. La Iglesia confesante en la Alemania nazi y los cristianos *antiapartheid* en Sudáfrica plantearon con

---

[14] Davies, "Read as Pentecostal", 257-58, con razón advierte a los pentecostales, que gravitan sobre los textos que consideran más espiritualmente significativos personalmente, contra este peligro.

[15] Fuller, "Analogy", 210, n. 13; cf. Ramm, *Interpretation*, 55-56; Grant y Tracy, *History*, 93. Véase, por ejemplo, su prefacio a la primera edición del NT alemán (Mittelstadt, *Reading*, 1-2n3). Mark Allan Powell explica que, para Lutero, el centro de las Escrituras era la ley (una forma de leer que invitaba a temer a Dios) y el evangelio (una forma de leer que invitaba al amor de Dios; Powell, "Answers", para la hermenéutica de Lutero y su lugar para la ley correctamente entendida, véase también Hafemann, "Yaein", 119, Barclay, *Gift*, 103, 340). Para las disputas del período de la Reforma sobre qué textos permanecieron vinculantes, ver Wengert, "Luther", 93.

[16] Con muy pocas excepciones, las enseñanzas de Confucio se asemejan más a las de los sabios (como los interlocutores egipcios y de Medio Oriente de Proverbios) que a las de un sistema religioso antitético al cristianismo. De hecho, los valores confucianos tradicionales, en contraste con, por ejemplo, el materialismo occidental, se superponen con los valores bíblicos tradicionales en numerosos puntos. Ver, por ejemplo, estudios de Yeo, *Musing*; Yeo, "Xin"; Diez Elshof, *Confucius*.

razón tales desafíos a las iglesias subordinadas a las ideologías políticas demoníacas. Con demasiada frecuencia las lecturas cristianas domestican la Biblia de maneras aceptables para nuestros propios entornos, pero escuchar a los cristianos desde diferentes entornos ayuda a desafiar nuestros puntos ciegos hermenéuticos y cánones dentro del canon. Esto es cierto ya sea que las correcciones provengan del estudio de la historia de la interpretación (historia de la recepción) o de las voces globales de las iglesias en la actualidad. Debido a que somos el cuerpo de Cristo, debemos permitir que cada miembro traiga los dones y perspectivas necesarias.[17]

Enseñanza Bíblica e Imperialismo Cultural

Ninguno de nosotros[18] vive precisamente en las culturas que se abordaron por primera vez en las Escrituras, y esto limita nuestra comprensión intuitiva del lenguaje de los textos bíblicos. Incluso los forasteros que conocen una cultura mejor que otros forasteros llegan a ella con puntos ciegos, como puede ilustrarse fácilmente a partir de la historia. Históricamente, muchos misioneros superaron los prejuicios de su cultura para identificarse con las culturas indígenas, como muchos misioneros jesuitas en Asia Oriental, William Carey en India o gran parte de la Misión Interior de Hudson Taylor en China.[19] Incluso en el apogeo del colonialismo, los misioneros evangélicos europeos en África eran a menudo los menos etnocéntricos de su continente.[20]

Sin embargo, los occidentales tradicionalmente realizaban misiones muy a menudo desde un punto de vista culturalmente insensible e incluso imperialista.[21] Los misioneros a menudo imponían su propia cultura, con mayor fuerza donde suponían culturas indígenas inferiores (como en gran parte de África), y a veces los conquistadores introducían formas de cristianismo por medios de la espada (como en gran parte de América Latina).[22]

---

[17] El Espíritu (Hch. 15:28) también puede usar "debate y deliberación" (véase 15:6-7) para lograr resultados (Boda, "Word and Spirit", 41). Los intérpretes de Qumrán del período del Segundo Templo también creían que el Espíritu trabajaba en su proceso de interpretación; ver Wright, "Jewish Interpretation", 91.

[18] Ni siquiera los seguidores rurales de Oriente Medio de Jesús hoy en día, aunque para muchas partes del canon pueden ser los más cercanos.

[19] Vea sobre los jesuitas, por ejemplo, Spence, *Palace*; Neill, *History of Missions*, 162-65, 183-94; Tucker, *Jerusalem*, 59-66. En William Carey, ver, por ejemplo, *Christian History* 36 (1992); en Hudson Taylor, ver, por ejemplo, *Christian History* 52 (1996).

[20] Isichei, *History*, 75. Los misioneros que no provenían de iglesias estatales que estaban alineadas con las autoridades coloniales también enfrentaron la oposición frecuente de estas autoridades, al igual que los movimientos cristianos indígenas como el del Profeta Braide en África Occidental; cf., por ejemplo, Sanneh, *West African Christianity*, 36, 167; Turaki, "Legacy"; Isichei, *History*, 233; Noll, *History*, 341. En diferentes períodos, la enseñanza de la iglesia fue utilizada tanto para el colonialismo como para el anticolonialismo en diferentes períodos; cf., por ejemplo, Stuart, *Missionaries*, 193-94; Sunquist, *Century*, 18-23.

[21] Ver, por ejemplo, las cuentas en Heaney, "Conversion to Coloniality", 73; Hawk y Twiss, "Indian", 47-54; Cuéllar y Woodley, "Mission", 63-69.

[22] Para casos de vinculación de misiones con conquista colonial, ver, por ejemplo, Dussel, *History*, 41-44, 59; Koschorke, Ludwig y Delgado, *History*, 277-89; Irvin y Sunquist, *History*, 11-21; Deiros, "Cross".

Necesitando Aporte de Otras Culturas

Tales enfoques etnocéntricos no son muy diferentes a los oponentes de Pablo en Galacia los cuales exigieron la conformidad con las normas de la cultura emisora para que los conversos se integraran completamente en el pueblo de Dios. Claramente, la Escritura condena este comportamiento. Algunos tipos de textos abordan fácilmente el imperialismo cultural, como los textos que proporcionan modelos positivos para la misión (por ejemplo, Pablo en Hechos)[23] o condenan los modelos negativos de misión (p. ej., la carta de Pablo a los Gálatas).[24] (La crítica poscolonial aborda algunos de estos problemas, aunque ofrece solo una faceta de las voces de la iglesia: ver el Apéndice B).

Escuchar a otros cristianos hoy significa escuchar a la iglesia global. Los académicos occidentales siempre han privilegiado nuestras propias lecturas y enfoques, y debemos ser conscientes de nuestros puntos ciegos. Al mismo tiempo, escuchar las Escrituras como autoritativas significa que no privilegiamos la lectura de ninguna cultura extrabíblica, sea occidental o no. Los creyentes de todas las culturas debemos hacer nuestro mejor esfuerzo para reunirnos alrededor del texto y traer nuestras variadas lecturas a la mesa para aprender unos de otros. Algunos enfoques académicos tradicionales siguen teniendo mucho que aportar, siempre que sean humildes y culturalmente sensibles.

Escuchando a la Iglesia Global de Hoy

Al leer globalmente, no estoy implicando que cualquier lectura sea tan buena como cualquier otra. Por ejemplo, alguien que entiende el renacimiento en el Evangelio de Juan a la luz de la reencarnación hindú lee los textos de un modo muy alejado de su contexto original. Pero una lectura occidental no debería ser privilegiada sobre el escenario original, y leer textos junto con cristianos de otras culturas y épocas puede ayudarnos a todos a superar algunas de nuestras barreras culturales.[25]

Hoy las comunidades interpretativas son mucho más diversas de lo que eran hace un siglo. Como Daniel Carroll Rodas y yo notamos en la introducción a *Global Voices* [Voces Globales], "Muchos estiman que en 1900... El 16.7 por ciento de los cristianos vivía en África, Asia y América Latina. Para 2010 era 63.2 por ciento, y para 2025 será casi 70 por ciento".[26] En el último medio siglo, los evangélicos en estos continentes se han multiplicado doce veces, y ya representan más del 80% de los evangélicos en el mundo, superando en gran medida a los de

---

[23] Véase, por ejemplo, Keener, "Asia and Europe", que sugiere que Hechos 16 describe la inversión del colonialismo griego y romano a medida que una fe asiática se traslada a Europa.
[24] Ver, por ejemplo, Niang, *Faith*; deSilva, *Global Readings*.
[25] Ver particularmente Yeo, "Cultural Hermeneutics", 809: aunque todas las interpretaciones son bienvenidas, algunas son más plausibles, y estas se pueden lograr mejor "a través de un proceso cada vez mayor de interpretación intercultural (global)".
[26] Keener y Carroll, "Introduction", 1.

Occidente. Esto es cierto aun cuando los evangélicos occidentales continúan controlando gran parte de la educación teológica evangélica.[27]

Mientras tanto, el mundo cristiano también ha experimentado otros cambios dramáticos, algunos relevantes para las lecturas "carismáticas" o "pentecostales" de las Escrituras. Las iglesias "independientes" han crecido del 1% de los cristianos en 1900 a lo que podría ser un cuarto estimado para 2050.[28] La superposición con este grupo en muchos puntos, carismáticos y pentecostales para 2050 probablemente constituirá un tercio de los cristianos y 11%de los cristianos de la población mundial.[29] Al abordar el futuro del cristianismo global, Moonjang Lee señala: "Las iglesias en crecimiento en el mundo no occidental son mayoritariamente pentecostales-carismáticas, como se ve en los movimientos pentecostales en América Latina, las iglesias independientes en África y los movimientos carismáticos en Asia". Al observar que el cristianismo está perdiendo sus formas occidentales tradicionales, Lee advierte que éste tendrá que recuperar por completo su carácter carismático inicial para sobrevivir y florecer.[30]

El historiador Robert Bruce Mullin observa que ya a fines del siglo XX, había "más pentecostales en todo el mundo" que protestantes tradicionales.[31] El sociólogo Peter Berger sostiene que el pentecostalismo, presumiblemente en su sentido amplio, "representa algo así como el 80 por ciento [dentro del protestantismo evangélico]de su crecimiento mundial".[32] Aunque tales afirmaciones incluyen en realidad una matriz amorfa de grupos en su figura, sigue siendo significativo que muchos estiman casi medio billón de carismáticos en todo el mundo; un artículo reciente en el *International Bulletin of Missionary Research* estima incluso 614 millones.[33] Si tales estimaciones son casi exactas, la rama carismática de la cristiandad ahora ocupa el segundo lugar en tamaño en la cristiandad solo después del catolicismo romano.

A medida que el centro del cristianismo mundial se ha desplazado hacia el Sur Global, las perspectivas cristianas dominantes en el mundo han cambiado con él.[34] Este cambio tiene implicaciones importantes para la tarea de la interpretación

---

[27] Keener y Carroll, "Introduction", 1. Estas estadísticas son de Mandryk, *Operation World*, 3, 5; Hanciles, *Beyond Christendom*, 121 (señalando también que para 2050 "solo alrededor de una quinta parte de los cristianos del mundo serán blancos"); ver más adelante Johnson y Ross, *Atlas*; Barrett, *World Christian Encyclopedia*; y las actualizaciones regulares en *IBMR*.

[28] Johnstone, *Future*, 113.

[29] Johnstone, *Future*, 125. El hecho de que el pentecostalismo ya sea tan diverso culturalmente también resalta la necesidad continua de alentar la erudición pentecostal de una variedad de culturas (con Mittelstadt, *Reading*, 169).

[30] Lee, "Future", 105. Cf. también Ma, "Shift", especialmente 68-69, sobre cómo los misionólogos hace un siglo no estaban preparados para un siglo de crecimiento africano y pentecostal.

[31] Mullin, *History*, 211; cf. del mismo modo Noll, *Shape*, 32.

[32] Berger, "Faces", 425. Cf. Tomkins, *History*, 220: "la forma de cristianismo de más rápido crecimiento jamás". Para el crecimiento masivo de la iglesia asociado con los milagros ya en 1981, vea De Wet, "Signs"; desde entonces, por ejemplo, Yung, "Integrity", 173-75; Moreland, *Triangle*, 166-67.

[33] Johnson, Barrett y Crossing, "Christianity 2010", 36; ver más adelante Johnson y Ross, *Atlas*, 102; más cautelosamente, Anderson, *Pentecostalism*, 11. Incluso si contamos solo un tercio de esta cifra, los números son notables.

[34] Laing, "Face", 165.

Necesitando Aporte de Otras Culturas

bíblica de la iglesia.[35] Los intereses de la erudición bíblica occidental de mediados del siglo XX ya no son temas centrales en la mayoría de la iglesia mundial. La floreciente iglesia en los países en desarrollo necesita desesperadamente más erudición bíblica, pero debe ser una erudición bíblica en contacto con los problemas genuinos enfrentados por la iglesia global. El cristiano medio de hoy es una mujer joven con una educación limitada del Sur Global, cuyos intereses bien pueden estar más en la comprensión de la narración bíblica que en el análisis de los detalles de Formgeschichte.[36]

Los métodos histórico-críticos tradicionales no carecen de valor, y yo mismo los enfatizo al abordar cuestiones históricas.[37] Pero simplemente se enfocan en cuestiones históricas en lugar de teológicas o referentes a la predicación; son métodos diseñados para un tipo de objetivo más que para otro tipo de metas.[38] Sin embargo, la hegemonía de tales métodos, o cualquier otro enfoque construido para un entorno particular, puede volverse coercitivo incluso irrelevante cuando se promulga como "la verdadera erudición" en entornos para los que no fueron diseñados. Cualquiera que sea la última metodología crítica que el profesor haya aprendido (a veces en trabajos doctorales de larga duración) a menudo se enseña a los estudiantes como la mejor forma de hacer una erudición, y luego exportarla a contextos de todo el mundo donde esos problemas generalmente son irrelevantes para la vida de las iglesias.[39] Siguiendo a R. S. Sugirtharajah, el exégeta postcolonial Davina López advierte que este enfoque en sí mismo ha servido como una actividad intelectual colonizadora.[40]

La excesiva especulación de la crítica histórica agrava aún más la relevancia; Hans Frei de Yale Divinity School enfatizó, como lo dice Richard Hays, "que el

---

[35] Cf., por ejemplo, Nadar, "Feminism", desde una perspectiva de la mujer india sudafricana, señalando que los estudiosos deben reconocer el papel del Espíritu, comprometerse con ideas carismáticas generalizadas y tratar de nutrir la verdadera transformación.

[36] De hecho, las suposiciones etnocéntricas están incrustadas no solo en algunos intereses histórico-críticos sino también en algunos de sus enfoques. Así, por ejemplo, algunos sugieren que la datación tardía de las leyes en la hipótesis documentaria tradicional refleja las suposiciones etnocéntricas hegelianas más que el desarrollo real y la datación de las leyes en las antiguas culturas del Cercano Oriente; ver, por ejemplo, discusiones en Harrison, *Introduction*, 21; Livingston, *Pentateuch*, 227, 229-30; cf. Whybray, *Making*, 46-47; Levinson, "Introduction", 10-11; cf. los fundamentos filosóficos del enfoque anterior de W. de Wette en el siglo XIX en Bartolomé, *Hermeneutics*, 214-15.

[37] Ej., Keener, *Historical Jesus*; ídem, "Assumptions". Para el diálogo pentecostal y evangélico a través de la metodología histórico-crítica, ver también Cheung, "Estudiar".

[38] Entonces también Martin, "Hearing", 212, muy amablemente. Como Bartolomew, *Hermeneutics*, 237, sugiere, citando a R. Alter y F. Kermode, la crítica histórica utilizó la literatura bíblica existente simplemente como ruinas para excavar una historia real más valiosa detrás de ellos, una reconstrucción generalmente elocuentemente informada por el ingenio creativo de los intérpretes.

[39] Para la crítica poscolonial de los contextos en que se originaron los métodos histórico-críticos tradicionales, obsérvense las observaciones de Segovia, *Decolonizing*, 119-32, citado en Agosto, "Prólogo", xiv. Muchos académicos occidentales de hoy también desafían la objetividad del paradigma históricocrítico; ver, por ejemplo, el resumen en Horrell y Adams, "Introduction", 42; Stanley, "Introduction", 3.

[40] Lopez, "Visualizing", 76, citando Sugirtharajah, "Catching", 176-85; véase también la preocupación en Heaney, "Conversion", 68-69, 77. Hoy muchas voces desafían las pretensiones de objetividad de los paradigmas dominantes; ver, por ejemplo, Smith, "Tolerance"; Stanley, "Introduction", 3; Lee, "Nacionalism", 223; Merrick, "Tracing".

mensaje de los Evangelios se encuentra ante todo" en lo que dicen los Evangelios sobre Jesús, "no en una reconstrucción especulativa de eventos o comunidades detrás del texto".[41] Otro desafío frecuente es la exclusión *a priori* de lo sobrenatural del viejo tipo de crítica histórica, que a menudo ha seguido a David Friedrich Strauss (1808-1874) al valorar el texto por su componente psicológico mientras lo despoja de cualquier elemento sobrenatural "no histórico".[42]

Tenga en cuenta que no me estoy refiriendo simplemente a leer las Escrituras en su contexto histórico, lo cual debemos hacer si queremos ser consistentes en la genuina escucha intercultural, como se sugirió anteriormente. Si afirmamos escuchar a la iglesia global en sus contextos, somos groseramente inconsistentes al negar el mismo privilegio a las voces que consideramos canónicas. Las reacciones contra la preocupación por las fuentes (a menudo hipotéticas) de la crítica histórica no son una excusa para rechazar la preocupación por el contexto histórico de un texto,[43] preocupación que ya existía antes de las preocupaciones apologéticas y críticas modernas. Afirmar que los antecedentes no son útiles para comprender los textos diseñados para un contexto histórico diferente es análogo a esperar que los lectores angloparlantes aprecien los manuscritos bíblicos en griego y en hebreo sin traducción.[44]

Las críticas están bien, sin embargo, muchos de nuestros métodos críticos tradicionales fueron diseñados para responder preguntas que prevalecen o prevalecieron en contextos particulares (por ejemplo, dirigidos al escepticismo de la Ilustración). Tales preguntas siguen siendo valiosas en sus contextos apropiados, pero otras preocupaciones tienen prioridad para los creyentes en otros contextos. Un antiguo líder de la iglesia china, por ejemplo, advirtió que la perspicacia teológica de algunos cristianos occidentales les beneficiaría poco en su país "si cuando surge la necesidad no se puede expulsar a un demonio".[45] Una razón por la que los

---

[41] Hays, *Reading Backwards*, xvi. La crítica escéptica y especulativa histórica y la reconstrucción tienden a ser antitextuales; ver Green, *Practicing Theological Interpretation*, 70. Mi obra histórica de Jesús (Keener, *Historical Jesus*) se basó en gran medida en la investigación de los Evangelios, pero una encuesta de la erudición histórica de Jesús revelará cuánto de esto tiene lugar sin conocimiento aparente de mucha investigación publicada sobre los Evangelios.

[42] Ver Frei, *Eclipse*, 239, 241-42; cf. 274.

[43] Una confusión desafortunadamente se reflejó seriamente en Davies, "Read as Pentecostal", 252n10. La confusión podría incluso reflejarse en la crítica de Hays al interés "modernista" en "un único 'sentido original' claro y explícito" (Hays, *Reading Backwards*, 30), aunque estoy de acuerdo con el punto principal de Hays en su comprensión de la parábola. La diferencia es clara en Green, *Practicing Theological Interpretation*, 45; Archer, *Hermeneutic*, 69 (al analizar el método de Robert Traina), 221, aunque al menos cierta confusión puede aparecer en 191. Véase amablemente la distinción entre lo que Bartholomew llama "nociones gruesas y delgadas de objetividad" (Bartholomew, *Hermeneutics*, 415). La preocupación de Archer no parece estar en el uso del contexto cultural para aclarar la comprensión del texto, sino en el mundo nunca recuperado e hipotéticamente reconstruido detrás del texto (ver Archer, *Hermeneutic*, 207).

[44] O, alternativamente, para tratar una versión inglesa seleccionada arbitrariamente, o todas las versiones en inglés (incluidas las versiones notablemente distorsionadas, como la versión de la Watchtower), como no menos autoritativas que el texto original.

[45] Watchman Nee en Kinnear, *Tide*, 152. Incluso algunos que no comparten la creencia en los espíritus argumentan que el exorcismo podría constituir la terapia más sensible culturalmente para aquellos para quienes la posesión es la explicación culturalmente más inteligible para su condición; ver, por ejemplo, Martínez-Taboas, "Seizures"; Hexham, "Exorcism"; Singleton, "Spirits", 478; Heinze, "Introduction", 14.

estudiosos han perseguido una hermenéutica pentecostal distintiva es el deseo de escapar del "racionalismo desenfrenado", que ha tendido hacia un callejón espiritual sin salida espiritual en el uso de las Escrituras por parte de la iglesia.[46]

Además, como se señaló anteriormente, algunas lecturas no occidentales provienen de culturas con valores más parecidos a los que se abordan directamente en las Escrituras, y estas culturas a veces hacen preguntas más parecidas a las preguntas que los autores de las Escrituras respondieron directamente. Así, por ejemplo, cuando mi esposa Médine y yo estudiamos Génesis por primera vez, contribuí con ideas sobre algunos pasajes de mi conocimiento literario de antiguas fuentes del Cercano Oriente. Médine, sin embargo, contribuyó con más ideas en las narrativas patriarcales basadas en su comprensión intuitiva de las culturas pastorales. De manera similar, los nacimientos inusuales que encontré tan extraños en Génesis de hecho no eran desconocidos en su cultura.

Quienes se criaron en las culturas rurales de Oriente Medio podrían responder aún con mayor precisión a muchas de mis preguntas interpretativas sobre Génesis (por ejemplo, en 21:23-24, cuando Abraham acepta devolverle el trato que Abimelec le dio, ¿podría esto funcionar irónicamente en un nivel narrativo más amplio?).[47] En este punto, me siento competente para responder a la mayoría de las preguntas sobre NT desde mi conocimiento de la antigüedad greco-romana, pero incluso mi sensibilidad intercultural a menudo me deja con más preguntas que respuestas para el Antiguo Testamento. Si carezco de información decisiva sobre el entorno antiguo específico, cuanto más variadas sean las opciones de interpretación cultural que pueda poner sobre la mesa junto con la mía, mejor.

Tener en cuenta las interpretaciones de una gama más amplia de contextos es útil porque nuestra experiencia a menudo configura o amplía nuestra gama de opciones interpretativas. Antes de convertirme en parte de la Iglesia Negra, simplemente deseaba que las Escrituras abordaran la reconciliación étnica. Sin embargo, una vez que la pregunta se convirtió en algo existencial para mí, comencé a considerar cómo los temas judíos-samaritanos y judíos-gentiles en el Nuevo Testamento proporcionaban muchos modelos concretos potenciales para la reconciliación. Hubo diferencias, por supuesto, pero también analogías útiles: si Dios llamó a su pueblo a superar una barrera étnica y cultural que Él mismo estableció en la historia, ¿cuánto más nos llamaría a superar todas los demás?[48] Si mi nueva experiencia fuera un tipo de "parcialidad", ¿fue mi inexperiencia anterior algo parecido?

---

[46] Thomas, "Women", 81, señalando también (82) la necesidad de una reflexión académica sobre el papel del Espíritu en la interpretación y los cambios de paradigma en la hermenéutica. Cf. Cross, "Proposal", como se cita en Cartledge, "Text-Community-Spirit", 132.

[47] En Gn. 26:29, Abimelec insta a Isaac a jurar no dañarlos, así como ellos no lo "tocaron" sino que lo enviaron en paz; después de hacer el pacto, dejan a Isaac "en paz" (26:31). El hecho de que no lo "tocaran" presumiblemente se refiere a que no tocan sexualmente a su esposa ni a ninguno de ellos (26:11; el mismo verbo aparece en las otras cuentas de la matriarca en peligro a 20:6, con sentido sexual, y en 12:17, bastante diferente para Dios golpeando a los abusadores con una plaga). Sin embargo, su dsespido no fue del todo amigable (26:16; ver 26: 20-21).

[48] Ver, por ejemplo, mi discusión en Keener, "Reconciliation"; ídem, "Invitations". Un crítico se quejó de que dibujé un principio general en lugar de una aplicación concreta, pero aparentemente no leí todo el artículo, que sin

Una Breve Paréntesis sobre el Método

Recibir y colocar una gama multicultural de perspectivas sobre la mesa comprueba los sesgos mucho mejor que dar la bienvenida a una sola perspectiva, pero lo ideal es que, una vez en la mesa, el diálogo nos ayude a todos a escuchar más claramente no simplemente a nosotros mismos, sino al texto bíblico y cómo habla a nuestras diversas situaciones.

En la medida en que escuchar el mensaje del texto autorizado sigue siendo nuestro objetivo, debemos tener en cuenta el contexto histórico de algunos de nuestros enfoques y los riesgos de aborto que conllevan el logro de este objetivo. Aquí presento algunos de estos riesgos, ya que las preocupaciones con respecto a ellos informan partes posteriores del libro, pero desarrollaré la cuestión más adelante en la Parte III (con lo que creo que son algunas de las razones de apoyo a mi enfoque en las Partes IV y V). Siguen siendo un peligro especial en conjunto con el potencial de subjetividad y lecturas competitivas y autónomas en la hermenéutica del Espíritu.

Algunos enfoques hermenéuticos han tratado de hacer más espacio para el horizonte de interpretación del intérprete que los métodos aceptados anteriormente(ver más Apéndices A y B). A veces, sin embargo, ellos borraron el primer horizonte al hacerlo. La afirmación formalista de que un texto puede significar algo autónomo del significado de su autor debería haber prestado más atención al entorno sociolingüístico generativo en el cual el texto primero comunicó o evocó algún significado. Desafortunadamente, muchos pensadores en cambio desarrollaron esta autonomía aún más.

Los deconstruccionistas postulaban que el rango de posibles significados de los textos era virtualmente ilimitado, dado el rango de contextos posibles en los cuales se podían leer.[49] Aquí es donde la nueva crítica finalmente tomó fuerzas. Otros desafiaron la importancia de los enfoques deconstruccionistas; el lenguaje puede ser imperfecto sin ser totalmente inadecuado.[50] Incluso los deconstruccionistas, por

---

duda dio ejemplos concretos de ambos, y subrayé la justicia junto con la reconciliación. Encontrar un principio compartido es relevante para asegurarse de que la aplicación sea verdaderamente análoga.

[49] Para Derrida, comprometido en desafiar la filosofía y ontoteología occidental convencional, no hay nada fuera del lenguaje, el cual es en sí mismo arbitrario (véase, por ejemplo, Derrida, *Speech*, ídem, *Writing*, Derrida y Stocker, *Derrida*). Estoy de acuerdo en que el lenguaje es de hecho construido socialmente; sin embargo, busca comunicarse referencialmente. Para algunos estudiosos bíblicos acerca de la deconstrucción, ver Crossan, "Metamodel"; también el tema de *Semeia* sobre "Derrida y Estudios Bíblicos" (*Semeia 23* [1982]); mucho más útil, Moore, *Poststructuralism*.

[50] Ver, por ejemplo, Grunlan y Mayers, *Cultural Anthropology*, 75, 95, citando a Chomsky, *Structures*; cf. Hirsch, *Validity*, 18-19; Spawn y Wright, "Cultivating", 193, siguiendo a Vanhoozer, *Meaning*, 299-303. Esta observación no pretende respaldar el estructuralismo, que la deconstrucción criticó correctamente. Debido a la investigación psicológica sobre cómo los lectores experimentan los textos, los lingüistas han rechazado el estructuralismo y sus secuelas inmediatas (Malina, "Reading Theory Perspective", 13-14); para el carácter antihistórico del estructuralismo, vea la crítica en Kee, *Miracle*, 290-91; cf. Sanders, *Jesus and Judaism*, 128. Para ver los límites del lenguaje y los textos deconstruyendo hasta cierto punto, vea a Dio Chrys. *Or.* 52.7 y ejemplos en fuentes antiguas ampliamente leídas en Keener, *John*, 1:38-39, 901n19, y la técnica retórica en Dio Chrys. *Or.* 11.

supuesto, esperaban que sus propios lectores entendieran su punto básico al reconocer la función históricamente desarrollada y culturalmente condicionada de los símbolos alfabéticos, las palabras y los medios de comunicación en los que sus puntos de vista estuvieran codificados.[51]

Los críticos de lector-respuesta siguieron a los deconstruccionistas observando las formas en que los textos se leen en diferentes contextos.[52] Como herramienta descriptiva, la crítica lector-respuesta que identifica diferentes interpretaciones en diferentes comunidades interpretativas puede ser útil, planteando nuevas preguntas y opciones interpretativas sobre la mesa para que sean consideradas.[53] En el nivel básico, tal enfoque es difícilmente objetable: los lectores que consultan comentarios ponen varias opiniones sobre la mesa, y extraer ideas de una gama más amplia de culturas que simplemente enriquece nuestras opciones.[54]

Pero la crítica lector-respuesta se ha utilizado de otras maneras.[55] Muchos críticos han localizado el significado en las cabezas de las comunidades interpretativas. La interpretación se convierte así en un acto político que prescribe un significado para las comunidades; su éxito no radica en la correspondencia con los intereses de los comunicadores implicados, sino con el poder social o político de los intérpretes. La mayor parte de la comunicación y del artificio literario estético se deconstruyen en propaganda para lograr los fines del intérprete; los lectores críticos ahora se convierten en aquellos que se resisten a las estrategias persuasivas de los autores implicados y en su lugar explotan o incluso manipulan textos para los propios objetivos de los lectores.

Ese lenguaje que a menudo se usa políticamente es claro. Pero cuando la crítica lector-respuesta pasa de su rol descriptivo a uno normativo, clasifica algunos significados como más autoritarios para una comunidad que otros, excepto que la nueva autoridad reside en el intérprete, el jefe de la comunidad interpretativa o en los valores socialmente construidos o en la política favorecida por el intérprete.

El enfoque descriptivo es valioso al traer todas las voces a la mesa; el enfoque prescriptivo, sin embargo, plantea preguntas para aquellos que buscan escuchar el

---

[51] Derrida mismo podría reconocer que el lenguaje "funciona" para la comunicación ordinaria (Vanhoozer, *Meaning*, 211-12, aunque Vanhoozer también ve la ironía de la comunicación deconstruccionista [266n21]; Smith, "Inc/arnation", 112-19 [como se cita en Oliverio, *Hermeneutics*, 218-19]).

[52] Hirsch, *Validity*, 10, se queja de que al postular la autonomía del texto respecto de su autor, deja el texto que significa lo que significa para un lector determinado.

[53] Para ver ejemplos de varias lecturas de diferentes ubicaciones sociales, consulte, por ejemplo, Barreto, "Affects What I See"; Keener y Carroll, *Global Voices*; Patte, *Global Bible Commentary*. Para conocer el valor de ampliar el rango de socios de diálogo, ver también Gross, *Preach*, 113; Brown, *Scripture as Communication*, 89-90; Klein, Blomberg y Hubbard, *Introduction*, 148; Lines, "Readings"; incluso en un estudio bíblico grupal, en Fraser y Kilgore, *Friends*, 73.

[54] Vea muy útilmente Choi, "Hermeneutics", 114-17, sobre la hospitalidad y el diálogo involucrados en la hermenéutica multicultural.

[55] Stanley Fish, por ejemplo, aparentemente valora el relativismo; tras el 11 de septiembre de 2001, opinó que no existe un estándar universal de moralidad para evaluar ni los ideales democráticos estadounidenses ni los ideales de Al-Qaida (Fish, "Condemnation", citado en Collins, *Babel*, 149-51). Sin embargo, si los textos pudieran simplemente leerse de cualquier manera, los gobiernos represivos no tendrían que prohibir los libros (Davies, *Matthew*, 15).

texto como la palabra de Dios. Por supuesto, las personas a menudo usan textos para promover sus propias agendas; ciertamente, los textos bíblicos se usan muy a menudo de esa manera. Esta observación descriptiva no es, sin embargo, una invitación para que simplemente explotemos textos de manera más efectiva que otros para nuestras supuestamente mejores causas (ya que ya no tenemos ninguna base canónica concreta para preferir algunas causas sobre otras). Si tenemos el Espíritu, ¿realmente necesitamos controlar políticamente la lectura de textos en la comunidad de Dios, la iglesia, donde lo mínimo debería ser lo más grande? ¿Es la voz de los más poderosos intérpretes o la voz del Autor divino por la cual perseguimos implacablemente los textos canónicos?

Reconocemos (descriptivamente) la realidad de la dinámica del poder social influyendo en la interpretación, una realidad que nos confronta tanto a nivel popular como académico. Pero nos resistimos a esto antes que nada al establecer nuestro propio seguimiento (perpetuando así la dinámica del poder abusivo) pero al tratar de escuchar los textos bíblicos de maneras fieles a sus primeros contextos, de formas que nos desafían análogamente en nuestros propios contextos y ayudando a otros también para leer fielmente sus propios contextos.[56] La base común para la discusión que los lectores comparten de varios puntos de vista es el texto y (en la medida de lo posible que podamos reconstruirlo) cómo ese texto habría sido escuchado por la audiencia para la que su autor(es) lo construyó con vocabulario antiguo, expresiones idiomáticas y suposiciones culturales. (En este punto, ver Parte III.)

Conclusión

Cada cultura tiene contribuciones que hacer, así como algunos puntos ciegos; las culturas dominantes tienden a ser más ciegas culturalmente porque solo ellas han tenido la libertad de funcionar sin prestar atención a otras voces. Nuestro objetivo final no debe ser la hegemonía de un solo grupo, sino la conversación, comprometida con el espíritu amoroso y humilde de Cristo. Dada la diseminación global de los movimientos del Espíritu de Dios hoy, y especialmente dado el modelo bíblico de Pentecostés, una verdadera hermenéutica del Espíritu hoy debe ser una que considere una gama de contextualizaciones concretas. Cuando se ejecutan de manera óptima, las contextualizaciones también nos ayudan a identificar mejor cómo los textos bíblicos confrontaron a sus primeras audiencias.

Debemos escuchar críticamente, con creyentes de todas las culturas atados al mismo canon que nos une. Sin embargo, también debemos reconocer que los tipos particulares de experiencias de los creyentes en algunos entornos están más cerca de

---

[56] Cf. Mateo 23:8 (cuando hacemos discípulos, debe ser para Jesús, no para nosotros mismos); 2 Cor. 4:5.

los asumidos en los textos bíblicos que otros. En algunos puntos, las iglesias de los países en desarrollo están listas para enseñar lecciones a los cristianos occidentales que nuestra propia herencia alguna vez supo, pero que olvidó durante mucho tiempo.[57]

---

[57] Sobre informes sobrenaturales en la historia de la iglesia occidental, vea Keener, *Miracles*, 1:359-425; 2: 785-86, 875.

CAPITÚLO 6

Algunas Perspectivas Valiosas de los Países en Desarrollo

En principio, muchos de nosotros estamos dispuestos a aprender de los creyentes en una variedad distinta de culturas. Pero, ¿qué sucede cuando su aporte desafía suposiciones centenarias en nuestras propias culturas? No estamos obligados a abandonar nuestras suposiciones de manera acrítica, pero a menudo los creyentes de otras culturas pueden ayudarnos en las áreas donde nuestras suposiciones reflejan los puntos ciegos culturales. Algunas culturas entienden los principios bíblicos de la hospitalidad, el coraje, el sacrificio y la fe mucho mejor que la mayoría de nuestra cultura occidental en este momento de la historia.

Aquí resumo dos ejemplos de áreas donde los creyentes de muchas partes del mundo pueden ayudar a la iglesia occidental y a los seminarios occidentales a cuestionar el clásico monismo materialista occidental: los problemas de los espíritus y los milagros. No todo lo que dicen todos los creyentes en estos contextos es compatible con la revelación bíblica, pero gran parte de esto plantea un potente desafío al típico rechazo académico occidental de estas nociones.

Caso de Estudio I: Espíritus[1]

El antropólogo misionero Paul Hiebert señala que los cristianos en la India se dirigieron a un punto ciego cultural que él llevaba: su formación científica enfatizaba un enfoque naturalista y empírico; su formación teológica enfatizaba las explicaciones teístas. Pero carecía de una categoría funcional para la actividad sobrehumana que no fuera la del Dios supremo, a pesar de su prevalencia en partes de la Escritura, así como de la creencia de muchas culturas en ella. En los últimos siglos, el pensamiento occidental no había dejado una categoría intermedia entre

---

[1] Aquí estoy adaptando selectivamente varios materiales de Keener, *Miracles*, 788-856, pássim, con el permiso de Baker Academic.

Dios y el mundo natural, pero en su diálogo con los cristianos indios llegó a creer que existía tal esfera.[2]

Hay peligros de ver espíritus en muchos más lados de lo que la Escritura advierte; debe notarse que las culturas que creen en la posesión espiritual son más propensas a generar más casos del fenómeno de lo que pudiera realmente suceder.[3] Aun así, uno sospecha que la mayoría de los cristianos occidentales probablemente reconocen las realidades espirituales mucho menos de lo que sugiere la Escritura.

Experiencias Globales con respecto a los Espíritus

John Pilch sugiere que el 90% del mundo de hoy acepta tanto la "realidad ordinaria como la realidad extraordinaria", la última incluye a Dios y los espíritus.[4] Además, la antropóloga Erika Bourguignon señala que la creencia en la posesión de espíritus está ampliamente extendida en diversas culturas del mundo, "como sabe cualquier lector de etnografías".[5] Hace ya cuatro décadas, ella podía atestiguar creencias de posesión de espíritu en casi tres cuartas partes de las sociedades representativas estudiadas;[6] algunos estudios subsecuentes hablan de estados alterados de conciencia en un 90% de las sociedades.[7] Las diversas culturas ofrecen una colección de diferentes matrices interpretativas para estas experiencias,[8] aunque sus experiencias a menudo producen algunas creencias similares, incluso en sociedades muy diferentes.[9]

Muchos misioneros presbiterianos de comienzos del siglo XX en Corea aprendieron en el seminario que los espíritus no eran reales, pero la mayoría llegó a creer lo contrario en el contexto del ministerio junto a los creyentes locales coreanos.[10] Hace una generación, el famoso misionólogo occidental Stephen Neill advirtió que era casi imposible convencer a la mayoría de los cristianos de países en desarrollo de que "los espíritus malignos no existen".[11] Más recientemente, el misiólogo peruano Samuel Escobar informa una conversación con un maestro indígena de la selva peruana. Cuando la gente local notó los demonios en la traducción de Marcos hecha por un lingüista occidental, el lingüista occidental

---

[2] Hiebert, "Excluded Middle", 43. Esta omisión de lo sobrenatural que él señala se rastrea más completamente en Daston, "Marvelous Facts", 100-113.
[3] Kemp, "Ravished," 75.
[4] Pilch, *Visions*, 17.
[5] Bourguignon, "Spirit Possession Belief," 18; cf. también, "Introduction," 17–19; Firth, "Foreword," ix; Lewis, *Ecstatic Religion*, 100–26; Chandra shekar, "Possession Syndrome," 80; Morsy, "Possession," 189; Boddy, "Spirit Possession," 409.
[6] Bourguignon, "Spirit Possession Belief," 19–21; igualmente, "Appendix".
[7] Ward, "Possession", 126; Pilch, *Dictionary*, 81–82.
[8] Ver, por ejemplo Lewis, *Ecstatic Religion*, 44; cf. también Maquet, "Shaman", 3; Peters, *Healing in Nepal*, 11–16, 46–47, 50.
[9] McClenon y Nooney, "Anomalous Experiences", 47.
[10] Kim, "Reenchanted", 270–73.
[11] Neill, "Demons", 161.

Algunas Perspectivas Valiosas de los Países en Desarrollo

explicó que tales espíritus solo eran para el primer siglo. Si bien el maestro local respetó al lingüista, sin embargo, insistió en que su entorno local coincidía mejor con lo que encontraron en el Evangelio de Marcos: "sabemos que realmente hay demonios y espíritus; están por aquí".[12]

El erudito africano John S. Mbiti descarta la ignorancia de los occidentales que niegan los espíritus y la brujería, las cuales son realidades locales.[13] Los africanos a menudo informan encuentros con espíritus como experiencias genuinas. Un médico ghanés formado en Occidente, por ejemplo, encontró su brazo paralizado por la electricidad durante unas horas después de tocar a un paciente que había ido a unos "sacerdotes fetiche".[14] Los encuentros de poder a menudo han provocado el crecimiento de la iglesia; así, decenas de miles de seguidores de las religiones tradicionales se hicieron cristianos después de que las figuras africanas de principios del siglo XX como Garrick Sokari Braide o William Wadé Harris hicieran lucha contra los antiguos poderes espirituales.[15] Tales encuentros de poder son ampliamente divulgados en la difusión del cristianismo en otros lugares, como en Haití, India y Filipinas.[16] En muchos casos, tales encuentros de poder incluso han llevado a los sacerdotes de las religiones tradicionales a convertirse en cristianos.[17]

No es de extrañar que tales experiencias influyan en cómo los creyentes abordan lo que ven como relatos análogos en el texto bíblico.[18] En una revista teológica africana, un escritor luterano de Tanzania señala que "el fenómeno de la posesión demoníaca es una realidad dura con la que un buen número de cristianos africanos orientales luchan diariamente". En contraste con los occidentales, los africanos orientales escuchan "los relatos bíblicos... no como mitos, sino como relatos objetivos de experiencias reales".[19]

Occidente Académico vs. Interpretaciones Indígenas

Paul Stoller, un antropólogo que trabajaba entre los musulmanes songhai, fue advertido de que enfrentaría un ataque de hechicería; esa noche se sintió presionado

---

[12] Escobar, *Tides*, 86.
[13] Mbiti, *Religions*, 253–56.
[14] Mensah, "Basis", 176.
[15] Koschorke, Ludwig, y Delgado, *History*, 223–24; Hanciles, "Conversion," 170. El ministerio de Harris, aunque influenciado por el metodismo, también influyó finalmente en el pentecostalismo africano (Ouédraogo, "Pentecostalism", 163).
[16] Por ejemplo, Johnson, "Growing Church", 55-56; Pothen, "Missions", 305-8; Ma, "Encounter", 136; ver más completamente ídem, *Spirit*.
[17] Por ejemplo, De Wet, "Signs", 84-85; Koch, *Zulus*, 136-37, 143-44, 144-45, 147-48, 150, 153; Pothen, "Missions", 189; Park, "Spirituality", 52-53; Khai, "Pentecostalism", 269; Knapstad, "Power", 83-85; Tandi Randa, correspondencia personal (26 de mayo de 2012, 13 de mayo de 2014). Algunos conversos, sin embargo, conservaron valores significativos de su práctica anterior (Merz, "Witch", 203, 213).
[18] Para la importancia del poder espiritual en la exégesis africana, ver, por ejemplo, LeMarquand, "Readings", 496-97.
[19] Mchami, "Possession", 17; aunque admite que la interpretación del este de África podría usar más exégesis.

por un peso sofocante y escuchó criaturas amenazantes en su techo. La aflicción se detuvo solo cuando recordó la cura prescrita localmente (recitando algunos versículos del Corán). Esta experiencia cambió su perspectiva; la comprensión indígena en lugar de su formación antropológica le permitió hacer frente a la realidad local.[20] La publicación de su experiencia despertó inicialmente la controversia y el desprecio de algunos pares, aunque finalmente condujo a elogios.[21]

De la misma manera, Solon Kimball, un destacado antropólogo,[22] cuenta su propia experiencia inesperada de encontrarse con una aparición durante su trabajo de campo en Irlanda.[23] Más tarde se enteró de que muchos lugareños habían encontrado la misma figura.[24] La antropóloga Edith Turner confiesa que "la antropología se maravilló brevemente en la historia de fantasmas de Solon Kimball," pero luego rechazó sus implicaciones hasta que otras historias similares comenzaron a publicarse.[25] Turner se convirtió en una creyente de espíritus genuinos en 1985 cuando presenció lo que ella llama "sustancia espiritual" expulsada de un paciente durante un ritual del espíritu de Zambia.[26] Desde una perspectiva pro chamanista, ella ahora rechaza su anterior omisión de los espíritus como imperialismo cultural.[27] Ella se queja de que algunos académicos "creen que los antropólogos entrenados... comprenden los aspectos de una cultura" mejor que las personas de esa cultura.[28]

Los antropólogos hoy a menudo intentan estudiar experiencias con presuntos espíritus desde las perspectivas indígenas de las sociedades, en lugar de imponerles una red interpretativa occidental.[29] En contraste con los teólogos y parapsicólogos, la mayoría de los antropólogos no estudian los fenómenos espirituales sino las creencias indígenas sobre los espíritus.[30] Por eso, un estudio ofrece como definición operativa de la posesión del espíritu "cualquier estado alterado de conciencia interpretado en términos indígenas en términos de la influencia de un espíritu

---

[20] Stoller, "Eye", 110; como se cita en Turner, "Advances", 41
[21] Turner, "Avances", 42.
[22] Profesor graduado de investigación en antropología en la Universidad de Florida, profesor visitante en la Universidad de Chicago y la Universidad de California en Berkeley; y ex presidente de la American Ethnological Society y de la Society for Applied Anthropology.
[23] Kimball, "Learning", 188-92.
[24] Ibid, 189-90.
[25] Turner, "Advances", 37. Para otras afirmaciones de apariciones, ver McClenon, *Events*, xiii, 70, 72.
[26] Turner, *Hands*, xxii; ídem, *Experiencing Ritual*, 149, 159; ídem, *Healers*, 1-23.
[27] Igualmente, "Reality of Spirits" (desde una perspectiva pro-chamanista).
[28] Turner, *Experiencing Ritual*, 4.
[29] Tippett, "Possession", 143-44. Para una breve reseña histórica de los enfoques antropológicos de la posesión de los espíritus, véase Prince, "Foreword", xi; Crapanzaro, "Introduction", 5-7; más a fondo para estudios recientes, Boddy, "Spirit Possession", 410-14.
[30] Bourguignon, *Possession*, 14. Algunos estudiosos advierten de la incorrección de aplicar algunas categorías de diagnóstico occidentales de forma intercultural, ya que algunas conductas consideradas desordenadas por terapeutas en una sociedad pueden ser normas en otras (Hoffman y Kurzenberger, "Miraculous", 84-85).

extraño".³¹ Estudios más recientes trabajan más duro que la mayoría de sus predecesores para tener en cuenta el marco de referencia indígena;³² mientras que las categorías occidentales tradicionales, a menudo desde una perspectiva médica, facilitan la comparación intercultural, los enfoques más contextualizados y fenomenológicos resultan más epistemológicamente abiertos.³³

Sin embargo, los enfoques de antropólogos, psiquiatras, psicólogos e intérpretes indígenas a menudo varían considerablemente unos de otros.³⁴ Incluso en Occidente, no hay unanimidad con respecto al significado de las experiencias de posesión. Así, por ejemplo, los antropólogos han criticado a psicólogos y psiquiatras por su comprensión etnocéntrica de estados alterados de conciencia, mientras que otros han criticado la limitada competencia de los antropólogos en cuestiones psicológicas y psiquiátricas.³⁵ Aunque los informes de una variedad de fuentes proporcionan datos valiosos, interpretar la información a menudo es una cuestión de cosmovisión. En muchos casos, los enfoques indígenas se acercan más a las narraciones de liberación de los Evangelios que las interpretaciones materialistas occidentales.³⁶

Brujería

A pesar de los frecuentes abusos y exageraciones,³⁷ algunas personas en muchas sociedades africanas buscan practicar la hechicería malévola, como es inevitable en culturas que creen en la brujería.³⁸ Cualquiera que sea el grado real de eficacia, los propios practicantes y, a menudo, la mayoría de la cultura, creen en su eficacia.³⁹ A

---

[31] Crapanzaro, "Introduction", 7 (énfasis suyo, citado también por otros, por ejemplo, Davies, *Healer*, 23); para aquellos que incluyen cualquier estado indígena interpretado como posesión, cf. Bourguignon, *Possession*, 7; Lewis, "Spirits and Sex War", 627.
[32] Así, Keller, *Hammer*, 39-40, señala que los primeros antropólogos tendieron a explicar la posesión en términos psicosociales, sin comentar sobre la posesión de agentes, pero una investigación más reciente "toma en serio la agencia de poseer ancestros, deidades y espíritus".
[33] Ver Boddy, "Spirit Possession", 408, 410-14, 427.
[34] E.g, Wendl, "Slavery", 120, critica los enfoques psicoanalíticos (Crapanzaro), sociológicos (Lewis) y feministas por imponer grillas en lugar de analizar funciones indígenas para la experiencia de posesión.
[35] Ward, "Introduction", 9. Igualmente, "Cross-Cultural Study", 17, señala que el enfoque de los psicólogos en "datos objetivos y cuantificables" debe ser complementado por la "incorporación de datos experienciales subjetivos" por parte de los antropólogos. Para un rango de clasificaciones científicas modernas (especialmente psiquiátricas), ver Chandra shekar, "Possession Syndrome", 82-83.
[36] Cf. discusión de los relatos de los Evangelios en Twelftree, *Exorcist*; ídem, *Name*.
[37] Para algunos ejemplos trágicos, ver Keener, *Miracles*, 804-6.
[38] Shorter, *Witch Doctor*, 99; Wyk, "Witchcraf", 1202; Mensah, "Basis", 171; más evidencia en Keener, *Miracles*, 806-8. La brujería está floreciendo en África (Harries, "Worldview", 492; Hill, "Witchcraft", 323-25; Bähre, "Witchcraft", 300, 329; Wyk, "Witchcraft", 1203-4). Para la creencia de que el chamanismo negativo se usa para dañar o matar, ver los informes en McNaughton, *Blacksmiths*, 69; Scherberger, "Shaman", 57-59; Azenabor, "Witchcraf", 30-31. Para el sacrificio por brujería de parientes para lograr el éxito, vea Binsbergen, "Witchcraft", 243.
[39] Obeyesekere, "Sorcery", 3, señalando la intención homicida pero (21) dudando de mucha efectividad. Para envenenamiento y medios ocultos (a veces informados por hechiceros reconocidos) con la intención de matar, ver Reynolds, *Magic*, 41-44; Kapolyo, *Condition*, 77.

pesar del estigma en muchos lugares, algunas confesiones de asesinato por brujería aparecen en varias sociedades.[40] Un conferencista occidental, después de haber negado la existencia de brujas, fue corregido por un estudiante africano que afirmó que era un brujo y aseveró tener un registro efectivo de matar gente a través de brujería.[41] Muchos otros creen que la brujería en su contexto mata.[42] Las muertes vudú, asociadas con espíritus, son un fenómeno real,[43] aunque los observadores occidentales generalmente cuando buscan explicaciones psicológicas en lugar de espirituales, típicamente las asocian con el terror.[44]

Los misioneros occidentales de una Europa antisobrenaturalista, que habían declarado herética la creencia en brujería debido a sus propios excesos anteriores, a menudo enseñaban ideas inviables para un contexto africano.[45] La gente local a menudo desconfiaba de los misioneros tradicionales porque éstos ignoraban la brujería.[46] De hecho, las creencias sobre brujería cumplen funciones dentro de las sociedades que si no son abordadas por las culturas religiosas actuales, pueden persistir y crecer.[47]

Aunque el uso nocivo del poder espiritual puede tomar diferentes formas en diferentes contextos, no todo el que se ejerce tiene el mismo grado de poder, las acusaciones locales incorrectas y las respuestas a las mismas pueden llevar a los occidentales a descartar todas las creencias indígenas sobre la brujería. El poder espiritual negativo y, a veces, los encuentros de poder con sus practicantes aparecen en varios textos bíblicos (incluyendo Éx. 7:10-12; Mt. 24:24; Mc. 13:22; Hch. 8:9-13; 13:8-12; 19:11-20; 2 Ts. 2:9; Ap. 13:13); los primeros siglos del cristianismo incluyen a menudo historias aún más elaboradas de encuentros de poder.

Mis propios puntos de vista sobre el tema se vieron obligados a cambiar después de una experiencia de poder inesperada y devastadora relacionada con las

---

[40] Ver, por ejemplo, Shoko, *Religion*, 46; Mayrargue, "Expansion", 286; Hoare, "Approach", 127-28; Knapstad, "Power", 84, 89.
[41] Hair, "Witches", 140.
[42] Ver, por ejemplo, Numbere, *Vision*, 136; Grindal, "Heart", 66; Turner, "Actuality", 5; West, *Sorcery*, 3-5, 9-10, 88.
[43] Para el sufrimiento y la muerte causados por las maldiciones, ver, por ejemplo, Prince, "Yoruba Psychiatry", 91; Dawson, "Urbanization", 328-29; Mbiti, *Religions*, 258; cf. Remus, *Healer*, 110; Welbourn, "Healing", 364; muertes de vudú y tabú en Benson, *Healing*, 40-41; esp. Knapstad, "Power", 84, 89. Las creencias generalizadas sobre la eficacia de las maldiciones aparecen en el África rural (por ejemplo, Lienhardt, "Death", Azevedo, Prater y Lantum, "Biomedicine"), en los Países Bajos de los siglos XVI y XVII (ver Waardt, "Witchcraft"), y en algunas partes de Occidente más recientemente (por ejemplo, Sebald, "Witchcraft"). Nadie discute los asesinatos relacionados con la brujería por medios físicos (por ejemplo, informes de la BBC sobre asesinatos de albinos por brujería en Tanzania, desde el 13 de enero de 2015, del 17 al 18 de febrero de 2015 y el 6 de marzo de 2015).
[44] Ver, por ejemplo, Cannon, "Voodoo Death"; Frank, *Persuasion*, 39-42.
[45] Lagerwerf, *Witchcraft*, 14-15. La medicina occidental convencional no puede tratar la aflicción de la brujería porque la aísla de su marco social tradicional (16-17).
[46] Lagerwerf, *Witchcraft*, 18.
[47] Algunas iglesias pentecostales africanas han aparecido culturalmente relevantes al abordar la brujería (Maxwell, "Witches", 334); Hayes ("Responses", 346-47, 352) ve positivamente el enfoque de los sionistas como el obispo Nyasha, que simplemente bautiza, exorciza y reintegra a quienes confiesan brujería. La mayoría de los católicos africanos, anglicanos y pastores presbiterianos condenan la brujería, aunque sus feligreses no siempre los escuchan de esta manera (Ross, "Preaching", 12-13).

maldiciones tradicionales africanas en diciembre de 2008.[48] La disonancia cognitiva entre mi experiencia y mi entendimiento teológico de poder del mal personal persistió hasta, dos o tres años después de la publicación de *Milagros*[Miracles], estaba leyendo Job en hebreo y me di cuenta de que mi visión del mundo me había cegado anteriormente simplemente a lo que ya estaba claro en el texto bíblico.[49]

Caso de Estudio II: Milagros[50]

Muchos occidentales dudan de la posibilidad de los milagros, una cuestión de no poca importancia para los estudios bíblicos, donde, por ejemplo, un 30% de nuestro Evangelio más antiguo involucra milagros y exorcismos.[51] De la misma manera, los eruditos occidentales que normalmente condenan la alegorización a veces aceptan solo las aplicaciones espirituales de narraciones curativas. Aunque los escritores de los Evangelios sí ofrecen aplicaciones espirituales, es dudoso que pretendieran aplicaciones *exclusivamente* espirituales.[52] Basta con considerar los testimonios publicados en los santuarios de Asclepio para recordar que un punto importante de relatar testimonios fue alentar a los suplicantes a tener fe para sus propias necesidades, naturalmente, incluyendo las físicas.

Algunos cristianos occidentales hicieron contribuciones invaluables al mejoramiento del mundo durante la temprana Ilustración inglesa, especialmente a través de la ciencia experimental.[53] Sin embargo, los hilos de la Ilustración radical crearon falsas dicotomías que permanecen en Occidente hasta el día de hoy. Estos siguen siendo un problema principalmente occidental. Invitado a dar una conferencia en 2015 a cientos de estudiantes de teología en Indonesia en relación con mi libro *Milagros* [Miracles], mi sospecha de que la defensa de la realidad de lo sobrenatural tenía un valor muy limitado, fue rápidamente confirmada; de mucho mayor interés fue el cómo distinguir la actividad divina de la generada por otros espíritus. Desafortunadamente para mí como conferencista, probablemente tuve menos experiencia y expertica en ese nivel que muchos de mis anfitriones.

---

[48] Expresado en *Miracles*, 854-56.
[49] Se volvió a abordar, con mayor extensión, en la p. 116.
[50] Aquí estoy adaptando selectivamente varios materiales de Keener, *Miracles*, 209-41 pássim, con el permiso de Baker, también Keener, "Scripture and Context".
[51] Ver, por ejemplo, Robinson, "Challenge", 321; Placher, *Mark*, 76.
[52] Cf. Everts, "Exorcist", 360; Judge, *First Christians*, 416-23 (especialmente 416).La tradición de aceptar solo aplicaciones no físicas de narraciones de milagros bíblicos ya estaba establecida en el protestantismo cesacionista del siglo XVIII (véase Kidd, "Healing", 166).
[53] Véase, por ejemplo, Frankenberry, *Faith*, ix, 34-38, 47-66, 385-86, 105, 256; Brooke, "Science", 9; ídem, *Science*, 118; Wykstra, "Problem", 156; Force, "Dominion", 89, 91; ídem, "Breakdown", 146; Osler, "Revolution", 95; Koestler, "Kepler"; Burtt, *Foundations*, pássim.

Simpatía vs. Antipatía

Los estudiosos occidentales a menudo leen textos bíblicos milagrosos sin compasión o incluso con vergüenza. Esto es desafortunado, ya que, como señala Geza Vermes en una conexión diferente, "las escrituras religiosas revelan su significado solo a aquellos que se acercan a ellas con un espíritu de simpatía".[54] Por supuesto, hay un lugar para intentos académicos de construir lecturas separadas, para el propósito de permitir comparaciones interculturales; incluso las categorías éticas diseñadas para tales comparaciones, pero inevitablemente reflejan supuestos culturales particulares. Las lecturas de Emic basadas en entendimientos indígenas a menudo proporcionan una idea más clara del pensamiento de una cultura, aunque son menos prácticas para la evaluación comparativa entre culturas.

El grado de probabilidad asignado a los milagros depende de los supuestos previos.[55] Una lectura teísta de la evidencia aquí diferirá de una deísta o ateísta. En premisas ateas, los milagros son inverosímiles; en premisas teístas, uno los espera al menos en alguna ocasión. Al excluir *a priori* la consideración de un dios que puede actuar en la naturaleza, Hume prejuzga el resultado de su investigación contra los milagros.[56] Un punto de partida neutral no presupone la acción o inacción de una deidad,[57] pero Hume simplemente presupone la inacción divina.[58]

Si por otros motivos uno tiene razones para afirmar el teísmo,[59] entonces lo que llamamos milagros incluso se puede esperar;[60] los milagros están en contra del

---

[54] Vermes, *Jesus and Judaism*, 63.
[55] Ward, "Miracles and Testimony", 137-38. En este párrafo y el siguiente, sigo mi libro *Miracles*, 139-40, reutilizando su redacción, especialmente en el siguiente párrafo.
[56] Houston, *Miracles*, 133-34; Smart, *Philosophers*, 32; Twelftree, *Miracle Worker*, 41. Para la influencia del deísmo en Hume, ver especialmente Burns, *Debate*, 70-95 y *pássim*.
[57] Houston, *Miracles*, 148, 160; Swinburne, "Introduction", 14.
[58] Houston, *Miracles*, 162; cf. del mismo modo Sider, "Methodology", 27; Ward, "Believing", 742; Evans, *Narrative*, 156; McInerny, *Miracles*, 135-38; Breggen, "Seeds". Houston señala que si uno presupone el ateísmo metodológicamente para que las conclusiones de uno sean ateas, ningún argumento podría satisfacer las demandas de la posición (Houston, *Miracles*, 168). Backhaus, "Falsehood", 307, argumenta que Hume reconoció "la creencia atea" como que involucra la fe no menos que "la del teísta".
[59] Algunos argumentarían que uno podría comenzar con una premisa de teísmo si otros motivos lo justificaran (véase Evans, "Naturalism", especialmente 205). Algunos buscan establecer el teísmo antes de invocar a Dios como un factor causal (Young, "Epistemology", citan los escritores citados en Tennant, *Miracle*, 63-64), o hacen notar que los milagros son comprensibles como tales solo en las premisas teístas (Taylor, *Hume*, 46-51); siempre que se coloque entre paréntesis esta explicación como una hipótesis explicativa, sin embargo, las preguntas se pueden abordar en conjunto (véase Weintraub, "Credibility", 373, aunque lamentando la ausencia de una teoría teísta suficientemente coherente). Como McGrew, "Argument", 639-40, señala que "no saber que hay un Dios" difiere de "saber que no hay un Dios" (cita del 640).
[60] Ver Swinburne, "Evidence", 204-6 (con respecto a la hipótesis de la resurrección de Jesús); ídem, "Introduction", 14-15; ídem, "Historical Evidence", 151; Polkinghorne, *Science and Providence*, 58; Taylor, *Hume*, 51; Hambourger, "Belief", 601; Evans, *Narrative*, 155; Ward, "Miracles and Testimony", 144; Purtill, "Proofs", 43; Otte, "Treatment", 155-57; Langtry, "Probability", 70; Kelly, "Miracle", 50; cf. John Henry Newman (en Brown, *Miracles*, 137-38); Mozley, *Lectures*, 74-92; Akhtar, "Milacles" (señalando la necesidad de milagros en la creencia cristiana tradicional); Keene, "Possibility of Miracles", 214 (debido a la preocupación de Dios por la humanidad). Smart, *Philosophy of Religion*, 113, sostiene que los milagros son aceptados debido a la autoridad detrás de ellos, más que a la inversa, aunque esta dicotomía refleja las suposiciones occidentales modernas. Aquí se puede

Algunas Perspectivas Valiosas de los Países en Desarrollo

curso ordinario observado de la naturaleza, pero ese es su punto.[61] Podríamos esperar tales actos inusuales a veces, especialmente en contextos particulares que implican el mensaje que este Dios trata de comunicar.[62] Por lo tanto, muchos eruditos consideran el contexto religioso y teológico al evaluar afirmaciones milagrosas,[63] una posición que tiene una gran distinción.[64] De hecho, si uno acepta a una deidad que actúa deliberadamente, entonces, como dice el profesor retirado de Oxford Keith Ward, "no será razonable no aceptar testimonios confiables" de milagros.[65]

El escepticismo occidental hacia los milagros fue fuertemente moldeado por un ensayo influyente de David Hume que la mayoría de los filósofos considera hoy como un argumento circular.[66] El punto más relevante para la presente discusión es que uno de los argumentos clave de Hume es explícitamente etnocéntrico, rechazando todos los testimonios de los no blancos y las culturas no occidentales, las cuales Hume calificó de "ignorantes y bárbaras".[67] El racismo de Hume está bien documentado y juega un papel importante en su argumento contra los milagros.[68] (Su etnocentrismo incluía antisemitismo, por lo tanto prejuicio contra la antigua civilización judía).[69]

---

contrastar con Hume, que negó la credibilidad de las historias milagrosas narradas en contextos religiosos, porque consideró que el último era irracional (por ejemplo, Hume, *Miracles*, 36, 50).

[61] Cf. Swinburne, "Evidence", 201-2 (con respecto a la resurrección de Jesús); cf. esta respuesta contra Hume históricamente en Ellin, "Again", 209; cf. también el valor del "signo" (significado) del reino de los milagros en Polkinghorne, *Science and Providence*, 51. Las historias bíblicas de milagros a menudo se enfocan en lo que es naturalmente imposible (ver Wire, "Story", 36-37).

[62] Véase, por ejemplo, Evans, *Narrative*, 159, señalando que "la cantidad de evidencia" necesaria para superar la precaución epistemológica adecuada probablemente variaría "según la verosimilitud intrínseca y el significado religioso aparente del milagro". Sobre el significado de un milagro genuinamente divino (es decir, la expresión del propósito de una deidad coherente y benevolente), ver también Polkinghorne, *Science and Providence*, 45, 51; Smart, *Philosophers*, 43, 46.

[63] Muchos argumentan que los reclamos milagrosos son más probables si se ajustan a un esquema teológico más amplio (Tonquédec, *Miracles*, 52; Ward, "Miracles and Testimony", 142; Jantzen, "Miracles", 356; Licona y Van der Watt, "Historians and Miracles", 4-5; para el contexto teológico de los milagros del Evangelio en la historia del evangelio más grande, ver, por ejemplo, Helm, "Miraculous", 86-88; como parte de la realidad divina más grande, McKenzie, "Signs", 17); deben tener importancia religiosa (Nicolls, "Laws"; Jensen, "Logic", 148; Beckwith, *Argument*, 11-12; Licona y Van der Watt, "Historians and Miracles", 1-2; cf. Fitzgerald, "Miracles", 60-61; Phillips, "Miracles", 38-39). Fern, "Critique", 351-54, insiste en que los milagros para ser significativos no solo deben ser inexplicable, sino que también deben mostrar un propósito. A propósito en los milagros, ver, por ejemplo, Burhenn, "Miracles", 488.

[64] El propósito religioso de los milagros dominó mucha discusión hasta la reacción contra la Ilustración (así que McNamara, "Nature", sugirió que el equilibrio ahora está volviendo a la discusión); en el siglo XVII, observe a Joseph Glanvill (Burns, *Debate*, 49-50), Robert Boyle (Burns, *Debate*, 55-56) y la mayoría de los apologistas ortodoxos (por ejemplo, Burns, *Debate*, 114-15). Hume se resiste a esta posición, con lo que simplifica demasiado su argumento (véase Burns, *Debate*, 169-70, 178, pero véase la mención de Hume de "una volición particular de la Deidad" en *Miracles*, 32).

[65] Ward, "Miracles and Testimony," 144–45 (cita de la pág. 145). Una posibilidad lógica, los milagros se convierten en una posibilidad real si el teísmo es cierto (Sider, "Historian," 312).

[66] Véase, por ejemplo, las críticas de Swinburne, *Miracle*; Houston, *Miracles*; Johnson, *Hume*; Earman, *Failure*.

[67] Hume, *Miracles*, 37 (cf. 37–40).

[68] Ver Ten, "Racism"; Taliaferro y Hendrickson, "Racism"; Keener, "Case".

[69] Cf. Hume, *Miracles*, 55; de maera más clara, igualmente, *History of Religion*, 50–51; comentario en Johnson, *Hume*, 80; Kugel, *Bible*, 34.

Sin embargo, la antropología médica ahora rechaza el "medicocentrismo", la visión etnocéntrica de que solo los puntos de vista occidentales actuales sobre la enfermedad y la curación son auténticos y que niega las muchas afirmaciones de curación fuera de los puntos de vista occidentales.[70] La antropología médica es un campo floreciente que ha generado una vasta erudición.[71] También ofrece una promesa para los eruditos bíblicos; la antropología médica, argumenta John Pilch, "podría ayudar al exégeta a adoptar una postura intercultural"[72] al abordar reclamos curativos en el Nuevo Testamento.

Amplias Experiencias

Los científicos sociales han notado que, a pesar de una variedad de interpretaciones, "personas de todas las culturas relatan historias de curaciones espontáneas y milagrosas" basadas en sus experiencias.[73] Además de diferir en sus paradigmas que involucran fenómenos paranormales, muchas otras culturas son en general más holística que la cultura occidental convencional, esperando que las creencias espirituales afecten las necesidades físicas en formas que la cultura occidental a menudo ha encontrado incómodas.[74]

Los resultados de una reciente encuesta hecha por Pew sobre los pentecostales y carismáticos sugieren que incluso en solo los diez países que Pew estudió, unos doscientos millones de pentecostales y carismáticos afirman haber sido testigos de sanidad divina.[75] Aunque una gran proporción de los principales cristianos en los países en desarrollo se ajustan a la amplia definición occidental de carismático,[76] tales creencias y prácticas no se limitan a pentecostales y carismáticos. En la misma encuesta de Pew, más de un tercio de los cristianos de todo el mundo que no se identifican como pentecostales o carismáticos afirman no solo creer en la curación, sino también haber "sido testigos de sanidades divinas".[77] Sin embargo, a pesar del análisis que se le dé a muchas de estas experiencias, el número es ciertamente demasiado alto para acomodar el reclamo predeterminado de Hume de que no hay

---

[70] Véase Pilch, "Sickness", 183; ídem, "Disease", 135; cf. Barnes, "Introduction", 6–7; Crawford, "Healing", 31–32.
[71] Véase Barnes, "Introduction," 3, y vea la bibliografía en Barnes y Talamantez, *Teaching Religion and Healing*, 353–78 así también sobre tradiciones religiosas y sanación (también Barnes, "World Religions," 346–52).
[72] Pilch, *Healing*, 35 (cf. also 14).
[73] McClenon, *Events*, 131 y las fuentes citadas allí.
[74] Véase, por ejemplo, Welbourn, "Exorcism," 595 (aceptación de parte de los africanos tanto del tratamiento médico como también del tratamiento espiritual); Oduyoye, "Value," 116; Jules-Rosette, "Healers," 128; González, *Tribe*, 94; Droogers, "Normalization"; Shishima, "Wholistic Nature"; Pobee, "Health," 59–60; Allen, "Whole Person Healing," 130–31 (resitencia a la aculturación occidental la cual suprime los intereses tradicionales africanos); Bührmann, "Religion and Healing"; Dube, "Search," 135; Omenyo, "Healing," 235–38; Oblau, "Healing"; Ma, "Encounter," 130 (regarding Korea); Maggay, "Issues," 34.
[75] "Spirit and Power" (Encuesta 2006 del Foro Pew 2006).
[76] Noll, *Shape*, 34 (reclamando "casi todo" pero admitiendo "alguna hipérbole").
[77] "Spirit and Power".

testigos confiables como punto de partida para la discusión, una posición que en su forma tradicional es, a pesar de sus muchos partidarios, simplemente insostenible hoy.

El erudito occidental del cristianismo global Philip Jenkins señala que, en general, el cristianismo en el Sur Global está muy interesado en "el trabajo inmediato de lo sobrenatural, a través de profecías, visiones, expresiones extáticas y curación".[78] El historiador Mark Noll observa que los cristianos occidentales trabajando en los países en desarrollo "constantemente informan que la mayoría de las experiencias cristianas reflejan una conciencia sobrenatural mucho más fuerte de la que es característica incluso en los círculos carismáticos y pentecostales en Occidente".[79]

Leyendo los Milagros con la Iglesia Global

Las observaciones anteriores tienen cierta relevancia para la forma en que abordamos las narraciones bíblicas que implican sanaciones. Kenneth Archer, explicando el valor de una hermenéutica pentecostal, señala: "La esencia del pentecostalismo es su énfasis persistente en lo sobrenatural dentro de la comunidad".[80] Este enfoque no resuena de manera sorprende con la mayoría de las culturas del mundo

Las lecturas de las Escrituras en el Sur Global a menudo contrastan marcadamente con las lecturas modernas de los críticos occidentales.[81] Así, un escritor occidental con experiencia en África sugiere que la cultura africana ofrece mejores fundamentos para comprender textos bíblicos que abordan estos temas.[82] El teólogo ghanés Kwabena Asamoah-Gyadu señala que los cristianos africanos enfatizan el poder de Dios para actuar de una manera que los teólogos occidentales con demasiada frecuencia restringen solo a la ciencia.[83]

La mayoría de los cristianos en los países en desarrollo, menos influidos por la tradición occidental moderna de la Ilustración radical, encuentran las historias de fenómenos milagrosos mucho menos objetables que sus contrapartes occidentales.[84]

---

[78] Jenkins, *Next Christendom*, 107, quien también se queja de que los occidentales con frecuencia cuestionan la legitimidad de tales perspectivas (en 121 ofrece el ejemplo específico de las quejas etnocéntricas de John Spong sobre el "extremismo" supersticioso y "pentecostal" de los obispos anglicanos africanos).
[79] Noll, *Shape*, 34.
[80] Archer, "Retrospect and Prospect," 131. Sobre la cosmovisión sobrenatural del pentecostalismo como un valioso preconcepto hermenéutico, ver también Cheung, "Study".
[81] Véase Van der Watt, "Hermeneutics of Relevance," especialmente 237–42, though importantly warning of the danger of ignoring original contexts (243).
[82] Roschke, "Healing".
[83] Asamoah-Gyadu, "Mission," 4, como es citado en Anderson, *Ends of Earth*, 139. Para la correspondencia de la cosmovisión curativa pentecostal africana con las concepciones africanas tradicionales, véase Asamoah-Gyadu, "Influence," 154–57.
[84] Jenkins, *Next Christendom*, 122–31; cf. también Mullin, *History*, 279 (cf. 281); Mchami, "Possession," 17 (sobre espíritus); Richards, "Factors," 95–96; Evans, "Judgment," 201–2; Eddy y Boyd, *Legend*, 67–73, 82–83 (también

Estas otras culturas ofrecen una verificación de las suposiciones occidentales tradicionales; como señala Lamin Sanneh, profesora de misiones e historia en Yale Divinity School, es aquí donde la cultura occidental "puede encontrarse... el evangelio tal como lo están abrazando las sociedades que no habían sido moldeadas por la Ilustración", y por lo tanto están más cerca del ambiente de la cristiandad más antigua.[85]

Según los informes, los misioneros occidentales en una región de África que simplemente dejaron atrás el lugar por un tiempo, volvieron para encontrar una iglesia floreciente con milagros similares al Nuevo Testamento que sucedían diariamente, "porque no había misioneros que enseñaran que tales cosas no debían tomarse literalmente".[86] Las lecturas indígenas de las Escrituras a menudo notaron patrones allí "que los misioneros no querían que [los creyentes locales] vieran".[87]

Así, por ejemplo, un antropólogo relata la experiencia de un colega antropólogo llamado Jacob Loewen, que estaba haciendo una traducción bíblica entre los indios chocó en Panamá.[88] La esposa de su anfitrión, Aureliano, se estaba muriendo, y la medicina no estaba disponible. Mientras Loewen había traducido la promesa de sanación en Stg. 5:14-15, sintió que le faltaba fe para orar. Sin embargo, al leer este pasaje, los creyentes locales oraron con él por su sanación, y ella se recuperó un poco. A la mañana siguiente, sin embargo, ella estaba muriendo de nuevo, por lo que los creyentes locales la untaron con aceite, sin invitar a Loewen, y esta vez ella se levantó de la cama completamente bien. Cuando Aureliano declaró felizmente que el Espíritu de Dios había ahuyentado a los espíritus de la fiebre, Loewen observó que no lo habían invitado a él ni a su colega occidental a orar esta vez. Aureliano se disculpó pero notó, "No funciona cuando usted y David están en el círculo. Usted y David realmente no creen". Loewen era un devoto cristiano, pero se encontró "incapaz de trascender las suposiciones y entendimientos seculares de su particular sociedad natal."[89]

Desafiando el Escepticismo Occidental ante los Milagros

Por sus propias convenciones de honor-vergüenza, la academia como comunidad de interpretación puede ejercer no menos presión por la conformidad en sus miembros que los dogmas eclesiásticos que una vez trató de reemplazar.[90] Aunque fomentan enfoques individualistas de alguna manera, en otros los miembros temen

---

notando, en 71-73, el cambio entre, y citando, "muchos etnógrafos occidentales" y antropólogos que se han vuelto cada vez más respetuosos con los enfoques de otras culturas hacia lo sobrenatural).
[85] Sanneh, *Whose Religion*, 26.
[86] Gardner, "Miracles", 1929, citando a Finlay, *Columba*.
[87] Noll, *Shape*, 24.
[88] Wilson, "Seeing", 202-4 (citando la narración de Loewen de 1974); cf. Neufeldt, "Legacy", 146.
[89] Wilson, "Seeing", 204.
[90] Ver Gregory, "Secular Bias", 138; cf. Hanciles, *Beyond Christendom*, 40 (siguiendo a Minogue, "Religion"); Wolfe, "Potencial", 34.

contradecir esto, como cuando algunos académicos me han confiado en voz baja que realmente creen en milagros o espíritus. En la cosmovisión académica occidental, todo puede estar sujeto a críticas, excepto sus propias suposiciones iniciales.[91] Así, los estudiantes siguen siendo adoctrinados en enfoques tradicionales hasta que los cambios de paradigmas ofrecen nuevos enfoques, generalmente adoptados por nuevas generaciones de estudiantes sin una evaluación crítica de sus principios epistémicos subyacentes. Porque la creencia en Dios es, a diferencia de algunos temas controvertidos, excluida por las limitaciones epistémicas y, por lo tanto, metodológicas de muchas disciplinas, no puede ser discutido abiertamente en esas disciplinas.

Los estudios transculturales sugieren que la socialización en lugar de la exposición a la ciencia explica la mayor parte del escepticismo en algunos círculos.[92] La psicóloga africana Regina Eya advierte que muchos estudiosos occidentales rechazan todas las afirmaciones de sanación extranormal, lo creíble junto con lo espurio, debido a la aplicación inapropiada de paradigmas científicos occidentales tradicionales a asuntos para los cuales no fueron diseñados.[93]

David Friedrich Strauss fue la fuerza motriz detrás de ver los Evangelios como mitos y leyendas tardías porque incluían historias de milagros. Sin embargo, él estaba tan controlado por sus presuposiciones ontohermenéuticas que cuando alguien que él *conocía* aparentemente era curado por el ministerio del pastor luterano alemán Johann Christoph Blumhardt, Strauss explicaba la condición previa como psicosomática, a pesar de la opinión médica contraria.[94] Que la cura era una leyenda que se desarrolló durante generaciones, sin embargo, no pudo asegurarlo. Rudolf Bultmann (1884-1976), por otro lado, vivió una generación después de Blumhardt (1805-1880), por lo que se sintió más libre de descartar las meras "leyendas" sobre éste.[95] (Karl Barth, por el contrario, defendió a Blumhardt y lo consideró un mentor.)[96] Hoy en día, las fuentes de primera mano sobre Blumhardt muestran abrumadoramente que estos informes no eran leyendas.[97] ¿Por qué Bultmann era tan inflexible?

Como comenta Justo González en su comentario sobre Hechos, la negación frecuente de la historicidad de las narraciones debido a sus informes milagrosos

---

[91] Cf. la queja en Miller y Yamamori, *Pentecostalism*, 158, sobre académicos con privaciones experienciales "que viven su existencia dentro del refugio de la academia, donde todo, menos la política de la facultad, opera con suposiciones de racionalidad y verificabilidad empírica".

[92] Los estudios de estudiantes universitarios muestran que la formación científica "no reduce la frecuencia de los informes anómalos", en contraste con las creencias en círculos de científicos de élite (McClenon, *Events*, 35). Del mismo modo, en culturas como Ghana no existe una proporcionalidad inversa entre el conocimiento científico y las creencias paranormales (22). La academia es una subcultura de elite, y los factores culturales (al menos a veces relacionados con la política académica) ayudan a dar forma a sus credos.

[93] Eya, "Healing", 51-52.

[94] Ising, *Blumhardt*, 222-23.

[95] Kydd, *Healing*, 42n40 (citando a Bultmann, *Kerygma and Myth*, 120).

[96] Barth, *Letters*, 251 (véase 270); Kelsey, *Healing*, 236-37; Kydd, *Healing*, 34; Ising, *Blumhardt*, 420; Barth, *Dogmatics*, 4.3: 165ff. (señalado en Kauffman, "Introduction", 7-8). Cf. también Moltmann, "Blessing", 149.

[97] Ver Ising, *Blumhardt*, pássim. En Blumhardt, vea más Macchia, *Spirituality*.

emplea un criterio epistemológico cuestionable. Bultmann negó que las personas modernas que usan invenciones científicas como la inalámbrica puedan creer en milagros,[98] sin embargo, "lo que Bultmann declara imposible no solo es posible, sino incluso frecuente". Los milagros son, afirma González, afirmados en la mayoría de las iglesias latinas, a pesar de la influencia de la cosmovisión mecanicista de gran parte del pensamiento occidental.[99] El obispo luterano cubano Ismael Laborde Figueras señala que es difícil encontrar cristianos latinoamericanos que no crean en los milagros.[100]

Algunos teólogos asiáticos también se han quejado de que el enfoque de la escuela de Bultmann es irrelevante para las realidades asiáticas. El obispo metodista jubilado de Malasia, Hwa Yung, señala que las cosmovisiones asiáticas afirman milagros, ángeles y espíritus hostiles.[101] En realidad, la cosmovisión occidental, mecanicista y naturalista de la Ilustración es cultural e históricamente idiosincrática.[102]

Conclusión

Los intérpretes occidentales a menudo han acumulado conocimientos históricos útiles para leer las Escrituras, ideas que, una vez evaluadas y aplicadas adecuadamente, deberían convertirse en propiedad de toda la iglesia mundial. Del mismo modo, algunos casos en que la mayoría de los intérpretes occidentales pueden aprender de muchos creyentes de los países en desarrollo incluyen las experiencias más comunes de estos último con espíritus, milagros, pobreza, injusticia, etc. (Algunos de estos temas también son prominentes entre los cristianos de cultura minoritaria en la iglesia occidental). En muchos de estos casos, el cristianismo global escucha el Espíritu en el texto bíblico de manera más fiel que muchos exegetas occidentales.[103] Las fortalezas y debilidades relativas de diferentes partes de la iglesia global cambiará con el tiempo a medida que crezcamos juntos,

---

[98] Cf. Bultmann, "Mythology", 4. El método científico habitual no refuta lo sobrenatural, sino que lo corchea de la discusión como explicación (véase Ellington, "Authority", 165); por lo tanto, aquellos que rechazan los milagros con el argumento de que no hay una explicación naturalista para ellos, no han establecido nada más que sus suposiciones naturalistas (corroborados por Metaxas, *Miracles*, 4).

[99] González, *Acts*, 84-85. Cf. también estima el 28 por ciento de todos los cristianos latinos en los Estados Unidos como pentecostales o (especialmente entre los católicos) carismáticos (Espinosa, "Contributions", 124); su cosmovisión no está "sobre racionalizada" (Alvarez, "South", 141-42, 144).

[100] Ismael Laborde Figueras (entrevistas, 7 y 8 de agosto de 2010); cf. también Martell-Otero, "Satos", 16-17, 32-33; ídem, "Liberating News", 384-87.

[101] Yung, *Quest*, 6. Esta perspectiva se ajusta a la mayoría de las culturas no occidentales (Yung, "Integrity", 173); es el cristianismo antisobrenatural occidental que ahora es "la verdadera aberración" (Yung, "Reformation").

[102] Yung, "Integrity", 173.

[103] Para las preocupaciones bíblicas por los pobres, ver, por ejemplo, Ex. 22:25; 23:6, 11; Lv. 19:10; 23:22; Dt. 15:11; 24:14; Sal. 12:5; 35:10; 37:14; 72:12-13; 82:4; 112:9; 113:7; 140:12; Prov. 14:21, 31; 17:5; 21:13; 22:9, 16, 22; 28:8, 27; 29:7; 31:9, 20; Is. 10:2; 11:4; 41:17; Jer. 5:28; 22:16; Ez. 16:49; 18:12, 17; 22:29; Dn. 4:27; Am. 2:6; 4:1; 5:11-12; 8:4, 6; Zac. 7:10; Mc. 10:21; Lc. 4:18; 7:22; 14:13; 19:8; Hch. 4:34; Rom. 15:26; 2 Cor. 9: 9; Gal. 2:10; Stg. 2:5-6. Para una colección de pasajes, vea Sider, *Cry Justice*; ídem, *Fed*.

siempre que todos seamos lo suficientemente humildes como para aprender unos de otros.

Debido a nuestros puntos ciegos culturales, todos necesitamos la ayuda de los demás para escuchar las Escrituras por completo. Este es un trabajo para todo el cuerpo global de Cristo, cada cultura aporta las contribuciones en las que actualmente estamos mejor equipados para contribuir mientras también aprendemos de los demás. La hegemonía a largo plazo de los intérpretes occidentales a menudo produce menos humildad y, por lo tanto, mayores puntos ciegos, pero todos podemos aprender unos de otros. Esta es también la mejor manera de anticipar hegemonías futuras potenciales de diferentes tipos.

No podemos entender el mensaje de los autores inspirados aparte de los contextos sociales y lingüísticos en los que se comunicaron; el mensaje vino a nosotros ya concretamente enculturado. Sin embargo, tampoco podemos comprometernos o comunicar su mensaje, sin comprender cómo puede involucrarnos en nuestras diversas culturas en la actualidad. Los principios de las Escrituras serán ilustrados y reaplicados de diversas maneras en diferentes culturas que escuchan y vuelven a cultivar su mensaje.

Ambos aspectos son consistentes con la interpretación bíblica dirigida por el Espíritu en Hechos 2, donde Pedro aplica la Escritura a sus oyentes. Las áreas donde los creyentes escuchan el Espíritu en muchas culturas hoy en día, como en los milagros y la liberación, también son consistentes con lo que vemos que se vive en el libro de los Hechos. Tales ideas e intereses coinciden bien con lo que podríamos esperar de una hermenéutica llena del Espíritu. Eso es porque mirar las Escrituras a través de la lente del propio corazón de Dios nos invita a ver allí la preocupación de Dios por las *personas* y sus necesidades, y cómo Dios puede capacitarnos para ayudar a satisfacer esas necesidades.

PARTE III

CONEXIÓN CON EL SENTIDO DISEÑADO

Las lecturas globales (Parte II) nos muestran el importante papel que desempeña la cultura en la interpretación. Si queremos escuchar a alguien por completo, debemos escucharlos en su contexto cultural. Sin embargo, Dios inspiró las Escrituras en contextos culturales particulares. Los lectores modernos están cada vez más distanciados del mundo de la Biblia, en particular la cultura pastoral semi nómada de los patriarcas, la poesía de los libros proféticos de Israel, etc. Hoy en día, algunos pueblos menos preparados para leer la Biblia en términos de habilidades básicas de lectura están mejor equipados para entenderlo culturalmente. Por el contrario, muchos de los que saben leer y escribir en nuestros propios idiomas son culturalmente analfabetos al comprender muchos eventos, costumbres y grupos de pensamiento en las Escrituras.

Si no hubiéramos adivinado lo contrario, la encarnación nos mostraría que la historia y la particularidad histórica son importantes. Es importante para mí abordar en este libro las cuestiones de significado original[1] porque algunos intérpretes, en nombre de la "hermenéutica pentecostal", han restado importancia al valor del significado original. Otros simplemente lo han dado por hecho y enfatizaron el papel del Espíritu al involucrar al lector moderno con el texto (como lo he hecho hasta cierto punto en este libro), pero con la desafortunada consecuencia de que sus lectores a veces han supuesto que el contexto original es prescindible.

Observar el sentido diseñado, o lo que podríamos llamar el sentido proyectado por el autor ideal o al menos el sentido cultural antiguo, es un objetivo vital y fundamental para interpretar las Escrituras. Análogamente, comprender el diseño de un edificio, incluso en el contexto de agendas arquitectónicas contemporáneas, limitaciones de ingeniería, códigos de construcción local y otros datos relevantes,

---

[1] El "significado original" en sí mismo abarca un rango de sentidos posibles. Con un significado "original", ¿hablamos de lo que el autor pretendió al diseñar el texto? ¿En qué etapa de la producción del texto? (Esto es especialmente un problema con los textos que experimentaron muchas etapas de redacción, generalmente los críticos literarios de hoy prefieren trabajar con la forma final del texto, especialmente cuando sus precursores permanecen hipotéticos o su reconstrucción es especulativa). ¿Nos referimos a la primera audiencia real? ¿Qué oyentes cuentan como la primera audiencia real? Para seguir con la tarea de este libro, debo hablar simplemente de esta gama de sentidos, dejando en gran medida a otros debates intrigantes sobre una mayor especificidad.

puede ayudarnos a reconstruir muchos intereses relevantes del arquitecto implicado.[2]

El diseño de algo también es idealmente consistente con su función planificada, sugiriendo a su vez sus mayores esferas de utilidad. Un ejemplo comúnmente citado es el del martillo: uno puede emplearlo como arma, un tope de puerta o un apoyo, pero el diseño específico del mango, la cara y las garras se ajusta a su función diseñada al golpear y quitar los clavos. Los objetivos para los cuales se diseñaron los textos nos indican los usos para los cuales generalmente serán más relevantes. No podemos recuperar infaliblemente los procesos de pensamiento de un autor; sin embargo, podemos tratar de reconocer el diseño del "autor implícito" en el texto.[3]

---

[2] Vanhoozer, *Meaning*, 249, acertadamente observa: "La intención del autor es la causalidad real que explica por qué un texto es como es". El papel causal del autor sigue siendo cierto independientemente de la medida en que podamos recuperarlo.
[3] Inferir el diseño en el universo puede ser controvertido en una cultura más amplia, pero inferir el diseño en la escena de un crimen (a diferencia de una escena de accidente) no lo es. Inferir el diseño es importante en muchos entornos, y reconocemos que los autores suelen diseñar sus textos literarios.

CAPITÚLO 7

La Vara de Medir

Una vez, cuando era pastor, un visitante me explicó que después de cuarenta días de ayuno había logrado una visión escatológica particular: los cristianos pretribulacionales escaparían de la tribulación, mientras que los cristianos postribulacionales se quedarían para evangelizar durante ella. Aunque estaba debidamente impresionado con su sacrificio dietético, que indudablemente ofreció muchos otros beneficios espirituales, encontré insostenible su enfoque escatológico basado en el contexto de los versículos en cuestión. Demasiado joven para ser diplomático, repliqué que incluso cuarenta días de ayuno no forzarían al Espíritu Santo a contradecir el texto bíblico que el Espíritu mismo ya había inspirado.

Aunque las dos primeras secciones del libro resaltaron el compromiso de los lectores con el texto bíblico, la Parte III advierte contra lo que creo es una sobrerreacción peligrosa contra el sentido antiguo de los textos. Algunos tipos de iglesias han enfatizado solo los elementos racionales de la fe cristiana excluyendo a otros. La mayoría de los que hemos pasado muchos años en iglesias pentecostales o carismáticas, sin embargo, hemos sido testigos de algunos excesos en la otra dirección.

La Forma de los Documentos Canónicos

En la medida en que creemos que Dios nos ha hablado en las Escrituras, debemos prestar cuidadosa atención a las Escrituras que Dios nos dio, no el tipo de Escritura que quisiéramos que Dios nos diera. Como Craig Bartholomew, un destacado intérprete teológico de las Escrituras, advierte acertadamente: "El texto como la instanciación de un evento de comunicación surge en un cierto punto histórico: en toda su sincronicidad, está incrustado en la historia, y es crucial que este aspecto histórico del texto sea tomado en serio en la interpretación".[4]

Dios no nos envió las Escrituras de manera aleatoria, sino en idiomas, culturas y géneros particulares que normalmente ya son accesibles para las primeras audiencias. El mensaje vino a nosotros ya contextualizado, así que si deseamos

---

[4] Bartholomew, *Hermeneutics*, 410.

escucharlo completamente, debemos escucharlo primero en la forma en que Dios lo proporcionó. Si Dios nos hubiera hablado más directamente en un lenguaje multicultural, por ejemplo, gorjeos de gorriones, invertiríamos un tiempo considerable en descifrar sus gorjeos. Si Dios hubiera hablado a través de ondas de radio, invertiríamos en investigar ondas de radio. Entonces, si Dios ha hablado en algunos géneros narrativos antiguos de Oriente Próximo, deberíamos aprender esos géneros. Si Dios ha hablado a través de géneros como cartas a congregaciones particulares, deberíamos tratar de escuchar lo que Dios inspiró a sus siervos a decir a esas congregaciones.

Algunos predicadores están más comprometidos con evocar respuestas particulares de la audiencia que con escuchar el mensaje de Dios en el texto. Este enfoque pragmáticamente reduce las Escrituras a, en el mejor de los casos, los versículos de la memoria bíblica como decoraciones útiles, y, en el peor, un texto respetado al que se puede apelar engañosamente por autoridad mientras se ignora su mensaje. Dios proporcionó el mensaje en textos; por lo tanto, algunos principios útiles para estudiar textos serán útiles para estudiar la Biblia. Dios nos dio este mensaje en formas específicas enculturadas y contextos literarios; respetar la Biblia que Dios realmente nos dio (en lugar de como en nuestra sabiduría humana podría suponer que debería ser dada) por lo tanto, nos invita a explorar su mensaje dado en estas formas y contextos. Los predicadores no deben fingir una omnisciencia profética en las áreas donde Dios espera que nosotros (con la ayuda del Espíritu) estudiemos, incluso si debemos confiar en las traducciones y en los antecedentes para ayudarnos.

Las Metas Interpretativas Condicionan los Métodos

Los diferentes enfoques interpretativos a veces abordan diferentes objetivos, y algunos pueden ser complementarios. Los académicos continúan debatiendo los objetivos adecuados de la interpretación. Hasta cierto punto, la cuestión semántica subyacente con respecto a determinar el significado es lo que queremos decir con "significado". Como el lenguaje está construido socialmente, como parte de la cultura, la definición de un término o el sentido de una frase normalmente depende de su uso generalmente aceptado. De lo contrario, no podríamos comunicarnos

Diferentes académicos tienen diferentes objetivos en la búsqueda del "significado".[5] Podemos hablar descriptivamente de cómo las comunidades de lectura entienden los textos; este es un enfoque histórico y social útil ya mencionado anteriormente. Sin embargo, también podemos tratar de reconstruir, en

---

[5] Para Dilthey, por ejemplo, "significado" es especialmente importante (véase Dilthey, *Pattern*, 67, 100) y, por lo tanto, cambia (Rickman, "Introduction", 48-49). "No hay un solo 'sentido de la vida' sino solo el significado que los individuos han percibido o atribuido a sus propias vidas..."(Dilthey, *Pattern*, 85). Sobre el peligro de confundir diferentes usos del término "significado", ver también Hirsch, *Validity*, 255; Poirier, "Critique", 5-6.

La Vara de Medir

la medida de lo posible, cómo los autores en un contexto pasado dado podrían haber esperado que los oyentes (ya sean aquellos aparentemente atacados por el trabajo o los oyentes en general en ese contexto) entendieran su trabajo.

Este objetivo es extremadamente relevante si nos preocupamos por qué el texto se configura de la manera particular y concreta que es: por qué tenemos diferentes textos en diferentes géneros abordando situaciones diferentes en lugar de simplemente una comunicación universal que automáticamente trasciende la cultura y el lenguaje. Es decir, por qué tenemos la Biblia como literatura, como textos, en lugar de tener solo el testimonio de la naturaleza o (de una manera no textual) del Espíritu. Tenemos esos otros testimonios, pero Dios nos dio la Biblia de una manera diferente, en parte porque se necesitaban textos para preservar para nosotros el testimonio de los actos específicos de Dios en la historia que culminan en la muerte y resurrección de Jesús: la narración del evangelio (para el resumen del evangelio por parte de Pablo, ver 1 Cor. 15:1-4). Regreso a este tema más adelante en esta sección, dibujando brevemente la teoría de la relevancia y cómo leemos muchos tipos de textos como comunicaciones.

Algunos estudiosos aceptan la legitimidad de las preguntas sobre cómo las primeras audiencias habrían entendido las obras literarias, pero simplemente como un conjunto de contextos posibles entre una serie potencialmente infinita de lecturas valiosas.[6] Es decir, algunos aceptan la pregunta de la comprensión de las primeras audiencias como legítima pero finalmente de importancia relativamente marginal.[7]

Pero aunque la prioridad cronológica no necesita dictar prioridad teológica, el uso mismo de un antiguo texto mediterráneo o de Medio Oriente, compuesto en griego o hebreo y que presupone suposiciones culturales particulares, invita nuestra atención al texto en los contextos que lo generaron y las señales que éste emplea (en la medida en que estos contextos pueden reconstruirse a partir de la interacción entre el texto y lo que conocemos de la antigüedad). Comprender el texto en su contexto cultural general más temprano es fundamental en cierto sentido para las lecturas subsecuentes para las cuales un objetivo principal sigue siendo escuchar el texto (una vez más, como una colección de signos generados y más directamente inteligibles en un medio particular).

Este enfoque contrasta con algunos intérpretes que (en el extremo) no están interesados en los textos bíblicos tal como los recibimos (escritos en lenguas antiguas y presuponen contextos antiguos específicos), y que simplemente desean explotar textos "canónicos" para unir el estado canónico a su propias lecturas o las

---

[6] Cf. Wittig, "Theory", 92-94: contextos diferentes crean significados diferentes. Wittig aquí ofrece un ejemplo útil y positivo de este principio en los diferentes significados de una parábola en el propio entorno de Jesús, el de los respectivos Evangelios que lo informan, y las subsecuentes tradiciones exegéticas. Sin embargo, queda la pregunta para los teólogos de resolver cuál de tales contextos tiene autoridad para nosotros y en qué grado; el propio entorno de Jesús es más difícil de recuperar, pero la mayoría de los cristianos aceptará como autoritario al menos los significados canónicos. Más extremo es Raschke, "Textuality", que sostiene que "Escritura" no es canon, sino la infinita posibilidad de lenguaje revelado a través de un texto. "La religión... es el retorno de lo reprimido Es la fuerza dionisíaca la que incide sobre la coherencia apolínea del texto"(50).

[7] Parte de esta sección proviene de Keener, *Acts*, 1:16-18.

de su comunidad interpretativa.[8] Tales lectores, aparte de ese estado conferido, no necesitan estos textos particulares para comunicar las diferentes ideas que prefieren enfatizar.[9]

Nuestro objetivo en la interpretación moldea el enfoque que le daremos; pero para aquellos para quienes el texto más temprano es fundamental (o incluso canónico), producir lecturas (sin embargo recontextualizadas) de algún modo análogas a las más plausibles para la audiencia ideal del texto[10] o al menos para la cultura general del primer siglo[11] será vital, por lo tanto exige atención cuidadosa a los primeros contextos. Debido a que la discusión del contexto antiguo a menudo está vinculada a las discusiones sobre la intención del autor, abordaré esa pregunta antes de regresar al contexto antiguo y al sentido diseñado.

Tradición Pentecostal y el Canon

Para los cristianos, las Escrituras tienen primacía epistémica. Esto es evidente tanto en la apelación de Jesús a las Escrituras de su tiempo (como una autoridad superior a la tradición y el árbitro de la actividad espiritual) como en la larga tradición cristiana subsiguiente. Casi todos los movimientos y denominaciones cristianas consagraron su respeto por la autoridad de las Escrituras en sus declaraciones doctrinales, si no fue ya asumido y demostrado en sus apelaciones a las Escrituras en sus escritos. Presumiblemente, han creído que sus otras doctrinas provienen de las Escrituras.

Siendo este el caso, la Escritura merece prioridad epistémica, y es el recurso óptimo para verificar o falsificar las afirmaciones de otras declaraciones doctrinales. De hecho, para los pentecostales valorar la tradición pentecostal como un árbitro del significado de la Escritura es inconsistente con un impulso básico en la tradición pentecostal misma: el rechazo de la tradición de la iglesia.[12] Un restauracionismo

---

[8] Relecturas arias de textos bíblicos para subvertir su uso para la causa nazi (ver, por ejemplo, discusión en Head, "Nazi Quest"; Poewe, *Religions*, pássim; Bernal, *Athena*, 1:349; Theissen y Merz, *Guide*, 163) ofrecen un ejemplo extremo que casi todos los intérpretes hoy censurarían (no menos debido a la causa para la cual los textos fueron explotados).

[9] Esta transferencia de estado "canónico" del texto al intérprete, cuando se realiza mediante una prestidigitación retórica (más que meramente como alusiva y como un dispositivo retórico reconocido), es la técnica de persuasión de "transferencia" (no "no ética" en todas sus formas, sino capaz de ser empleada engañosamente, véase Bremback y Howell, *Persuasion*, 235; McLaughlin, *Ethics*, 76, 146-47). En este espacio limitado no se puede entrar en diálogo con la ética de la deconstrucción filosófica radical o sus resultados (especialmente dado que muchos de sus defensores considerarían los reclamos éticos como relativos y sujetos a la deconstrucción). La deconstrucción ofrece algunos puntos de vista útiles (como que ningún texto es totalmente coherente, como también se señala en Dio Chrys. *Or.* 52.7; sobre tales inconsistencias en las narrativas antiguas, ver con más detalle mi discusión en Keener, *John*, 38-39, 901), y la contingencia de todas las lecturas.

[10] Es cierto que no todos los críticos estarán de acuerdo con el lenguaje como "audiencia ideal" (como Aune, *Dictionary of Rhetoric*, 229, observa, algunos prefieren "audiencia autorial" como históricamente más concreta).

[11] O cualquier premisa que podamos inferir razonablemente que el autor probablemente compartió con la audiencia ideal o autoral; ver la discusión de la teoría de la relevancia en el texto principal.

[12] Ver, por ejemplo, Oliverio, *Hermeneutics*, 56, 76, 78, 99.

ahistórico americano a menudo dio forma a este rechazo innecesariamente extremo, pero ciertamente debería servir como una advertencia contra la consagración de la tradición pentecostal.[13]

Verdades Fundamentales

Un ejemplo en el contexto de la iglesia pentecostal sería la prioridad epistémica de las Escrituras sobre la Declaración de Dieciséis Verdades Fundamentales de las Asambleas de Dios (las cuales no todas se destacan igualmente en la práctica hoy en las iglesias de las Asambleas de Dios).[14] (Selecciono las Asambleas debido a mis afinidades allí y debido a las animadas conversaciones nocturnas entre los estudiantes del Colegio Bíblico de las Asambleas de Dios de 1978 a 1982, pero también se podría examinar los compromisos doctrinales de la Iglesia de Dios u otras denominaciones en consecuencia). Los historiadores pentecostales señalan regularmente que las doctrinas resaltadas reflejan el contexto histórico en el que se escribieron; por ejemplo, la larga declaración sobre la Trinidad refleja el debate de la Unidad que dividió a los primeros pentecostales de EEUU. En su forma actual, el prólogo mismo señala que las Escrituras son "nuestra regla suficiente para la fe y la práctica", que la redacción de la declaración no está inspirada, y que está destinada a satisfacer las necesidades fundamentales de la iglesia en lugar de articular todo doctrina posible. La primera verdad articulada es la de la inspiración de la Escritura.

¿Qué pasaría si un estudio bíblico cuidadoso llevara a repensar una o más de estas "verdades fundamentales"? ¿Otorgamos prioridad epistémica a la tradición de la iglesia o a lo que revela la exégesis de las Escrituras? Y si lo primero, ¿realmente creemos en la primera de las verdades fundamentales? (Por cierto, mi interés aquí no es desafiar ninguna doctrina particular en la lista, la mayoría de las cuales de hecho estoy de acuerdo; planteo el punto simplemente para ofrecer lo que en círculos pentecostales puede proporcionar una escueta ilustración).[15] Por supuesto,

---

[13] Aunque es cierto que los "textos clásicos" en general "pueden llegar a 'significar más' de lo que originalmente se pretendía" (Pinnock, "Work of Spirit", 242) en el sentido de su uso general, estas resonancias no suelen ser nuestro objetivo al escuchar una comunicación original. El historial de recepción, al igual que las lecturas globales, cuestiona correctamente nuestros prejuicios y coloca una gama más amplia de opciones sobre la mesa. Sin embargo, aparte del restauracionismo, la mayoría de los observadores de la historia de recepción pentecostal reconocerá que la mayoría de los pentecostales, como la mayoría de los lectores populistas, han intentado (a menudo sin éxito) leer la Biblia por su cuenta sin tales capas de interpretación posterior. La apelación al contexto original, sin duda, ha sido más selectiva, por ejemplo, para defender la participación de las mujeres en el ministerio, pero no en pasajes menos debatidos. Pero cuando ese contexto arroja luz sobre el texto, a menudo ha sido bien recibido.

[14] Aunque el tiempo requirió algunas afirmaciones teológicas y límites para la autodefinición, algunos sugieren que esta afirmación inició este segmento del pentecostalismo en el camino hacia la institucionalización sociológica (Blumhofer, *Chapter*, 2:14-15, citado en Oliverio, *Hermeneutics*, 87).

[15] A pesar de destacar sobre el contexto histórico del énfasis trinitario de las Asambleas, por ejemplo, afirmo la Trinidad y su importancia. Si quisiera ilustrar la falibilidad de la doctrina anterior de las Asambleas de Dios, usaría un ejemplo mucho más apropiado para ese propósito, a saber, el caso del documento de posición (no vinculante) sobre "El Rapto de la Iglesia". Su escatología dispensacional, que sorprendentemente pertenece a un sistema

el defensor acérrimo de las tradiciones de cualquier iglesia insistirá en que la Escritura, correctamente interpretada, respalda sus tradiciones. Pero sin un estudio cuidadoso de las Escrituras, tal afirmación se ofrece de manera prematura y elimina el fundamento canónico para el diálogo con otras tradiciones que interpretan las Escrituras de manera diferente.

Si realmente le otorgamos prioridad epistémica a las Escrituras, no debemos temer ver dónde nos conducirá el estudio inductivo de la Escritura, especialmente si nos involucramos en este proceso de manera corporativa y honesta. Las iglesias católica y ortodoxa pueden tener más derecho a querer matizar tales afirmaciones, pero para los protestantes ponerse a la defensiva acerca de alguien que explora bíblicamente su tradición es inconsistente con su propia tradición protestante.[16] Tal malestar podría requerir que otros Luteros los desafíen proféticamente de regreso a las Escrituras

El interés de Lutero en las Escrituras reflejó un redescubrimiento más amplio de las fuentes anteriores de la fe, y un llamado más amplio a la renovación, que ya existía dentro de la iglesia de su tiempo. A un gran costo, muchos cristianos volvieron a enfatizar las Escrituras, que consideraban más divinamente inspiradas que la tradición de la iglesia, como el fundamento de su fe.[17] Dios no lo permita, en nombre de una nueva renovación, debemos minar las renovaciones anteriores que Dios ya ha provisto, la mayoría de los cuales llamaron a la iglesia a volver a las Escrituras o a algunos énfasis bíblicos descuidados.[18]

---

cesacionista más grande, se hizo bastante popular en el momento de la fundación de las Asambleas en 1914, aunque incluso algunos líderes clave en las Asambleas históricamente han tenido puntos de vista discrepantes (para diversos puntos de vista desde el principio, véase Menzies y Anderson, "Eschatological Diversity"). La influencia del dispensacionalismo en las Asambleas floreció desde la década de 1930 hasta la de 1980, "alcanzando su punto máximo en la década de 1950" (Oliverio, *Hermeneutics*, 113), pero no aparece en la formulación doctrinal original del movimiento (114); ni floreció de manera similar en otras partes del movimiento pentecostal (116). Si el lector cuestiona si el pretribulacionismo podría convertirse en una víctima de un estudio bíblico genuinamente inductivo, basta con investigar si algún texto en contexto respalda explícitamente dicho punto de vista, y si algunos textos de hecho podrían impedirlo.

[16] Lutero respetó las opiniones de los primeros intérpretes cristianos, pero insistió en que incluso los papas y los concilios estaban sujetos a la Escritura. Las asambleas generales y presbiterios ejecutivos aún deben responder a las Escrituras (como los líderes en las Asambleas de Dios estarían de acuerdo); también lo deben hacer quienes reclaman nuevas revelaciones, ya que la revelación probada de Dios en las Escrituras funciona como una vara de medir por medio de la cual pueden evaluarse las nuevas afirmaciones reveladoras. Los padres de la iglesia primitiva "insistieron en que la iglesia debe rendir cuentas a las Escrituras", aunque no la leyeron aisladamente de su contexto como la iglesia (Hall, *Reading*, 13). Para un equilibrio útil que reconozca los valores y los peligros de la tradición, véase también Hall, *Reading*, 190-91, después de Brown, "Proclamation", 85.

[17] Para mi comprensión de la tradición y las Escrituras (aunque se refiere especialmente a tradiciones de iglesias particulares en lugar de a la tradición cristiana compartida), véase Keener, "Biblical Fidelity", págs. 34-37.

[18] Por ejemplo, el énfasis en la pobreza apostólica entre, por ejemplo, los franciscanos o los seguidores de Wycliffe. Aquellos que abrazan la temprana tradición pentecostal autorizada también deben recordar que los primeros pentecostales generalmente sostenían una visión de la historia que incluía etapas de la restauración de las verdades, de las cuales una era la restauración de la Reforma de la primacía de las Escrituras.

La Carismática Barra de Granola

Si bien todas las interpretaciones son históricamente contingentes, algunas son más útiles que otras.[19] Un académico continuista relata su experiencia con un predicador carismático que insistió en que el Señor le había mostrado el significado de un pasaje en particular. El erudito había trabajado en este pasaje en griego y advertía que el predicador dependía de una traducción inexacta. El predicador y su esposa sostuvieron que el Señor les había revelado esta verdad, y que alguien que no podía verla carecía de discernimiento del Espíritu. El erudito respondió que el Señor le había dicho que su propia interpretación contraria era correcta. Después de un prolongado silencio, el ministro admitió: "Supongo que eso significa que la Biblia significa diferentes cosas para diferentes personas".[20] Para este ministro, la revelación personal subjetiva, en lugar de la comunicación original preservada en el texto bíblico, funcionaba como el lugar de autoridad.

Un predicador pentecostal con base bíblica una vez se quejó de algunos pentecostales teológicamente marginales y los llamó pentecostales de barra de granola: nueces, frutas y hojuelas del Espíritu.[21] Algunos pastores carismáticos han tenido que lidiar con miembros que han insistido en que sus revelaciones eran verdaderas, incluso cuando tales revelaciones contravienen la Escritura. Algunos cristianos han ido tan lejos como para justificar el adulterio y otros pecados apelando a una palabra del Señor, cuando en realidad sus pasiones les dificultan escuchar a Dios claramente. Ese no es un problema nuevo; los profetas que apoyan la indulgencia en el pecado han perturbado por mucho tiempo al pueblo de Dios, requiriendo la corrección de los pastores fieles con un sólido discernimiento (Jr. 6:14; 8:11; 23:14-18; 2 Tim. 4:3; Ap. 2:14, 20).

A veces tenemos que confrontar a intérpretes que, al carecer de comprensión del contexto histórico o incluso literario, producen interpretaciones completamente desconectadas del sentido en el texto. En tales casos, estos intérpretes a menudo justifican sus interpretaciones apelando a una autoridad que consideran más alta que el sentido contextual: "Usted ve solo el significado literal, pero yo tengo una mayor comprensión espiritual".

Sin embargo, cuando Dios inspiró a los primeros autores de las Escrituras, muchos de ellos apóstoles y profetas, estaban inspirados para escribir con flujos particulares de contexto, utilizando un lenguaje particular y alusiones a culturas y situaciones particulares. ¿Estamos tan seguros de que tenemos ideas tan "espirituales" que deberían suplantar lo que Dios inspiró a los primeros autores en su significado? Pablo advirtió a algunos cristianos corintios con dones proféticos:

---

[19] Con Oliverio, *Hermeneutics*, 320, quien, después de afirmar la dimensión contextual de la interpretación, señala que esta afirmación no implica "que encuentre una hermenéutica tan buena como otra".
[20] Carson, *Showing Spirit*, 173.
[21] Un sermón de Cal LeMon en Evangel Temple Assembly of God, Springfield, Missouri, c. 1980-1982.

"Si alguno se cree profeta, o 'espiritual', reconozca que lo que os escribo son mandamientos del Señor" (1 Cor. 14:37).

Al igual que los falsos profetas de Jeremías 23, algunos parecen estar profetizando lo que el Señor no ha dicho. Algunas tradiciones nuevas de interpretación, tales como promesas seguras de riqueza material y comodidad, desafían lo que el Espíritu de Dios inspiró a través de una sucesión de profetas probados y otros siervos de Dios durante siglos. Mi preocupación con la hermenéutica pentecostal en este momento no es con la enseñanza de colegas eruditos u otros que enfatizan el rol del Espíritu al abrazar el mensaje del texto; mi conflicto está con aquellos que suplantan el mensaje del texto por interpretaciones que no fluyen de él.

El Propósito del Canon

Cuando hablamos no solo de libros bíblicos sino de la Biblia, estamos hablando de un canon, la colección de libros particulares que se han probado entre la gente de Dios a través del tiempo. Un "canon" es literalmente una "vara de medir", lo que podemos usar para evaluar otras afirmaciones de revelación.[22] No estoy explorando aquí cómo surgió el canon sino que me dirijo a quienes comparten la creencia de que el canon (o, con Lutero, en al menos la mayor parte) proporciona una forma de medir las creencias teológicas.[23]

Evaluando Otras Revelaciones

La experiencia completa del Espíritu no puede apelar únicamente a la experiencia espiritual irrelevante para los fundamentos bíblicos. Por un lado, las narraciones bíblicas ofrecen modelos repetidos de creyentes dispuestos a ser cambiados por sus experiencias de encuentros divinos, como hemos notado. Por otro lado, nosotros que buscamos en las Escrituras sus modelos deberíamos reconocer que funciona de una manera especialmente autorizada.[24] Cualquier profecía hoy debe ser probada (1 Cor. 14:29; 1 Ts. 5:20-21), pero el canon es en gran medida, por definición, lo que ha pasado la prueba.

---

[22] La iglesia primitiva reconoció las Escrituras como la "autoridad suprema en las creencias y prácticas cristianas" (Graves, *Inspiration*, 38-41).
[23] Sobre el canon, ver, por ejemplo, McDonald y Sanders, *Debate*; McDonald, *Canon*; Evans y Tov, *Exploring*; Kruger, *Question*; Porter, Evans y McDonald, *New Testament*.
[24] Vea aquí la preocupación legítima de Cartledge, "Text-Community-Spirit", 141-42, con respecto al peligro de que algunos carismáticos se apropien de facto de la comunidad o su cabeza como "la norma normativa, en lugar de la Escritura".

La Vara de Medir

Decir que la Biblia funciona canónicamente no es negar la existencia de otra revelación.[25] De hecho, es bastante claro, a partir de las propias narraciones bíblicas, que la revelación no se limita a la Biblia. Por ejemplo, Abdías ocultó cien profetas (1 R. 18:13), quienes presumiblemente profetizaron la palabra del Señor; sin embargo, sus profecías no se informan en ninguna parte en las Escrituras. Dios aparentemente habla a los ángeles (Sal. 103:20), sin embargo, solo algunas de estas instrucciones están registradas en las Escrituras. Es la palabra de Dios la que actúa regularmente en la creación (Sal. 147:15-18; 148:8),[26] sin embargo, pocos de estos mandamientos divinos en la naturaleza se conservan para nosotros. Jesús promete en Juan 16:13-15 que el Espíritu continuará hablando y revelando las cosas de Jesús; el Espíritu ciertamente no reveló todas las cosas de Jesús en el Nuevo Testamento, y el Espíritu continúa capacitándonos para conocerlo.[27] Si solo dos o tres profetas profetizaban en la iglesia promedio del primer siglo por semana (1 Cor. 14:29; aunque el promedio podría haber sido más alto, véase 14:5, 24, 31), y asumimos por el bien del argumento un promedio increíblemente bajo de simplemente cien iglesias hogareñas en el primer siglo,[28] podríamos pensar en casi un millón de profecías, pero casi ninguna de ellas terminó en el canon del Nuevo Testamento.

¿Qué sentido tiene entonces, hablar de un canon? Es la revelación mínima en la que todos podemos estar de acuerdo como la "vara de medir" para probar otras afirmaciones de revelación. Como joven cristiano, estaba celoso de una cristiana aún más joven que estaba teniendo visiones. Yo fui una de las primeras personas en enseñarle a escuchar la voz de Dios, pero nunca tuve una visión real. Ahora, como un compañero inmaduro, estaba compitiendo con ella en lugar de asociarme con ella para que ambos pudiéramos crecer. Mi amiga, sin embargo, obstinadamente insistió en que no necesitaba leer la Biblia; Dios le habló justo cuando hablaba con la gente en esos días, entonces, ¿por qué debería obtener su enseñanza de segunda mano de ellos? Inevitablemente, cuando su audición erró, no tenía los medios teológicos para volver a encarrilarse. De alguna manera, Dios me usó a mí, a otros y a su propio sentido común para corregir ese error específico, pero luego, cuando un pastor rechazó sus dones proféticos, se apartó por completo de la fe.[29] Todavía lloro

---

[25] Aunque algunos teólogos se han opuesto a llamar "revelaciones" a cualquiera de estas experiencias extrabíblicas, las traducciones de las Escrituras frecuentemente aplican el término a tales experiencias (1 Cor. 14:26, 30, 2 Cor. 12:1, 7, Ef. 1:17; ver Mateo 11:25, 27//Lucas 10:21-22; 1 Cor. 2:10; Fil. 3:15).

[26] Como en Sal. 33:4, 6, estos mandatos a la naturaleza en Salmos 147 están vinculados con los mandamientos de Dios a Israel en que ambos son la palabra de Dios (Sal. 147:19; ver también Sal. 119:90-91; compárese Sal. 19; 1-6 con Sal. 19:7-11). Las leyes divinas o los decretos en la naturaleza aparecen también en otras partes de Egipto y el antiguo Medio Oriente (véase Walton, *Thought*, 192-93).

[27] Para más detalles sobre este argumento, ver Keener, *John*, 2:1035-43; cf. 1:234-51, 807-8, 817-18; cf. 1 Jn. 2:27; 3:6, 24; 4:13.

[28] Al principio, principalmente entre los creyentes en Jerusalén, con sus cinco mil hombres (Hch. 4:4) –en diez familias por hogar esto solo serían quinientas casas– pero eventualmente muy dispersos, con grandes números agrupados en Antioquía en el Orontes y en otra parte.

[29] Cuento parte de la historia con mayor detalle en Keener, *Gift*, 187-89.

su trágica pérdida de fe; una vez íntima con Dios, ella fue una de las pequeñas que tropezó (Mt. 18:6, 10, 14).

Hubo muchos profetas en los días de Jeremías, pero entre ellos, Jeremías se paró prácticamente solo a anunciar un juicio inminente. Los otros profetas fueron más populares en su época, pero después de que Jerusalén cayó, sus palabras se asentaron en el basurero de la historia. Por el contrario, el mensaje de Jeremías, confirmado por su cumplimiento, se convirtió en parte del canon de Israel. La Biblia no es cualquier reclamo de revelación; es lo que resistió el paso del tiempo. Nuestra escucha personal de Dios es importante, pero Dios no hablará algo ahora que contradiga lo que ya ha hablado durante siglos a través de apóstoles y profetas ya probados. Dios nos dio la Biblia y proporcionó el don espiritual de enseñarla para que pudiéramos evaluar nuestras experiencias y dejar que las Escrituras dirijan lo que hacemos con ellas.

El Espíritu Santo puede hablar a través de un poema, una canción e incluso un burro si Dios quiere. Sin embargo, no otorgamos a estas palabras personales el estatus canónico, y tampoco debemos tratar el mensaje de un versículo fuera de contexto como el significado canónico público de ese versículo.[30] Si las Escrituras pueden significar lo que piense o sienta un intérprete dado, si alguna aproximación relacionada a la comunicación original no es importante, ¿cómo es que las "Escrituras" son especiales de una manera diferente a cualquier otra cosa que Dios use para hablarnos? ¿Acaso este enfoque relativista, al igual que apela a nuestra cultura cada vez más relativista y por lo tanto aclamado como progresivo, conduce necesariamente a una erosión de la enseñanza bíblica y de ideas que la mayoría de las personas espirituales tradicionalmente han considerado falsas?[31] Si los textos bíblicos pueden significar cualquier cosa, no hay tal cosa como la enseñanza errónea, anulando muchos debates en el Nuevo Testamento (por ejemplo, si los gentiles deben ser circuncidados), ya que muchos de los lados criticados en esos debates reportados en las Escrituras también afirmaron construir sobre la Escritura previa.

---

[30] Dios puede hablarnos incluso a través de la asociación de palabras o conceptos; cf. los juegos de palabras hebreas en Jer. 1:11-12; Am. 8:1-2; Miq. 1:10-15, pero estos sirven a una función retórica u homilética más que exegética. Gray, *Crowd*, 104, sugiere: "Al utilizar el texto como un símbolo independiente del contexto histórico y cultural del pasaje, las lecturas pentecostales pueden seguir invitando a la posibilidad de lecturas múltiples del texto". Pero, ¿cómo podemos evaluar las lecturas? Si el texto puede simbolizar algo diferente de lo que originalmente se inspiró en su significado, ¿ya funciona como un canon, como una vara de medir para otros reclamos de revelación? Sin embargo, muchos de los ejemplos de interpretación popular que ofrece Gray son inferencias genuinamente plausibles de los principios articulados en los textos bíblicos. Es decir, en la práctica, aplican el texto en lugar de distorsionar su mensaje.

[31] Algunos intérpretes se apropian selectivamente de las críticas posmodernas de la objetividad al referirse a la comunicación original para evitar la subjetividad al por mayor (ver Hannah K. Harrington, Rebecca Patten y Clark Pinnock citadas en Gray, *Crowd*, 46-47). Leer desde dentro de una comunidad puede desafiar el relativismo (Archer, *Hermeneutic*, 132), aunque todavía se debe demostrar que la visión de una comunidad es mejor que la de sus competidores. Rechazar la presunción modernista desacreditada de objetividad plena no hace que uno sea relativista ni permite que los textos signifiquen nada (Archer, *Hermeneutic*, 206-7, 213-14), aunque es más simple reconocer esta distinción que definir límites de significado o niveles de relevancia textual.

Además, lejos de ser un enfoque de la Escritura dirigido por el Espíritu, dependiendo de los pensamientos aleatorios que ocurren cuando se lee, las Escrituras pueden florecer en círculos que permiten que Dios les hable solamente allí; aquellos para quienes la Escritura no es una autoridad especial no tienen ninguna razón para leerlo cuando creen que pueden escuchar a Dios por igual en otros lugares. Sin embargo, aquellos que reconocen su inspiración espiritual especial, deben escuchar al Espíritu allí estudiando el texto cuidadosamente en la forma en que Dios lo dio.

Difícilmente honra al Espíritu exaltar nuestras propias experiencias no probadas por encima de la experiencia acumulada del Espíritu y preservada en la Escritura. Como la tradición pentecostal ha observado durante mucho tiempo, el Espíritu no contradirá lo que ya ha hablado durante siglos a través de apóstoles y profetas, muchos de ellos directamente afirmados o comisionados por Jesús durante su ministerio terrenal.

Discernimiento

El Espíritu es culpado por el exceso de nuestra indisciplina con el estudio, sustituyendo a veces la imaginación por escuchar a Dios en lugar de someter nuestra imaginación a Dios (Jr. 23:16; Ez. 13:2, 17). Aquellos que han sido carismáticos por mucho tiempo, al menos en los Estados Unidos, reconocen que el error humano y las falsificaciones espirituales intentan obtener credibilidad uniéndose a la experiencia genuina del Espíritu. Esto ha sido normalmente cierto en avivamientos pasados, como notaron escritores perspicaces de aquellos tiempos (como Jonathan Edwards y John Wesley).[32] De hecho, en la época de Jeremías, la mayoría de los profetas profetizaban falsamente (Jr. 23:9-31), pero muchos de ellos querían matar a Jeremías por decir la verdad (26:8, 11). Las afirmaciones de inspiración deben ser probadas. No todas las afirmaciones de escuchar a Dios son correctas; consideración piadosa de las Escrituras alimenta un círculo hermenéutico al escuchar la voz de Dios. El mensaje de las Escrituras sigue siendo normativo para nosotros, pero debe ser interpretado y aplicado de nuevo al presente.

¿Cómo distinguimos el mensaje del Espíritu de las pretensiones falsificadas? Considere primero la diferencia entre los milagros de Jesús y los falsificados. Los milagros de Dios siempre han sido mayores (Éx. 7:12; 8:18-19), pero Jesús advirtió acerca de la proliferación de señales falsas en el tiempo escatológico (Mc. 13:22; ver 2 Ts. 2:9; Ap. 13:13), es decir, ahora (Mc. 13:5-8, 2 Ts. 2:7, 1 Jn 2:18). Los milagros de Jesús fueron benévolos, en su mayoría sanidades y liberaciones de la opresión demoníaca. Rara vez eran destructivos, y por lo general por una razón específica. Jesús maldice una higuera como una advertencia profética (Mc. 11:12-21), y permite la destrucción de los cerdos por el bien de rescatar a un ser humano

---

[32] Ver, por ejemplo, Edwards, *Marks*; Webster, *Methodism and Miraculous*, 29-31.

(Mc. 5:11-13).[33] De hecho, a veces parecen ser lo opuesto a milagros de juicio. El Evangelio de Juan puede representar las señales benevolentes de Jesús en contraste con las señales de juicio de Moisés: la primera es agua convertida en vino en lugar de sangre (Jn. 2:7-10, véase Éx. 7:20-21), y el último signo antes la resurrección es la restauración de la vida en lugar de la muerte del primogénito (Jn. 11:43-44, cf. Éx. 12:29).[34]

Otra herramienta parcial para el discernimiento es considerar a quién está destinado el milagro a honrar. En respuesta a las señales de Jesús, muchas personas glorificaron al verdadero Dios (por ejemplo, Mc. 2:12; ver Dt. 13:2) y Jesús mismo le dio gloria a su Padre (Jn. 8:49-50; 17:4). Aquellos que buscan crédito por las obras de Dios en lugar de ofrecerlas libremente son o espiritualmente inmaduros o falsos profetas (ver Jn. 5:44, Hch. 3:12, 8:9-10, 14:15). A diferencia de otros antiguos exorcistas, Jesús no necesitaba fórmulas mágicas o rituales (Mt. 8:16, Mc. 1:27). Estos caracterizan las obras de Jesús, aunque Jesús y sus seguidores sí trabajaron a través de los medios materiales a veces (Lc. 8:44, Hch. 5:13, 19:12), como lo había hecho Dios en los días de Moisés (Éx. 4:2, 17; 7:19-20; 8:5, 16-17; 9:23; 10:13; 14:16).

Sin embargo, Satanás puede imitar incluso la actividad benevolente. Ese podría ser el caso en Mt. 12:27//Lc. 11:19: "¿por quién tus propios hijos echaron fuera demonios?" Presumiblemente, los siete hijos de Sceva (Hch. 19:13) se habían considerado exitosos en algunas ocasiones anteriores. Tal vez los demonios a veces cooperaron con el sistema mágico para mantener a las personas esclavizadas. El discernimiento espiritual es por lo tanto necesario.

Debemos examinar las afirmaciones incluso entre los cristianos profesantes. El Espíritu de Dios algunas veces usa personas simplemente porque el Espíritu es fuerte entre otros en un lugar (1 Sm. 19:20-24). Del mismo modo, alguien que está desobedeciendo a Dios puede tener un remanente de unción por un tiempo (Jue. 16:1-3; perdida eventualmente, 16:20). Que los falsos profetas vengan vestidos de ovejas (Mt. 7:15) significa que algunos de ellos parecen ovejas. Algunos pueden profetizar, expulsar demonios y realizar milagros en el nombre de Jesús; sin embargo, se pierden porque no lo siguen (Mt. 7:21-23). Los dones son importantes, pero Jesús no dijo: "Por sus dones los conoceréis"; más bien, advirtió: "Por sus frutos los conoceréis" (Mt. 7:16, 20), es decir, en el contexto, obedeciendo a Dios (7:17-19).

Aún así, debemos tener mucha precaución al juzgar a alguien como un falso profeta (en oposición a simplemente algunos con quienes no estamos de acuerdo en algunos puntos). Incluso las profecías de los profetas cristianos genuinos deben ser

---

[33] Posiblemente esta destrucción fue causada únicamente por los demonios.

[34] Observar el carácter benevolente de los milagros de Jesús no es descartar el valor de los milagros de juicio bíblico como las plagas del éxodo, sino afirmar que no es la forma primaria de milagro que Jesús modela para nosotros. (Más a menudo en la Biblia Dios ejecutó juicios sin agentes humanos directos, excepto advertencias proféticas).

evaluadas (1 Cor. 14:29).[35] Los cristianos en esta época "conocen en parte, y profetizan en parte" (1 Cor. 13:9). Incluso Juan el Bautista erróneamente dudaba de la identidad de Jesús debido a sus ideas preconcebidas y su revelación limitada (Mt. 11:2-3//Lc. 7:18-19). Solo porque alguien es imperfecto o creemos que está mal no nos da el derecho de condenarlo como un falso profeta. Juan ciertamente fue un verdadero profeta (Mt. 11:9-11//Lc. 7:26-28).

Los auténticos "falsos profetas" son una amenaza más seria que alguien que escucha mal a Dios, a pesar del peso indebido que algunos críticos tienen sobre la declaración general de Deuteronomio 18:22.[36] Incluso si las profecías son precisas, los profetas son falsos.

- si nos llaman a seguir a otros dioses (Dt. 13:1-5)
- si un espíritu niega que Jesús es el Mesías (1 Jn. 2:22)
- si un espíritu niega que Jesús vino en la carne (1 Jn. 4:2-3)
- si un espíritu dice: "Jesús es anatema" (1 Cor. 12:3)
- si promueven la inmoralidad

Si alguien al enfatizar correctamente el amor afirma erróneamente que el Espíritu aprueba la inmoralidad sexual, son falsos profetas (Jer. 23:14; 2 P. 2:1-2; Ap. 2:14, 20; ver Jds. 8). Si convierten la enseñanza de la gracia en una excusa para pecar libremente, son falsos (Jds. 4). Si explotan al pueblo de Dios para su propio beneficio, son falsos (2 P. 2:1-3, véase 1 Tim. 6:5).

Pero debemos ser cuidadosos con las acusaciones; las calumnias y los chismes son pecados graves (Rom. 1:29-30). La Escritura nos exhorta repetidamente al amor y la unidad (por ejemplo, Rom. 12:9-10; 13:8-10; 14:15; 1 Cor. 13:1-14:1; 16:14; Gal. 5:6, 13-14, 22; Ef. 4:2-3, 13-16; 5:2; Fil. 2:2; Col. 3:14). Los pastores deben cuidar nuestros rebaños (Hch. 20:28-31), pero no podemos suponer que cada acusación es verdadera; muchos rumores circulan sobre verdaderos siervos de Dios (por ejemplo, Hch. 21:21; Rom. 3:8; 2 Cor. 6:8), y no debemos aceptar acusaciones contra los ancianos hasta que tengamos múltiples testigos independientes (aunque deberíamos luego reprender a los ancianos públicamente, 1 Tim. 5:19-20). Incluso

---

[35] Dado que este consejo se aplica a la evaluación regular de las profecías en las iglesias en casa, uno no imaginaría que su propósito principal es eliminar a los que eran falsos profetas, ya que incluso las grandes casas rara vez albergaban a más de cincuenta personas. Si cada persona en la congregación fuera un falso profeta y uno fuera discernido y expulsado por semana (asumiendo que los otros falsos profetas estaban calificados para reconocer esto), uno se quedaría sin miembros antes de fin de año. El punto aquí no es identificar a los lobos con piel de cordero, sino asegurarse de que aquellos que están profetizando estén comunicando con precisión el mensaje de Dios.

[36] Aunque algunos eruditos encuentran en el NT una forma de profecía menos autoritaria que en el AT, las profecías no siempre se cumplieron incluso en el Antiguo Testamento, ya que la mayoría eran implícitamente condicionales; ver, por ejemplo, Jer. 18:6-10; Ez. 18:21-32; Jon. 3:10. De hecho, es posible que algunos de los detalles proféticos de Jeremías no se hayan cumplido literalmente (por ejemplo, Jer. 43:10-13; 46:19, 25-26; véase Walton, Matthews y Chavalas, *Background Commentary*, 675, 677-78); Voth, "Jeremiah", 330-31), aunque su espíritu sí lo hizo (el carácter de la profecía bíblica pudo haber permitido el cumplimiento más tarde, a través del sucesor de Nabucodonosor; ver Brown, "Jeremiah", 479), y el corazón de su mensaje profético se cumplió a fondo.

cuando alguien peca, nuestra meta es su arrepentimiento y restauración, no su destrucción (Mt. 18:12-17, 1 Cor. 5:5, Gal. 6:1, 2 Ts. 3:14-15, 1 Tim. 1:13-16, 20; 2 Tim. 2:25-26).

El Espíritu Bíblico, Biblia Inspirada en el Espíritu

La Escritura es la única revelación que prácticamente todos los cristianos aceptan como el "canon" o vara de medir, para todos los demás afirmaciones de revelación. Por lo tanto, debemos esforzarnos al máximo para comprenderla, predicarla y enseñarla de la manera en que Dios nos la dio, en su contexto. Si las Escrituras son nuestra vara de medir, entonces sí importa lo que Dios inspiró fuera el significado. Lo que podemos estar seguros de que significa es, al menos, lo que Dios quiso decir cuando inspiró a los diversos autores a comunicar su mensaje (el tema de los capítulos 8 y 9).

Respetar las Escrituras Requiere Respetar el Primer Sentido Inspirado

Valorar la revelación espiritual requiere que valoremos más que todo el mensaje divinamente encomendado e inspirado de nuestro Señor Jesús, Dios en la carne, y el círculo de aquellos cuya experiencia de él podemos estar seguros, por disposición providencial, fue inmediata y sustancial. Como ya se señaló, Pablo nos advierte: "Si alguno se cree profeta, o espiritual, reconozca que lo que os escribo son mandamientos del Señor. Mas el que ignora, ignore" (1 Cor. 14:37-38). Todos los reclamos para escuchar la voz de Dios deben ser evaluados (1 Cor. 14:29; 1 Ts. 5:20-21), y escuchar el reclamo revelador de alguien más puede meternos en problemas si no lo examinamos con cuidado (1 Re. 13:18-22).[37] La experiencia espiritual individual es necesariamente subjetiva, pero se puede equilibrar con algo objetivo: revelación pasada probada, reafirmada corporativamente por el pueblo de Dios en todos los tiempos y lugares desde la aceptación de sus libros.

El objetivo de un canon no es proporcionar heno (podría decirse, "carne de cañón") para encontrar lo que deseamos allí. Su propósito es proporcionar una vara de medir para otras afirmaciones de revelación, un estándar objetivo contra el cual podemos comparar nuestra propia experiencia subjetiva. Esto de ninguna manera, como ya lo hemos señalado, es una invitación a ignorar la experiencia; es más bien una invitación a leer nuestra experiencia a la luz de la Escritura. Lo contrario es cierto, pero no de la misma manera: leeremos intuitivamente las Escrituras a la luz de nuestra experiencia, llevando nuestras preguntas al texto. En lugar de imponer

---

[37] Este párrafo es de mi manual de interpretación bíblica en línea.

nuestras respuestas en el texto, sin embargo, debemos someternos a la orientación del texto.

Eso significa que importa lo que el texto está diciendo en su contexto. Violar la Biblia para que diga solo lo que queremos que diga, comunicar simplemente nuestras propias opiniones, es simplemente envolver nuestras propias ideas bajo el manto de la autoridad bíblica. Secuestrar la autoridad del texto bíblico para nuestras propias agendas es una aventura peligrosa. La Biblia habló con dureza de los profetas que reclamaban la autoridad de Dios para sus propias ideas.

Además del contexto, incluido el contexto de los idiomas y culturas de los que formaban parte, las letras de una página son simplemente rasguños que no comunican nada en particular.[38] Cuando leemos en contexto, tenemos que leer las Escrituras de la manera en que Dios lo proporcionó, que en general significa un libro a la vez. Un pasaje en Marcos cumple un papel particular en el contexto más amplio de la historia completa de Marcos; un pasaje en Ester también cumple un papel particular en el contexto más amplio de ese libro. Conocer las costumbres y la cultura a la que estos libros aluden regularmente también nos ayuda a entender el punto original.

Cuando era un nuevo cristiano, tomaba clases de latín del segundo año y se suponía que estaba traduciendo a César para mi tarea.[39] Queriendo leer solo mi Biblia y no hacer mi tarea, abrí la Biblia y metí el dedo, esperando encontrar un texto que dijera: "Abandonen todo y síganme". En cambio, encontré: "Por lo tanto, dale al César lo que es del César, y a Dios lo que es de Dios" (Lc. 20:25). Dios eligió responder mi enfoque aleatorio a las Escrituras en el nivel que merecía, pero esto no significa que Dios me haya revelado un significado nuevo y universal para este pasaje. Sería desafortunado si comenzara a viajar en el circuito de conferencias convocando a todos los cristianos a prestar atención a este pasaje traduciendo la *Guerra de las Galias* de César.

Ni todas las apropiaciones de las Escrituras fuera de contexto resultan tan fortuitas. Se cuenta la historia real de una mujer que "le explicó a su terapeuta que Dios le había dicho que se divorciara de su esposo y se casara con otro hombre (con quien ella estaba involucrada sentimentalmente). Ella citó la orden de Pablo en Efesios 4:24, "vestíos del nuevo hombre" como la clave de su guía "divina".[40]

Espontaneidad No Es Lo Mismo Que Inspiración

Desafortunadamente, algunos cristianos celosos de una nueva experiencia no encuentran el estudio cuidadoso lo suficientemente emocionante. Este veredicto

---

[38] Cf. comentarios en Vanhoozer, *Meaning*; Brown, *Scripture as Communication*, 69-72; Osborne, "Hermeneutics", 391-95; una discusión más completa de la que puedo ofrecer aquí en Keener, *Acts*, 1: 18-23.
[39] Reproduzco aquí mi historia de mi manual de interpretación bíblica en línea.
[40] Klein, Blomberg y Hubbard, *Introduction*, 7.

puede no aplicarse a los intérpretes académicos, pero parece una enfermedad bastante común entre los lectores de nivel popular.

La Biblia nos exhorta a buscar la sabiduría (Prov. 2:2-3; 4:5; 15:14; 22:17; 23:23); los atajos no son la manera de lograrlo. En nuestra cultura, queremos que todo sea instantáneo; las devociones por la comida rápida se ajustan a nuestro estilo de vida activo. Sin embargo, lo instantáneo, no siempre, y tal vez no por lo general, es el camino de Dios. A veces, en la Biblia, Dios hizo las cosas al instante, como muchos de los milagros de Jesús, pero por lo general Dios obró mediante un proceso. Considere la prueba que Abraham y Sara sufrieron antes del nacimiento de Isaac, la prueba que David soportó antes de ser exaltado rey, y así sucesivamente. Dios pudo haber formado el mundo o haber cumplido sus propósitos en un momento en lugar de miles de millones de años, pero incluso los jóvenes creacionistas de la tierra (de los cuales no soy uno) conceden que tardó al menos varios días en hacerlo. Dios a menudo trabaja a través de procesos largos.[41]

La cultura contemporánea exalta los tweets y sonidos. Sonidos fuera de contexto tergiversan a las personas; igualmente las citas fuera de contexto destruyen reputaciones, dañan ministerios, terminan carreras políticas, etc. En un nivel popular, sin embargo, la mayoría de los cristianos usan versículos de la Biblia como fragmentos de sonido. En lugar de leer las Escrituras profundamente y absorber el contexto, usamos los versículos de la manera que siempre hemos escuchado que otros los usan. A veces los empleamos simplemente de la forma en que nos afectan en el momento, a veces afirmando una inspiración divina, incluso si nuestra aplicación es precisamente contraria al punto del texto.[42]

El proceso de estudio cuidadoso puede no sonar inspirador para aquellos que creen que el Espíritu se experimenta o se persigue únicamente en un contexto de espontaneidad, pero Proverbios insiste en que seamos diligentes en la búsqueda de sabiduría y conocimiento. Los pentecostales afirman que Lucas escribió su obra por el Espíritu, pero Lucas nos dice que investigó antes de escribir (Lucas 1:1-4). ¿Estaba el Espíritu involucrado solo en los escritos de Lucas y no en la investigación que hizo para proporcionar información precisa sobre Jesús y algunos de sus primeros seguidores? Si es así, ¿por qué debería haber mucha diferencia si Lucas estaba escribiendo material que era históricamente verdadero (como yo y muchos otros académicos de Hechos han argumentado) o estaba haciendo sus historias como una novela (como han sugerido algunos otros eruditos)?

Algunos de los primeros pentecostales querían comunicarse en lenguas en el campo de misión sin tener que soportar el rigor del aprendizaje de idiomas;[43] los

---

[41] Tomo prestado este párrafo de Keener, "Biblical Fidelity", 39.
[42] Cf. Thiselton, "New Hermeneutic", 79 (citando a Fuchs, "Proclamation", 354; Ebeling, *Theology*, 42, 100-102): "Fuchs y Ebeling son plenamente conscientes del papel del Espíritu Santo en la comunicación de la palabra de Dios, pero con razón ven que los problemas de comprensión e inteligibilidad no pueden ser cortocircuitados por un atractivo prematuro de este tipo ".
[43] Anderson, *Pentecostalism*, 33-34; Goff, "Theology of Parham", 64-65; Jacobsen, *Thinking in Spirit*, 25, 49-50, 74, 76, 97; Robeck, *Mission*, 41-42, 236-37, 243, 252; McGee, *Miracles*, 61-76; ídem, "Hermeneutics", 102; ídem, "Strategy", 52-53; ver esp. McGee, "Shortcut"; ídem, "Logic"; Anderson, "Signs", 195-99.

misioneros pentecostales descubrieron rápidamente la necesidad de aprender idiomas, y la escuela de idiomas ha sido un paso crucial en su preparación. Aquellos que quieren "entender" textos bíblicos sin usar las herramientas apropiadas para la comprensión textual pueden pasar por alto los propósitos para los cuales se diseñaron dichos textos, y por lo tanto no recibir la comunicación por completo como algunos pentecostales primitivos no pudieron proporcionarla.

Dios trabaja a través del proceso, no solo a través de la espontaneidad. Dios a veces ni siquiera le dio un mensaje a un profeta hasta después de una confrontación inmediata (por ejemplo, Jer. 28:10-17), ni un profeta siempre escuchó tan pronto como lo pidió (42:7). De acuerdo, a menudo experimentamos bendiciones espontáneas, pero a menudo nosotros u otra persona dedicamos un tiempo considerable en oración o en una vida diaria consagrada a Dios antes de tener esas experiencias espontáneas. A medida que leemos sobre los siervos de Dios en las Escrituras, casi todos aquellos sobre los que se registra experimentaron largas pruebas antes de que Dios cumpliera sus promesas. Considera la espera particularmente larga de Abraham y Sara; los años de esclavitud y prisión de José; los años de David huyendo de Saúl; etcétera. Cuando el Espíritu primero dio poder a Jesús, lo condujo al desierto para ser probado antes del resto de su misión pública; e incluso esa misión condujo a la cruz antes de que el Padre lo vindicara con la resurrección.

El Espíritu Da el Don de la Enseñanza

Determinar lo que los escritores bíblicos estaban comunicando en su contexto histórico original puede no parecer llamativo como algunos fenómenos de avivamiento, pero es fundamental para una hermenéutica pentecostal sólida. ¿Qué inspiró el Espíritu a los profetas movidos por el Espíritu en el pasado para decirle al pueblo de Dios entonces? Este enfoque no es claramente pentecostal, pero tampoco se trata de llamar a Jesús Señor; sin embargo, el Espíritu ciertamente inspira la confesión de que Jesús es el Señor (1 Cor. 12:3). La actividad del Espíritu derramada en Pentecostés no se limita a lo que los no pentecostales tradicionalmente rechazaron. La enseñanza es un don espiritual esencial, uno que Pablo ocupa en el lugar más alto junto a los apóstoles y profetas (1 Cor. 12:28; ver Rom. 12:6-7; Ef. 4:11). Sin embargo, "enseñar" por lo menos a menudo incluye exponer las Escrituras (1 Tim. 4:13, 2 Tim. 3:16).

Algunos cristianos han sido demasiado arrogantes con respecto a su don de la exposición de las Escrituras para respetar los dones que a menudo son más espontáneos en los círculos más populares, pero a veces los círculos más populares también han sido arrogantes respecto de sus dones y despreciadas "meras" enseñanzas. Si nos humillamos a nosotros mismos, podremos aprender y crecer a través de los dones de los demás. Hoy, felizmente, hay muchos maestros bíblicamente fuertes en el pentecostalismo; sospecho que en algunos lugares, sin embargo, la tensión tradicional entre los "meros" maestros y los dones más llamativos permanece. Heredamos la tensión de las tensiones entre el evangelicalismo académico y el renovador del siglo XIX, y por el bien de la iglesia de Cristo ya es hora de que los superemos.

Si lo que el Espíritu llevó a los escritores bíblicos a proclamar es una guía normativa para nosotros, entonces no servirá hacer que el texto signifique lo que queramos que signifique. Eso no quiere decir que no podamos obtener una idea sólida a partir de un texto que estaba destinado a enseñar una idea sana diferente; esto sucede todo el tiempo. Pero luego el Espíritu está para evitar que obtengamos una idea errónea del texto, y volvemos a la experiencia no probada.

Un Círculo Hermenéutico

A veces he experimentado al Señor hablándome en sueños y encontré ideas profundas sobre su carácter o actividad con respecto a pasajes o temas en las Escrituras. Encontré tales experiencias "reveladoras" y esclarecedoras, como también a veces cuando las ideas me llegaban en la oración, en la predicación y en el estudio.[44] Presumiblemente, tal experiencia reveladora debería calificar como una hermenéutica carismática. Pero en cada caso también evalúo la percepción aparente a la luz de la Escritura antes de decidir si la acepto o no, porque el depósito probado de innumerables generaciones de profetas en las Escrituras debe prevalecer sobre la revelación aparentemente reveladora de cualquier individuo (o incluso de cualquier comunidad contemporánea).

La Escritura está destinada a funcionar como una vara de medir, no solo como un lugar donde, cuando recibimos una revelación, podemos buscar versos para apoyar nuestra experiencia. Si venimos a la Escritura solo para apoyar nuestra experiencia y no para entenderla, estamos justificando en lugar de medir nuestra experiencia mediante las Escrituras. Este enfoque a veces conduce a una subjetividad casi completa, de modo que si la propia experiencia no está dirigida por la divinidad, uno carece de una autoridad superior para exponerla y corregirla. En lugar de envolver las Escrituras en torno a nuestra experiencia, deberíamos estar tan llenos del mensaje bíblico, no solo su redacción, sino también su mensaje y su teología, que leamos nuestra experiencia a la luz de la Escritura.

Pero este proceso también implica inevitablemente un círculo hermenéutico. Cada vez que planteamos preguntas teológicas o de otro tipo al texto, leemos el texto a la luz del presente. Cuando los pastores buscan respuestas en las Escrituras

---

[44] A menudo incluso han abordado cuestiones que surgirían pronto en mis escritos. Cuando estaba enseñando en Indonesia, mientras el cuarto volumen de mi comentario de Hechos estaba a punto de publicarse, me vi obligado a resumir en un sueño la idea más importante que había obtenido de mi trabajo en Hechos. Esa idea era la conexión frecuente entre la oración y la venida del Espíritu, un recordatorio que renovó mi coraje para apelar a Lucas 11:13 en oración, un texto que, por lo tanto, aparece cerca del final de este libro.

para los problemas que enfrentan sus congregaciones, leen el texto a la luz de las necesidades actuales (incluso cuando lo hacen para desafiar el exceso de necesidades sentidas). Todo el mundo hace esto, ya sea que las preguntas sean motivadas por su experiencia, la enseñanza de su iglesia, problemas éticos o sociales actuales, o cualquier otra cosa.

En 2008 experimenté un ataque espiritual abrupto, extremo e implacable durante dos días; no tenía sentido en mi contexto inmediato. El tercer día me estaba recuperando, y mi esposa, mi hijo David y yo fuimos a caminar. Nos detuvimos bajo un árbol de tres pisos de altura, y momentos después de salir de debajo de él, el árbol se partió repentinamente en la parte inferior, sin desarraigarse, y se estrelló donde estábamos parados. Debido a la amplia estructura del árbol, los tres habríamos muerto aplastados. La información que nos llegó del Congo poco después de este evento dejó en claro que se trataba de un ataque espiritual directo y deliberado, del cual Dios nos había protegido.

Fue una experiencia demasiado directa como para negarla, pero violó mi teología.[45] Sin asumir que cada detalle de la realidad se aborda en las Escrituras, no entendí bíblicamente cómo un espíritu podría tener el poder de hacer algo más que engañar y trabajar en individuos. ¿Cómo podrían las fuerzas del mal derribar un árbol? Durante varios años dejé mi experiencia y mi teología en tensión, sin entender cómo resolver la pregunta. Entonces, un día estaba leyendo Job 1 en hebreo para mis devociones, y de repente noté lo que había leído muchas veces anteriormente: Satanás envió un fuerte viento, causando que una casa se derrumbara sobre los hijos de Job (Job 1:12, 19). Ya había escrito un comentario sobre Apocalipsis, donde una figura maligna trae fuego del cielo (Ap. 13:13). Pero de alguna manera se había mantenido desconectado de mi teología sobre el verdadero poder del mal. La experiencia ayudó a desencadenar ese reconocimiento de lo que ya estaba en el texto, aunque tardíamente.

Principios Básicos

La hermenéutica del espíritu, entonces, puede ser más que simplemente una exégesis tradicional, como se argumentó anteriormente. Sin embargo, tampoco debería ser menor que la exégesis tradicional. Por supuesto, cuando los creyentes carecen de comprensión del contexto literario, una verdadera relación con el Espíritu a menudo los protege de un grave error; el acceso a los antecedentes es aún más limitado, y debemos confiar en la ayuda del Espíritu para cubrir las lagunas en nuestro conocimiento. Pero el Espíritu no es un atajo para leer las Escrituras en profundidad, porque el Espíritu seguramente nos lleva a involucrar profundamente las Escrituras si tenemos acceso a ellas. Y cualquiera que sea la lectura profunda que esté involucrada, debe incluir la lectura de las Escrituras en la forma en que

---

[45] Esto todavía era cierto cuando escribí sobre la experiencia en Keener, *Miracles*, 2:854-55.

Dios las dio, en lugar de versículos aislados fuera de contexto. Mi sensación es que aquellos que ignoran el contexto o minimizan el valor del trasfondo son generalmente los que dedican poco tiempo a abordar los textos como Dios les ha dado.

Si utilizamos el Espíritu como una excusa para renunciar profundamente a leer las mismas obras que afirmamos inspiraron el Espíritu, nuestro atajo espiritualizado cortocircuitará el punto de tener un canon como control externo objetivo sobre nuestros reclamos más subjetivos de inspiración. Me limito a resumir aquí algunos principios tradicionales, ya que son ampliamente conocidos, se enseñan en otros lugares y son tan fundamentales para el proceso de lectura inteligente que un lector que no esté familiarizado con ellos probablemente no haya llegado a este punto en el libro.[46]

- Lea un pasaje a la luz de su contexto inmediato
- Lea un pasaje para su función como parte del libro más grande al que pertenece
- Lea un pasaje a la luz del contexto cultural que su lenguaje, suposiciones y a menudo alusiones dan por sentado

El último punto incluye considerar la forma en que las audiencias antiguas habrían entendido el género del texto. En algunos círculos, es popular argumentar que estos principios provienen del método crítico histórico moderno y que los lectores antiguos no los siguieron. Infelizmente para aquellos que lo argumentan, esta afirmación no es correcta. Como explicaré con mayor detalle más adelante, leer una obra en su contexto no es una invención moderna, sino la forma habitual de escribir y leer textos;[47] también es sentido común, y el libro inspirado de Proverbios valora el sentido común.[48]

La Nueva Dinámica

La nueva dinámica del Espíritu no es un rechazo de la antigua dinámica textual; simplemente se somete a la dirección del Espíritu y afirma su aplicación por analogía, lo que buscamos hacer con la guía del Espíritu. El Antiguo Testamento a veces habla de "caminar" o "andar" en los mandamientos de Dios, empleando un

---

[46] Desafortunadamente, algunos que leen otros libros de principio a fin tratan a las Escrituras como un libro mágico del cual se pueden extraer los versículos al azar, aplicando a las Escrituras algo más relevante para la adivinación I-Ching. Aunque Dios es soberano y confiamos en que él hable a través de todo el canon, sin embargo, el problema no es tanto la selección aleatoria como el descuido del contexto.
[47] Para una serie de ejemplos antiguos, ver Keener, *Acts*, 1:20-21. Aquellos que argumentan que tratar de entender lo que un autor quería comunicar es una agenda puramente moderna simplemente están equivocados.
[48] A pesar de los detractores académicos, el sentido común tiene valor en la construcción de enfoques hermenéuticos; ver amablemente Schnabel, "Fads".

lenguaje hebreo para el comportamiento (Éx.18:20; Lv. 26: 3; Dt. 8:6; 19:9; 26:17; 28:9; 30:16). Para Pablo, los creyentes no necesitan estar bajo la ley en el sentido tradicional porque "andamos" por el Espíritu y somos guiados por el Espíritu (Gal. 5:14-23, especialmente 16, 18, 23). Sin duda, cualquier otra cosa que pueda involucrar esta guía también informa nuestra ética y comportamiento; y si Pablo es un modelo de seguir esa guía, esta guía es compatible con buscar analogías en el Antiguo Testamento (un patrón que a menudo se encuentra en sus cartas; por ejemplo, Rom.8:36; 13: 8-10; 1 Cor. 1:31; 9:9; 10:7).[49]

Sin embargo, a medida que adoptemos la nueva dinámica por el Espíritu, debemos tener en cuenta que cuanto más subjetiva es nuestra guía, es cuanto nuestra revelación personal necesita más pruebas, y cuanto más nos alejamos del estándar objetivo por el cual debe ser probado. Mantener la Palabra y el Espíritu en equilibrio es esencial; debido a nuestros respectivos dones, un maestro puede enfatizar un lado y una persona proféticamente dotada el otro, pero el cuerpo de Cristo necesita ambos.

En los días de Josías, las palabras del Libro declararon el estándar de Dios, y Hulda, la profetisa, declaró lo que ese estándar violado significaría para su tiempo (2 Reyes 22:8-20). Toda profecía debe ser probada, y la enseñanza igualmente es falible, porque "conocemos en parte, y profetizamos en parte" (1 Cor. 13:9). Mantener el equilibrio correcto entre la exégesis sana y la aplicación relevante guiada por el Espíritu para nuestras vidas es importante. No podemos enfatizar solo esta última porque se ha visto como más distintivo de algunas de nuestras comunidades de fe.

Conclusión

Un destacado líder pentecostal temprano profetizó un avivamiento mayor que el avivamiento pentecostal que había experimentado; este nuevo avivamiento uniría Palabra y Espíritu.[50] Imagínese lo que puede suceder cuando reunimos lo mejor de la experiencia carismática con la mejor atención evangélica a la exposición bíblica (y, para el caso, el mejor de los énfasis de muchas iglesias en cuidado de los pobres, para la reconciliación étnica, etc.).

El Espíritu todavía habla hoy; eso es lo que las Escrituras nos llevan a esperar. Sin embargo, podemos estar más seguros de la voz del Espíritu cuando atendemos a lo que el Espíritu ya ha hablado. El canon nos brinda la oportunidad y la responsabilidad de someter nuestro escuchar del Espíritu a lo que la tradición profética ha escuchado, y así crecer escuchando correctamente.

---

[49] Una perspectiva renovada por Dios difiere de la perspectiva natural de uno aparte de él (véase Salmos 73:17).
[50] Stormont, *Wigglesworth*, 114.

CAPITÚLO 8

¿Importan los Significados Antiguos?

Deseosos de enfatizar la experiencia de los lectores, algunos críticos hoy minimizan la importancia fundamental del significado antiguo. Los que están divididos entre enfatizar el significado moderno y el antiguo incluyen intérpretes pentecostales contemporáneos, con ambos lados reclamando la herencia del Espíritu.

El significado antiguo, sin embargo, sí importa, y, continuando un tema ya abordado en el capítulo anterior, ese significado antiguo canónico debe ser el ancla y el árbitro de las pretensiones para interpretar el texto de hoy. Además, continuando un tema de la Parte II, debemos escuchar las voces de otras culturas con sensibilidad desde sus variados contextos culturales; ¿Cómo podemos otorgarles a los lectores modernos ese respeto y negárselo a los autores bíblicos? La preocupación por el significado antiguo no es una invención moderna, y sostengo que es una preocupación compartida por el Espíritu que primero inspiró el texto.

¿Significados Antiguos o Posmodernos?

Muchos defienden los significados múltiples, aunque hasta cierto punto este argumento puede ser semántico: la mayoría de los intérpretes reconocen cierta importancia tanto del significado antiguo como de la recepción de los lectores, incluso si varía la nomenclatura según la cual describen esto. Algunos, sin embargo, parecen devaluar la conexión entre la recepción ideal y el significado antiguo.

¿Hermenéutica Pentecostal Posmoderna?

Existe una tensión actual en la erudición pentecostal occidental entre aquellos que están a favor de una hermenéutica histórica y crítica y enfatizan el contexto histórico, por una parte, y aquellos que, por otra, favorecen una hermenéutica posmoderna y minimizan la importancia del horizonte histórico original.[1]

---

[1] Ver, por ejemplo, discusión en Brubaker, "Postmodernism"; Clark, "Pentecostal Hermeneutics"; ídem, "Hermeneutics". La mayoría de los historiadores son realistas críticos y, por lo tanto, rechazan la negación

En realidad, debemos reconocer la contingencia histórica de los horizontes antiguo y moderno. Como William Oliverio se lamenta correctamente, los intérpretes pentecostales, a menudo divididos hoy en día en uno de los dos campos hermenéuticos, a veces han caricaturizado inútilmente el campo opuesto. Los que favorecen una hermenéutica contextual "han acusado a los de la hermenéutica evangélica-pentecostal de luchar problemáticamente por una meta ilusoria de objetividad pura, seguidos de réplicas de representantes de esa hermenéutica acusando a sus críticos de acercarse (o caer) a un abismo de relativismo sin restricciones".[2]

Varios académicos pentecostales han encontrado características valiosas en los enfoques postmodernos;[3] otros han objetado éstos.[4] Si bien algunos aspectos de la posmodernidad requieren crítica, la posmodernidad proporciona un lugar en la mesa para las voces informadas, y por lo tanto brinda una valiosa oportunidad para aquellos que pueden hablar su idioma. Al dar la bienvenida a una variedad de culturas, también acoge a muchas voces cristianas de profunda fe y experiencia espiritual de quienes los eruditos bíblicos occidentales tienen mucho que aprender.

Algunos trazan el desarrollo de la hermenéutica pentecostal desde enfoques pre críticos hasta modernistas y posmodernos. Tal desarrollo no es sorprendente, aunque tampoco deberíamos considerarlo prescriptivo: Albert Schweitzer, por ejemplo, presentó naturalmente su propio punto de vista como el clímax de un largo desarrollo de la erudición sobre Jesús, sin embargo, muchas de las posiciones de Schweitzer hoy en día parecen excéntricas.[5] Muchos académicos pentecostales hoy se expresan particularmente en los enfoques en los que han sido entrenados, lo que apenas sugiere que estos enfoques caracterizan la experiencia pentecostal *per se*.[6]

Pero si bien los enfoques posmodernos pueden superponerse con los enfoques pentecostales convencionales en puntos particulares, no son lo mismo. La mayoría de los pentecostales que aprecian aspectos de la posmodernidad se distancian fácilmente del relativismo moral y teológico de la postmodernidad extrema.[7]

---

posmoderna extrema de los hechos (por ejemplo, sobre el Holocausto nazi), a pesar de la tendenciosidad de las narraciones más grandes; ver Licona, *Resurrection*, 77-89 (especialmente aquí 79, 84, 86-89).

[2] Oliverio, *Hermeneutics*, 247. Oliverio mismo defiende un "realismo hermenéutico" que reconoce las limitaciones del conocimiento humano pero también afirma que, a pesar de todo, podemos separar las verdades de las mentiras (323-24). Epistémicamente, ni el realismo total ni el irrealismo total es una opción viable (342); necesitamos en su lugar "una forma escarmentada de realismo" (352).

[3] Por ejemplo, Cargal, "Postmodern Age"; Archer, "Retrospect and Prospect", 147; cf. también Waddell, *Spirit in Revelation*; discusión en Herms, "Review".

[4] Por ejemplo, Menzies, "Bandwagon"; Poirier y Lewis, "Hermeneutics".

[5] Por ejemplo, Schweitzer, *Quest*, 358-62, en Mateo 10:23; ver las críticas de Perrin, *Kingdom*, 32-33; Ladd, *Theology*, 200.

[6] Como señala Karlfried Froehlich (Froehlich, "Hermeneutics", 179), las "reconstrucciones de desarrollos históricos" a menudo presentan tendenciosamente su propia posición como normativa. La interpretación posmoderna en sí misma refleja un contexto histórico particular (e indudablemente temporal) (véase, por ejemplo, la observación en Oliverio, *Hermeneutics*, 223, sobre la denuncia históricamente condicionada de la Ilustración por parte del posmodernismo).

[7] Gray, *Crowd*, 48-49, 53, 104, 130-31, observa preocupaciones sobre la cosmovisión posmoderna relativista, sugiriendo que si bien los pentecostales pueden usar herramientas posmodernas, deben operar desde su propia

Aparecen nuevos enfoques periódicamente, pero cuando nos relacionamos demasiado estrechamente con ellos, nuestro vínculo con los enfoques actuales nos quedarán como retrógrados con el tiempo. Bultmann casó su evangelio con Heidegger; eso puede haber sido concebido como contextualización para su generación, pero ahora *está pasado de moda*.

Uno podría acercarse a la hermenéutica pentecostal como una especie de convivencia postmoderna: todo significado está restringido a los ojos del espectador, por lo que simplemente describimos todas las interpretaciones ofrecidas por varios pentecostales y las tratamos todas como igualmente normativas. Como algunos otros enfoques hermenéuticos de interés especial, podríamos tomar descripciones de interpretaciones de un grupo –o incluso nuestro elemento preferido de ese grupo– y hacer que sean prescriptivos o al menos actúen como si la práctica de estos enfoques los legitima automáticamente como beneficiosos.[8]

En la práctica, pocos de nosotros iríamos tan lejos: la mayoría de los pentecostales, por ejemplo, rechazan las prácticas extremas asociadas con las franjas pentecostales como el manejo de serpientes y las afirmaciones de que los creyentes se convierten en dioses. Algunos intérpretes occidentales han argumentado que el significado de las Escrituras está determinado solo por el contexto del lector.[9] Sin embargo, si, con respecto a los enfoques impulsados por lectores, consideramos el pentecostalismo global como una comunidad de lectores, es útil señalar que la mayoría de los pentecostales y carismáticos rechazan este acercamiento relativista del significado dentro de la Escritura determinado solo por el contexto de los lectores.[10]

¿Cualquier interpretación es tan buena como cualquier otra?

Podemos aprender de una variedad de voces culturales e incluso teológicas, pero creo que una verdadera hermenéutica del Espíritu debe volver a la Escritura misma, en la forma y, por lo tanto, en el contexto en el que Dios eligió inspirarla. Es verdad que no siempre comprenderemos exactamente cuál era el punto original de algunos

---

cosmovisión distintiva. Cf. la preocupación en Green, *Seized*, 161, que el posmodernismo (radical) rechaza la historia.

[8] Un enfoque ideológico puede filtrar la interpretación de todos los textos a través de la misma lente, volviéndose prácticamente inmune al diálogo o la corrección. Cf. la queja de Richard Israel, ofrecida en una reunión de la Sociedad de Estudios Pentecostales: "Una ideología pentecostal no es en absoluto hermenéutica; es la obliteración del horizonte del texto por el intérprete" (Israel, Albrecht y McNally, "Hermeneutics", A8-9, como se cita en Anderson, ""Pentecostal Hermeneutics"). El propio Anderson señala (""Pentecostal Hermeneutics") que los pentecostales, como todos los demás intérpretes, tienen prejuicios, pero los eruditos verdaderamente críticos reconocen sus prejuicios y tratan de permitir que los textos cambien nuestras ideas preconcebidas sobre los textos.

[9] Ver la crítica de esta visión en, por ejemplo, Osborne, *Spiral*, 165, 379-80.

[10] Véase Ellington, "Authority", 155. Archer, *Hermeneutic*, 236, rechaza este enfoque radical de respuesta al lector como antirrealista (siguiendo a Vanhoozer).

textos. Pero también es cierto que ninguna lectura "contextualizada" moderna y específica es normativa para todas las culturas.[11]

La experiencia subjetiva no es una auto interpretación, y abundantes abusos históricos (ya sea por gnósticos, bogomilos, anabaptistas de Münster, algunos primeros cuáqueros o la enseñanza moderna de la prosperidad de Charles Capps) solicita algunos criterios objetivos. La interacción entre la experiencia y las Escrituras involucra una especie de círculo hermenéutico,[12] pero, como con la incorporación de Wesley de la razón, la tradición y la experiencia, las Escrituras deben seguir siendo primordiales. Así, como la teóloga pentecostal Cheryl Bridges Johns exhorta: "El texto escrito tiene una realidad objetiva e histórica que no puede entenderse adecuadamente fuera de los límites de la razón. Sin embargo, es una palabra subjetiva personal la que lleva el Espíritu".[13] Un erudito bíblico pentecostal, Lee Roy Martin, advierte que centrarse en los sentimientos subjetivos "en lugar de buscar a Dios por el amor de Dios" es el tipo de "emocionalismo superficial" que los primeros pentecostales llamaron "fuego salvaje".[14]

Si algunos consideran un enfoque postmoderno extremo que iguala el valor de todas las interpretaciones de la mayoría de las lecturas "pentecostales", lo hacen solo bautizando un enfoque académico o cultural moderno, no reflejando el enfoque dominante del pentecostalismo temprano. La interpretación pentecostal temprana puede haber albergado un grado de polivalencia restringido por límites teológicos evangélicos.[15] Sin embargo, su tolerancia frecuente y digna de elogio en cuestiones secundarias[16] no implicaba respaldar todas las interpretaciones como correctas.

Los pentecostales lucharon y se dividieron sobre cuestiones como la santificación de una manera que hoy avergüenza a muchos de nosotros (incluyéndome a mí). Muchos de ellos afirmaron que todos, no solo sus grupos, debían abrazar el hablar en lenguas y una nueva experiencia del Espíritu Santo. Es difícil dudar de que, al menos en algunos puntos, la mayoría de los primeros pentecostales creían que algunas lecturas eran normativas e insistían en que las Escrituras debían ser decisivas. De hecho, en el debate de las Asambleas de Dios de 1918 sobre la evidencia inicial, la evidencia bíblica se consideró más importante (y no negociable) que la experiencia.[17]

Joel Green, crítico de los enfoques tradicionales estériles, protesta con razón por el relativismo extremo de algunos enfoques más nuevos:

---

[11] Para la teología como contextual, ver, por ejemplo, Bonk, "Missions"; Tennent, *Theology*; Yong con Anderson, *Renewing*. Cf. también Scharen, *Fieldwork*.

[12] Ver amablemente Waddell, "Hearing", 188, siguiendo a R. D. Moore. Cf. El primer círculo hermenéutico de Schleiermacher entre el todo y las partes en Westphal, *Community*, 28-29.

[13] Johns, "Meeting God", 24, citado en Waddell, "Hearing", 190.

[14] Martin, "Psalm 63," 284.

[15] Archer, "Retrospect and Prospect," 135–36.

[16] Ver Lederle, *Treasures*, 29-31, esp. 29; Hollenweger, *Pentecostals*, 32, 331-36. Los ejemplos de cierta tolerancia teológica más allá de lo que se convirtieron en límites pentecostales tradicionales incluyen Maria Woodworth Etter, Carrie Judd Montgomery, F. F. Bosworth, Aimee Semple McPherson y, en algunos temas, William Seymour.

[17] Menzies, *Anointed*, 130.

¿Importan los Significados Antiguos?

Más recientemente, algunos han migrado a formas de estudio para las cuales no existen "hechos", sino solo "perspectivas". Los textos son separados de los contextos socio históricos dentro de los cuales fueron generados,... y de las restricciones interpretativas que puedan haber sido sugeridas por los textos mismos. Debido a que estos impulsos continúan la agenda moderna de separar el presente del pasado, es discutible si estas formas de estudio son solo tardíamente modernas, y aún no posmodernas después de todo.[18]

¿Polivalencia?

Lo que enfatizamos a menudo está determinado por lo que buscamos corregir. Al igual que Gordon Fee,[19] he reaccionado en contra, y de este modo gasté gran parte de mi instrucción hermenéutica abordando, popularmente, sobre todo cuando se culpa al Espíritu Santo. Aquellos más formados por la lucha contra las tradiciones académicas estériles tendrán un énfasis diferente, aunque, por supuesto, parte de su énfasis también aparece en el trabajo de Fee y en el mío. Es la apropiación indebida de textos con contrademandas, y no la resistencia a la aplicación, lo que impulsa nuestra preocupación con los usos potenciales de los reclamos sobre polivalencia.

Para aquellos que aparentemente ignoran hasta dónde puede llegar esa desenfrenada subjetividad carismática, aquí están algunos de los ejemplos que he encontrado personalmente de justificar nuevas doctrinas sobre esta base, desde revelaciones escatológicas incompatibles con las Escrituras, hasta enseñanzas de la Palabra de Fe, a reclamar que los victoriosos cristianos alcanzarán la inmortalidad por la fe o se convertirán en Cristo o en parte de la Trinidad. (Conservando la nomenclatura "Trinidad" después de esta última adición podría ser factible solo para los matemáticamente desafiados.) Los defensores usualmente reclaman soporte textual para tales puntos de vista, pero se resisten de forma bastante consistente al contexto literario e histórico que desafía sus interpretaciones "inspiradas".

Algunos intérpretes antiguos afirmaban la polivalencia, especialmente los rabinos acercándose a sus textos sagrados.[20] El antiguo enfoque generalizado de la alegoría podía prestarse a tales afirmaciones, pero algunos enfoques tendían a prevalecer en escuelas particulares.

¿Hasta qué punto deberían los intérpretes cristianos informados presionar la polivalencia hoy? Incluso en el nivel de la intención del autor, los textos a veces

---

[18] Green, *Seized*, 16.
[19] Oliverio, *Hermeneutics*, 171n 163.
[20] Edwards, "Crowns", empleando *b. Men.* 29b; cf. Driver, *Scrolls*, 550. Los rabinos no estaban solos en la presentación de múltiples vistas (Starr, "Flexibility"), y los oradores practicaban regularmente defendiendo cualquier lado de una causa (por ejemplo, Suetonius *Rhetoricians* 1; Hermog. *Inv.* 3.5.141-43, 145; 3.7.149; Fronto *Ad M. Caes* 5,27 [42]), como hicieron los escépticos (Lucian *Double Indictment* 15; Hippolytus *Refutation of All Heresies* 1.20), aunque la mayoría de los filósofos criticaron la moralidad de esta práctica (por ejemplo, Fronto *Ad M. Caes.* 4.13; Máximo de Tiro *Or.* 25.6). Algunos presentadores de perspectivas múltiples, sin embargo, criticaron a otros que consideraron erróneos (por ejemplo, Porphyry *Ar. Cat.* 59.4-14, y luego afirmaron los intérpretes "correctos" en 59.15-19).

pueden tener implicaciones diferentes para los diferentes lectores previstos.[21] Nadie discute que los textos se pueden leer de varias maneras, muchas de las cuales pueden realmente proporcionar evidencia del texto; pero no todas estas interpretaciones son necesariamente útiles o necesariamente consistentes con la teología bíblica más amplia o la fe cristiana.[22]

Los textos con elementos indeterminados se prestan naturalmente a múltiples significados. "El único peligro", advierte un escritor, "es que aceptaremos demasiado fácilmente nuestros entendimientos como verdaderos que residen y surgen del texto mismo, en lugar de derivar de nuestra propia visión".[23] Sin embargo, esta observación sugiere otra, un peligro sin anunciar en la medida en que nos preocupa escuchar el texto en lugar de nuestra propia voz como autoritaria. Cuando nuestras construcciones de significado textual divergen ampliamente de su sentido contextual, podemos simplemente invertir nuestras propias opiniones con autoridad bíblica.

Las suposiciones que aportamos al texto ayudan a determinar el significado que proporcionamos a las indeterminaciones textuales.[24] En la medida en que compartamos las suposiciones de la primera audiencia ideal, nuestra lectura es probable que se aproxime a la lectura diseñada por el autor ideal. Idealmente, nuestras suposiciones están conformadas por lo que sabemos de los textos canónicos y cómo se configuran en contextos particulares para comunicarse.

Por eso, Fee advierte sobre el peligro de simplemente reflejar nuestros propios puntos de vista en el texto; porque la Escritura debe ser escuchada como la Palabra de Dios, una buena exégesis significa "escuchar el texto primero en sus propios términos, no en el nuestro".[25] Este es un punto vitalmente importante: si la Escritura es la Palabra de Dios, debemos escuchar su voz allí en lugar de nuestra propia voz. La Palabra de Dios puede hablar diferentes cosas en diferentes contextos, pero si oímos simplemente un reflejo de nuestro contexto (y nunca un desafío) no oiremos la voz de Dios contextualizada sino una deificación sincretista de nuestro contexto.

---

[21] Cf. Ilustración de N. Wolterstorff citada en Westphal, *Community*, 66-67. También tenga en cuenta la gama de audiencias esperadas más allá de la audiencia "núcleo" o "objetivo" más informada, discutida en Koester, *Symbolism*, 19-22; ídem, "Spectrum"; Burridge, "People", 143.

[22] Ver también Green, *Practicing Theological Interpretation*, 74. Los antiguos cristianos estaban listos para apelar a la teología más amplia del canon cuando el sentido de los pasajes específicos no estaba claro; cf., por ejemplo, Young, "Mind of Scripture".

[23] Wittig, "Theory", 97-98. Debido a que "ningún significante puede representar adecuadamente la cosa en sí mismo", argumenta Taylor (Taylor, "Shades", 32), "la actividad de la significación es ineludiblemente ficticia"; sin embargo, tal enfoque puede llevar al nihilismo hermenéutico. Más útil es el simple reconocimiento de la finitud de nuestras perspectivas parciales (Westphal, *Community*, 26; véase 1 Cor. 13: 9).

[24] Por ejemplo, los enfoques freudianos, marxistas u otros (señalados en Wittig, "Theory", 90). Hirsch, *Validity*, 126, permite el uso de tales categorías para describir lo que está en los textos, pero no para invertir el significado en ellas (por ejemplo, un freudiano que descubre implicaciones edípicas ajenas al punto de Shakespeare).

[25] Fee, *Listening*, 14.

Nomenclatura Potencialmente Ambigua

Muchos que afirman la importancia de los horizontes modernos no rechazan por eso el de los antiguos. Para algunos, la hermenéutica pentecostal enfatiza el papel del Espíritu en múltiples interpretaciones.[26] En la medida en que comprendamos el "significado" o las "interpretaciones" como aplicaciones y recontextualizaciones guiadas por el marco del texto bíblico en su contexto original, los estudiosos de una amplia gama de perspectivas estarán de acuerdo en el principio, a pesar de las diferencias en el vocabulario.

Sin embargo, algunos pueden encontrar que el lenguaje es engañoso si no está calificado. Tales malentendidos son inevitables dado que la proliferación de nomenclaturas divergentes puede ilustrarse mediante lecturas reales de tales afirmaciones.

Algunas de las propuestas de Kenneth Archer, por ejemplo, han generado controversia. Utilizando el lenguaje académico familiar, Kenneth Archer concluye: "El significado no es algo que descubrimos apropiado. El significado es algo que construimos".[27] En la interpretación específicamente bíblica, sin embargo, nuestro objetivo declarado habitual es escuchar el mensaje del texto canónico, por lo que no podemos construir un "significado" "(lo que otros llaman aplicación) sin descubrir primero el significado en el texto.

Hablar de lectores que construyen significado en textos bíblicos, entonces, ha provocado la preocupación de algunos críticos de que este enfoque desplaza el lugar de autoridad del texto diseñado a sus lectores reales.[28] Aunque no sugeriría que los puntos de vista de Archer son idénticos a los míos o sus críticos, sin embargo, nos ha proporcionado algunas señales autorales de su propia intención; otras declaraciones en su trabajo sugieren que él está describiendo el proceso de lectura aquí, no prescribiendo el rechazo del sentido canónico. Lo que él describe como "significado" siendo "producido a través de la interacción dialéctica interdependiente en curso del texto y el lector",[29] yo lo llamaría "comprensión", pero de nuevo, estas son principalmente diferencias semánticas. Los contextos sociales determinan el significado que los términos conllevan, y Archer está usando una terminología familiar en los estudios literarios.

En correspondencia personal, Archer ha explicado que sus críticos malinterpretaron su punto.[30] (Puedo sugerir, en parte en tono irónico, que su explicación de este modo afirma el valor de su propia intención autoral al abordar su trabajo).[31] Archer afirma "la intencionalidad del texto para comunicarse con una

---

[26] Hey, "Roles".
[27] Archer, *Hermeneutic*, 208.
[28] Las fuertes críticas al trabajo de Archer incluyen Spawn y Wright, "Emergence", 14-15; Poirier, "Crítica".
[29] Archer, *Hermeneutic*, 232.
[30] Kenneth Archer, correspondencia personal, 11 Abril de 2015.
[31] Incluso se podría argumentar que este descargo de responsabilidad demuestra la valoración de Archer de la intención del autor, cuando es recuperable. Por supuesto, el "autor ideal" es el autor proyectado por el texto, por lo

apreciación que es un producto social-cultural que fue escrito en un cierto tiempo y lugar por una(s) persona(s)".[32] Él rechaza la metodología histórico-crítica como una forma de descubrir qué significa el texto y piensa que descubrir el propósito original no proporciona una comprensión clara de lo que significa el texto; pero aprecia el contexto social-cultural y valora ambos horizontes.[33] "El mundo detrás del texto" informa pero no controla la conversación sobre el significado.[34]

Por tanto, algunos de nuestros debates pueden ser especialmente asuntos de énfasis moldeados por los diferentes contextos que abordamos. Sin negar que existen otras diferencias, la falta de una nomenclatura estandarizada para discutir estas diferencias complica la comunicación.

Rechazo Equivocado del Contexto Antiguo

Puedo sentir simpatía por los estudiosos que sienten la tensión entre la crítica histórica y escuchar el texto en sí. De hecho, ése es en parte el enfoque existencial de Bultmann (véase el Apéndice A) y, creo que de manera más útil, los enfoques literario-teológicos modernos pretenden superar. Tomé un descanso de un trabajo significativo sobre el Evangelio de Juan durante un par de años después de mi disertación sobre Juan porque me había resultado difícil leerlo sin pensar en toda la literatura secundaria sobre los diversos pasajes. Años más tarde, nuevamente puedo escuchar el Evangelio en sus propios términos sin distraerme con las preguntas críticas modernas. Tales preguntas tienen su lugar, y algunas incluso surgen naturalmente al leer el texto, pero la literatura secundaria a menudo construye capa tras capa de glosas interpretativas especulativas no menos coercitivas para los intérpretes que las limitaciones y tradiciones eclesiásticas sobre las que se quejaban los primeros eruditos modernos.

Por el contrario, la investigación cuidadosa que nos ayuda a escuchar estos trabajos en sus contextos antiguos puede hacer que los textos y sus escenas cobren vida para nosotros de manera más completa. En la medida en que se valora el testimonio de la experiencia espiritual, ciertamente puedo testificar acerca de esta experiencia gratificante. Comprender mejor el primer horizonte no resuelve todos

---

que la divergencia aparentemente ideal de un autor real indica un grado de comunicación fallida, ya sea por la incapacidad del autor para calificar la nomenclatura ambigua o por la falta de crítica de los oyentes desde el punto de vista de la audiencia ideal del texto o una combinación de los mismos. La falta de nomenclatura hermenéutica estandarizada, sin embargo, hace que esa falla en el entendimiento de otras críticas sea prácticamente inevitable.

[32] Kenneth Archer, correspondencia personal, 11 de abril de 2015. Este ha sido un punto de crítica particular; así, por ejemplo, Oliverio, *Hermeneutics*, 231, se queja de "su descuido de la originación de un texto y del contexto externo concomitante".

[33] Kenneth Archer, correspondencia personal, 11 de abril de 2015.

[34] Archer, *Hermeneutic*, 222.

los problemas, pero llena muchas lagunas que el texto no respondió porque, al momento de escribir, las respuestas eran obvias.[35]

Hablar de una opinión como "incorrecta" puede ofender algunas sensibilidades posmodernas, pero en la medida en que la meta de uno es recibir una comunicación de otro –lo que afirmamos cuando hablamos de las Escrituras como el mensaje de Dios a través de agentes humanos concretos– hay formas evidentemente inútiles de hacerlo. Algunos eruditos hablan erróneamente como si el primer horizonte no fuera importante.

En algunos casos, los estudiosos valoran ambos horizontes y simplemente enfatizan uno sobre el otro en sus escritos. En muchas partes del mundo, la interpretación popular a menudo descuida los problemas de fondo porque rara vez está disponible para los intérpretes. Sin embargo, he encontrado lectores populares casi uniformemente entusiastas acerca de los antecedentes antiguos cuando se los presenté y los hice más accesibles para ellos.[36]

Sin embargo, un erudito pentecostal, al parecer utilizando prescriptivamente una descripción de la práctica pentecostal popular,[37] sugiere que un entendimiento más completo de la Biblia no es particularmente deseable,[38] que el "encuentro" es preferible a una "exégesis", que los "lectores espiritualizantes" necesitan "poco interés... en el sentido superficial del texto" o atención "a la intención original del autor".[39]

Desde este punto de vista, la hermenéutica pentecostal se opone, de manera contradictoria, a apreciar el texto en sí mismo y sugiere que "los pentecostales están infinitamente menos interesados en" lo que los textos significan para sus audiencias originales que en cómo los textos nos desafían hoy.[40] El autor llega a sugerir, aunque no completamente, que "ahora que los eruditos progresistas" han golpeado

---

[35] Al igual que los escritores modernos, los antiguos asumieron cierto conocimiento cultural sobre las partes de sus audiencias; ver, por ejemplo, Xenophon *Cyrop.* 7.2.15 (suponiendo que el público conozca la tradición que también se encuentra en Herodoto *Hist.* 1.46-48); Phaedrus 5.10.10; Philost. *Hrk.* 1.3; Maclean y Aitken, "Introduction", lxxxvii. Las cartas de Séneca a menudo responden, y por lo tanto presuponen, las preguntas o comentarios de Lucilio (por ejemplo, Séneca *Ep. Lucil* 68.1; 74.1; 75.1), tal como Pablo a veces respondió a otros (por ejemplo, 1 Cor. 7:1).

[36] Digo "casi" porque la única excepción a veces es cuando, ya sea que use antecedentes o no, desafío una interpretación tradicional preciada. Incluso entonces, no he encontrado a los pentecostales más resistentes que otros a reconsiderar sus tradiciones. Mi comentario de fondo solo ha vendido más de medio millón de copias, lo que sugiere que al menos algunos tienen un apetito por el pasado.

[37] Otros también notan que las lecturas pentecostales populares a menudo le dan poca atención al contexto histórico (por ejemplo, Gray, *Crowd*, 108-9).

[38] Davies, "Read as Pentecostal", 252. En la práctica, Davies probablemente no llegaría tan lejos como suenan estas afirmaciones polarizantes; así, por ejemplo, contrarresta el peligro de seleccionar solo textos inspiradores al abogar por la "predicación expositiva sistemática" (258).

[39] Davies, "Read as Pentecostal", 254. Davies cita la realidad de nuestra subjetividad (254), que no está realmente en disputa, y luego simplemente descarta las objeciones de los detractores a su enfoque espiritualizador, incluso entre los demás pentecostales, como "singularmente poco convincente"(254-44). Su falta de argumentos sólidos también es criticada por Poirier, "Critique".

[40] Davies, "Read as Pentecostal," 256.

mortalmente al Goliat de la "crítica gramático-histórica", los David Pentecostales deberían terminar el trabajo cortando la cabeza de Goliat.[41]

La analogía funciona mejor como un recurso retórico que como un argumento, ya que las voces de todos los profetas deben ser probadas y queda por ver quién habla genuinamente por Dios al respecto. Afortunadamente, este autor carece de la posición para definir para otros lo que debería ser una hermenéutica pentecostal.

Significado Antiguo de los Textos

La inspiración no hace que los textos sean menos textos. Ya sea que uno desee o no hablar de la intención de los autores, uno no puede evitar fácilmente hablar de lo que el texto significó en su contexto de origen. Después de todo, estaba escrito en griego antiguo y hebreo. El mundo mediterráneo del primer siglo fue el escenario en el que el vocabulario griego, la sintaxis, etc. de los autores del Nuevo Testamento tenían más sentido (y para el cual fueron diseñados). Cómo se define el "significado" depende en gran medida del objetivo de la interpretación, pero su nivel histórico real y originario en el que un escritor intentó comunicar el contenido en un sistema de signos socialmente compartido dio forma clara a los textos tal como los tenemos.

Además, si no podemos tomar en cuenta el contexto cultural de los textos bíblicos, nos quedan problemas insolubles relacionados con la esclavitud (por ejemplo, Éx. 21:21) y, en mi opinión, algunos pasajes que abordan la subordinación de las mujeres (especialmente 1 Ti. 2:11-12), y una serie de otros problemas en el Antiguo Testamento y algunos en el Nuevo.[42]

Como Bruce Malina acertadamente observa, nuestras Escrituras fueron escritas en idiomas y entornos de Oriente Medio y el Mediterráneo. Si "tienen un sentido inmediato y directo en esa forma cultural dentro de nuestro contexto social estadounidense, con razón puedes sospechar que los escritos del Nuevo Testamento son falsificaciones del siglo XX", que obviamente no lo son.[43] Cuando escuchamos más claramente lo que los escritores bíblicos comunicaron, a menudo con fuerza, a sus propias generaciones, entonces podemos escuchar más claramente lo que estos textos nos dicen en nuestros muy diferentes contextos.[44] Es fácil para nosotros simplemente descartar la relevancia de la locura de los corintios, por ejemplo, hasta

---

[41] Davies, "Read as Pentecostal," 255. Mientras continúa hablando de matar a "este monstruoso alienígena", admite que habla con sarcasmo.
[42] En lugar de ilustrar detalladamente, remito al lector a mi tratamiento en Keener, *Paul*, 17–235; Usry y Keener, *Religion*, 98–109 (esp. 103–4); Keener y Usry, *Faith*, 20–41 (esp. 36–38). Otros trabajos también son (incluso a veces más) útiles, incluidos Copan, *Monster*; Dodd, *Problem*; Webb, *Slaves*.
[43] Malina, *Anthropology*, 153.
[44] Keck, "Ethos," 450–51. Cf. Stendahl, *Paul*, 35: "En realidad, no hay mayor amenaza para los estudios bíblicos serios que una demanda forzada de 'relevancia'. Debemos tener paciencia y fe suficiente para escuchar y buscar el significado del original". Dos ejemplos de compromiso total con el contexto original al servicio de la misión contemporánea son Schnabel, *Mission*; e ídem, *Missionary*.

escuchamos cuán lógicos son sus puntos de vista dentro de su propia cultura, al igual que algunas de nuestras prácticas nos parecen lógicas hasta que verdaderamente nos desafía el argumento de Pablo.

Las lecturas contextuales modernas que son más fieles a ese sentido original así como a su base, tendrán la mayor base común y capacidad para dialogar con otras lecturas contextuales. Sin una base común –no solo en las palabras de los textos, sino en lo que significaban esas palabras lingüística y culturalmente específicas en su contexto cultural, situacional y de forma autoral– uno puede hacer que cualquier texto diga prácticamente cualquier cosa. En una sesión de SBL [siglas en inglés de la Sociedad de Literatura Bíblica]a la que asistí al inicio de mi carrera académica, el presentador sugirió que si a uno no le gusta lo que dice el texto, uno debe leer los espacios entre las líneas para producir una contra lectura. (Cuando compartí esta teoría con un estudiante de doctorado de otra institución, comentó con ironía: "Oh, eso suena exactamente a lo que usualmente llamamos eisegesis").

La cultura hace una diferencia en ambos extremos de la interpretación: comprender el contexto antiguo y relacionarlo con el contexto del intérprete. Así, por ejemplo, las negociaciones de Abraham con los hititas locales por un cementerio para Sara (Gn. 23) se ajustan a lo que encontramos en los documentos comerciales hititas.[45] Si Abraham no hubiera conocido la cultura, podría haber agradecido a Efrón el hitita por ofrecerle la tierra libre (23:11) en lugar de pagarle por ello (23:13-16). En ese caso, habría agotado todo su favor con los hititas y habría incurrido en la enemistad; la oferta fue una cortesía, no destinada a que el receptor la aprovechara. Por el contrario, en el mundo de Pablo, rechazar un regalo o tratar de pagarlo insultaba y se corría el riesgo de incurrir en la enemistad del benefactor que lo ofreció.[46] Ni en la antigüedad ni en las interacciones interculturales de hoy se puede determinar la respuesta adecuada simplemente mediante el suministro equivalentes de diccionario de palabras como traducciones; uno debe comprender el contexto cultural que las informa. De lo contrario, uno se arriesga a veces a entender exactamente lo opuesto al punto del autor.

Los lectores desconectados a menudo sienten que el significado antiguo es una de las razones por las que muchos lectores hoy parecen desconcertados por la Biblia y luchan por seguir leyéndola. Los creyentes deben escuchar y apropiarse del texto corporativa y personalmente. Sin embargo, una de las mejores maneras de hacer que esto suceda es que algunos maestros de las Escrituras explore las características relevantes de la cultura antigua y traduzcan el mensaje en sus exposiciones. La mayoría de nosotros reconoce el valor de contextualizar el

---

[45] Véase, por ejemplo, Wright, *Biblical Archaeology*, 51. Algunos reconocen algunos paralelos, pero prefieren los neo-babilónicos (Tucker, "Background"); otros contrarrestan con el idioma hurrita (Rabin, "L- with Imperative") o los israelitas subsiguientes actualizando el idioma (Reviv, "Elements"; para opiniones, véase Katzoff, "Purchase"). Muchos eruditos han argumentado que Abraham solo quería la cueva (Gn. 23:9), pero dado que necesitaba la tierra rápidamente, Efrón pudo obligarlo a comprar todo el campo (23:11), lo que transferiría cualquier responsabilidad por las cuotas en la propiedad desde Efrón hasta Abraham (Gordon, *Near East*, 124; ídem, *Common Background*, 94; Kitchen, *Orient*, 155). La función narrativa, por supuesto, es reforzar el derecho de Israel a poseer Canaán.

[46] Ver Marshall, *Enmity*, 13–21; más levemente, tales rechazos demostraron desprecio (Pliny *Ep.* 8.6.9).

mensaje para nuestros oyentes; ¿qué es tan controvertido acerca de los académicos que usan las mismas habilidades para reconstruir el cómo la contextualización fue modelada para nosotros en las Escrituras, la cual regularmente contextualizó el mensaje para sus primeras audiencias?

Mi Testimonio Pentecostal para el Contexto Antiguo

Como el testimonio es a la vez un elemento valioso en la epistemología cristiana y un elemento convencional de la herencia pentecostal,[47] ofreceré la mía. Por lo que vale, para aquellos para quienes la revelación subjetiva tiene un lugar de autoridad especial, una experiencia reveladora establece mi camino hacia la comprensión. Como joven cristiano, reaccionando contra mi intelectualismo de preconversión, decidí que no necesitaba comprender las Escrituras; solo necesitaba "obtener la revelación en mi espíritu".

Un día, mientras estaba en un tiempo de oración, el Espíritu confrontó mi punto de vista; cuando traté de protestar, Dios me mostró simultáneamente diez textos en mi mente, demostrándome que estaba incontrovertiblemente equivocado. La Escritura valora la comprensión (por ejemplo, Prov. 1:6; 2:2-3; 8:1 y por todas partes; Rom. 12:2), incluida la comprensión de la palabra de Dios (Dt. 4:6; Sal. 119: 34, 73, 104, 130, 169; Mt. 13:23).

Tampoco llegué a valorar el contexto histórico debido al adoctrinamiento académico. De hecho, aunque nuestra educación sí nos influye a todos, mis puntos de vista han diferido crudamente de mi estimado y docto profesor de hermenéutica doctoral, Dan Via, un bultmanniano existencialista y ex estructuralista. Por lo contrario, mi enfoque vino leyendo la Biblia cuarenta capítulos al día, a menudo a través del Nuevo Testamento cada semana, hasta que me obligó a abandonar mi forma anterior de leer el texto bíblico y comenzar a leerlo de acuerdo con la forma en que Dios realmente lo inspiró, como cartas a congregaciones concretas.

Ignorar que los textos llaman la atención sobre su contexto antiguo –de hecho, fueron escritos en idiomas antiguos– es simplemente mostrar que uno no ha dedicado suficiente tiempo a leerlos, al menos, de la forma en que Dios los inspiró, generalmente un libro a la vez. Esto no quiere decir que Dios no proporciona ideas sobre las Escrituras de otras maneras; sino simplemente decir que una forma en que Dios lo hace claramente es ayudándonos a entender los textos en contexto, lo que me llevó a centrarme en este enfoque para hacer que más de ese contexto estuviera disponible.

No me enfoqué en el trasfondo porque mis profesores me lo pidieron; gravité hacia los profesores que me dieron lo que me ayudó a entender mejor el trasfondo, y por lo tanto la Biblia. No necesitaba tanto a un profesor para decirme lo que decía el texto porque yo estaba leyendo el texto por mi cuenta. Ingresé a la academia

---

[47] Ver, por ejemplo, Chaván de Matviuk, "Growth"; Pedraja, "*Testimonios*".

porque me dio más acceso a los antecedentes que ahora deseaba para ayudarme, y ayudar a la iglesia, a comprender mejor la Biblia. Tenía que entender si deberíamos practicar besos sagrados, mujeres con la cabeza cubierta, etc., si no iba a descartar estos textos sobre bases subjetivas que hacía la intuición de lectores modernos en lugar de las Escrituras, tenía que descubrir por qué Pablo escribió tales instrucciones en su contexto.

Mi único deseo, originalmente, era cumplir mi llamado predicando la Palabra de Dios con la mayor precisión posible. ¿Podría este llamado también convocar a la iglesia a un cambio de paradigma en el nivel popular? La Biblia está llena de ejemplos de Dios usando siervos para traer cambios de paradigma, y a diferencia de Jeremías, al menos no estoy solo invitando a esos cambios. Dios me dio una pasión especial por los antecedentes, a menudo pasando diez horas al día extrayendo colecciones de textos antiguos, buscando cualquier información que iluminara cualquier pasaje bíblico. Después de reunir aproximadamente 70,000 fichas de información y terminar mi doctorado, decidí poner la información al alcance de los predicadores ordinarios, como lo había hecho antes. Ningún puesto de profesor se abrió para mí ese verano, pero dentro de las veinticuatro horas de mi oración por una cifra específica para ese año, me ofrecieron un avance inesperado de esa misma figura para escribir el comentario de antecedentes que había propuesto. La edición revisada veinte años después es mejor, pero Dios estuvo trabajando en este proceso desde el comienzo.[48]

Creo que el Espíritu a menudo me ha ayudado en mi exégesis también, a menudo facilitando mis habilidades cognitivas (lo que parece habitual en el proceso exegético), por ejemplo, al llamar mi atención con todo tipo de conexiones potenciales mientras leo las fuentes de fondo y todavía más mientras lucho con el texto. Sin embargo, esto también sucede al guiarme de maneras tradicionalmente consideradas más "carismáticas". Así, por ejemplo, cuando hace varias décadas estaba luchando con el tema del tabernáculo en el Éxodo, orando desesperadamente, sentí que Dios me había dirigido a estudiar antiguos templos del Oriente Próximo para entender el simbolismo.[49] En un nivel diferente, a veces se juntan varias ideas y algo "hace clic" de una manera especial. No quiero elevar tales ideas como si fueran perfectas o inmunes a la corrección; nuevamente, "sabemos en parte y profetizamos en parte" (1 Cor. 13:9). Los menciono simplemente para ilustrar que espero y experimento lo que creo que es la guía del Espíritu incluso en la etapa exegética.

---

[48] Keener, *Background Commentary*.
[49] Algunos de los frutos aparecen en Keener, "Tabernacle"; ídem, "Worship."

Una Manera Premoderna y Moderna de Leer

Más adelante, en este capítulo, abordo el precedente antiguo para explorar la intención del autor.[50] Aquí, en general, me intereso por el contexto antiguo. Descubrir el "significado e intención originales" de un texto es el objetivo de la metodología histórico-gramatical.[51] Como se señala más adelante en el capítulo 9, algunos asocian la intención del autor con "una hermenéutica racionalista de la Ilustración",[52] o con "el método histórico-crítico".[53] Sin embargo, los intérpretes claramente ya utilizaron la "exégesis histórico-gramatical" antes del predominio de la crítica histórica moderna.[54] Reformadores como Zuinglio enfatizaron la atención a asuntos como "gramática, retórica e investigación histórica para explicar el texto bíblico".[55] Cualquiera que dude de la sofisticada naturaleza de muchas críticas literarias antiguas solo necesita examinar la Poética de Aristóteles u otras obras críticas antiguas.[56]

Antigüedad Grecorromana

Algunos críticos se han quejado de que la lectura en el contexto histórico es una noción moderna irrelevante para los textos grecorromanos.[57] Incluso un estudio superficial de las fuentes grecorromanas expondrá la falacia de esta queja, incluso si muchos intérpretes fueran inconsistentes en su aplicación del principio.[58] Así, un escritor romano se queja de que algunas leyes romanas más antiguas ya no son inteligibles, porque las "palabras y costumbres" identificadas en las leyes se han vuelto "obsoletas, y es a la luz de esas palabras y costumbres que el sentido de las leyes debe ser entendido".[59] Todos también entendieron la realidad de las diferencias culturales.[60]

---

[50] . En "Authorial Intention in Premodern Exegesis" (ver p. 136).
[51] Ramm, *Interpretation*, 114–15; defendiendo este objetivo, ver, por ejemplo, Stein, "Benefits" (citado favorablemente en Hernando, *Dictionary*, 14n4); Stein, *Guide*, 11–23.
[52] Señalado en Grey, *Crowd*, 42.
[53] Grey, *Crowd*, 56.
[54] Archer, *Hermeneutic*, 58; aunque en otros lugares lo ve como una respuesta a la crítica histórica (263). Tampoco se toma en cuenta el contexto del autor ajeno a los intérpretes antiguos, como a veces se afirma erróneamente.
[55] George, "Introduction", xxvii. Sobre los orígenes de la crítica histórica "pura" de la Ilustración, a diferencia del interés anterior del Renacimiento y la Reforma en el contexto histórico (sobre el cual ver, por ejemplo, Bartholomew, *Hermeneutics*, 195-96), ver Bartholomew, *Hermeneutics*, 208-24.
[56] Para muchos textos relevantes, ver, por ejemplo, Russell y Winterbottom, *Criticism*; muchos de estos incluyen la crítica de género extrínseco y otros elementos.
[57] Mucho de lo que aparece aquí lo he tomado prestado de Keener, *Acts*, 1:20-21.
[58] Ver, por ejemplo, Quintilian *Inst.* 10.1.22; cf. Aune, *Dictionary of Rhetoric*, 397. Para contexto literario, ver, por ejemplo, Dionysius of Halicarnassus *Dem.* 46; Apuleyo *Apol.* 82-83; Hermógenes *Method in Forceful Speaking* 13.428; para la sensibilidad a géneros, por ejemplo, Quintilian *Inst.* 10.1.36; Maximus of Tire *Or.* 38.4; Menander Rhetor 1.1.333.31-334.5; Philostratus *Vit. soph.* 2.33.628.
[59] Aul. Gel. 20.1.6, citando una fuente que trata como confiable.
[60] P. ejemplo, Corn. Nep. Pref. 5-7; Plut. *Greek Questions; Roman Questions; Themistocles* 27.2-3.

¿Importan los Significados Antiguos?

Bien sabemos que los antiguos estaban más preparados para citar fragmentos más verbalmente que contextualmente relevantes para su situación de lo que solemos en la actualidad;[61] consultar el original era también mucho más difícil para ellos.[62] Pero los primeros oyentes de los Evangelios, por ejemplo, los habrían escuchado leer completos, en lugar de por partes.[63]

Para quienes tienen interés histórico, la pregunta no es anacrónica: contrariamente a algunas suposiciones modernas, los escritores antiguos no dudaban en debatir la intención, ya sea con respecto a las acciones de alguien en un juicio,[64] o el propósito de los legisladores.[65] Ciertamente, los autores antiguos estaban listos para desafiar a quienes les citaron fuera de contexto al producir el contexto de sus palabras.[66] De hecho, muchos enfoques literarios actuales se asemejan a antecedentes antiguos,[67] aunque no todos se corresponden tan estrechamente con sus supuestos análogos antiguos como se supone a veces.[68] Contrario a lo que algunos escritores modernos han opinado, los intereses históricos no son una preocupación puramente moderna limitada a una mentalidad de la Ilustración; así como el Renacimiento enfatizó el aprendizaje clásico, el énfasis de la Ilustración en el contexto histórico se remonta a los modelos clásicos.

Los escritores antiguos, como los modernos, podían asumir un grado de conocimiento compartido por parte de sus lectores u oyentes.[69] Los escritores aludían regularmente a situaciones que no necesitaban expresar explícitamente,[70]

---

[61] Ellos sabían cómo volver a aplicar citas antiguas de manera (notablemente) nueva (por ejemplo, la cita de Brutus de Eurip. *Med.* 332 en Appian *Bell. Civ.* 4.17.130; Virgilio en *Sen. Suas.* 3.5-7; 4.4-5), por lo que los escritores a veces los usaban para mostrar la retórica en lugar de la autoridad de su sentido original. Sin embargo, las citas usadas fuera de contexto para justificar comportamientos incorrectos podrían requerir censura (como en Alciph. *Paras*.20 [Thambophagus a Cypellistes], 3.56, 92).

[62] Stanley, *Language of Scripture*, 345.

[63] Dewey, "Gospel of Mark," 145.

[64] Para la intención del actor, vea Hermog. *Issues* 49.9–14; 61.16–18; 67.6–8; 72.14–73.3; Quint. *Decl.* 274.8 (para un actor divino); 281.1–3; 289.2; 311.8; 373.12; Libanius *Topics* 2.1; también Robinson, *Law*, 16; cf. Cicero *Fin.* 3.9.32; Seneca *Controv.* 10.1.9; *y. Ber.* 2:1.

[65] Para intenciones legislativas, vea Aeschines *Ctes.* 33; Lysias *Or.* 31.27, §189; *Rhet. Alex.* 1, 1422b.20–25; Hermog. *Issues* 40.6–19; 60.13–14; 66.12–13; 80.4–13; 82.4–5, 13–18; 83.20; 86.4–5; 91.9–13; Quint. *Decl.* 248.9; 249.3–5, 8; 251.2–3; 252.8; 274.9; 277.2; 297.8; 308; 317.9; 329; 331.3; 350.2, 6; esp. 317.2. Por lo tanto, era frecuente enfrentar leyes entre sí; por ejemplo, Quint. *Decl.* pássim (por ejemplo, 251 intro; 274 intro; 277.5; 299 intro; 303 intro; 304 intro; 304.1; 315 intro; 366 intro; esp. 304.1; 315.8). Sin embargo, cuando sea útil para el caso, se minimizará la importancia del actor (por ejemplo, Quint. *Decl.* 302.3; 314.6) o la intención del legislador (313.5–6); las leyes deben establecer las calificaciones (Arist. *Rhet.* 1.1.7, 1354a; Philost. *Vit. soph.* 2.33.628), o uno debe definirlas (Hermogenes *Issues* 65.1–8), citando excepciones implícitas (Seneca *Controv.* 9.4, pássim). El objetivo de uno en el caso determina si se apela a la intención o al texto (Hermog. *Issues* 40.6–19).

[66] Vea Apul. *Apol.* 82–83.

[67] Ver Pogoloff, "Isocrates", 338-62. Kohelet correctamente observó que nada nuevo está bajo el sol (Ecl. 1:9).

[68] Ej., Cf. El μῦθος de Aristóteles y la trama moderna (Belfiore, "Plots"); cf. también su concepción de la imitación (Rollinson, "Mythos and Mimesis").

[69] A veces esta suposición se hace explícita, por ejemplo, Dion. Hal. *Isaeus* 14 supone que sus lectores/estudiantes han leído los discursos de Isaeus en los que comenta. Maxwell, "Audience", aborda algunos conocimientos asumidos por el público, e incluso sugiere que los autores pueden omitir cierta información para aumentar la participación de la audiencia.

[70] Por ejemplo, Xen. *Cyr.* 7.2.15 (aludiendo al bien conocido oráculo de Delfos, véase Hdt 1.46-48); Phaedrus 5.10.10. Cf. Anonymous, *Commentary*, *Prologus*, Frede 15.1–16.46 (Burns, *Romans*, 11), sobre Pablo.

porque sus audiencias ideales compartían este conocimiento; al estar fuera de estas audiencias ideales, a veces nos encontramos en la oscuridad en cuanto al referente preciso de la alusión (por ejemplo, Lc. 13:1-4, 1 Cor. 1:11, 2 Ts. 2 5).[71] (Algunos intérpretes antiguos admitieron que enfrentaban el mismo problema con los escritores todavía más antiguos).[72] Los escritores algunas veces responden a los interlocutores con claridad suficiente para comprender la pregunta (por ejemplo, el Sen. Ep. Lucil 68.1; 74.1; 75.1, quizás 1 Cor. 7: 1); en otros momentos, sin embargo, no podemos reconstruir la pregunta (por ejemplo, el Sen. Ep. Lucil. 72.1).

Podrían examinar el significado del escritor en un texto basado en el uso de ese escritor en otra parte.[73] (Jerónimo incluso notó problemas lingüísticos en Pablo.)[74] También podrían tener en cuenta el contexto histórico de un escritor anterior; así, por ejemplo, cuando Dionisio de Halicarnaso practica la crítica retórica en Tucídides, se queja de que este último emplea un estilo que no se usaba ni siquiera en su propio tiempo (Dion. Hal. Tuc. 29).[75]

Los escritores antiguos también podrían notar que los textos más antiguos se habían vuelto menos inteligibles porque las palabras y costumbres habían cambiado, e instaron a leer esos textos a la luz de la redacción y las costumbres originales (Aul. Gel 20.1.6, sobre las primeras leyes de Roma). Los críticos a veces debatían si las palabras particulares estaban disponibles en el período de un escritor pasado determinado.[76] Ninguno de estos intereses impide la recontextualización de un mensaje; de hecho, los escritores antiguos, no menos que los modernos, abordaron la información histórica también a la luz de sus propias preocupaciones contemporáneas.[77]

Intereses de la Reforma

Tampoco es esta forma de leer textos exclusivamente antigua. Lutero, por ejemplo, enfatizó "el principio histórico y gramatical" contra el enfoque cuádruple

---

[71] En otras partes en fuentes antiguas, por ejemplo, Phaedrus 3.1.7; Dio Chrys. *Or.* 34.3, 10. Algunas veces los escritores incluso oscurecieron deliberadamente su significado para los desconocidos (por ejemplo, Nicholson, "Confidenciality", de manera menos persuasiva, Callaway, "Reflections").
[72] Proclus *Poet.* Essay 6, Bk. 2, K200.9–14.
[73] Por ejemplo, Sen. Ep. *Lucil.* 108.24-25, que interpreta el uso de *fugit* en Virg. *Georg.* 3.284 a la luz del uso de Virgilio en otra parte; también Dion. Hal. *Demosth.* 46 (en los discursos de Demóstenes); Philost. *Hrk.* 11.5 en Hom. *Od.* 18.359, usando Hom. *Il.* 21.197. Cf. también Aune, *Dictionary of Rhetoric*, 210-11, sobre el reconocimiento antiguo de los críticos homéricos de hapax legomena.
[74] . Milazzo, "Sermone".
[75] Cf. otros ejemplos en Libanius *Maxim* 3.9 (en Demóstenes); Proclus *Poet.* Essay 6, Bk. 1, K145.27-K146.1; K150.12-13. Aunque Heráclito a menudo simplemente alegoriza, a veces (como en Heracl. *Hom. Prob.* 79.8) apela a las circunstancias en el mundo narrativo para explicar el discurso de un personaje.
[76] Por ejemplo, Galen *Grief* 24b-26. Los escritores también reconocieron la imprecisión de tratar de encontrar palabras equivalentes para la traducción en diferentes idiomas (Sen. *Ep. Lucil.* 111.1-12).
[77] Ver, por ejemplo, Verbaal, "Cicero", sobre el interés de Cicerón en la tiranía de Dionisio de Siracusa (*Tusc* Bk. 5) debido a sus propias preocupaciones con respecto a César.

escolástico.[78] Este enfoque histórico y gramatical también caracterizó a Calvino,[79] y los reformadores en general.[80] Incluso con respecto al método histórico-crítico, Erasmo, Lutero, Calvino y Zuinglio abordaron cuestiones que hoy se consideran como consideraciones de estudio crítico.[81] Sin el renovado interés del Renacimiento en las fuentes fundamentales y la producción de un Nuevo Testamento griego por parte de Erasmo, es cuestionable si la Reforma habría sucedido.

De hecho, hasta el siglo XIX el NT y los clásicos fueron a menudo abordados por eruditos juntos.[82] Los padres de la iglesia y los escritores del período medieval a menudo citaron a los "autores clásicos" para explicar los textos bíblicos. El entrenamiento humanista de muchos reformadores destacó este enfoque aún más; la primera obra publicada de Calvino fue sobre Séneca.[83] En el siglo XVII, John Lightfoot comenzó a escribir un comentario sobre el NT basado en ideas de textos rabínicos.[84] Aunque los exegetas de la Ilustración podían usar estas herramientas de forma reduccionista, el interés en el contexto antiguo ciertamente no comenzó con ellos.

Los primeros pentecostales usaron a veces antecedentes históricos y, a veces, incluso lenguajes bíblicos, normalmente cuando se necesitaban para resolver una dificultad;[85] "estaban preocupados por los contextos 'histórico-cultural' y 'gramatical' de un pasaje". Sin embargo, aunque más claramente no se oponían a utilizar el fondo, el acceso al fondo raramente estaba disponible en un nivel popular. Como predicadores populares más que académicos, los primeros pentecostales normalmente no usaban ni podían "utilizar el método exegético histórico-gramaticalmente tutorizado".[86]

¿Su uso limitado de los antecedentes significa que un enfoque más disciplinado y coherente a la información de fondo les habría hecho daño? ¿O podrían haber desplegado más experiencia y conocimiento de idiomas antiguos si hubieran tenido un acceso más completo a estos? Smith Wigglesworth solo leía la Biblia, pero esto no era cierto para la mayoría de los maestros universitarios bíblicos pentecostales. Ciertamente, mi estimado maestro, Stanley M. Horton, cuyas raíces se remontan al Avivamiento de la Calle Azusa,[87] trajo su formación académica al servicio de las

---

[78] Grant y Tracy, *History*, 94; Ramm, *Interpretation*, 55; Wyckoff, *Pneuma*, 22-24.

[79] Ramm, *Interpretation*, 58-59.

[80] Grant y Tracy, *History*, 92-93; Wengert, "Lutero", 93. Para Ernesti, un erudito clásico en 1761, ver Ramm, *Interpretation*, 59.

[81] Wyckoff, *Pneuma*, 35, siguiendo a Krentz, *Method*, 7-18; cf., por ejemplo, la evaluación de Lutero y Calvino del argumento de Pablo en Gal. 4:21-31 en Bray, *Galatians, Ephesians*, 159-60. De hecho, los historiadores precristianos ya habían planteado muchos problemas críticos desarrollados en la historiografía moderna (ver Keener, *Acts*, 1: 122-31).

[82] Kennedy, "Criticism", 126.

[83] Klauck, *Context*, 1.

[84] Ver Lightfoot, *Commentary* (una edición de reimpresión).

[85] Archer, *Hermeneutic*, 125; cf. Oliverio, *Hermeneutics*, 91.

[86] Archer, *Hermeneutic*, 101-2n44. En un nivel popular, el "razonamiento inductivo de sentido común" se implementó en textos de prueba (Archer, *Hermeneutic*, 62-63; véase Oliverio, *Hermeneutics*, 118-19, 130).

[87] Era nieto de Elmer Kirk Fisher, pastor de la iglesia hermana de la Misión de la Calle Azusa, la Misión de la Sala Superior (Olena, *Horton*, 25-40).

Asambleas de Dios (incluso con respecto al idioma y la cultura), y el movimiento dependía en gran medida de él y otros académicos que pudieron trabajar dentro de sus estructuras.

Conclusión

Los debates sobre el rango del "significado" de los textos a menudo dependen de cómo se define el "significado"; ciertamente, los lectores pueden experimentar las implicaciones de los textos para sus propias situaciones en una amplia gama de formas. Sin embargo, las implicaciones están relacionadas con el mensaje originalmente empleado en los textos tal como los tenemos. Esos mensajes incluyen lagunas comunicativas textuales porque en su contexto lingüístico y cultural original ciertas características del entorno podrían asumirse en lugar de necesitar explicación. Nuestro interés puede estar en principios más amplios, pero encontramos estos principios en textos inspirados cuyas particularidades reflejan sus distintivos culturales, situacionales y de autor.

El interés por el significado antiguo no es una forma de pensar puramente modernista ni históricamente crítica. Lo exige la forma de los textos mismos, una forma reconocida por los intérpretes incluso en la antigüedad.

CAPITÚLO 9

¿Espacio para los Autores?

Aunque podemos hablar del horizonte cultural original compartido entre el autor ideal y la audiencia de un texto sin abordar la cuestión más controvertida de la intención del autor, el debate actual sobre este tema invita a prestar atención a este tema como parte de esta discusión. Aquí sostengo que buscar comprender el diseño textual del autor ideal nos ayuda a comprender mejor cómo discernir y, por lo tanto, cómo volver a aplicar exactamente, el mensaje que dio forma al texto.

Aquellos que leen las Escrituras lo suficiente reconocen que la inspiración normalmente usa, en lugar de eliminar, diferentes vocabularios y estilos distintivos de los escritores bíblicos, incluso en los libros de los profetas. Esta observación tiene serias implicaciones para la hermenéutica. Los académicos pueden discutir si algo podría significar más de lo que originalmente significó para sus autores (el debate a menudo se centra en las definiciones de "significado", a veces, así como lo que originalmente significaba para quién), pero no deberíamos esperar que signifique menos que eso.[1] Los que creemos que Dios conoce el futuro afirmaremos que Dios seguramente tuvo intenciones más allá de lo que los autores imaginaron, tal vez especialmente en la literatura profética. Pero dado que Dios normalmente inspiró a los autores a escribir en su propio vocabulario y estilo y en el idioma de su cultura, ese es el lugar más seguro para comenzar.

¿Intención del Autor Hoy en Día?

El énfasis en la intención del autor tiene tanto partidarios como críticos, que se detallan a continuación. Aunque algunas teorías actuales de interpretación literaria rechazan la prioridad de la intención histórica del autor como la "falacia intencional", la mayoría no descarta la validez de esta pregunta histórica,[2]

---

[1] Incluso los autores pueden obtener una visión posterior de su trabajo, especialmente si están elaborando material que originalmente tenía un significado más amplio. Solo después de escribir *Impossible Love*, que trata formalmente el romance entre mi esposa y yo, me impresionó cómo el tema obvio del amor de Dios por nosotros no solo es más profundo sino que ofrece un "amor imposible" más completo (humanamente).

[2] Brown, *Scripture as Communication*, 69-72, enfatiza que el enfoque contemporáneo es más matizado que los enfoques autorales anteriores.

reconociendo la intención del autor como al menos un nivel de significado, especialmente para aquellos con interés histórico.³

Mucho antes de la posmodernidad, los formalistas que estudiaban poesía advirtieron que no debíamos limitar el valor artístico al significado de un texto en el contexto histórico original. La importancia, argumentaron, radica en el texto y no en el autor.⁴ Sin embargo, estas son consideraciones principalmente estéticas. Los desafíos seminales a la intención del autor no eliminaron el interés en los autores o la crítica histórica, a pesar de las citas generalizadas a este respecto. Simplemente los distinguieron del enfoque diferente de los estudios poéticos,⁵ argumentando que es más válido preguntarse qué pudo haber pensado un autor en lugar de lo que ellos pensaban.⁶ Notablemente, Wimsatt y Beardsley, en su ampliamente citada obra seminal contra la intención del autor, aplicaron su crítica solo a textos estéticos y poéticos; ven la comunicación como exitosa solo en la medida en que los lectores infieren con precisión la intención del autor.⁷

Escuchando la Comunicación

Los defensores de prestar atención al significado original de un pasaje generalmente apelan a la intención del autor del pasaje. Cada vez que leemos textos como comunicaciones, tratamos de reconstruir lo que el autor estaba tratando de comunicar.⁸ Si un texto está codificado en un idioma y cultura en particular, podemos tratar de decodificarlo para entenderlo antes de volver a codificarlo para un idioma y cultura diferente.⁹ Si se adopta un enfoque de comunicación completamente orientado al lector u oyente, este énfasis exclusivo o excesivo en la comprensión del lector puede llevar a una situación en la que los lectores se

---

³ Burridge sostiene que "el propósito del autor es esencial para cualquier concepto de género como un conjunto de expectativas o contratos entre el autor y el lector o la audiencia" (Burridge, *Gospels*, 125; véase también, por ejemplo, Shuler, *Genre*, 32; Allison, *Moses*, 3; Ashton, *Understanding*, 113). La defensa clásica de la intención del autor es Hirsch, *Validity*, aunque la discusión ha cambiado desde ese momento; para una breve discusión de esta hermenéutica, ver Osborne, "Hermeneutics", esp. 390-91; Meyer, *Realism*, 35-41.
⁴ Eliot, "Tradition", 454-55, 459-60.
⁵ Wimsatt y Beardsley, *Icon*, 10, 13-14.
⁶ Wimsatt y Beardsley, *Icon*, 18.
⁷ Hays, *Echoes*, 201n90 (citando a Wimsatt y Beardsley, "Intentional Fallacy", 3, 5). Talbert, *Mediterranean Milieu*, 17, Hays cita con aprobación. Vanhoozer, *Meaning*, 96n167, también distingue la objeción original y razonable de Wimsatt en otros aspectos de algunas aplicaciones posteriores del ensayo; véase también Hirsch, *Validity*, 12. Desde la perspectiva de Hirsch enfatizando la intención del autor, los únicos textos "para los cuales los criterios estéticos serían tanto intrínsecos como suficientes son textos que tienen solo fines estéticos" (*Validity*, 155).
⁸ Ver comentarios sobre la teoría de la relevancia en el presente libro, y otros comentarios teóricos en Brown, *Scripture as Communication*, 35-38.
⁹ La analogía de decodificación y reencripción puede separar los pasos con demasiada precisión cuando existe una superposición cultural importante.

ofendan o se sientan insultados por un comentario y a menudo no puedan aceptar la explicación de un autor de lo que él o ella realmente quiso decir.[10]

Como autor, espero que comprendas lo que estoy diciendo, y trabajo para intentar facilitar esa comprensión. Supongo que los lectores de buena voluntad tratarán de entender mis libros; y espero incluso más plenamente que mis alumnos intenten comprender mi plan de estudios, ya que hay graves consecuencias si se malinterpretan mis intenciones. Debido a que creo que Dios inspiró a los autores bíblicos a comunicar su mensaje, estoy interesado en comprender lo que esos textos comunicaron en los entornos en los que se enmarcaron. Están escritos en hebreo, arameo y griego, no en inglés, español o chino. Del mismo modo, porque creo que Dios inspiró a los autores bíblicos a comunicar su mensaje, estoy más interesado en cómo puedo responder hoy al corazón de ese mensaje, por analogía y de acuerdo con los principios originales que informan estos modelos.

Una conversación nos permite la comunicación directa. Cuando leemos textos antiguos en busca de significado, pasamos a lo que la teoría de la relevancia identifica como un nivel secundario de comunicación: escuchar lo que un autor estaba diciendo a una audiencia original diferente; incluso si el autor deseara una audiencia lo más amplia posible,[11] el autor rara vez imaginaría una audiencia en una cultura y época diferente para quienes algunas de las alusiones del texto podrían no ser inteligibles.

Sin embargo, si buscamos escuchar la sabiduría de esos textos, debemos estar dispuestos a lidiar con esas alusiones, lo que requiere presuponer, en la medida de lo posible, el contexto antiguo. Normalmente, las particularidades del texto nos invitan a considerar lo que el autor –inferido del texto antiguo– estaba comunicando a la audiencia antigua. Cualquier otra cosa que supongamos que un texto pueda significar en un contexto diferente, el rango de recepciones potenciales de un texto normalmente significará nada menos que lo que podemos observar que fue diseñado para comunicarse en su propio contexto social y lingüístico general. Si, por ejemplo, el filósofo estoico Séneca comentó sobre un pensador estoico anterior como Crisipo de Solos, a menudo era porque quería aprender de (o citar la autoridad de) la sabiduría de ese pensador. Sin embargo, a Séneca normalmente le interesaba lo que ese pensador quería decir históricamente y, por lo tanto, estaba dispuesto a criticarlo si no estaba de acuerdo.[12]

Si los autores diseñan textos para comunicarse, uno de los objetivos del público ideal para el cual se diseñó el texto será que entiendan, en la medida de lo posible,

---

[10] Uno los encuentra regularmente en las noticias, aunque muchos agravios son artimañas políticas de izquierda o derecha. Para ver algunos ejemplos de la izquierda, ver Powers, *Silencing*, 78, 81.
[11] Ver Bauckham, *Gospels for Christians*, esp. ídem, "'Gospels". Para audiencias objetivo, sin embargo, vea Burridge, "People", 143.
[12] Los textos también pueden usarse como propaganda, y algunas veces Séneca puede haber usado a Epicuro a este respecto en sus cartas a Lucilio. Sin embargo, la aplicación de Séneca normalmente tenía una base en el sentido histórico.

lo que el autor del texto aparentemente deseaba comunicar.[13] (Cómo los lectores evalúan la comunicación en la práctica puede depender sobre su relación con el texto y con su autor.) Por lo tanto, si nos ponemos en el lugar de los lectores implícitos del texto, esto es lo que trataremos de escuchar.

En la academia, nos gusta simplificar los problemas complejos y complicar los simples, pero fuera de la academia, normalmente consideraríamos escuchar al autor como sentido común. Si creemos que Pablo sería la mejor persona para explicar lo que escribió en sus cartas, estamos interesados en la intención de Pablo; es por eso que los eruditos peinan las otras cartas de Pablo para ayudar a entender lo que él estaba comunicando más de lo que explora a Shakespeare o Dickens.[14] Asimismo, los críticos narrativos normalmente leen Hechos a la luz del Evangelio de Lucas más que a la luz de Mary Shelley o Isaac Asimov.

Lo más cerca que podemos llegar a una base normativa para otras lecturas es lo que el Espíritu inspiró a los autores bíblicos a decir a los contextos a los que originalmente se dirigieron explícitamente: las audiencias en cuyos idiomas escribieron y las situaciones que les importaban ya las que a veces se referían. Independientemente de lo que el significado incluya, debe incluir al menos lo que estos autores inspirados intentaron comunicar a sus audiencias. En la medida en que escuchamos los textos como comunicaciones, debería importarnos lo que el autor estaba tratando de comunicar.

Como se señaló anteriormente, el Espíritu generalmente se comunicaba a través de los estilos individuales de estos autores en lugar de una voz proféticamente cósmica, como la voz celestial en el Monte Sinaí. De todas las personas, aquellos que, con Pablo, valoran el don de la profecía deben entender que, para la mayoría de nosotros, el Espíritu generalmente no produce un trance profético en el que no podemos recordar lo que decimos; más bien, el Espíritu inspira nuestras facultades y actúa a través de ellas (1 Cor. 14:2-3, 32; Ap. 1:19).[15] Puede que no siempre reconozcamos todas las implicaciones de lo que le estamos diciendo a un receptor, pero sí reconocemos que las profecías generalmente vienen en nuestro propio estilo, al igual que las de Isaías, Jeremías o Ezequiel reflejan sus respectivos estilos. Dios incluso usó un título especial para Ezequiel, "hijo de hombre" que no se aplicó a otros. [Nota del traductor: el autor indica que en la versión inglesa NRSV, se traduce "hijo de hombre" como "mortal", la única cercanía en español de esta traducción la hace la Biblia Dios Habla Hoy (DHH) que traduce "hombre"].[16]

---

[13] Los intérpretes a menudo citan la teoría de la comunicación, sobre la cual ver más Searle, *Expression*; ídem, *Speech Acts*; Littlejohn y Foss, *Encyclopedia*; ídem, *Theory*; cf. Searle y Vanderveken, *Foundations*.
[14] Stein, *Guide*, 11.
[15] Cf. también Chrysostom *Hom. Cor.* 29.2; esp. Severian de Gabala *Pauline Commentary from the Greek Church* (Bray, *Corinthians*, 118): los espíritus inmundos compelen las profecías de los paganos y los hablantes no entienden, "mientras que el alma del verdadero [profeta] es iluminada y revela lo que el profeta ha aprendido y entendido". Contraste la visión antigua más común de que la profecía extática desplazó la mente, por ejemplo, en *Sib. Or.* 12.295-96; Aune, *Prophecy*, 47; Piñero, "Mediterranean View".
[16] Por ejempo., Ez. 2:1, 3, 6, 8; 3:1, 3–4, 10, 17, 25; etc.

¿Espacio para los Autores?

Ciertamente, las cartas de Pablo reflejan su estilo, su razonamiento con su audiencia y demás; el Espíritu trabaja más a menudo a través[17] del autor que a pesar del autor.

Intención del Autor en la Exégesis Premoderna

Anteriormente, en el capítulo 8, hablé sobre el interés premoderno en el significado original; aquí hablo del interés premoderno específicamente en el significado de los autores. Algunos críticos asocian el compromiso de descubrir la intención de los autores con "una hermenéutica racionalista de la Ilustración"[18] o "el método histórico-crítico".[19] Sin embargo, la atención a la intención de los escritores inspirados figuró prominentemente en la hermenéutica evangélica mucho antes de que el evangelicalismo hiciera las paces con la escuela histórico-crítica.[20] De hecho, el interés en la intención de los autores incluso es anterior a la Ilustración.

Algunos estudiosos, de hecho, argumentan que la intención del autor es el enfoque hermenéutico más antiguo, "y casi el único punto de vista disponible para los escritores de la Biblia".[21] Hasta cierto punto, este veredicto puede depender del género: oyentes antiguos se deleitaron en historias recogidas de la mitografía y usó salmos e himnos para alabanza. Muchos consideraron que la poesía inspirada provenía de los dioses en lugar de las mentes de los poetas,[22] aunque los críticos posteriores a veces acusaron a los poetas de tergiversar a los dioses.[23]

Sin embargo, es cierto que los pensadores antiguos que estudiaban y comentaban trabajos anteriores frecuentemente hacían las mismas preguntas que nosotros hacemos hoy, preguntas que involucran el estilo de los autores, el contexto histórico, y similares, como se señaló en el capítulo anterior. Estas preguntas a menudo incluían la intención del autor.[24] Obviamente, eso era cierto para la narración en prosa, las cartas y cosas por el estilo, pero también era cierto incluso para la poesía épica, como Virgilio. Poirier cita útilmente la hermenéutica de

---

[17] Incluso con profetas; cf. quizás διὰ τῶν προφητῶν (Mt. 2:23; Lc. 1:70; 18:31; Hch. 3:18, 21; Rom. 1:2).
[18] Perspectivas observadas en Gray, *Crowd*, 42.
[19] Gray, *Crowd*, 56.
[20] Henry, *God Who Speaks*, 281, citado en Wyckoff, *Pneuma*, 67. La intención de esta significación para las audiencias contemporáneas sigue siendo consistente, aunque más allá, con la intención original (Henry, *God Who Speaks*, 281, citado en Wyckoff, *Pneuma*, 136-37).
[21] Poirier, "Critique", 2; cf. Poirier y Lewis, "Hermeneutics", 12. De hecho, antes del reinado de la crítica histórica moderna, dominaba la inducción baconiana (Archer, *Hermeneutic*, 50-51, 62; Oliverio, *Hermeneutics*, 108), un enfoque que debería apoyar la valoración del contexto (ver, por ejemplo, la valiosa erudición del siglo XIX de JB Lightfoot).
[22] Reconocido también por Hirsch, *Validity*, 19. Ver, por ejemplo, Pindar *Nem*. 3.1-5; Callim. *Aetia* 1.1.1-38; Ovid *Fasti* 6.5-8; Dio Chrys. *Or*. 36.34-35 (los poetas posteriores están menos inspirados que los anteriores). Para los profetas bíblicos, ver, por ejemplo, 2 Pe. 1:21; Philo *Spec. Laws* 1.65; 4.49; *Num. Rab.* 18:12; Justin *Apol.* 1.36. Para una discusión sobre la inspiración y la posesión, ver más adelante Keener, *Acts*, 1:896-909.
[23] Para el error a pesar de la inspiración divina, cf. Philost. *Hrk.* 25.4, 8 con *Hrk.* 24.1-2; 25.10-17; Lucian *True Story* 2.32; quizás Hierocles *How Should One Behave toward the Gods?* (Stobaeus *Anth.* 1.3.53; criticando Homer *Il.* 9.497); Libanius *Refutation* 1.1; 2.1.
[24] Ver también Poirier, "Authorial Intention"; para Aristóteles, Poirier también cita a De Cuypere y Willems, "Meaning".

Agustín como un intento de discernir los pensamientos de los autores y, por lo tanto, la voluntad de Dios.[25] Ciertamente, los padres del siglo II miraron con recelo a los gnósticos que reinterpretaban la Biblia en base a sus ideas extra bíblicas.[26]

El Debate de Hirsch

Aunque históricamente las personas normalmente han leído las comunicaciones con el interés de discernir al autor, los estudiosos a menudo asocian el ideal de intención del autor en la crítica del siglo XX con Eric Donald Hirsch. Sus críticos son duros y algunas veces desdeñosos, acusando a Hirsch de retroceder en el tiempo con respecto a las tendencias actuales.[27] Sin embargo, cada vez que las tendencias cambian, las tendencias anteriores se vuelven pasadas de moda, y eso incluirá las tendencias actuales. De hecho, debido a que no hay "nada nuevo bajo el sol" (Ecl. 1:9), las ideas "antiguas" regularmente vuelven a la moda, a menudo se vuelven a empaquetar como nuevas.

En parte por esa razón, pero particularmente porque mi interés en la lectura cristiana está en escuchar los textos inspirados, encuentro más útiles los enfoques que proporcionan una idea de la producción de los textos tal como los tenemos. Algunos han acusado de hirschianos a los eruditos evangélicos y pentecostales que apoyan la intención del autor, pero los eruditos centrados en el autor generalmente han adoptado elementos del argumento de Hirsch por su interés en fundamentar nuestra lectura en la Escritura, la cual nos llegó primero como textos antiguos.[28]

Hirsch traza el destierro histórico del autor[29] que sucedió al destierro más necesario de los prejuicios positivistas tempranos (con su enfoque en patrones causales) y la fascinación postromántica por los sentimientos.[30] En última instancia, sin embargo, cree que el proceso culminó en críticos usurpando el lugar del autor como árbitros de significado.[31] Concede que los puntos de vista de los autores

---

[25] Poirier, "Critique", 4, cita a Augustine *Doctr. Chr.* 2.5.6; 2.13.19; 3.27.38. Si los enfoques de Agustín siempre cedieron los pensamientos de los autores seguramente pueden ponerse en duda, pero el objetivo sigue siendo interesante.

[26] Iren. *Her.* 1.8.1. Para la reinterpretación del lenguaje valentiniano del NT aparte de su contexto histórico, ver Grant, *Gnosticism*, 140.

[27] Para críticas, ver, por ejemplo, Lentricchia, *After New Criticism*, 256-80; Hoy, *Critical Circle*, 11-40; Le debo estas referencias a mi colega Dwight N. Peterson. Archer, *Hermeneutic*, 201, cita contra Seung, *Semiotics*, 10-45, y parece estar de acuerdo con el rechazo del enfoque de Hirsch como ingenuo en Lundin, *Disciplining Hermeneutics*, 21. Westphal, *Community*, 46-56, crítica el enfoque de Hirsch como problemático.

[28] Para la influencia de Hirsch en la hermenéutica de Fee, ver Oliverio, *Hermeneutics*, 171.

[29] Hirsch, *Validity*, 1-5. Westphal, *Community*, 57-68, habla menos alarmantemente de "revocar el privilegio del autor". Bartholomew, *Hermeneutics*, 313, cita ejemplos de eruditos que "declararon muerto al autor" (Barthes, "Death"; Foucault, "Author") y otros que han "declarado el regreso del autor" (Burke, *Death*).

[30] Hirsch, *Validity*, 3. El objetivo no es el pensamiento del autor sino lo que él buscó comunicar (Hirsch, *Validity*, 18). Considera el énfasis en la crítica literaria puramente intrínseca como una reacción contra la fijación positivista del siglo XIX sobre los patrones causales (145). Afirma el rechazo de Gadamer a los procesos de pensamiento del autor inaccesibles aunque lo crítica por ir demasiado lejos (248).

[31] Hirsch, *Validity*, 4–5.

cambian con el tiempo, pero sostiene que el significado que el autor invirtió en un texto no cambia (por lo tanto, la necesidad ocasional del autor de calificar los puntos de vista expresados anteriormente).[32] También reconoce que no todos los intentos para comunicarse demuestran ser exitoso.[33]

Sin embargo, el significado del autor sigue siendo un objetivo legítimo de interpretación, argumenta; los autores que no creían esto normalmente no intentaría la comunicación.[34] De hecho, incluso aquellos que argumentan que los autores no controlan el significado de los textos no implican que el autor sea irrelevante para el significado de los textos.[35] Reconocen que los textos no existen sin autores y contextos históricos, aunque también incluyen la historia de lecturas subsecuentes (lo que los eruditos bíblicos podrían llamar historia de recepción) bajo la rúbrica ampliada del "significado"[36] de un texto. Mientras tanto, Hirsch también afirma significación más allá de la intención del autor, lo cual señalaré abajo.

Algunos de los debates pueden ser semánticos, difiriendo sobre la elección de los elementos incluidos en la etiqueta "significado". Por lo tanto, cuando hablamos descriptivamente del "significado" de un texto en este sentido más amplio, podemos desear definir el contexto en el que el texto está siendo leído; la pregunta que debemos hacernos cuando leemos las Escrituras prescriptivamente para la iglesia es: ¿qué nivel(es) de significado es/son nuestro objetivo ideal?

La Intención del Autor y los Pentecostales

Entre los pentecostales, una minoría de eruditos disputa el valor de buscar la intención del autor. Sin embargo, buscar la intención del autor sigue siendo la opinión de la mayoría entre los eruditos pentecostales, como reconocen sus detractores.[37] El erudito pentecostal John Wyckoff, cuya disertación trató la hermenéutica neumática, por ejemplo, sostiene que la Escritura es la autoridad final solo si "el significado original del autor, a diferencia de las perspectivas de los

---

[32] Hirsch, *Validity*, 6–9
[33] Hirsch, *Validity*, 12; para el significado del autor como "solo parcialmente accesible", ver 17; para la dependencia de los juicios de probabilidad, ver 173-79, esp. 173-74; para la intención y el logro contrastantes, 153. No podemos reconstruir completamente los datos culturales (40-44), pero reconocer esta limitación no necesita producir un escepticismo total (40); se aprenden símbolos de todas las culturas, incluida la nuestra (43), y podemos malinterpretar cualquier texto (44).
[34] Hirsch, *Validity*, 18.
[35] Westphal, *Community*, 57 (citando a R. Barthes, M. Foucault y J. Derrida), 63 y 67 (sobre P. Ricoeur). Incluso Derrida, contra malentendidos comunes, no argumentó que los textos son completamente independientes de los autores; ver Smith, "Inc/arnation", 112-19, citado en Oliverio, *Hermeneutics*, 218-19.
[36] Westphal, *Community*, 63, citando Ricoeur, *Hermeneutics*, 91, 201. Para Ricoeur, la atención se centra menos en el autor detrás del texto que en el texto mismo y las posibilidades que abre (Westphal, *Community*, 64). Por supuesto, como demostraron las insuficiencias del formalismo, no podemos leer textos como entidades autónomas aparte de contextos, por lo que el conflicto sobre qué contextos tienen prioridad ha sido tan acalorado.
[37] Véase, por ejemplo, Archer, *Hermeneutic*, 178-79, 182, 190, 200-201.

lectores, es determinante para todos los demás posibles 'significados válidos'", en el que incluye lo que muchos prefieren llamar "aplicaciones".[38]

Muchos reconocen el papel fundamental de Gordon Fee en la discusión académica de la hermenéutica pentecostal.[39] Fee ha argumentado que "la exégesis por definición significa que uno busca la intención del autor en lo que se ha escrito"; el significado está en lo que el autor intentó comunicar.[40] Fee admite que la deconstrucción es correcta al notar los límites de nuestra capacidad de reconstrucción y nuestra objetividad, pero argumenta que estas advertencias no disminuyen el objetivo de comprender la intención del autor. "Después de todo, cada uno de los que discuten en mi contra en este punto son muy intencionales en sus escritos, ellos (con razón) harían una gran excepción conmigo si tuviera que malinterpretar sus palabras de la misma manera en que parecen dispuestos a tratar las palabras del escritor bíblico".[41]

Algunos critican a Fee y a otros por resaltar la importancia de la intención del autor.[42] Sin embargo, Fee justifica su interés en la intención del autor en Pablo, que no apreció que los corintios malinterpretaran su carta (1 Cor. 5:9-10).[43] Del mismo modo, Fee señala que Pablo califica su significado en Filipenses 3:12, que muestra que quiere comunicarse, y quiere que a su audiencia le importe su verdadera intención.[44]

El mismo enfoque para las cartas de Pablo podría ampliarse más allá de los ejemplos que ofrece Fee. Por ejemplo, algunos cristianos en Tesalónica pueden haber malinterpretado la insistencia de Pablo en la inminencia de la venida de Jesús (1 Ts. 5:1-3). Un día mundial de juicio era ajeno al pensamiento griego, y algunos aparentemente "contextualizaron" el mensaje de Pablo erróneamente, creyendo que el futuro día del Señor ya había llegado (2 Ts. 2:2). Pablo corrige tales malentendidos recordándoles su enseñanza, apelando así al contexto del autor (2 Ts. 2:3-5; ver 1 Ts. 5:4-5).[45]

Como se señaló anteriormente, normalmente leemos de esta forma las comunicaciones, incluyendo las cartas, como una cuestión de sentido común. No es una coincidencia, sin embargo, que Fee sea especialmente un erudito paulino y que la intención del autor funcione particularmente claramente en las cartas, que típicamente nombran a los autores y funcionan como comunicaciones directas a sus

---

[38] John Wyckoff, correspondencia personal, 26 de abril y 10 de mayo de 2015.
[39] Véase, por ejemplo, Spawn y Wright, "Emergence", 4, y señala su participación "Por más de treinta años".
[40] Fee, *Listening*, 9. Fee también enfatiza cómo se diseñan los textos bíblicos (*Listening*, 11).
[41] Fee, *Listening*, 9.
[42] Archer, *Hermeneutic*, 178-79, 203 (criticando también, por ejemplo, Gordon Anderson). Sin embargo, representar la propia opinión de Archer como descartando por completo la entrada del autor es probablemente injusto; ciertamente él quiere que los lectores entiendan su propia intención de autor, a veces buscando dejar esto en claro textualmente (note, por ejemplo, su referencia en tercera persona a sí mismo en Archer, *Hermeneutic*, 249: "este autor está reiterando").
[43] Fee, *Listening*, 9.
[44] Fee, *Listening*, 10, reconociendo, sin embargo, que la intencionalidad difiere según el género.
[45] Cf. Keener, *Background Commentary*, 596. En cuanto a la autenticidad de 2 Tesalonicenses, véase nota 12 del Capítulo XII más abajo. Ver fuentes en Keener, *Acts*, 2533; también Porter, *Paul*, 228-36.

lectores u oyentes. Las intenciones son a veces más difíciles de reconocer en algunos otros géneros, especialmente las narraciones de varios tipos.[46]

Autores Implicados y Límites en la Determinación de la Intención del Autor

Inferir el significado pretendido de un autor no es lo mismo que el antiguo enfoque romántico y psicológico de reconstruir los sentimientos o pensamientos del autor. La intención del autor, como deducida a partir de los textos, difiere de los inaccesibles "procesos de pensamiento" del autor.[47] No tenemos acceso infalible a la mente de un autor; técnicamente podemos hablar más plausiblemente de lo que el texto parece comunicar, dado nuestro conocimiento limitado del autor y los contextos del autor y del público ideal.

Siguiendo a Umberto Eco, algunos valoran la intención del texto de limitar la interpretación pero distinguen esta intención textual de la intención del autor.[48] Pero como Dale Allison sugiere, "una vez que reconocemos 'los límites de la interpretación' (Umberto Eco), es todo menos imposible definir esos límites sin tener en cuenta el contexto histórico original de una obra", en el que Allison incluye la coherencia con lo que podemos reconstruir de la intención del autor.[49]

El método que se usa para la interpretación depende del objetivo de la interpretación. Hirsch argumenta que no hay nada evidente en los textos que requieren una norma universal, a menos que esa norma sea lo que quiso decir el autor al redactar el texto.[50] Aquí los posmodernistas van a objetar, dudando de que – para empezar– no es necesaria una norma universal y validadora.

En trabajos posteriores, Hirsch admite que relacionó el significado y la normatividad demasiado estrechamente con el autor, pero apela a consideraciones éticas ampliamente compartidas para apoyar el escuchar al autor como una persona distinta de nosotros como lectores.[51] La consideración ética merece más que el rechazo como una última línea de defensa. Por ejemplo, Gordon Fee critica la parodia de un intérprete que tergiversó el cuento de Navidad de Charles Dickens, invirtiendo su significado para sugerir a Scrooge como un personaje positivo y Bob

---

[46] Esta puede ser una de las razones de la precaución de Fee al derivar la teología de la narración, discutida en otra parte de este libro. La intención afecta al género en sí mismo (véase Walton, *Thought*, 228, después de Halpern, *Historians*, 8), aunque el género implícito normalmente da por sentadas suposiciones culturales más ampliamente compartidas.
[47] Hernando, *Dictionary*, 26n24.
[48] Archer, *Hermeneutic*, 218. Sobre el valor del "lector modelo" de Eco, véase también Green, *Practicing Theological Interpretation*, 18-19 y ídem, *Seized*, 57, siguiendo especialmente Eco, *Reader*.
[49] Allison, *Moses*, 3.
[50] Hirsch, *Validity*, 24-26. Él afirma: "La validez requiere una norma, un significado que es estable y determinado, sin importar cuán amplio sea su alcance de implicación y aplicación" (126). Hirsch se queja de que, protegiéndose contra el nihilismo, Gadamer usa el significado estable del texto como una norma, pero Gadamer sostiene que los significados cambian (251).
[51] Hirsch, *Aims*, 79, 90 (traído a mi atención por Dwight Peterson).

Cratchit como uno negativo, lo contrario de lo que Dickens quería que su historia comunicara.[52]

De hecho, las normas no son necesarias para todas las tareas interpretativas (especialmente las descriptivas); para aquellos cuyo objetivo es escuchar la voz de documentos sagrados, sin embargo, es necesaria una base en el nivel de producción y no meramente en el nivel de varias recepciones históricas. Esos documentos, a su vez, se entienden más plenamente cuando tomamos en cuenta el contexto formativo (compartido entre autores y audiencias originarios) que los informan, dan forma a su elección de contenido y presentación potencialmente valiosos, y que, por lo tanto, asumen necesariamente.

La objeción moderna de que la intención del autor es irrecuperable, mientras que es estrictamente cierta con respecto a la obtención de niveles sofisticados de certeza, eleva el nivel demasiado alto para la investigación histórica. Todo esfuerzo histórico está necesariamente condicionado por la probabilidad, y los estudiosos a menudo hacen inferencias probables sobre el autor implícito de las estrategias literarias del texto en su contexto original.[53]

No obstante, si bien la intención no es totalmente recuperable en los textos que funcionan como instrucción, hace una diferencia si uno interpreta la intención de un pasaje, por ejemplo, como ironía, o como instrucción directa,[54] interpretaciones contrarias que las palabras podrían recibir en otras configuraciones que sus primeras. Otros enfoques que no se centran en el autor y en el contexto del autor ("restricciones inconscientes" sobre el autor) a menudo lo incluyen como al menos un elemento de significado.[55]

Podríamos expresar de una manera más matizada este interés en aproximar la intención del autor, dadas las limitaciones de la evidencia disponible para nosotros. Estrictamente hablando, no podemos reconstruir infaliblemente la intención de un autor; sin embargo, esta limitación no nos impide examinar el diseño del texto e inferir de tales estrategias aspectos relevantes de los intereses del autor implícito en el texto.[56] La aproximación es imperfecta, pero por lo general es suficiente para que la comunicación funcione.[57]

---

[52] Fee, *Gospel*, 40. Dickens no era evangélico, pero sus compromisos sociales estaban fuertemente formados por la convicción cristiana (ver Colledge, *God and Dickens*, 111-36, en *A Christmas Carol*, ver 52-53, 121).

[53] Este lenguaje, también, ha invitado a la crítica, aunque la mayoría reconoce estrategias narrativas (véase Aune, *Dictionary of Rhetoric*, 228). Para el autor implícito, a diferencia del autor histórico real, ver, por ejemplo, Bauer, "Function", 131.

[54] Ver, por ejemplo, Job 12:2; 1 Cor. 4:8; 2 Cor. 11:8; *Sib. Or.* 3.57-59; Jos. *Apion* 1.295; *Rhet. Alex.* 21, 1434a.17-32; 35, 1441b.24-28; Cicero *Fam.* 5.2.8; *Orator* 40.137; *Phil.* 13.2.4; *Sest.* 37.80; *Sulla* 24.67; *Verr.* 2.1.6.17; 2.2.31.76; 2.5.10.25; Sil. Eso. 11.254-55; Dio Chrys. *Or.* 31.9-10; 47.25; Lucian *Zeus Rants*; Quinta. *Decl.* 306.28; 338.26; Apul. *Apol.* 75, 100; ver muchos ejemplos antiguos en Duke, *Irony*, 8-12; O'Day, *Revelation*, 12-18; cf. Walde, "Irony"; Braund, "Satire". Algunos atribuyeron la invención de la ironía a Sócrates (Cicerón *Brutus* 292, Fronto *Ad M. Caes.* 3.15.2).

[55] Patte, *Structural Exegesis*, 21, 25.

[56] Cf. Osborne, *Spiral*, 154 - 55, 161 - 62, 394; Bartholomew, *Hermeneutics*, 418-20; cf. también buscando permanecer dentro de los límites de la intención comunicativa, en Brown, *Scripture as Communication*, 85.

[57] Benson, "Ignorant", 189-91.

¿Espacio para los Autores?

Algunos que se oponen al lenguaje de los "autores" enfatizan un "lector implícito"[58]; un autor implícito simplemente proyecta los intereses textuales en otra dirección. El "lector implícito" puede ayudarnos a escuchar el texto dirigido a su primer horizonte, lo que lo hace particularmente útil para escuchar el mensaje diseñado del texto.[59]

Conclusión

El debate de hoy no es si los autores proporcionan un factor de significado, sino si lo controlan. La respuesta que damos depende en gran medida de cómo definamos "significado". La definición de "significado", como ocurre con otros términos, está determinada por su uso, y los estudiosos a menudo hablan el uno del otro al usar el término de diferentes maneras. La influencia del autor es mínima en la medida en que el "significado" incluye todas las lecturas posibles, y la proporción de influencia del autor aumenta cuando se restringe el rango de usos aceptados de "significado".

Sin embargo, si nuestro interés es el significado original, las agendas del autor son máximas en la medida en que el autor se comunica de manera óptima para el contexto "original". Para aquellos que valoran el texto en su forma actual como autorizado, en lugar de simplemente el texto como una mina útil de símbolos para nuestras agendas o tradiciones de interpretación, el significado "original" ciertamente sigue siendo un objetivo valioso.

Por supuesto, no podemos reconstruir perfectamente el significado original. No tenemos acceso a todo lo que pensaban los autores ni a los contextos originales completos que suponían que compartían sus audiencias ideales; es decir, la información necesaria para llenar las lagunas de la comunicación secundaria. Pero cualquier otra cosa que un texto bíblico pueda significar, generalmente significa al menos lo que significó para el autor inspirado, que interpretó su propio lenguaje, modismos y alusiones culturales mejor que nosotros. Ofrecer reconstrucciones históricas de la manera más responsable posible (dados los límites de la evidencia y nuestros propios horizontes) es un objetivo razonable que no debe descartarse simplemente porque no se puede lograr perfectamente.

Nuestro objetivo, entonces, sigue siendo escuchar el diseño de las obras bíblicas (un enfoque literario) en su contexto antiguo (un enfoque cultural e históricamente sensible). Este último elemento nos invita a tener en cuenta todo lo que podemos saber sobre ese contexto antiguo, incluyendo todo lo que sabemos sobre el pensamiento del autor. Así, por ejemplo, podemos leer el vocabulario de Pablo a la luz de su uso de los términos en otros lugares, así como a la luz de cómo se usó ese

---

[58] Archer, Hermeneutic, 230 (o, más precisamente, una "comunidad implícita", 245).
[59] Ver Osborne, *Spiral*, 162-63. Los críticos a menudo distinguen al lector implícito de los lectores reales y los narradores (Fowler, "Reader", especialmente 10-11).

término en los contextos del cristianismo primitivo, las Escrituras y, más ampliamente, en las fuentes griegas. Esta observación nos invita a usar enfoques tanto literarios como históricos (capítulo 10).

CAPITÚLO 10

Tanto... Como

De los capítulos 7-9 se deduce que tanto los enfoques literarios como los históricos proporcionan información valiosa para el estudio de la Escritura. La mayoría de los estudiantes de hoy en día reconocen este equilibrio, aunque varios escritores y profesores de hoy en día pueden proporcionar contribuciones más completas en un enfoque u otro. Asimismo, la mayoría de los estudiosos valoran tanto los significados antiguos como los modernos (en una definición amplia de significado) o la gama antigua de significado y las aplicaciones contextuales posteriores (en una definición más tradicional de significado).

Lo que a menudo se considera distintivo de la hermenéutica del Espíritu está en el nivel de la contextualización, ya que el Espíritu ya inspiró textos en su forma antigua. Como ya se señaló, sin embargo, el Espíritu puede ayudarnos en todo el proceso de recepción, por lo que una hermenéutica del Espíritu completa incluye a ambos. En la práctica, uno puede enfatizar que el Espíritu complementa la enseñanza tradicional con respecto al método exegético, pero uno no debe enfatizar solo el rol del Espíritu en la aplicación o el significado moderno como un sustituto para inculcar habilidades exegéticas básicas (incluyendo el contexto literario y, en la medida de lo posible, el contexto y las habilidades de lenguaje).

Enfoques Tanto Literarios Como Históricos[1]

Muchos piensan que la erudición crítica hasta mediados del siglo XX estaba orientada históricamente, seguida por un cambio hacia el interés por las técnicas retóricas (persuasivas) en los textos.[2] Sin embargo, enfoques anteriores a la erudición de Hechos, por ejemplo, a menudo atendían a la perspectiva distintiva de Lucas,[3] y hoy los intereses históricos permanecen vivos y presentes en esta área de estudio.[4]

---

[1] La mayoría de los siguientes aparecen también en Keener, *Acts*, 1:18-23.
[2] Ver Tyson, "History to Rhetoric", 23.
[3] Tyson, "History to Rhetoric", 25-30.
[4] Tyson, "History to Rhetoric", 30-31. Para una encuesta reciente de enfoques de "antecedentes" o "contextos" de Hechos, ver Baslez, "Monde"; para colecciones de algunos antecedentes relevantes, ver, por ejemplo, Evans, *Texts*, 373-78; Boring, Berger y Colpe, *Commentary*; Green y McDonald, *World*.

Si bien la crítica literaria e histórica contemporánea estuvo a menudo en desacuerdo (principalmente porque la primera respondía a un enfoque tradicional sobre la segunda), la mayoría de los estudiosos ahora aceptan el valor de ambos enfoques.[5] Incluso los propios enfoques literarios puramente intrínsecos reflejan contextos históricos y sociales particulares en sí mismos.[6]

La Necesidad de Ambos Enfoques

Las preguntas desde un amplio contexto histórico son inevitables si nos ocupamos de cómo las audiencias antiguas, cuyo lenguaje y cultura el texto presupone claramente, habrían escuchado varios pasajes. Escritores como Lucas buscaban "comunicarse con los lectores", y este propósito ayudó a dar forma al texto tal como lo tenemos, independientemente de cómo utilicemos el texto para fines posteriores ajenos a esos autores.[7] La audiencia implícita en el texto está históricamente condicionada por el mundo abordado en el texto.[8]

Para leer el texto como un todo, debemos leerlo a la luz no solo de los datos intrínsecos a lo largo del texto, sino también de los datos extrínsecos que presupone la comunicación original.[9] Como mínimo, esto incluye el idioma en el que se escribió el texto (sin que, como ya se señaló, los caracteres alfabéticos existentes se conviertan en nada más que marcas al azar)[10] y esas suposiciones culturales, teológicas y literarias que se comparten entre el autor y la audiencia sin necesidad de ser explícitos. A menudo, el autor y la audiencia real también compartieron el conocimiento de una situación más particular, aunque este conocimiento específico a menudo nos elude como lectores secundarios.[11]

El contexto histórico afecta cuestiones como la forma en que los lectores abordan el género;[12] algunos modernos mitógrafos de Jesús abordan los Evangelios

---

[5] McKnight y Malbon, "Introduction", 18; Donahue, "Redaction Criticism", 45-48; Byrskog, "History", 258-59, 283; Peterson, *Acts*, 41; Padilla, *Speeches*, 10-11.

[6] Ver, por ejemplo, Malina y Pilch, *Acts*, 3-5, señalando esp. Prickett, *Origins of Narrative*. Para su petición de tener en cuenta los contextos sociales originales, ver también Malina y Pilch, *Letters*, 5-9.

[7] Ver Kurz, *Reading Luke-Acts*, 173, y también observar la realidad extrínseca de este autor y audiencia, independientemente de nuestra capacidad para reconstruirlos. Sobre la importancia de la meta del retórico en la crítica retórica moderna, ver, por ejemplo, Brock y Scott, *Criticism*, 412.

[8] Ver Bauer y Powell, "Introduction", 8n18; más completamente, Powell, "Lectures".

[9] Con, por ejemplo, Dunn, "Reconstructions", 296 (aunque coteje las calificaciones en 309-10). Para la necesidad de tener en cuenta el contexto cultural, incluso en la traducción, ver, por ejemplo, Wendland, *Cultural Factor*.

[10] Véase, por ejemplo, Vanhoozer, *Meaning*, 242 (señalando que la referencia al lenguaje del autor necesariamente implica una referencia en algún nivel a la intención del autor). Por lo tanto, no solo las expresiones idiomáticas, sino incluso los lexemas y las unidades simbólicas más pequeñas dependen de una historia cultural compartida para su significado; incluso el lenguaje es una faceta de la cultura (véase Malina, *Windows*, xi), por lo que negar su relevancia para reconstruir una comunicación es ingenuo.

[11] Más de lo esperado por los autores humanos, que no nos esperaban como lectores secundarios, y mucho más de lo anticipado en las suposiciones confiadas que informaron algunos de los excesos críticos de redacción de una generación anterior.

[12] Cf. Hirsch, *Validity*, 102-11. Cuanto más específico sean nuestros paralelos para el contexto, más relevante es la evidencia en cuestión (183-93). Desde el punto de vista de la intención, cf. Shuler, *Genre*, 32.

como mitografía, mientras que yo diría que cualquier lector antiguo competente, reconociendo a Jesús como una figura histórica reciente, los reconocería como una biografía antigua.[13] Aunque estas conclusiones dispares implican diferentes preconceptos (en este caso, algunos quieren tratar cualquier afirmación sobrenatural como un mito), siguen siendo sustancialmente una cuestión de análisis histórico comparativo.

Al contrario de lo que algunos sugieren, a las audiencias antiguas les importaba el género. Los lectores antiguos conocían diversas categorías de género;[14] de hecho, las obras retóricas técnicas a menudo definían géneros específicos de cartas y discursos de forma más estricta de lo que permiten los ejemplos empíricos.[15] Los editores antiguos dividían los poemas de Pindar según el tipo de himnos y canciones que eran, para así, organizarlos en libros.[16] De varios modelos de crítica de género en la antigüedad, Aristóteles prevaleció más tiempo.[17]

En contraste con aquellos que evitan los enfoques extratextuales por razones metodológicas, algunos pueden evitarlos porque reconocen que tienen experiencia limitada en tales áreas; y tal evitación es, al menos, mejor que pretender la experiencia que les falta. Martin Hengel y Anna Maria Schwemer, cuya habilidad en las fuentes antiguas es evidente, advierten con razón que muchos eruditos del NT muestran poco conocimiento de las fuentes antiguas, y que su deficiencia es particularmente notable en trabajos que a veces se derrumban en "especulaciones ahistóricas completamente desinhibidas".[18] Tales teorías tienden a surgir en vacíos artificiales: los estudiosos a menudo explican toda la evidencia histórica que tenemos, luego crean argumentos a partir del silencio que permanece; "una forma radical de crítica" que ignora acríticamente las únicas fuentes existentes que tenemos "para dejar espacio a sus propias construcciones fantásticas".[19]

Enfoques que se Basan en Contextos más Amplios

En la medida en que la teoría literaria moderna se enfoca en la comunicación (un propósito principal de los textos), indica que "los textos muestran no solo

---

[13] Ver Burridge, *Gospels*; ídem, "Biography"; ídem, "Gospels and Acts"; idem, "Biography: Ancient"; Keener, *Historical Jesus*, 73–94.
[14] Por ejemplo, Quint. *Inst.* 10.1.36; Max. Tyre 26.4; 38.4. Es cierto que quizás no a menudo en los niveles prácticos notados por los críticos modernos; ver Conte y Most, "Genre". Los retóricos distinguen varias categorías de formas literarias (por ejemplo, Theon *Progymn.* 2.5-33). La biblioteca en Alejandría puede haber desempeñado un papel en enfatizar el género para la clasificación de la biblioteca (véase Fuller, "Classics", 189, que resume la contribución oral de George Kennedy).
[15] Ver, por ejemplo, ejemplos en Malherbe, ""Theorists". Diferentes géneros de discursos invitaban a diferentes estilos (Dion, Hal. *Demosth.*, 45-46).
[16] Race, "Introduction", 1.
[17] Burridge, *Gospels*, 27-29.
[18] Hengel y Schwemer, *Between Damascus and Antioch*, ix.Para algunos, tal ahistoricismo permite su privilegio de las construcciones hipotéticas de la tradición académica del cristianismo primitivo sobre la reconstrucción probablemente mejor informada (aunque no menos perspectivista) de Lucas.
[19] Hengel y Schwemer, *Between Damascus and Antioch*, ix.

referencias internas (en relación con estructuras dentro del texto mismo), sino también referencias externas (en relación a circunstancias fuera del texto); presuponen tácitamente todo el conocimiento cultural del período".[20] A medida que los lectores se adentran en una narrativa, se sienten atraídos al mundo narrativo que el texto presupone; este no es siempre el mundo real del autor, pero no puede sino estar de alguna manera informado por el mundo real del autor.[21]

William Kurz, citando teorías del acto discursivo, señala que las narrativas normalmente ocurren

> en un contexto de comunicación. El escritor de Lucas y Hechos no se limitaba a entretenerse garabateando sobre papiros o pergaminos, sino que intentaba comunicarse con los lectores a través de su texto escrito. Los participantes clave y los factores de este acto de comunicación son realidades objetivas (extramentales), no invenciones de los lectores, como algunos podrían deducir de ciertas formas de crítica literaria. Así, el escritor de Lucas existió como un individuo histórico, ya sea que podamos identificarlo hoy o no. Si no hubiera escritor, no habría texto.[22]

Explicando la interpretación socioestilista, Todd Klutz señala que "Al igual que la crítica retórica... este tipo de estilística asume que la fuerza comunicativa del estilo de un texto generalmente tiene algo que ver con los objetivos del productor del texto, cuya conformidad con las expectativas de relevancia normalmente conlleva a que la audiencia y la situación asumidas estén implícitas en el texto mismo".[23] En contraste con el enfoque del formalismo sobre las "propiedades estéticas de los textos, los sociosílabos y los métodos lingüísticos relacionados prestan la misma atención a las condiciones, causas, motivos y efectos extratextuales de textos como lo hacen con las cualidades estéticas de los textos mismos".[24]

Una combinación fructífera de enfoques históricos y literarios lee "textos que usan muchas de las convenciones de lectura y escucha en boga en el momento de la composición".[25] Este enfoque combinado tiene muchas implicaciones. Podría desafiar, por ejemplo, el enfoque casi exclusivo de algunos críticos narrativos en los

---

[20] Klauck, *Context*, 2; cf. Osborne, "Hermeneutics", 391-95. Sobre la importancia de reconocer el contexto antiguo de los textos, véanse también las discusiones en Malina, *Anthropology*, 153-54; Malina, *Windows*, xi-xiii; cf. Spencer, "Approaches", 399.
[21] Solía escribir ficción mitológica (en mi infancia), ciencia ficción y un romance urbano cómico; este tipo de obras fueron modeladas en parte por mis propias limitaciones de conocimiento, lenguaje y, hasta cierto punto, género (que a veces subvertí) e incluso dimensiones de mi imaginación con una dimensión cultural y literaria.
[22] Kurz, *Reading Luke-Acts*, 173; sobre la teoría del acto del habla, ver también, por ejemplo, Brown, *Scripture as Communication*, 32-35. Véase la extensa reflexión teórica sobre los textos como actos comunicativos (218-29) y los autores como agentes comunicativos (229-40) en Vanhoozer, *Meaning* (incluida la teoría de actos del habla de Searle en 243); para implicaciones, ver 240-65.
[23] Klutz, *Exorcism Stories*, 16.
[24] Klutz, *Exorcism Stories*, 17, enfatizando "la faceta sociocultural de la estilística... desarrollado... por el lingüista británico Roger Fowler" como una forma de "crítica lingüística".
[25] Smith, "Understand", 48.

lectores primerizos; los lectores antiguos reconocieron el valor de releer un documento con la frecuencia necesaria para captar los temas principales y las sutilezas.[26]

Una línea de crítica literaria se centra en "la audiencia autoral"[27], reconstruida no solo a partir del texto, sino también del mundo cultural "en el que se produjo el texto".[28] Otros académicos, interesados en abordar las necesidades de los filólogos, han desarrollado el enfoque analítico-textual de la intertextualidad específica, que permite la intención del autor en asociaciones deliberadas entre textos y sus pretextos.[29] Como señala el historiador Andreas Bendlin: "La intención del autor y la unidad del texto transmitido no han perdido su atractivo para los clásicos filólogos. Aquí, la intertextualidad, principalmente en su forma restringida de análisis de texto, se emplea para analizar el uso de precursores y modelos griegos en la literatura latina".[30]

Un enfoque actual particularmente útil, basado en la neurociencia cognitiva y el estudio empírico de cómo funciona la comunicación humana, es la teoría de la relevancia (tratada anteriormente en el capítulo 4).[31] Esta teoría observa que un comunicador puede dejar implícita cierta información[32] porque puede inferirse desde el contexto social que la audiencia anticipada comparte con el comunicador. Donde tal información no se puede inferir, la comunicación falla.

Tal falla es especialmente un riesgo en la comunicación secundaria, donde interpretamos textos no dirigidos a nosotros, particularmente cuando no fueron dirigidos originalmente ni siquiera a nuestros propios contextos sociales o lingüísticos.[33] Debido a que tanta comunicación depende de la inferencia, Gutt nota que el sentido intencional "es recuperable no solo en cualquier contexto, sino solo en un contexto donde se cumplen los requisitos del procesamiento óptimo, es decir,

---

[26] Para los discursos (a pesar del hecho de que los discursos fueron diseñados para invitar a los oyentes a seguir el flujo de pensamiento; Theon *Progymn.* 2.149-53), ver, por ejemplo, Quint. *Inst.* 10.1.20-21; para Homero, ver Hermog. *Method in Forceful Speaking* 13.428. Johnson, *Romans*, 19-20, señala acertadamente que un lector ideal captará más el significado, leyendo un trabajo varias veces si es necesario.

[27] Talbert, *Mediterranean Milieu*, 14-15 (citando a Peter J. Rabinowitz y Hans Robert Jauss). Véase también Aune, *Dictionary of Rhetoric*, 229, como se indicó anteriormente.

[28] Talbert, *Mediterranean Milieu*, 15 (distinguiendo este enfoque del "lector implícito" de W. Iser, que se infiere únicamente del texto, véase Iser, *Implied Reader*). Cf. Lang, *Kunst*, 56-89.

[29] Ver Bendlin, "Intertextuality", 873-74. Para textos antiguos que evocan deliberadamente textos anteriores, ver, por ejemplo, Menander *Aspis* 426-29, 432; Libby, "Theseus"; para la intertextualidad en obras de AT, ver Hays, *Echoes*, 14.

[30] Bendlin, "Intertextuality", 874.

[31] Para algunas obras fundamentales relevantes, ver, por ejemplo, Sperber y Wilson, "Précis"; ídem, *Relevance*; Wilson y Sperber, "Outline"; ídem, "Representation"; le debo estas citas a Gutt, *Relevance Theory*, 77-79. Con respecto a los estudios bíblicos, ver, por ejemplo, Green, "Pragmatics"; ídem, "Interpretation"; ídem, "Relevance Theory"; Jobes, "Relevance Theory"; Brown, *Scripture as Communication*, 35-38; Sim, "Relevance Theoretic approach", cap. 2. Para su compatibilidad con la teoría del acto del habla (a pesar de los diferentes énfasis), vea Brown, *Scripture as Communication*, 35n16, 46-47.

[32] La comunicación dentro de un marco compartido siempre deja cierta información implícita, economizando el lenguaje (Gutt, *Relevance Theory*, 33).

[33] Ver más adelante, por ejemplo, Gutt, *Relevance Theory*, 27; Sim, "Relevance Theoretic Approach", cap. 2.

donde existen los efectos contextuales adecuados, sin un esfuerzo de procesamiento innecesario".[34]

Significados Tanto Antiguos Como Modernos[35]

Una polarización entre el valor de un significado "original" y los modernos puede ser común en algunos círculos, pero para la interpretación cristiana no es útil. El estudio histórico no necesita jugarse contra intereses teológicos como si fueran mutuamente incompatibles.[36]

El Consenso Habitual

Hoy en día, la mayoría de los académicos reconocen el valor de ambos enfoques, donde sea que residan sus propios énfasis. Joel Green, especialmente conocido por su interpretación literaria y teológica, distingue entre la crítica histórica especulativa y el género más valioso que proporciona un contexto histórico valioso para escuchar el texto.[37] Como él señala, la dicotomía entre historia y teología o ideología es una corriente modernista que descuida el papel de la ideología en la configuración de la escritura histórica (particularmente en términos de selección y arreglo).[38] De hecho, observa, escuchar el texto en su propio contexto histórico puede ayudarnos a escucharlo más claramente, en lugar de domesticarlo, distanciándose de él o simplemente explotando nuestras excavaciones de él.[39]

Kevin L. Spawn y Archie T. Wright observan que la mayoría de los eruditos en las tradiciones de renovación apoyan tanto la dependencia del Espíritu como la "investigación académica rigurosa".[40] El erudito pentecostal norteamericano Lee Roy Martin enfatiza también que "el aprecio por la dimensión afectiva" de leer las Escrituras "es solo un aspecto de una hermenéutica holística. Los elementos

---

[34] Gutt, *Relevance Theory*, 28; El "contexto" aquí implica el "entorno cognitivo" del oyente (Gutt, *Relevance Theory*, 21-22). Por lo tanto, algunos mensajes no se pueden comunicar sin información de fondo para el contexto original del hablante (Gutt, *Relevance Theory*, 35, 63-68, 71-74).
[35] Cf. Cartledge, "Theology", quien valora tanto los enfoques hermenéuticos evangélicos (modelados por Anthony Thiselton y N. T. Wright) como los intereses carismáticos, a través del Paráclito que preserva y desarrolla el mensaje de Jesús (Juan 14:26). Cf. también Tuppurainen, "Contribution".
[36] De acuerdo aquí con Autry, "Dimensions"; Waddell, "Hearing", 175; Green, *Practicing Theological Interpretation*, 41, 124; ídem, *Seized*, 59, 126-36.
[37] Green, *Practicing Theological Interpretation*, 45. Para la particularidad histórica de las obras narrativas bíblicas, véanse también 53-54. Cf. Más información en Green, *Seized*, 9-10.
[38] Green, *Practicing Theological Interpretation*, 50-56. Otros a menudo han ofrecido el mismo reconocimiento, por ejemplo, Marshall, *Historian and Theologian*.
[39] Green, *Practicing Theological Interpretation*, 126-27. Cf. Mulholland, *Shaped*, 74: escuchar "la Biblia dentro de sus contextos culturales" nos ayuda a escuchar sus elementos contraculturales de manera más decisiva.
[40] Con Spawn y Wright, "Emergence", 7.

afectivos se vuelven más claros y precisos cuando surgen de la exégesis sonora".[41] La erudita pentecostal australiana Jacqueline Gray señala que leer con sensibilidad a ambos horizontes "no contradice la legitimidad del contexto histórico y cultural del texto, pero (para usar la terminología de Childs) lo extiende".[42]

Estos reconocimientos tampoco son nuevos. El erudito carismático Howard M. Ervin valoraba el "Análisis lingüístico, literario e histórico" como un elemento vital para entender el texto.[43] Walter Hollenweger, destacado durante mucho tiempo como un prolífico estudioso del pentecostalismo, enfatiza la contribución que la lectura de las Escrituras en sus contextos históricos puede hacer a la hermenéutica pentecostal.[44]

Antes de su muerte, el teólogo carismático Clark Pinnock, aunque usaba un sentido más amplio del término "significado" que los evangélicos tradicionalmente han abrazado, recordó a los lectores que una lectura genuinamente dirigida por el Espíritu será consistente "con el testimonio apostólico", lo que él considera "un comprobación importante". Aunque el significado no se limita a su sentido histórico, los textos "no pueden significar cualquier cosa que queremos"; el respeto por el texto requiere que permitamos que "establezca el rango de significados posibles". De manera más relevante aquí, señala que "Los textos de la Biblia tienen significados definidos en la situación histórica y ese significado es el ancla de nuestra interpretación".[45]

La Necesidad de Ambos Significados

De todas las personas, los lectores con una profunda experiencia del Espíritu deben estar listos para distinguir la revelación divina de las percepciones humanas y las prácticas contextualizadas. Aunque Dios también habla a través de las ideas humanas y las adapta (observemos las similitudes entre Proverbios y la literatura sapiencial egipcia, por ejemplo), hay una razón por la cual damos prioridad al mensaje apostólico y profético de la Escritura como un todo sobre las opiniones posteriores sobre lo que significa.

---

[41] Martin, "Psalm 63", 269; para valorar tanto el mensaje original como la forma en que habla a los lectores actuales, véase, por ejemplo, Martin, "Hearing", 215. Siguiendo a Brueggemann (Brueggemann, *Message*, 3-66), Martin, "Psalm 63", 265, también favorece un enfoque "postcrítico" que se basa tanto en la mejor devoción pietista como en la mejor visión académica. Cf. también Pinnock en Spawn y Wright, "Emergence", 9.

[42] Gray, *Crowd*, 156, citando Childs, *Theology*, 380 y enfatizando (Gray, *Crowd*, 156-58) nuestra participación en la historia del pueblo de Dios.

[43] Ervin, "Hermeneutics" (versión de *Pneuma*), 18, citado en Wyckoff, *Pneuma*, 131.

[44] Hollenweger, "Contribution".

[45] Pinnock, "Work of Spirit", 241. Menos restrictivamente, Gray, *Crowd*, 126-27, limita los significados a aquellos que se pueden conectar con el idioma o las imágenes del texto. Archer, *Hermeneutic*, 255-59, prueba las interpretaciones del Espíritu, los puntos de vista históricos de la iglesia, la evaluación intercultural y la evaluación de las comunidades académicas. Osborne, *Spiral*, 413, insta a una "actitud polivalente" que refina la comprensión de los lectores en diálogo con el texto en oposición al relativismo de "polivalencia pura". Westphal, *Community*, 43, sostiene que nadie defiende realmente el relativismo hermenéutico completo.

Primero, estudiar las Escrituras en los idiomas y culturas en las que Dios nos las dio proporciona una base crucial para ayudarnos a comprender su mensaje. Las ideas reveladoras son posibles, pero como se enfatiza en el capítulo 7, es la Escritura misma la que nos da un anclaje objetivo para probar y guiar nuestras experiencias subjetivas. Sin ese anclaje objetivo, podemos naufragar fácilmente en "todo viento de doctrina" (Ef. 4:14) que alguien afirma hoy darle un subidón de adrenalina.

En la manera formalista anterior, algunos podrían apelar solo al texto para evitar posibles contraindicaciones que socavarían el mensaje del texto. Desafortunadamente, la delimitación textual del significado por sí sola no siempre es adecuada, ya que un lector moderno desinformado proporcionará significado en las lagunas percibidas no por el contexto antiguo sino por sus propios sistemas interpretativos;[46] un persuasor inteligente podría incluso construir tal sistema para el mismo propósito de reclutar el texto para su agenda.

De hecho, incluso la lectura de textos meramente para la relación sintáctica de términos sin un contexto social más completo excluiría cualquier posibilidad de reconocer claramente cuándo un autor puede haber pretendido tales recursos literarios como la ironía. Además, los idiomas se desarrollan con el tiempo, por lo que en principio el significado de palabras clave incluso en el mismo idioma podría cambiar, provocando nuevas interpretaciones inconsistentes con el original. Anclar el rango de significado dentro de lo que permanece consistente con el diseño del texto en su contexto histórico proporciona limitaciones más claras.[47]

Los eruditos avivacionistas Spawn y Wright han advertido así contra los métodos "pentecostales" que minimizan "las dimensiones históricas, culturales y literarias de la Escritura", "ya que en estos temas relacionados con la procedencia del texto bíblico resultan de iniciativas divinas" y por lo tanto son esenciales para lecturas verdaderamente atentas al Espíritu.[48] Del mismo modo, el erudito pentecostal Gordon L. Anderson señala que una sana hermenéutica pentecostal no debe ser "un nuevo método exegético". A pesar del papel del Espíritu y la subjetividad en otros niveles, "la exégesis es un método de llegar al significado original del texto. Para hacerlo, uno debe estudiar el lenguaje, la cultura, la historia, la historia de las palabras, etc. Este es el método estándar para estudiar textos".[49]

---

[46] Cuando un signo designa una idea conceptual "no perceptible directamente en la realidad extralingüística", "*debe ser suministrado por el que percibe el signo*" (Wittig, "Theory", 85). Aunque el significado debe ser *congruente* con los signos (87), no necesita designar el referente previsto en un contexto original; sistemas como la psicología freudiana y jungiana o el marxismo "que proporcionan significado al texto en lugar de descubrir el significado en el texto", lo que requiere que reconozcamos explícitamente los modelos que se emplean (90-91).

[47] Cf. Hirsch, *Validity*, 123: un texto puede *permitir* varias interpretaciones, pero sus implicaciones genuinas deben reflejar "el tipo de significado" que el autor podría haber pretendido. Sin embargo, dado que el autor no podía imaginar muchas situaciones, podríamos hablar en lugar de recontextualizar en términos de cómo los autores podrían haberse expresado en las nuevas situaciones.

[48] Spawn y Wright, "Emergence", 15; ver también 20-21, citando favorablemente obras de Francis Martin, George Montague y James O'Brien; ver también Spawn y Wright, "Cultivating", 193, 196-97.

[49] Anderson, "Pentecostal Hermeneutics"; ver a este respecto también el comienzo de "Pentecostal Hermeneutics Part 2".

Algunas Lecturas Son Más Útiles Que Otras

Paul Ricoeur señaló que debido a que las palabras son polisémicas y las oraciones pueden tener plurivocidad, la interpretación es discutible, pero como estos elementos de comunicación aparecen en contextos, están "sujetos también a una validación de probabilidad". El crítico puede evitar no solo el dogmatismo sino también el escepticismo sobre el significado.[50]

Algunos han tratado el reconocimiento del horizonte del lector como una invitación a leer textos simplemente desde el punto de vista de las propias presuposiciones doctrinales o teológicas. Llamar a esta hermenéutica pentecostal haría de la tradición pentecostal, en lugar de la Escritura, la nueva norma normativa. Esta apelación retórica podría ajustarse a la propensión posmoderna de igualar todas las afirmaciones de verdad, pero tergiversa la hermenéutica convencional de mezcla de horizontes. Anthony Thiselton advierte: "El problema de la comprensión previa, sin embargo, no da lugar a la respuesta cínica de que el intérprete moderno entiende la Biblia solo sobre la base de sus propias presuposiciones. Porque hay un proceso continuo de diálogo con el texto en el que el texto mismo corrige progresivamente y modifica las propias preguntas y suposiciones del intérprete".[51] El estudio seminal de Thiselton concluye así con la observación vital: "El objetivo hermenéutico es el de un progreso constante hacia una fusión de horizontes. Pero esto debe lograrse de tal manera que la particularidad de cada horizonte se tenga en cuenta y se respete plenamente. Esto significa respetar los derechos del texto y permitir que hable".[52]

Simplemente leer nuestras agendas en el texto nos hace maestros del texto en lugar de someternos a él.[53] (Esta priorización del lector sobre el texto difiere de lo que los primeros pentecostales habrían reconocido como una hermenéutica pentecostal,[54] aunque como la mayoría de los lectores, a veces lo hicieron). Los lectores también escuchan fácilmente en las Escrituras simplemente un "licencia divina" para lo que deseamos o para confirmar nuestros prejuicios contra otros[55], o, contra todo lo que afirmamos acerca de la gracia divina, incluso nuestra superioridad teológica o ética sobre otros. Respetar el primer horizonte del texto, en cierto sentido, es una responsabilidad ética; en la medida en que recibimos el texto como una comunicación, respetamos "al otro" que nos llega en el texto al escucharlo en lugar de simplemente tratarlo como un reflejo de nosotros mismos.[56]

---

[50] Dornisch, "Symbolic Systems", 11. Cf. también Gross, *Preach*, 95-96 (comentando sobre Ricoeur, *Interpretation Theory*, 76-79).Sobre la teoría de la probabilidad para aproximarse al significado, ver Osborne, *Spiral*, 406-8.
[51] Thiselton, *Horizons*, 439.
[52] Thiselton, *Horizons*, 445; cf. también xx.
[53] Con Mulholland, *Shaped*, 19; cf. 133-34.
[54] Ver D. W. Kerr en Oliverio, *Hermeneutics*, 91-92, contrastando la lectura de los puntos de vista con las Escrituras al someterse humildemente a ella.
[55] Con Green, *Seized*, 77.
[56] Vanhoozer, *Meaning*, 461; cf. 400 (notando la aplicación de Kant por parte de Hirsch). Cf. Hirsch, *Validity*, 244: "la interpretación es la construcción del significado de otro".

Más Allá del Significado Antiguo

Se podría decir que, como Abel, cuya sangre clamaba desde el suelo, el texto antiguo "todavía habla" (Heb. 11:4); los escritores del NT no tuvieron reparo en presentar la Escritura como "hablando"[57] (la forma en que los contemporáneos paganos también hablaban del trabajo de poetas venerados). La mayor parte de mi trabajo académico hasta ahora se ha centrado en los antecedentes y el significado antiguo, pero el propósito de este trabajo es ayudar a las personas a escuchar el texto bíblico con mayor precisión, no sugerir que los creyentes deberían abordarlo como un mero espécimen para el análisis histórico.

La desconexión que los lectores suelen sentir con el significado antiguo es una razón por la que muchos lectores parecen desconcertados y reticentes a seguir leyendo la Biblia. Los creyentes deben escuchar y apropiarse del texto corporativa y personalmente. He dado por hecho que mis lectores cristianos no solo enseñarán el trasfondo por sí mismos como si eso les diera vida espiritual a sus oyentes.[58] Los antecedentes nos ayudan a comprender, por ejemplo, lo que Jesús realmente quiso decir en algunos dichos difíciles, o lo que significa para él ser manso y humilde.

Sin embargo, si no comunicamos el significado real de esos dichos o ayudamos a las personas a relacionarse con la bondad de Jesús, no hemos comunicado el corazón del mensaje. Es al ver a Jesús que somos transformados a su semejanza (2 Cor. 3:18).[59] Para Pablo, esto también incluía personas que podían presenciar la muerte y resurrección de Jesús a través de cómo vivía Pablo (2 Cor. 2:15-16; 4:10; 13:3-4; Gál. 2:20-3:1).

Bases Antiguas Para Nuevos Significados

Este antiguo significado debe ser fundamental para cualquier otro significado o significación que encontremos en el texto, si lo escuchamos como una comunicación. "Hay una línea de continuidad", señala un erudito pentecostal, "entre el 'significado' original de las Escrituras y cualquier significado contemporáneo".[60] El sentido original, señala otro erudito pentecostal, puede ayudar a establecer parámetros para el rango de recepción deseable hoy.[61]

Si nuestra aplicación no refleja ninguna correlación con las comunicaciones específicas que el autor ofreció en el entorno social y lingüístico compartido con su

---

[57] Juan 19:37; Rom. 9:17; 10:11; 11: 2; Gal. 3:16; 1 Tim. 5:18; Stg. 2:23; 4:5-6.
[58] Ver sabiamente Foskett, *Interpreting*, 32: "Leer la Biblia contextualmente es tomar en serio que la Escritura se compone, lee e interpreta en situaciones humanas particulares y que la palabra revive en ellas".
[59] Ver discusión en Keener, *Mind*, 206-15; en 1 Juan, ver Keener, "Transformation".
[60] Wyckoff, *Pneuma*, 137, que llama a la última forma de significado "significación". Sigue aquí también el trabajo de Arden C. Autry. Otros también prefieren la "significación" para las implicaciones contemporáneas de un texto; ver, por ejemplo, Osborne, *Hermeneutical Spiral*, 397-415; Stein, *Guide*, 38-39; Klein, Blomberg y Hubbard, *Introduction*, 401.
[61] Gray, *Crowd*, 132, 152, citando también ideas de otros, incluidos David Parker y Wonsuk Ma.

primera audiencia, dejamos de prestar atención a los detalles de este texto o su formación.⁶² En su lugar, lo convertimos en un genérico reflejo de nuestros propios intereses, uno en principio poco diferente de cualquier otro texto que podamos leer de la misma manera. Este enfoque no es infrecuente y a veces se justifica con el lenguaje hermenéutico. Pero para aquellos que respetan el texto como comunicación y están interesados en algo análogo a lo que primero comunicaron, un enfoque más en sintonía con su contexto original será más útil.⁶³ El primer horizonte no puede definir completamente nuestra experiencia de lectura,⁶⁴ pero debería ser fundamental para las analogías que dibujamos.⁶⁵

Mutuo Interés

Habiendo dicho eso, la hermenéutica del Espíritu no puede detenerse solo con el significado normativo y antiguo del texto, sino que también debe preocuparse de cómo ese significado habla en los nuevos entornos de hoy. Explorar ejemplos de esas lecturas en diversos entornos y examinar comunidades de lectura son actividades valiosas. Aprender de las ideas contemporáneas de estos otros lectores (y algunas veces de sus experimentos fallidos) no es menos útil que cuando escuchamos las ideas y los experimentos fallidos de nuestros predecesores en la historia de la iglesia. "Quien tiene oído", el Señor nos recuerda, "que escuche lo que el Espíritu dice" no solo a su propia iglesia, sino "a las iglesias" (Ap. 2:7, 11, 17, 29; 3:6, 13, 22). Los mensajes a las siete iglesias se contextualizaron para su público local, pero todas las iglesias pudieron aprender de ellos, porque el Espíritu puede aplicar el mensaje a nuestras propias situaciones.

Incluso los defensores más fervientes de la intención del autor generalmente no están en desacuerdo aquí, siempre que las nuevas ideas estén conectadas con el diseño implícito en los textos en su contexto histórico. A pesar de que algunas interpretaciones son incompatibles con el sentido original,⁶⁶ Hirsch sostiene que algunas interpretaciones diferentes pueden ser compatibles, en la medida en que reflejan el mismo tipo de significado.⁶⁷ Finalmente, Hirsch permite las

---

⁶² Después de descubrir el propósito original de la comunicación, la exposición debería "llevar este significado a nuestra sociedad actual con el mismo impacto que tuvo cuando fue originalmente escrito" (Mickelsen, *Interpreting the Bible*, 56), contextualizando para nuevos escenarios (172). Normalmente esto desafiará a los oyentes modernos mucho más que el enfoque más común de simplemente darles lo que ya piensan.
⁶³ Ver más Vanhoozer, *Meaning*, 201-452; Brown, *Scripture as Communication*.
⁶⁴ Archer, *Hermeneutic*, 207, citando el trabajo de estudiosos anteriores, enfatiza la suficiente indeterminación en los textos bíblicos como para permitir "las posibilidades de un significado futuro".
⁶⁵ Cf. Aquino en el significado literal como fundamental (Wyckoff, *Pneuma*, 19; Crites, "Intellect", 18). Para Tomás de Aquino, la Escritura era la máxima autoridad (Levy, Krey y Ryan, *Romans*, 42, citando *Summa Theologica* 1.1.8 ad 2).
⁶⁶ Hirsch, *Validity*, 128.
⁶⁷ Hirsch, *Validity*, 131-32.

"implicaciones" o "significados" de un texto en los nuevos contextos,[68] las cuales de hecho, permiten lo que otros llaman aplicaciones o "significado" trascendente, aunque no desconectado, de la intención del autor.[69] A pesar de las diferencias en el papel del autor, tanto Hirsch como sus detractores más posmodernos permiten lo que hemos llamado recontextualización.[70]

Los escritores sí se comunican más (y menos) que su intención consciente.[71] Pero los supuestos culturales y lingüísticos compartidos con la audiencia original determinan muchas de las "indeterminaciones" o lagunas en sus textos. No podemos recuperar por completo los pensamientos de los autores, pero tampoco las palabras o frases tienen algún significado normativo aparte de sus contextos literarios y sociolingüísticos. El rango semántico de un término proporciona significados potenciales para el término, pero su sentido particular se ve reducido por el entorno social y literario del texto en el que aparece. Aquellos que objetan que la búsqueda de la intención del autor exige demasiado de nuestra evidencia, al menos deberían considerar el contexto compartido del autor implícito del texto y su audiencia implicada.[72]

La intención ideal del autor, o el diseño de las obras en sus contextos originales, estaban más que para simplemente informar a su audiencia. La mayoría de los escritores bíblicos querían que sus audiencias respondieran a su mensaje por cómo vivían.[73] Dado lo que sabemos de las narraciones antiguas, incluidas las historias, esto era tan cierto para los autores en los géneros narrativos como en otros géneros. De hecho, era más cierto en las antiguas narraciones reales del Cercano Oriente y en las historias y biografías grecorromanas que en las típicas cartas o novelas.[74]

---

[68] Hirsch, *Validity*, 61-71. No hay límite para posibles implicaciones, en la medida en que uno simplemente selecciona qué enfatizar (139-40). Inicialmente, Hirsch relacionó las implicaciones muy estrechamente con el propósito original del texto (por ejemplo, *Validity*, 113), pero reconoció que algunos autores esperaban que sus textos fueran utilizados más allá de lo que expresamente pretendían (123; véase el comentario adicional en Vanhoozer, *Meaning*, 264). "Importancia" o "significación" es esencialmente "aplicación"; el conflicto de Gadamer con Hirsch es si este objetivo debe excluirse del proceso interpretativo para evitar el relativismo hermenéutico (Westphal, *Community*, 111).

[69] Cf. Stibbe, "Thoughts", 192, desautorizando la exaltación de "importancia sobre el significado" o desconectando los dos.

[70] Brown, *Scripture as Communication*, 105-6n21, señala que, a pesar de las diferencias de los autores, los "significados potenciales" de Ricoeur son algo similares a las "implicaciones" de Hirsch. También Gerhart, "Notion", citado en Osborne, *Spiral*, 391-92.

[71] Aquí no me aventuro en cuestiones de la mente subconsciente y la voluntad consciente del autor, como se hace en Hirsch, *Validity*, 51-57 (especialmente 51-53), pero estoy pensando en el contexto que el autor simplemente da por sentado.

[72] No en el sentido de Iser de lo que implica un texto aislado de su contexto formativo, sino en el sentido más amplio de lo que implica un texto en relación con su contexto formativo.

[73] Cf. Fee, *Listening*, 11: los textos bíblicos están diseñados para ayudar a las personas a servir y adorar a Dios.

[74] Ver, por ejemplo, Dion. Hal. *Ant. rom.* 1.2.1; Val. Max. 2.pref.; Lucian *Hist.* 59; Max. Tyre 22.5; Fornara, *Nature of History*, 115-16; Lang, *Kunst*, 7-13, 97 - 167; Marguerat, *Histoire*, 28-29; Keener, *Acts*, 1: 148-65; Laistner, *Historians*, 113-14; Williams, "Germanicus".

Conclusión

Las obras incluidas en nuestro canon se formaron en circunstancias lingüísticas y culturales particulares. De este modo, podemos comprender mejor lo que estos textos pretendían comunicar, y cómo se pueden aplicar de forma análoga hoy en la medida en que entendemos las circunstancias que los configuran. Sin embargo, si nos detenemos con observaciones meramente históricas sobre el texto, no hemos logrado apropiarnos de su mensaje inspirado. Una vez que entendemos lo que los textos bíblicos comunicaron en su primer contexto, también debemos escuchar su desafío o consuelo en nuestros propios entornos. Solo entonces entramos realmente en el texto en lugar de simplemente examinarlo.

PARTE IV

La Epistemología y el Espíritu

Muchos enfoques epistémicos convencionales aportan valiosos conocimientos en sus respectivas esferas; la esfera teológica requiere un enfoque epistémico apropiado para ello. El Dios infinito solo es conocido donde se revela a sí mismo,[1] y la epistemología teológica debe comenzar así con esos lugares de revelación. Esos sitios de revelación se superponen en puntos con otras esferas epistémicas, generalmente en la ciencia, particularmente en la historia, y similares, invitando a la investigación en esos puntos por métodos científicos apropiados y particularmente históricos.

Pero la dimensión experiencial de inspiración directa, iluminación o revelación por el Espíritu, aunque necesariamente sujeta a evaluación y refinamiento, también apunta a un enfoque epistémico complementario no subsumido bajo los otros (que a veces se definen tradicionalmente para excluirlo). La fe inspirada por el espíritu en el verdadero Objeto divino no es fideísmo, como lo sería una fe ciega; esta implica una forma de visión a la cual aquellos que no la experimentan no son privados.

Tal afirmación ofensivamente exclusiva no es ideal ni está diseñada para su uso en apologética o diálogo académico, ya que no depende de la verdad igualmente accesible por todas las partes. Sin embargo, sigue siendo una afirmación bíblica importante para la comprensión teológica émica de la enseñanza cristiana. Al mismo tiempo, los cristianos deben tener cuidado de no estrechar demasiado sus límites epistémicos; debemos asegurarnos de que estamos llamando a las personas a confiar en la Palabra de Dios de la manera en que ella invita a la confianza, en lugar de hacerlo de acuerdo con nuestras propias sistemas interpretativos preconcebidos.

---

[1] Mi uso del pronombre masculino se remite a la convención lingüística mayoritaria y no pretende atribuir el género biológico a la deidad trascendente.

CAPITÚLO 11

Una Epistemología de la Palabra y del Espíritu

La hermenéutica funciona como un tipo especial de epistemología.[2] Las hermenéuticas bíblicas son importantes especialmente para aquellos que abrazan una epistemología de revelación que otorga a las Escrituras un papel importante en esa revelación. Para los cristianos, el Espíritu juega un papel importante en la teología revelada y en la cosmovisión teológica desde la cual interpretamos la realidad.

Mientras que las discusiones intrapentecostales de la hermenéutica a menudo se centran en lo que es distintivo del pentecostalismo, los carismáticos fuera del movimiento pentecostal propiamente dicho tienden a formular preguntas más amplias también relacionadas con los no carismáticos: una epistemología que relaciona correctamente las Escrituras y la experiencia.[3]

La epistemología bíblica difiere de los enfoques epistemológicos con los que muchos de nosotros en Occidente funcionamos intuitivamente. Nuestra herencia filosófica nos ha condicionado a formas particulares de búsqueda de la verdad, algunas de las cuales (como el empirismo) se correlacionan con aspectos de la realidad. La Biblia, sin embargo, nos invita a percibir una dimensión más general de la realidad, a saber, la realidad acerca de Dios, el creador y redentor, que se entiende de manera más específicamente teológica.

Justo antes de embarcarme en esta discusión, debo señalar que muchos de los pasajes bíblicos explorados o señalados a continuación, que a veces emplean un lenguaje dramáticamente rígido, provienen de contextos que refuerzan la fe de los creyentes en lugar de contextos en los que los autores buscaban un terreno común para el diálogo. No son, entonces, el tipo de lenguaje que normalmente empleamos en los foros académicos. Sin embargo, ofrecen demandas sobre nuestras lealtades personales y corporativas, recordándonos que Cristo debe ser finalmente el Señor de nuestra epistemología, así como de todo lo demás. Esto era algo que no reconocí siempre durante mi escritura académica anterior.

---

[2] Para la relación, ver, por ejemplo, Thiselton, "New Hermeneutic", 82; en literatura pentecostal, ver, por ejemplo, Hernando, *Dictionary*, 20.
[3] Stronstad, "Trends", ofrece este contraste entre la discusión intrapentecostal de Gordon Fee y el enfoque epistemológico de Ervin, "Hermeneutics" (versión *Pneuma*). Para el rol epistémico del Espíritu, como lo expresaron Bernard Ramm, Ian T. Ramsey y otros, ver el resumen en Wyckoff, *Pneuma*, 60-62.

Aproximaciones Epistémicas Tradicionales y sus Limitaciones

Cada sistema de creencias da por sentado algunas premisas filosóficas que no pueden ser probadas en otros, premisas que a menudo no pueden ser probadas por el sistema de creencias por sí mismas. Por ejemplo, el empirismo ofrece el mejor método desarrollado para aprender detalles sobre la creación misma. Sin embargo, incluso la filosofía introductoria a menudo observa que no se puede demostrar empíricamente la suposición de que la verdad solo se puede aprender empíricamente.[4] La regularidad de lo que llamamos naturaleza, al menos bajo ciertas clases de condiciones, nos permite confirmar las observaciones por replicación y experimentación.

Sin embargo, no podemos repetir eventos históricos de la misma manera. Los mejores tipos de evidencia disponibles que encontramos más útiles para la historiografía, el periodismo y la comunicación interpersonal a menudo no cumplen con las restricciones más estrictas de la ciencia experimental.[5] Eso es precisamente porque la actividad de los seres humanos ofrece una regularidad menos predecible que las posibles entidades en un nivel menos complejo.[6] En ambos casos, podemos ofrecer un rango de predicciones, pero la complejidad de factores que involucran elecciones y actividades humanas difiere del rango de variación aleatoria dentro de estructuras con menos contenido de información. La historiografía refleja una esfera de interés cosmológicamente mucho más estrecha que la química y la física del universo, y como tal, ofrece menos precisión epistémica y exige una mayor flexibilidad para evaluar varias pruebas.

Si bien el método científico es enormemente beneficioso para la humanidad, si toda la verdad se limitara solo a lo que puede replicarse en experimentos, tendríamos que, como se señaló anteriormente, abandonar no solo la teología sino también disciplinas como la historiografía y el periodismo o cualquier otra cosa que trate con personas únicas y eventos únicos. Normalmente tampoco conducimos nuestras relaciones, incluso cómo amamos, desde un punto de vista puramente empírico, aunque podemos comprender datos empíricos (como el condicionamiento de respuestas neurológicas) que ayudan a explicar tales conexiones humanas.

El empirismo es por eso útil y verídico dentro de su esfera, pero su esfera no abarca toda la realidad, y el empirismo ni siquiera busca preguntar, y mucho menos

---

[4] El carácter contraproducente de esa afirmación fue una razón importante del declive del positivismo lógico en la filosofía (McGrath, *Universe*, 195; Geivett y Habermas, "Introduction", 14).

[5] Ver discusión en, por ejemplo, Copleston, *Philosophy*, 43-44; Gorsuch, "Limits", 284-85; Gerhart y Russell, "Mathematics", 122-24; Inteligente, *Philosophers*, 30, 40; Barbour, *Religion and Science*, 109-10; Polkinghorne y Beale, *Questions*, 26-27, 52; Jaki, Patterns, 200-201; Margenau, "Lews", 62; Mott, "Science"; Salam, "Science", 97-98; Townes, "Questions", 123; Granit, "Attitude", 178; Snell, "Science", 211; Szentágothai, "Existence", 215; Hart, *Delusions*, 10-11; Licona, *Resurrection*, 102; también Ian Hutchinson, como se cita en Ecklund, *Science*, 107-8.

[6] Técnicamente, uno también debería agregar que su pasado es menos directamente observable que el de la galaxia o la formación de estrellas que podemos ver a través de la luz que nos ha llegado después de miles de millones de años.

responder, algunos tipos de preguntas. Este ayuda a explicar por qué, una vez más, una epistemología exclusivamente empírica no puede justificarse empíricamente.

El empirismo podría examinar la evidencia que uno puede presentar acerca de que Dios actúa en el mundo, pero la interpretación de esa evidencia (a excepción de su posible falsificación) está más allá de la competencia del empirismo en el sentido más estricto. De hecho, el proceso de interpretación implica más que simple observación y experimentación. Las teorías científicas usan modelos e inferencias a partir de la mejor explicación (actualmente disponible), aunque estas deberían surgir a partir de datos empíricos acumulados y puedan ser probadas (y especialmente falsificadas) empíricamente.[7]

Además, el conocimiento empírico siempre está sujeto a revisión basado en evidencia más completa (por ejemplo, la limitación de una regularidad a condiciones previamente observadas cuando ocurre una diferente regularidad bajo diferentes condiciones).[8] Los marcos basados únicamente en una acumulación de evidencia empírica incluso masiva ofrecen menos certeza que se ofrece en las matemáticas, dada la necesidad lógica de los axiomas subyacentes dentro de su sistema lógico. Tales comentarios no están destinados a menospreciar la investigación empírica, que es, como continúo enfatizando, valiosa e incluso necesaria dentro de su esfera. (Para un ejemplo extremo, uno sería advertido de no consumir sustancias aleatorias sin prestar atención a sus efectos observados y estudiados, particularmente cuando esos efectos podrían ser letales.) Es precisamente porque el empirismo ofrece tanta información valiosa que la empleo aquí como un ejemplo de limitaciones epistemológicas.

En cambio, mi punto es que este enfoque epistémico valioso no es exhaustivo para explicar todo, particularmente lo que llamamos preguntas metafísicas.[9] Simplemente porque un enfoque no aborda un tema directamente no significa que ese tema no pueda abordarse de ninguna manera.

Una Epistemología Teocéntrica y Cristocéntrica

¿Cómo sería una epistemología con el Dios bíblico como punto de partida? Con esto no me refiero a una epistemología de la teología natural, que podría tratar de

---

[7]. varias discusiones en Polanyi, *Science*, 41; Kuhn, *Structure*; Barbour, *Myths*; Gutting, *Paradigms*; Popper, *Myth of Framework*. Cf. el ejemplo de Kepler en Koestler, "Kepler", 56.

[8] Cf. el físico Sylvester James Gates Jr., director de String and Particle Theory en la Universidad de Maryland, citado en Ecklund, *Science*, 108: "La ciencia se trata de medir cosas. No se trata de la verdad, sino de reducir la falsedad de nuestras creencias".

[9] En la práctica, quien aborde las relaciones con una epistemología puramente empírica, demandando la replicación para cada reclamo, probablemente encuentre que su grupo de asociados se reduce rápidamente. Pero en la práctica nadie pone en duda el cuestionamiento empírico hasta aquí, por ejemplo, desconfiando de los registros acumulados de los experimentos de muchos otros y repitiendo así todos los experimentos directamente. David Hume a veces llevaba el escepticismo incluso más allá de esto, encontrando en la replicación solo un alto grado de probabilidad (por ejemplo, que se observara que el sol se elevaba diariamente). Pero la preocupación de Hume en ese punto aborda la certeza, que difiere de la probabilidad suficiente para fines prácticos. Hume no empleó su epistemología escéptica fuera de su estudio (véase Taylor, *Hume*, 24-25).

llegar a algo como Dios como conclusión.[10] Más bien, ¿qué tipo de epistemología esperaríamos si comenzamos con el Dios revelado en la Escritura? Por ejemplo, ¿qué tipo de epistemología respalda la proclamación apostólica en Hechos, donde la actividad de Dios en Jesús aparece como el mensaje fundamental de salvación?[11]

Cristo Representado por el Espíritu en el Evangelio

Juan 16 ofrece una descripción particularmente útil de esta epistemología cristocéntrica. En Juan 16:7, Jesús envía el Espíritu a los creyentes, por lo que es aparentemente a través de la misión continua de los creyentes (ver 20:21-22) que el Espíritu continúa en los siguientes versículos (16:8-11) para convencer el mundo. En estos versículos, el Espíritu continúa lo que Jesús ya ha estado haciendo en el Evangelio. Al igual que Jesús, el Espíritu convence al mundo del pecado.[12] Como Jesús, el Espíritu confronta el mundo con el juicio (véase 3:19, 5:22, 27, 30, 12:31). Así, en 16:7-11, el Espíritu revela a Jesús al mundo a través de los creyentes que lo predican, ya que Jesús envía el Espíritu a los creyentes (16:7).[13] En 16:12-15, aún más claramente, el Espíritu continúa revelando a Jesús a sus propios seguidores; como Jesús les dijo a los discípulos todo lo que escuchó del Padre (15:15), entonces el Espíritu revela todo lo que oye de Jesús, incluso lo que está por venir (16:13).

Si deseamos enmarcar este proceso o experiencia en una terminología epistémica abiertamente ajena a Juan, podemos hablar de aspectos objetivos y subjetivos complementarios, o en este caso, históricos y existenciales. El evangelio es acerca de los actos de Dios en la historia genuina verificados por testigos (y los continuistas agregarían, que continúa siendo apoyado por testigos con respecto a experiencias consistentes).

Sin embargo, cuando las personas escuchan el evangelio se enfrentan no solo con una visión del mundo entre muchas; en la teología de Juan, el Jesús resucitado está presente en el mensaje, presentando sus demandas por el Espíritu no menos claras que a los que lo escucharon en persona. Así, de manera similar, Pablo describe la respuesta de los creyentes a su predicación aceptando no solo palabras humanas, sino la palabra de Dios, que resulta divinamente eficaz entre los que lo creen (1 Ts. 2:13).

En cierto sentido, entonces, podríamos hablar de la epistemología cristiana como epistemología kerigmática: fundada en evidencia histórica, pero confirmada por el testimonio vivo del propio Espíritu de Dios. Las personas se vuelven responsables

---

[10] No estoy rechazando aquí el valor de la revelación general, sino señalando que no es mi tema.
[11] Para la proclamación apostólica en Hechos, ver, por ejemplo, Dodd, *Preaching*, 21-23; discusión adicional en Keener, *Acts*, 1:499-500.
[12] Cf. el mismo término para "convicto" en Juan 3:20; 8:46; Jesús exponiendo los pecados del mundo en 8:21, 24, 34; 9:41; esp. 15:22, 24.
[13] Cf. Luther *Sermon on Jn 16*; Efferin, "Paraclete"; Tribble, "Work", 278; Hunt, "Paraclete", 94; Sanders, *John*, 350; Holwerda, *Spirit*, 52; Keener, *John*, 2: 1029-30; Michaels, *Gospel of John*, 833.

de cómo responden porque Dios desafía directamente sus corazones en el Evangelio.

Particularidad Histórica

La particularidad histórica de este enfoque, naturalmente, desilusionará a algunas personas (una ofensa que Pablo encuentra epitomizada en la cruz), sin embargo, tal particularidad histórica debería esperarse. Sin ella, podríamos, en el mejor de los casos, suponer una deidad deísta revelada en las leyes de la naturaleza pero excluida de nuestra propia realidad en contextos históricamente particulares. Tanto para teístas como para deístas, si un Dios universal se revelara en el universo físico, podríamos razonablemente esperar encontrar su firma en la regularidad de los patrones de la naturaleza, particularmente en la complejidad que desafía la probabilidad razonable de coincidencia como explicación.

Sin embargo, no encontramos simplemente una inteligencia divina que se deleita en la creación de un cosmos regular, sino un Dios que parece tener un interés especial en los humanos. Si un Dios universal se revelara en los humanos, podríamos esperar que los humanos personifiquen la complejidad. Los seres humanos en realidad no residen en el centro geográfico del universo, pero, hasta donde hemos descubierto, seguimos siendo el pináculo de la complejidad material en términos de contenido de información, quizás de algún modo cerca del centro del significado o propósito en la creación.

Si un Dios universal se revela a sí mismo en la particularidad de la existencia humana, se esperaría que busquemos esa revelación en los pormenores de la historia. Allí podríamos esperar encontrar que la revelación se asoció particularmente con un pueblo que (incluso a regañadientes a veces) preservó una herencia de monoteísmo.

Si miramos las religiones existentes que reclaman esa herencia, me parece que la tradición profética bíblica de Dios persiguiendo y desafiando activamente a su pueblo llega a su clímax especialmente en el ministerio de Jesús. La era prometida del cumplimiento a la que él conduce da poder a todo el pueblo de Dios para que sea la comunidad profética. Que la historia de la iglesia a menudo no da testimonio de esta realidad, ya que la historia de Israel a menudo no respeta su tradición profética, no debe cegarnos a la plena realización de esos ideales en los períodos de avivamiento.

Evidencia Experiencial y Testimonial en la Epistemología Kerigmática

Tanto la experiencia como el testimonio, así como los componentes personales y comunitarios, juegan un papel en esta epistemología. La resurrección fue evidencia pública (Hch. 17:31), apelando a los testigos (Hch. 2:32, 3:15, 5:32, 10:41, 13:31, 1 Cor. 15: 5-8). Sin embargo, esta no es la única evidencia que Lucas afirma; él abraza una epistemología más completa de lo que a menudo encontramos hoy. Jesús no se apareció a todos en Jerusalén, sino a los testigos a quienes Dios escogió (Hch. 10:41). Aunque Cornelio escucha el testimonio de Pedro acerca de Jesús en lugar de ver a Jesús por sí mismo, Cornelio experimenta el Espíritu Santo (10:44, 46; véase su visión anterior, 10:3-6). Es decir, Cornelio y su familia reciben confirmación a través de la experiencia, después de abrazar el mensaje al confiar en el testimonio.

Testimonio y Experiencia en el Evangelio de Juan

Como se señaló anteriormente, en el Evangelio de Juan los interlocutores de Jesús desafiaron la validez de su testimonio, porque él era el único que había visto lo que testificó (Juan 8:13). Jesús respondió, sin embargo, que su experiencia única lo calificó de manera única para testificar sobre su afirmación, y que su Padre testificó con él (8:14, 17-18). Sus críticos tenían una perspectiva carnal y mundana, mientras que él tenía una celestial (8:15-16, 23; ver 3:11-13).

Aquellos que reciben testimonio de segunda mano pueden, no obstante, compartir la experiencia salvífica de los primeros discípulos (Jn. 20:29-31, 1 Jn. 1:3, ver 1 Pe. 1:8, 12). Juan señala que Jesús después de la resurrección no se revelaría directamente al mundo, sino que en aquellos que caminaron con él de antemano (Jn. 14:21-23); esta promesa se cumple inicialmente con las apariciones de Jesús a sus discípulos en Juan 20-21. En la primera de estas ocasiones, Jesús imparte el Espíritu (20:22), comunicando la presencia de Jesús a todos los creyentes (14:16-23).

El siguiente párrafo aborda la evidencia ya presentada, el testimonio de los testigos. Tomás se niega a creerle a sus colegas, porque no ha visto a Jesús por sí mismo (20:25). Cuando luego experimenta a Jesús directamente, ofrece la confesión culminante de la fe en el Evangelio de Juan: "¡Señor mío y Dios mío!" (20:28). Jesús sí reconoce esta confesión, con su contenido modelo, como fe, pero afirma una mayor bendición para aquellos que creen sin haber visto (20:29).

Inmediatamente, el autor continúa explicando, esencialmente: pero estas cosas "se han escrito para que creáis que Jesús es el Cristo, el Hijo de Dios, y para que creyendo, tengáis vida en su nombre" (véase 20:30-31). Esta epistemología kerigmática es más clara en Juan 16, ya tratada anteriormente. Aquí la propia presencia de Jesús confronta a aquellos que escuchan el mensaje, tan claramente como la presencia de Jesús frente al mundo en persona.

Una Epistemología de la Palabra y del Espíritu

Aquellos que se han encontrado con Dios tienen acceso a una experiencia que generalmente solo pueden comunicar por testimonio,[14] pero que los de afuera no pueden aprehender plenamente (de manera experiencial), careciendo de cualquier marco para evaluarla (1 Cor. 2:14-15; 2 Cor. 4:4 -6; Jn. 3:3, 8-12). Sin embargo, a través del testimonio, algunos continuarán experimentando a Jesús por sí mismos. Esto fue lo que Andrés le ofreció a Pedro, lo que Felipe le ofreció a Natanael y lo que la mujer samaritana le ofreció a su pueblo: no meras discusiones, sino presentar a otros a Jesús mismo (Jn. 1:41-42, 46; 4:29). Los argumentos tienen su lugar, y Jesús ofrece algunos en el mismo Evangelio; pero Jesús también habla en acertijos (por ejemplo, 7:28; 8:25), porque correspondía al Padre atraer a aquellos cuyos corazones estaban abiertos (6:44).

Revelación y Recepción

Del mismo modo, Pablo declara que su evangelio vino a los tesalonicenses no solo como palabras, sino en la experiencia de poder, el Espíritu Santo y plena seguridad (1 Ts. 1:5; ver Col. 2:2). El evangelio demostró ser eficaz al convertirlos de los ídolos al Dios viviente (1 Ts. 1:8-10). Pablo explica que su evangelio no vino con insinceridad (2:1-12), y, más relevante para mi tema, gracias a Dios que sus oyentes reconocieron este mensaje como el hablar de Dios (2:13). Pablo no esperaba sabiduría humana, sino el poder del Espíritu para transformar a sus oyentes (1 Cor. 2:4-5).[15] Pablo reconoció que Cristo mismo habló en él y por él (2 Cor. 13:3; ver 2:17; 12:19), y que la cruz de Cristo fue visible en su propio sufrimiento y mensaje acerca de la cruz (2 Cor. 2:14-16; 4:10-11; Gál. 2:20; 3:1).

También en los sinópticos, Jesús sugiere una epistemología reveladora que trasciende la dependencia exclusiva del intelecto humano. Sin revelación, la sabiduría terrenal no puede penetrar en la identidad de Jesús; el reino no se da a los sabios y prudentes, como si fueran necesariamente más meritorios, sino a los niños, a los que aceptan el mensaje con fe (Mt. 11:25-27//Lc. 10:21-22; Mt. 16:17). Aquellos que reciben el reino como niños son aquellos listos para depender de un Padre celestial (Mt. 18:3).[16] Algunos de los primeros cristianos, como Pablo, eran personas muy inteligentes; al igual que algunos de nosotros, sin embargo, Pablo tuvo que quitarse experiencialmente el orgullo para venir a la fe.

El movimiento de Jesús reconoció ampliamente al Espíritu como el principal agente de la sabiduría divina y la revelación (por ejemplo, Éx. 28:3; 31:3; 35:31; Dt.

---

[14] Para el papel del testimonio también en el desarrollo de la formación espiritual (ver Mt. 10:32//Lc. 12:8), cf. Drury, Saying. Por su importancia en la espiritualidad latinoamericana, ver, por ejemplo, Chaván de Matviuk, "Growth" (por ejemplo, 218-22); Pedraja, "Testimonios".

[15] Esto aplica no solo a los incrédulos sino también a los creyentes (ver 1 Juan 2:27); antes de elaborar el contenido de Efesios, Pablo había estado orando para que su audiencia entendiera ese contenido (Ef. 1:17-18; cf. oraciones en Fil. 1:9-10; Col. 1:9-10).

[16] Cf. niños que conocen al Padre en 1 Juan 2:14; conocer y entender a Dios es lo correcto para jactarse (Jer. 9:23-24; 1 Cor. 1:26, 31).

34:9; Is. 11:2; Hch. 6:3, 10; 1 Cor. 2:13; 12:8; Ef. 1:17), sugiriendo que la epistemología kerigmática es epistemología neumática. El evangelio incluye tanto una narración de los actos de Dios como una interpretación inspirada. En el evangelio, el Espíritu revela nuevamente a Jesús, proporcionando claridad epistémica y, por lo tanto, responsabilidad moral. Por lo tanto, Pablo espera que el mensaje completo del Espíritu pueda ser abrazado completamente solo por aquellos condicionados por el Espíritu (1 Cor. 2:13-3:1).[17] Aunque el enfoque escéptico de Bultmann hacia la historicidad objetiva de la narración destruyó un elemento central del evangelio (1 Cor. 15:1-7),[18] ciertamente tenía razón al reconocer el papel de la teología del Nuevo Testamento para la dimensión existencial en la recepción del evangelio.[19]

Cosmovisiones Caídas

El creer ha sido difícil para los intelectuales occidentales moldeados por el legado de la epistemología escéptica de Hume. Immanuel Kant dio cabida a la fe y los valores, pero en una esfera subjetiva distinta de la razón objetiva; desconectando aún más cualquier rol de lo subjetivo en epistemología, el Círculo de Viena rechazó la legitimidad de la metafísica. Muchos filósofos posteriormente reintrodujeron la metafísica, pero mi punto aquí es que aquellos educados en la tradición intelectual occidental moderna tienden a marginar el papel de la experiencia subjetiva en términos de certeza o conocimiento. Esta tradición sin duda ha influido en mi propio pensamiento, para mejor o (a menudo, me parece) para peor.

Sin embargo, este enfoque a menudo excesivamente escéptico no es menos contingente históricamente que los enfoques que rechaza, y va en contra de la experiencia cristiana bíblica. "El Espíritu mismo da testimonio a nuestro espíritu", señala Pablo, "de que somos hijos de Dios" (Rom. 8:16; véase posiblemente 1 Jn. 5:6-7). El contexto implica que el Espíritu nos permite clamar: "Abba, Padre"

---

[17] Cf. también Mulholland, *Shaped*, 67. El evangelio puede ser gramaticalmente inteligible, pero sigue siendo una tontería para la persona sin el Espíritu (1 Cor. 1:18-25; 2:14-3:4; véase Wyckoff, *Pneuma*, 88, citando un manuscrito inédito de Arden C. Autry).

[18] Él define la fe como un acto de decisión, pero se divide a partir de una evidencia objetiva (Bultmann, *Mythology*, 38-39; véase Thiselton, *Horizons*, 263) o revelación concreta en la historia (véase Tenney en Ladd, *Bultmann*, v).

[19] Ver sus comentarios sobre la decisión, *Entweder-Oder*, en Bultmann, *Word*, 31, 47; Bultmann, *Theology*, 9, aunque su desmitologización de su valor escatológico (*Word*, 35; Bultmann, *Theology*, 22-23) parece resistir la autoridad de Jesús, ya que Jesús lo entendió escatológicamente (*Word*, 38) y la escatología no debe ser reinterpretada (*Word*, 122). Esto no implica que el existencialismo de M. Heidegger se ajuste al NT, sino que apunta a un área de superposición valiosa para resaltar y traducir un elemento a veces descuidado por otras formas de erudición del NT. Bultmann vio la afinidad entre Heidegger y Lutero (Thiselton, *Horizons*, 178-79), pero afirmó que el NT, en lugar de Heidegger, dictaba su comprensión heideggeriana (*Horizons*, 226, 232, 262). La teología puede aprender de la filosofía (Bultmann, "Historicity", 96), y el análisis de Heidegger puede adaptarse fructíferamente a través del enfoque cristiano de Kierkegaard (Bultmann, "Historicity", 101). Bultmann afirmó que la comprensión existencial no es un sesgo, sino una perspectiva necesaria (Bultmann, "Exegesis", 149). A diferencia de Bultmann, Heidegger apoyó públicamente al Partido Nazi, aunque sus relaciones extramatrimoniales con estudiantes judíos contradijeron la política nazi y podrían cuestionar su compromiso con su ideología.

Una Epistemología de la Palabra y del Espíritu

(Rom. 8:15), una experiencia relacional subjetiva y no exclusivamente un reconocimiento objetivo y racional. "Sabemos que él permanece en nosotros", declara Juan, "por el Espíritu que nos ha dado" (1 Jn. 3:24). Esa no es la única prueba de fe de Juan, pero es una de ellas.

Romanos 1 contrasta dos opciones, el camino de la fe que revela la justicia de Dios y el otro que revela su ira. En la primera opción, la justicia de Dios se revela en las buenas nuevas, abrazada por la fe de principio a fin (1:16-17). En el segundo, la justa ira de Dios se revela contra la supresión injusta de la verdad por la idolatría, que distorsiona la verdad acerca de Dios (1:18, 23), aunque la humanidad debería haberlo sabido mejor (1:19-23).

Estas opciones también, en última instancia, contrastan la fe como una perspectiva de la realidad, con las mentes corrompidas por su resistencia contra la verdad divina. La negativa a honrar a Dios se convirtió en el comienzo de la mente pecaminosa (1:20-22); descuidando la verdad, la humanidad sucumbió a la necedad. Finalmente, Dios los entregó a las mentes reprobadas porque no lo tomaron en cuenta ni lo reconocieron (1:28).[20] La fe se opone a la mente carnal; en cambio, revela la mente del Espíritu.

La corrupción del intelecto humano en Romanos 1:21-22, 25, 28, involucra un entendimiento particularmente humano acerca de Dios y los principios que surgen de eso; cuanto más proceda de asuntos directamente teológicos y éticos, menos directa será la influencia de la corrupción. Sin embargo, Pablo está claro que esta corrupción se extiende más allá del área donde comienza, porque ningún área de nuestra vida es completamente independiente de él (ver Mt. 5:34-35). Si bajamos a Dios al nivel de su creación, eventualmente distorsionamos su imagen y propósito para nosotros (Rom. 1:23-27), y finalmente nos volvemos incapaces de un discernimiento moral apropiado (1:28-32).[21] Cuanto mayor es la distorsión teológica, mayores son las consecuencias sociales y la distorsión de otras verdades. La sensatez teológica de la mente se restaura a medida que la mente se renueva en Cristo (12:2-3, invirtiendo parte del lenguaje de 1:28).[22]

La Fe Como Compromiso Epistémico

La fe, que es consistente con la mente del Espíritu, es un compromiso epistémico. La evidencia puede ser suficiente para invitar a la creencia, pero rara vez los pensadores de hoy afirman que la evidencia obliga a la creencia; la creencia implica una decisión.[23] Incluso cuando a menudo se produce el reconocimiento inconsciente

---

[20] Keener, *Mind*, 1-29.
[21] Ver Keener, *Mind*, 23-29.
[22] Ver Keener, *Mind*, 143-72, esp. 155.
[23] Con esto no quiero decir, con Bultmann (Bultmann, "Mythology", 38), que la fe es un acto de decisión aparte de la evidencia objetiva, un salto kierkegaardiano en la oscuridad. La mayoría de los creyentes estarían de acuerdo en

de la verdad, este reconocimiento no obliga a la adhesión que actúa como si la realidad reconocida fuera verdadera. Los eruditos cristianos algunas veces guardan su vida moral pero entregan su vida intelectual al escepticismo mundial. Si Cristo es el Señor de nuestras vidas, sin embargo, su reino debe incluir nuestro intelecto.

Epistémicamente, los cristianos no deben ser más reticentes sobre sus convicciones iniciales que otros.[24] Todos tienen premisas iniciales que son difíciles de justificar en sus propios términos, por ejemplo, epistemologías que son empiristas, racionalistas o existenciales. Podemos explorar las opciones, pero en última instancia, cuando decidimos seguir a Cristo, o en la medida en que nos comprometemos a seguirlo, ese confiarnos a él, y así apostar la dirección de nuestras vidas en él, implica un compromiso epistémico. Soy muy consciente de este problema porque personalmente he luchado con él durante años, equilibrando el valor intelectual de la investigación abierta con el compromiso personal de mi mente con Cristo.

No fue que las conclusiones de mi investigación minaron mi fe; la mayoría de las veces confirman mi creencia intelectual en Cristo, aunque a menudo requieren ajustes en algunos otros supuestos preliminares. Tampoco era incorrecto sopesar las opciones intelectuales mientras se buscaban conclusiones más seguras, ni, para fines heurísticos, poniendo entre corchetes algunas preguntas mientras buscaba evidencia de hacia dónde conduciría. El problema era que a veces permitía suposiciones agnósticas, adoptadas para propósitos heurísticos de pequeña escala, a pesar de su incompatibilidad con las creencias cristianas que ya tenía razones para concluir por otros motivos, y por lo tanto su incompatibilidad con mi compromiso a Cristo como Señor

La mayor parte de mi trabajo académico se ha basado en la investigación abierta, hasta cierto punto entrelazando mi compromiso de fe con la exploración porque los enfoques aceptados en la esfera de la investigación eran limitados. Si bien, en general, esta metodología limitada no causó problemas dentro del ámbito de los temas tratados, promovió un hábito mental de separar la fe del proceso de razonamiento cuando (durante gran parte de cada día) estaba en mi modo académico.

Sin embargo, este acercamiento entre corchetes me arriesgó a tener un derrame en mi fe personal; los datos fueron suficientes para resolver muchas de las preguntas intelectuales, pero ninguna cantidad de datos puede llenar el vacío de una epistemología escéptica que se niega a permitir la fe con menos del 100 por ciento de evidencia. Esto se debe a que el escepticismo inflexible, la forma en que planteé

---

que Cristo "nos encuentra en la palabra de proclamación" más que en el análisis histórico (Bultmann, "Mythology", 39), pero esto no significa abrazar información que creemos ha sido falsificada por el análisis histórico.

[24] Esto puede ser más fácil de decir para mí que para otros debido a que comencé desde premisas ateas y me convencí de que Cristo, más que el ateísmo, era verdadero. Pero estoy especialmente agradecido con el Dr. Claude Black, mi profesor de filosofía de pregrado, por llamar mi atención sobre el asunto de presuposiciones competitivas. Todo el mundo comienza con algún prejuicio, y la fe es legítima (ver, por ejemplo, A. Mickelsen, *Interpreting the Bible*, 69-71).

las preguntas que necesitaban respuesta, siempre puede plantear nuevas objeciones. Cuando una epistemología tan radicalmente desconfiada se mueve más allá de una función heurística para convertirse en una premisa mental que funciona, puede excluir compromisos. Sin embargo, nadie aplica este escepticismo radical a la vida ordinaria; reconocemos la diferencia entre la evidencia completa y la evidencia suficiente.[25] Mencioné en el capítulo 1 la tensión que este enfoque escéptico creó innecesariamente cuando lo apliqué al testimonio de mi esposa.

Como ya se señaló, todos trabajan desde algunas suposiciones iniciales, ya sean metodológicas, cosmológicas o de otro tipo. Dedicar nuestro intelecto al servicio de Cristo (Rom. 12:2) significa que trabajamos desde un sistema, desde suposiciones vinculadas al señorío de Cristo. Esto no significa que no podamos examinar las preguntas con honestidad, pero nuestro hábito académico de colocar la barra de la evidencia demasiado alta para que algo lo supere no es honestidad; se incredulidad práctica. La fe plena llega cuando estamos lo suficientemente convencidos como para confiar personalmente en la cosmovisión que implica la verdad de que Cristo es el Señor. Esa lente no necesita, y para mí no requiere un abrazo acrítico de todo lo afirmado por alguna tradición cristiana. Funciona desde el señorío de Cristo y todo lo que demuestre implicar, porque esta merece mi compromiso más que otras premisas que desean competir por mi lealtad.

Los no creyentes e incluso los que no creen en la Biblia pueden aportar valiosos conocimientos sobre la gramática, la historia y hasta las características literarias de la Escritura. Por definición, sin embargo, no entienden las Escrituras en el sentido personal más completo que las mismas Escrituras invitan, porque tal comprensión incluye abrazar su verdad (en virtud de la cual uno ya no es incrédulo), no simplemente explicar la gramática. El nivel de comprensión es diferente, así como existe una diferencia entre explicar las propiedades químicas de la tinta en una página y leerla, o, más análogamente, entre examinar un mapa y seguirlo.

Algunos Ejemplos de Lectura Fiel

Los capítulos anteriores abordaron cuestiones como la consideración del contexto cultural (capítulo 8), la lectura de narrativas (capítulo 1) y la interpretación de relatos milagrosos (capítulo 6). Aquí reviso brevemente estos temas a la luz de la presente cuestión de la epistemología.

---

[25] La certeza epistémica no es posible en asuntos ordinarios en la medida de lo posible, por ejemplo, en las matemáticas. Vea la útil distinción entre certeza y conocimiento en Moreland, *Triangle*, 121-26, 131-33; cf. otros, por ejemplo, Boyd, *Benefit of Doubt*, 71-72. El entorno intelectual en el que nos movemos a menudo lleva este problema a los eruditos cristianos.

Antes y Ahora: La Cultura

Las obras dirigidas a iglesias particulares o círculos de iglesias no son necesariamente relevantes solo para estas iglesias; así, Apocalipsis invita a cada una de las iglesias a escuchar lo que el Espíritu les dice a todas ellas, aunque el mensaje a cada iglesia fue especialmente diseñado para esa iglesia (Ap. 2:7, 11, 17, 29; 3:6, 13, 22).

¿Pero qué hacemos cuando no podemos entender lo que el Espíritu le estaba diciendo a una iglesia porque el lenguaje y la cultura son oscuros para nosotros? La mayoría de los lectores cristianos en la mayoría de las culturas se aplicarán directamente a sí mismos pasajes tales como "fortaleceos en el Señor" (Ef. 6:10) o incluso la armadura de Dios (6:11-17), a menudo sin pensar mucho en las fuentes de las imágenes de Isaías o ropa militar romana que este pasaje dirigió a su audiencia antigua.

Los lectores generalmente se vuelven más juiciosos y alertas cuando el contexto aconseja a los esclavos obedecer a sus titulares (6:5); de repente, reconocen que están tratando con una cultura diferente. De manera similar, los lectores occidentales modernos a menudo no ven la necesidad del contexto del primer siglo cuando leen el consejo de Pablo con respecto a la cena del Señor en 1 Corintios 11:17-34; sin embargo, el pasaje anterior sobre el revestimiento de la cabeza (11:2-16), a menudo lo descartan como irrelevante para su propia cultura.

Tales lecturas son drásticamente inconsistentes, como podría ilustrar una comparación con las lecturas de otras culturas. Por ejemplo, la mitad de mis estudiantes universitarios en el norte de Nigeria creía que las mujeres cristianas en todas las culturas deben la cabeza cubierta en la iglesia; sin embargo, trataron los besos sagrados como una costumbre del primer siglo. En la cultura de mi esposa en África Central, donde las personas podían emplear besos a modo de saludo, los besos sagrados demostraban ser más inteligibles que las cubiertas de cabeza obligatorias. Lo que asumimos como cultural a menudo depende de lo que difiere de la propia cultura del lector. Esto no ofrece una forma consistente de leer las Escrituras.[26]

Una forma más consistente de leer las Escrituras es reconocer que incluso si (como afirman los cristianos) el mensaje de las Escrituras es para cada generación, sus detalles no se aplican por igual en todas las circunstancias. Para un ejemplo resaltante, Pablo se dirigió explícitamente a los corintios cuando escribió 1 Corintios (1 Cor. 1:2); si tomamos esta afirmación en serio, debe dar forma a cómo leemos la carta completa, ya sea el informe de Cloé (1:11), la comida ofrecida a los ídolos (8:1-10:33), la cabeza cubierta (11:2-16), o cómo los corintios comieron la cena del Señor (11:17-34). Pablo regularmente aplica principios universales sobre situaciones particulares, pero como escribe en un entorno local, no tiene motivos

---

[26] Para cubrirse la cabeza, como se señaló anteriormente, cf., por ejemplo, Keener, *Paul*, 19-69; ídem, "Head Coverings"; para besos, ídem, "Kiss".

para detenerse para explicar qué elementos son universales y cuáles son aplicaciones concretas de esos principios.

Para descubrir las razones de las aplicaciones concretas de Pablo, lo ideal sería que necesitáramos saber algo sobre la cultura y los entornos originales que abordó.[27] En lugar de esperar que todos se aparten de sus otros trabajos durante unos años, creo que la responsabilidad principal de al menos algunos eruditos bíblicos debería ser hacer que esta información esté disponible para lectores comunes. Una vez que esta información esté disponible, la conversión de los principios compartidos al contexto de los lectores suele ser intuitiva. Por "principios", sin embargo, no me refiero a buscar extraer de los textos "verdades proposicionales fundamentales", la preocupación por "principalizar" e algunos estudiosos.[28] Me refiero a algo más parecido a reconocer cómo Pablo contextualizó el mensaje de Dios para su entorno, y cómo su contextualización nos modela maneras de recontextualizar ese mensaje para nuevos contextos.[29]

Una vez que podamos tener una idea del contexto original, podemos comenzar a utilizar las aplicaciones concretas como casos de estudio, como modelos de cómo podemos aplicar concretamente los mismos principios. Pablo leyó relatos bíblicos anteriores como modelos relevantes para su propia audiencia. Así, por ejemplo, las historias de los pecados de Israel en el desierto, a pesar de describir y ser escritos en escenarios diferentes de los de Pablo, proporcionaron advertencias para los corintios que fueron tentados por los mismos pecados. "Mas estas cosas sucedieron como ejemplos para nosotros", advirtió Pablo (1 Cor. 10:6). "Y estas cosas les acontecieron como ejemplo, y están escritas para amonestarnos a nosotros" (10:11).

Lectura Narrativa

Aunque están listos para aplicar las cartas de Pablo directamente y sin pensar mucho en su primer entorno, algunos se han mostrado más reacios a aplicar la narración. Algunos usan la narración solo para reconstruir la historia de salvación pasada. Sus ideas históricas suelen ser valiosas, ya que estos relatos proporcionan una estructura narrativa de la Biblia, con otros materiales (como profecías y cartas) que ofrecen muestras del mensaje que se transmitieron a generaciones

---

[27] Valorando tanto el mensaje original como la forma en que habla a los lectores actuales, consulte, por ejemplo, Martin, "Hearing", 215; Pinnock, "Work of Spirit", 241.

[28] Archer, *Hermeneutic*, 203-5 (aquí especialmente 204, ver también Vanhoozer, "Beyond", 92-94, abogando amablemente por patrones canónicos). Archer, *Hermeneutic*, 205, incluso considera principlizante antitético a la lectura narrativa, pero los narradores han comunicado durante mucho tiempo "moralejas" o "lecciones" en historias, y los historiadores y biógrafos antiguos expresamente esperaban que sus oyentes y lectores sacaran lecciones de sus obras (ver las fuentes en Keener, *Acts*, 1:148-65). Ver la apelación a los principios universales en Gray, *Crowd*, 122, 126 (citando a Ricoeur), aunque creo que el contexto histórico nos ayuda a escuchar esto de manera más concreta (ver también Gray, *Crowd*, 132, 145), proporcionando su propio tipo de marco narrativo; ver también Klein, Blomberg y Hubbard, *Introduction*, 407, 421-25; Marshall, *Beyond Bible*, 55-79.

[29] Cf. la idea en Brown, *Scripture as Communication*, 264-67, de principalizar es útil, pero más útil es la contextualización guiada por el propósito del texto.

determinadas. Sin embargo, estas narrativas también contienen patrones de las formas en que Dios trabajó en algunas circunstancias, y podemos aprender de estos patrones. La Escritura misma invita a este enfoque: "Toda la Escritura es inspirada por Dios, y útil para enseñar, para redargüir, para corregir, para instruir en justicia" (2 Ti. 3:16).[30]

Tradicionalmente, los pentecostales, como muchos otros,[31] abordaban Hechos como un modelo.[32] Si los Hechos realmente nos enseñan que el don de lenguas debería acompañar siempre al bautismo en el Espíritu Santo es una pregunta legítima sobre la cual los eruditos pentecostales actualmente no están de acuerdo; las lenguas no se narran en cada caso cuando las personas reciben el Espíritu en Hechos. Sin embargo, las lenguas se repiten con la frecuencia suficiente como para sugerir que Lucas tiene la intención de una conexión. En mi opinión, argumentada en el capítulo 3, la conexión clara es que las lenguas evidenciaron el carácter del bautismo en el Espíritu Santo en el énfasis de Lucas: poder para hablar por Dios en todas las culturas (Hechos 1:8). Esto no requiere que los intérpretes supongan que las lenguas evidencian qué individuos reciben este empoderamiento, pero la asociación de lenguas de Lucas con la misión sugiere que la conexión en Hechos no es arbitraria. Es decir, Lucas está enseñando algo en su narración.

Aunque su posición se ha desarrollado un tanto,[33] Gordon Fee originalmente suscitó una reacción al argumentar a favor de una mayor cautela en el uso de modelos narrativos de lo que él sentía que caracterizaba a muchos otros eruditos pentecostales.[34] Fee es el modelo por excelencia de un erudito pentecostal fiel, y lo considero un mentor; de hecho, mucho antes de conocerlo, escuché repetidas veces las grabaciones de su curso de NT hasta que tomé notas minuciosas y domine el material en su mayoría. Fue uno de los únicos modelos a seguir que algunos de nosotros jóvenes pentecostales, aspirantes a estudiosos encontramos disponibles. Aunque fue criticado por algunos compañeros pentecostales por su vacilación con respecto a los precedentes narrativos, ha sido un modelo de erudición llena del Espíritu para mí y para muchos otros.

---

[30] También señalado por Klein, Blomberg y Hubbard, *Introduction*, 350, al objetar el enfoque de Fee y Stuart sobre la narrativa, incluso en Hechos.

[31] Ver, por ejemplo, Jennings, *Good News*, 111-16; Williams, *Radical Reformation*, 426-29; y otras fuentes mencionadas anteriormente en la nota 16 del Capítulo I. Para aplicaciones de la narración de Pentecostés de Lucas en varias culturas, ver, por ejemplo, Chempakassery, "Jerusalem Pentecost"; Bediako, "African Culture", 120; Forrester, "Pentecost" (dirigiéndose, por ejemplo, a las castas); en 2:17-21, Prema, "Paradigm"; Lloyd-Jones, *Christianity*; acción directa no violenta en Alexander, "Action".

[32] Para la afición pentecostal temprana por la narrativa, especialmente de Hechos, ver también Archer, *Hermeneutic*, 182, 187-89; Mittelstadt, *Reading*, 1-2, 14, 19-45 (especialmente 19-31). Mittelstadt, *Reading*, 81, cita a Jerry Camery-Hoggatt (en correspondencia personal) así: "Los pentecostales han estado haciendo teología narrativa durante años, aunque sin la dimensión adicional de autorreflexión crítica".

[33] Véase Fee, *Gospel*, 100-104, donde Fee reconoce el valor de la narrativa lucana para la teología y es simplemente más cauteloso sobre cómo discernirlo. Fee y sus principales socios de diálogo en estas páginas, R. Menzies y R. Stronstad, están de acuerdo con su intención hermenéutica de autor.

[34] Tarifa, "Historical Precedent"; Fee, *Gospel*, 94-99, 108-11. Otros eruditos pentecostales han retrocedido en este punto; ver, por ejemplo, la encuesta en Noel, "Fee"; respondiendo a Anthony Thiselton, ver (aunque en gran medida favorable) a Archer, "Horizons".

La mayoría de los académicos de hoy, sin embargo, no estarían de acuerdo con sus primeras dudas con respecto a la narrativa. En las últimas décadas, la crítica narrativa bíblica ha resaltado la importancia de sacar a la teología de la narrativa, incluso de manera más completa que la atención de la generación anterior a la crítica de redacción.[35] (La articulación actual de Fee de derivar la teología de la narrativa, matizada después del diálogo con algunos colegas pentecostales, es bastante convencional e inobjetable).[36]

Además de los avances en la crítica narrativa, hoy también sabemos que la biografía antigua y la historiografía buscaban regularmente inculcar lecciones morales, agendas políticas, etc. Tal observación no significa que deberíamos alegorizar las narrativas, la forma en que algunos filósofos griegos alegorizaron viejos mitos que consideraron ofensivos.[37] Sea lo que sea que se diga sobre la mitografía, los escritores antiguos de historiografía y biografía normalmente no esperaban que sus lectores alegorizaran sus narrativas, sino que esperaban que sus lectores sacaran lecciones de ellos. Esta expectativa es a menudo explícita en sus escritos,[38] y somos negligentes si descuidamos tales intereses. Después de todo, "Toda la Escritura es inspirada por Dios, y útil para enseñar, para redargüir, para corregir, para instruir en justicia" de modo que los siervos de Dios puedan estar completamente equipados para servirle (2 Tim 3:16-17). Ignorar el valor de capacitación de la narración, el género principal más grande en las Escrituras, deja a la iglesia solo parcialmente equipada.

Al injertar nuestras vidas en la narración bíblica, nos convertimos en parte de la extensión de esa narración. Los primeros pentecostales a menudo veían a Hechos 28 como una narración abierta,[39] una conclusión que los críticos narrativos hoy en día generalmente han reafirmado.[40] Mientras la misión permanezca completa, seguimos necesitando el poder del Espíritu para cumplirla (Hch. 1:8), y ese mismo poder se nos promete (2:39, evocando también la promesa de Dios en 1:4). Del mismo modo, nosotros que continuamos esta misión seguimos siendo parte de la narrativa de la historia de la salvación, una narración (desde nuestro punto de vista postcanónico) a la cual señala Hechos. Apocalipsis habla similarmente del pueblo

---

[35] La crítica de redacción proporcionó una herramienta clave utilizada para apoyar una lectura pentecostal de Lucas-Hechos (Oliverio, *Hermeneutics*, 168, 179).

[36] Fee, *Gospel*, 100-104. Fee acepta que Lucas-Hechos, tomados como un todo, comunica teología (101) y que los patrones en Hechos sugieren repetibilidad (102). Su cuestionamiento sobre si Lucas "pretende que su historia sea un precedente para la iglesia de alguna manera" (103) probablemente no llegue a lo que sugerimos aquí, pero está en lo cierto al señalar (103) la "diversidad de patrones dentro de Hechos", "Y razonable en (104) su incertidumbre basada en el fracaso de Lucas para narrar lenguas en cada caso (aunque aparece en tres,"probablemente cuatro, y tal vez cinco" casos).

[37] Por ejemplo, Plato *Laws* 1.636 CD; 2.672 BC; Cic. *Nat. d.* 2.28.70 (los estoicos); Dio Chrys. *Or.* 1.62–63; 8.33; 60.8; Max.Tyre 4.5–8; 26.5–9; Heracl.*Hom. Prob.* 6.6; 8.4–5; 22.1; 26.1, 7–8; 30.1, 4; 31.1, 11; 39.2–17; 52.4–6; 53.1; 60.1; 68.8–9; 69.8–16; Proclus *Poet.* K82.10–17; K90.8–14; K141.16–21; K153.25–29.Cf. La crítica de Josefo en *Ag. Ap.* 2.255; Críticas gentiles en Sen. *Ep. Lucil.* 88.5; Lucian *Zeus Rants* 40.

[38] Ver Keener, *Acts*, 1: 148-58 y las fuentes citadas allí.

[39] Ver, por ejemplo, Mittelstadt, *Reading*, 40-43.

[40] Ver, por ejemplo, Marguerat, *Histoire*, 333; Marguerat, *Historian*, 152-54, 230; Rosner, "Progress", 232-33; Keener, *Acts*, 4:3758-63.

de Dios de todas las naciones, y del continuo conflicto en esta era por los pueblos de Babilonia y la Nueva Jerusalén. Nosotros, quienes damos nuestra lealtad al cordero, seguimos siendo parte de la narración prevista en Apocalipsis.

Interpretando los Milagros

Los milagros proporcionan un ejemplo importante de dónde los enfoques epistémicos divergentes llevan a interpretaciones diametralmente opuestas, tanto en las narraciones bíblicas como en las modernas. Así, por ejemplo, las multitudes fueron debidamente impresionadas por el fuego del cielo (1 R. 18:39), pero Jezabel prometió matar a Elías, enviándolo a la desesperación (19:1-3). Dios atestiguó con señales su mensaje en Iconio, pero sus ciudadanos se dividieron en cuanto al mensaje (Hch. 14: 3-4).

Las respuestas y las visiones del mundo sobre los milagros también difieren dramáticamente hoy en día. Según los informes, un pastor mozambiqueño levantó a siete personas de entre los muertos y no pudo entender por qué el entrevistador extranjero parecía tan interesado; el pastor simplemente esperaba que Dios hiciera milagros como lo hizo en la Biblia.[41]

Los milagros pertenecen a una epistemología de la fe así como a realidades materiales concretas. Innumerables eventos que un receptor experimenta como un milagro son explicados de manera bastante diferente por aquellos que no creen. Ya sea que aceptemos una experiencia como milagrosa típicamente depende de suposiciones previas y la carga de la prueba. Así, por ejemplo, si alguien se recupera después de orar de una enfermedad generalmente fatal de la que alguien muy difícilmente se recuperaría (quizás sin oración), aquellos que oraron verán la mano de Dios, pero aquellos que definen un milagro solo como una violación de la naturaleza (siguiendo a Hume aquí, no la Biblia) lo cuestionará. Es apropiado para nosotros como creyentes ver la mano de Dios regularmente, pero aquellos que piensan en términos de "evidencia" (la forma en que debemos discutir en la academia) pueden rechazar como milagros cualquier acción explicable "sin apelar a Dios". Otros son escépticos sin importar qué explicaciones parezcan plausibles.

Algunos escépticos llevan este escepticismo a longitudes notables. Así, por ejemplo, desde un punto de vista médico, las cataratas no desaparecen inmediatamente sin cirugía. Sin embargo, varios casos reportan la desaparición instantánea de cataratas después de la oración.[42] Sin embargo, alguien comprometido con la incredulidad puede negarse a permitir la evidencia a través de

---

[41] Chevreau, *Turnings*, 54-56, con más detalles.
[42] Salmon, *Heals*, 68; Baker, *Enough*, 76, 171 - 72, 173; Brown, "Awakenings", 363 (sobre un ojo, citando el testimonio de un radiólogo retirado); Bill Twyman, entrevista, Corona, CA, 11 de noviembre de 2007; Chester Allan Tesoro, entrevista, Baguio, Filipinas, 30 de enero de 2009; Gebru Woldu, entrevista, Wynnewood, PA, 20 de mayo de 2010; cf. los ojos "planos y nublados" restaurados en Robin Shields, correspondencia personal, 7 de febrero de 2009; cf. el reclamo en Ogilbee y Riess, *Pilgrimage*, 43.

Una Epistemología de la Palabra y del Espíritu

su lente interpretativa, rechazando las afirmaciones que no se ajustan a la "realidad" que han construido. Pueden desafiar la credibilidad de los testigos, videos o incluso documentación médica; o pueden explicar el evento como un evento natural que funciona de acuerdo con principios naturales aún no comprendidos (por ejemplo, el poder psíquico).[43] Sin embargo, conozco a algunos de los testigos de algunos de estos informes, y uno esperaría poder psíquico, si esa fuera la explicación para tener resultados más consistentes (en contraste con la voluntad menos conocida de Dios como lo que los filósofos llaman un agente inteligente y personal). Además, el factor común en una gran cantidad de informes (casi todos los disponibles) fue la oración en el nombre de Jesús.

Del mismo modo, las resucitaciones de la muerte (o al menos el coma profundo que parece ser la muerte) no se explican fácilmente de forma psicosomática. Sin embargo, diez testimonios de testigos oculares aparecen en mi círculo de amigos y familiares. Como señalé en un artículo reciente, tal acumulación de incidentes parece altamente improbable como una coincidencia.[44] "A menos que el entierro prematuro sea peligrosamente penetrante, la proporción de resucitaciones relacionadas con entornos teístas parece extraordinariamente más alta que el número de resucitaciones espontáneas en la población general. Al menos diez personas que mi familia conoce bien afirman tener experiencia directa con reanimaciones teístas, una cifra que fácilmente podría ampliarse si incluimos a los asociados de los que conocemos".[45]

Si uno considera que tales resucitaciones son meras anomalías raras explicadas por coincidencia, la improbabilidad de la acumulación de coincidencias demuestra que esta típica explicación no teísta es extraordinariamente improbable. Si la estimación inicial de la coincidencia de una de estas anomalías en nuestro círculo era tan alta como una posibilidad en diez (una concesión muy generosa, Hume y los miembros de su círculo presumiblemente no tenían ninguno en sus círculos), es decir, de una muerte mal diagnosticada y la recuperación instantánea durante la oración; por tanto, uno podría suponer una posibilidad en diez mil millones. Uno no puede presuponer probabilidades mucho más altas de la resucitación promedio en el círculo sin asumir que un número radicalmente desorbitado de personas está siendo sepultado prematuramente. ¿Cuáles son las probabilidades de que yo fuera la única persona en diez mil millones con tal coincidencia, y acabo de ser una de las pocas personas que escriben un extenso libro sobre milagros? Con base en la comprensión normal de las probabilidades, ¿no es más racional suponer que la oración a veces tiene algo que ver con la sanación?

---

[43] Cf. Montefiore, *Miracles*, 23-65; cf. también "energía extrabiológica" en Hirschberg y Barasch, *Recovery*, 144, aunque no desde un punto de vista específicamente escéptico.
[44] Keener, "Raised", 79.
[45] Los amigos incluyen a Deborah Watson; Ayodeji Adewuya; Leo Bawa; Timothy Olonade; Thérèse Magnouha; Albert Bissoussoue; Julienne Bissoussoue; Jeanne Mabiala (tres testimonios); André Mamadzi; Patrice Nsouami; Elaine Panelo; más allá de estos, testigos contactados a través de mi hermano o amigos comunes.

Una vez más, alguien comprometido con la incredulidad en los milagros puede argumentar que mi círculo incluye un número desproporcionado de mentirosos.[46] Conocemos demasiado bien a los testigos como para aceptar esa objeción como una persuasiva, pero uno esperaría que incluso los escépticos lo tomaran en consideración. ¿Por qué deberían los escépticos aferrarse tan tenazmente a una cosmovisión que es esencialmente una presuposición (los milagros no son aceptados como conocidos en sus círculos) al punto que desecharían el testimonio de otras personas como falso, incluso cuando eruditos críticos que los conocen afirman su confiabilidad, precisamente en aquellos casos en que el testimonio de un testigo presencial desafía sus presuposiciones filosóficas?

Como ya se ha sugerido, una epistemología inflexible que considere mentirosos a los testigos oculares que no confirmen simplemente el conocimiento existente de uno haría imposible la historia, el periodismo y una variedad de otras disciplinas. "¡La ciencia exige eventos replicables!", pueden protestar. Pero los milagros son por definición no replicables; si lo fueran, los escépticos podrían descartarlos como parte de la naturaleza.[47] La historia tampoco es replicable; debemos usar para cada área de investigación el método epistémico apropiado para ello. "Pero podemos evaluar la probabilidad de tipos de eventos por analogía", algunos protestan, "y no hay analogía para los milagros". Tal argumento en contra de que exista alguna analogía para un milagro es circular: funciona solo si uno ya ha desestimado todas las demás afirmaciones milagrosas. Si ese enfoque *a priori* no es de mente cerrada, de razonamiento circular, no puedo imaginar qué calificaría como tal.

Tales respuestas a los informes milagrosos de hoy no deberían sorprendernos. A menudo suponemos que si las personas simplemente vieran algún milagro incontrovertible, como que alguien resucitara, lo creerían. Sin embargo, las Escrituras son más realistas sobre el carácter humano. El Evangelio de Juan testifica que, mientras que muchos testigos que observaron la resurrección de Lázaro creyeron, algunos aparentemente respondieron informando sobre las obras de Jesús a los líderes religiosos que se opusieron a él (Jn. 11:45-46).

Las señales de Jesús a menudo llevaban a la fe (por ejemplo, 2:11, 11:42, 45, 47-48, 12:11, 13:19, 14:29, 17:21, 20:8, 30-31),[48] pero en otros casos simplemente hicieron que los observadores fueran más responsables de su incredulidad (12:37; ver 6:26, 30). Algunos no podían creer, porque Dios mismo los cegó, entregándolos (como yo lo entiendo) a su elección de incredulidad (12:38-40). Algunos otros creían secretamente pero estaban más preocupados por lo que otros pensaban de ellos que por las demandas de Dios (12:42-43). Incluso aquellos que no vieron

---

[46] Hume consideró a los testigos milagrosos como engañados o engañadores (*Miracles*, 32, 34, 36-37, 52-55; ver 38: "nada extraño" que la gente "mienta en todas las edades"), "tontos" (39), y sujeto a "astucia y credulidad" (43; 52: "malicia y necedad"). Note las críticas en Cramer, "Miracles", 136-37; Breggen, "Miracle Reports", 6; ídem, "Seeds".
[47] Cf. Además, Llewellyn, "Events", 253; Keener, *Miracles*, 667.
[48] Algunas veces de manera preliminar (Jn. 2:23; 3:2; 4:48-53; 7:31; 10:37-38; 14:11; 16:30-32; 20:25, 29), pero esto podría conducir a una mayor madurez si uno persevera (contrastar 8:30-31, 59). La fe también podría preceder a las señales (11:40; 14:12).

directamente podían creer a través del testimonio de testigos confiables, si estaban dispuestos a hacerlo (19:35; 20:30-31; véase 1 Pe. 1:8).

Del mismo modo, uno puede pensar en la obstinación de Faraón a pesar de las repetidas plagas en Éxodo. De hecho, la mayoría de las plagas contra Egipto podrían haber sido explicadas naturalmente, como amplificaciones de plagas que ya eran parte del ecosistema de Egipto.[49] Incluso los magos de Faraón finalmente reconocieron el poder de Dios como mayor de lo que podían duplicar por medios naturales (o mágicos) (Éx. 8:18-19), pero el propio Faraón estaba demasiado involucrado en una visión del mundo diferente. Para Faraón ver al Dios de Israel como más poderoso que los dioses de Egipto (Éx. 12:12; Nm. 33: 4) golpeó en el núcleo de su teología y de su propia identidad, ya que era visto como divino. Incluso la muerte del primogénito, que trascendió cualquier explicación natural del ecosistema de Egipto, lo persuadió solo temporalmente; después de eso, Faraón persiguió a Israel hasta el mar.

Cómo veamos los milagros dependerá de nuestra lente interpretativa, nuestra fe. Si algunos son ingenuos al creer cada testimonio que escuchan, otros somos demasiado escépticos. De hecho, incluso entrar en la definición de David Hume de los milagros como violaciones de la naturaleza nos impide reconocer la mayor parte de la actividad de Dios. Las plagas que golpearon el ecosistema de Egipto o que Dios sople el mar con un fuerte viento del este (Éx 14:21) no son violaciones de la naturaleza. Como mera coincidencia, sin embargo, son extraordinariamente improbables. De hecho, también lo es la naturaleza misma; nada es más improbable que un lenguaje más complejo que cualquiera originado por humanos: la complejidad del ADN. Y nosotros, los humanos, somos los más complejos de todos.

Algunas explicaciones naturalistas para los milagros cumulativamente improbables les parecen a los creyentes como agarrar paja; la hipótesis de Dios es una explicación mucho más simple y más plausible. Para aquellos con fe en el naturalismo puro, sin embargo, cualquier explicación que excluya a Dios es mejor que cualquier explicación que lo incluya, porque Dios está *a priori* excluido de su esquema explicativo. Es decir, la incredulidad es una cosmovisión, y algunos la mantienen tan tenazmente, colocando la barra de evidencia infinitamente alta (o al menos tan alta como sea necesaria para rechazar cualquier evidencia provista), que no pueden aceptar ninguna evidencia. La Biblia habla de ceguera moral, de incapacidad para ver la verdad, a veces incluso entre el propio pueblo de Dios (Is. 6:10; 29:9; 42:18-19; 43:8; 56:10; Jer. 5:21; Ez. 12:2).

---

[49] Ver especialmente Fretheim, "Plagues". Desde varias perspectivas, vea, por ejemplo, Hort, "Plagues" (desafiado apropiadamente en Sarna, *Exodus*, 70-73); Stieglitz, "Plagues"; Duncan Hoyt, "Plagues"; Zevit, "Plagues".

Cosmovisiones bajo Juicio

Todo esto es para decir que las cosmovisiones dan forma a la manera en que leemos las narraciones milagrosas, así como las cosmovisiones dan forma a la manera en que interpretamos la realidad de manera más general. Podemos comenzar con una "hermenéutica de la confianza", como dice amablemente Richard Hays,[50] o una hermenéutica de la sospecha.[51] Como señala el académico católico carismático William Kurz, una hermenéutica de la sospecha, a menos que se use con discreción, es incompatible con la lectura la Escritura como la Palabra de Dios en la comunidad interpretativa de la iglesia.[52] O incluso cuando el erudito judío Geza Vermes advirtió a los eruditos del NT que leían textos judíos tempranos, "Los escritos religiosos revelan su significado solo a aquellos que se acercan a ellos con un espíritu de simpatía".[53]

La sospecha tiene su lugar, como lo reconoce la sabiduría israelita (Prov. 9:16; 22:3; 27:12); de hecho, Prov. 14:15 advierte que la persona ingenua creerá cualquier cosa que alguien diga, mientras que las personas sabias considerarán en qué se están metiendo. Algunas personas no son dignas de confianza, y las perspectivas humanas siempre son incompletas. Sin embargo, Dios es digno de nuestra confianza, y en algún momento nuestra resistencia a las señales verdaderas se convierte en culpable incredulidad (Núm. 14:11, 22; Ne. 9:17).[54]

Podemos tener varias razones para explicar las demandas del texto o tratarlas como irrelevantes. Ya sea que lo llamemos filosóficamente un paradigma humeano, un escepticismo cultural occidental o exegéticamente una hermenéutica de sospecha, teológicamente se ajusta a lo que la Biblia describe como incredulidad, es decir, incredulidad en el verdadero Dios de la Escritura. Desde una perspectiva bíblica, la incredulidad es tan característica de los paradigmas ateos modernos como lo fue de los antiguos paradigmas politeístas u otros.

El Dios de la Biblia no es el Dios de los deístas ni la "no deidad" definitiva del ateísmo; sin embargo, en Occidente a menudo incluso los cristianos han cometido sincretismo con el deísmo. Permitimos respuestas a la oración siempre y cuando no

---

[50] Ver Hays, *Conversion*, 190-201. Cf. Provan, Long y Longman, *History*, 48, citados en Spawn, "Principle", 60; también Stuhlmacher, *Criticism*, como se cita en Archer, *Hermeneutic*, 176n18. La mayoría de estos académicos emplean la crítica histórica, pero cuando es útil para propósitos históricos, en lugar de aceptar sus suposiciones antisobrenaturales anteriores (por ejemplo, Stuhlmacher, *Criticism*, 90, como se cita en Wyckoff, *Pneuma*, 39).

[51] Para criticas de las longitudes inadecuadas a las que a veces se lleva una hermenéutica de sospecha, ver, por ejemplo, Thurén, "Sincere"; Hengel y Schwemer, *Between Damascus and Antioch*, 119; para otras observaciones relevantes, ver, por ejemplo, Horrell y Adams, "Introduction", 37; Brown, *Death*, 7-8; Carson, "Mirror-Reading", 99. Por supuesto, uno puede criticar la perspicacia de un autor sin cuestionar sus motivos (Whitehead, *Science*, 25, citado en Cohen, *Law*, 31). Para la distancia del pentecostalismo desde una hermenéutica de sospecha hacia el texto bíblico, consulte, por ejemplo, Waddell, "Hearing", 191.

[52] Kurz, *Reading Luke-Acts*, 173-74.

[53] Vermes, *Jesus and Judaism*, 63.

[54] Dios parece más paciente con aquellos que aún no habían presenciado señales (Jue. 6:13-14; Mt. 11:20-24//Lc. 10:13-15). Los pasajes que hablan de aparentes "ceses" (tales como Jue. 6:13, Sal. 44:1-3, 74:9) normalmente continúan hablando de las obras renovadas de Dios o ruegos a Dios para que actúe nuevamente.

diverjan de las normas de las expectativas naturales; de lo contrario, todas son sospechosas, tanto de testigos confiables como de personas poco confiables.[55] Dependemos de los buenos dones de Dios para nosotros, como los recursos, la tecnología y la educación, pero con frecuencia actuamos como si Dios no pudiera ayudarnos si nos despojaran de tales bendiciones. Mantenemos una forma de piedad pero negamos su poder (véase 2 Tim. 3:5). Algunos han preguntado si (hablando puramente hipotéticamente) el Espíritu de Dios fuera retirado de nuestras iglesias, haríamos cualquier cosa de manera igual a como lo hacemos ahora.

Esa observación es relevante no solo para los milagros, sino para experimentar y obedecer las Escrituras en general. Jesús llama no solo al rico gobernante a entregar sus posesiones para cuidar a los pobres (Lucas 18:22), sino a todos sus discípulos (12:33; 14:33; ver 3:11; 19:8). Cuando el Señor derramó el Espíritu, un efecto inmediato fue que el pueblo de Dios compartió lo que tenía con los que necesitaban más (Hechos 2:44-45; 4:32-35); esta práctica luego continuó en el intercambio en las iglesias en diferentes regiones (Rom. 15:26; 2 Cor. 8-9), dispuesto por el Espíritu (Hechos 11:27-30). Los apóstoles viajeros sacrificaron aún más dramáticamente (1 Cor. 4:11-12, 2 Cor. 11:27). Un enfoque teológico neumático genuino, entonces, debería producir sacrificio en lugar de alardear de riqueza.

Algunas iglesias descartan tales afirmaciones en la Escritura como una hipérbole (aunque el propósito de la hipérbole es llamar nuestra atención). Luego descartan las afirmaciones similares de San Francisco o John Wesley o Charles Finney como legalismo, e incluso afirmaciones mucho más moderadas de contemporáneos como Ron Sider como el marxismo.[56] Mientras tanto, gastamos la mayoría de nuestros recursos en nosotros mismos, aunque las Escrituras muestran que Dios mandó tomar parte de los recursos de los administradores de la iglesia para que todos tengan lo suficiente para vivir. En algunas partes del mundo, los hijos de cristianos mueren de malnutrición y enfermedades económicamente prevenibles, como la malaria, mientras nosotros luchamos contra una epidemia de obesidad (en la mayoría de los casos sin una buena razón genética para ello). Hemos adoptado la cosmovisión del materialismo de nuestra cultura y, a veces, incluso un darwinismo social virtual (donde los menos aptos para sobrevivir mueren). La solución bíblica a tal enfoque no es un mero replanteamiento intelectual, sino el arrepentimiento; no conversación, sino conversión.

Leer con fe significa leer narraciones bíblicas con expectativa, expectativa de que Dios nos hablará de alguna manera porque el Dios que está activo en el mundo narrativo del texto es el Dios real que también está activo en nuestro mundo.[57] Esta

---

[55] Esto contraviene el enfoque historiográfico normal fuera de los milagros; ver, por ejemplo, Dilthey, *Pattern*, 141: "Incluso en los relatos contemporáneos debemos primero examinar el punto de vista del locutor, su fiabilidad y su relación con el evento".
[56] Ver Sider, *Christians*. Ron es un amigo cercano y ex colega (ver Keener, "Biblical Fidelity", 29). Él no es marxista; lo impulsa la convicción bíblica consistente con su herencia evangélica anabautista.
[57] Cf. Mulholland, *Shaped*, 135: "Deberíamos acercarnos a la escritura expectante, receptiva, abiertamente, esperando ansiosamente" para encontrarnos con Dios allí.

realidad es más fácil creerla en círculos donde tales puntos de vista se refuerzan, pero incluso en culturas donde no lo son, debemos aprender a "habitar el texto".

CAPITÚLO 12

Epistemología y Hermenéutica Bíblica

Nadie necesita sugerir que la academia secular debería leer textos como hacen los cristianos; pero los cristianos como cristianos deberían abrazar una forma distintivamente cristiana de leer las Escrituras. El enfoque secular de la lectura, con reglas básicas históricas comunes, es una forma útil de leer para ese entorno; permite a las personas desde diferentes perspectivas dialogar juntas sobre los textos.[1] Las reglas básicas comunes significan que ninguno de nosotros puede demostrar a satisfacción de todos lo que cualquiera de nosotros cree más allá de ese terreno común. Sin embargo, un sistema no tiene que ser perfecto para ofrecer una función útil.

Pero no necesitamos conformarnos con esa limitación cuando hablamos dentro de la comunidad de creyentes; los cristianos pueden leer textos bíblicos de una manera específicamente cristiana. Hablando descriptivamente al menos, las comunidades interpretativas leen textos de acuerdo con las reglas dentro de esas comunidades. La academia secular tiene su manera de leer; la iglesia tiene otra. Aquí no hablo simplemente descriptivamente sobre cómo las iglesias suelen leer textos, sino que nos urge a considerar lo que las voces proféticas y apostólicas en las Escrituras sugieren acerca de los enfoques de lectura (ver capítulos 13-16). De hecho, las Escrituras indican que Dios finalmente llamará a la gente a dar cuenta de no creer en la verdad (por ejemplo, 2 Ts. 2:10), incluida la verdad que se encuentra en las Escrituras (Lc. 16:29-31, Jn. 5:45-47).

La Escritura ofrece modelos y cosmovisiones que solo podemos apropiarnos cuando leemos con fe. Sin descartar valiosos conocimientos históricos de otras formas de investigación, podemos aprender a leer las Escrituras en un nivel o modo más completo que confíe y busque el propósito divino allí. Cuando uno adopta una lectura completamente creyente, abrazando el mensaje de Dios, uno lee como un creyente.

---

[1] Cf. Seneca *Ep. Lucil.* 108.30 (Richard M. Gummere, LCL 3:249) sobre la complementariedad de muchos enfoques: "Cuando un filólogo, un erudito o un seguidor de la filosofía abre el libro *On the State* de Cicerón, cada hombre lleva a cabo su investigación en su propia manera".

Fuertes Reclamos a la Verdad

En nuestra cultura postmoderna, los reclamos meta narrativos parecen ofensivos. Tales reservas tienen algún valor: "conocemos en parte" y reconocemos que ningún mérito moral o teológico nos asegura el don de Dios en Cristo. Sin embargo, el mensaje apostólico regularmente presenta a Cristo como el único camino de salvación (y no solo en Jn. 14:6, Hch. 4:12) y ofrece una epistemología particularista ofensivamente compatible.[2]

Opiniones Conflictivas de la Realidad

En la Escritura, la experiencia espiritual puede parecer insana para quienes no la comparten (1 Sm. 19:24; 2 Re. 9:11; Hch. 2:13; 12:15; 26:24; 1 Cor. 14:23; 2 Cor. 5:13).[3] Incluso el testimonio de la resurrección, que trascendió las expectativas ordinarias de la experiencia humana (Hch. 26:8), fue inicialmente no creído (Lc. 24:11). De hecho, aquellos con cosmovisiones que descartan algún tipo de acción divina a menudo cuestionarán incluso su propia experiencia espiritual (Mt. 28:17, Lc. 24:37, Hch. 12:9), como desafortunadamente yo mismo puedo testificar.

Pablo toca extensamente esta idea en 1 Corintios y especialmente en la primera parte de 2 Corintios, en este último trabajo respondiendo a las sospechas sobre su ministerio apostólico. El sufrimiento apostólico se asemeja a la cruz, el epítome de la debilidad y la necedad para aquellos que están pereciendo a pesar de que era realmente la señal suprema del poder y la sabiduría de Dios (1 Cor. 1:18-25). La verdadera sabiduría aparece así como una necedad para el mundo.[4] Pero los apóstoles de Cristo comparten su sufrimiento, pareciendo como tontos y débiles ante el mundo (4:9-13, especialmente 4:10).

En 2 Corintios, Pablo anuncia que Cristo conduce a sus apóstoles como prisioneros en su procesión triunfal (2 Cor. 2:14); los oyentes de esta carta en Corinto, una colonia romana, probablemente entendieron que tales prisioneros fueron ejecutados después de la procesión. Pablo habla así de su ministerio en términos de morir, siguiendo el ejemplo de Jesús y compartiendo sus sufrimientos (1:9-10; 4:7-12, especialmente 11-12, 6:9). Para los creyentes, la dificultad mortal del ministerio apostólico es el aroma de la vida; para los que están pereciendo, es simplemente el hedor de la muerte (2:14-16). Solo desde el punto de vista de la

---

[2] Cf. los argumentos en Keener y Usry, *Faith*, 108-35, especialmente abordando las transiciones cristocéntricas involucradas en todas las imágenes variadas de NT relacionadas con la soteriología. Confieso que todavía encuentro las implicaciones de este reclamo extremadamente dolorosas; mis intentos de exégesis honestamente no siempre arrojan los resultados que hubiera deseado.

[3] Los creyentes no están solos al experimentar estas percepciones; ver la discusión de filósofos antiguos y sus detractores en Keener, *Acts*, 4:3537-38.

[4] Ver Keener, *Mind*, cap. 6. Vista sin fe en el Dios que resucitó a Jesús, la cruz en sí misma es simplemente otra parodia de la injusticia, de los poderosos silenciando a los débiles (véase también Green, *Seized*, 153-54).

nueva creación, entendemos incluso el sufrimiento de Cristo (5:16-17). Es decir, solo los creyentes miran la cruz y ven la resurrección.

Fe y Verdad

La fe aquí es una perspectiva, una visión del mundo que, siempre que esté dirigida hacia la verdad divina, nos permite acceder a esa verdad.[5] Todos traen presuposiciones y, por lo tanto, una lente interpretativa a la realidad, basada en experiencias o enseñanzas pasadas; algunos están más abiertos a ajustar su lente interpretativa que otros. El escepticismo, nada menos que la fe, implica presuposiciones, una lente interpretativa.

Podemos tener diferentes nombres para diferentes enfoques filosóficos y religiosos que rechazan un mensaje bíblico, pero todos estos enfoques parecen contrarios a la fe cristiana en las Escrituras. Es decir, si alguien no creyó en el mensaje de Pablo porque el imperialismo romano hizo que la cruz pareciera tonta, porque ya tenían muchas deidades (véase Is. 46:6-7; Jer. 10:14), o porque el evangelio de Pablo no se ajustaba a la cosmovisión en su sinagoga (1 Cor. 1:22-23; 8:5-6), Pablo diría que el dios de este siglo los había cegado (2 Cor. 4:3-4; véase 3:13-14).[6]

Desde una perspectiva cristiana, si uno debería preferir la fe o el escepticismo con respecto a una proposición dada depende de lo que sea verdadero. En respuesta a la separación de Kant de la fe subjetiva de la razón objetiva, Kierkegaard concibió la fe como un salto en la oscuridad. Esta construcción tiene sentido en su contexto filosófico, pero no es lo que Pablo quiere decir por fe. La fe bíblica no es un salto kierkegaardiano en la oscuridad, sino un paso deliberado a la luz de la verdad.

Al mismo tiempo, aunque la verdad a menudo es sumisa a la exploración desde varios ángulos, las epistemologías humanas tienen sus límites, al igual que la información a la que las personas tienen acceso. Además de la consideración del papel del Espíritu infinito de Dios, siempre tenemos que confiar en nuestro conocimiento incompleto y finito porque eso es todo lo que tenemos disponible. Deberíamos estar sumamente agradecidos de que tenemos al menos suficiente información para justificar nuestra confianza en alguien infinitamente más sabio que nosotros. Esto no es para repudiar la importancia de buscar conocimiento de la mejor manera posible (ver Prov. 18:15, 22:17, 23:12, ver sabiduría en 2:4, 8:17); esto es meramente para reafirmar que temer a Dios es el comienzo del conocimiento

---

[5] Cf. El "Believe so as to understand" de Agustín (varias fuentes citan *Sermon* 43.7, 9, *Tract Jn.* 29.6) y la fe de Anselmo buscando entendimiento (*Proslogion* 1, final), aunque citaron en apoyo de una mala traducción latina de Is. 7:9 (en *Tract. Jn.* 29.6.2, Agustín también cita, de manera más útil, Juan 7:17). Algunos otros intérpretes citan la necesidad de un renacimiento espiritual para una percepción correcta (por ejemplo, Ervin, "Hermeneutics", como se cita en Spawn y Wright, "Emergence", 6).

[6] Esto no quiere decir que en la práctica todos estén igualmente alienados; Pablo y otros escritores bíblicos a veces matizan estos claros contrastes (un punto al que vuelvo brevemente más adelante). Sin embargo, el marcado contraste epistémico refuerza las demandas de los textos.

(Prov. 1:7): la sólida red y base interpretativa, especialmente para el conocimiento sobre Dios y las actividades de Dios.

Las Escrituras a veces representan la fe como una especie de sentido; Heb. 11:1 puede describirse como prueba, evidencia,[7] realidad o confianza. La iluminación infrarroja y las gafas de visión nocturna pueden permitir a las personas ver imágenes a distancias en el espectro electromagnético que normalmente no podrían ver sin ellas. La fe bíblica es como otro sentido, un sentido espiritual, que nos permite ver lo que está genuinamente presente pero que está oculto a los que no creen (2 Cor. 4:3-4). Esa verdad permanece oculta de ellos en parte porque sus marcos interpretativos no les permiten verla, por ejemplo, porque su cosmovisión excluye la actividad divina de la consideración. (Por esta razón, Pablo se preocupa de corregir falsas ideologías, véase 2 Cor. 10:5). La verdad bíblica, entonces, es percibida y abrazada por la confianza y la dependencia del Dios que la revela.

La fe ciertamente puede ser ingenua y extraviada si su objeto no es verdadero. Un atacante suicida religioso o personas que matan supuestas brujas jóvenes pueden creer en lo que están haciendo, pero estamos convencidos de que sus creencias son falsas. La Escritura enfatiza no la fe en cualquier cosa sino una fe en Dios y en Cristo, la fe justificada por la evidencia de los primeros testigos y el testimonio continuo del Espíritu. (De hecho, con solo unas pocas excepciones como 2 Ts. 2:11, Pablo emplea el lenguaje de la fe casi exclusivamente para la fe en la verdad.) Cuando las personas tratan los versículos bíblicos fuera de contexto como fórmulas mágicas para obtener lo que quieren, su fe en los textos bíblicos está fuera de lugar (aunque en algunos casos Dios podría honrar su fe genuina en Cristo). Por el contrario, Dios es confiable como un objeto de nuestra confianza.

El Espíritu de la Verdad y la Fe

Más allá de los creyentes que comienzan con una cosmovisión o perspectiva cristiana, el Espíritu agrega una dinámica epistémica que proporciona convicción. En los Evangelios, especialmente en Mateo y Juan, Jesús afirma que está con su pueblo y que su Espíritu continúa su presencia con nosotros (Mt. 18:20, Jn. 14:23). En la práctica, debido a que aceptamos la verdad de la fuente de la afirmación, esto debería llevarnos también a afirmar su presencia. En consecuencia, con frecuencia produce una experiencia de ser consciente de la presencia de Dios (reconocida por la fe, no por el sentimiento, aunque el reconocimiento bien puede generar o estar unido a los sentimientos). Eso no significa que nuestra conciencia de su presencia

---

[7] Obsérvese la primera definición del *Greek-English Lexicon of the New Testament and Other Early Christian Literature* para ἔλεγχος (prueba), aunque el *Greek-English Lexicon of the New Testament and Other Early Christian Literature* traduce aquí de manera más vaga; y posiblemente la cuarta definición del *Greek-English Lexicon of the New Testament and Other Early Christian Literature* para ὑπόστασις (título de propiedad o garantía).

sea lo que lo hace presente; pero a través de la fe viva en la realidad de su presencia, podemos vivir nuestras vidas a la luz de su presencia.[8]

El Espíritu da testimonio a nuestro espíritu (Rom. 8:16) y ofrece valentía para la proclamación (Hch. 4:31). Uno podría objetar que esta seguridad es demasiado subjetiva y personal para convencer a otros, pero la dinámica del Espíritu que nos asegura también puede proporcionar convicción a otros a través de nuestra presentación de Cristo (1 Ts. 1:5; ver 2:13; Jn. 16:7-11). Una epistemología del Espíritu insiste en que no es ideal simplemente heredar la cosmovisión correcta; necesitamos el estado de ánimo dado por el Espíritu (Rom. 8:5-7, 1 Cor. 2:9-16).

Los primeros pentecostales aplicaron este enfoque a algunos dones espirituales de la misma forma en que sus precursores evangélicos radicales lo aplicaron a la sanación y la fe para la provisión en el campo misionero. Aunque a veces su insistencia se volvió excesiva (un rasgo común entre la mayoría de los movimientos jóvenes entusiasmados con distintivos), trataron de confirmar en su experiencia la cosmovisión que encontraron en las Escrituras. Era una fe en las Escrituras que generalmente no se basaba tanto en los debates sobre el significado preciso de los pasajes bíblicos como en la realidad de la cosmovisión bíblica. El Espíritu da poder y responde a tal fe u oraciones desesperadas (Lc. 11:13) para que lo que es bíblicamente normal se convierta en nuestra propia experiencia normal.

La Incredulidad como una Cosmovisión

La gran mayoría de los académicos de hoy en día reconoce que todos los intérpretes aportan supuestos previos, sea que los intérpretes reconozcan o no sus suposiciones. La mayoría de los intérpretes de las tradiciones de renovación argumentan que su cosmovisión, la cual acepta como enfoques bíblicos reales lo sobrenatural, concuerda mejor con la realidad que el sesgo a menudo antisobrenaturalista que tiende a impregnar la erudición crítica moderna.[9]

Bíblicamente, la fidelidad a Dios incluso frente a cosmovisiones competitivas potencialmente persuasivas muestra amor por él (Dt. 13:3); el amor exige confianza y lealtad. La fe bíblica no es ciega, como si no tuviéramos pruebas que respalden lo que creemos; la fe es, como hemos notado, sana solo en la medida en que su objeto es confiable. Sin embargo, tampoco la fe bíblica carece de compromiso. El rango

---

[8] Estoy agradecido, sin embargo, de que esté presente ya sea que seamos conscientes de su presencia o no, porque mi cerebro con desorden hiperactivo y deficit de atencion generalmente no permanece consciente de nada durante un período de tiempo muy prolongado, excepto tal vez cuando se concentra demasiado en un tren de pensamiento mientras lee o escribe.

[9] Spawn y Wright, "Emergence", 5-6, 21, proveyendo ejemplos luteranos especialmente carismáticos. Para las discusiones de un antropólogo carismático sobre las visiones del mundo, ver, por ejemplo, Kraft, "Worldviews"; ídem, *Worldview*; para el desarrollo histórico y un desafío a la cosmovisión antisobrenatural, vea Long y McMurry, *Collapse* (Long y McMurry son presbiterianos renovacionistas).

semántico del término hebreo traducido como "fe" en las Escrituras incluye no solo asentimiento a proposiciones sino fidelidad o lealtad.[10]

La Biblia a menudo se dirige a nuestra incapacidad para aprehender la verdad divina. Aunque los teólogos entre y dentro de varias tradiciones debaten sobre la naturaleza y el alcance de la depravación total, las Escrituras son claras en cuanto a que la depravación humana afecta nuestra capacidad de percibir la verdad divina. Algunos describen esta depravación como corrupción de la razón; otros especifican una caída de la voluntad que resiste a la verdad divina. Aún otros, incluyéndome a mí, dudarían de que la voluntad y la razón se desenreden tan fácilmente.

Algunos Ejemplo del Pecado Oscureciendo la Mente

El corazón endurecido del faraón, mencionado anteriormente, proporciona un ejemplo. Probablemente su teología errónea (su idea de que sus dioses ancestrales heredados eran mucho mayores que el único dios de sus esclavos) siguió siendo un factor en este endurecimiento; así las plagas de Dios golpearon a los dioses de Egipto (Éx. 12:12; Núm. 33:4). Dios endureció el corazón de Faraón (Éx. 4:21; 7:3, 13), pero Faraón también se mantuvo responsable de elegir un corazón duro (7:14). Faraón a menudo se endurecía cada vez que Dios cedía ante la presión ejercida contra él (8:15, 31-32; 9:34; 10:20).

Otro factor en su dureza inicial, sin embargo, fue la creencia teológica de que las explicaciones alternativas particulares eran igual o más plausibles, a pesar de su escala limitada: sus magos podían duplicar las primeras señales (7:11-13, 22; ver 8:7). Finalmente, Dios dejó en claro que las explicaciones politeístas y naturales eran inadecuadas, incluso más allá de que Moisés anunciara por adelantado las plagas y, a menudo, la cura. Los magos de Faraón ya no podían imitar las señales (8:18-19; 9:11); Faraón se enteró de que la plaga no afectaba a ningún ganado de Israel (9:6-7); y Dios seleccionó al primogénito de cada familia para derribarlo (12:29). Sin embargo, Faraón, inconsistente con la razón coherente fuera de su inflexible visión del mundo, todavía permanecía hostil (14:4-9).

Si alguien piensa que tal dureza es inconcebible, uno simplemente puede buscar en la plaza pública alguna evidencia conspicuamente fuerte de la verdad de Dios y observar las respuestas. Faraón lo apostó todo a la verdad de su teología, que incluía su divinidad. Muchos hoy también apuestan a que Dios sea falso, sin estar abiertos a la persuasión de lo contrario. Aquellos que subestiman lo que está en juego podrían querer contar con la apuesta de Pascal: si la creencia de uno puede ser falsa, el riesgo de rechazar a Dios es mayor que el riesgo de seguirlo.

Otro ejemplo de pecado que ciega la mente aparece en el libro del profeta Isaías. Aquí Dios responde a la resistencia de su pueblo al mandar irónicamente que

---

[10] Ver el *Hebrew and English Lexicon of the Old Testament*. Creemos en Dios o confiamos en él debido a su fidelidad, y esta confianza a su vez es fidelidad recíproca.

permanezcan ciegos (Is. 29:9); en este punto, les había impedido incluso recibir la verdad por medio de profetas y videntes (29:10). (Como continuista, sugeriría que donde hoy se silencia la verdadera voz profética, debemos prestar atención al silencio, a veces significa que hemos agotado nuestras advertencias y embotado o suprimido el sistema de advertencia).

Sin embargo, Isaías no está dando a entender que Dios no se haya comunicado con su pueblo; en cambio, Dios los ha abandonado a sus propias excusas. Algunos podrían negarse a reconocer su mensaje porque no podían leer; otros, porque estaba sellado (29:11-12). Es decir, no podían escuchar la voz profética porque ya habían elegido no recibirla. Su sabiduría mortal no era la verdad de Dios (29:14); Dios es el que tiene perfecto conocimiento (29:15-16). El que es verdaderamente sabio lo escucha; no hay verdadera sabiduría contra él (Prov. 21:30; Is. 29:14; Jer. 8:9).

La Ceguera a Nivel Corporativo

"Sabemos que somos de Dios", escribe Juan, "y el mundo entero está bajo el maligno" (1 Juan 5:19). Juan continúa afirmando que, por el contrario, Jesús nos ha dado entendimiento para que podamos conocer al que es verdadero (5:20).

Como ya se señaló, Rom.1:18-32 describe en parte cómo la humanidad comenzó a suprimir deliberadamente la verdad acerca de Dios hasta que sus cosmovisiones se volvieron tan distorsionadas con respecto a los asuntos divinos que se volvieron incapaces de reconocer la verdad acerca de Dios. Eventualmente, aquellos que se han vuelto más hábiles en la ceguera se vuelven tontos mientras se afirman a sí mismos como sabios (1:22).

En la época de Pablo, como en la del Faraón, la distorsión se producía a través de la multiplicación de las deidades y la reducción de la imagen divina a imágenes creadas por las personas. Hoy en día, la distorsión a veces llega al eliminar por completo la deidad y atribuir todo al azar (incluso al punto de recurrir a un número prácticamente infinito de universos para evadir la creencia en un creador inteligente). Como distorsionar la imagen de Dios llevó a distorsionar la sexualidad humana en Romanos 1, conduce a lo mismo hoy, donde muchos humanos despojados de cualquier dignidad trascendente persiguen pasiones puramente animales. La reducción de la persona o identidad humana al producto de la pura casualidad no ofrece a la humanidad ningún propósito trascendente.[11]

Tres veces Pablo enfatiza en Rom. 1:18-32 que Dios le da al mundo las decisiones que ya ha tomado. Este pasaje describe el pecado corporativo, que afecta a aquellos que están rodeados de tales cosmovisiones y las elecciones

---

[11] Algunos argumentan que Dios usa el azar para alcanzar las metas divinas. En este caso, el azar podría ser un mecanismo en el cual Dios ajustó las reglas desde el principio para producir algunos resultados deseados. Sin embargo, si uno ve el azar como un mecanismo divino, uno todavía piensa en términos del diseño final de las reglas. El "diseño" no necesita estar restringido a la microgestión.

correspondientes que hacen dentro de ese marco. Uno de los horrores del pecado son sus efectos corporativos: millones de personas en el mundo de hoy se mueren de hambre, mueren de enfermedades tratables o se convierten en refugiados debido al egoísmo y la codicia de los demás. Hay suficiente comida disponible en el mundo para alimentar a todos; debido a la distribución inequitativa, sin embargo, las personas mueren de hambre y mueren de desnutrición.

El acceso a la información tampoco está distribuido equitativamente, como lo están los paradigmas verídicos. Cuando algunos justifican sus creencias por medio de la falsedad, silencian la voz de Dios no solo en sí mismos sino también para aquellos que confían en ellos. Aquellos que matan a otros con la esperanza de alcanzar el paraíso normalmente siguen una creencia falsa sobre los demás. Aquellos que viven y mueren sin esperanza en un mundo que perciben como impío también siguen las falsedades que otros han creado.

Pablo en otra parte habla de un espíritu de anarquía (2 Ts. 2:7), de modo que Dios entrega, a los que se deleitaban en la iniquidad, una influencia engañosa para que creyeran lo que era falso en lugar de verdadero, para que no se salvaran (2:10-12).[12] En otras palabras, cuando las personas aman su pecado más de lo que aman la verdad, Dios les hace[13] llegar a ser tan ciegos que no pueden ver la verdad.

Grados de Ceguera

Como ya se señaló, Pablo habla de manera genérica, pero no necesariamente significa que todos estén igualmente ciegos. Al igual que Romanos 1, Efesios 4 habla de gentiles oscurecidos en sus mentes por la ignorancia y corazones duros que conducen a la inmoralidad sexual (Ef. 4:17-19).[14] Sin embargo, Pablo reconoce aquí que su propia audiencia se convirtió de esta oscuridad (4:20), sugiriendo que Pablo de hecho no considera esa ceguera corporativa como impenetrable.[15]

Jesús describe a un escriba de mente abierta como que no estaba "lejos del reino de Dios" (Mc. 12:34); y Marcos aparentemente representa a los discípulos de Jesús (en contraste con sus enemigos) simplemente como medio ciegos (8:17-18, 23-25, contraste 4:11-13). Tampoco es necesario decir que nuestra responsabilidad con las personas que no comprenden qué es ser amable, gentil y paciente, incluso con

---

[12] Muchos eruditos críticos rechazan la autenticidad de 2 Tesalonicenses, pero, al menos en la esfera anglófona, la mayoría de los comentaristas –los que trabajan más de cerca con el texto– aceptan su autenticidad. Encuentro inverosímil la idea de que un pseudepígrafo escribiría, después de la destrucción del templo en el 70, de alguien profanando el templo al entronizarse allí mismo (2 Ts. 2:3-4). La adoración imperial en el sitio del templo nunca incluyó la presencia del propio emperador, y el templo fue destruido antes de que se llevara a cabo tal adoración en el 70.

[13] Cómo uno entiende esta causalidad depende de la propia teología, y no puedo desviarme aquí.

[14] Acepto la autenticidad de Efesios, pero estoy al tanto del debate. En apoyo de la autenticidad, vea los argumentos en varios comentaristas, esp. Hoehner, *Ephesians*, 2-61. No todos estarán de acuerdo, pero considero que el caso de Hoehner es persuasivo y no tengo nada relevante que agregar.

[15] De la misma manera, él ora para que estén aún más plenamente iluminados (Ef. 1:18), aunque ya estén iluminados (5:8; ver 3:9).

aquellos que no solo no comprenden, sino que se oponen al mensaje (2 Tim. 2:24-25). Nuestro rol es razonar suavemente; Dios es quien puede concederles el arrepentimiento que puede llevarlos a conocer la verdad, con una forma sana de pensar (2:25-26). Cuando aquellos que se llaman a sí mismos cristianos sienten la necesidad de intimidar a los no creyentes (incluso en respuesta a que algunos no creyentes los intimiden), uno se pregunta si estos cristianos recuerdan que tienen lo que tienen solo por gracia (véase Lc. 15:25-32; 18:9-14, Hch 11:3, 18, 1 Tim. 1:13-16). Por otra parte, enfocarse en lo resistente puede ser no productivo (Mc. 6:11; Tit. 3:9-10).

Hace años, a menudo dialogaba con un amigo agnóstico que planteaba diversas objeciones intelectuales contra el cristianismo para ver si podía responderlas. En cada caso, las respuestas que di lograron satisfacer sus protestas, aunque reconozco fácilmente que no tengo respuestas para todas las preguntas disponibles. La conversación siempre llegaría al clímax de la misma manera, con mi amigo admitiendo: "Tienes razón. Simplemente no quiero renunciar a mi pecado". Su mente no era completamente incapaz de recibir la verdad, sin embargo, en eso al menos podía percibir la razonabilidad de las respuestas a su caso.

Algunos otros, que generalmente han rechazado el diálogo civil, parecen incapaces de entender que tienen presuposiciones, y que un punto de vista cristiano no es más prejuicio, desde una perspectiva neutral, agnóstica, que el suyo propio. Otros aún pueden mantener el escepticismo debido a presuposiciones heredadas, pero abandonan esas premisas cuando se enfrentan a una realidad que desmantela su cosmovisión. (Eso es lo que me sucedió en mi conversión del ateísmo, aunque muchos aspectos de mi cosmovisión incrédula debían desmantelarse posteriormente).

Ejemplos de Prejuicios Hostiles

En la práctica, la incredulidad va desde una ignorancia menos culpable de la verdad de Dios a una negligencia aparentemente benigna a un rechazo deliberado, y desde la tolerancia hacia varios grados de hostilidad. La abierta persecución de los creyentes es una forma conspicua de hostilidad,[16] pero en los círculos académicos occidentales se expresa más a menudo descartando o tratando de desacreditar los argumentos genuinamente razonados sin necesidad de considerarlos.

La mayoría de mis lectores podrían ilustrar fácilmente este prejuicio hostil, por lo que limitaré los ejemplos a esta sección. Inicialmente busqué erudición esperando una audiencia objetiva, pero rápidamente me desilusionaron las políticas de la academia. (No es mi intención en este libro abrazar o rechazar todo lo dicho por los intérpretes posmodernistas, como si todos necesariamente estuvieran de

---

[16] Ver, por ejemplo, Marshall, *Blood*; Hefley y Hefley, *Blood*; Shortt, *Christianophobia*; Doyle, *Killing*; N, yo soy N; esp. Marshall y Shea, *Silenced*; Marshall, Gilbert y Shea, *Persecuted*.

acuerdo entre ellos, pero en este caso los posmodernos pueden responder con razón, "Nosotros se lo dijimos").

A menudo, algunos críticos descartan como "acríticos" a cualquier estudioso que llegue a conclusiones más positivas acerca de muchos reclamos en las Escrituras. Son rápidos en hacerlo incluso cuando el trabajo más positivo del erudito muestra más investigación, más conexiones interdisciplinarias y una interacción profunda con varias posiciones. El crítico, por su parte, normalmente solo puede leer las fuentes "críticas", es decir, las que están de acuerdo con sus conclusiones (o lo que aprendieron de sus propios mentores respetados). Por supuesto, este tipo de parcialidad no es una cuestión de la posición de uno, sino de la disposición de uno; es un fundamentalismo acrítico (en el sentido moderno peyorativo del término) ya sea que ocurra en el extremo izquierdo o en el derecho del espectro teológico (y lo he presenciado en ambos extremos).

Las revisiones son un lugar donde los académicos a menudo pueden observar tales disposiciones, aunque a menudo el respeto académico general por la objetividad ayuda a restringirlas. Si bien muchos académicos de todo el espectro teológico honran la honorable virtud liberal de la imparcialidad, la mayoría de nosotros hemos leído algunas críticas tan injustas que parecía increíble que abordaran el mismo libro que ya habíamos leído. Algunos críticos aparentemente escriben reseñas para rellenar sus currículums, sin darse cuenta siquiera de los puntos principales de los libros que están revisando. (A veces, consumidos solo por su propio enfoque académico, elaborarán extensamente sobre un punto de desacuerdo que consumió como máximo una sola página en el libro).

Un destacado investigador principal, se lamentó delante de mí, indudablemente con cierta hipérbole, que nunca antes un crítico leyó su libro antes de revisarlo.[17] Otro amigo, lamentando una crítica que había recibido, compartió la desagradable broma sobre un erudito que respondió a una pregunta: "No, aún no he leído ese libro, ni siquiera lo he revisado".[18] Incluso los estudiosos que intentan ser justos no pueden escapar a las presuposiciones, sino que tradicionalmente forman parte de la disciplina crítica académica para evaluar equitativamente en base a estándares comunes de la disciplina.[19]

Aun así, incluso los académicos un poco hostiles son casi siempre más justos que los peores comentarios publicados en artículos o blogs en Internet, lo que puede proporcionar una ilustración más clara del prejuicio hostil. Mientras que los académicos normalmente están entrenados para tratar de ser justos o al menos para

---

[17] Más tarde revisé uno de sus libros, y lo leí primero. Pero puedo imaginar que no todos los críticos lo hicieron.

[18] Uno podría explayarse extensamente aquí, incluso desde la experiencia personal. Una de mis críticas favoritas de uno de mis libros más antiguos permite que mi visión inexacta de la esclavitud antigua sea comprensible, ya que, según el crítico, soy afroamericano. (Soy ordenado en una denominación afroamericana, pero él hizo suposiciones raciales inexactas en ese reporte.) He leído algunas críticas entusiastas de mis propios libros que parecían omitir el punto no menos que algunas negativas. Sin embargo, en otras ocasiones, algunos hábiles revisores han entendido y comunicado mi punto claramente.

[19] La expectativa de una evaluación justa no es un concepto exclusivamente moderno (véase, por ejemplo, Génesis 31:37).

proteger su propia reputación al no parecer abiertamente parcial, los comentarios anónimos en Internet pueden proporcionar una indicación más clara de las disposiciones humanas sin restricciones. Una crítica anónima ofreció un "comentario" inexcusablemente hiriente a una adolescente que se había postulado cantando: "Eres fea; ve y suicídate".

Para ejemplos más relacionados con lo académico, cuando los académicos escriben publicaciones a nivel popular, los críticos populares a menudo se oponen en las secciones de comentarios con aseveraciones absurdas. Algunas veces "probarán" su caso contra el erudito citando como autorizada a otra fuente popular desinformada, o tal vez una fuente genuina a la que el erudito, cuya obra académica el crítico anónimo nunca ha leído, se refirió extensamente a otro lugar.[20]

No me sorprendió que algunos críticos en Internet se negaran a creer el testimonio milagroso de los testigos oculares; el creer eso representaba la violación de su cosmovisión. Lo que me sorprendió fue un comentario que negaba creer incluso que alguna vez me hubieran vencido por mi fe, aunque es un resultado ocasional predecible de algún evangelismo urbano cuando un milagro no sucede. Tomo esto para ilustrar que parte de la libertad humana es que, en lugar de evaluar críticamente los reclamos para buscar la verdad honestamente, las personas pueden abusar de sus facultades críticas para rechazar cualquier afirmación que sea inconsistente con su cosmovisión, incluso cuando, desde la perspectiva divina verídica, la visión del mundo puede estar equivocada.

Las presuposiciones son inevitables, y no siempre se expresan en un prejuicio hostil. Sin embargo, las Escrituras aclaran repetidamente que las cosmovisiones tendenciosas en contra de Dios son dañinas. Mientras que una solución en el Antiguo Testamento era erradicar sociedades sesgadas en contra de Dios con el propósito de juzgar y prevenir la contaminación del pueblo de Dios,[21] las enseñanzas de Jesús y la iglesia apostólica (y para el caso, Israel durante el exilio) son bastante diferentes. Dios quiere que su pueblo sea una luz y haga una diferencia en los valores de sus sociedades mediante la caridad y la persuasión, no por la coerción.[22]

---

[20] Aunque he observado esto a menudo, pienso en algunos comentarios añadidos a la primera publicación de Candy Gunther Brown en el *Huffington Post* (http://www.huffingtonpost.com/candy-gunther-brown-phd/testing-prayer-science-of-healing_b_1299915.html, publicado el 2 de marzo de 2012). Aunque aquí tengo en mente las publicaciones de algunos ateos fundamentalistas de Internet, los mensajes vituperativos de algunos cristianos fundamentalistas en Internet también pueden ser vergonzosos.

[21] Aquí simplifiqué demasiado para evitar la digresión. Vea una discusión más completa con matices mucho mayores en, por ejemplo, Copán, *Monster*; Copán y Flannagan, *Genocide*.

[22] Muchos de nosotros permitiríamos una intervención coercitiva para prevenir el genocidio, pero Jesús ciertamente no habría aprobado forzar la creencia. Una creencia aceptada por la compulsión no es la verdadera creencia de uno, al menos mientras las alternativas conocidas sigan siendo intelectualmente viables.

El Dualismo Epistémico de Juan

Desde el principio, el Evangelio de Juan divide el mundo en aquellos que abrazan la verdad y aquellos que la resisten. Cuando la luz de Dios brilla en la oscuridad, la oscuridad no pudo "prevalecer" (Juan 1:5); el término griego aquí contiene potenciales y abrumadores matices de comprensión (el primero quizás sea más relevante aquí). El mundo no pudo reconocer a su creador cuando vino entre ellos (1:11), pero quienes lo recibieron se convirtieron en hijos de Dios, naciendo de Dios (1:12-13). Dios podía ser completamente entendido solo cuando se hizo humano y reveló su corazón (1:18).

El Malentendido

Nicodemo ni siquiera podía ver el reino de Dios hasta que naciera de lo alto (3:3); las verdades celestiales permanecieron más allá de su total comprensión incluso cuando fueron ayudadas por algunas analogías terrenales (3:10-12). La condición de Nicodemo parece característica de lo que deberíamos esperar con respecto al mundo, incluso después de la exaltación de Jesús. El mundo no puede recibir el Espíritu de la verdad porque ni lo conoce ni lo reconoce (Juan 14:17).

La epistemología joánica divide a la humanidad en seguidores de Jesús y "el mundo". En la epistemología de Juan (Juan 3:19-21), el juicio es "que la luz vino al mundo, y los hombres amaron más las tinieblas que la luz, porque sus obras eran malas. Porque todo aquel que hace lo malo, aborrece la luz y no viene a la luz, para que sus obras no sean reprendidas. Mas el que practica la verdad viene a la luz, para que sea manifiesto que sus obras son hechas en Dios".

Así, Jesús advierte a sus interlocutores que "no puedes entender" (Juan 8:43), porque todavía pertenecen a una esfera espiritual hostil. (Pablo ofrece una idea similar en 1 Cor. 2:14). No pueden entenderlo, explica Jesús, porque no pueden escuchar su mensaje (Jn. 8:43). Tienen una perspectiva carnal y mundana, mientras que él tiene una celestial (8:15-16, 23; ver 3:11-13). Jesús les habla en acertijos circulares, dejándolos en una ceguera que solo podría ser reemplazada por una experiencia directa con Dios (8:19, 24-25). No están moralmente calificados para reconocer la verdad de Jesús (8:45-46); ellos no pueden escuchar las palabras de Dios verdaderamente porque no son de Dios (8:47). No reconocen que las palabras de Jesús no pueden entenderse en un nivel meramente carnal, sino solo en el nivel del Espíritu y la vida divina (6:63).[23] El único camino más allá de este punto muerto

---

[23] Este pasaje proporcionó un punto crucial en el argumento de Zwinglio con Lutero sobre la Eucaristía (combinado con una desafortunada falta de comunicación debido al uso de Zwinglio de un idioma suizo con el que Lutero no estaba familiarizado), pero también se ajusta al mayor énfasis joánico en lo espiritual más que en una evaluación terrenal (3:12, 31; 7:24; 8:15).

epistémico es que continúen en el mensaje de Jesús y así conocen a Jesús y a su Padre (8:19, 31-32), un conocimiento que constituye la vida eterna (17: 3).

Conociendo a través del Encuentro

Muchas de las narrativas joánicas que enfatizan el testimonio también enfatizan un encuentro personal con Jesús. Por lo tanto, habiéndose encontrado con Jesús, Andrés invita a su hermano Simón a encontrarse con él (Jn. 1:40-42). El pastor que llama a sus ovejas por su nombre, que las conoce y sus ovejas lo conocen (véase 10:3-5, 14-15, 27), luego llama a Simón por su nombre (1:42) y lo hace discípulo.

Al notar que Andrés "encontró" a su hermano (1:41), después de "buscar" a Jesús (1:38), Juan conecta este párrafo con el siguiente.[24] Allí Jesús "encontró" a Felipe, invitándolo a ser un discípulo (1:43). Felipe luego "encontró" a Natanael (1:45). Como Jesús había invitado a Andrés y a su amigo a "venir y ver" (1:39), Felipe ahora invita a Natanael a "venir y ver" (1:46).[25] Aunque el testimonio de Felipe acerca de la identidad de Jesús prepara a Natanael para un encuentro con Jesús, es el encuentro con Jesús, quien conoce el corazón de Natanael como conoció a Simón, lo que convence a Natanael (1:46-51). Del mismo modo, Jesús se revela a una mujer samaritana y también revela algo acerca de su identidad (4:17-18, 25-26), y luego invita a su pueblo a "venir, y ver" a Jesús (4:29). Como resultado, declaran, que ellos (como Natanael antes que ellos) le creen no por el testimonio, sino porque lo han conocido por sí mismos (4:42).

La epistemología es central en una escena clave en el libro y en las siguientes advertencias de Jesús. (Las dos palabras favoritas de Juan para "conocer/saber" aparecen unas 140 veces en el libro, constituyendo este tema como un motivo central). En Juan 9, alguien que ha experimentado la sanación no puede responder todas las preguntas de los críticos; hay asuntos que él no sabe (9:12; ver 9:20-21). Sin embargo, él sabe lo suficiente como para cuestionar su escepticismo: él conoce su experiencia, que ha pasado de la ceguera a la vista (9:25). Sus críticos dogmáticos, que tienen una posición de poder social intelectual, son más arrogantes sobre lo que saben: "saben" que Jesús es un pecador (9:24) y que Dios le ha hablado a Moisés (9:29a), pero ellos descartan el significado de Jesús precisamente porque no conocen su lugar de origen (9:29b).[26]

Cuando el hombre sanado ejerce la independencia intelectual para pensar por sí mismo, afirmando que "sabemos" que este hombre no podría haber hecho este

---

[24] También el "siguiente" Jesús de Andrés (1:37-38, 40) lo conecta con Felipe, a quien Jesús llama para "seguirlo" (1:43), como sus ovejas (10:4-5, 27).
[25] Hasta cierto punto, este lenguaje puede ser simplemente un modismo joánico (véase 11:34), pero el agrupamiento de este vocabulario en estos lugares paralelos parece significativo.
[26] La audiencia informada de Juan sabe que el lugar de origen de Jesús es del cielo, es decir, de Dios; 3:13, 31; 6:32 - 33, 38, 41, 46, 51; 8:23, 42. Esto es precisamente contrario a lo que los críticos de Jesús dicen de él en 9:16, y a lo que el hombre sanado responde en 9:33.

milagro si fuera un pecador (9:30-31), se burlan de su falta de aprendizaje académico y los excluyen de la comunidad del pueblo de Dios (9:34). El primer público objetivo de Juan probablemente experimentó expulsión o marginación en sus sinagogas,[27] pero cualquiera de nosotros que ha sido burlado por nuestra fe puede identificarse con este hombre. En última instancia, sin embargo, no son estos miembros de la élite quienes pueden determinar si alguien pertenece o no al pueblo de Dios.

Al defender a este hombre, Jesús sostiene que vino a dar vista a aquellos que reconocen su ceguera y cegar a los que creen ver, aquellos que afirmaron saber mejor que los demás (9:39-41). El problema que divide aquí es la propia identidad de Jesús. Las ovejas verdaderas de Dios reconocen a su pastor y se resisten los autoproclamados: los líder falsos del pueblo de Dios (9:35-38). Las ovejas de Jesús, el verdadero pueblo de Dios, conoce su voz y lo conoce a él (10:4-5, 14-15; ver 10:27).

Aunque Jesús ya no camina entre nosotros en su carne, el Espíritu continúa haciendo presente a Jesús (16:7-15). Cuando Jesús reveló a sus discípulos lo que había escuchado de su Padre (15:15), el Espíritu continúa revelando lo que oye de Jesús (16:13-15). El escenario de Juan 9-10 continúa así, con diversas respuestas a Jesús en cada período de esta era.

Aunque no tanto como en el Evangelio, las epístolas juaninas hacen un uso intensivo de los dos verbos joánicos para el conocimiento (34 veces en estos siete capítulos, la gran mayoría en 1 Juan).[28] La afirmación epistémica en 1 Juan 4:6 suena circular, a menos que sea informado por la confianza en los testigos apostólicos que se basa en una experiencia genuina del Espíritu: "Nosotros somos de Dios; el que conoce a Dios, nos oye; el que no es de Dios, no nos oye. En esto conocemos el espíritu de verdad y el espíritu de error".[29]

Fuera del grupo interno, tal razonamiento parece cometer petición de principio. Sin embargo, se basa en el conocimiento previo del conocimiento experiencial de Dios. El círculo de testigos de Juan podía distinguir qué espíritus estaban de acuerdo con el Jesús que vino en la carne porque habían conocido al Jesús que vino en la carne (4:1-3).[30] Aquellos que tenían la experiencia del Espíritu reconocieron la

---

[27] Hace mucho tiempo argumentado por Aberle, "Zweck" (1861, como se cita en Ashton, *Understanding*, 108); Wrede, *Origin*, 83-84; y más recientemente por Martyn, *Theology*; ídem, "Glimpses"; desde entonces, ampliamente aceptado, por ejemplo, Koester, "Brown and Martyn"; Dunn, "John", 302-4; Perkins, *Reading*, 249-50; Hasitschka, "Anmerkungen"; Rensberger, *Faith*, 26; Kysar, "Gospel", 918; Quast, "Community". Ver más discusión en Keener, *John*, 1:194-214.

[28] El intercambio ida y vuelta entre los dos verbos en 1 Juan se asemeja a su distribución en gran medida aleatoria también en el Evangelio (para lo cual ver Keener, *John*, 1: 243-46, especialmente 245).

[29] La terminología específica que contrasta el Espíritu de verdad con un espíritu falso ya circulado en círculos judíos; ver, por ejemplo, 1QS 4.3, 9, 21; 4Q544 i.10-14; ii.13-15; *T. Jud.* 20:1-2; Brown, Essays, 147-50; Duhaime, "Voies"; Tigchelaar, "Names of Spirits".

[30] La mayoría de los eruditos joánicos toman en serio la afirmación de una tradición de testigos oculares del Cuarto Evangelio (Jn. 13:23; 19:35; 21:24-25; por ejemplo, Kysar, *John*, 12; O'Day, "John", 500); Witherington, *Wisdom*, 15-17; Smith, *John*, 400; Ridderbos, *John*, 3; Beck, *Paradigm*, 6; Bruce, *John*, 4-5; Bauckham, *Testimony*, 33-72). He argumentado que el autor del Evangelio es también el autor de la epístola, y que fue un testigo presencial del

verdad (3:24), y ellos sabían que el Espíritu que experimentaron era genuino porque el testimonio de este Espíritu estaba de acuerdo con lo que los auténticos testigos humanos informaban acerca de Jesús (4:2-3; ver Jn. 15:26-27). Aquellos que experimentaron a Dios también fueron aquellos que amaron (1 Jn. 4:7-8), presumiblemente en contraste con aquellos a quienes la carta de Juan en otro lugar critica, que habían abandonado la comunidad de creyentes.

El Dualismo Joánico Utiliza Tipos Ideales

En este punto, es importante agregar una advertencia. Aunque el dualismo epistémico joánico es más relevante para la principal preocupación de mi presente capítulo, no es la única perspectiva bíblica en el mundo. En otras partes de la Escritura, los egipcios oprimieron al pueblo de Dios en los días de Moisés, pero abrazaron al pueblo de Dios en los días de José. José y Moisés se casaron con miembros de familias de sacerdotes gentiles. Daniel experimentó la revelación divina a pesar de que también fue entrenado en la sabiduría y el conocimiento de los caldeos (Dn. 1:4-5, 2:19). Pablo estaba en términos positivos con asiarcas, algunos de los cuales también pudieron haber sido prominentes en la religión cívica politeísta de la región (Hch. 19:31).[31]

Del mismo modo, incluso el dualismo joánico, como el contraste binario entre los sabios o tontos en Proverbios (o estoicismo), o el contraste entre aquellos en el Espíritu y en la carne en Romanos 8:3-11, es algo así como una construcción ideal.[32]

Incluso para Juan, no significa en la práctica que todos entiendan por completo o que no entiendan completamente; las narraciones de Juan de hecho presentan varios niveles de comprensión y malentendidos. Por ejemplo, Jesús entiende completamente, los discípulos entienden algo, creyentes secretos como Nicodemo están buscando, y las autoridades están completamente ciegas.[33] Lo que el dualismo joánico nos ofrece, sin embargo, es un claro recordatorio de que las visiones del mundo y los contextos moldean mucho el discurso y el debate, más de lo que algunos están dispuestos a reconocer.

¿Cómo se relaciona esta exploración de la incredulidad como una cosmovisión –descubriendo parte de la teología bíblica de la depravación cognitiva– con el tema de la hermenéutica del Espíritu? Los métodos exegéticos más importantes pueden ser aplicados por creyentes o no creyentes.[34] Pero sea que leamos el texto con fe o

---

ministerio de Jesús (Keener, *John*, 1: 81-139; ídem, "Beheld", 15-17). Esto se ajusta al reclamo del escritor epistolar (1 Jn. 1:1-3).
[31] Probablemente patrocinaron algunas de sus enseñanzas en Éfeso; ver a Keener, "Asiarchs".
[32] Keener, "Spirit Perspectives"; ídem, *Mind*, capítulo 4.
[33] Para la ambigüedad y complejidad de la creencia de los personajes en Juan, ver, por ejemplo, Sevrin, "Nicodemus Enigma", 369; Grant, "Ambiguity"; y ahora esp. Hylen, *Imperfect Believers*.
[34] Osborne, *Spiral*, 341, cita con aprobación Larkin, *Culture*, 289: "Pablo localiza la barrera en el área de la evaluación en lugar de la cognición." Los no creyentes pueden entender el significado textual sin creerlo.

no, está estrechamente relacionado con la cosmovisión que abrazamos. El Espíritu Santo inspira el marco correcto incluso en el nivel básico de confesar a Jesús como Señor (1 Cor. 12:3; 1 Jn. 4:2), así como potencia las perspectivas y enfoques de la sabiduría divina (Hch. 6:3, 10; 1 Cor. 2:13; 12:8; Ef. 1:17; véase Éx. 31:3; 35:31; Is. 11:2). Un poder más pleno del Espíritu para mantenerse firme y construir sobre esas premisas también proviene del Espíritu incluso frente a la oposición (Hch. 4:8, 13, 31).

Conclusión

Una epistemología del Espíritu, fundamental para una hermenéutica del Espíritu, abraza la verdad de Dios. Aunque la evidencia importa, también lo hacen las presuposiciones; aparte de la obra de regeneración, empoderamiento y renovación del Espíritu, una cosmovisión caída se convierte en una lente que inevitablemente distorsiona la realidad. No toda la cosmovisión de cada sociedad o individuo está igualmente corrompida, pero solo el Dios omnisciente tiene una cosmovisión completa, por lo que someterse a su revelación es el camino más sabio. El Espíritu de Dios puede ayudarnos a no generar prejuicios hostiles heredados contra la sabiduría de Dios. En el mejor de los casos, esta epistemología va más allá de creer de segunda mano; se basa en un encuentro genuino con Cristo.

CAPITÚLO 13

Leyendo la Biblia como la Verdad

> Salmos 119:160, (refiriéndose a la Torá): "La suma de tu palabra es verdad, Y eterno es todo juicio de tu justicia".
>
> Juan 17:17 (refiriéndose al mensaje de Jesús): "Santifícalos en tu verdad; tu palabra es verdad".
>
> 2 Corintios 4:2 (refiriéndose al mensaje apostólico): "ni adulterando la palabra de Dios, sino por la manifestación de la verdad recomendándonos a toda conciencia humana delante de Dios".
>
> 2 Tesalonicenses 2:10 (refiriéndose al mensaje apostólico): "y con todo engaño de iniquidad para los que se pierden, por cuanto no recibieron el amor de la verdad para ser salvos".

Tales pasajes nos invitan a prestar atención al mensaje divino que ahora encontramos encarnado más plenamente (textualmente hablando) en las Escrituras. También se pueden estudiar pasajes similares, generalmente referidos al mensaje del evangelio, que hablan de la "palabra de verdad", pasajes como 2 Cor. 6:7; Col. 1:5; 2 Tim. 2:15; Santiago 1:18 (ver Sal. 119:43).

La Palabra de Dios invita más que el reconocimiento y el interés pasajero. De hecho, las Escrituras nos invitan a ordenar nuestros pensamientos y dedicar nuestra vida entera a la luz de su mensaje:

> Dt. 6:6–7: "Y estas palabras que yo te mando hoy, estarán sobre tu corazón; y las repetirás a tus hijos, y hablarás de ellas estando en tu casa, y andando por el camino, y al acostarte, y cuando te levantes".
>
> Jos. 1:8: "Nunca se apartará de tu boca este libro de la ley, sino que de día y de noche meditarás en él, para que guardes y hagas conforme a todo lo que en él está escrito; porque entonces harás prosperar tu camino, y todo te saldrá bien".

Sal. 1:1-2: "Bienaventurado el varón que no anduvo en consejo de malos, Ni estuvo en camino de pecadores, Ni en silla de escarnecedores se ha sentado; Sino que en la ley de Jehová está su delicia, Y en su ley medita de día y de noche".

Confiando en la Escritura

Leer la narración bíblica con fe significa leerla como verdadera.[1] Lo que esto significa es que las fronteras entre el mundo narrativo y nuestro propio mundo se vuelven permeables. El Dios de la Biblia es nuestro Dios; el Jesús de los Evangelios es nuestro Señor resucitado; los tipos de ángeles y demonios que habitan el Nuevo Testamento existen en nuestro mundo; y el veredicto de la Biblia sobre el fracaso moral humano es lo que vemos reflejado a nuestro alrededor continuamente. El mensaje teológico del texto sigue siendo aplicable a nuestro mundo, y podemos esperar que el Dios bíblico de hoy actúe de maneras sorprendentes, en varios momentos y lugares, como actuó en las Escrituras. Nos vemos a nosotros mismos y a nuestro mundo en la Biblia.

Históricamente, los cristianos han leído la Biblia de esta manera (aunque también suelen dar por sentado también algunas tradiciones extrabíblicas que erróneamente asumen que están en la Biblia). Esta perspectiva de leer la Biblia como verdadera para ellos mismos caracterizó claramente a los primeros pentecostales, quienes se consideraban a sí mismos viviendo en la continuación de los "días bíblicos".[2] Muchos de sus contemporáneos inventaron excusas sobre por qué las lenguas, profecías y otros dones no parecían existir en sus círculos, al menos en Occidente. (Algunos de estos fenómenos habían aparecido en avivamientos en otros lugares.[3] La curación ya había empezado a reaparecer incluso entre muchos evangélicos en Occidente,[4] aunque incluso hoy, como carismático, a veces me siento tentado a dar excusas de por qué no sucede aquí más frecuentemente.)[5] Los pentecostales, por el contrario, creían que estos dones representados como parte de

---

[1] Mulholland, *Shaped*, 144, sostiene que "La lectura espiritual de las Escrituras también implica una conciencia de que en la Biblia tenemos algo más que simplemente una producción literaria humana". Klein, Blomberg y Hubbard, *Introduction*, 93, sugieren que la línea más decisiva entre los intérpretes es "el nivel de actitud hacia la confiabilidad de la Biblia".

[2] Por ejemplo, Archer, *Hermeneutic*, 166-67. Charles Parham y otros en el movimiento asumieron que la experiencia cristiana de hoy debe coincidir con lo reportado en Hechos (Stronstad, "Trends"), un énfasis que indudablemente transmitió desde el movimiento de Santidad. Hoy, cf. Green, *Practicing Theological Interpretation*, 16: la Escritura se dirige a la iglesia (véase también 42), por lo que deberíamos vernos a nosotros mismos en las Escrituras.

[3] Por ejemplo, McGee, "Radical Strategy", 72 (India en la década de 1850), 73 (Indonesia en la década de 1860). Cf. también un misionero metodista en África en la década de 1840, en Yung, "Integrity", 174; McGee, "Regions Beyond", 70; ídem, "Miracles", 253; ídem, *Miracles*, 51, 242.

[4] Destacado en algunos círculos de los EE. UU. Ya en la década de 1860 (Curtis, *Faith*, 64-65).

[5] Esto no implica que no ocurra; para informes de Occidente, ver, por ejemplo, Keener, *Miracles*, 1:426-507; la mayoría de los reportes en Metaxas, *Miracles*.

la vida normal de la iglesia en el Nuevo Testamento podrían ser normales para la vida de la iglesia en la actualidad. Leyeron las Escrituras con fe de que era verdad para ellos y tomaron la iniciativa de pedirle a Dios que les permitiera vivir a la luz de esa realidad.

Cuando nos acercamos a la Biblia simplemente para probar lo que ya creemos, no estamos comenzando con el temor del Señor. La lealtad a la Escritura significa valorar su enseñanza por encima de cualquier otro compromiso doctrinal que en realidad no se derive de eso.[6] *Sola Scriptura* en el mejor sentido significa que evaluamos nuestros otros compromisos doctrinales por medio de la Escritura; la Escritura no es simplemente un compromiso doctrinal destinado a ser armonizado de alguna manera con los demás.

El Señor es fiel a los humildes incluso cuando no entienden todos los detalles; dado que ninguno de nosotros comprende todos los detalles, y algunos de los que suponemos que entendemos pueden estar equivocados, la humildad en verdad nos corresponde a todos. Lo que sabemos es suficiente para continuar desafiándonos en cómo vivir y honrar al Señor. Cuando, por el contrario, defendemos ideas que no son genuinamente verdaderas solo para ganar un argumento doctrinal o apoyar creencias heredadas, no estamos buscando la verdad.

Afirmar que la Palabra de Dios es verdad significa someter nuestras vidas a ella. La verdad de Dios no descansa en distintivos doctrinales o en nuestra datación o autoría de libros bíblicos. Al mismo tiempo, tampoco proviene de seguir las modas a veces escépticas de la cultura o las fascinaciones supersticiosas. Como seguidores de Cristo, debemos seguir la palabra de Dios y no ser conmovidos por los caminos de las naciones (Jos. 23:6-7; ver Mt. 5:47; 6:7; Rom. 12:2; Ef. 4:14, 17; 1 Ts. 4:5). Simplemente seguir las creencias recibidas de la propia iglesia para permanecer aceptable allí, o las opiniones académicas populares para seguir siendo aceptables en la academia, o los clichés populares que sabemos que despiertan las respuestas emocionales de los oyentes, no es lealtad a la palabra de Dios. Comenzando con el temor del Señor, debemos buscar la verdad de Dios. Pablo advierte que Dios juzgará a aquellos que nunca abrazaron el amor por la verdad de su evangelio (2 Ts. 2:10, 12); de manera más general, este principio muestra cómo Dios valora la verdad amorosa y espera que la valoremos también.

Algunos argumentan que para los pentecostales lo que debería importar no es la confiabilidad histórica de un texto, sino su mensaje.[7] Si la narrativa de un texto exige que el lector incluya algunas afirmaciones históricas depende del género del texto,[8] pero debe señalarse que los pentecostales históricamente casi siempre han

---

[6] Spittler, "Enterprise", 65.
[7] Erudición citada en Gray, *Crowd*, 44.
[8] La historiografía y biografía antiguas permitieron una mayor flexibilidad narrando detalles que sus homónimos académicos modernos, pero los enfoques escépticos modernos que desestiman todos los detalles no verificables externamente de la consideración histórica, también son contrarios a nuestra evidencia concreta concerniente a estos géneros (ver Keener, "Otho"). El género de la historiografía greco-romana hace una afirmación implícita sobre la intención histórica de los autores, no meramente el reconocimiento de que una obra es narrativa en formato.

tomado por supuesto la fiabilidad histórica del texto, incluso más allá de la evidencia histórica disponible.[9] Contrario a algunos estereotipos del pentecostalismo global por sus detractores, la mayoría de los movimientos carismáticos cristianos tienen una alta visión de la Escritura como divinamente inspirada y autorizada,[10] aun cuando para justificarla muchos de ellos apelan a experimentar más que a doctrinas heredadas.[11] En este sentido, la mayoría de los pentecostales estarían de acuerdo con el argumento de Calvino de que el testimonio del Espíritu da testimonio de la Escritura canónica.[12] La experiencia del Espíritu tiende a darles a los pentecostales una alta visión de la autoridad de la Escritura, ya que experimentar lo que creen (correcta o incorrectamente) es la voz del Espíritu en conexión con la lectura de las Escrituras.[13]

Debido a la complicada historia moderna de las afirmaciones de verdad acerca de la Biblia, necesito dedicar un espacio considerable para explicar lo que no estoy proponiendo. Tengo menos que decir sobre lo que estoy proponiendo porque creo que, despojado de las implicaciones que algunos pueden estar tentados de leer en mis palabras, la propuesta es bastante sencilla. No es más ni menos que lo que sugieren los textos bíblicos con los que abrí esta sección: confiamos en la palabra de Dios.

La Verdad no es un Género Literario

Dados los debates en la teología occidental del siglo pasado, la afirmación de que debemos escuchar la Biblia como verdad invita a otra advertencia.[14] Las

---

[9] La fiabilidad histórica no era su batalla, sino que normalmente se suponía (véase, por ejemplo, Mittelstadt, *Reading*, 44; Gray, *Crowd*, 149), a veces incluso de manera fundamentalista (véase, por ejemplo, el resumen en Gray, *Crowd*, 146- 48).

[10] Por ejemplo, Waddell, "Hearing," 174–75, 181, 197.

[11] Ver por ejemplo, Ellington, "Authority," 149–50, 162–63.

[12] Sobre Calvino aquí, ver Grant y Tracy, *History*, 96; Adhinarta, *Doctrine*, 37-38; Oliverio, *Hermeneutics*, 85; Bartholomew, *Hermeneutics*, 492 (notando también a Aquino); Calvin, *Institutes*, 1:90, como se cita en Wyckoff, *Pneuma*, 26; también la Confesión de Westminster, como se señala en Wyckoff, *Pneuma*, 31; y esp. Adhinarta, *Doctrine*, 36. Cf., por ejemplo, Cartledge, "Text-Community-Spirit", 133.

[13] Ver, por ejemplo, Oliverio, *Hermeneutics*, 92; Ellington, "Authority", 162; también el atractivo de la experiencia de los encuestados en la encuesta informal en 149-50. Ellington señala, sin embargo, que fue el acercamiento con la comunidad evangélica y sus batallas culturales lo que condujo a un lenguaje inerrante más estricto (151-52, 156; ver también Spittler, "Enterprise", 58-60).

[14] Especialmente desde las controversias de la década de 1920, aquellos que buscan defender la Palabra de Dios en las Escrituras a veces se han enfocado en la "inerrancia" como un límite teológico. Otros objetan que esta forma de enmarcar límites puede dar demasiado énfasis a los detalles incidentales. Algunos inerrantismos definidos de manera inflexible imponen preconceptos descuidados en los textos reales mientras descuidan el estudio inductivo de esos textos; a veces insiste en los detalles de una manera que se enfoca en la letra en lugar de en el Espíritu (ver Mt. 23:23, 2 Cor. 3:6). Algunos escritores evangélicos recientes han definido la inerrancia más generosamente, proporcionando una carpa más grande que toma en cuenta el género y se enfoca más en respetar las Escrituras tal como se dan; ver Blomberg, *Believe*; Walton y Sandy, *World* (también algunas definiciones académicas anteriores, en oposición a la comprensión popular del término). Para el rango de posiciones evangélicas modernas convencionales dentro y más allá de la inerrancia, ver Merrick, Garrett y Gundry, *Views*; Thorsen y Reeves, *Bible*, esp. 115-81. Algunos evangélicos argumentan que esta forma más estrecha de enmarcar el debate sobre la

Leyendo la Biblia como la Verdad

afirmaciones de la autoridad bíblica con demasiada frecuencia se despliegan acríticamente contra otros que de hecho no han rechazado esa autoridad. Leer la Biblia como verdad no significa necesariamente que todos los intérpretes la entiendan de la misma manera,[15] aunque ideal tal unanimidad, si se basa en la verdad, podría llegar a ser. Algunos que no trabajan en estudios bíblicos critican a los eruditos bíblicos sin reconocer los asuntos legítimos que los eruditos bíblicos a menudo abordan.

Aunque no he elegido hacer de estos temas mi enfoque académico, yo, como otros lectores cercanos del texto, siempre los he notado. Leí los Evangelios en las semanas posteriores a mi conversión del ateísmo. Mateo no me dio ningún problema, pero Jesús fue crucificado nuevamente en Marcos, y cuando llegué a la crucifixión en Lucas, me preguntaba con qué frecuencia iba a suceder esto. Habiéndome dicho que la Biblia era la Palabra de Dios, esperaba que fuera dictada por Dios en primera persona; no había anticipado múltiples perspectivas sobre los mismos eventos por diferentes autores humanos. Además, mi primera lectura también reveló diferencias entre las narraciones que me preocupaban; algunos de estos no eran en realidad los mismos relatos (por ejemplo, los sabios de Mateo y los pastores de Lucas), pero algunas discrepancias aparentes eran más sustantivas. Sin embargo, después de leer los Evangelios lo suficiente, entendí mejor cómo se debían leer.

Después de trabajar en una sinopsis de los Evangelios poco antes de comenzar el trabajo de posgrado, consideré brevemente hacer las diferencias entre los Evangelios más centrales para mi trabajo, hasta que concluí que, en vista de mi vocación, la utilidad general de tal enfoque sería limitada. (Los patrones útiles aparecen, pero las explicaciones teológicas propuestas para las diferencias a veces siguen siendo demasiado especulativas como para ser informativas.) Muchos de estos temas no son centrales para la cuestión del significado de los textos y, por lo tanto, para cómo los cristianos como creyentes deben abrazar y vivir el texto. Sin embargo, son temas reales y de válido interés, y como estudioso bíblico, reconozco y trabajo con esos temas. Así que me he desviado para advertir a aquellos que nunca han examinado cuidadosamente los textos con este nivel de detalle para evitar criticar prematuramente a los que sí lo han hecho.

Debido a que la Biblia incluye libros que abarcan una variedad de géneros antiguos, leer la Biblia como verdadera tampoco requiere que la leamos como historia moderna o ciencia. Desde los desafíos ofrecidos en la Ilustración radical, los argumentos para la confiabilidad histórica de nuestra información central acerca

---

autoridad bíblica refleja el legado de la división distintivamente estadounidense, y por lo tanto tiene menos valor en otros lugares (Bird, "Inerrancy", 160-65). Los pentecostales definieron su creencia más estrechamente como "inerrancia", y no simplemente inspiración (un concepto intrínsecamente amigable con los pentecostales), cuando se unieron al evangelicalismo de los años 40 (Archer, *Hermeneutic*, 87).

[15] Lutero, por ejemplo, abrazó lo que vio como el mensaje de Pablo en Gálatas mientras criticaba a Pablo por los fallos en su lógica (Wengert, "Luther", 97-99). Jerónimo "corrigió" a Pablo basándose en el texto hebreo (112) y se queja acerca de Pablo (*Ep. Gal.*3.5.12; Edwards, *Galatians*, xvii, 76).

de Jesús y sus primeros seguidores han sido importantes. Ciertamente, hay géneros históricos en la Biblia que emplean los cánones literarios de formas antiguas de historiografía. He pasado muchos años investigando el último punto, y he argumentado extensamente que estas fuentes nos proporcionan información histórica bastante precisa.[16]

Pero los historiadores antiguos también sabían cómo relatar sus historias de maneras interesantes, lo que puede ayudar a explicar, por ejemplo, algunas diferencias entre los Evangelios y sus tradiciones subyacentes. Además, valoraron sus roles como intérpretes morales, políticos o teológicos, por lo que incluso en estos textos debemos escuchar no solo la información histórica sino también su mensaje. Esto es aún más cierto para otros tipos de textos (como parábolas o salmos) donde la fiabilidad histórica no puede ser un criterio de fiabilidad en absoluto (a menos que nos refiramos a la fiabilidad como "fiel a su entorno cultural").

Deberíamos leer cada libro bíblico o colección en sus propios términos; para hacer sus mensajes inteligibles, los escritores bíblicos necesariamente utilizaron y adaptaron no solo el lenguaje de sus contemporáneos sino también señales contemporáneas de género básico. Como creyentes que siguen la perspectiva de Jesús sobre las Escrituras anteriores y su autorización de importante seguidores con su mensaje, reconocemos que Dios estaba hablando a través de estas formas literarias inteligibles. Alguien puede dibujar las líneas de los géneros de forma diferente a como lo hacemos nosotros, pero si aceptan el mensaje del texto, pueden prestarle atención al texto más que a alguien que simplemente memoriza y defiende sin abrazar ni obedecer sus enseñanzas. ¿Cuál es el valor de afirmar la autoridad de las Escrituras en la historia si no nos sometemos a su autoridad?

Sobre la base de la epistemología histórico-crítica, la evidencia es a veces demasiado esbelta para resolver las preguntas histórico-críticas dadas. Algunos de estos problemas surgen porque siglos han oscurecido lo que alguna vez pudo haber sido conocimiento común. A pesar de nuestros propios intereses históricos modernos, no podemos obligar al texto bíblico a responder preguntas para las que nunca fue diseñado a responder. Resolver tales preguntas históricas no es una condición previa necesaria para confiar en el mensaje del texto. Es importante reconocer que Dios actúa en la historia, ya que esto es parte de la teología que el texto nos comunica. Pero tenemos suficiente evidencia de esa realidad en suficientes casos para alentar nuestra confianza en esa teología. Confiando en que la teología a su vez borra las preocupaciones más importantes en la mayoría de los otros textos sin que tengamos que resolver cada pregunta que podamos concebir.

Es natural que los eruditos discutan los detalles; nuestra descripción del trabajo incluye intentar resolver tales preguntas. Sin embargo, los eruditos que armonizan (o aclaman como contradicciones) detalles del texto, que los oyentes antiguos nunca

---

[16] Especialmente en Keener, *Historical Jesus*; ídem, *Acts* vol. 1; ídem, *Miracles*, 1: 22-33; ídem, "Otho"; idem, "Assumptions"; ídem, "Biographies".

habrían esperado armonizar, mientras se resisten a la enseñanza bíblica sobre la actividad continua del Espíritu, realmente no están honrando las Escrituras en la forma en que Dios las dio para nosotros. Si la inspiración fuera más sobre las palabras particulares que sobre el significado, entonces el Nuevo Testamento estaría equivocado al citar la versión griega de la Biblia hebrea (de la cual a veces diverge)[17] y adaptar, como suelen hacerlo los escritores, incluso la redacción de la versión griega.[18]

Los cristianos no deben acercarse a las Escrituras de la misma manera en que algunos musulmanes se acercan al Corán, enfatizando la memorización y la recitación en el idioma original, incluso si uno no lo entiende. Tal reverencia por los textos sagrados de la propia fe es digna de alabanza, pero el enfoque cristiano de la reverencia por las Escrituras debe enfatizar la interpretación cuidadosa seguida de la obediencia (véase Esd. 7:10). Nuestro enfoque debe ser la comprensión con el propósito de la obediencia y la fe; el mensaje, más que la redacción, debería ser el énfasis. (Eso es, después de todo, el por qué los cristianos invierten tanto esfuerzo en traducir la Biblia a los idiomas locales).

La lectura de la Biblia como relevante para el día de hoy a veces se realiza ingenuamente al ignorar las diferencias en los marcos culturales que afectan la forma en que entendemos lo que los escritores bíblicos articularon. Sin embargo, usar el abismo cultural para descuidar una comprensión matizada nos pone en la posición de no creer en el mensaje del texto. Yo estudio material sobre Jesús en los Evangelios con propósitos históricos, relevantes para mi trabajo académico en la historia cristiana temprana. Pero si nosotros como cristianos leemos este material exclusivamente para un interés histórico, y no lo leemos también con referencia al Señor viviente resucitado y viviente con el que tenemos una relación, perdemos una dinámica crucial. La investigación histórica requiere cierta distancia objetiva del texto, y aquellos de nosotros que trabajamos como historiadores debemos hacer bien nuestro trabajo histórico. Pero cuando leemos como cristianos, también debemos leer con fe, celebrando que estos relatos involucran al mismo Señor a quien oramos.

Un Caso de Estudio

En algunos casos, los intérpretes debaten el género de un texto más que su mensaje central. Por ejemplo, aunque los primeros tres capítulos de Génesis pertenecen a

---

[17] Criticado por traducir directamente del texto hebreo, Jerónimo respondió que también aceptó, al igual que la mayoría de los cristianos de su época, la inspiración de la Septuaginta (Pollmann y Elliott, "Galatians", 50-51).

[18] Hebreos cita y se basa en la LXX incluso cuando varía con el texto hebreo. Los cristianos no recitan las Escrituras en el idioma original ya que muchos musulmanes recitan el Corán, porque heredamos un concepto diferente de inspiración. Claro que, en alusiones aparentes el Nuevo Testamento a veces evoca palabras del Antiguo Testamento más que un significado directo, sino que incluso en estos casos, a menudo sugiere analogías (por ejemplo, el lenguaje del juicio podría aplicarse en nuevos escenarios que inviten a juicio).

una obra narrativa más amplia que incluye diferentes tipos de narrativas, también reflejan el género de las narraciones de la creación, un tema de especial interés en el segundo milenio AEC.[19] Los contemporáneos paganos probablemente escucharon tales narrativas etiológicamente, tal vez la forma en que veríamos muchos cuentos populares hoy.

Dejando a un lado las preguntas sobre las fuentes, Génesis aborda la creación desde dos ángulos consecutivos, centrándose en diferentes aspectos del mundo primigenio (su creación y la caída de la humanidad). Aunque Génesis espera que nosotros leamos estas narrativas adyacentes una al lado de la otra y que aprendamos de ambas, el sabor narrativo de ambas narraciones difiere del de las narraciones patriarcales que siguen en Génesis. Incluso algunos estudiosos evangélicos encuentran tensiones significativas en los detalles entre estas dos narraciones, que pueden advertirnos de que los detalles en nuestra forma actual de Génesis no están destinados a ser presionados demasiado literalmente.[20]

Hoy algunos intérpretes defienden vigorosamente su punto de vista de los primeros tres capítulos del Génesis como "literal", insistiendo en que esta es la forma natural de leerlos. Otros, sin embargo, sugieren que estos intérpretes están defendiendo su propia hermenéutica heredada en lugar del texto de la Escritura. El texto nos invita a leerlo de una manera diferente a otras partes de las Escrituras, una forma que nos permite escuchar mejor su mensaje original. ¿Estarían los antiguos israelitas, acostumbrados al tipo de narraciones que dominaban la mayor parte de su tradición, han tomado literalmente estas narrativas introductorias que incluyen una serpiente parlante, protagonistas cuyos nombres en hebreo son simplemente Hombre y (posiblemente) Vida, y árboles cuyo fruto no es de la variedad comestible habitual, sino más bien "conocimiento del bien y el mal" y "la vida"? Este no es el mismo tipo de escritura que encontramos en los Evangelios, en 1 Reyes, o incluso en los relatos de Génesis de los patriarcas.

Sin embargo, sea que estés de acuerdo con esta conclusión o no, la cuestión del género no necesita oscurecer los puntos principales y el mensaje de la narración, algunas de cuyas muestras puedo ofrecer aquí. Muchos israelitas antiguos, especialmente comerciantes, escribas y élites cívicas, habrían estado expuestos a las historias de creación de sus vecinos politeístas, en los cuales el mundo fue creado, por ejemplo, por deidades que luchaban contra otras deidades o (en una cuenta egipcia) por una deidad estimulándose sexualmente. Por fuerte contraste, Génesis proclama a un Dios como el creador del cosmos, el creador de la fertilidad sin su propia participación sexual, el nombramiento del sol y la luna (en cualquier lugar adorado) bajo el único Dios verdadero, y así sucesivamente.

---

[19] Kitchen, *Reliability*, 423. Aquellos que se quejan de que un libro puede contener un solo género, solo tienen que recurrir a Éxodo, que contiene leyes y narrativas, para refutar su queja. Nuestra división actual de la historia entre el final de Génesis y las primeras narraciones de Éxodo puede tener más que ver con cuestiones pragmáticas del espacio que con la cohesión de la narración.

[20] LaSor, Hubbard y Bush, *Survey*, 18-19 (véase también algunas tensiones en las narrativas patriarcales en 44-45). Cf. la reciente discusión firmemente evangélica también de Walton, *Thought*, 179-215; ídem, *Genesis One*.

Asimismo, la narrativa de apertura de la creación declara a la humanidad como el pináculo de la creación de Dios, el objeto de su amor especial, una observación totalmente coherente con la teología del Nuevo Testamento también.[21] De hecho, los humanos antes de la caída, en su estado ideal, estaban destinados a gobernar y administrar otras formas de vida; tenían una posición tan alta como la asignada a las deidades de la fertilidad en algunas narraciones politeístas. Incluso podemos notar que Dios trajo artísticamente y pragmáticamente nuestro mundo lleno de vida de manera progresiva, en lugar de al instante, a partir de organismos menos complejos y culminando en la humanidad. Curiosamente, los teístas pueden leer el registro científico de una manera similar, especialmente si comprenden los "días" en sentido figurado o simplemente como períodos de tiempo o el marco narrativo de una semana de trabajo. (El término hebreo traducido como "día" es lo suficientemente amorfo por sí mismo para cubrir tres períodos diferentes de tiempo en la narración del Génesis: 1:5; 2:4).

Mientras que muchos lectores de hoy entrarán en ese mundo imaginativamente sin interpretar literalmente la narración, la mayoría interpretaría las narrativas como las de 2 Reyes o el Evangelio de Lucas de manera muy diferente. En cada caso, sin embargo, debemos escuchar y abrazar el mensaje del texto, incluso cuando ofenda nuestra sensibilidad cultural, por ejemplo, afirmando a un sabio creador del cosmos o reconociendo un propósito divino en la historia o desafiando nuestros intereses económicos creados.

Cuando Armonizar Detalles a Menudo Hace Perder el Punto

Armonizar y exigir precisión en cada detalle a veces puede hacernos pasar por alto el punto.[22] Eso no quiere decir que un escritor esté siendo deshonesto con la información; es simplemente reconocer lo que ya hemos notado de la teoría de la relevancia: la comunicación usa convenciones culturales, y en una cultura determinada algunas expresiones son simplemente entendidas, o las convenciones de género dadas por sentadas, sin necesidad de una explicación adicional.

Mateo 8 y Lucas 7 claramente hablan del mismo centurión, pero en Mateo el centurión se acerca y se dirige a Jesús directamente, mientras que en Lucas lo hace solo a través de intermediarios. ¿Es esto una contradicción, o simplemente una diferencia, en términos de lo que los escritores desean comunicar? ¿O es simplemente una antigua técnica biográfica que un erudito ha llamado "destacar", permitiendo a Mateo condensar la cuenta omitiendo intermediarios irrelevantes (como también lo hace con los mensajeros en Marcos 5:35)?[23]

---

[21] Curiosamente, en términos de contenido de información, los humanos somos los seres físicos más complejos del cosmos que conocemos.
[22] Por ejemplo, Lutero se resistió a armonizar Gálatas con su fuente en Deuteronomio, abrazando cada texto en sus propios términos (Wengert, "Luther", 112).
[23] Para esta y otras técnicas biográficas, ver Licona, "Biographies"; ídem, *Differences*.

Tales preguntas no están limitadas a fuentes antiguas. Tomemos, por ejemplo, cómo Nabeel Qureshi articula explícitamente su método literario en su relato de su venida a la fe. "Por su propia naturaleza, una biografía narrativa debe tomar ciertas libertades con la historia que comparte". A veces, el Dr. Qureshi tuvo que combinar las conversaciones, desplazar algunos relatos de la cronología real para mantener la continuidad tópica y (como en el ejemplo de Mateo 8) omita a algunas personas presentes en una ocasión "por el bien de la claridad". Todos estos dispositivos son normales para las biografías narrativas; de hecho son normales para las mnemotécnicas humanas".[24] Debido a que el Dr. Qureshi también se ocupa de cuestiones de tradición oral y géneros antiguos, es lo suficientemente sensible a él cómo algunos de sus interlocutores podrían escucharlo para calificar su caso. Pero como señala, teniendo en cuenta las convenciones de género, estos problemas menores normalmente se dan por descontados.

Del mismo modo, mi esposa y yo hemos compartido algunas de nuestras experiencias en un libro de nivel popular llamado *Impossible Love* [Amor Imposible].[25] Para este libro, a menudo podíamos reconstruir con precisión escenas bastante detalladas basadas en nuestras anotaciones en el diario. Sin embargo, a veces los diarios solo mencionaban que alguien en un grupo ofrecía consejos, y por lo tanto, por el bien de la narración (y con el permiso general de los principales personajes sobrevivientes), simplemente nombramos a alguien presente como el hablante. Después de haber cortado tal vez el 45% del manuscrito original, dejé solo los detalles más relevantes para la historia, habiendo eliminado numerosos puntos de explicación. Cambiamos los nombres de algunos personajes importantes para proteger su identidad, y dos personajes marginales porque ninguna de mis fuentes recordaba sus nombres.

Nuestro editor en *Chosen Books*, Jane Campbell, un firme inerrantista, notó esta tensión cuando las personas hablan de formas no literales. "Oiré a alguien que dice: 'Construí mi casa' de esa manera, y creo que, en realidad, él no construyó esa casa". Si esto fuera una narración bíblica, bien puedo imaginar a un escéptico de nivel popular encontrando aquí un arma humeante de ejemplo contradictorio digno de ser descreditado, y a un conservador de nivel popular que insiste en que, de hecho, no hay razón para dudar de que el orador haya construido la casa él solo, los carpinteros y los electricistas simplemente le entregan los ladrillos y los cables.

Del mismo modo, Jane señaló: "*Chosen* publicó un escritor narrativo hace años, en una sucesión de libros, quien podría contar una historia una vez con Coca-Cola y otra vez con Pepsi. Esto me enloquecerá al escribir-'¿Fue Coca-Cola o Pepsi?'- pero también prepara un autor para que la crítica diga que no está diciendo la verdad, cuando en realidad ese autor no era una persona de dar mucho detalle".[26] Personalmente, a menos que lo escribiera en ese momento, no sabría lo que bebía

---

[24] Qureshi, *Seeking*, 19.
[25] Keener y Keener, *Impossible Love*.
[26] Jane Campbell, correspondencia personal, 14 de agosto de 2015.

en una ocasión, a menos que fuera algo especial como el *kunu* (que incluía leche cruda) que una vez me enfermó en África, o el *bissap* (hecho con el jugo de una flor africana) que me parece delicioso. Y ni a mí ni a la mayoría de los lectores nos importaría; muchos de nosotros simplemente usamos "Coca-Cola" y etiquetas similares como referencias a cualquier gaseosa. No hay necesidad de armonizar, con nuestro conservador imaginario extremo, que el escritor narrativo mezcló a Coca-Cola y Pepsi en el mismo vaso en esa ocasión. (¡Después de todo, no es imposible!) O sugerir que se debe haber quedado sin Coca-Cola y, por lo tanto, añadió Pepsi, toda una especulación por supuesto.

Algunos lectores del siglo XX en los Estados Unidos intentaron armonizar cada detalle sin tener en cuenta la diferencia entre los géneros antiguos y los modernos relacionados con ellos. Algunos círculos de hoy me asocian con el argumento de la fiabilidad histórica de los Evangelios y los Hechos; y lo hago, con plena convicción, afirmo que son confiables según los estándares de la biografía antigua y la historia. Existe una variedad de variaciones en los detalles (y algunos casos que son inusualmente divergentes),[27] pero esto es similar a lo que encontramos en algunos de los mejores casos de biografía antigua.[28] A menos que artificialmente impongamos a los Evangelios los estándares de los géneros modernos que aún no existían en su época y que apenas nadie esperaba, tales variaciones no son problemáticas.

Rompecabezas del Antiguo Testamento

Los Evangelios y Hechos, sin embargo, son obras sobre figuras recientes, escritas en la memoria viva de testigos oculares. No puedo esperar que los colegas en el Antiguo Testamento manejen sus narraciones exactamente de la misma manera que yo hago los Evangelios. Algunas partes del Antiguo Testamento siguen modelos narrativos anteriores al hacer referencia al pasado, a veces empleando tradiciones transmitidas oralmente por periodos de tiempo mucho más largos.

Mientras que los eruditos bíblicos evangélicos son generalmente conscientes de este tipo de preguntas, los intérpretes laicos tradicionales a menudo no lo son, y algunos pasajes pueden plantear problemas para ellos. Dado que algunos argumentos son sobre cómo interpretar el silencio de la evidencia, que a menudo implica la carga de la prueba y la barrera de evidencia esperada, aquí quiero ofrecer algunos casos más conspicuos que exigen de algunos críticos conservadores más

---

[27] Probablemente las más notables son las genealogías de Jesús en Mateo 1:2-16 y Lucas 3:23-38; y los relatos de la muerte de Judas en Mateo 27:3-5 y Hechos 1:18-19 (las cuales traté brevemente en Keener, *Matthew*, 656-62; ídem, *Acts*, 1:760-65). Hay puntos de contacto pero también sorprendentes divergencias. Tal amplia variación en el material superpuesto es rara en los Evangelios Sinópticos (no estoy contando omisiones de material, que son menos relevantes), pero es una razón por la que la mayoría de los eruditos, incluyéndome a mí, piensan que Lucas y Mateo compartieron una fuente común además de Marcos, en lugar de que Lucas o Mateo usaran el Evangelio completo del otro.

[28] Ver, por ejemplo, Keener, "Otho"; Henderson, "Life"; Hillard, Nobbs y Winter, "Corpus".

caridad para colegas bíblicamente fieles en el Antiguo Testamento. Por ejemplo, después de matar a Goliat, David llevó su cabeza a Jerusalén en 1 Samuel 17:54; pero Jerusalén se convirtió en territorio israelita solo muchos años después (2 Sam. 5:6-9). Es poco probable que signifique que David disecó la cabeza y la trajo a Jerusalén años más tarde (después de llevarla por el desierto mientras huía de Saúl). También es poco probable que David empalara la cabeza fuera de Jerusalén poco después de la muerte de Goliat como una advertencia de que iría tras los jebuseos más tarde. Uno podría sugerir que Saúl temporalmente controló a Jerusalén en ese momento y que la ciudad fue nuevamente invadida por los jebuseos, requiriendo la conquista de David; sin embargo, carecemos de información de apoyo clara para esta idea. Una especulación más probable sería que David trajera la cabeza a la casa de adoración que estuvo más tarde en Jerusalén (ver 1 Sam. 21: 9); sin embargo, esta solución también podría molestar al intérprete más inflexible.

¿Fue en los días de Moisés, con la conquista de Galaad, que Jair, el descendiente de Manasés, capturó ciudades allí y las llamó Basán-havot-jair (Dt. 3:14; Núm. 32:40-41)? ¿O fue en el período de los jueces (Jueces 10:3-4)? Probablemente el narrador con respecto al día de Moisés continúe resumiendo el trabajo que se extendió más allá del tiempo de Moisés, pero incluso en este caso la conquista y nombramiento debe venir mucho después de Moisés si los Jueces relatan a los líderes con cualquier apariencia de cronología (véase "Tras él" en 10:3). Del mismo modo, diferentes fuentes coinciden en que la rebelión de Jehú llevó a la muerte de Ocozías, pero los detalles dramáticos varían:

- "Viendo esto Ocozías rey de Judá, huyó por el camino de la casa del huerto. Y lo siguió Jehú, diciendo: Herid también a éste en el carro. Y le hirieron a la subida de Gur, junto a Ibleam. Y Ocozías huyó a Meguido, pero murió allí". (2 Reyes 9:27)
- "Y buscando a Ocozías, el cual se había escondido en Samaria, lo hallaron y lo trajeron a Jehú, y le mataron; y le dieron sepultura, porque dijeron: Es hijo de Josafat, quien de todo su corazón buscó a Jehová. Y la casa de Ocozías no tenía fuerzas para poder retener el reino.". (2 Crónicas 22:9)

No es difícil llegar a un acuerdo si nuestra preocupación es con la historia general, pero si esperamos precisión en cuestiones de detalle, estos parecen eludirnos. Si uno sigue interesado en armonizar todos los detalles, ¿cuál es la mejor manera de resolver las listas de Génesis de las tres esposas de Esaú?

Génesis 26:34; 28:9	Génesis 36:2–3
Judit, hija de Beeri el heteo	Ada, hija de Elón el heteo
Basemat, hija de Elón, el heteo,	Aholibama, hija de Aná (nieta de Zibeón heveo)
Mahalat, hija de Ismael, hermana de Nebaiot.	Basemat, la hija de Ismael, hermana de Nebaiot.

¿Es Basemat la hija de Elón y hermana de Ada? ¿O es hija de Ismael y hermana de Mahalat? ¿O tal vez alguien diría que Ismael la adoptó? Algunos sugerirían más simplemente que el autor inspirado puede haber grabado correctamente varias tradiciones disponibles sin tratar de armonizarlas o elegir entre ellas. ¿Estamos obligados a intentar armonizar esas tradiciones? ¿O deberíamos permitir que los primeros lectores y escribas de este material en Génesis tengan la misma libertad que sus contemporáneos pudieron haber tenido al registrar varias tradiciones orales?

En un nivel popular, un defensor inflexible de los enfoques tradicionales podría desestimar retóricamente la cuestión de la forma en que tales asuntos son a menudo desechados: simplemente cambiando el tema después de denunciarme como liberal por admitir la existencia de estas diferencias. Denunciándome como liberal, es decir, por prestar excesiva atención al texto mientras lo leo devocionalmente en hebreo.[29]

Planteo estos temas para no contender por una solución particular para ellos, ni para proporcionar una lista exhaustiva de lo que los intérpretes llaman a veces "pasajes problemáticos". Los planteo meramente como muestra para sugerir que la fijación en la resolución de detalles en este grado puede ser contraria al propósito original de las narraciones. Los antiguos oyentes israelitas escucharon estos relatos una y otra vez, pero aparentemente no los encontraron problemáticos.[30] Cuando los rabinos posteriores trataron de resolver tales problemas, sus tradiciones incluyeron múltiples soluciones posibles (¡y algunas varias imposibles!). Es posible que deseemos otorgar caridad a nuestros colegas modernos cuando tratan de lidiar con tales preguntas, del mismo modo que la mayoría de los que amamos el libro de Apocalipsis o la epístola de Santiago le conceden a Eusebio o a Lutero la caridad por cuestionar su canonicidad.

Lo Que Realmente Significa Tener Fe en la Palabra de Dios

Tener fe en la Palabra de Dios no significa que nos mantengamos firmes en las tradiciones de nuestra iglesia particular o en nuestros presupuestos teóricos sobre cómo Dios debería haber inspirado las Escrituras (como lo habríamos hecho nosotros mismos, queremos decir, si hubiéramos sido infinitos) o un examen

---

[29] Como señala Blomberg (*Believe*, 120), no solo yo, sino D. A. Carson, Darrell Bock y Craig Blomberg han sido denunciados como liberales por algunos eruditos a nuestra derecha.
[30] Y ciertamente las fuentes contienen tradiciones muy antiguas. Por ejemplo, Israel probablemente no habría inventado que su generación de éxodo fuera incapaz de entrar en la tierra, o sus continuas rebeliones contra Moisés. Del mismo modo, Números conserva una canción sobre Sijón, todavía cantada, sobre las hazañas de Sijón antes de que Israel lo conquistara, aparentemente desde antes de esa conquista (Nm. 21:27-30). Abordé algunos de estos temas con más detalle en Keener y Usry, *Faith*, 147-65.

cuidadoso de cómo eligió hacerlo.[31] Significa que confiamos en que lo que Dios habla es de confiabilidad, y, debido a que compartimos la opinión de que las Escrituras son inspiradas por Dios (ver 2 Tim. 3:16; 2 Pe. 1:20-21),[32] es que la admiramos (Esd. 10:3, Sal 119:120, 161, ver Isa 66:2, 5), y por lo tanto dedicamos nuestro esfuerzo interpretativo más diligente para discernir y abrazar honestamente su mensaje (Esd. 7:10).[33]

En casos como los ejemplos ofrecidos anteriormente, ¿qué significa tener fe en la Palabra de Dios? ¿Son solo aquellos que armonizan los pasajes los que tienen fe en la Palabra de Dios? ¿O aquellos que aceptan que muchos escritores antiguos tuvieran intereses diferentes a los historiadores modernos también tienen fe en estos textos? Ten en cuenta que no niego que los acontecimientos históricos respaldan las narrativas históricas, sino que permiten diferentes formas de escribir la historia en diferentes períodos, algunos de los cuales permiten la inferencia, tradiciones variadas o dar cuerpo a una narración, sobre cómo se narra la historia. Algunos podrían considerar más fiel a la Palabra de Dios el tener en cuenta los fenómenos de los textos inspirados tal como los tenemos, en lugar de tratar de armonizarlos de una manera que se adecúe a las concepciones modernas de la forma en que Dios debería haber inspirado el texto.

Mi punto es invitarnos a todos, ya sea que con respecto a esas preguntas unos son más "conservadores" o más "liberales" que yo, a considerar las exigencias de la fe en las Escrituras. Tener fe en la Palabra de Dios no dicta un método histórico específico, aparte de eso aceptamos lo que se obtiene de nosotros a través del carácter de los textos mismos en su contexto histórico (lo que idealmente debería incluir las expectativas de los contemporáneos de los textos para el tipo de género histórico o de otro tipo en el que los pasajes fueron compuestos). Abrazar la Palabra de Dios con fe significa abrazar el mensaje que comunica. Si discutimos vociferantemente por un enfoque interpretativo particular de las narraciones de la creación, pero no respondemos con reverencia hacia el creador genuino del cielo y la tierra, *no estamos abrazando el mensaje con una fe personal genuina*. Si defendemos un enfoque histórico particular para la muerte de Ocozías, pero no reconocemos que Dios es soberano y juzga la iniquidad en la historia real y en el presente, estamos rechazando el mensaje del texto.

En estos términos, el cesacionismo fuerte, el cual ofrece un enfoque intelectual del texto (no muy diferente al de los críticos liberales más antiguos), puede ser un

---

[31] Que Dios inspiró las Escrituras, yo creo, resulta para los cristianos en el respeto por la visión de las Escrituras demostrada de manera múltiple por Cristo (ver, por ejemplo, Mc. 12:24; Mt. 5:18//Lc. 16:17; Mt. 26:54, 56; Lc. 24:27; Jn. 5:45-47; 17:12), señalado, por ejemplo, en Wenham, *Bible*; Piper, *Glory*, 98-113.

[32] También, por ejemplo, 1 *Clem.* 45.2. La cuestión del canon surge naturalmente aquí (especialmente para el NT), aunque la inspiración profética es una categoría más amplia que la canonicidad. Aquí solo puedo remitir a los lectores a varias discusiones y debates más detallados, por ejemplo, como se señaló anteriormente, McDonald y Sanders, *Debate*; McDonald, *Canon*; Evans y Tov, *Exploring*; Kruger, *Question*; Porter, Evans y McDonald, *New Testament*.

[33] Por lo tanto, cuando Green, *Seized*, 160-73, habla de "renovar la autoridad bíblica", habla de someter nuestras vidas a su mensaje.

enfoque incrédulo, aunque no deliberadamente. En su forma más estricta, no logra abarcar la relevancia continua de un aspecto principal del mensaje bíblico, a saber, que debemos esperar la actividad continua de Dios en la historia y en nuestras vidas. El cesacionismo abarata la demanda de fe porque su forma de creer el texto no genera expectativas.

Algunos de nosotros, cesacionistas o no, podemos sentirnos tentados a creer que cierta actividad divina ha cesado porque es más fácil para nosotros creer en nuestra propia experiencia limitada que creer en promesas o modelos en la Palabra de Dios que no hemos experimentado. Es decir, a veces preferimos dejar las experiencias bíblicas de Dios como extranjeras en lugar de ejercer fe. Particularmente si el único don en el que hemos sido entrenados para cultivar y esperar en círculos particulares es lidiar con la gramática de las Escrituras, podemos pensar que podemos manejar esta actividad por pura habilidad natural, sin ninguna ayuda divina especial. (En muchos casos, incluso el seminario nos entrena para pensar de esta manera, nuestro diploma nos confiere competencia, incluso si nuestro curso de estudio no incluye la maduración espiritual.) Dios no hace las mismas cosas en todos los tiempos y lugares, pero ciertamente lo hace ¡más en un entorno de fe que en un entorno de incredulidad! Esto puede ser especialmente cierto cuando el orgullo en la doctrina cesacionista hace que uno sea arrogante a su razón, al punto de que no se necesite creer.

Por el contrario, la genialidad de la hermenéutica pentecostal tradicional era vivir en la cosmovisión bíblica, esperando que Dios actuara. De acuerdo, a veces los pentecostales han abrazado los textos de una manera no crítica. Las narraciones bíblicas a menudo destacan los milagros dramáticos sin que los autores pretendan dar a entender que tales milagros dramáticos ocurren en todo momento y en todos los lugares de la misma manera. Pero deberíamos escuchar en esos pasajes la realidad de un Dios que ha actuado y puede actuar de manera dramática, desafiando nuestra dependencia frecuente de recursos puramente humanos.

Si nos acercamos a la Biblia con un buen entendimiento, abrazarla en la fe significa que caminemos a la luz de la presencia de Dios, reconociendo que Dios puede moverse de manera sorprendente. De hecho, si Dios nos ha otorgado la luz para reconocer su presencia de esa manera, ya estamos viviendo en el tipo de entorno en el que se puede esperar la actividad de Dios, ya sea reconociendo y resistiendo las pruebas de nuestra fe o al presenciar más abiertamente sus poderosas obras.

Imaginación Fiel

El principio de Pablo de "escuchar con fe" el mensaje oral acerca de Cristo (Rom. 10:17; Gál. 3:2) también debe aplicarse, por extensión, a la forma en que aceptamos todas las palabras de Dios. Equipados con el mayor conocimiento posible sobre el mundo de las Escrituras, necesitamos entrar en su mundo narrativo, suspender la incredulidad, la alienación cultural y otras formas de distanciamiento, y esperar encontrarnos con el Dios viviente allí.

Entrando a Mundos Narrativos

Debido a que las Escrituras son textuales y su género más grande es la narrativa, las analogías de cómo leemos otras narrativas son útiles. Sin entender o resolver preguntas históricas debatidas sobre cada detalle de un texto, podemos ingresar a su mundo narrativo. De la misma manera, debemos ingresar al mundo narrativo de las Escrituras para escuchar allí al mismo Dios que habita ese mundo, creyendo que en última instancia ese mundo teológicamente permanece en nuestro mundo, un mundo en el cual Dios está activo. Las culturas y los géneros difieren, pero Dios, Cristo y la naturaleza humana siguen siendo los mismos.

Toda cosmovisión humana, incluida cualquier narración sobre el mundo que heredamos en nuestra cultura como algo dado, tiene una forma cultural y, por lo tanto, está sujeta a revisión o reinterpretación. Algunos describen estos marcos como construcciones imaginativas, es decir, interpretaciones incompletas de la realidad que estructuran los datos sin dar cuenta de todo. La Escritura, según algunos, proporciona "una imaginación alternativa" que invita a una nueva construcción de la realidad.[34] No es, sin embargo, pura subjetividad, sino "un ejercicio de imaginación que se basa en el realismo contextual" del experimentar al autor divino que ha hablado y habla en el texto.[35] Aunque las muestras de las Escrituras en lugar de agotar la revelación divina, su historia de redención ofrece una metanarrativa esquelética de la verdadera historia de salvación.[36] Se puede relacionar con lo que J. R. R. Tolkien y CS Lewis llamaron un "mito verdadero".

Los críticos literarios enfatizan que aquellos que disfrutan de narraciones fantásticas suspenden su incredulidad para entrar comprensivamente en el mundo narrativo de la novela. De la misma manera, a menudo suspendemos nuestros juicios culturales cuando ingresamos a mundos narrativos más similares en biografías históricas, comúnmente dejando a un lado la discordancia creada por un ámbito cultural que nos es ajeno. Podemos escuchar a los escritores bíblicos con

---

[34] Ellington, "Authority", 167, citando aquí Brueggemann, *Texts under Negotiation*, 12-13.
[35] Waddell, "Hearing", 184.
[36] Reforzando la importancia de la historia (como un concepto bíblico, no como algunos detractores se quejan, uno puramente moderno), la estructura narrativa de la historia bíblica de salvación proporciona un contexto histórico parcial para otros géneros bíblicos (profecías poéticas, oraciones poéticas, cartas y así sucesivamente) que nos enseñan lecciones por medio de casos de estudios. Aprendemos más sobre el corazón de Dios al observar cómo Dios se dirigió a las personas en sus diversos entornos. Muchos eruditos han lidiado con la relación de la historia con el presente. Por ejemplo, Dilthey valora entrar en el pasado por la imaginación histórica, pero exige escuchar el pasado primero en sus propios términos (Rickman, "Introduction", 44-47), aunque en diferentes edades escucharemos diferentes aspectos del mismo (48). La historia arroja luz sobre la realidad presente (60) y se lee a la luz del presente (Dilthey, *Pattern*, 161).

mayor claridad cuando ingresamos a su mundo narrativo con sus suposiciones, suspendiendo la incredulidad y el juicio, y quedando bajo la autoridad del mensaje del texto.

Suspendiendo la Incredulidad

Cuando entramos en el mundo de la narración bíblica debemos entrar en una fe no menos imaginativa que cuando entramos en otros, aunque hay, por supuesto, diferencias importantes en los géneros y, para los cristianos, en las expectativas espirituales. Si leo ciencia ficción o un mito maya o un cuento popular escandinavo, no espero escuchar la voz de Dios (al menos no regularmente y de la misma manera). Tampoco espero que tales historias narren la verdad divinamente revelada sobre el mundo real, excepto tal vez en un sentido amplio al evocar elementos de la realidad. Cuando leo historia no bíblica, puedo contemplar e intentar comprender las obras de Dios allí, pero normalmente no espero que la interpretación del historiador de los eventos sea autoritativa y divinamente inspirados. Como cristiano, me acerco a la Biblia con una expectativa diferente y deliberada. Espero encontrar allí una guía para la vida (tanto personal como para el pueblo de Dios), aunque debo sopesar cuidadosamente cómo tener en cuenta diferentes evidencias bíblicas.[37]

Suspender la incredulidad cuando se lee la Biblia difiere de suspenderla con algunas otras obras, porque el objeto de confianza difiere. La mayoría de los creyentes en Cristo entienden intuitivamente la diferencia entre los diferentes tipos de creencias: los niños pueden abandonar la creencia en Santa Claus pero comprenden la fe en Dios (o varios paradigmas culturales) de una manera diferente. Involucrar la imaginación es valioso cuando entramos en el mundo bíblico, pero la fe bíblica implica algo más que simplemente comprometer la imaginación. También implica dar la bienvenida y abrazar una cosmovisión.

En última instancia, debemos abrazar la cosmovisión de que las Escrituras se comunican para ver nuestro mundo bajo una luz diferente (en lugar de sumergirnos principalmente en otras narrativas populares a nuestro alrededor, como las películas modernas, los videojuegos y los guiones políticos de izquierda o derecha). Con esto no me refiero a aceptar cosmovisiones acríticamente que algunos textos bíblicos simplemente dan por hecho como apoyos escénicos basados en suposiciones compartidas por su audiencia original. Estos incluyen imágenes como un universo de tres pisos o lluvia cayendo desde las ventanas en el cielo (cf., por ej., Gn. 7:11; Mal. 3:10; Éx. 20:4).[38] Es decir, me refiero no al cosmología u otras convenciones

---

[37] Al igual que otros escritores, los autores bíblicos también pueden a veces escribir de tal manera que busquen facilitar la identificación del lector (ver, por ejemplo, Beck, "Anonymity"; ídem, *Paradigm*). Algunos estudiosos también han comenzado a explorar la vida interior de los personajes bíblicos (ver Leung Lai, *'I'-Window*), lo que facilita aún más la empatía e identificación del lector.

[38] Ver Walton, *Thought*, 165-78, 189; Walton y Sandy, *World*.

culturales que los autores bíblicos usaban para comunicarse, sino a su mensaje acerca de Dios y su misión. (Una vez más, distinguir estos elementos a veces puede ser complejo en la práctica, ese es mi trabajo diario, centrado en la reconstrucción de los contextos antiguos de los pasajes bíblicos).

En cambio, quiero decir que aprendemos a imaginar un mundo vivo con la actividad y presencia de Dios. (Algunos llaman a esto un mundo "reencantado", teológicamente parece más preciso simplemente hablar de él como un mundo donde Dios está activo.) Porque aquel que abraza la cosmovisión bíblica en la fe reconoce que Dios está activo y presente, las narrativas son creíbles en el nivel de actividad divina y el empleo de los actores humanos de Dios dentro del mundo narrativo. Un ateo puede inferir de patrones en biología y física que la naturaleza se explica a sí misma sin necesidad de un fantasma en esta máquina; un cristiano se acerca a la misma evidencia científica con asombro, alabando la magnificencia del designio de Dios.[39]

Esta es precisamente la virtud de lo que los primeros pentecostales y otros como ellos trajeron a una iglesia muy cautivada por la desencantada visión del mundo de la modernidad.[40] En lugar de orar con esperanza de que vamos a probar suerte, podemos orar al Dios viviente de la Biblia que no está limitado solo por lo que podría suceder "por sí solo". Incluso en la Biblia, Dios no hacía milagros para la mayoría de las personas de manera regular. Pero el Dios de la Biblia está en condiciones de hacerlo, e incluso más regularmente de lo que podríamos imaginar, en la Biblia y en la actualidad, para mostrarnos su obra providencial en nuestras vidas a lo largo del tiempo.

Se puede notar, sin embargo, que es difícil para uno entrar en la cosmovisión bíblica, suspendiendo la incredulidad, cuando la mente de uno es consumida por las narrativas del mundo. Una cosmovisión bíblica le permite a uno evaluar otras narraciones, pero una mente saturada de entretenimiento e ideologías populares continuará encontrando las Escrituras como un libro desalentadoramente extraño (véase 1 Cor. 2:11-15). Debemos sumergir nuestras mentes en el mundo de las Escrituras para que moldee y renueve nuestro pensamiento hacia la perspectiva de Dios. ¿No es esto parte de lo que significa renunciar a todo y seguir a Cristo?

---

[39] Este enfoque de la naturaleza debería caracterizar a los cristianos, independientemente de su punto de vista de los orígenes. Un evolucionista teísta, por ejemplo, puede afirmar que Dios usó la evolución como un mecanismo para producir resultados tales como existir, y por eso alaberle por diseñarlo y, de ser necesario, guiarlo para producir tales resultados. Los escépticos pueden quejarse de que, a su juicio, un Dios no debería usar un proceso tan ineficiente; sin embargo, las narraciones bíblicas están llenas de Dios trabajando en todo tipo de formas diferentes, incluidas las elecciones humanas, y logrando los resultados necesarios. La supervivencia de la iglesia a lo largo de los siglos (tanto por amenazas externas como, quizás más marcadamente, por los fracasos humanos de sus miembros) también parece ser motivo de asombro. En lugar de una eficiencia puramente estéril y robótica, Dios diseñó un mundo de belleza gloriosa y caos limitado y logra sus propósitos sabios de maneras que solo podemos descubrir en retrospectiva y solo entre aquellos que reconocen su sabiduría (véase Rom. 11:33-36). Eso también es cierto de la forma en que trajo la salvación (1 Cor. 1: 18-25).
[40] Anderson, *Ends of the Earth*, 138: "Los rituales pentecostales exhiben una cosmovisión que presupone que la adoración se trata de encontrar a Dios, incluida la fe en un Dios todopoderoso que está allí para satisfacer las necesidades humanas". Además, "la experiencia de la presencia del Espíritu se ve como una parte normal de la vida diaria y se aplica a todas las situaciones" (139).

Leyendo la Biblia como la Verdad

Expectativas

Las expectativas dan forma al cómo abordamos cualquier texto. En términos de género, leemos ciencia ficción, poesía y un informe periodístico con diferentes expectativas.[41] En términos de autores, leemos una carta de alguien en quien confiamos de forma diferente a como leemos una carta de alguien que siempre está dando excusas y socavando nuestra confianza. Algunas veces descubrimos que nuestra confianza o sospecha ha estado fuera de lugar, y nuestra estrategia de lectura cambia inmediatamente. En términos de información, comprender un resumen de lo que sigue nos ayuda a captar los puntos principales que la persona que resume quiere que captemos. Conocer el contexto al que se estaba refiriendo un trabajo también da forma a cómo lo leemos.

Las expectativas ayudan a dar forma a nuestra lectura de las Escrituras. Si esperamos solo leer simplemente para cumplir con un deber, podemos guardar la información para referencia futura (no es algo malo en sí mismo). Pero si leemos las Escrituras esperando genuinamente encontrarnos con Dios en alguna perspectiva que encontremos en el camino, es mucho más probable que escuchemos de él.

Las expectativas equivocadas también pueden distorsionar la forma en que escuchamos las Escrituras. Esperar escuchar la voz de un padre abusivo condicionará falsamente el cómo leemos el carácter de Dios. Lo mismo será empezar con suposiciones teológicas poco saludables extrapoladas de unos pocos textos mal leídos.[42] Al comienzo de mi experiencia cristiana temí las tentaciones del diablo, y al anticiparlas las simulé involuntariamente para ponerme a prueba.[43] Cualquier mala idea que entró en mi imaginación creativa se convirtió en una tentación a batallar para mí, y mi imaginación pesimista no siempre previó un resultado favorable. Una vez que tal enfoque se convirtió en hábito, quedaba mucho menos para que las fuerzas externas reales lo hicieran directamente. ¿Cómo dio forma esto a la forma en que leo las Escrituras? Me sentía culpable cuando me limitaba a leer sobre personajes inmorales, porque una vez que cualquier pecado se me cruzaba por la mente, me consideraba extraordinariamente tentado. Intelectualmente tenía un mejor conocimiento, pero eventualmente tuve que enfrentarme a una culpa tan habitual y errónea.

Del mismo modo, como un joven cristiano, leí el contraste binario de Pablo entre las personas del Espíritu y las personas de la carne de tal manera que cualquier

---

[41] Nuestra experiencia de lectura también puede reajustar nuestra comprensión del género de un texto (Westphal, *Community*, 29).
[42] Para un enfoque involucrar la Biblia en el diálogo como amigo en lugar de esconderse de él, vea Fraser y Kilgore, *Friends*.
[43] En las Escrituras, el diablo tienta directamente en los casos principales (por ejemplo, Mc. 1:13, Lc. 4:2, 22:3, 31, Jn. 13:27, Hch. 5:3); él también está involucrado en otras vidas, sin embargo (ya que Satanás no es omnipresente) los lectores pueden a veces debatir cuán directamente se pretende la acción (por ejemplo, Mc. 4:15, Ef. 2:2, Stg. 4:7, 1 Pe. 5:8). Pero las Escrituras también son claras en otro nivel en el que las personas se desvían por sus propios deseos (Stg. 1:14).

pensamiento fuera de lugar me hizo pensar que me había aventurado en "la carne" y había perdido mi salvación.[44] Mi inmersión precristiana en Platón incluso me llevó a leer algo de Pablo de una manera protognóstica hasta que aprendí mejor. Todos estos son ejemplos de fe fuera de lugar, creyendo un objeto falso debido a la lectura con falsas expectativas.

Por el contrario, el mensaje cristiano central sobre la muerte y resurrección de Jesús es la narración bíblica culminante, por lo que leer a la luz de la cruz y el triunfo de Jesús nos ayuda a poner otros asuntos en perspectiva (ver Rom. 5: 6-10; 8:32; 1 Cor. 15:3-4). Dios es digno de confianza, por lo que esperar escuchar del Dios fiel de la Escritura condicionará nuestra lectura fielmente. Uno no debería acercarse esta expectativa legalista y frustrada, si uno no tiene una experiencia particular cada vez o durante todo el tiempo que uno está leyendo. No estamos invitados a simular una especie de intuición espiritual en todo momento; Dios es completamente capaz de hacer que su voz sea clara para nosotros cuando la necesitemos.[45] Pero uno debe esperar que el Dios que habla por su Espíritu nos encuentre en nuestro estudio de la Escritura.[46]

Al igual que los escritores bíblicos que interpretaron las Escrituras anteriores, debemos interpretar nuestras vidas y experiencias a la luz de la Escritura; por lo tanto, debemos aplicar las Escrituras y exponerlas. Pero podemos aplicarlas con más fidelidad, de una manera más consistente con los textos mismos en la forma en que Dios nos las dio a nosotros, cuando nuestras analogías se basan en los contextos de los textos. Cuando reconocemos cómo Dios obró en el pasado, podemos vivir con el mismo tipo de expectativas hoy. Es decir, nuestra experiencia se inscribe en el marco de la historia bíblica.[47] Esperar que Dios actúe hoy como lo hizo en la Biblia puede estar estrechamente relacionado con lo que la Biblia llama "fe".

Por supuesto, Dios no siempre actuó de la misma manera en todos los eventos de la Biblia; hay muchos patrones, pero un patrón es que Dios a menudo logra sus propósitos de diferentes maneras para que le miremos a él y no a una fórmula predecible. Aunque podemos esperar que Dios sea completamente consecuente con su carácter divino, lo experimentamos en el nivel humano como un Dios

---

[44] Esta fue mi mala interpretación; mi iglesia era arminiana, pero no tan arminiana. Ahora entiendo que esto fue una lectura incorrecta; ver Keener, "Spirit Perspectives"; ídem, Mind, 122-27.

[45] Torrey, "Supernatural Guidance", 20-21 (extraído de Torrey, *Person and Work*), advierte contra la "esclavitud" debido a conductas poco claras, señalando que "cualquier guía que no esté perfectamente clara no es de él.... Si es Su voluntad, el Padre celestial lo hará claro como el día." En otro lugar, sugiero que podemos confiar en la providencia de Dios, su ordenamiento de nuestros pasos (Prov. 16:9; 20:24), y normalmente la sabiduría, así como (y a menudo en conexión con) formas más intuitivas de orientación (véase Keener, *Mind*, el ejemplo en Torrey, "Guidance", 18-19). Por supuesto, incluso el realismo de sentido común que comunicaba el fundamentalismo permitió alguna enseñanza prerracional (véase Oliverio, *Hermeneutics*, 109), aunque esto puede haber sido entendido como conocimiento innato.

[46] Como se señaló anteriormente, las personas en el Evangelio de Juan a menudo respondían a los señales con fe inicial, pero solo cuando esta fe perseveraba se convertía en fe madura; incluso cuando la lectura de la Biblia no se siente como una aventura emocionante, perseveramos porque sabemos que Dios nos cambiará a través de ella.

[47] Cf. Gray, *Crowd*, 155-59, sobre la participación en el pueblo de Dios y, por lo tanto, en la historia de la salvación de Dios (cfr también 171-72). La historia de las Escrituras ofrece una metanarrativa "en la que el lector pentecostal puede ubicarse" (160).

emocionante de sorpresas. Pero, sorpresas o no, una vida y una mente inmersas en las Escrituras leerán el mundo de una manera más diferente de lo que hará una mente moldeada más por los valores de la cultura circundante. Aunque no podemos predecir cómo actuará Dios, esperamos que Dios actúe, dependemos de Dios para actuar, y vivimos siempre con la confianza de que

Conclusión

Leer la Biblia como verdad significa leerla como un mensaje del único que es verdadero, del aquél en quien se puede confiar. Los cristianos pueden estar en desacuerdo sobre algunos detalles de cómo esta verdad se expresa en términos de género y adaptación cultural, pero todos debemos aprender a confiar en el Dios que habla allí. Abrazar la Biblia con fe significa abrazar su mensaje para nosotros hoy y vivir a la luz de ese abrazo. Cuando los modernos "maestros de fe" reúnen a sus oyentes para señalar los versículos fuera de contexto, no están realmente honrando las Escrituras. Para honrar verdaderamente a las Escrituras, es necesario que estudien el texto bíblico con más cuidado y fidelidad. No obstante, dichos maestros de fe ejercen una percepción que muchos de nosotros descuidamos, cuando llaman a las personas para que se mantengan firmes en la palabra de Dios como verdadera.

En muchas partes de la iglesia escuchamos gran parte de la Biblia solo como un registro histórico sin construir nuestras vidas en sus afirmaciones. Con demasiada frecuencia, los cristianos compilan sus mandamientos (por lo general de forma bastante selectiva y sin tener en cuenta su entorno cultural), pero temen identificarse con las lecciones en sus narraciones. Apenas hemos comenzado a explorar las profundidades de las Escrituras. Pero las Escrituras en sí proporcionan algunas pautas sobre cómo podríamos proceder.

PARTE V

MODELOS DENTRO DE LA BIBLIA PARA LEER LA ESCRITURA

Que el problema del significado presente no puede ser excluido de la interpretación en la teología cristiana es sugerido en parte por la actitud de los escritores del Nuevo Testamento hacia el Antiguo Testamento. (Anthony Thiselton)[1]

Para algunos, el Antiguo Testamento ahora es irrelevante, aparte de una lectura cristológica tipológica y alegórica.[2] Sin embargo, esta no es la forma en que los escritores del Nuevo Testamento normalmente trataban el Antiguo Testamento.[3] Sin duda, encontraron muchas analogías en las obras anteriores de Dios las cuales confirmaron su punto de vista de Cristo; sin embargo, no descartaron todo lo demás en las Escrituras.

El libro hasta ahora ha sido en parte teórico. Primero, sugerí qué aspecto debería tener una lectura desde el punto de vista del Pentecostés bíblico, incluyendo, por ejemplo, las perspectivas experienciales, escatológicas y globales, así como la coherencia con el mensaje que Dios originalmente inspiró por su Espíritu. Luego volví a las preguntas subyacentes de la epistemología; cada enfoque epistémico presupone su base. Leer o escuchar con fe es una hermenéutica necesaria para aquellos cuya premisa inicial es la Escritura.

---

[1] Thiselton, *Horizons*, 439. Para Ricoeur, el NT es la nueva lente a través de la cual se entiende el AT; ver Ricoeur, *Essays*, 49-72, resumido en Gross, *Preach*, 59-60.
[2] Bultmann, *Christianity*, 187: "El Antiguo Testamento todavía es [considerado por el NT] la palabra de Dios, aunque no porque contenga su palabra hablada a Israel en el pasado, sino porque es directamente tipológica y alegórica. El significado original y el contexto de los dichos del Antiguo Testamento son completamente irrelevantes. Dios no habla a los hombres a través de la historia sino a través de Cristo".
[3] El uso de Pablo del lenguaje "alegórico" en Gálatas 4:24 puede reflejar el sentido antiguo más general del término (véase el rango de los sentidos en Anderson, *Glossary*, 14-16, Witherington, *Grace*, 322-23); aunque puede incluir elementos de lo que llamamos alegoría (véase especialmente Cover, "Above", de Boer, *Galatians*, 295-96) también incluye elementos de analogía (y tipología) más directa en los temas de promesa, herencia y filiación (ver Hays, *Echoes*, 116, 166; Tronier, "Spørgsmålet"; Martyn, *Galatians*, 436; Schreiner, *Galatians*, 300; Harmon, "Allegory", especialmente 157; Barclay, *Gift*, 415-16; Keener, *Galatians*) Aunque Paul probablemente también invierta polémicamente el argumento de sus rivales aquí, muy pocas pistas respaldan la sugerencia (señalada en Anderson, *Rhetorical Theory*, 178-79) de que emplea la alegoría de manera sarcástica.

Aquí, sin embargo, me vuelvo a los modelos concretos guiados por el Espíritu de la Escritura misma.[4] ¿Cómo manejó Jesús las Escrituras? ¿Cómo interpretó Pablo la ley, y cómo puede la lectura inductiva de la ley misma moldear nuestra recepción de la ley? ¿Cómo podemos aprender por analogía de las narraciones bíblicas?[5] Una lectura desde el punto de vista de Pentecostés, como en Hechos 2 y generalmente en el resto del Nuevo Testamento, es una lectura que aplica el mensaje bíblico a nuestras vidas en la actualidad.[6]

---

[4] Estos también podrían incluir lecturas proféticas o incluso deuteronómicas de la Torá (con Martin, "Hearing", 216), pero mantendré un enfoque principal en las lecturas de NT, que están más cerca de mi experiencia. Otros también apelan a cómo Jesús, Pablo y otros interpretaron la ley para encontrar modelos para las lecturas cristianas de hoy (por ejemplo, Brondos, "Freedom"), incluidos los modelos para la lectura carismática (Stibbe, "Thoughts", 193).

[5] Otros también han considerado el valor de las analogías con los carismas modernos para lecturas de textos bíblicos; ver el ensayo reflexivo y matizado de Spawn, "Principle".

[6] Las lecturas neotestamentarias del AT se han convertido en un área de estudio importante; algunos ejemplos fundamentales de varios enfoques incluyen: Longenecker, *Exegesis*; Hays, *Echoes*; ídem, *Conversion*; ídem, *Reading Backwards*; Ellis, *Old Testament*; Evans y Sanders, *Luke and Scriture*; particularmente extensa, vea Beale y Carson, *Commentary*. Para algunas observaciones concisas pero útiles sobre el uso del AT en el NT, véase también Brown, *Scripture as Communication*, 227-28; Klein, Blomberg y Hubbard, *Introduction*, 129-31. La intertextualidad ocupa un lugar destacado en algunas lecturas pentecostales modernas (por ejemplo, Waddell, "Hearing", 203).

CAPITÚLO 14

Cómo Jesús nos Invita a Oír la Biblia

Un día, Jesús les contó a las multitudes una parábola sobre un granjero que esparció semillas ampliamente. Solo una pequeña proporción de la semilla echó raíces y produjo cosecha, pero esa cosecha pesó mucho más que la semilla inicialmente sembrada. Los maestros judíos usaron parábolas para ilustrar los puntos, pero cuando su contexto no hacía que las parábolas fueran evidentes, los maestros las explicaban. Por el contrario, Jesús amonestaba a la multitud a escuchar, y luego los dejaba para reflexionar sobre su acertijo.

Lucas comenta que luego los discípulos le preguntaron a Jesús qué significaba la parábola (Lucas 8:9); en los tres Evangelios Sinópticos, Jesús continúa explicando su enseñanza a ellos. La razón por la que Jesús habla en parábolas, explica Jesús mismo, es que los preciosos misterios del reino de Dios pertenecen solo a aquellos que están lo suficientemente comprometidos para buscarlos.[7] Como en los días de Isaías, el mensaje no hace nada por la gente desobediente de Dios; cae en oídos sordos, ya sea porque endurece los corazones o aumenta la capacidad de reacción sin traer transformación (Mt. 13:11-15).

De hecho, esto era de lo que se trataba la parábola de Jesús. Algunos no entendieron el mensaje; otros lo abandonaron en circunstancias difíciles; y aún otros se distrajeron demasiado con asuntos de esta era para darle su lugar apropiado (13:18-22). Pero la semilla que dio su fruto representó a los que "oyeron la palabra y la entendieron" (13:23).[8] ¿Quién entendió el mensaje de Jesús? En este punto, fueron los que se quedaron después de que la multitud se fue y le preguntaron a Jesús qué significaba su parábola. El verdadero significado pertenecía a los discípulos, a aquellos que seguían a Jesús de cerca y lo escuchaban y preguntaban hasta que lo comprendieran.[9]

---

[7] En el Evangelio de Juan, Jesús también explica que se necesitaban analogías terrenales para que los humanos se relacionaran con las verdades celestiales de Dios (Jn. 3:12), quizás incluyendo analogías del agua (3: 5) y el viento (3:8).
[8] Probablemente implícito en el "aceptar" de Marcos 4:20 (acuerdo significativo), pero explícito en Mateo 13:23 ("entender", encajando con 13:13-15, 19, 51; 15:10; el verbo aparece en la cita en Marcos 4:12 y en las invitaciones y reproches de Jesús en 7:14; 8:17, 21).
[9] Hays, *Reading Backwards*, 28-29, con razón sugiere que Mc. 4:11-34 aborda (29) "la hermenéutica de oír y entender la palabra"; las parábolas de Jesús funcionan como (28) "comunicación velada paradójica", que solo algunos oirán. Al final del proceso de escribir este libro, me complació descubrir que Clark Pinnock también apela al modelo de Jesús en su enfoque de la hermenéutica del Espíritu (Pinnock, "Work of Spirit", 234-36).

Contrariamente a lo que asume la exégesis académica tradicional, la recepción es importante. Además, contrariamente a lo que asume alguna interpretación popular posmoderna, la recepción *particular* importa.[10] Las personas recibieron el mensaje de Jesús de diferentes maneras, y Jesús no consideró todas estas formas de igual mérito. Necesitaban la verdadera comprensión de su mensaje que lo condujo al discipulado: a seguir al verdadero rey del reino. Este tema de la recepción es tan importante para Lucas que se repite en forma expandida mientras Pablo habla sobre el reino en Roma. Algunas personas escuchan con los oídos cerrados, pero otros oirán (Hechos 28:26-28).

Jesús Presupone el Contexto

Jesús leyó las Escrituras de una manera disciplinada y sofisticada que contrasta con el abuso común de los versículos bíblicos populares de hoy. Aunque generalmente no cita el contexto (al menos no en la versión condensada de su enseñanza disponible en los Evangelios), a menudo lo presupone. Sin embargo, como también notaremos más adelante, la atención al contexto no evitó que Jesús aplicara también las Escrituras a la era actual, un ejemplo seguido también por otros escritores narrativos del Nuevo Testamento (y consistente con las prácticas de muchos de sus contemporáneos).

Los lectores en las sinagogas leen pasajes completos; aquellos que oraron podrían recitar salmos enteros. Aunque los académicos actualmente debaten cuán extendida estaba la alfabetización escrita en Galilea, y las exposiciones a menudo unían varios textos, la atención a la memoria oral era una parte importante de la cultura de la sinagoga y, por lo tanto, de la vida pública judía. Los sabios a menudo asumieron el contexto de los pasajes que citaron.[11]

Aunque uno puede citar algunos textos simplemente como representantes de los principios que encarnan, el Jesús de los Evangelios a menudo presupone el contexto de los pasajes que cita. Después de que una voz celestial anunciara que Jesús es el hijo de Dios (Mateo 3:17//Lucas 3:22), Satanás desafía o busca redefinir el carácter de la filiación de Jesús. "Si eres el hijo de Dios" (Mateo 4: 3, 6, Lucas 4: 3, 9). La primera vez que Satanás reta a Jesús a convertir las piedras en pan. En respuesta, Jesús cita un texto que no solo trata el pan (Mt. 4:4 y Lc. 4:4, citando Dt. 8:3) sino que también es parte de un contexto que compara la relación de Dios con Israel con

---

[10] Algunos estudiosos defienden una hermenéutica que aprecia la experiencia como en el posmodernismo, pero también reconoce los límites a la subjetividad; ver, por ejemplo, Fogarty, "Hermeneutic". Delinear tales límites, sin embargo, puede volverse problemático, convirtiéndose en un proceso subjetivo, a menos que reconozcamos algunos controles tales como los significados contextuales y/o canónicos de los textos.
[11] Ver, por ejemplo, *b. Sanh.* 38b; Instone-Brewer, *Techniques*, esp. 167; Keener, *Acts*, 2:1587-88. Algunos escritores conectaron incluso material inconexo mediante el uso de lemas; ver Perrin, *Thomas and Tatian*, 50; Longenecker, *Rhetoric*. En situaciones polémicas, los docentes a veces adoptaban enfoques de críticos o de oponentes (véase Daube, "Johanan ben Zaccai", 54; ver Rom. 10:5).

un padre que cuida a su hijo (Dt. 8:5). Es decir, Jesús permite que su filiación sea definida por un modelo en las Escrituras.

Jesús responde a cada una de las tres tentaciones citando las Escrituras; no está dispuesto a siquiera considerar la desobediencia a la voluntad de su Padre, simplemente observando que el mandato de Dios implica su curso de acción. En cada caso, se basa en el mismo contexto general que antes (Dt. 6:13, 16). Por el contrario, Satanás también cita las Escrituras, pero las cita selectivamente y fuera de contexto. Él reta a Jesús a arrojarse porque los ángeles protegerán a los justos (Sal. 91:11-12). El contexto del salmo, sin embargo, se refiere a la protección de Dios contra el daño que viene a los justos, no a arrojarse al peligro.

De manera similar, Jesús presupone el conocimiento del contexto en una ocasión cuando afirma como central el amar al prójimo como a uno mismo (Lc. 10:26-28, citando Lv. 19:18). Amar a todos es una tarea masiva, entonces el interlocutor de Jesús quiere saber quién cuenta como su prójimo (Lc. 10:29). Jesús responde relatando la historia del Buen Samaritano (10:30-35), indicando que el prójimo incluye a los samaritanos. Al hacerlo, indudablemente evoca el contexto de Lv. 19:18. Levítico 19:34 continúa ordenando a los israelitas que amen también a los extranjeros que residen en la tierra. Seguramente este mandato debería incluir a los samaritanos, quienes incluso observaron algunas de las mismas costumbres bíblicas que los judíos observaban.[12]

Cuestiones Importantes de la Ley

Jesús honra la ley (Mt. 5:17-19); de hecho honra la ley a un nivel más profundo que los fariseos (5:20). Sin embargo, Jesús considera que algunos asuntos de la ley son más importantes que otros (Mc 12:28-31; Mt. 23:23-24). Esto no es sorprendente; sus contemporáneos compartieron el mismo reconocimiento.[13] No estoy sugiriendo que Jesús considerara que cualquier palabra de Dios era prescindible (Mt. 5:17-19, Lc. 16:17); tampoco lo hicieron otros sabios judíos.[14] Pero todos tienen una lente hermenéutica a través de la cual priorizan su lectura, y la lente declarada de Jesús es significativa. (Varios círculos proporcionan varias lentes o centros para las Escrituras.[15] Creo que Dios mismo y su amor redentor son centrales: su corazón se

---

[12] Debido a que Lucas no hace nada con la conexión, parece lógico inferir que la exégesis que se presupone en este pasaje probablemente proviene del mismo Jesús histórico.
[13] Ver, por ejemplo, *m. Abot* 2:1; 4:2; *Sipra V.D. Deho.* Par. 1.34.1.3; par. 12.65.1.3; *Ab. R. Nat.* 1, §8B; una discusión más completa en Keener, *Matthew*, 551. Cf. Pinnock, "Work of Spirit", 235.
[14] Ver, por ejemplo, *m. Abot* 2:1; *Hor.* 1: 3; *Sipra Qed.* Pq. 8.205.2.6; *Behuq.* par. 5.255.1.10; *Sipre Deut.* 48.1.3; 54.3.2; una discusión más completa en Johnston, "Commandments"; Keener, *Matthew*, 178-79.
[15] Powell, "Answers", señala la lente hermenéutica de Lutero de la ley y el evangelio, la lente común del pacto reformado, y demás.

revela a través de sus actos en la historia y finalmente en Cristo, más específicamente en la muerte y resurrección de Jesús).[16]

La Torá misma incluía declaraciones que resumían el corazón de lo que Dios más deseaba (Dt. 10:12-13), y lo mismo hacían los profetas (Miq. 6:8). La tradición posterior afirmó que el sabio judío temprano Hillel resumió el corazón de la ley de una manera similar a la enseñanza de Jesús llamamos la regla de oro (Lc. 6:31, especialmente Mt. 7:12).[17] Los sabios del siglo primero también debatieron cuál mandamiento era el más grande e importante; aunque no se logró un consenso (el más común fue aparentemente el honor de los padres), un rabino posterior a Jesús se acercó a su punto de vista, citando el amor al prójimo.[18] El énfasis conjunto de Jesús en el amor de Dios y el amor al prójimo (Mc. 12:28-34)[19], sin embargo, se convirtió en un sello distintivo en su movimiento. Otros valoraban el amor, pero múltiples círculos de los seguidores de Jesús lo resaltaban constantemente como el mandamiento supremo (Rom. 13:9-10, Gál. 5:14, Sant. 2:8, ver 1 Cor. 13:13). Esto sigue siendo cierto, aún si algunos círculos de sus seguidores hoy han olvidado esto, excusando este descuido por nuestras prioridades sobre la doctrina precisa o la observancia cuidadosa de otros mandamientos.[20]

Cuando Jesús criticó a los eruditos de su época, a veces se debió a que habían perdido el bosque por los árboles. Se sabía que los fariseos eran meticulosos en el diezmo;[21] Jesús declara que esto está bien, pero han descuidado la justicia y el amor de Dios (Mt. 23:23//Lc. 11:42). Mateo registra que la denuncia de Jesús incluye la advertencia de que habían descuidado estos asuntos "más importantes" de la Torá (Mt. 23:23).

Aunque tanto Mateo como Lucas especifican la justicia y el amor de Dios, Mateo también menciona "misericordia" o "compasión", un término que aparece dos veces antes en su Evangelio en citas de Oseas 6:6 (Mt. 9:13; 12:7). En ambas ocasiones, Jesús despliega el texto de Oseas en contra de los fariseos con conocimiento bíblico.[22] En el primer caso, los fariseos han criticado a Jesús por su comunión con los pecadores; Jesús insiste en que llegar a los pecadores con el

---

[16] Los intérpretes que usan correctamente las Escrituras para interpretar las Escrituras a menudo difieren sobre qué Escrituras usar. Los intérpretes populares a veces interpretan absurdamente las Escrituras al equiparar objetos no relacionados en diversos contextos; la hermenéutica de Jesús, por el contrario, ofrece un modelo para nosotros que refleja el corazón de Dios. Hablando de una hermenéutica experiencial, este es un mensaje que he experimentado repetidamente (ya que la experiencia de justificación de Lutero hizo que ese mensaje fuera central para él); pero también he tenido otras experiencias, y creo que la centralidad de esta en la mayoría de los textos relacionados con la historia de la salvación surge del estudio inductivo de la Escritura.

[17] Ver, por ejemplo, b. Shab. 31a; una discusión más completa en Keener, *Matthew*, 248-49.

[18] *Sipra Qed.* pq. 4.200.3.7; una discusión más completa en Keener, *Matthew*, 531.

[19] Otros profesores judíos a menudo vinculaban textos basados en un término o frase clave común; en este caso, ambos textos en la Torá comienzan con "Amarás" (Dt. 6: 5; Lv. 19:18).

[20] El otro extremo es despojar al amor de su significado divinamente intencionado al descuidar los mandamientos particulares que resume.

[21] Ver Sanders, *Jesus to Mishnah*, 43-48.

[22] Borg argumenta que el paradigma de la misericordia de Jesús reemplaza el paradigma de santidad de los fariseos (*Conflict*, 123-43); sin embargo, los fariseos habrían estado de acuerdo con el principio de misericordia en teoría, y particularmente la Escuela de Hillel lo enfatizó en la interpretación legal.

poder transformador de Dios tiene prioridad sobre los temores de contaminación (9:11-13). En el segundo, los fariseos critican a Jesús por permitir que sus discípulos recogieran grano en el día de reposo; Jesús responde que tiene autoridad para definir el sábado y que el hambre de sus discípulos es más importante que los límites farisaicos en torno a la Torá (12:1-8).

El texto de Oseas resaltado en el Evangelio de Mateo no es separado, sino que refleja el espíritu de los profetas, tanto de la época de Oseas (como Isaías y Amós) como después:

> Porque misericordia quiero, y no sacrificio, y conocimiento de Dios más que holocaustos. (Os. 6:6)

> No me sigan trayendo vanas ofrendas; el incienso es para mí una abominación. Luna nueva, día de reposo, asambleas convocadas; ¡no soporto que con su adoración me ofendan!... ¡Aprendan a hacer el bien!¡Busquen la justicia y reprendan al opresor!¡Aboguen por el huérfano y defiendan a la viuda! (Is. 1:13, 17; NVI)

> ¿Acaso el ayuno que he escogido es solo un día para que el hombre se mortifique?¿Y solo para que incline la cabeza como un junco, haga duelo y se cubra de ceniza?¿A eso llaman ustedes día de ayuno y el día aceptable al Señor? »El ayuno que he escogido, ¿no es más bien romper las cadenas de injusticia y desatar las correas del yugo, poner en libertad a los oprimidos y romper toda atadura? (Is. 58:5-6; NVI)

> Aborrecí, abominé vuestras solemnidades, y no me complaceré en vuestras asambleas. Y si me ofreciereis vuestros holocaustos y vuestras ofrendas, no los recibiré, ni miraré a las ofrendas de paz de vuestros animales engordados. Quita de mí la multitud de tus cantares, pues no escucharé las salmodias de tus instrumentos. Pero corra el juicio como las aguas, y la justicia como impetuoso arroyo. (Am. 5:21-24)

> Porque no hablé yo con vuestros padres, ni nada les mandé acerca de holocaustos y de víctimas el día que los saqué de la tierra de Egipto. Mas esto les mandé, diciendo: Escuchad mi voz, y seré a vosotros por Dios, y vosotros me seréis por pueblo; y andad en todo camino que os mande, para que os vaya bien. (Jer. 7:22-23)

Jesús no está en contra de los sacrificios (Mt. 5:23; Mc. 1:44), pero sí ve los detalles de la ley a través de la lente de su corazón. Es decir, él ve la Torá desde el corazón del Dios que la dio. De hecho, el contexto narrativo en el cual Dios dio la ley genuinamente fue redención y gracia. Así, Dios introdujo los Diez Mandamientos recordando a su pueblo que los había liberado graciosamente de la esclavitud (Éx. 20:2; Dt. 5:6).[23]

Del mismo modo, después de conceder la petición de Moisés y perdonar a su pueblo por el pecado del becerro de oro, Dios graciosamente les dio los mandamientos inmerecidos nuevamente (Éx. 33-34, Dt. 9:25-10:5). En medio de esta narración, Dios revela su carácter a Moisés, haciendo que su "bondad" pase delante de él (Éx. 33:19). El Señor es "un Dios compasivo y misericordioso, lento para la ira y grande en amor al pacto y fidelidad a su palabra. Él lleva a cabo su amor pactual por miles de generaciones,[24] perdonando la maldad, la transgresión y el pecado". Dios "no deja impune al culpable; visita la maldad de los padres sobre los hijos y nietos hasta la tercera y la cuarta generación" (Éx. 34:6-7), pero su amor pactual es para la generación mil (Dt. 7:9), mayor es su misericordia que su enojo.

Jesús Aplicó la Escritura a Su Día

Jesús pudo traducir el punto de las Escrituras en el lenguaje de su tiempo. Por lo tanto, cuando cita el comúnmente recitado "corazón y alma y fuerza" de Dt 6:5, él expande esto para incluir la "mente" (Mc. 12:30). Esto es completamente natural, ya que Jesús habría sabido que, dada la asociación bíblica de pensamiento o entendimiento con el corazón en hebreo, el término griego traducido como "mente" estaba incluido en la expresión hebrea.[25] (Estoy asumiendo que en público disputas con líderes en Jerusalén, Jesús hablaría griego, aunque creo que él normalmente hablaba arameo en el campo galileo).[26]

Jesús obviamente sabía que Moisés e Isaías habían vivido mucho antes de que él hablara. Él también sabía que los contemporáneos de Moisés e Isaías estaban muertos. Sin embargo, cuando correspondía, estaba preparado para aplicar a sus días su enfoque hacia sus contemporáneos, porque la palabra de Dios continuaba dirigiéndose a la condición humana. "Isaías tenía razón al profetizar esto sobre vosotros, hipócritas", les dice a los fariseos y escribas (Mc. 7:5-6). "Moisés escribió esto debido a la dureza de sus corazones, explica a algunos fariseos (10:5).

Debido a que los líderes del pueblo de Jesús actuaban como aquellos en los días de Jeremías quienes esperaban que el templo sagrado de Dios los protegiera de su juicio, Jesús también les aplica las palabras de Jeremías 7:11: "la habéis hecho

---

[23] Para la frase "los Diez Mandamientos" (o "las Diez Palabras"), vea Ex. 34:28; Dt. 4:13; 10: 4; esta era claramente una parte clave de la Torá, "las palabras del pacto" (Ex. 34:28; véase Dt. 5:2; 9:9-11, 15), escrita por Dios mismo (Ex. 31:18; 34). : 1; Dt. 4:13; 5:22; 10:4).

[24] El texto paralelo en Dt. 7:9 sugiere que "miles" aquí (y en Ex. 20:6; Dt. 5:10) se refiere a miles de generaciones (véase también 1 Cr. 16:15; Sal. 105:8, donde esto puede significar "para siempre"), en contraste con su ira hacia la tercera y cuarta generación.

[25] Cf. 1 Re. 3:9; Sal. 49:3; Prov. 2:2; 14:33; 16:21; 20:5; Is. 6:10; 10:7; 44:18; Dn. 10:12; la asociación también en griego en Mt. 9:4; Lc. 1:51; 9:47; Hch. 8:22; LXX 1 Cr. 29:18; LXX Jer. 38:33; Bar. 1:22.

[26] Ver Keener, *Matthew*, 502-3; para el probable bilingüismo de Jesús, ver más adelante mi discusión en Keener, *Acts*, 3:3190-95.

cueva de ladrones" Mc. 11:17). Por supuesto, en los Evangelios, Jesús a veces cita textos que le pertenecen directamente, pero en otros casos, como estos, aplica principios verdaderos del pueblo de Dios en tiempos pasados a analogías en su propia época.

Los críticos de Jesús a menudo lo acusan de violar la Torá; sus respuestas dejan en claro que él se considera a sí mismo no como violando la Torá, sino como violando las tradiciones interpretativas de sus críticos sobre la Torá. En algunos de estos casos, como la sanación en el día de reposo, Jesús en realidad viola solo una línea de la tradición farisaica con respecto a lo que en su tiempo fue un debate en vivo entre los fariseos.[27]

Las respuestas de Jesús a sus críticos revelan algo de su hermenéutica. Si un sacerdote le dio pan consagrado —apartado solo para los sacerdotes— a David porque estaba hambriento, esta narración muestra que este sacerdote valoraba más alimentar a un siervo de Dios hambriento que la regla normal del santuario (Mt. 12:3-4).[28] Los sacerdotes en el templo trabajan en el día de reposo, Jesús señala, y esto no es una violación (12:5), un argumento que algunos otros maestros judíos de hecho usaban para hacer otras excepciones.[29] A la luz de la autorización divina de Jesús, él tiene autoridad para hacer excepciones comparables (12:6-8). El contexto en Mateo también sugiere un contraste: Jesús ofrece un mejor "descanso" (11:28) que la interpretación farisaica del sábado.

Algunos estaban dedicando al templo recursos que Dios preferiría que usaran para apoyar a sus padres ancianos (Mc. 7:9-13).[30] Jesús se opuso a utilizar la religión como máscara para descuidar obligaciones que Dios nos ha dado con nuestras familias. (Debemos practicar la corresponsabilidad lo suficientemente bien como para poder dar tanto como sea posible, pero contribuir al programa de construcción de la iglesia no debe llevarnos a descuidar alimentar a nuestros hijos o el cuidado a un prójimo abandonado. A la luz del ejemplo de Jesús en Juan 2:1-11, las necesidades de los amigos también vienen antes de los rituales religiosos).[31]

Del mismo modo, Jesús razona que es lícito sanar el sábado. No dispuestos a defenderse en el día de reposo, algunos de los primeros judíos fueron masacrados por sus enemigos, por lo que las autoridades judías decidieron razonablemente que era lícito incluso luchar y matar el sábado si uno era atacado.[32] Pero también era legal salvar una vida en el día de reposo, y Jesús razona eso, porque restaurar es más grande que dañar, también es consistente sanar en sábado (Mc. 3:4). Aunque los esenios estrictos en el desierto no estaban de acuerdo, la mayoría de la gente

---

[27] Ver t. *Shab*.16:22; para diversas prácticas, ver *m. Eduy.* 2:5; *Shab*. 14:4; 22:6; *Yoma* 8: 6; *t. Shab*. 12:12; Keener, *Matthew*, 356-58.
[28] Keener, *Matthew*, 355-56. Cf. La propia preferencia de Jesús por el honor de su amigo sobre el propósito consagrado de las tinajas en Juan 2: 6-9; ver más a fondo Keener, *John*, 1: 509-13.
[29] Keener, *Matthew*, 356; ver más ampliamente Keener, *John*, 1: 716.
[30] En la costumbre, ver Sanders, *Jesus to Mishnah*, 53-57; Baumgarten, "Korban"; Carmon, *Inscriptions*, 75, §167; cf. *m. Ned.* pássim (p. ej., 3:2).
[31] Ver discusión en Keener, *John*, 1:509-13.
[32] 1 Mac. 2:41; ver Keener, *John*, 1:642n74.

creía que era apropiado incluso rescatar a una persona o animal que había caído en un pozo el sábado (Mt. 12:11-12, Lc. 14:5).³³ De hecho, era aceptable dar agua a un buey o un burro el sábado; ¿cuánto más liberar de la opresión de Satanás en el día de reposo a un miembro del pacto ancestral (Lc. 13:15-16)? Jesús exige lo que él considera consistente con la interpretación, considera que la ley está diseñada con gracia para el mayor bien de las personas, y por lo tanto está más interesado en el espíritu de la ley que en hacer una cerca para evitar la violación accidental de ella.

Trágicamente, los contemporáneos de Jesús no reconocieron el tiempo de su visita (Lc. 4:18-20, 23-24, 28-29, 12:54-56, 19:44). Aunque afirmaron conocer la Palabra en las Escrituras, el Evangelio de Juan lamenta que no reconocieran la encarnación completa de esa Palabra cuando apareció entre ellos (Jn. 1:11, 5:37-40). ¿Alguna vez hemos actuado como los contemporáneos de Jesús, perdiendo el corazón y el propósito de los mandamientos de Dios mientras buscamos proteger solo o principalmente la ley?

Como exploraremos en un capítulo posterior, la aplicación a nuestro propio entorno y a nuestras vidas es una forma bíblica de manejar las Escrituras, con tal de que saquemos las analogías correctas. Mi trabajo académico se centra en las tareas exegéticas que nos ayudan a entender lo que significaba el texto en sus primeros contextos, pero el Espíritu de Dios también ayuda a la iglesia a comprender cómo podemos aplicar ese sentido original en los entornos apropiados de hoy.

Más que la Ley

Mientras que la ley decía: "No matarás", Jesús dice: "No desees matar" (Mt. 5:21-22). Mientras que la ley decía: "No debes traicionar a tu cónyuge al serle infiel", Jesús dice: "No traicionarás a tu cónyuge con el deseo de ser infiel" (5:27-28) o "abandonando tu alianza matrimonial" (5:31-32). El interés de Jesús no está solo en lo que hacemos, sino en lo que somos, no solo en nuestro comportamiento sino también en nuestra motivación.

De la misma manera, la ley advirtió en contra de llamar a Dios como testigo de que una promesa nuestra era verdadera y luego romperla; pero Jesús señala el ideal último detrás de la advertencia. "Tengan tal integridad que no necesiten llamar como testigo a Dios ni a nada que él haya creado" (Mt. 5:33-37). La ley limitaba la venganza a una especie de retribución legal: un ojo por ojo, por ejemplo. Por el contrario, Jesús va más allá al eliminar la venganza; uno debe amar a la otra persona más que el honor de uno o incluso las posesiones básicas (5:38-42). La ley ordena el amor al prójimo; Jesús ordena el amor a los enemigos (5:43-47).

Y para que nadie interprete a Jesús de manera legalista, atendiendo solo a lo que específicamente menciona, cita la perfección moral de Dios como modelo y meta (Mt. 5:48; ver 5:45). La intención importa en un nivel aún más profundo de lo que

---

[33] Ver, por ejemplo, CD 11.13-14; segundo. *Shab.*128b, bar.; Keener, *Matthew*, 358.

la ley puede abordar. De hecho, importa a un nivel más profundo de lo que la mayoría de la gente cree. Por ejemplo, aunque debemos exponer nuestras buenas obras a otros con el propósito de glorificar a Dios, nunca debemos hacerlo para glorificarnos a nosotros mismos (5:16; 6:1-2, 5, 16). Solo Dios y quizás nuestros propios corazones sabrán la diferencia.

Jesús lleva la ley más allá de su letra al máximo deseo divino para las personas que están detrás de ella. Desde el momento en que Jesús pronunció estas palabras, los cristianos a menudo hemos entendido su enseñanza de manera legalista, y hemos perdido así el espíritu que está detrás de ellos: el corazón de Dios por nosotros. El derecho civil no puede hacer que la gente sea justa; solo puede limitar su pecado. Tener en cuenta esta limitación no pretende menospreciar las leyes civiles de Israel; es simplemente una observación sobre el género, ya que la ley civil no puede abordar -o al menos hacer cumplir su voluntad- el corazón humano. Jesús va más allá de la ley civil a la ética.

Lo mejor de la ética farisaica contemporánea habría estado de acuerdo con Jesús en muchos de estos puntos. Los fariseos también enfatizaron la *kavaná*, la intención del corazón.[34] Sin embargo, Jesús advierte que la justicia de sus oyentes debe exceder a la de los fariseos yendo al corazón (Mt. 5:20). Si algo nos pone nerviosos, esto debería hacerlo. Los fariseos compartieron muchas de las éticas de Jesús en principio; ellos mismos estuvieron de acuerdo en que el corazón debe ser puro. Sin embargo, solo el reino podría transformar sus corazones.[35] No es suficiente para nosotros estar de acuerdo con la ética de Jesús en principio; debemos dejar que su reinado nos transforme.

Pero mientras que las leyes civiles no pueden transformarnos, en la ley Dios a menudo ya señaló hacia el ideal. La ley puede prescribir un comportamiento correcto, pero aquellos que se deleitan en ella, que la dejan habitar en su corazón para querer lo que Dios quiere, desarrollarán ese mismo carácter en sus corazones. El último mandamiento de los Diez Mandamientos era: "No codiciarás la casa de tu prójimo"... la esposa de tu vecino… o cualquier otra cosa que sea de tu prójimo" (Éx. 20:17). Por lo tanto, no era suficiente evitar robarle a tu vecino (20:15) o cometer adulterio con su esposa (20:14) o matarlo (20:13) o dar falso testimonio contra él (20:16) para obtener su propiedad. Se suponía que ni siquiera había que quererlo, porque se supone que debes amar a tu prójimo como a ti mismo. Eso es lo que Jesús también dice: él explica lo que Dios siempre quiso, de lo cual la ley civil de Israel podría ser solo un bosquejo o sombra que apunta al plan más completo de Dios.

---

[34] Sobre *kavanah*, ver Bonsirven, Judaism, 95; Montefiore y Loewe, *Anthology*, 272-94; Pawlikowski, "Pharisees".
[35] Muy útilmente, e incluso antes de Sanders, cf. Odeberg, *Pharisaism*. Para la destilación madura de Sanders de su punto de vista sobre la ética farisaica, ver esp. Sanders, "Nomism".

El Reino Restaura el Ideal de Dios

Algunos fariseos le preguntaron a Jesús si un hombre podía divorciarse de su esposa (Mc. 10:2), tal vez porque habían oído hablar del punto de vista más estricto de Jesús sobre el divorcio (Mt. 5:32//Lc. 16:18). La redacción de Mateo refleja el lenguaje debatido entre las escuelas fariseas precisamente en los días de Jesús: "¿Es lícito al hombre repudiar a su mujer por cualquier causa?"(Mt. 19:3). La escuela generalmente más indulgente de Hillel (más progresista o más liberal, según su punto de vista), con quien Jesús estuvo de acuerdo en varios otros asuntos, de hecho habría respondido "Sí". Hicieron hincapié en la frase "cualquier causa". Por el contrario, la escuela farisaica más estricta de Shamai interpretó Dt. 24:1 como que permite el divorcio si un hombre encuentra algo vergonzoso en su esposa. El término en Dt. 24:1 que traduciría "vergonzoso" tiene que ver con la exposición sexual, por lo que los shamaitas aprobaron el divorcio solo por la infidelidad conyugal.

Jesús reconoce lo que dice la ley de Moisés (Mc. 10:3-4), pero advierte que esto es menos que el ideal de Dios. "Por la dureza de vuestro corazón os escribió este mandamiento" (10:5). Los maestros judíos ya reconocían que las leyes civiles no podían hacer cumplir el ideal de Dios y, teniendo en cuenta cómo deberían funcionar estas leyes, incluso agregaron reglas para ayudar a garantizar que nadie se acercara a romperlas. Independientemente de si estaban de acuerdo o no con Jesús, podían entender a qué se refería cuando consideraba que el permiso para divorciarse (que la ley técnicamente sólo otorgaba a un marido) era una concesión a la debilidad humana.

Jesús no solo considera que la ley de Moisés exige menos que el ideal de Dios, sino que apunta a una imagen de cómo es el ideal de Dios. Los pensadores judíos a veces imaginaban el futuro reino a la luz del paraíso primitivo[36], y Jesús aquí ve el propósito de Dios para la humanidad, consumado en los valores del reino, modelado ya en la creación. Él apela al plan de Dios para el matrimonio desde el principio, modelado en su institución del matrimonio (Marcos 10:6-9).

Jesús no fue el único pensador judío que recurrió a Génesis 2 para obtener un modelo para el matrimonio; lo encontramos también en los Rollos del Mar Muerto.[37] Sin embargo, su hermenéutica no tiene que ser única para ser valiosa. La ley trata de la humanidad tal como es, pero Dios finalmente quiere que la humanidad sea como debería ser. La hermenéutica de Jesús reconoce la ley como la palabra de Dios para Israel, pero era una palabra limitada. El verdadero ideal, del cual la Escritura misma testifica, es más elevado.

---

[36] Ver, por ejemplo, 4 *Esd.* 8:52-54; *T. Dn.* 5:12; *T. Lv.* 18:10-12; *m. Abot* 5:20; *Sipra Behuq.* pq. 1.261.1.6; *b. Ber.* 28b; 34b; *Tg. Neof.* 1 sobre Gn. 3:24; cf. Is. 51: 3; Ez. 36:35; Ap. 22:1-3; *Ep. Barn.* 6.13.

[37] Aunque con una aplicación diferente, a la poliginia real; ver CD 4.20-5: 2; 11QT 56.18-19; Keener, *Marries Another*, 40-41; cf. Vermes, "Halakah"; Nineham, *Mark*, 265; paso Schubert, "Ehescheidung", 27; Mueller, "Temple Scroll".

Como argumenté en otra parte[38], Jesús está hablando aquí en términos generales; los intérpretes inspirados se sintieron libres de calificar esta enseñanza para situaciones específicas. Así, Mateo hace explícita una excepción probablemente implícita originalmente para la situación de la infidelidad del cónyuge (Mt. 5:32; 19:9), y Pablo también califica el dicho de Jesús para la situación de un cónyuge que abandona el matrimonio (1 Cor. 7:15). Así como Jesús cita la ley en Mateo 5 y luego la califica expresamente con "habéis oído, pero yo os digo" (Mt. 5:21, 27, 33, 38, 43), entonces Pablo cita a Jesús y luego califica su enseñando por una circunstancia excepcional en 1 Cor. 7:10-16. El lenguaje del 7:15, en el que el creyente "no está obligado", hace eco del lenguaje exacto de los antiguos contratos de divorcio para la libertad de volver a casarse.

Pero tanto la excepción de Pablo como la de Mateo se refieren a la persona cuyo matrimonio ha sido roto por la otra parte; ninguno permite que el creyente rompa su matrimonio. Es decir, el punto exhortativo de preservar el matrimonio no se ve disminuido por estas calificaciones. Las calificaciones simplemente avanzan el punto por el cual Jesús se opuso al divorcio primeramente: proteger a un cónyuge de la traición del pacto matrimonial (véase Marcos 10:11).

Si leemos a Jesús de la manera en que Pablo lo hizo (como deberíamos, porque Pablo ejemplificó para nosotros ese modelo hermenéutico), podríamos considerar algunas otras situaciones como formas análogas de traición: una esposa golpeada por su marido o un marido envenenado por su esposa, pero en cada caso, el matrimonio se rompe, en última instancia irreparablemente[39], por la otra persona. El objetivo de todo esto no es buscar razones para terminar un matrimonio, sino seguir el principio de fidelidad de Jesús hacia el matrimonio. Las excepciones nunca son excusas para que un creyente rompa su matrimonio; solo son disposiciones para cuando el vínculo matrimonial se separa del otro lado.

Fuera de la Caja

A lo largo de los Evangelios, Jesús es criticado por el poder religioso. Él come con los pecadores. Sus discípulos no ayunan. Ellos arrancan espigas de trigo en el día de reposo. Jesús no es parte del establecimiento religioso y no busca inculcar su favor y formar parte de ese establecimiento. Desde el comienzo, él ministra predominantemente entre los pobres, los enfermos, los socialmente marginados y

---

[38] Keener, *Marries Another*; una forma más popular pero actualizada del argumento aparece en Keener, "Remarriage". Note también Instone-Brewer, *Divorce*. William Heth, uno de los autores de Heth y Wenham, *Divorce*, ahora ha cambiado su posición (ver Heth, "Remarriage").

[39] No creo que un solo acto de adulterio o abuso necesariamente haga que un matrimonio sea irreparable. Si los defectos del carácter subyacente que permitieron estas transgresiones para comenzar no se abordan, es probable que se repitan. Las expectativas romanas y judías de divorcio después de la infidelidad de una esposa eran fuertes, consagradas incluso en la ley; mientras que lo mismo es menos cierto hoy en día, nunca debemos minimizar la violación grave del pacto matrimonial representado por la infidelidad de uno de los cónyuges.

otros que no podían ofrecerle apoyo político. Vivió y ministró de la manera en que murió: abrazó la debilidad y confió en su Padre para vindicarlo (véase 2 Cor. 13:4).

Por supuesto, los líderes en nuestro mundo de hoy son diferentes. Mientras que en algunos períodos de la historia el establecimiento religioso pertenecía a las estructuras de poder occidentales, ese no es el caso ahora. Y, sin embargo, en otros aspectos aún supongo que si Jesús estuviera haciendo el mismo tipo de ministerio hoy, no comenzaría cultivando el favor de nuestros líderes o eruditos denominacionales; ciertamente tampoco con poderes políticos o académicos. Creo que comenzaría con niños en los proyectos, con adolescentes en las reservas de nativos americanos más empobrecidos o en barrios marginales del mundo.[40] Podría parecerse más a un trabajador de alcance comunitario en *Teen Challenge* que a un activista político. Él comenzaría de abajo hacia arriba. Eso no es para criticar al resto de nosotros, la mayor parte de mi tiempo ahora lo paso como un académico. Pero es poner nuestros papeles respectivos y necesarios en el reino en una perspectiva más amplia.

La Interpretación Cristológica de Jesús[41]

La predicación de Jesús sobre el reino tiene implicaciones para su propia identidad;[42] Jesús parece afirmar que el reino está presente en él (Mt. 12:28//Lc. 11:20).[43] Él dice ser más grande que el rey Salomón o el templo (Mt. 12:42//Lc. 11:31). Las primeras líneas de la tradición de Jesús indican que Jesús enseñó que sus discípulos tendrían un papel en el reino mesiánico (por ejemplo, Mt. 19:28//Lc. 22:30), una promesa que naturalmente implicaría que se atribuía a sí mismo un rol mesiánico.[44] Jesús seguramente reconoció la conexión frecuente entre la escatología judía y las expectativas bíblicas de un gobernante davídico en el tiempo del fin, y que su creciente seguimientos e invitaciones a seguir no podía sino haber despertado especulaciones.[45] Tales enseñanzas concuerdan bien con la información segura de que Jesús fue ejecutado bajo el cargo de reclamar ser el rey legítimo de Israel.[46]

La iglesia posterior o los seguidores judíos de Jesús podrían haber elegido para Jesús un corcel más militante, pero Jesús eligió una bestia de carga que transmitiría la imagen de Zacarías 9:9,[47] la cual los maestros posteriores y probablemente los

---

[40] Mis lectores carismáticos interesados en la revelación tal vez aprecien saber que fui testigo de cómo Jesús hizo esto en un sueño.
[41] He adaptado esta sección de Keener, "Expectation"; y *Historical Jesus*.
[42] Beasley-Murray, "Kigndom", 27-32 (indica el Mesianismo de Jesús). Sobre la propia cristología de Jesús, ver más adelante Witherington, *Christology of Jesus*.
[43] Hengel, "Messiah", 345.
[44] Cf. Sanders, *Jesus and Judaism*, 234, 307.
[45] Meyer, "Deed", 171-72.
[46] Hengel, "Messiah", 347.
[47] Cf. Jue. 10: 4; 1 Re. 1:44; cf. discusión en Sanders, *Figure*, 254.

contemporáneos de Jesús consideraron como mesiánicas.[48] Muchos eruditos que observan estas acciones creen que Jesús estaba anunciando que él era en verdad un rey, pero no un rey guerrero.[49] Jesús pudo haber respondido ambivalentemente al título de Mesías porque su misión definía el concepto de manera diferente de lo que sugeriría el título popular.[50]

Una característica central del esperado Mesías fue su descendencia real de David. Pero en Marcos, Jesús comienza a insinuar públicamente su identidad mesiánica en Marcos 12:6,[51] pero rápidamente implica una identidad mayor que la de David en 12:35-37. Jesús no es un mero David *redivivus*, no es un simple rey guerrero como David, sino uno mucho más grande que David. Si él es el "señor" de David, entronizado no solo en Jerusalén, sino a la diestra de Dios, ¿cómo puede ser su "hijo"?

Parece poco probable que los primeros cristianos hubieran creado una tradición ambiguamente redactada que pudiera usarse para desafiar el descendencia davídica de Jesús, y por tanto su mesianismo.[52] El mesianismo de Jesús fue precisamente un punto de debate con sus contemporáneos judíos, y las palabras de Jesús aquí podrían usarse contra el caso de su movimiento en ese punto. ¿Por qué Marcos – quien afirma claramente que Jesús es Cristo (Mc. 1:1; 8:29; 9:41; 14:61-62) y parece afirmar también que él es hijo de David (Mc. 10:47-48; ver 11:10) –tomaría este riesgo si no siguiera la tradición genuina? Que el Salmo 110 se haya expandido en una amplia gama de los primeros círculos cristianos[53] probablemente sugiere que una autoridad común, es decir Jesús, está detrás de su uso.

De hecho, en el contexto de Marcos, Jesús acababa de usar el título "Señor" para el único Dios verdadero del Shemá (Mc. 12:29-30); Los intérpretes judíos comúnmente vinculaban textos sobre la base de palabras claves comunes.[54] Incluso en el salmo original, si el salmista hablaba a un señor además de Yahveh, un señor que sería entronizado a la diestra de Dios como su viceregente, entonces este rey era alguien mayor que un descendiente real ordinario de David. Algunos en los días del salmista podrían haber entendido la imagen en la analogía de Oriente Próximo de los reyes divinos.[55]

---

[48] Por ejemplo, *b. Sanh.* 98a; 99a; *Gen. Rab.*75: 6; Edgar, "Messianic Interpretation", 48-49; Lachs, Commentary, 344.
[49] Por ejemplo, Moule, *Mark*, 87; Sanders, *Figure*, 242.
[50] Brown, *Death*, 473-80. Sobre las expectativas mesiánicas contemporáneas y el papel de Jesús, véase Keener, *Historical Jesus*, 256-67; Keener, "Parallel Figures".
[51] Ver, por ejemplo, Kingsbury, *Christology*, 150.
[52] Entonces, por ejemplo, Gundry, *Use*, 200; Witherington, *Christology of Jesus*, 190.
[53] Incluyendo algunas alusiones, ver, por ejemplo, Hch. 2:34-35; 7:55; Ef. 1:20; Col. 3:1; Heb. 1:3, 13; 8:1; 10:12; 12:2; Mr. 16:19; Justin 1 *Apol.* 45.
[54] Ver, por ejemplo, CD 7.15-20; *Mek. Nez.* 10.15-16, 26, 38; 17.17; *Pisha* 5.103. Aunque los términos hebreos son diferentes, el nombre divino se pronunció simplemente como "señor".
[55] Sobre el señorío exaltado de Jesús en una etapa temprana, cf. más Hurtado, *Lord Jesus Christ*, 109-18; Marshall, *Origins*, 97-111. Para diversas articulaciones de la identidad divina de Jesús en algún sentido temprano en la tradición cristiana, ver Hurtado, *Lord Jesus Christ*; Bauckham, *Crucified*; Keener, *Historical Jesus*, 276-81; Hays, *Reading Backwards*.

Conclusión

Jesús conocía pasajes en su contexto literario completo, aunque no vivía en un entorno donde uno necesitaba recitar ese contexto para evocarlo. Pero Jesús no simplemente hacía exégesis de las Escrituras: vivía de acuerdo con su mensaje y explicaba ese mensaje de manera fresca y relevante. Jesús reconoció que algunos asuntos de la ley eran "más pesados" que otros: estos revelaban el corazón de Dios detrás de las leyes, y por lo tanto ofrecían una clave hermenéutica -una lente interpretativa pero no un filtro canónico- para volver a aplicarlos.

Jesús aplicó las Escrituras a su época de maneras que a menudo violaban la comprensión religiosa convencional. Mientras que algunos abordaron las leyes como abogados, preocupados por proteger también la letra de la ley (en principio) como el espíritu, la preocupación de Jesús fue especialmente con el punto detrás de la ley, puntos más exigentes y abarcadores que las aplicaciones de esos principios en el período mosaico. Lo más distintivo, por supuesto, es la comprensión de Jesús de su propia identidad a la luz de la Escritura.

CAPITÚLO 15

Leyendo la Torá como la Ley de la Fe

Jesús y sus primeros seguidores modelaron una forma de leer las Escrituras que va más allá de nuestros métodos exegéticos modernos. El sentido original del texto, en la medida en que podamos recuperarlo, sigue siendo fundamental, como en la exégesis, pero el Espíritu que trabaja en el pueblo de Dios nos ayuda a aplicar esos principios de maneras nuevas en situaciones nuevas. De esa manera, el mensaje permanece vivo y fresco para cada generación y nuevo entorno cultural, porque sus principios abordan muchos de los problemas apremiantes que enfrentamos

Dos Maneras de Leer

Leer por el Espíritu y con el corazón es la forma en que Jesús y la primera iglesia apostólica leían las Escrituras que tenían, lo que llamamos el Antiguo Testamento. Pablo contrasta dos maneras de leer la ley: la ley de las obras y la ley de la fe (Rom. 3:27).[1] Es decir, podemos abordar erróneamente la ley como un medio de autojustificación, o podemos abordarla como una testigo de la manera de confiar en (fe en) la gracia del pacto de Dios. Así, el propio pueblo de Dios, persiguiendo la justicia de la ley como si se lograra mediante obras, no lo logró porque no lo persiguieron por la fe, por la confianza en el Dios del pacto que los transformaría gentilmente (Rom. 9:31-32).[2] Como un estándar meramente externo, la ley podría declarar muerte; pero sus principios podrían escribirse en el corazón por el Espíritu (8:2). La última forma es leer con fe.

Lejos de anular la ley al enseñar que la confianza en la acción de Dios en Cristo nos hace justos con Dios, Pablo insiste en que él apoya la ley (Rom. 3:31). Luego continúa argumentando a favor de este principio directamente de la ley, que en sus círculos incluía todo el Pentateuco. En Romanos 4, entonces, Pablo argumenta a

---

[1] Los académicos se dividen en, si traducir *nomos* aquí como "ley" o como "principio"; la elección en inglés puede ser forzada, pero si uno debe elegir, el contexto ha empleado consistentemente el término para la Torá (Rom. 2:12-27; 3:19-21, 28, 31). Cf. Marinus Victorinus *Gal.* 1.2.9 (Edwards, *Galatians*, 31).
[2] La mayoría de los intérpretes judíos habrían insistido en que pertenecían al pacto porque pertenecían al pueblo del pacto de Dios, una pertenencia que confirmaron al guardar el pacto. Pablo es más riguroso en exigir rectitud y lo espera de corazones transformados por el Espíritu y obedientes al Mesías de Dios, pero indudablemente usa alguna hipérbole; ver discusión en Keener, *Romans*, 4-9, 122-23.

partir del ejemplo de Abraham en Génesis 15:6. Pablo usa el contexto en Génesis para señalar que Dios consideró a Abraham como justo incluso años antes de ser circuncidado (Rom. 4:10), de modo que esta experiencia es posible sin la señal exterior de la circuncisión (4:11).

Pablo desarrolla su caso aún más al establecer una analogía entre la era de Moisés y la suya: la salvación y la palabra de Dios vinieron en ambas eras. Así como Dios mismo redimió a Israel, llevando a su pueblo a través del mar y dándoles la Torá (Dt. 30:12-13), así también ahora Dios mismo trajo abajo a Jesús y lo resucitó de entre los muertos (Rom. 10:6-7). Así como Dios ordenó a Israel seguir la ley manteniéndola en su corazón y en su boca (Dt. 30:14), entonces ahora su mensaje, las buenas nuevas que invitan a la fe, reside en el corazón y se expresa en la boca (Rom. 10: 8 -10).

Deuteronomio 30:12-14[a]	La aplicación de Pablo en Romanos 10: 6-10
No digas: "¿Quién subirá al cielo?"[b] (para hacer descender la Torá, el regalo de Dios; 30:12)	No digas: "¿Quién subirá al cielo?" (Para hacer descender a Cristo, el regalo de Dios; 10:6)
No digas: "¿Quién descenderá al abismo?" (para experimentar nuevamente la redención, cruzando el "mar"; 30:13)	No digas: "¿Quién descenderá al abismo ?"[c] (para experimentar nuevamente la salvación, resucitar a Cristo de entre los muertos, 10:7)
La Palabra está cerca de ti (la Torá; 30:14)	La palabra está cerca de ti (el mensaje de fe que ahora predicamos, 10:8)
Está en tu boca y en tu corazón (30:14; a medida que la Torá iba a ser recitada continuamente [Dt. 6: 6-7])	Está en tu boca y en tu corazón: confiesa con la boca que Jesús es el Señor, y cree con el corazón que Dios lo resucitó (10:9-10)

    a.   Tomo prestada esta tabla de Keener, *Romans*, 126.
    b.   En las tradiciones judías posteriores, Moisés ascendió hasta el cielo para recibir la Torá (*Sipre Deut.* 49.2.1).
    c.   La LXX utiliza este término a veces para referirse a las profundidades del mar (por ejemplo, Job 28:14, 38:16, 30, Sal. 33: 7, Sir. 24:29), a veces, como aquí, en contraste con el cielo (Sal. 107:26).

Pablo argumenta por analogía desde la salvación de Dios y la palabra en la era de Moisés hasta la manera de salvar de Dios y la palabra de Dios en la era de Pablo del pacto nuevo. En este contexto, Pablo habla de "la fe que viene por oír" (o de lo que se escucha, Rom. 10:17), probablemente equivalente a "oír con fe" (Gál 3:2). Dado que la mayoría de las personas en la antigüedad podían recibir el mensaje acerca de Cristo solo oralmente, Pablo habla de "escuchar con fe", pero en nuestra era de alfabetización más amplia y la disponibilidad de la Escritura apostólica, también podríamos hablar, como hemos dicho anteriormente, de "leer con fe" (de hecho, para algunas personas hoy, eso estarán en su tablet o iPhone).[3] Como se señaló anteriormente, la fe es el sonido y la respuesta apropiada a la confianza de Dios.

El Espíritu de la Ley: Principios Continuos, Contenido Ajustado

Los principios de la ley perduran, pero debido a que Dios dio la ley en un entorno cultural específico y por circunstancias específicas en la historia de la salvación, los detalles de la obediencia se ven diferentes en diferentes momentos.

Tanto Diferente como lo Mismo

El Dios del Antiguo Testamento sigue siendo el mismo Dios en el Nuevo Testamento y en la actualidad, a pesar de abordar diferentes tipos de circunstancias. La salvación siempre ha sido por gracia a través de la fe, expresada por la obediencia (Génesis 15:6, véase 6:8). Dios escogió a Israel no por su justicia (Dt. 9:4-6) ni por su grandeza, sino por amor (Dt. 7:7-9, véase Ef. 2:8-10). El Dios de Deuteronomio anhela nuestra obediencia para nuestro bien (Dt. 5:29; 30:19-20); del mismo modo, Pablo espera que la fe se exprese mediante la obediencia (Rom. 1:5; 16:25).[4] Dios escribe su ley en los corazones de su pueblo por el Espíritu (Rom. 8:2; ver 2 Cor. 3:3); como participantes en una nueva creación, debemos vivir una nueva vida por el don de la justicia de Dios (Rom. 6:4, 11).[5]

Esto no significa que nada ha cambiado. En las Escrituras, la fidelidad del pacto siempre se expresa a través de la obediencia; crece a partir de una relación con Dios iniciada por Dios mismo. Sin embargo, el contenido específico de la obediencia puede cambiar de una época a otra, no solo en respuesta a los cambios en la cultura, sino en respuesta a los desarrollos en la revelación de Dios o su plan de salvación en la historia. En la época de Moisés, nadie podía protestar, "Ya que Abraham no guardó la ley en contra de plantar árboles en adoración, yo tampoco lo haré" (véase Gn. 21:33; Dt. 16:21), o, "Ya que Jacob podía casarse con hermanas, yo también puedo" (véase Gn. 29:30; Lev. 18:18), o, "Ya que Jacob pudo establecer un pilar para el culto, yo también puedo" (véase Gn. 28:22; 31:13; 35:14; Lev 26:1; Dt. 16:22).

Del mismo modo, la venida de Jesús, el libertador prometido, cambió la relevancia del contenido específico, desplazando el énfasis de algunos signos externos del pacto a una transformación interior más plena (Rom. 2:29; Col. 2:16-

---

[3] Debido a que muchos pentecostales globales son actualmente más oyentes que las comunidades de lectura, la oralidad sigue siendo un elemento valioso en la apropiación pentecostal del texto (véase, por ejemplo, Ellington, "Authority", 159; Waddell, "Hearing", 199; Martin, "Hearing", 217-21, especialmente 219-21). La alfabetización lectora está cada vez más disponible en todo el mundo, pero las imágenes visuales también suelen desplazar textos incluso entre los jóvenes occidentales.
[4] Tenga en cuenta también la reciente disertación sobre la obediencia en Romanos, Myers, "Obedience".
[5] Vea con más detalle Keener, *Mind*, 31-54.

17; Heb. 8:5; 10:1) por el Espíritu escatológico prometido (Ez. 36:27). Para ese asunto (como otros intérpretes judíos también reconocieron), algunas estipulaciones de la Torá no se pudieron observar literalmente una vez que el templo fue destruido, o fuera de la tierra santa, o en entornos no agrarios. Nadie en los días de Pablo, o para el caso en los días de Ezequiel, podría esperar honestamente lo contrario.

El Espíritu de la Ley en el Antiguo Israel

Mucho antes de la llegada de Jesús, las Escrituras ya ilustraban la diferencia entre seguir a Dios legalmente y seguirlo desde el corazón. Los sabios judíos reconocieron ampliamente este principio, aunque no siempre lo aplicaron como lo hizo Jesús.[6] El respetable sumo sacerdote conocía indudablemente los mandamientos de Dios mejor que Ana, pero Dios responde a su humilde corazón, mientras que Elí resiste las demandas de Dios (1 Sam. 1:9-28; 2:27-36; 3:12-18). Después de que Dios le da a Israel una gran victoria a través del coraje y la fe de Jonatán (1 Sam. 14:6-12), Saúl quiere matarlo para honrar un ayuno que Saúl ha declarado (14:24, 43-45), un ayuno que prueba ser una mala idea de todos modos (14:29-34).

Mientras que Saúl se niega a llevar a cabo una matanza completa de los amalecitas y sus animales, que Dios había ordenado (1 Sam. 15:3, 14-29), mata a todos los sacerdotes y sus animales, la antítesis de la voluntad de Dios (22:18-19). Esto es porque el sumo sacerdote le dio pan (21:4-6) a David, un hombre conforme al corazón de Dios (13:14) a quien Saulo temía. El sacerdote que le da a David el pan sagrado, dicho sea de paso, es utilizado por Jesús para ilustrar su principio de satisfacer el hambre sobre la observación de las demandas rituales, como ya se señaló (Mc. 2:26; Mt. 12: 3-4; ver Jn. 2:3-10); Jesús y sus oyentes naturalmente favorecen al sumo sacerdote sobre Saúl. El celo de Saúl por Israel lo lleva a matar a los gabaonitas (2 Sam. 21:2) a pesar del pacto ancestral (Jos. 9:19-20), y por lo tanto trayendo juicio contra Israel y finalmente contra su propia casa (2 Sam. 21:1, 6).

Cuando Ezequías y sus príncipes se dan cuenta de que no hay suficientes sacerdotes dispuestos a sacrificar la Pascua para todo el pueblo, reprograman la pascua (2 Cr. 30:2-5). La participación de más personas es más valiosa a los ojos de Dios que la fecha específica; además, en respuesta a la oración de Ezequías, Dios pasa por alto que muchas de las personas, aunque buscaban a Dios, no se habían consagrado ritualmente (30:17-20). La narración es clara de que Dios favorece a Ezequías y a esta celebración de Pascua (30:12, 20, 27). Las personas se acercan más al cumplimiento del espíritu de la ley aquí de lo que han hecho por

---

[6] Cf. comentarios posteriores de los rabinos sobre los diferentes tipos de fariseos en *m. Sot.* 3: 4; *Ab. R. Nat.* 37A; 45, §124B; *b. Sot.* 22b, bar.; y *Sot.* 5:5, §2; Moore, *Judaism*, 2: 193; Sandmel, *Judaism*, 160-61.

generaciones, y Dios está complacido, a pesar de varias infracciones de la práctica ritual.[7]

Compare también al sacerdote y al levita en la historia del buen samaritano de Jesús. Los sacerdotes y los levitas podían volverse ritualmente impuros tocando un cadáver, y la víctima junto al camino parece estar posiblemente muerta (Lc. 10:30).[8] Estos ministros no se dirigen a Jerusalén para servir, sino que regresan a Jericó, donde muchos sacerdotes ricos vivieron; sin embargo, no se arriesgan a ayudar a alguien que podría estar muerto de todos modos. En cambio, un samaritano despreciado rescata al extranjero judío (10:33-35).[9]

En otras palabras, en el lenguaje actual, el espíritu de la ley a menudo prevalecía sobre sus detalles (o en algunos de estos casos, sobre otros intentos de expresiones de celo). En Romanos 7, Pablo describe un enfoque equivocado de la ley, basado en que la mente conoce lo que es correcto sin experimentar y reconocer una identidad nueva y pura en Cristo. En contraste con las expectativas de algunos pensadores antiguos, el simple hecho de saber lo que es correcto no produce la volición correcta, siempre y cuando la mente se encontrase sujeta a las pasiones en lugar de ser fortalecida por el Espíritu de Dios.[10]

Por el contrario, uno puede guardar el espíritu de la ley con el Espíritu Santo en el corazón (Rom. 8:2).[11] El profeta Ezequiel ya había prometido que Dios lavaría los corazones de su pueblo y les daría nuevos corazones y espíritus. Por su Espíritu en ellos cumplirían sus leyes (Ez. 36:25-27). Pablo no fue el único escritor cristiano primitivo que reconoció esto. Cuando Jesús se refiere a nacer de agua y del Espíritu, evoca claramente la promesa de Ezequiel (Jn. 3:5-6); continúa comparando el Espíritu de Dios con el viento en 3:8, una imagen del siguiente capítulo de Ezequiel (Ez. 37:9-14). Cumplir con las estipulaciones del pacto de Dios por el Espíritu parece diferente a la antigua manera de guardar los mandamientos.

---

[7] Esto no quiere decir que Dios normalmente dio la bienvenida a tales infracciones; la falta de respeto a la presencia de Dios en el arca trajo la muerte (2 Sm. 6:6-8; 1 Cr. 13:9-11; 15:2, 15), y Dios se enojó con aquellos que nombraron sacerdotes que no eran levitas (1 Re. 12:32; 13:33; 2 Cr. 11:14).

[8] Para las personas que están "medio muertas" apareciendo como muertas en fuentes antiguas, vea Eurip. *Alc.* 141-43; Apollod. 3.6.8; Callim. *Hymn* 6 (a Demeter), line 59; Corn. Nep. *Generals* 4 (Pausanias), 5.4; Livy 23.15.8; 40.4.15; Catullus 50.15; Quintus Curtius 4.8.8; Suetonius *Aug.* 6; Keener, "Invitacions", 204; en los rabinos, Bailey, *Peasant Eyes*, 42; para más detalles sobre la parábola, ver Keener, "Invitations", 202-7.

[9] Algunos sugieren que la acción del samaritano es aún más impactante debido a otras parábolas judías en las que el tercer y justo actor es un israelita (Jeremias, *Parables*, 203).

[10] Ver aquí Keener, *Mind*, caps. 2-4, esp. ch. 3.

[11] Los intérpretes patrísticos a menudo saludaban el espíritu de la ley al tiempo que rechazaban sus aspectos ceremoniales; ver, por ejemplo, Ambrosiaster en Pollmann y Elliott, "Galatians", 46-47. Algunos distinguieron entre los mandamientos de la importancia moral universal y los limitados a Israel (por ejemplo, Theodoret *Epistle to the Galatians* 2.15-16 en Edwards, *Galatians*, 29). Este reconocimiento no requiere que supongamos que las "obras de la ley" de Pablo deben limitarse solo a la ley ceremonial, la posición de Orígenes, Jerónimo y Erasmo se opusieron a Agustín, Lutero y Calvino (ver Barclay, *Gift*, 103-4, 121; Wengert, "Luther", 101; Hafemann, "Yaein", 119).

Aplicando los Principios de Pablo

Aunque Pablo afirma que los creyentes no están sujetos a la ley en el sentido de necesitarla para su justificación, sí espera que los creyentes cumplan con los principios morales de la ley. Desafortunadamente, los cristianos discrepan ampliamente en sobre cómo distinguir los principios transculturales de sus aplicaciones concretas, y sobre el grado de continuidad entre la ley consagrada en el Pentateuco y las reglas que debemos seguir como cristianos.

A pesar de las disputas sobre los detalles, ciertamente podemos buscar áreas de continuidad, por ejemplo, principios eternos (aunque expresados en formas culturales concretas), como lo hizo Jesús. Podemos buscar el corazón de Dios en la Torá (por ejemplo, en Éxodo 33:19-34:7). El Espíritu a menudo estaba dramáticamente activo en el antiguo Israel (por ejemplo, 1 Sam. 10:5-6, 10; 19:20-24), incluso en la adoración inspirada proféticamente (1 Cr. 25:1-3); seguramente en la era del nuevo pacto (Hch 2:17-18) no debemos esperar menos sino más experiencia del Espíritu escatológicamente derramado.

Romanos 14 sugiere que Pablo no pide que los cristianos gentiles practiquen el *cashrut*, o las costumbres de pureza alimenticia, que estaban destinadas a separar a Israel de las naciones (Dt. 14:2-3). (Los principios de apartarse para Dios —e incluso nuestra manera de comer y beber debe glorificar a Dios— permanecen, pero se expresan de manera diferente).

Sus comentarios sobre los días santos especiales (Rom. 14:5-6, ver Gál. 4:10; Col. 2:16) son más complicados. Suponiendo que Pablo incluye el día de reposo,[12] ¿cómo reconciliamos su teología aquí con otras partes de las Escrituras? Dios mismo modela el principio del sábado para Israel en la creación (Gén 2:2-3); no comienza con Moisés. La violación del sábado entraña la pena de muerte en virtud de la ley (Éx. 31:14-15; 35:2; Núm. 15:32-36), por lo que parece ser algo que Dios toma muy en serio. Dios promete dar la bienvenida a los gentiles en su pacto, siempre que observen sus días de reposo (Is. 56:6-7). Jesús usó su autoridad para aclarar el carácter ideal del sábado en algunos aspectos (por ejemplo, Mc. 2:25-28), pero no lo abolió.[13]

Si Pablo apoya el espíritu de la ley, ¿cambiaría uno de los Diez Mandamientos sin explicación? Algunos argumentan que versículos como los presentes ofrecen explicaciones suficientes. Otros luchan con este argumento. Tal vez Pablo reconoció que la mayoría de los esclavos y gentiles no podían dejar el trabajo; pertenecían a comunidades que no observaban el sábado. Tal vez Pablo se muestra flexible acerca de cómo se debe observar el sábado (por ejemplo, en qué día,

---

[12] Este podría no ser el caso en Romanos 14:5-6 (a diferencia de Col. 2:16), si el contexto alimentario sugiere que se refiere a días de ayuno aquí, como algunos sugieren.

[13] El texto a veces citado para su abolición (Jn. 5:18) de hecho refleja la interpretación de los enemigos de Jesús, una interpretación probablemente subvertida en el siguiente discurso de Jesús (ver especialmente 5:19, 30, discusión adicional en Keener, "Subordination," 40-41; ídem, *John*, 1:645-46).

aunque Hechos continúa aplicando el término de manera consistente al día de su observancia regular—Hch. 13:14, 27, 42, 44; 15:21; 16:13; 17:2; 18:4).[14]

Quizás, y creo que esto es algo más probable, Pablo estaba diciendo que estaba bien venerar días especiales como el día de reposo, pero está bien también si uno venera todos los días. En el caso del sábado, esto significaría que no solo dedicaríamos un día especial a la semana a Dios, sino que también dedicaríamos todo nuestro tiempo a él. Así como el interés de Pablo estaba en la circuncisión espiritual más que en la circuncisión física que lo había simbolizado durante mucho tiempo (Rom. 2:29), físicamente un día de descanso es probablemente bueno para nosotros, pero espiritualmente podemos caminar en la paz de Dios todos los días, descansando en él. Una advertencia debe ser notada aquí: usar la idea del sábado continuo como una excusa para no descansar del todo, como sospecho que hacen algunos cristianos ocupados, derrota el punto aún válido para el cual Dios originalmente instituyó el sábado.

En cualquier caso, el principio del sábado bíblico se aplica al ganado y la tierra agrícola, así como a las personas (Éx. 20:10, 23:11-12, Lv. 25:4, Dt. 5:14), probablemente sobre el principio de que los seres vivos necesitan tiempo para descansar y recuperar fuerzas. Somos seres creados que debemos reconocer nuestras buenas limitaciones. Por lo tanto, al menos es sabio, cualquiera que sea la teología de uno sobre los detalles, que los humanos observen un día de descanso. Dudo que deberíamos decir que, debido a que no estamos bajo la ley, nuestros cuerpos mortales ya no necesitan un día de descanso. Tampoco debemos decir, que debido a que somos celosos con el sábado, entonces somos tan religiosos que nos abstendremos del trabajo los siete días de la semana.[15]

La mayoría de los asuntos son menos difíciles de resolver que la cuestión del sábado. Para comprender mejor el enfoque de la ley de Pablo, es valioso desviarse para examinar la ley misma. Sus principios invitan a los intérpretes a aplicarla con sensibilidad de nuevas formas cuando se mueve más allá de los entornos para los cuales se diseñaron sus formas concretas.

Interpretando la Ley Bíblica

¡Oh, cuánto amo yo tu ley!
Todo el día es ella mi meditación. (Sal. 119:97)

---

[14] Atraído por mi amigo Anthony Kent, cuya disertación (en proceso) involucra este tema. No se puede pensar que el día haya sido cambiado a otra cosa, ya que Lucas aplica el término solo al tiempo siempre observado por la comunidad judía, es decir, desde la puesta de sol en lo que llamamos el viernes hasta el atardecer en lo que llamamos el sábado. Sin embargo, algunos escritores cristianos gentiles defendieron un cambio al domingo ya en el siglo II.
[15] Para cuatro puntos de vista del sábado, ver Arand et al, *Perspectives on Sabbath*.

Debido a que la hermenéutica de Jesús y Pablo abordan especialmente, y hoy en día de forma más controvertida, la ley, es valioso ver cómo la exégesis culturalmente sensible nos invita a interpretar la ley. Jesús y Pablo entendieron la ley apropiadamente, y por tanto sus enfoques sugieren consideraciones sobre cómo debemos interpretar las Escrituras de manera más general. En resumen, debemos valorar sus principios sobre las aplicaciones específicas de la cultura, aunque debe admitirse que, en la práctica, existe una amplia gama de diferencias entre los intérpretes actuales en cuanto a cuáles son los principios universales y cuáles son las aplicaciones específicas de la cultura.[16]

Comparando la Ley de Israel con la de sus Vecinos

Si comparamos la ley de Israel con la de sus vecinos, rápidamente encontramos categorías legales compartidas, así como algunas diferencias en ética. Las categorías compartidas nos muestran qué tipos de problemas abordaban normalmente las antiguas colecciones legales del Cercano Oriente. Considere (o al menos lea) el siguiente cuadro de comparaciones.

Leyes israelitas	Otras leyes antiguas del Cercano Oriente (extractos de Hammurabi, Eshnunna)	Comentario
Rango de distinción solamente entre esclavo y libre	Rango social en las leyes, por ejemplo, Hamm. 196-204	Las leyes de Israel son muy distintivas
Éx. 21:6: perforación de la oreja de un esclavo	Cortar la oreja del esclavo, cf. Hamm. 282; marcar en Eshnunna 51-52; Hamm. 226	Oreja u otra marca para demostrar propiedad (Hamm.) O lealtad (Éx.)
Éx. 21:7: esclavitud de la deuda	Hamm. 117-19: esclavitud de la deuda	Esclavitud de la deuda
Éx. 21:8; cf. Lev 25:23-28	Eshnunna 39	Redimir "propiedad"
Éxodo 21: 9; cf. Gen 21:10	Hamm. 170-74: los hijos de esclavos heredan si el padre los acepta	Los hijos de esclavos pueden recibir la herencia del propietario de esclavos
Éx. 21:10; 22:16	Devolver el pago del acuerdo matrimonial, Hamm. 137-38	Arreglos monetarios para el matrimonio
Éx. 21: 12-14	Intención en cuestión, Hamm. 206-7	La intención importa

---

[16] Para dos intentos útiles de modelar un camino a través del pantano, vea Swartley, *Slavery*; Webb, *Slaves*.

Leyendo la Torá como la Ley de la Fe

Leyes israelitas	Otras leyes antiguas del Cercano Oriente (extractos de Hammurabi, Eshnunna)	Comentario
Éx. 21:15, 17	Hamm. 195	El trato de Israel es más severo
Éx. 21:16; cf. Dt. 24:7	Hamm. 14	Compensación por lesiones causadas
Éxodo 21:20-21: castigo por matar a un esclavo, siempre que se demuestre la causa de la muerte (mediante analogía con el libre-21:18-19)	cf. pago monetario por matar al esclavo de otro, pero muerte si es su esposa o hijo, Eshnunna 22-24	Las leyes valoran económicamente a las personas libres más que a los esclavos
Éx. 21:22	Hamm. 209-14 (basado en rango) (véase Ecl. 6:5)	Sanciones por matar accidentalmente a un feto, aunque más basado en el rango en Hamm.
Éx. 21:23	Contrastar Hamm. 210: otra mujer ejecutada (calificada por clase, 212, 214)	Mayor pena si la esposa también muere; pero mientras que el asesino muere en la ley del Éxodo, la hija del asesino muere en Hammurabi; este último también está basado en la clase
Éx. 21:23-25	Hamm. 196-97 (pero determinado por rango-198-99, 201-4)	*Ley de Talión*, pero determinado por rango en Hamm.
Éx. 21:26-27	Contrastar Hamm. 199 (para el esclavo de otro)	Leyes concernientes a las lesiones de los esclavos, pero mientras que Hammurabi compensa al esclavista, Éxodo compensa al esclavo
Éx. 21:28	Hamm. 250	Límites a la responsabilidad (por cornada no anticipada por el buey de uno)
Éx. 21:29	Eshnunna 54, solo ½ mina de plata (AT más severa); Eshnunna 58, sin embargo: muerte por negligencia de pared; Hamm. 251: ½ mina de plata; pero Hamm. 229: negligencia de capital en la	Sanciones severas por negligencia (con respecto al toro de uno: Eshnunna y Hammurabi son inconsistentes en las penas)

Leyes israelitas	Otras leyes antiguas del Cercano Oriente (extractos de Hammurabi, Eshnunna)	Comentario
	casa	
Éx. 21:30-32	pago monetario por matar esclavo, muerte si es su esposa o hijo en Eshnunna 22-24	Mayor responsabilidad legal para personas libres
Éx. 21:32: Dueño y toro castigados	Eshnunna 55: 15 Ciclos, sin penalidad para el buey; Hamm. 252: ⅓ Mina de plata	Sanciones por negligencia cuando los esclavos son asesinados
Éx. 21:33-34	Eshnunna 58; Hamm. 229, 251; cf. negligencia de pared arriba en Éx. 21:29	Más sobre la negligencia
Éx. 21:35-36	Eshnunna 53	Buey atrapa otro buey: lo mismo en ambos
Éx. 22 (asumido)	Eshnunna 40 delito capital el no tener documentación de ventas, Hamm. 7, 9-12	Dueño de propiedad
Éx. 22:1-4: se puede matar a un ladrón solo si irrumpe en la noche (es decir, en defensa propia potencial)	Eshnunna 12-13 (el ladrón muere si irrumpe en la noche); más severo se es propiedad estatal en Hamm. 6, 8; muerte para todos los ladrones en Hamm. 21-23, 25	Permisible matar ladrones, en algunas ocasiones
Éx. 22: 5	Cf. Eshnunna 5 (negligencia)	Restitución
Éx. 22:7, doble	Hamm. 126	Restitución doble
Éx. 22:8	Hamm. 120-26	Leyes con respecto a los depósitos
Éx. 22:10-11: juramentos si se pierde el depósito	El depositario debe jurar ante el dios que su casa ha sido robada: Eshnunna 37; cf. Hamm. 20, 120, 249	Juramentos
Éx. 22:12 (véase 22: 14-15)	Eshnunna 36-37; Hamm. 249	Perder animales contratados o prestados
Éx. 22:14-15	Cf. Hamm. 249	Perder animales contratados o prestados
Éx. 22:16-17	Práctica del precio de la novia en muchas culturas	

Leyendo la Torá como la Ley de la Fe

Leyes israelitas	Otras leyes antiguas del Cercano Oriente (extractos de Hammurabi, Eshnunna)	Comentario
Éxodo 22:18: muerte por brujería	Contrastar el uso generalizado de la magia en la antigüedad pagana; pero la brujería y el asesinato son ofensas capitales en Hamm. 1-2	
Éx. 22:19	Contrastar la posible práctica ritual cananea y cierto ejemplo mítico cananeo	
Éx. 22:20	Contrastar el politeísmo antiguo virtualmente universal; el sacrificio también una práctica prácticamente universal	
Éx. 22:21-24: principio moral general, no ley casuística		
Éxodo 23:8	Principio universal que condena a los jueces injustos (Hamm 5)	Todas las culturas se opusieron oficialmente a los jueces injustos y al soborno
Lv. 18: leyes de incesto	Hamm. 154-58	Casi todas las culturas tienen prohibiciones de incesto, pero los detalles varían de una cultura a otra
Lv. 25:24	Cf. Eshnunna 39; cf. Éx. 21: 8	Pero no hay comparación en el Antiguo Oriente Próximo, en cuanto a la protección de las tierras y los derechos de las familias por Jubileo, lo que honra a las familias, la estabilidad de la sociedad agraria basada en la tierra y evita la acumulación monopolística de capital; cf. ética transcultural en Lv. 25:35
Núm. 6:3-4: abstención de vino del nazareo	Cf. Hamm. 110: las mujeres sagradas deben abstenerse del vino, bajo pena de muerte	Analogía

Leyes israelitas	Otras leyes antiguas del Cercano Oriente (extractos de Hammurabi, Eshnunna)	Comentario
Dt. 18: no a la adivinación	Contraste de adivinación a lo largo del Antiguo Oriente Próximo (por ejemplo, adivinadores mesopotámicos de *baru*)	Contraste
Dt. 19:15-21, los testigos falsos sufren la pena que habría llevado al acusado (muerte en casos capitales)	Hamm. 1-3 (muerte por falsos testigos en casos capitales); Hamm. 4 (lo que el acusador habría sufrido por otros cargos)	Igual
Dt. 21:1-9 (ver sangre culpable en Gn. 4:10; Núm. 35:33): si no se encuentra el perpetrador, la localidad asume la responsabilidad	Cf. maldiciendo un lugar con culpa de sangre, Aqhat, 2 Sam. 1. La localidad asume la responsabilidad: Hamm. 23; de por vida, pagan 1 mina (Hamm. 24)	Responsabilidad corporativa por derramamiento de sangre
Dt. 21:18-21: muerte por hijos habitualmente rebeldes	Hamm. 168-69: Desheredar a los hijos solo después de la segunda advertencia y solo si la ofensa es extrema	En cuanto a los hijos rebeldes: Israel es más severo
Dt. 22:5: las mujeres que usan ropa de hombre o el revés	Travestismo antiguo del Cercano Oriente; a veces posiblemente travestismo mágico (Aqhat, hititas, véase también 2 Sam. 3:29)	
Dt. 22:22: muerte para todos los adúlteros	Hamm. 129: muerte por ahogamiento, a menos que el marido agraviado desee perdonar a su esposa (en cuyo caso su amante también se salva)	La ley de Israel es más severa
Dt. 22:25	Eshnunna 26; Hamm. 130	Sentencia de muerte por violar vírgenes, igual.
Dt. 22:29; cf. Éx. 22:16-17	Para el matrimonio genuino, el contrato con los padres es esencial (Eshnunna 27); la convivencia también es esencial para ella (Eshnunna 28); pero insuficiente sin contrato (Eshnunna 27); contrato también Hamm.128	Carácter económico de los arreglos matrimoniales

Leyendo la Torá como la Ley de la Fe

Leyes israelitas	Otras leyes antiguas del Cercano Oriente (extractos de Hammurabi, Eshnunna)	Comentario
Dt. 23:15-16: no devolver un esclavo al esclavista	Contraste Eshnunna 49-50: no devolver un esclavo es robo; Hamm. 15-16, 19: la pena por albergar a un esclavo fugado es la muerte	La ley de Israel apoya al esclavo escapado; Hammurabi apoya al propietario de esclavos
Dt. 23:17; cf. Lv. 21:9 prohíbe el culto de prostitutas	Hamm. 181 (véase Génesis 38:15): regula el culto de prostitutas (un padre puede dedicar a su hija como prostituta, pero, debido a que no puede casarse, debe, no obstante, proveerle todo)	Israel prohíbe la prostitución
Dt. 24:1-4: el esposo debe proporcionar a su esposa la capacidad de casarse de nuevo si él se divorcia de ella	El divorcio tiene más oposición en Eshnunna 59; la esposa puede irse si el tribunal acepta su queja, Hamm. 142; el esposo tiene que devolver su pago de acuerdo matrimonial (Hamm 138-40), a menos que tenga la culpa (Hamm 141) (por lo tanto, el pago la protege económicamente y le da el incentivo para preservar el matrimonio). Nuevo casamiento: cf. 2 Sam. 3: 14-16; Eshnunna 29; Hamm. 134-37	Israel es más indulgente con el divorcio
Dt. 24:16: los hijos y los padres no deben ser ejecutados el uno por el otro (véase Números 26:11, 2 Reyes 14: 6, Ezequiel 18:20)	Contrastar Hamm. 210: Si un hombre mató a la hija de otro, ejecutan a su hija - Hamm. 230: Si una casa se derrumba y mata al hijo del dueño, se ejecuta al hijo del constructor	La responsabilidad familiar es diferente: Hammurabi castiga a los miembros de la familia de la persona culpable, mientras que Deuteronomio prohíbe esta acción.

Diferencias de los Enfoques de los Contemporáneos de Israel

¿Y qué nación hay tan grande que tenga normas y preceptos tan justos, como toda esta ley que hoy les expongo? (Dt. 4:8, NVI)

A pesar de un entorno legal compartido y, por lo tanto, muchos paralelos, hay algunos contrastes dignos de mención. Los Diez Mandamientos carecen de un paralelo exacto; por lo general, los paralelos citados más cercanos son una lista egipcia mucho más larga de Confesiones Negativas, que también incluyen negaciones loables como, "Nunca he comido estiércol humano".[17] Otro contraste importante fue la cuestión del rango social. Todas las demás leyes antiguas del Cercano Oriente y el Mediterráneo se basaban en la clase en cuanto a las penalidades con respecto a las víctimas y los perpetradores. Israel tiene la única colección legal conocida del Cercano Oriente que se niega a tomar en cuenta la clase (con la excepción de la división entre esclavos y libres, que se menciona más adelante).

Algunas leyes pueden oponerse abiertamente a costumbres o ideas contemporáneas; así, Éx. 22:19 condena las relaciones sexuales humanas con animales, aunque los mitos paganos representan deidades que a veces se convierten en animales antes del coito. Ofrecer sacrificio a otros dioses es una ofensa capital en Éx. 22:20, pero obviamente fue promovido por casi todas las culturas circundantes. Las culturas circundantes explotaron varias formas de adivinación, pero en Israel era una ofensa capital, y se contrasta expresamente con el comportamiento de las naciones vecinas (Dt. 18:9-14).

Algunos contrastes aparecen entre los puntos comunes formales. Los cananeos, como los israelitas, tenían ofrendas de gracias, ofrendas de expiación, ofrendas por el pecado, etc., pero los cananeos también tenían sacrificios para producir lluvia y fertilidad, mientras que la fertilidad de Israel venía por medio de la observación del pacto de Dios.[18] Israel tenía leyes rituales de pureza sobre lo que era puro e impuros, pero los hititas usaban reglas tales como la profilaxis mágica contra los demonios.[19] La mayoría de las culturas tenían prohibiciones alimentarias; la cultura de Israel era distintiva en cuanto a mantenerse separada de las naciones (véase Lv. 11:44-45, Dt. 14:2-3), una separación que ya no es necesaria para los creyentes bajo el nuevo pacto, ya que están consagrados y capacitados para la misión.

---

[17] Para algunos paralelos y contrastes, ver, por ejemplo, Wells, "Exodus", 227, 230; cf. Sarna, *Exodus*, 139.
[18] Cf. terminología similar y, a veces, conceptos para los sacrificios cananeos, más algunas diferencias, en Pfeiffer, *Ras Shamra*, 38-39, 57; Rainey, "Sacrifice", 1 198; Rainey, "Sacrifice", 2 236-37; Carpenter, "Sacrifice", 264-65; Ross, *Holiness*, 29; Averbeck, "Sacrifice", 712, 715-16, 718, 720.
[19] Walton, Matthews y Chavalas, *Background Commentary*, 25-26; Gane, "Leviticus", 287.

Leyendo la Torá como la Ley de la Fe

Concesiones en la Pecaminosidad Humana

Recordemos otra vez Marcos 10:5: "Por la dureza de vuestro corazón os escribió este mandamiento". Como se señaló en el capítulo 14, Jesús enseñó que el ideal de Dios era en realidad más elevado que los requisitos de la ley, que a menudo hacía arreglos a la pecaminosidad humana. Por lo tanto, la ley regulaba y limitaba el pecado en lugar de cambiar los corazones y todas las costumbres.

En ninguna sociedad, las leyes civiles representan el ideal de la virtud; son simplemente un estándar mínimo que permite a la sociedad trabajar en conjunto. Las leyes de Israel al menos limitaron el pecado, y con frecuencia, aunque no en todos los asuntos, lo hicieron más que las culturas circundantes (por ejemplo, se esperaba que los israelitas ofrecieran refugio a los esclavos escapados y evitaran juzgar por divisiones de clase). Sin embargo, tanto la historia de Israel como la manera en que muchos musulmanes en áreas de la ley de la sharia lo eluden, muestran que las leyes no transforman los corazones, incluso si en ciertos períodos pudiera mejorar las condiciones sociales que afectan a los corazones. Solo Cristo en el corazón nos libera del pecado, y sin embargo muchos cristianos genuinamente comprometidos no caminan de manera continua a la luz de esa realidad.

Por lo tanto, debemos tener cuidado al extrapolar la ética de la ley. Jesús tenía claro que la moralidad de Dios es más elevada que la Ley. Es por eso que, como se señaló anteriormente, la ley civil de Israel decía: "No matarás ni cometerás adulterio", pero Jesús dijo: "No debes desear matar ni cometer adulterio". Si ignoramos el género de las leyes, malinterpretaremos el carácter y la intención de Dios.

Cuando enseño hermenéutica, normalmente trato las leyes antes de tratar la mayoría de los otros géneros, para que los estudiantes puedan ver cómo se contextualizan las antiguas instrucciones del contexto cultural de Israel. Esta contextualización divina[20] proporciona a los estudiantes un modelo para abordar todas las Escrituras, ya que originalmente ellas estaban ligadas a culturas particulares (lo suficientemente obvio como para darse cuenta de los idiomas particulares en las que se escribió). Para ilustrar el grado en que este es el caso, les pregunto a los estudiantes cuántos de ellos están en contra de la esclavitud. Casi todos levantan la mano. Luego pregunto a los estudiantes cuántos de ellos creen que la Biblia es la Palabra de Dios, al menos en cierto sentido; debido a los entornos en los que enseño, la gran mayoría de los estudiantes levantan la mano. (Algunos de los demás simplemente no levantan la mano independientemente de lo que pregunte).

Luego paso a algunos asuntos concretos: leyes que son menos que el ideal de Dios. Tomemos, por ejemplo, los sirvientes contratados. Si un esclavista golpea al esclavo, hay un castigo, análogo al de una persona libre (Éx. 21:18-21). Pero el

---

[20] Lo que algunos en la antigüedad, como Clemente de Alejandría (siguiendo a Filón), vieron como condescendencia divina y acomodación de la debilidad humana en la comprensión; ver Mitchell, "Accommodation", 205-14; desafiando su presencia en 1 Cor. 9:19-23, cf. Glad, "Adaptability", 26-27.

esclavo todavía se llama propiedad del esclavista o (literalmente) "dinero" (Éx. 21:21); es decir, el propietario de esclavos pagó dinero por el esclavo. Por lo tanto, el caso es aún difiere del caso de las personas libres. Del mismo modo, el abuso sexual de mujeres esclavas fue castigado pero no tan severamente como si el esclavo fuera libre (véase Lv. 19:20 con Dt. 22: 25-26).[21] La ley no instituyó ni ratificó la esclavitud; de hecho regulaba y, por lo tanto, reducía los abusos en una costumbre contemporánea. Pero no lo abolió. ¿Era este el ideal de Dios?

La mayoría de nosotros hoy consideramos que la poliginia (un esposo que tiene varias esposas) es errónea porque es injusto para las esposas. Sin embargo, la ley lo reglamentó al prohibir la poligamia entre hermanos (como la situación involuntaria e incómoda de Jacob) y la poliginia real (como la de Salomón); pero no lo abolió.[22] Asimismo, la ley toleró el divorcio, pero, como hemos notado, Jesús explícitamente dice que este no era el ideal de Dios. Apela a la historia de la creación del ideal de Dios: un esposo y una esposa se convierten en una sola carne, es decir, constituyen una nueva unidad familiar.

Muchos también colocan la guerra santa en esta categoría.[23] Si sociedades enteras pudieran ser depravadas más allá de la esperanza, Dios podría ejecutar la pena capital corporativa a través de juicios. (Nos guste o no, no podemos creer en un Dios soberano y negar el juicio: incluso toda la vida humana se encuentra bajo la sentencia de muerte). Dios podría ejecutar el juicio a través de Israel, así como a través de cualquier otro medio. La Escritura sugiere que Canaán finalmente se había corrompido lo suficiente para tal invasión (Gn. 15:16). Sin embargo, la guerra santa debía limitarse a la tierra, llevada a cabo solo bajo las órdenes de YHWH (aunque Gn. 14 también representa una "guerra santa" para liberar a los esclavos), y la devoción de personas y objetos a las deidades para la destrucción era una práctica culturalmente comprendida.

Además, los cananeos tentarían (y eventualmente lo hicieron) a Israel a la apostasía (Dt. 7:4), lo que llevaría a la pérdida de aún más sangre inocente (Sal. 106:34-39, especialmente 37-38). Miles de urnas de Cartago que contienen bebés cremados sugieren lo que una cultura cananea podría hacer.[24] Las primeras revueltas estacionales de las ciudades cananeas contra Egipto ilustran que la mera subyugación temporal no duraría. Leer el Pentateuco como un todo sugiere incluso que Dios había salvado a estos antepasados cananeos, y por lo tanto les había dado

---

[21] Aunque el punto podría estar protegiendo a la esclava, ya que fue abusada en lugar de culpable, también exime a su abusador del nivel de castigo impuesto a uno que viola a una persona libre.

[22] Carecemos de prohibiciones bíblicas específicas de la poligamia; los "dos" convirtiéndose en una sola carne (Mc. 10:8, 1 Cor. 6:16; Ef. 5:31) reflejan la LXX, que a su vez refleja la práctica griega de la monogamia. El requisito de ancianos respetables en 1 Tim. 3:2 advierte contra la infidelidad y el concubinato múltiple, ya que la poligamia no existía en Éfeso. Las narrativas muestran que la poligamia no era el ideal, y porque creo que la trayectoria de las Escrituras apoya el matrimonio igualitario, apoyo la monogamia. Pero este ideal no justifica la ruptura de los matrimonios poligínicos existentes como si no fueran uniones válidas a los ojos de Dios.

[23] Cf. LaSor, Hubbard y Bush, *Survey*, 148; notemos *herem* en la inscripción moabita Mesha. Ver discusión en Copon, *Monster*; Copan y Flannagan, *Genocide*; y otros trabajos citados anteriormente.

[24] Ver más detalles en Quintus Curtius 4.3.23; Albright, *Yahweh*, 152, 234-35; ídem, *Biblical Period*, 17; Stager y Wolff, "Child Sacrifice"; Stager, "Eroticism"; Rundin, "Pozo Moro".

la vida, a través de la sabiduría de José con respecto al hambre siglos antes (Gn. 50:20). Los cananeos podrían unirse a Israel en alianza con el Dios de Israel (por ejemplo, Jos. 6:25; véase el compromiso menor en 9:1-10: 11), y su negativa a hacerlo fue tan notoriamente absurda que, como la dureza del corazón de Faraón, se explica como un juicio de Dios (Jos. 11:20). Finalmente, incluso las listas de conquista en Josué deben tomarse según su género, como otras listas conocidas de este tipo desde la antigüedad, como declaraciones sumarias de victorias, no como aniquilación total genuina. La gente a menudo huía de sus ciudades antes de que se acercaran a los ejércitos y se reubicaban después de que los ejércitos se iban.

Pero, ¿fue este el ideal de Dios? La Escritura declara explícitamente que Dios no desea la muerte incluso de los malvados (Ez. 18:23, 32). Jesús revela un ideal más elevado que el de Josué. Él nos llama a amar a nuestros enemigos (Mt. 5:43-44), y lo demostró por la forma en que nos amó cuando éramos sus enemigos (Rom. 5:8-10, ver Lc. 23:34).

Entendiendo y Aplicando la Ley de Dios Hoy

Dios originalmente otorgó estas leyes a un antiguo pueblo del Cercano Oriente abordando un contexto legal diferente al nuestro hoy en día, aunque los sistemas legales subsiguientes han conservado muchas categorías y enfoques legales, tales como la *Ley de Talión*, cuestiones de negligencia y responsabilidad, demandas de pruebas y consideración de intención.

La cultura determinó los problemas legales a abordar, pero no necesariamente el contenido. Las condenas capitales revelan algunos problemas que la ley tomó muy en serio. Prescribía sentencias de muerte por asesinato, brujería, idolatría y blasfemia, violación del sábado, rebeldía persistente contra los padres, secuestro (tráfico de esclavos) y sexo fuera del matrimonio (adulterio, relaciones sexuales prematrimoniales con un hombre que no sea el marido futuro de uno, relaciones homosexuales; y relaciones sexuales con animales). Nadie sugeriría que las leyes de Israel nos invitan a ejecutar la pena capital por estos delitos en la iglesia de hoy; se trataba de una ley civil con sanciones destinadas a disuadir a la sociedad (Dt. 13:10-11; 17:12-13; 19:18-20; 21:21). Sin embargo, sí sugieren que el Dios de Israel consideró que todos estos delitos eran graves; de lo contrario, presumiblemente habría considerado la ejecución como demasiado excesiva.

¿Pero significa esto que Dios no tomó otras ofensas en serio? ¿No sería mucho mejor abolir la esclavitud que simplemente regularla? (He sugerido en otro lugar que, aunque Pablo escribió más tarde en una cultura donde la abolición no era una opción práctica, su ética apoyaría la abolición.)[25] Recordemos también puntos en donde Jesús exige una ética más elevada que la ley, como evitar desear al cónyuge de otra persona, ruptura del matrimonio, y cosas por el estilo.

---

[25] Keener, Paul, 201-7; Keener y Usry, *Faith*, 37-41.

Algunos principios de la ley se expresan abiertamente de maneras que se traducen con bastante facilidad más allá de la cultura local: los Diez Mandamientos, por ejemplo (ley apodíctica en lugar de ley casuística). La ley también incluye otros principios explícitos basados en los valores de Dios, como los siguientes:

- Principios que sostienen el valor de los demás: sean amables con los extranjeros en la tierra porque fueron extranjeros en Egipto (Lv. 19:34; Dt. 10:19); Ama a tu prójimo como a ti mismo (Lv. 19:18)
- Principios éticos detrás de meras limitaciones del pecado
- Principios en los que Dios busca inculcar carácter en su pueblo por la forma en que habitualmente tratan a otras criaturas: No pongas bozal al buey mientras esté trillando (Dt. 25:4), no tomes una madre pájaro con su cría (Dt. 22:6), da descanso el sábado a tus animales (Éx. 23:12; Dt. 5:14)

En otros casos, debemos esforzarnos más por comprender los principios detrás de las reglas o por "recontextualizar" el mensaje para nuestro propio entorno. Por ejemplo, los propietarios deben tener un parapeto alrededor del techo para evitar incurrir en una culpa de sangre (Dt. 22:8). ¿Por qué? La gente podría entretener a los vecinos en sus techos planos, y alguien podría caerse del techo y morir o resultar herido. Esta es una regulación de seguridad, y nos invita a cuidar la seguridad de nuestros vecinos hoy. Para muchos de nosotros, esto incluye asuntos como conducir con cuidado, hacer que los pasajeros usen cinturones de seguridad y mantener seguras nuestras pertenencias personales y eclesiásticas donde los visitantes puedan resultar lesionados (los tribunales hoy continúan regulando los contornos de la responsabilidad civil).

Un Caso de Estudio: El Diezmo

El diezmo ya era una antigua costumbre del Cercano Oriente[26] y es solo una faceta de una red de enseñanza mucho más amplia sobre la mayordomía en la Torá. Los israelitas le ofrecieron al Señor los primogénitos de sus rebaños, las primicias de su cosecha y varios otros sacrificios, algunos obligatorios y otros voluntarios. Los productos agrícolas y los primogénitos del rebaño (por ejemplo, Dt. 14:22-23) no eran más que parte del sistema de ofrendas al Señor. Los diezmos fueron para apoyar a los sacerdotes y levitas sin tierras, y para un festival, o fiesta gigante, cada tres años (Dt. 26:12). Aunque el antiguo Israel era una sociedad agraria, los que

---

[26] Por ejemplo, diezmos a los gobernantes en 1 Sm. 8: 15-17; De Vaux, *Israel*, 140; Kitchen, *Orient*, 158; diezmos agrarios corporativos en las aldeas cananeas en Heltzer, "Tithe", 124. Cf. también uso griego y romano (por ejemplo, la dedicación en Val. Max. 1.1. ext. 4; Tertuliano *Apol.* 14.1); para un diezmo de grano como tributo a Roma, vea Cic.*Verr.* 2.3.5.12; 2.3.6.13-15. Para una décima parte del botín militar dedicado a las deidades, ver Gn 14:20; Xen. *Anab.* 5.3.4, 9, 13; *Hell.* 4.3.21; Val. Max. 5.6.8; Plut. *Camillus* 7.4-5 (por una décima parte del botín ofrecido a un valiente guerrero, Plut. *Coriol.* 10.2; para el primero o elección del botín a los dioses, Xen. *Cyr.* 7.3.1; 7.5.35).

viajaban largas distancias hasta el santuario podían convertir primero el diezmo a un equivalente monetario (Dt. 14:24-25).

A veces los predicadores populares advierten a sus oyentes que si no llevan sus diezmos al alfolí, están robando a Dios (Mal. 3:8-10).[27] No siempre mencionan que el alfolí era el granero donde se guardaban los alimentos para alimentar a los sacerdotes y levitas que ministraron en el templo. Fue para apoyar el trabajo del ministerio; los sacerdotes y los levitas también comían porciones de los sacrificios de animales una vez que eran sacrificados y cocinados en el altar. Si las personas deben pagar los diezmos porque la ley lo exige, y las iglesias o los ministerios no usan esos diezmos para los fines designados en las Escrituras (apoyar a los ministros y organizar una fiesta trienal), ¿están las iglesias o ministerios robando a Dios?

Jesús articula demandas de mayordomía más exigentes que la Torá, pero sin apelar al diezmo. Jesús destaca el corazón de la consagración bíblica: nosotros y todo lo que tenemos le pertenece a Dios (Lc. 12:33; 14:33). Se dirige al diezmo solo en conexión con las personas religiosas de su época que diezmaron tan escrupulosamente, afirmando que tenían razón al hacerlo, pero advirtiendo que se habían perdido mayores exigencias bíblicas como la justicia y el amor (Mt. 23:23 // Lc. 11:42; ver Lc. 18:12).

¿El énfasis que ponen algunas iglesias en el "diezmo" (en oposición a una enseñanza bíblica más holística sobre la mayordomía) es más una cuestión de tradición que de un estudio inductivo de la Biblia? (No aparece en el Nuevo Testamento, excepto como una práctica asociada con los fariseos o, en Hebreos, asociada con el sistema levítico.) ¿Sería más adecuada nuestra comprensión de la mayordomía si leemos la totalidad del testimonio bíblico mucho más grande sobre la tema?

Conclusión: El Dios de Amor del Antiguo Testamento

El supuesto contraste entre el Dios de amor del NT y el Dios de ira del AT se debe más a Marción que a los principios de la Torá. Las leyes civiles y rituales en la Torá expresaban la justicia divina de una manera limitada pero culturalmente relevante. En última instancia, sin embargo, la Torá ya reveló el corazón de Dios en muchos aspectos. La teología de Deuteronomio enfatiza que Dios ama y elige a su pueblo (Dt. 7:6-9; 4:37; 9:5-6; 10:15; 14:2). El amor a Dios también exige obediencia (6: 4-6; 11:1; 19:9; 30:16) y fidelidad a Dios (evitando dioses falsos, 6:4-5; 13:6-10). Dios convoca a su pueblo a circuncidar sus corazones (10:16; véase Lv. 26:41; Jer. 4:4; 9:26), y promete circuncidar sus corazones para que puedan amarlo plenamente (Dt. 30:6).

---

[27] Es cierto que puedo abordar un tema arriesgado aquí. Desafiar las principales fuentes de recaudación de fondos eclesiásticos puede ser un tema delicado, como descubrió el Dr. Martín Lutero al desafiar las prácticas extrabíblicas de Fray Johann Tetzel.

El período del Dios del Antiguo Testamento no sufrió una conversión evangélica justo antes del Nuevo. A menudo había llamado a su pueblo a sí mismo para su propio bien (Jer. 2:13; Os. 13:9). Se lamentó con dolor por el amor despreciado, como un padre abandonado cuando su pueblo recurrió a otros dioses (Dt. 32:18; Jer. 3:1-2; Os 1:2; 11:1-4), pero anhelaba restaurarlos y llevarlos a él mismo (Jer. 31:20; Os. 2:14-23). Su corazón se rompió cuando tenía que castigar a su pueblo (por ejemplo, Jue. 10:16; Ose. 11:8-9). De hecho, al recordar dos ciudades que Dios volcó y quemó (Dt. 29:23), el Señor le suplica: ¿Cómo podré yo hacerte como Adma, o ponerte como a Zeboim? Mi corazón se conmueve dentro de mí, se inflama toda mi compasión" (Oseas 11:8).[28]

El Dios amoroso de Israel, su amante traicionado y herido, finalmente se revela plenamente en Jesús como el Dios de la cruz, el Dios que preferiría soportar nuestro dolor antes que separarnos de él para siempre.

---

[28] Aunque los términos para "quemar" difieren, el término para "volcar" es el mismo. El último término ciertamente aparece unas noventa y cuatro veces en la Biblia hebrea (muchas de ellas con un sentido diferente), pero solo dos veces en Deuteronomio y solo dos veces en Oseas, y en ambas aparece en el contexto de estas ciudades.

CAPITÚLO 16

¿Lectura Cristológica o Aplicación Personal?

Casi no hace falta decir que una lectura verdaderamente cristiana se centra en Cristo. Él, después de todo, es nuestro Señor y Salvador; nada es más fundamental que eso. Uno puede leer correctamente la historia de Israel y el fracaso de varias formas humanas de gobierno como apuntando hacia al supremo reinado de Cristo, un gobernante divino y aún davídico cuyo reino culmina las esperanzas del Antiguo Testamento.[1] El mensaje de los profetas apunta hacia Cristo (Hechos 3:18, 24; 26:22-23, 27).

Al mismo tiempo, los teólogos bíblicos que encuentran solo grandes hilos de teología en los masivos hilos de las Escrituras pueden pasar por alto algo que algunos lectores menos capacitados académicamente encuentran intuitivamente. El Espíritu que realiza los principios de la ley en nuestras vidas (Rom. 8:2; Gál. 5:18, 22-23) ciertamente aplicará las Escrituras a nosotros personalmente también. Además, la comprensión correcta de Dios invita a adorar a Dios; la desconexión entre la lectura teológica y la experiencia personal está fuera de lugar.

Una Opción Forzada

Si nuestro enfoque está exclusivamente orientado a la aplicación personal, eso dice más sobre nuestra cultura en Occidente que algo distintivamente carismático. Aunque los cristianos occidentales leen las Escrituras especialmente para la edificación personal, Jesús nos invita a buscar primero las agendas más grandes del reino de Dios (Mt. 6:32-33, Lc. 12:30-31). Naturalmente esperamos que el Espíritu nos guíe a ver en las Escrituras primero el honor de Dios y de Cristo, porque esto se ajusta al interés del Espíritu. El Espíritu vino a revelar y exaltar a la persona de Jesucristo (Jn. 16:14-15, 1 Jn. 4:2-3, Ap. 19:10). Los discípulos entendieron las Escrituras retroactivamente de una nueva manera a la luz de Cristo (Jn. 2:17, 22).[2]

---

[1] Algunos otros textos judíos también revelan lecturas mesiánicas de pasajes del Antiguo Testamento, aunque sin nombrar a Jesús como el Mesías (por ejemplo, Shepherd, "Targums").
[2] Lo que Hays, *Reading Backwards*, 85, con razón llama "retrospectiva hermenéutica"; ver más adelante 93-109 (capítulo 6, "Retrospective Reading", incluido el modelo de los evangelistas en 93-103). Los humanos a menudo pueden detectar patrones y significado divinos preordenados solo después de las acciones de Dios. Véase además

Del mismo modo, el Espíritu guió a la iglesia hacia un compromiso intercultural y finalmente global para traer las buenas nuevas acerca de Cristo (Hch.1:8; 8:29; 10:19, 45; 11:12, 15; 13: 2, 4; 15:28).

Algunos intérpretes, sin embargo, se han enfocado en la interpretación cristológica virtualmente con la exclusión de reconocer otros modelos positivos y negativos para nuestras vidas en las Escrituras. ¿Es el enfoque correcto en un tema teológico central y global, una razón para excluir otras aplicaciones que también pueden derivarse de una cuidadosa exégesis de los libros bíblicos?

Sabemos que podemos ver incluso cada exhortación y aliento a la luz de Cristo, si Cristo es nuestra vida, esto también tiene implicaciones personales (Rom. 8:10; Gál. 2:20; Fil. 1:21; Col. 1, 27; 3:3-4). El modelo profético en las Escrituras incluye el compromiso personal con Dios (por ejemplo, las luchas de Jeremías, Jer. 15:15-18; 18:19-23; 20:7-18) y un oír personalmente a Dios. De hecho, el Espíritu regularmente derrama el amor de Dios por nosotros en nuestros corazones (ver Rom. 5:5-8) y nos recuerda que somos hijos de Dios (8:15-16). También incluye escuchar a Dios a través de los demás. Algunos de nosotros podemos estar más dotados de una manera u otra, pero es evidente que la lectura de la Escritura en tiempo presente y experiencial no se limita a dimensiones personales ni cristológicas.

Idealmente, una hermenéutica carismática, profética o continuista es aquella que, además de la exégesis, considera cómo podemos vivir a la luz del mensaje del texto. Nuevamente, tal consideración no es exclusiva de los pentecostales; sin embargo, es fundamental para la identidad de los pentecostales.[3] He experimentado de maneras edificantes esta experiencia espiritual-personal del texto en contextos pentecostales y carismáticos.

Con demasiada frecuencia, los intérpretes obligan a una elección artificial entre la interpretación cristológica de las Escrituras de los primeros cristianos y la aplicación de las Escrituras en otras formas que honran a Dios de acuerdo con el mensaje del texto. Aunque algunos textos fueron considerados expresamente mesiánicos, en muchos otros casos las lecturas cristológicas fueron simplemente aplicación por excelencia, aplicando principios sobre la forma en que Dios trabajaba con su pueblo a la encarnación máxima de la salvación de su pueblo.

Algunos enfatizan la lectura de las Escrituras a través de los credos cristianos posteriores. Valiosos como son estos credos para abordar los problemas que tuvieron que enfrentar, los primeros intérpretes cristianos no estaban interesados exclusivamente en cómo explicar la relación entre la divinidad de Jesús y la humanidad (esenciales como son ambas afirmaciones; ver, por ejemplo, Rom. 10:9, 13; 1 Cor. 12:3; y 1 Jn. 4:2-3). También valoraron con razón imitar a Jesús (1 Cor. 11:1), por ejemplo, su amor (cf., por ejemplo, Jn. 13:15, 34, Ef. 5:2, 1 Jn. 2:6),

---

Keener, *John*, 1:528-30, incluido lo concerniente a los requisitos a la dependencia necesaria de los discípulos del Paráclito (véase 14:26).

[3] Los pentecostales normalmente leen lo que llamamos el AT desde el punto de vista cristiano en el nuevo pacto; ver Gray, *Crowd*, 66-67.

sacrificio (2 Cor. 8:9, Fil. 2:5-8) y humildad (2 Cor. 10:1). Del mismo modo, aunque el enfoque de Lutero fue fuertemente cristocéntrico, también aplicó esta preocupación a la aplicación pastoral. De hecho, sin la aplicación pastoral de Lutero de las enseñanzas de Pablo (generalizando al legalismo la preocupación más específica de Pablo acerca de la mala aplicación de la Torá), la Reforma tal como la conocemos nunca pudo haber sucedido (aunque un movimiento de reforma erasmista más gradual también pudo haber tenido algunas ventajas).[4]

La Interpretación Cristocéntrica de Esteban

Hechos 7 da cuerpo a los tipos de interpretación que Lucas presumiblemente tenía en mente cuando habló de la aplicación que Jesús hizo a sí mismo del AT (Lc. 24:27, 44-45). Acusado de hablar en contra de la ley y el templo, Esteban muestra su propio respeto y conocimiento de la ley, al tiempo que desafía la teología del templo de sus críticos.

Además, siguiendo la estrategia forense antigua común de presentar cargos contra los acusadores y la estrategia ocasional de conectar a los malhechores con antepasados malvados, Esteban acusa a sus críticos de continuar con el patrón ancestral de rechazar a los libertadores de Dios. Debido a que la Escritura ya prometió un profeta supremo como Moisés (Dt. 18:15-18), Esteban puede observar una manera en que Jesús sería como Moisés: sería un liberador rechazado (Hch. 7:35-40, especialmente 37). Esteban destaca la misma característica para José.

El vínculo que hace Esteban entre José y Moisés, sin embargo, no es una mera conexión retórica ideada para la situación. En cambio, se basa en conexiones literarias ya evidentes en la historia bíblica temprana del pueblo de Dios.[5] Esto tiene sentido como una lectura canónica de la Escritura hebrea como una unidad; tiene sentido incluso desde el punto de vista del diseño narrativo, ya que las narraciones de José y Moisés en algo parecido a su forma actual ciertamente parecen haber pertenecido al mismo ciclo de narrativas.[6]

La historia que Esteban apunta en Hechos 7 culmina con Jesús, y es apropiado que los eruditos hablen del enfoque cristiano antiguo de Lucas como cristocéntrico. Sin embargo, no es útil plantear una elección diametralmente ineludible, entre la

---

[4] Como James D. G. Dunn en particular ha enfatizado, el enfoque de la nueva perspectiva en el contexto original de Pablo al escribir Romanos (útil para la recontextualización, véase Dunn, "Justice") no niega el principio de justificación por fe que Lutero encontró allí (Dunn , *New Perspective*, 29-30, Dunn, "Old Perspective", también Watson, *Paul, Judaism, and the Gentiles*, 346; Theissen, "Nouvelle Perspective"; Westerholm, "New Perspective", 231, 240-41). Lutero recontextualizó ese principio para su propio contexto, aunque a veces leyó demasiado la recontextualización en la situación original de Pablo (aunque menos que algunos que han afirmado, véase Chester, "Introspective Conscience").

[5] Las figuras históricas pueden ser reales, su conexión específica o interdependencia es reconocida por la percepción espiritual (Auerbach, *Mimesis*, 73, citada en Hays, *Reading Backwards*, 2) o diseñada por estructuración retórica (Keener, *Acts*, 1: 556-57, 570-74).

[6] Dibujo el siguiente cuadro de Keener, *Acts*, 2:1363-64. El tema de la promesa del Antiguo Testamento también es crítico (Keener, *Acts*, 1:483-86, 987; 2: 2051; véase Gray, *Crowd*, 96).

interpretación cristocéntrica y todas las demás aplicaciones. La narrativa también llega al clímax, de manera apropiada para los cargos por parte de los acusadores que regresan, en una respuesta hostil; esta narración evoca el común y antiguo tema judío de los profetas rechazados.[7] Esteban enseña acerca de la infidelidad del pueblo de Dios y también que, contrariamente a las ideas de algunos de sus contemporáneos, la presencia suprema de Dios no se limitaba a ningún sitio terrenal.

Además, en la conclusión de Hechos 7, el propio Esteban se ajusta al paradigma del emisor rechazado; sus oyentes continúan "resistiendo al Espíritu Santo" que inspiró a los primeros profetas (7:51-52; ver 7:55). Durante su martirio, Esteban repite deliberadamente la pasión de Jesús en el primer volumen de Lucas, entregándose a su Señor y orando por el perdón de sus perseguidores (7:59-60, Lc. 23:34, 46). Es decir, los ideales de liderazgo bíblico a veces no solo prefiguran a Jesús, el máximo líder, sino que a veces también se aplican a aquellos que siguen e imitan a Jesús más conscientemente.[8]

José (Génesis 37-50)	Moisés (Éxodo 2-12)
Los hermanos lo vendieron a la esclavitud (37:27)	Familiares, que eran esclavos, lo rescataron de la esclavitud (1:13-14; 2:2-9)
Madianitas vendieron a José en Egipto (37:28, 36)	Los madianitas recibieron a Moisés cuando huyó de Egipto (2:15-22)
José se convirtió en "padre" de Faraón (45:8)	Moisés se convirtió en hijo de la hija de Faraón (2:5-10)
En un día, José fue exaltado de la esclavitud, en Egipto	En un día, Moisés perdió su realeza en Egipto al identificarse con esclavos
José hizo a todo Egipto los esclavos de Faraón (47:19)	Moisés liberó a los esclavos; por medio de él Dios juzgó el poder de Faraón
José: de la casa de Jacob a Egipto como libertador	Moisés: de la casa de Faraón de Egipto como libertador
El Dios de José liberó a Egipto en el hambre	El Dios de Moisés golpeó a Egipto con plagas
José, exiliado en Egipto, se casó con una egipcia (41:45, 50)	Moisés, exiliado de Egipto, se casó con un madianita (2:15, 21; cf. Núm. 12:1)
El padre de Asenat fue sacerdote de On (41:50)	El padre de Séfora fue sacerdote de Madián (2:16)
Asenat dio a luz dos hijos iniciales, el nombre del primero que refleja la estadía de su padre en tierra extranjera (41:51)	Séfora tuvo dos hijos iniciales, el nombre del primero que refleja la estadía de su padre en un país extranjero (2:22)
Dios lo levantó para traer a Israel a Egipto	Dios lo levantó para sacar a Israel de Egipto
El liderazgo del futuro libertador inicialmente rechazado por sus hermanos (37:4, 8, 11)	El liderazgo del futuro liberador inicialmente fue rechazado por su pueblo (2:14)

---

[7] Sobre este sentido, ver Keener, *Acts*, 2:1426-27; más reciente y completamente, Turner, *Prophet*.

[8] Los profetas lo predijeron de antemano, y sus seguidores lo proclaman después (1 Pe. 1:10-12); es decir, a menudo hay una continuidad significativa antes y después.

Este paradigma interpretativo continúa en Hechos de una manera más amplia. De hecho, una visión doblemente confirmada[9] lleva a siglos del enfoque dominante a una porción significativa de la ley.[10] La escena narrativa final del libro, que culmina en su última cita bíblica, vuelve a la explicación de Jesús de Isaías 6 en Lucas 8:10. Citando Is. 6:9-10, Pablo, así como Jesús, reconoce la dureza del pueblo de Dios (Hch. 28:26-27). Pablo reconoce que Isaías se dirigió a la propia generación del profeta: "Bien habló el Espíritu Santo por medio del profeta Isaías a nuestros padres"(28:25). Sin embargo, el contexto de Lucas deja en claro que Pablo está aplicando ese mismo principio a su propia generación. El final abierto de Hechos probablemente sugiere que Lucas también espera que su audiencia reconozca su propia misión como parte de la trayectoria de su narrativa[11]. Esta aplicación es eclesial y misional.

La Lectura Cristocéntrica de Mateo

Pocos pasajes del Nuevo Testamento han sido criticados por sacar al AT fuera de contexto por ejemplo el uso de Mateo 11:1 ("Fuera de Egipto he llamado a mi hijo") en Mt. 2:15.[12]. En contexto, Oseas claramente se refiere a Dios liberando a Israel de Egipto (la primera línea del versículo dice: "Cuando Israel era solo un niño, yo lo amaba"), mientras que Mateo aplica el texto a Jesús. Sin embargo, Mateo parece saber el versículo mejor de lo que suponemos: en lugar de depender de la versión LXX común de Oseas aquí ("sus hijos"), él ofrece su propia traducción más precisa del hebreo ("mi hijo").

El Hijo de Dios e Israel

El problema aparente surge porque suponemos que Mateo estaba leyendo Os.11:1 exclusivamente como una profecía mesiánica expresa, cuando en realidad el propio contexto de Mateo sugiere que estaba haciendo una analogía en su lugar. Este no es el único lugar donde Mateo compara a Jesús con Israel: por ejemplo, así como Israel fue probado en el desierto por cuarenta años, Jesús fue probado allí cuarenta días (Mateo 4:1-2). Además, Mateo también conoce el contexto de Oseas: así como

---

[9] Sobre la importancia de las visiones emparejadas, ver Keener, *Acts*, 2:1644-45, 1760.
[10] Los eruditos a menudo notan cómo la experiencia dio forma a la lectura de las Escrituras en Hechos 10 y 15 (Thomas, "Women", 85; Pinnock, "Work of Spirit", 236); y la interpretación de Santiago de Amós y el consenso dirigido por el Espíritu de la comunidad (Hechos 15:28); ver, por ejemplo, Moore, "God's Word", como se cita en Johns y Johns, "Yielding", 51-52; Green, *Seized*, 95-96.
[11] Keener, *Acts*, 4:3758-63.
[12] He adaptado los párrafos sobre las lecturas cristocéntricas en Mt. 1-4 de mi manual de interpretación de nivel popular. Los detalles más completos y las citas de otras fuentes aparecen en mi comentario (*Matthew*, loc. Cit.). Para Isaías, cf. ahora también Witherington, *Isaiah*.

Dios una vez llamó a Israel desde Egipto (Os. 11:1), traería un nuevo éxodo y salvación para su pueblo (Os. 11:10-11).[13] Jesús aparece aquí como el heraldo, el pionero, de esta nueva era de salvación para su pueblo.[14]

En el mismo contexto, Mateo aplica Jer. 31:15 (donde Raquel llora sobre el exilio de Israel) a la matanza de niños en Belén (Mt. 2:17-18), cerca de la cual Raquel fue sepultada (Gn. 35:19). De nuevo Mateo puede evocar el contexto del versículo citado: ofreciendo una conexión implícita con Os. 11:1, el cual Mateo acaba de citar, Jer. 31:20 llama al hijo del Dios de Israel.[15] Además, después de anunciar la tragedia de Israel, Dios promete la restauración (Jer. 31:16-17) y un nuevo pacto (Jer. 31:31-34; ver Mt. 26:28). Así, Mateo puede comparar esta tragedia en la infancia de Jesús con una en la historia de Israel porque espera que sus primeros oyentes bíblicos conozcan que tal tragedia formó el preludio de la salvación mesiánica.

El Modelo Tipológico de Isaías

Mateo también parece conocer el contexto de Is. 7:14, el versículo que cita en Mateo 1:23; el contexto aparentemente permanece fresco en la mente de Mateo cuando cita Is. 9:1-2 en Mateo 4:15-16.[16] En el contexto, Isaías estaba advirtiendo al rey de Judá, Acaz, que no se uniera a la coalición del norte de Israel y Aram contra Asiria. Como una señal para él de que Dios estaría con Judá ("Dios con nosotros"), un niño nacería. Este niño significaría que Israel y Aram serían aplastados por Asiria cuando el niño aún era pequeño (Is. 7:15-16). Este niño es indudablemente el hijo de Isaías, que presagió la rápida derrota de esos reinos (8:3-4).

Sin embargo, el mismo Isaías aparentemente también miró más allá del cumplimiento inmediato a una liberación final a través de un hijo mayor (9:1-7; ver 11:1-10). Los nombres de los hijos de Isaías fueron destinados a Israel (8:18), pero finalmente habría un hijo nacido en la casa de David que también sería llamado "el Dios poderoso" (9:6-7), una frase que Isaías seguramente expresa de una manera

---

[13] Para el nuevo éxodo esperado, ver, por ejemplo, Is. 11:11, 16; 27:13; 40: 3; 52:3-4; Jer. 16:14-15; Ez. 20:34-36; Os. 2:14-15; 11:5, 11; Mic. 7:15; Zech. 10:10; t. *Ber.* 1:10; Daube, *Exodus Pattern* (especialmente 11-12); Wright, *Paul*, 139-62; posiblemente (dependiendo de los elementos reconstruidos) 4Q389 f2.2. Para el énfasis en Mateo, ver Davies, *Setting*, 25-93; después, *b. Ber.* 12b; y *Ber.* 1:5; *Exod. Rab.* 1:5; 3: 4; 15:11; *Deut. Rab.* 9:9; *Pesiq. Rab.* 31:10; 52: 8; en la interpretación judía medieval, ver Jacobs, *Exegesis*, 39-40.

[14] Keener, *Matthew*, 108. Para el énfasis en el amor continuo de Dios por su pueblo, vea también Hays, *Reading Backwards*, 40-41, donde Hays perspicazmente argumenta que Oseas proporciona el vínculo hermenéutico entre la primera historia de éxodo y Jesús.

[15] Los intérpretes judíos estaban familiarizados con la conexión de textos basados en un término clave común; para *gezerah shevah*, ver, por ejemplo, Mek. *Nez.* 10.15 - 16, 26, 38; 17.17; *Pisha* 5.103; b. Ber. 9a; 35a; B.K. 25b; Git. 49a; Ker. 5a; Kid. 15a; 35b; Men. 76a; Naz. 48a; Nid. 22b-23a; R.H. 3b; 34a; Sanh. 40b; 51b; 52a; Shab. 64a; Tem. 16a; Zeb. 18a; 49b-50b; Ex. Rab. 1:20; cf. CD 7.15-20.

[16] Algunos citan el uso que hace Mateo de Isaías aquí en apoyo de un enfoque de *sensus plenior* (Pinnock, "Work of Spirit", 242). Sin duda, Mateo encontró significado más allá de lo que Isaías imaginó aquí, pero en realidad no estaba relacionado con el sentido contextual de Isaías. Algunos otros, incluyendo Brown, *Answering*, 17-32, han leído este pasaje de forma independiente.

¿Lectura Cristológica o Aplicación Personal?

divina (10:21). (Rodeado por culturas que creían en reyes divinos, Isaías difícilmente se atrevería a emplear ese lenguaje para el futuro rey si no pretendiera genuinamente asociaciones divinas.)[17] Que la LXX haga referencia a la madre en 7:14 como una "virgen" seguramente sella la conexión con Mateo, pero ya tenía razones para ver al hijo de Isaías en los días de Acaz como un precursor y signo de la llegada final de aquel a quien el mismo versículo llama "Dios con nosotros".

Lejos de ignorar el contexto, Mateo está comparando el ministerio de Jesús con la historia de Israel y las promesas que evocan esos mismos contextos literarios. Él hace analogías después de los hechos entre el trabajo de Dios en la historia anterior de Israel y la nueva culminación de su historia en Jesús. Aunque puede no ser familiar para la exégesis moderna, la exégesis de Mateo es sofisticada.

La atención de Mateo a contextos más amplios continúa en Mateo 12. Debido a que el Espíritu de Dios capacita a Jesús para expulsar demonios (12:28), cumple una misión profetizada.[18] Esa misión es clara para la audiencia de Mateo, porque Mateo acaba de citar un pasaje de Isaías sobre el siervo de Dios dotado del Espíritu (12:18). El siervo de Isaías inicialmente sería más gentil que guerrero (12: 19-20; ver 11:29; 21:5). Ese pasaje sería particularmente notable en el Evangelio de Mateo porque Mateo ha conformado su traducción para que se ajuste al lenguaje de Mateo 3:17, donde una voz celestial anuncia la misión de Jesús.[19]

En el contexto de Isaías, Dios originalmente dio esta misión de sirviente a Israel, pero debido a que Israel desobedeció (Is. 42:18-20), Dios levantó una figura dentro de Israel para traer a la gente de vuelta a él (49:5; 53:4-6, 11). El contexto en Isaías muestra además que el siervo no solo bendeciría a su propio pueblo, sino también a los gentiles (42:6; 49:6; 52:15), y tal vez también anunciaría buenas nuevas del reino de Dios (52:7). Debido a que Mateo puede encontrar en Isaías una conexión entre la misión del pueblo de Dios y la de aquel que cumpliría esa misión en su nombre, Isaías podría incluso servir como modelo para las conexiones de Mateo entre Jesús e Israel.

Los Intereses Interpretativos de Mateo

El uso de Mateo de las Escrituras es principalmente cristológico; porque está escribiendo una biografía de Jesús (en el sentido antiguo), no sorprende que su interés esté particularmente en Cristo. De hecho, dada la creencia de Mateo (y de

---

[17] De acuerdo, la articulación profética de la deidad del gobernante de David es rara, pero puede parecer proporcionalmente menos rara cuando consideramos la escasez de textos directos sobre un futuro gobernante davídico distinto de David. Cf. también Jer. 23:5-6, aunque por sí mismo se puede explicar de manera diferente (véase Jer. 33:16). En una nota diferente, las "lecturas pentecostales" normalmente aplican Is. 9:1-7 a Jesús; ver Gray, *Crowd*, 77-82.
[18] El "Espíritu" en Mt. 12:28 puede ser la interpretación de Mateo del "dedo" (Lucas 11:20), pero es útil. También le permite a Mateo resaltar el tema del Espíritu en este contexto, mostrando cómo la actividad de Jesús cumple las expectativas de Isaías para la misión del sirviente.
[19] Keener, *Spirit*, 55–59, 98, 103–4.

nosotros) en el estado divino de Jesús (por ej., Mt. 1:23; 18:20; 28:18-20), concentrarse en Cristo y, por lo tanto, las aplicaciones cristocéntricas de la Escritura serían sin duda primordiales para él (y para nosotros) en todo caso.

Pero el enfoque de Mateo no es exclusivamente directo acerca de Cristo. Recordemos su énfasis en la compasión más que en el sacrificio (9:13; 12:7), o los comentarios que incluye acerca de las verdaderas demandas de la ley (5:21-48), la obstinación del pueblo de Dios (13:14-15), el diseño de Dios para el matrimonio (19:4-6), profanación del templo (21:13), y así sucesivamente. Brevemente traté algunos de estos temas arriba.

Los exégetas de hoy también reconocerán que el enfoque de Mateo es considerablemente más sofisticado que el tipo de tipología indisciplinada que se encuentra más adelante en la Epístola de Bernabé, Orígenes y otros.[20] Incluso Hebreos es más disciplinado que las obras posteriores; por ejemplo, no alegoriza todos los detalles del tabernáculo como lo hacen algunos intérpretes populares hoy en día. (Su correspondencia entre los santuarios celestiales y terrenales se ajusta a los ideales del Platonismo Medio de la interpretación judía de Alejandría en este período, pero también es consistente con los antiguos vínculos del Cercano Oriente entre la casa celestial de la deidad y las imitaciones terrenales).[21]

Incluso cuando los primeros intérpretes cristianos reconocieron que Cristo personificaba un modelo o principio bíblico, por ejemplo, el sufridor justo de los salmos, eso no significa que no podamos extrapolar lecciones adicionales de esos principios. La aplicación cristiana temprana al justo por excelencia no quita a estos textos el valor de su aplicación anterior más general. (El mismo salmista probablemente estaba pensando de manera más general que la aplicación cristológica, y la mayoría de nosotros no querría decir que las aplicaciones del salmista a sí mismo o a Israel estaban equivocadas).

La interpretación cristocéntrica cristiana temprana nos advierte acertadamente de mantener nuestro enfoque en Cristo, como lo hicieron los primeros seguidores de

---

[20] No todos los padres de la iglesia apoyaron la alegoría; Basilio, por ejemplo, lo critica (Hall, *Reading*, 86-88, pero véanse sus analogías extensas en 89-92); cf. también Victorino a mediados de los años 360 (Levy, Krey y Ryan, *Romans*, 9). Las sectas gnósticas a menudo empleaban la alegoría (Irenaeus *Her*. 1.18, Hippolytus *Her*. 5.15; Jonas, *Religion*, 91-97), pero esto era natural en un medio filosófico griego (por ejemplo, Iamblichus *Ep*. 3, frg 3-4; Cancik-Lindemaier et al., "Allegoresis", Cook, *Interpretation*, 12-13), especialmente en Alejandría (véase anteriormente Filón, por ejemplo, *Plant*. 36, 129 [mito griego]; *Post*. 7; *Prob*. 80; *Som*. 1.102 ; Badilita, "Exégèse"; Kugel y Greer, *Interpretation*, 82-85; Wolfson, *Philo*, 1:87-163; con límites, como se señala en Wolfson, *Philo*, 1: 57-68; Hay, "Extremism"; Long , "Allegory"), y con el tiempo prevaleció incluso en Occidente (por ejemplo, Libanius *Encomium* 1.10). El enfoque fue más común en Alejandría que en Antioquía, pero prevaleció ampliamente, por lo que Jerónimo, por ejemplo, incluso lo vio como la forma espiritual más elevada de leer (Pollmann y Elliott, "Galatians", 56). Después de experimentar sus abusos medievales (que también se encuentran en el pensamiento judío medieval, cf., Ginsburg, *Kabbalah*, 127-29), Lutero y posteriormente Calvino rechazaron este enfoque (Bartholomew, *Hermeneutics*, 197-98, *Second Lectures on Galatians* de Lutero sobre 4:24 en Bray, *Galatians, Ephesians*, 159, *Commentary on Galatians 4:24* de Calvino en Bray, Gálatas, Efesios, 160), al igual que Bucer (George, "Introducción", xxvi) y algunos exegetas judíos (por ejemplo, Ibn Ezra en el siglo XII, ver Jacobs, Exegesis, 13-14).

[21] Véase Keener, "Tabernacle", 838; idem, "Adoración", 130-31.

Jesús.²² El ejemplo de Mateo, sin embargo, ilustra que su enfoque cristocéntrico no minimiza la posibilidad de otras aplicaciones adicionales.²³ Eso no es para sugerir que todo los exégetas de hoy deben manejar estos textos de la forma en que lo hizo Mateo. Simplemente es decir que si debemos interpretar nuestras vidas y experiencia a la luz de las Escrituras, tendremos que aplicar las Escrituras y exponerlas. Y al hacerlo, debemos mantener primero los asuntos más centrales, como el plan de Dios que culmina en nuestro Señor Jesús, y cómo ese plan nos invita a responder

Otras Analogías en los Evangelios

Las analogías bíblicas no son exclusivamente cristológicas. Si muchos carismáticos a veces han aplicado excesivamente analogías transfiriendo principalmente dones apostólicos u otros (en ocasiones, en el peor de los casos, prerrogativas mesiánicas) a todos los creyentes, a menudo simplemente han compensado en exceso la falta de transferencia adecuada ofrecida por muchos otros observadores atentos. Los evangelistas como Lucas y Mateo naturalmente tenían un interés particular en las analogías con Cristo, tanto por su tema biográfico como por su (y nuestra) fe en Cristo. Sin embargo, también reconocieron otras analogías entre los eventos de salvación más recientes y los de las Escrituras anteriores.

Uno puede notar, por ejemplo, los ecos de Ana (en 1 Sam 2) en la canción de María en Lucas 1, hacia el comienzo de la obra de dos volúmenes de Lucas.²⁴

1 Samuel 2:1–10	Lucas 1:46–55
Dios exalta humildemente (2:1, 4-5, 8)	Dios exalta humildemente (1:48, 52-53)
Me regocijo en tu salvación (2:1)	Me he regocijado en Dios mi salvador (1:47)
Nadie santo como el Señor (2:2)	Santo es su nombre (1:49)
El orgulloso derribado (2:3-5)	El orgullo derribado (1:51-53)
El humilde exaltado, el orgulloso derribado (2: 4-5)	El humilde exaltado, el orgulloso derrotado (1:52-53)
Celebración de la soberanía de Dios en tales revocaciones (2:3, 6-9)	Celebración de la soberanía de Dios en tales revocaciones (1:51-53)
Niños infértiles (2:5)	(Contexto: el embarazo de Isabel)
Pobres contra ricos (2:7-8)	Rico con las manos vacías (1:53)

---

²² Las discusiones sobre la hermenéutica pentecostal también a menudo conectan la hermenéutica neumática con la hermenéutica cristológica, ya que el Espíritu viene a honrar a Cristo (Juan 16: 13-15; ver Wyckoff, Pneuma, 137-38; véase Gray, Crowd, 66-67, 188).) Esto sigue siendo cierto para la hermenéutica cristiana en general; ver Bloesch, "Hermenéutica cristológica", esp. 81, 98-101. Geerlof, "Agustín y Pentecostales", argumenta que la lectura cristológica de los salmos de Agustín es útil para los intérpretes pentecostales.
²³ Por ejemplo, para Lucas, Jesús es el siervo que representa al pueblo de Dios (Hechos 3:13; 8: 32-35), una luz para las naciones (Lucas 2:32), pero también lo son los agentes de Jesús (Hechos 1: 8). ; 13:47).
²⁴ Prestado de Keener, Hechos, 1: 557. Aunque también pueden aparecer otros ecos (Sal 111: 9 en Lucas 1:49, Sal 89:10 en Lucas 1:51, tal vez Dios haciendo "grandes cosas" en Deut 10:21; 11: 7; ver 34:12) , incluso aquí una alusión se hace eco del contexto de la canción de Hannah (1 Samuel 1:11 en Lucas 1:48).

Hambriento vs. saciado (2:5)	Hambrientos con bienes (1:53)
Pobres desplazando a los nobles (*dunaston*, 2:8)	Gobernantes derrotados (*dunastas*, 1:52) [el mismo término]
Se levanta de la muerte (2:6)	(¿Subtexto implícito de Lucas?)
Cambio de la liberación personal al rey ungido de Dios (2:10)	Cambio de la liberación personal a la liberación de Israel

De hecho, estaban listos para reconocer paralelismos entre los eventos de la historia de salvación reciente, tal como lo hicieron con respecto al Antiguo Testamento. No solo Lucas reconoce los paralelos entre José, Moisés y Jesús (como en Hechos 7); también reconoce paralelismos y contrastes entre las figuras desde el comienzo de su Evangelio. Por lo tanto, uno puede notar los conspicuos paralelos y contrastes entre Zacarías, el respetado y anciano sacerdote que sirve en el templo de Jerusalén, y María, una virgen en el pueblo de Nazaret:[25]

Lucas 1:12: el destinatario de la visión estaba preocupado	Lucas 1:29: el destinatario de la visión estaba preocupado
1:13: no tengas miedo	1:30: no tengas miedo
1:13: razón para el milagro	1:30: razón para el milagro
1:13: nombre del niño (Juan)	1:31: nombre del niño (Jesús)
1:15: niño será grande	1:32: niño será grande
1:15: lleno del Espíritu Santo desde el útero	1:35: concebido a través de la Santo Espíritu[a]
1:16-17: misión	1:32-33: misión
1:18: pregunta	1:34: pregunta
1:19-20: prueba o explicación	1:35-37: prueba o explicación
1:20: Zacarías en silencio por incredulidad	1:38, 45: María alabada por la fe
1:80: niño crece	2:40, 52: niño crece[b]

a. Para el papel contrastante del Espíritu en la experiencia prenatal de Juan y Jesús, vea Tatum, "Epoch", 188-89.

b. He omitido paralelos menos obvios como la circuncisión (Lc. 1:59, implícita en 2:21) o "favor" tanto para Isabel (1:25) como para María (1:30). Flender, *Theologian*, 29, amablemente ve el contraste entre María y Zacarías a la luz de una serie de contrastes, a menudo entre los iniciados religiosos y otros, en el Evangelio (Lc. 7 36-50, 10:29-37; 14:15- 24; 15:24 - 32; 18:9-14; 20:45 - 21:4).

Sin embargo, Lucas también sigue con paralelos conspicuos entre Jesús en el Evangelio de Lucas y el movimiento de Jesús en el libro de Hechos, tanto en el movimiento de la iglesia de Jerusalén (ejemplificado especialmente pero no exclusivamente en Pedro) como en la misión gentil (ejemplificada especialmente en Pablo).[26]

---

[25] Tomado de Keener, Hechos, 1: 556-57.

[26] Ver Keener, Hechos, 1: 558-62; para una discusión más extensa, ver esp. Talbert, Patrones; Tannehill, Hechos; ídem, Luke.

Algunos de estos paralelismos ya aparecen en Marcos (lo cual no es sorprendente, ya que las narraciones antiguas a menudo incluían tales ecos y paralelismos).[27] Por ejemplo, la venida de Juan en el desierto prefigura el tiempo de Jesús en el desierto (Marcos 1:4, 12); su ejecución prefigura la de Jesús (6:16; 9:11-13); la fidelidad de los discípulos de Juan al enterrarlo pone de relieve la infidelidad de los discípulos de Jesús ante su pasión (6:29; 14:50), encajando en el tema de Marcos. Del mismo modo, el resumen del mensaje de Juan en Mateo (Mateo 3:2) prepara el terreno para el mensaje de Jesús (4:17) y el de sus seguidores (10: 7; 28: 18-20).

En Marcos, el sufrimiento de Jesús prefigura el de sus seguidores (Mc. 8:34, 10:39, 13-15). Incluso en la concisa introducción de Marcos, Jesús el bautista del Espíritu (1:8) se convierte en el modelo de la vida bautizada por el Espíritu: el Espíritu desciende sobre él en su bautismo (1:10) y luego lo empuja al desierto para enfrentar las pruebas del diablo (1:12-13). Luego, Jesús comienza a expulsar demonios (1:25-26) y continúa enfrentando dificultades; él espera que sus discípulos compartan tanto su poder (6:7; 9: 28-29; 11:21-25; quizás 4:40) y, como es notado, sus sufrimientos.[28] La aplicación no se detiene con Jesús, pero sigue las vidas de los discípulos a través del ejemplo de Jesús.

Analogías y Aplicación

Los académicos usan el término "significado" de diferentes maneras; algunos lo definen de una manera que incluye lo que quiero decir aquí con "aplicación". Algunos, por ejemplo, hablan de respetar tanto el "significado claro" como los "significados múltiples" que los textos pueden adquirir en uso[29] —lo que algunos intérpretes anteriores llamaron significado con múltiples aplicaciones.[30] Independientemente de la nomenclatura, el significado funciona de manera diferente para diferentes contextos. Así, por ejemplo, por "Todos los hombres son creados iguales", los redactores de la Declaración de Independencia de hecho solo querían decir hombres, y en la práctica solo adultos, dueños de propiedades libres. Sin embargo, la mayoría de los lectores hoy felizmente se acercan al elemento válido del principio a la luz de nuestra comprensión más completa de la humanidad de lo que los autores originales abrazaron.[31]

---

[27] Cf., por ejemplo, las vidas paralelas de Plutarco; Trompf, recurrencia histórica; Keener, Hechos, 1: 569-74.
[28] Keener, Spirit, 65-71.
[29] Waddell, "Audiencia", 186.
[30] Cf. Gillespie, "Autoridad", 219: el significado completo del texto no cambia, pero la comprensión cambia, ya que la comprensión total aplica el "significado" del texto. Klein, Blomberg y Hubbard, Introducción, 123, emplean la misma distinción. Vea la discusión en Osborne, Spiral, 366-96 (vistas topográficas), 397-415; antes, Hirsch, Validity, 8, 143.
[31] Pinnock, "Work of Spirit", 242. Hirsch, Validity, 113, sugiere que la reaplicación válida de un texto debe fluir de su propio propósito intrínseco. Sin embargo, los redactores de algunos documentos de hecho esperaban que sus "textos tuvieran aplicaciones en situaciones que sabían que estaban más allá de su conocimiento explícito" (Vanhoozer, Meaning, 264, que resume el reconocimiento posterior de Hirsch, véase también Hirsch, Validity,

Definiendo Términos

Las distinciones en la terminología pueden ser útiles por razones prácticas; aunque la exégesis y la superposición de contextualización, por ejemplo, nos permiten conceptualizar el proceso de manera más precisa.[32] Sin embargo, las diferentes etiquetas utilizadas por diferentes enfoques a veces se superponen en significado más de lo que admiten sus detractores.[33] Las palabras comunican significado porque connotan una gama de ideas dentro de marcos lingüísticos y culturales particulares; el significado general en inglés de "meaning" [*significado*] es lo suficientemente amplio como para incluir una gama de ideas, y los argumentos sobre cuál sentido del término es normativo pueden ser esencialmente problemas para controlar una definición dentro de una comunidad particular.

Debido a que tengo poco interés en los argumentos semánticos sobre las definiciones aquí, explico cómo utilizo los términos polivalentes impugnados pero por sí mismos, para definir más específicamente los aspectos del concepto más amplio que trato aquí. Estoy distinguiendo los sentidos comunicados por primera vez en un entorno antiguo (el sentido, diseñado por el autor inspirado para una audiencia intencionada en la medida en que podemos discernirlo, y los sentidos recibidos por audiencias tempranas reales) de las formas en que podemos recibir estos textos hoy.

Sugiero que recibamos la comunicación original de la manera más respetuosa y que reconozcamos su autoridad más plenamente, cuando nuestra comprensión de nuevas situaciones (nuestra "aplicación") fluya de nuestra comprensión del sentido que originalmente fue diseñado para comunicar. La teoría de la relevancia muestra que un contexto lingüístico y social más amplio debe informar nuestra comprensión de una comunicación; adquirir ese contexto requiere aún más trabajo en el caso de la comunicación secundaria, cuando, como en el caso de obras originalmente dirigidas a un entorno diferente, estamos leyendo el correo de otra persona (p. ej., Ap. 2:7a, 11a, 17a, 29ª; 3:6a, 13a, 22a).

Aplicación

Es cierto que mis comentarios académicos tienden a no enfatizar la aplicación. Esto no se debe a que la aplicación no es importante para quienes leen textos bíblicos

---

123). Así, por ejemplo, mientras un orador ateniense advierte que insertar nuevas leyes era un crimen (Lisias Orto 30.2, §183; 30.17, §184), también reconoce que las multas en las leyes de Solón debían actualizarse y algunos otros asuntos se ajustaban para uso posterior (Lisias O. 30.2, §183).

[32] Brown, Scripture as Communication, 26. Stanley Porter sugiere que algo análogo a la "equivalencia dinámica" en la teoría de la traducción puede ser un enfoque útil para ofrecer una aplicación concreta hoy (véase Porter, "Hermeneutics", 125-27). Un riesgo potencial de equivalencia dinámica en la traducción per se, a pesar de su valor, es que las opciones de los traductores terminan en el texto (Fee, Listening, 18).

[33] Brown, Escritura como comunicación, 105-6n21.

como Escritura. Es porque, en primer lugar, el género de los comentarios académicos se centra en las formas de lectura que son más ampliamente aceptadas por la academia. También es porque, en segundo lugar, la aplicación apropiada es generalmente autóctona, y es tan variada como los contextos a los cuales los principios deben aplicarse. Uno no puede producir aplicaciones universales excepto en una forma generalizada y usualmente obvia.[34] Sin embargo, cuando leo las Escrituras personalmente, escucho al Espíritu aplicarla a mis preocupaciones, ya sea en mi vida o en las necesidades del mundo en términos más generales. Del mismo modo, cuando predicamos, los pastores sensibles se preocupan por la recepción práctica del mensaje por parte de sus congregaciones. Ya sea que leamos las Escrituras para la devoción personal o para la predicación, somos llevados esperanza a orar con respecto a su mensaje.[35]

En las Escrituras a menudo aprendemos de aquellos que escucharon la voz de Dios para su generación en relación con las Escrituras anteriores; no fue simplemente una cuestión de interés histórico. Deuteronomio ya predijo juicio severo para el pueblo de Dios si ellos rompían su pacto (Dt. 27-28). En 2 Re. 22:15-20, sin embargo, la profetisa Hulda aplica el mensaje profético con precisión a su generación. Muchos juicios proclamados por los profetas se hicieron eco de las maldiciones del pacto que Israel había roto. Jeremías cita expresamente a sus predecesores como los verdaderos profetas (Jer. 26:17-19; 28:8).

El salmista puede enfatizar la bondad de Dios en los eventos del éxodo (por ej., Sal. 74:13; 78:11-16; 105:25-45; 106:8-12; ver Neh. 9:9-15), evocando elogios. (Sal. 105:45) Sin embargo, el salmista también puede usar los mismos eventos para resaltar la desobediencia de Israel (78:11, 17-20, 32-37, 40-43; 95:9-11; 106:7, 13-33; ver 78:8; Neh. 9:16-18), para resaltar la misericordia de Dios y los poderosos actos del amor del pacto (Sal. 78:4, 23-29, 38-39, 42-55; Neh. 9:19-25, 32) y la justicia de su juicios (Sal. 78:21-22, 31, 34), para desafiar los pecados de los días del salmista (95:7-8; 106: 6), para explicar el motivo de los sufrimientos de Israel (106:40-43; Neh. 9:33-37), y clamar por misericordia y liberación (Sal. 74:19-23; 106:44-47; ver Neh. 9:32).

Cuando Daniel considera el mensaje de Jeremías (Dn. 9:2), quiere ver la relevancia de Jeremías para su propia era. Él no está simplemente interesado en las causas del pasado exilio por curiosidad. Se arrepiente por el pecado que llevó al exilio (9:3-6), y busca el cumplimiento de las promesas de Dios, que espera en su época. Los setenta años de Jeremías se convierten en setenta y siete años en la nueva aplicación inspirada que recibió Daniel (Jer. 29:10; Dn. 9:2, 24). Podemos disputar qué promesas pertenecen a nuestra propia era, pero dado que el Espíritu

---

[34] Stanley Porter ("Comment [ary] ing") ha criticado esto como un problema notable en los comentarios de "aplicación".
[35] Stibbe, "Thoughts", 192n24, distingue la aplicación evangélica de obedecer el texto del encuentro carismático de Dios en el texto, pero ambas son respuestas a Dios (véase Jer 22:16). Su preocupación parece ser lo que percibe como el carácter a veces mecánico de la primera, un método de la Ilustración sin dependencia de Dios. Aunque no es en sí mismo un método, reconocer nuestra dependencia de Dios es ciertamente necesario (ver Sal 119: 34; Prov. 1: 7; 2: 3; 3: 5) y caracteriza el enfoque del nuevo pacto (2 Cor 3: 6, 15). -18).

derramado claramente lo hace (Hch. 2:17-18), nosotros, como Daniel, debemos esperar que vivamos en una era de plenitud.

Los escritores del Nuevo Testamento a menudo entendieron la experiencia presente a la luz de analogías con figuras anteriores en la Biblia. Por ejemplo, el libro de Apocalipsis visiblemente visionario (por lo tanto necesariamente "carismático") regularmente vuelve a aplicar las imágenes del Antiguo Testamento. Las alusiones del AT de Apocalipsis rara vez aplican el lenguaje del AT de modo que los pasajes del AT son tomados como profecías directas de los eventos mencionados en Apocalipsis. Más bien, involucran eventos del mismo tipo. El autor entra en el texto tan a fondo que imagina para casi todo lo que él describe las analogías y expectativas bíblicas previas basadas en la forma en que Dios ha trabajado.

Cuando Apocalipsis alude de manera general a los textos del AT (aunque nunca los cita explícitamente de la manera tradicional), no está elaborando una exégesis de esos textos. Por ejemplo, los juicios asociados con trompetas y copas de la ira de Dios evocan las plagas sobre Egipto en el libro de Éxodo, pero prácticamente nadie sugiere que Apocalipsis simplemente esté repitiendo lo que le sucedió a Egipto siglos antes. Apocalipsis está examinando los juicios de Dios en el mundo a través de la lente de la actividad pasada de Dios; por lo tanto, la "gran ciudad" en la que se dicta el juicio se llama "Sodoma y Egipto" (Apocalipsis 11:8).

Del mismo modo, cuando Juan escucha un lamento sobre la caída de Babilonia, tomando prestado el lenguaje de Isaías y Jeremías para la caída de un imperio opresivo, no está contemplando información meramente histórica sobre la Babilonia que cayó en Persia siglos antes de que escribiera. Está pensando en otro imperio malvado que ahora estaba oprimiendo al pueblo de Dios y que había destruido el templo, y probablemente más en general, el espíritu del imperio del mal que ha continuado en la historia más allá de su día.[36]

Quizás lo más sorprendente es que el Apocalipsis de Juan incluso a veces suplanta el sentido literal de las promesas del AT. Así, por ejemplo, sus contemporáneos que escucharon Ez. 40-48 presumiblemente esperarían un nuevo templo glorioso, con dimensiones específicas, cuando Dios restaurara a su pueblo.[37] Juan, sin embargo, no vio ningún templo en la Nueva Jerusalén, porque Dios y el cordero serían el templo (Ap. 21:22), y Dios habitaría entre su pueblo (21:3). Debido a que la Nueva Jerusalén tiene la forma del *Sanctasanctórum* y es inimaginablemente más magnífica que la visión de Ezequiel (Ap. 21:16), nadie podía quejarse.

---

[36] Ver comentarios en Keener, Revelation, 408-9, 412-14; cf. también Talbert, Apocalypse, 80; Beale, Revelation, 755; Aune, Revelation, 919-28; Rojizo, Revelación, 277-78, 328; Stefanovic, Revelation, 513; Fee, Revelation, 196, 237. Para ejemplos de lecturas específicamente "carismáticas / proféticas" (especialmente en términos de intereses proféticos) de Apocalipsis, ver, por ejemplo, Keener, "Lectura carismática"; Macchia, "Espíritu de Cordero"; Waddell, Espíritu en Apocalipsis; idem, "Aventura"; Herms, "Invocando".

[37] Para la expectativa de un nuevo templo en el judaísmo temprano, ver, por ejemplo, 1 En. 90: 28-29; 11QTemple 29.8-10.

¿Lectura Cristológica o Aplicación Personal?

La visión simbólica de Ezequiel había ofrecido solo un atisbo parcial de gloria, uno expandido en el simbolismo de Apocalipsis. "En la tendencia expansiva de la antigua expectativa judía y cristiana del tiempo del fin, un mayor cumplimiento nunca fue una abrogación de esperanzas menos exaltadas. Más bien, era una mejor manera de visualizar aquello que estaba más allá de las meras palabras e imágenes para describir".[38] Finalmente, en el lenguaje humano, solo la poesía y el simbolismo pueden intentar evocar la gloria que les espera; solo el Espíritu puede proporcionar un sabor más completo de lo que significa esa gloria (1 Cor. 2:9-10).

Aplicaciones Personales Consistentes con la Escritura

Aplicar por analogía un principio sobre el cual se basa el texto a menudo nos ayuda a escuchar ese principio de manera más concreta. Al leer sobre el Señor tragándose la muerte en Is. 25:8, una adolescente pentecostal se animó en cuanto a la compasión y el poder de Dios.[39] Otra destacó la defensa de Dios de los necesitados en 25:4 y la aplicó a su propia situación en la que un incrédulo en crisis solo le había pedido oración.[40] Tales lecturas aplican elementos genuinos del mensaje del pasaje sobre el carácter de Dios.

Del mismo modo, parece claro que los textos pueden transmitir implicaciones más allá de la preocupación directa del autor original, donde el autor recurre a principios que se comunican en entornos más amplios. Por lo tanto, por ejemplo, la advertencia contra embriagarse con "vino" en Ef. 5:18 se aplicó originalmente a la mezcla antigua típica de agua y jugo de uva fermentado; pero el principio se aplica no menos a estar ebrio con cerveza, vodka u otras sustancias.[41]

El Espíritu Habla a través de la Escritura

Algunos estudiosos, enfocados apropiadamente en las implicaciones más grandes del pacto de las Escrituras, a veces reaccionan de manera exagerada contra el énfasis occidental moderno en la realización individualista minimizando cualquier rol para la aplicación personal. Una característica del nuevo pacto, sin embargo, es que todos los creyentes deben experimentar la actividad del Espíritu en nuestras vidas (por ejemplo, Hch. 2:17-18, Rom. 8:4-16, 2 Cor. 3:3). Al menos este reconocimiento debe seguramente incluir al Espíritu que atrae nuestra atención sobre las implicaciones de los principios bíblicos para nuestras vidas cuando leemos las Escrituras (véase 2 Cor. 3:15-18). Así, el Espíritu puede extraer de textos

---

[38] Keener, *Revelation*, 504.
[39] Grey, *Crowd*, 108.
[40] Gray, *Crowd*, 108. Gray, *Crowd*, 186, señala el valor del "enfoque pentecostal" de tratar de entender el texto por su significado para el lector individual "(véase también 161).
[41] Stein, *Guide*, 19.

analogías más amplias, más allá de la comunicación directa a la primera audiencia, que sin embargo son consistentes con el texto y con el marco más amplio del mensaje del Espíritu en teología bíblica.

A diferencia de los continuistas, de hecho, algunos cesacionistas tratan la iluminación personal de las Escrituras como la forma casi exclusiva de hablar del Espíritu en la actualidad.[42] Sin embargo, tanto continuistas como cesacionistas, afirman el rol del Espíritu en la iluminación,[43] aunque muchos carismáticos enfatizan la iluminación más intensamente[44] y, como otros, a veces incorrectamente.[45] Los padres de la Iglesia también insistieron en la necesidad de la iluminación divina para comprender la Escritura.[46] Algunos teólogos hoy enfatizan la continuidad entre la inspiración original y la iluminación subsiguiente;[47] mientras que ese lenguaje está abierto al abuso,[48] los cristianos en general concuerdan en que el Espíritu que actuó en inspiración permanece activo en el acto de dar comprensión.[49]

Afirmar la aplicación iluminada no significa que cada lectura de las Escrituras a la luz de nuestra situación proviene de la iluminación del Espíritu. Obviamente, cualquiera puede simplemente leer su situación en el texto. Al mismo tiempo, los problemas en el texto abordan cuestiones fundamentales en nuestras vidas, y no solemos necesitar un tipo extraordinario de revelación para reconocerlo.

A modo de ejemplo, cuando un colega estaba aparentemente tratando de desacreditar la fe cristiana y yo estaba tratando de defenderla, simplemente quería retirarme del debate, pero descubrí que Proverbios advierte a la persona justa que no ceda ante el malvado (Prov. 25:26). Mantuve mi posición y, por la gracia de

---

[42] Ver ya Lutero y Calvino, aunque en su polémica contra el entusiasmo (Wyckoff, *Pneuma*, 24-25, 28); John Owen (Wyckoff, *Pneuma*, 33, señalando que esto es, en palabras de Owen, "una *revelación subjetiva interna*", aunque sin encontrar *nuevas* verdades que no se hayan revelado previamente). Para la concesión de la profecía de Lutero (con respecto a asuntos personales) y otra experiencia reveladora en algunas circunstancias, ver Föller, "Luther on Miracles", 337-42, 347-48.

[43] Como señala Gordon L. Anderson, el enfoque de los eruditos pentecostales a la iluminación por el Espíritu "cae dentro del rango de puntos de vista sostenidos por otros evangélicos" ("Pentecostal Hermeneutics"). En contraste con esto, algunos pentecostales que escriben sobre hermenéutica han tomado prestados estereotipos liberales de erudición evangélica en su conjunto que son tan injustos como la tergiversación de algunos críticos de la erudición pentecostal (nótese también esta preocupación por las caricaturas en Poirier, "Critique", 2n12).

[44] Como se señala en, por ejemplo, Holmes, "Challenge", 274.

[45] McQuilkin, *Understanding*, 38, reconoce que el Espíritu ilumina la mente con el texto bíblico de una manera que es subjetivamente significativa, pero advierte fuertemente en contra de reclamar perfección para la comprensión iluminada de uno.

[46] Graves, *Inspiration*, 43-48.

[47] Ver, por ejemplo, la continuidad entre la inspiración original y la subsiguiente iluminación sugerida por Karl Barth (ver Wyckoff, *Pneuma*, 47, citando especialmente a Mueller, *Barth*, 57); Pinnock, "Spirit in Hermeneutics", 4, citado en Ellington, "Authority", 156; Hey, "Roles"; también Mulholland, *Shaped*, 44; Peter Stuhlmacher ("Ex Auditu", 5, citado en Wyckoff, *Pneuma*, 62-63); y otros; cf. una conexión en Osborne, *Spiral*, 340. "En la hermenéutica del Espíritu", opinó Pinnock, "creo que el aliento de Dios que inspiró a los profetas y apóstoles se une a sus palabras y abre el significado" (Pinnock, "Work of Spirit" 241).

[48] Carl Henry expresó su preocupación de que representar la iluminación como una inspiración continua arriesga confundir la comunicación del Espíritu de las verdades bíblicas con la provisión original del Espíritu en las Escrituras de lo que entonces eran a menudo verdades nuevas (véase Henry, *God Who Speaks*, 256-66, 275, 283-84, como se cita en Wyckoff, *Pneuma*, 68, 79).

[49] Ver más discusión en la introducción, bajo "The Wide Christian Hermeneutic of the Spirit" (pp. 12-14).

¿Lectura Cristológica o Aplicación Personal?

Dios, los estudiantes salieron en gran medida bien. Sin embargo, también oré basado en Prov 16:7 que Dios me daría paz incluso con mis enemigos, y el colega y yo nos hicimos amigos.

A veces, la orientación viene en formas que son, en diversos grados, extraordinarias. En otros momentos, incluso cuando leemos las Escrituras, simplemente hacemos nuestro mejor esfuerzo para discernir lo que Dios está diciendo o, al menos, cuál es el camino más sabio (Prov. 14:15; 22:3; 27:12), y vivimos con un poco de ambigüedad (véase, por ejemplo, 1 Re. 21:29, 2 Re. 2:3, 5, 16, Prov. 25:2, Lc. 7:18-21, Hch. 21:4-14, 1 Cor. 13:9, 14:30-32; Ap. 10:4), pero confiamos en Dios de todos modos.[50] Nuestra confianza no radica en la perfección de nuestra capacidad para escuchar a Dios, sino en su poder para dirigir nuestros pasos (Prov. 16:9; 20:24). Si hacemos nuestro mejor esfuerzo para escucharlo y obedecer lo que sinceramente creemos que es su voluntad, él nos guiará incluso en formas que no podemos reconocer en ese momento.

Modelos para Aplicaciones Personales en la Escritura

Las Escrituras indican que los creyentes se han apropiado por mucho tiempo de muchos modelos bíblicos tanto a nivel personal como a nivel corporativo. Por ejemplo, el carnero en la historia de Abraham ofreciendo a Isaac (Gn. 22:13) funciona sacrificialmente como un "cordero" (Gn. 22:7-8), probablemente en un nivel prefigurando la Pascua para los oyentes israelitas. Pero los oyentes antiguos también habrían aprendido otras lecciones de este pasaje, incluida una lección sobre la relevancia de Dios para sus propias vidas. Gn. 22:14 muestra que este relato todavía se estaba aplicando en el día del escritor como un dicho: "En la montaña YHWH proveerá". Algunos israelitas probablemente estaban usando este proverbio como una declaración de su propia fe en la provisión de Dios

Los contemporáneos judíos de Pablo a menudo leen la historia de la elección de Israel en el Antiguo Testamento como una historia de un pueblo étnico; Pablo lo lee especialmente como una historia de la gracia de Dios para los que no lo merecen (¡recordemos el comportamiento de la mayoría de los hijos de Jacob con José!). En opinión de Pablo, podría aplicarse personalmente a todos los que, como el Israel bíblico cuando mantuvieron el pacto, abrazaron la gracia de Dios sin pretender merecerla (véase Rom. 9, también 8:28-30).

Así, en Romanos 4, Abraham no es simplemente el antepasado histórico del pueblo judío; más importante aún, para Pablo, Abraham es el padre de todos los que, como Abraham, tienen fe y confían en la fidelidad de Dios. Pablo aplica

---

[50] Compare también 1 Re. 20:35-37 con Jer. 35:5-14, 18-19; cf. también 1 Re- 13:18-24. Después de una guía negativa del Espíritu (Hechos 16:6-9) y un sueño interpretado (16: 9-10), Pablo y sus colegas usaron el sentido común para encontrar un "lugar de oración" donde tendrían personas para predicar (16:13). Cuando Dios llamó a Saul, Dios ya sabía que saldría mal (véase 1 Sm. 8:10-18), pero todavía no era el momento de David. David es ungido rey en 1 Sm. 16:13, pero es entronizado solo después de muchos años de dificultades.

Génesis aquí a todos los que individualmente se convierten en miembros del pueblo del pacto.

El uso básico de la narrativa histórica de Pablo está buscando modelos para los creyentes, y los judíos ya usaban a Abraham y a Sara como modelos morales, además de su función como antepasados del pueblo de Dios. Por supuesto, Pablo elige a Abraham en particular también por una razón histórico-salvífica, pero este papel fundamental de la fe de Abraham (incluso en la promesa de Dios frente a la muerte, Rom. 4:19; ver 4:24) establece –más que reduce– el valor de aplicación en Rom. 4:1-5: 11. En 1 Corintios 10, Pablo usa la generación pecaminosa como un ejemplo negativo (véase también Heb. 3:7-12, 15-19, 4:6); como ya se señaló, ya se estaba usando de esa manera en el antiguo Israel (Sal. 78:5-8)

El escritor de Hebreos de manera similar busca caracteres bíblicos anteriores para los modelos, más ampliamente en Hebreos 11. Por ejemplo, José anticipó el regreso de Israel a la tierra prometida cuando instruyó a sus parientes que llevaran allí sus huesos cuando Dios los trajera allí (Gn. 50:25; Éx. 13:19). El autor de Hebreos tiene razón al ver esto como un ejemplo de fe en la promesa de Dios (Heb. 11:22).

Leyendo Narrativas Bíblicas para los Modelos

Aquí, en el contexto de la aplicación, vuelvo a los comentarios anteriores sobre la lectura de la narración bíblica. A veces los lectores leen modelos positivamente negativos en las Escrituras, o leen los modelos deseados en pasajes que no los ofrecen. Buscar modelos puede hacerse de una manera indisciplinada que ignora la forma de los textos inspirados; el manejo cuidadoso del contexto siempre es primordial. (Abordo algunos ejemplos negativos más adelante en el libro, aunque ese no es el enfoque principal de este libro).

Sin embargo, leer las Escrituras y las experiencias juntas, tiene un legado largo y positivo; es la forma en que los escritores del NT entendieron el AT (a la luz de su experiencia de Cristo), así como la forma en que muchas personas a lo largo de la historia han leído las Escrituras. Así, por ejemplo, en 1 Corintios 10 Pablo leyó el pecado de Israel en el desierto como un ejemplo negativo para su época, reconociendo la continuidad del carácter de Dios, y por lo tanto del juicio de Dios, para su tiempo (1 Cor. 10:1-10). Pablo narra los juicios que Israel experimentó por sus pecados, y advierte: "Y estas cosas les acontecieron como ejemplo, y están escritas para amonestarnos a nosotros, a quienes han alcanzado los fines de los siglos" (10:11). De hecho, los escritores patrísticos también apelaron a los personajes bíblicos como ejemplos a seguir.[51]

Como se señaló anteriormente, un debate particularmente interno entre los académicos pentecostales ha sido si la narración de Hechos proporciona un modelo

---

[51] Ver Graves, *Inspiration*, 32-37.

¿Lectura Cristológica o Aplicación Personal?

normativo. En contraste con algunos eruditos pentecostales tradicionales, el cuidadoso exégeta y erudito pentecostal Gordon Fee expresó su preocupación por derivar la teología de la narrativa con tanta confianza como la derivamos de las cartas de Pablo. Él reconoce el valor de los patrones repetidos, pero argumenta que la enseñanza específica de una narrativa debe limitarse a su intención.

La manera actual de expresar su propia posición probablemente suscitaría menos disentimiento,[52] pero creo que podemos aprender más sobre la intención de los narradores —o al menos la forma intencional de las narraciones— de lo que parecían reconocer algunas de las discusiones anteriores de Fee sobre el tema. Los historiadores y biógrafos antiguos esperaban que encontráramos modelos en sus narraciones, ya fueran positivos o negativos. Cómo identificamos cuáles son positivos, negativos o mixtos, por supuesto, requiere una gran cantidad de pensamiento cuidadoso (parte del punto de Fee), pero lo mismo (como Fee estaría de acuerdo) no menos cierto de las cartas de Paul, que a su vez abordan situaciones concretas en la vida de las iglesias Es decir, incluso las cartas de Pablo tienen una especie de contexto narrativo.

Claramente, no todos los modelos en las narraciones son positivos, y los personajes más significativos son mezclas completas de características positivas y negativas, como era habitual en las biografías e historias antiguas. Sin embargo, las narraciones a menudo proporcionan claves internas sobre cómo aprender de ellas. A veces, las narraciones indican explícitamente que un personaje es positivo. Por ejemplo, Mateo especifica que José, el esposo de María, era justo (Mt. 1:19). Si bien esta observación sí cumple una especie de función cristológica (las biografías antiguas pueden elogiar a los protagonistas al informar ascendencia piadosa o crianza), también ofrece a José como un modelo moral positivo.

José podría haberse beneficiado al divorciarse de María públicamente, pero a pesar de que él cree que ha sido objeto de agravio, elige un divorcio privado para reducir su vergüenza (1:19). También abraza esa vergüenza en obediencia a un mensaje angélico (1:24), y ejerce autocontrol, absteniéndose de tener relaciones sexuales para que esto no sea meramente una concepción virginal sino también un nacimiento virginal (1:25). Las conexiones con las enseñanzas de Jesús sobre la lujuria, el divorcio (Mateo 5:27-32) y la compasión (9:13), así como los contrastes con la falta pecaminosa de autocontrol de Herodes (14:3-11), refuerzan este énfasis.

A veces, las narraciones alaban a un personaje pero también limitan esa alabanza. Juan como más que un profeta (Mt. 11:9) entiende correctamente que Jesús bautizará en el Espíritu y en el fuego (3:11), aunque derramar el Espíritu de Dios era una prerrogativa exclusivamente divina. Sin embargo, Juan también duda del papel de Jesús, precisamente porque escucha sobre el ministerio de Jesús (11:2-3). Jesús está sanando a algunos enfermos en lugar de bautizar en fuego; Jesús tiene que replantear su ministerio en un lenguaje que evoca las profecías de restauración de Isaías que Juan menciona(11:5-6, evocando Is. 35:5-6; 61:1), mostrando que

---

[52] Aparte de su incertidumbre en cuanto a si Lucas tenía la intención de proporcionar un precedente, encuentro poco objetable en Fee, *Gospel*, 100-104, como se señaló anteriormente (pp. 138-39, 166-67).

estos actos ciertamente auguran y revelan el reino. Juan es un personaje positivo, pero en virtud de su ubicación en la historia también es limitado en su conocimiento.

A menudo, los personajes aparecen uno al lado del otro, lo que nos permite aprender por comparación y contraste. Los griegos y romanos a menudo comparaban figuras en sus discursos,[53] pero la práctica es mucho más antigua que eso. En 1 Samuel, por ejemplo, uno puede notar el contraste entre la humilde Ana y la orgullosa Eli (al igual que Penina); el contraste entre los hijos de Samuel y Elí (1 Sam. 2:12-18; 2:26-3:1; 3:13); y los contrastes entre David y Saúl.

Patrones para Nosotros, No solo para Registros

Así como he escuchado que algunos maestros carismáticos populares ignoran el contexto literario e histórico, he escuchado también a algunos eruditos históricos rigurosos (y, por diferentes razones, algunos teólogos bíblicos) negar que algunos textos bíblicos, como libros históricos del AT, deberían usarse para aplicación pastoral. Tal uso, sostienen, viola la función original del texto como registros.

De acuerdo, el empuje clave de dichos textos en su forma actual es a menudo para explicar las causas del exilio, justificando la ira de Dios y prometiendo la restauración futura. Pero el mismo impulso advierte contra los pecados que llevaron al exilio, como la idolatría, la inmoralidad sexual y el derramamiento de sangre inocente. Aún más para el presente, tales pecados también incluyen descuidar o negarse a prestar atención y a implementar el mensaje de las Escrituras y las advertencias de los verdaderos profetas de Dios que permanecieron en continuidad con el mensaje bíblico anterior.

¿Deberíamos estudiar las Escrituras solo para los eventos salvíficos que nos interesan por razones puramente históricas sobre nuestra herencia? Eso me parece dudoso. No podemos negar, por supuesto, que el marco narrativo de la Escritura se ocupa principalmente de la historia de la salvación y de que Dios busca amorosamente restaurarnos consigo mismo. Dios es el personaje sobre cuyas formas aprendemos consistentemente, y muchos de los personajes humanos más positivos son débiles.

La Escritura se enfoca en David no porque se haya acercado a Dios más que algunos de sus compañeros proféticos menos prominentes, como Natán o Gad, sino porque su vida fue un paso estratégico en la historia de la salvación y su línea se entrelazó con el destino prometido del pueblo de Dios. Al mismo tiempo, si no podemos aprender de sus acciones, entonces Jesús cometió un error al apelar a ellos en Mc. 2:25-26 (véase también Heb. 11:32). Si no podemos aprender personalmente

---

[53] Ver, por ejemplo, Theon *Progymn*. 2.86-88; Hermog.*Progymn*. 8. En Syncrisis 18-20; Aphthonius *Progymn*. 10. En Syncrisis, 42-44S, 31-33R; Nicolaus *Progymn*. 9. En Syncrisis 59-62; Hermog. *Inv*. 4.14.212; Marshall, *Enmity*, 348-53; Anderson, *Glossary*, 110-11; Gärtner, "Synkrisis".

¿Lectura Cristológica o Aplicación Personal?

del camino de fe de Abraham, debemos descartar Jn. 8:39-40; Rom. 4:1-25; Gál. 3:6-7; Heb. 11:8-19; y Stg. 2:21-23.

Como el erudito carismático de AT Michael Brown pregunta: "¿Y cómo pasajes como Josué 3, donde los sacerdotes tuvieron que entrar al río antes de que las aguas se separasen, o Lucas 5, donde Pedro tuvo que lanzarse a las profundidades antes de atrapar una cantidad milagrosa de peces, nos hablan hoy?".[54] Tales textos funcionan como modelos al invitarnos a obedecer en fe lo que Dios ordena. Ciertamente su énfasis está en el poder milagroso de Dios, pero también invitan a responder a ese poder.[55] Nos invitan no solo a alabar el poder de Dios en el pasado sino también a confiar en el poder de Dios para lograr sus propósitos hoy.

Volviendo a 1 Corintios 10, Pablo no cita los ejemplos del AT y dice: "Esa es una historia interesante que nos lleva a donde estamos hoy". Cita el juicio experimentado por el antiguo Israel como una advertencia relevante para el pueblo de Dios en su propio tiempo. Es decir, Pablo lee la Biblia como si ofreciera pautas para los tratos de Dios con su pueblo. Pablo espera que los creyentes lean la Biblia desde dentro de su contexto.

Un cesacionista extremo podría objetar en este punto que esta hermenéutica era apropiada solo hasta la finalización del canon; sin embargo, esta objeción admitiría implícitamente que el cesacionista carece de evidencia canónica para su propio enfoque, que es mucho más extrabíblico que el enfoque más experiencial. Los primeros pentecostales que creían que vivían en "días de la Biblia" leían el texto de una manera comprensiva, que muchos acercamientos puramente académicos y enfoques de cesaciones pasaban por alto.

Las narraciones bíblicas ofrecen modelos repetidos de creyentes dispuestos a ser cambiados por sus experiencias en encuentros divinos, como lo hemos señalado en Hechos 10 y otros casos. Esto no significa, como no significaba para la iglesia más antigua, descartar las Escrituras o hacer que la hermenéutica de uno sea tan flexible que los textos puedan significar cualquier cosa (como algunos desearían hacer). Significa que las experiencias incontrovertibles nos invitan a releer las Escrituras con nuevas preguntas en mente, un proceso que a veces requiere que dejemos de lado los marcos previos presupuestados para la interpretación.

Incluso leer la Biblia cuidadosamente nos llama a hacer esto. Como nuevo converso me acerqué a la Biblia con rígidas expectativas de cómo debió ser escrita, expectativas que no se ajustaban al texto bíblico en sí. Más tarde, después de trabajar todo el camino a través de una sinopsis de los Evangelios antes de asistir al seminario, tuve que ajustar aún más mis expectativas sobre cómo debían ser escritos los Evangelios a la luz de la forma en que fueron realmente escritos. El respeto por el texto bíblico me obligó a adaptar mi expectativa teológica para que se ajustara al texto, en vez de a la inversa. Los lectores que descartan el valor de la experiencia al afectar nuestra teología están imponiendo una construcción teológica en la Biblia en lugar de aceptar las narrativas como un modelo.

---

[54] Brown, *Authentic Fire*, 315.
[55] Para saber cómo enseñan las historias milagrosas, vea los ejemplos en Cotter, *Miracle Stories*.

Consistencia en Cómo Aplicamos la Escritura

Deberíamos evitar dos extremos. El primer extremo trata a la Biblia como una serie de augurios, en los cuales los versículos o frases fuera de contexto hablan directamente de nuestra situación. Aquí la relevancia para nuestros intereses sobrepasa el mensaje original para que nuestros intereses se conviertan en una lente interpretativa compulsiva.

El otro extremo es leer el texto bíblico puramente por interés histórico. En los estudios bíblicos académicos, a menudo leemos el texto de esta manera a fin de proporcionar un terreno común necesario para el debate entre los ateos, los cristianos y otros lectores. Este enfoque se centra en reconstruir el sentido histórico, un paso necesario y fundamental para la comprensión, y no es objetable en sí mismo. (Mis publicaciones académicas generalmente funcionan dentro de este paradigma esperado). Pero si nosotros, como lectores cristianos, nos detenemos allí, el texto se convierte simplemente en un museo (o un mausoleo); no estamos leyendo el texto distintivamente como Escritura, como la Palabra de Dios.

De hecho, dejando aparte las cuestiones de las funciones inspiradas, el sentido histórico de muchos o la mayoría de los tipos de textos va más allá. Los historiadores y ensayistas antiguos a menudo tenían intereses deliberativos y epidícticos promoviendo una conducta mejorada o el elogio de un tema, por ejemplo— en lugar de proporcionar información únicamente con fines informativos.[56]

Con algunos tipos de textos, el cesacionismo y la crítica histórica en virtud de la definición, a menudo profesan un interés meramente histórico. Para ser justos, prácticamente todos los cristianos, incluidos los continuistas, creen no solo que la situación cultural ha cambiado, sino que algunos asuntos cambian con los desarrollos en el plan de Dios en la historia. Sin embargo, la mayoría de los lectores cristianos valoran los principios incluso de textos que pertenecen a otras épocas; por ejemplo, podemos aprender principios en Levítico sobre el pecado, la expiación, la acción de gracias, etc., sin practicar todos los sacrificios especificados. Sin embargo, cuando un intérprete cesacionista debe descartar la relevancia directa del testimonio de las cartas de Pablo (por ejemplo, 1 Cor. 14:39), el intérprete parece creer que los cristianos de hoy viven en una era diferente a los "últimos días" de Hechos y la iglesia paulina ¿Cuál es la base exegética y bíblica para tal suposición? ¿O es una imposición teológica sobre el texto?

Por supuesto, incluso el cesacionista más intransigente normalmente aplicará a sí mismo algunos principios como la justificación por la fe. Tal cesacionismo es

---

[56] El género y el sujeto influyeron en la aplicabilidad, como en los géneros de la Escritura: la especulación cosmológica (que raramente se ofrece en la Escritura, ciertamente por sí misma) tendía a la información pura; la enciclopedia de conocimiento de Pliny the Elder recopiló información, pero aún con vistas a que alguna de ellas tenga aplicación práctica (por ejemplo, su compilación de supuestos tratamientos médicos); reflexiones éticas demandaban invitación a la sociedad o personas.

selectivo; no todas las Escrituras tienen un interés meramente histórico. Uno puede aprender de la fe de Abraham en Gn. 15:6 porque Pablo lo hace. Pero, ¿no deberíamos aprender también de los ejemplos de manera más general debido a que Pablo muestra el modelo de cómo hacerlo? Este enfoque proporciona una hermenéutica más consistente que busca la voz viva de Dios en todas las Escrituras.

Aquí, también, podría haber un amplio acuerdo de principio, con un desacuerdo centrado en géneros particulares, especialmente el género narrativo. Sin embargo, incluso en las epístolas,[57] leemos afirmaciones de dones espirituales, exhortación a orar con fe por los enfermos, una prohibición de impedir el hablar en lenguas, etc. No se pueden enviar cartas bíblicas a un género ocasional solo cuando sea conveniente. Son cartas ocasionadas por circunstancias, pero contienen principios relevantes para el día de hoy.

De acuerdo, a veces un cambio en la cultura o incluso un cambio en las circunstancias históricas de la salvación requiere un cambio significativo en la forma en que aplicamos el principio. Sin embargo, el cesacionismo no presupone un cambio cultural, sino un supuesto cambio en la actividad divina, actividad que, por un don como la profecía, ya existía antes del Nuevo Testamento y simplemente proliferaba más plenamente en la era del Nuevo Testamento. El supuesto cambio en las circunstancias históricas de la salvación que apoyaría el cesacionismo no está directamente atestiguado en las Escrituras. Tampoco la historia cristiana primitiva apoya la idea de que los milagros o una lista selectiva de dones espirituales, como la profecía o las lenguas, cesaron. Y nuevamente, la comprensión de los primeros cristianos de su tiempo como el tiempo escatológico nos deja poco espacio para relegar las epístolas a una era espiritual diferente a la nuestra.[58]

Sin embargo, cuando se trata de experimentar algunos otros aspectos de la Escritura, como apropiarse del énfasis de Pablo en la justificación, afirmando que hemos resucitado con Cristo, etc., un cesacionista selectivo puede igualar o incluso superar a un lector carismático si este último no lo logra aplicar una hermenéutica continuista consistente. En otras palabras, todos debemos ser más consistentes al aplicar el enfoque de continuación.

Letra y Espíritu

El pacto del Sinaí incluía la escritura externa en tablas de piedra; el nuevo pacto prometido, por el contrario, debía escribirse en el corazón (Jer. 31:31-34). Pablo

---

[57] El dispensacionalismo tradicional encontró la verdad proposicional en las epístolas más que en las narrativas (Archer, *Hermeneutic*, 78), utilizando así una especie de canon dentro del canon incluso del NT. Los primeros pentecostales, por el contrario, usaban Hechos como el paradigma controlador, junto con los Evangelios y solo después las epístolas (Archer, *Hermeneutic*, 124).

[58] La mayoría de los cesacionistas aceptaría gran parte del material en las epístolas como para hoy, pero (siguiendo a EW Bullinger) una minoría de hiperdispensacionalistas (muy lejos de los dispensacionalistas progresistas e incluso los dispensacionalistas tradicionales) han argumentado que solo el material en las epístolas de la prisión (y por lo tanto no, por ejemplo, la Cena del Señor) es para la era actual de la iglesia.

señala este contraste en 2 Cor. 3:3, evocando también Ez. 36:26-27, donde el Espíritu permitiría al pueblo de Dios guardar sus leyes.[59] (Los "corazones de carne" de Pablo, usados de manera positiva en el texto griego de 2 Cor. 3:3, se refieren directamente a los corazones de carne que reemplazan los corazones de piedra en Ez. 36:26).[60] Como siervos del nuevo pacto, Pablo explica, él y sus colegas tienen poder no como ministros de la letra sino como ministros del Espíritu, y por lo tanto de la vida (2 Cor. 3:6).[61] Es el Espíritu el que escribe la ley sobre el corazón y por lo tanto habilita la rectitud interior a la que apunta.

La "letra" probablemente se refiere a "los meros detalles escritos de la ley"; los maestros judíos se preocupaban incluso con asuntos de ortografía.[62] En la antigüedad, los intérpretes legales a menudo distinguían entre lo que llamaríamos la "letra" de la ley y su intención.[63] Nuestra manera moderna de hablar de un contraste entre la letra y el espíritu de la ley probablemente se remonta al uso de Pablo, aunque Pablo se refiere al Espíritu de Dios más que meramente la "intención" de la ley.[64] La gramática es valiosa porque nos ayuda a escuchar y obedecer el mensaje, pero no debemos detenernos allí. Por sí mismo, entender la gramática textual no es lo mismo que abrazar el corazón de Dios que el texto está diseñado para comunicar.

De hecho, Pablo sostiene en otra parte que los creyentes han sido liberados de la ley en la medida en que se entiende como letra; en cambio, servimos a Dios como personas nuevas por el Espíritu (Rom. 7:6). Pablo no está degradando partes anteriores de las Escrituras, o la naturaleza de las Escrituras como algo escrito. Pablo está aquí, como lo hemos notado en otra parte, corrigiendo una forma de acercarse a la Escritura que, a la luz de Cristo, nunca más puede ser considerada adecuada (véase 3:27; 8:2; 9:30-32; 10:5-10). Dios una vez usó una ley civil para restringir el pecado en Israel; es de Dios (7:14; 8:4), y aún podemos aprender de ello (1 Cor. 9:9; 14:21). Pero la justicia proviene de Cristo, y su Espíritu inscribe el corazón de la ley dentro de nosotros, para que podamos cumplir con los principios reales que la ley pretendía señalar de todos modos (Rom. 8:2-4; 13:8-10). (Cuando los cristianos no viven de esta manera, pasan por alto el punto de vista de Pablo. Las enseñanzas que asocian la gracia solo con la justificación forense y no también con la transformación han jugado un papel trágico en esta deficiencia).

---

[59] Para la posible relación entre los pasajes de Jeremías y Ezequiel, y su enfoque especial en la interioridad, véase Boda, "Work and Spirit", 35-39.

[60] Este es el único uso positivo de Pablo de "carnal" (de tres usos de este adjetivo griego específico); es extremadamente raro en la Septuaginta, y se usa solo en los corazones en los dos textos paralelos en Ezequiel, 11:19 y 36:26. Pablo pudo evocar 11:19-20 (y bien puede leer los dos textos de Ezequiel juntos), pero su mención del Espíritu de Dios sugiere también Ezequiel 36:27.

[61] Los intérpretes carismáticos suelen insistir en buscar el Espíritu más que la letra; ver, por ejemplo, Pinnock, "Work of Spirit", 240 (de Pinnock, "Interpretation"); Ellington, "Authority", 156 (siguiendo un artículo anterior de Pinnock).

[62] Keener, *Romans*, 86.

[63] Ver, por ejemplo, Quint. *Decl.* 331,3; Hermog. *Issues* 40.6-19; *Inv.* 2.2.110; Cohen, *Law*, 38-50. Las "cartas" también pueden referirse a conceptos básicos en lugar de a conocimientos más profundos (por ejemplo, Heraclitus *Ep.* 4).

[64] Y ciertamente Pablo no estaba pensando en términos románticos de la forma externa y el sentimiento interior (señalado por Wright, *Paul*, 982).

¿Lectura Cristológica o Aplicación Personal?

Si nuestro enfoque con respecto a la Torá debería ser el mensaje del Espíritu más que la mera gramática, ¿cuánto más debería ser eso cierto con los profetas y lo que llamamos el Nuevo Testamento?[65] De nuevo, debo aclarar que no estoy degradando la exégesis; durante muchos años he dedicado la mayor parte de mi tiempo de enseñanza a instruir a los estudiantes interesados en la aplicación sobre cómo hacer la exégesis primero. La exégesis es la base necesaria para una aplicación genuinamente análoga, en marcado contraste con la eisegésis. Mi punto es que si les enseñamos a los estudiantes o miembros de nuestras comunidades de la iglesia a detenernos con observaciones exegéticas, o simplemente a descubrir nuestras propias aplicaciones que pueden ir en contra del Espíritu que encontramos en el evangelio (como un enfoque legalista del texto), no estamos escuchando el Espíritu que inspiró el texto para empezar. Cuando realmente escuchamos el mensaje del Espíritu en el texto, nos comprometemos con él. Se convierte en un trabajo de corazón y no simplemente en una tarea.

La exégesis en el sentido habitual se centra en el horizonte original del texto; enfoques orientados al lector se centran en los horizontes actuales. El primero sin el último es informativo, pero requiere el aliento vivificante del Espíritu para transformarnos. La atención exclusiva a un horizonte presente sin atención al original puede llevar a sobrescribir el significado inspirado original con uno no relacionado.[66] Si el objetivo es meramente fusionar horizontes, faltaría una distancia objetiva suficiente para escuchar el texto como algo más que reflejar los pensamientos de uno.[67] Gadamer advirtió "contra una fusión prematura de horizontes que no conserva ninguna tensión entre el pasado y el presente".[68]

Sin embargo, el oyente también debe ser aprehendido por el texto; ambos horizontes deben mantenerse.[69] "[Si] un texto debe ser entendido", señala Thiselton, "debe ocurrir un compromiso entre dos conjuntos de horizontes... El oyente debe ser capaz de relacionar sus propios horizontes con los del texto".[70] Conectar los dos horizontes, sin borrar ninguno de ellos, a menudo se considera el papel de la

---

[65] Cf. El uso de Lutero del contraste letra/espíritu para valorar la aplicación personal y no simplemente la gramática, señalada en Gleason, "Letter". Cf. el contraste en Mulholland, *Shaped*, 95 (véase 135), entre usar las Escrituras como "un 'libro de reglas' para la autotransformación o ganar el favor de Dios" y las Escrituras como un lugar para encontrarse con Dios.

[66] Observe las advertencias en Gray, *Crowd*, 120-21, 145, de fusionar prematuramente horizontes, colapsando el horizonte del texto en "la propia biografía narrativa del lector" y, por lo tanto, escuchando solamente las suposiciones del lector mientras silencia a cualquier voz independiente y profética del texto (citando Thiselton, *Horizons*, 530); véase también Bauer y Traina, *Inductive Bible Study*, 373. Establecer la distancia hermenéutica entre los horizontes podría socavar la proximidad positiva (Gray, *Crowd*, 122), pero el contexto histórico ofrece un límite útil en las interpretaciones (132, 152).

[67] Thiselton, *Horizons*, 318-19, citando a Stendhal y Lutero. El objetivo de comprender el proceso interpretativo es evitar que los intérpretes simplemente escuchen los ecos de su prejuicio en el texto (Thiselton, *Horizons*, xx).

[68] Thiselton, *Horizons*, 319. Hirsch, *Validity*, 254, sostiene que un intérprete debe primero apropiarse de "la perspectiva original" para fusionarla con la propia, y sostiene que Gadamer no lo reconoce; se queja (255) de que Gadamer debería haber distinguido estos dos tipos diferentes de "significado".

[69] Thiselton, *Horizons*, 319. La mayoría de la interpretación carismática académica valora ambos horizontes (véase, por ejemplo, Stibbe, "Thoughts"; aunque Lyons, "Fourth Wave", considera que las salvaguardias en el enfoque de Stibbe son inadecuadas).

[70] Thiselton, *Horizons*, 15.

hermenéutica.[71] El Espíritu puede guiarnos en la exploración e investigación de ambos horizontes, pero el Espíritu es especialmente útil para cerrar la brecha entre ellos, al aplicar los principios del texto a nuestras vidas y comunidades.[72] Como señala el erudito pentecostal Russell Spittler, "la exégesis pone a uno en el vestíbulo de la verdad; el Espíritu Santo abre la puerta interior".[73]

La Última Palabra

Incluso el prólogo del Evangelio de Juan establece el contraste epistémico que notamos anteriormente con respecto a la epistemología joánica. Juan podría haber hablado de Jesús como la Sabiduría divina, la imagen judía más común para un agente divino preexistente, pero cambia a una expresión relacionada, la "Palabra", debido a la comparación entre Jesús y la Torá que ofrecerá en Jn. 1:14-18 (más explícitamente en 1:17). He argumentado en otras partes que probablemente Juan responde en parte a una crítica académica, centrada en el texto y centrada en la Torá, del movimiento de Jesús de personas que afirmaban conocer las Escrituras con mayor precisión que los creyentes judíos en Jesús a los que Juan se dirige especialmente.[74] Juan responde argumentando que Jesús mismo es la Palabra de Dios, que incorpora toda la revelación divina de la Torá, pero que ahora se revela con más detalle.[75]

Varias alusiones a Éxodo 33-34 evocan la entrega de la ley allí, elucidando la continuidad de Jesús con la revelación divina anterior y su superioridad a ella como una revelación más completa del corazón de Dios.

Éxodo 33–34ª	Juan 1:14–18
La revelación de la palabra de Dios, la Torá	La revelación de la palabra de Dios, Jesús
Dios habitó entre su gente en el tabernáculo (33:10); Moisés suplicó que Dios continuaría viviendo con ellos(33: 14-16)	La palabra "tabernaculizado" (literalmente, en 1:14)entre personas

---

[71] Aunque emplea una terminología diferente, incluso los escritores más antiguos que escriben con una perspectiva de fe generalmente lo reconocen (a pesar de los nuevos estereotipos sobre ellos); cf. la discusión de exégesis y exposición en Mickelsen, *Interpreting the Bible*, 56-57.

[72] Cf. Martin, "Renewal", 4, citado en Spawn y Wright, "Emergence", 8. Archer, *Hermeneutic*, 126, sugiere que (al menos en opinión de los críticos modernistas) los primeros pentecostales borraron "los límites del pasado y presente en la exégesis de las Escrituras. Idealmente, los lectores pentecostales pueden afirmar el valor de ambos horizontes (por ejemplo, Archer, *Hermeneutic*, 180; Gray, *Crowd*, 99, 120, 132, 164), al igual que los lectores en general (ver Thiselton," New Hermeneutic", 100).

[73] Spittler, "Enterprise", 76, enfatizando el valor de la historia y la piedad. Tanto para la historia como para conocer a Dios por el Espíritu, ver también Autry, "Dimensions".

[74] Keener, *John*, 246-47, 363-64.

[75] Esta palabra continúa presentándose en el mensaje (Jn. 8:31, 37, 43, 51, 52, 55; 12:48; 14:23; 17:6, 14, 17, 20), porque el Espíritu continúa revelando la persona de Jesús en ese mensaje (ver mi discusión de 16:7-11 en el texto principal). Otros, incluidos Barth y Dietrich Bonhoeffer, han enfatizado la presencia de Cristo en la proclamación; ver Bartholomew, *Hermeneutics*, 526-27, citando a Barth, *Doctrine*, 135-36; Bonhoeffer, *Ethics*, 259; ídem, "Lectures", 126.

¿Lectura Cristológica o Aplicación Personal?

Moisés vio la gloria de Dios.	Los discípulos contemplaron la gloria de Jesús (1:14)
La gloria estaba llena de gracia y verdad (34: 6)	La gloria estaba llena de gracia y verdad (1:14)
La ley fue dada por medio de Moisés.	La ley fue dada por medio de Moisés (1:17)
Nadie podía ver toda la gloria de Dios(33:20)	Nadie podía ver toda la gloria de Dios (1:18a), pero está completamente revelada en Jesús (1: 18b)

a. Basado en la investigación de Keener, *John*, 1:405-26, esta tabla está tomada de Keener, *Background Commentary*, 250.

Moisés solo pudo ser testigo de parte de la gloria de Dios, lleno de gracia y de verdad, pero Jesús reveló la plenitud del corazón de Dios. Aunque Jesús revela su gloria también en las señales de este Evangelio (por ej., 2:11, 11:4), la máxima expresión de su gloria comienza en la cruz (12:23-24; véase 7:39), su "levantamiento" (3:14; 8:28; 12:32; cf. "será levantado y glorificado" en Is. 52:13 LXX). El lugar donde el odio de la humanidad hacia Dios llegó a su máxima expresión, cuando clavamos a Dios en la cruz, es el mismo lugar donde su amor por nosotros encontró su máxima demostración.

Juan afirmó la continuidad de Jesús con la Torá, pero el mero dominio intelectual de la Torá no fue suficiente. "Escudriñad las Escrituras; porque a vosotros os parece que en ellas tenéis la vida eterna", advierte Jesús a sus críticos. "Y ellas son las que dan testimonio de mí; y no queréis venir a mí para que tengáis vida" (Jn. 5:39-40). El acusador que te lleva ante el Padre, continúa Jesús, "es Moisés, en quien esperan", ya que Moisés escribió acerca de Jesús (5:45-47).

En última instancia, para un cristiano, la lectura cristológica y la lectura personal no pueden ser incompatibles. A medida que aprendemos el carácter de nuestro Señor a partir de los Evangelios, vivimos nuestra relación con él a la luz de ese carácter. Por ejemplo, aunque Jesús corrigió privadamente a sus discípulos cuando fue necesario, tomó su defensa contra sus detractores, a veces en riesgo para sí mismo (tres ejemplos en Mc. 2:15-28, y otro en Jn. 9:38-41). Este es el corazón del mismo Señor que fue a la cruz por nosotros. Él compasivamente otorgó la curación a aquellos rechazados por la sociedad (Mc. 1:41) y acogió y transformó aquellos que sus contemporáneos consideraban fracasos morales. Desafió a los orgullosos, sin temor a las consecuencias, consecuencias que inevitablemente lo conducirían a su muerte. A medida que crecemos para conocer al Jesús de las Escrituras, poniéndonos en el lugar de sus primeros seguidores, podemos ver por qué lo amaron y fueron leales a él. El que encuentra el corazón de Jesús se encuentra con el corazón de Dios, tal como es en verdad, muy diferente a las imaginaciones humanas acerca de él.

Conclusión

El corazón de la verdad que Dios habló en una época será fundamentalmente consistente con la verdad de que Dios hable en otra. (Tengamos en cuenta el mismo tipo de aplicación de los principios que rodean la palabra de Dios como la Torá al mensaje sobre Jesús en Rom. 10:6-8). Todos los cristianos están de acuerdo en que Jesús es el clímax de la revelación bíblica (Rom. 10:4; Heb. 1:1-2), pero no siempre estamos de acuerdo con la epistemología que llevó allí a la iglesia apostólica. Hicieron la aplicación debido a su experiencia de Cristo. Luego, por supuesto, tuvieron que tratar con aquellos que consideraban falsos profetas, trayendo mensajes conflictivos basados en diferentes experiencias; pero no podemos simplemente eliminar el problema de las falsificaciones limitando la epistemología a textos aparte de las experiencias, ya que nuestros textos canónicos dan testimonio de las experiencias. En cambio, debemos aprender a leer los textos en conjunto con los tipos de experiencias que describen los textos: una relación personal con Dios en Jesucristo.

Un exégeta puro puede encontrar muchos tesoros intelectuales en las Escrituras; pero solo un verdadero discípulo puede experimentar la plenitud de esos tesoros en su vida. Nuevamente, mi punto es nunca minimizar la exégesis; mi punto es que un paso más allá del mero estudio académico del texto es abrazar el texto con fe activa para vivir en la esfera de sus realidades, una cosmovisión sobre Dios que nos transforma. El exegeta ideal, entonces, sería como un escriba de la Torá que se convierte en un discípulo del reino, produciendo tesoros tanto antiguos como nuevos (Mt. 13:52).[76]

---

[76] Pinnock, "Work of Spirit", 241, también toma nota de este texto en este tipo de conexión.

PARTE VI

¿La Interpretación Carismática de Quién?

La discusión actual sobre la hermenéutica pentecostal y carismática a menudo domina la discusión sobre la sana hermenéutica del Espíritu. ¿Qué es, sin embargo, lo que hace que una hermenéutica sea claramente pentecostal o carismática? La gran mayoría de los eruditos pentecostales se opondría a muchas interpretaciones populares pentecostales y carismáticas que se han impuesto en la iglesia, como la fuerte enseñanza de la Palabra de Fe.

Algunos han argumentado que la comunidad pentecostal proporciona una red de seguridad para la interpretación, pero ¿de quién son las interpretaciones en esa comunidad? Pocos de nosotros abogaríamos por incluir las interpretaciones de los movimientos que los sociólogos clasifican como pentecostales que, sin embargo, han deificado a las figuras fundadoras en lugar de Jesús. Del mismo modo, pocos de nosotros pondríamos la enseñanza sincretista sobre los fantasmas en un nivel con la enseñanza bíblica obvia que apoya la continuación de los dones espirituales.

¿Apelamos entonces a la comunidad global de erudición pentecostal? Sin embargo, la diversidad de enfoques hermenéuticos entre los eruditos pentecostales, carismáticos y otros que enfatizan el Espíritu es casi tan amplia como los círculos en los que fueron entrenados. Lo distintivo y generalmente presente en estas formas de hermenéutica del Espíritu es el abrazo de experimentar el texto. Sigo sugiriendo, sin embargo, que tal abrazo debe ser complementado con atención a la forma de los textos. Debido a que son textos, a menudo en géneros reconocibles para su primera audiencia (ya menudo incluso posterior), Dios los inspiró en una forma accesible para aquellos que saben leer textos. Por lo tanto, para leerlos desde el punto de vista de la fe, siempre necesitaremos no solo el texto o simplemente el Espíritu, sino siempre la Palabra y el Espíritu juntos.

CAPITÚLO 17

Lecturas "Pentecostales" Inocentes vs Lecturas Pentecostales Bíblicamente Sensibles

En cierto sentido, lo que he ofrecido arriba es un argumento para una lectura devocional disciplinada de la Escritura. También he sugerido, que sin un enfoque sano del texto bíblico, uno no puede estar usando el texto bíblico (y ciertamente no reclamando el manto de su autoridad). A veces los cristianos tienen doctrinas sanas simplemente porque las heredamos de predecesores que estudiaron el texto de una manera fiel y disciplinada, pero nuestras propias lecturas están diseñadas meramente para producir "inspiración" en la forma en que lo podría hacer un discurso patriótico o incluso unas porristas. Eso no es ni una tenue sombra de la inspiración divina que Dios concede en las Escrituras, y las personas genuinas del Espíritu, de todas las personas, deben reconocer eso.

Muchísima de la enseñanza carismática popular parece reflejar un enfoque de la corriente de la conciencia para la interpretación, sin un trabajo cuidadoso en el texto bíblico.[1] Una cosa que nos recuerda que algo más no está mal: refleja la forma en que están conectados nuestros cerebros. A través de la confianza absoluta en la soberanía de Dios que nos guía por el Espíritu, a menudo podemos aprender de estas conexiones. Sin embargo, este no es un método hermenéutico disciplinado, y no nos da el significado universal del texto del cual fluyen varios significados o aplicaciones contextuales. En principio, podría incluso parecerse a la bibliomancia y a la adivinación de riesgo, como los antiguos que adivinaban el futuro o la voluntad de las deidades por el vuelo de las aves o las anomalías en las entrañas de los animales sacrificiales.[2] Los que genuinamente se sumergen en las Escrituras y

---

[1] No estoy pensando en la estructura pedagógica: a veces el estilo conversacional se comunica de manera más efectiva en nuestra cultura que los argumentos rígidos como los que se encuentran en algunos brillantes sermones del siglo XVIII. Mi objeción es aquí a la corriente hermenéutica de la conciencia, un texto que nos recuerda arbitrariamente a otro.

[2] En la práctica, podría funcionar más como un sorteo, sin embargo, si la interpretación fuera transparente; ver Walton, *Thought*, 271-72. Sin embargo, a pesar de todas las alusiones bíblicas a las Escrituras anteriores, ninguna refleja el enfoque aleatorio de la bibliomancia (es probable que sea más difícil con los pergaminos que con los códices). Sobre la bibliomancia y su práctica, incluso entre los cristianos antiguos, ver Van der Horst, "Bibliomancy"; cf. El uso temprano de los sacerdotes romanos de los oráculos sibilinos griegos para encontrar soluciones a los augurios (Rüpke, *Religion*, 18).

confían en la guía del Espíritu normalmente no irían tan lejos, pero si necesitamos una atención cuidadosa al texto bíblico para mantenernos en el camino correcto.

Una gran parte del genio del pentecostalismo global es su carácter populista. Ha sido capaz de levantar a los ministros indígenas más rápidamente al confiar en el Espíritu para empoderar a los nuevos grupos como socios en el ministerio (como presumiblemente ocurrió también en Hechos 8:15-17; 10:44-47).[3] La enseñanza, sin embargo, también es un don espiritual. El problema no está en el énfasis pentecostal en el Espíritu o en el énfasis pentecostal en vivir experiencialmente como aquellos que llevan a cabo el ministerio presentado en la narración bíblica. El problema es el énfasis reducido en la enseñanza, basado en una tradición que refleja la religión popular estadounidense en general.

El Enfoque Populista

Aunque, como hemos visto, la hermenéutica académica puede limitarse al escuchar el Espíritu en el texto, la hermenéutica popular a menudo conlleva sus propios peligros, especialmente el descuido del contexto. La interpretación populista, incluso en la matriz wesleyana de santidad a partir de la cual nació el pentecostalismo, a menudo incluía ensartar textos de prueba.[4]

La Reforma se enfocó en recuperar el mensaje de las Escrituras, aunque no sin concesiones a la tradición que los Reformadores sintieron útiles. Fue en parte un movimiento populista impulsado por la política nacionalista y la tecnología de la información (la imprenta), pero a menudo dirigido por académicos bíblicos. El Segundo Gran Despertar llevó más lejos la tradición populista del protestantismo, sin embargo, a menudo en formas que consideraría positivas pero no sin algunas limitaciones. "[E]sta 'revolución democrática' [en el protestantismo] fomentó el surgimiento de una hermenéutica populista". Los reformadores valoraron las traducciones bíblicas para los lectores constantes, pero

> no vieron a los laicos como capaces de entender las Escrituras aparte de la guía ministerial. Los revivalistas del Segundo Gran Despertar, sin embargo, hicieron hincapié en una Biblia carente de interpretaciones autorizadas... La máxima "ningún credo sino la Biblia" reflejó no solo el principio protestante de sola Scriptura, sino también el creciente énfasis en el juicio privado como el tribunal final de la interpretación de las Escrituras. Por lo tanto, después de 1800, los puntos de vista de la interpretación bíblica y los

---

[3] Ver Wall, "Acts", 139; Keener, *Acts*, 2:1527, 1813-14; cf. más detallado Miller, *Empowered for Mission*.

[4] Archer, *Hermeneutic*, 62-63. La objeción histórico-crítica al texto de prueba fue su suposición "de que la Biblia fue igualmente inspirada en todo" (Archer, *Hermeneutic*, 64); mi preocupación más fundamental es que los usuarios populares de textos de prueba a menudo no prestan atención a los contextos de los textos. Los maestros conservadores, sin embargo, defendían el estudio inductivo de la Biblia, leyendo cada libro de la Biblia como un todo (Archer, *Hermeneutic*, 66-68), y los textos de prueba escritos por académicos podían presuponer un trabajo exegético apropiado (Archer, *Hermeneutic*, 101n44).

Lecturas "Pentecostales" Inocentes vs Lecturas Pentecostales Bíblicamente Sensibles

valores democráticos se movían en la misma dirección, reforzando mutuamente ideas tales como la lealtad volitiva, la autosuficiencia y el juicio privado.[5]

Esto condujo a un énfasis popular en la interpretación literal del "valor nominal"[6]. A principios del siglo XX, uno podría distinguir como los dos polos ideales de la diversidad evangélica, "la élite de la costa este del Old Princeton" y "los de clase baja de la costa oeste de la calle Azusa con sus raíces en el metodismo y el movimiento de santidad".[7] Tenemos algo que aprender de cada uno.[8]

Problemas con este Enfoque

Al igual que la experiencia carismática, la religión popular tiene su lado positivo, pero también tiene sus limitaciones. Algunas partes de la iglesia parecen dar por sentado que "ya sabemos" la Biblia de una manera arrogante, que nunca trataríamos la experiencia médica ni el asesoramiento legal. La mayoría de nosotros busca a los psicólogos y consejeros con credenciales para una asesoría más experta, pero a nadie que pueda leer y dar consejos sobre la Biblia. No creo que uno necesite ser un erudito o ir al seminario para entender las Escrituras; mi queja es simplemente que muchas partes de la iglesia descuidan el estudio cuidadoso y contextual de las Escrituras.

Algunos conocidos intérpretes populares de la Biblia manejan bien las Escrituras; algunos tienen un mensaje importante, y muchos viven con integridad. Sin embargo, algunos pueden convertirse en famosos maestros de la Biblia citando versículos fuera de contexto porque dedican su carrera a la comercialización de su mensaje, sin dedicar una cantidad igualmente cuidadosa de tiempo a las Escrituras.

Para algunos, la "hermenéutica Pentecostal" puede sonar como un oxímoron, que reúne valores incompatibles. La aparente incompatibilidad simplemente recicla, sin embargo, una antigua tensión entre la religión popular y académica, una tensión que no proviene de escritores bíblicos hábiles como Lucas o Pablo. En Hechos

---

[5] Smidt, *Evangelicals*, 22. Algunos reformadores como Tyndale pueden haber atraído a los lectores populares más que a otros, pero en Inglaterra y en otros lugares, los comerciantes, por ejemplo, seguían siendo más letrados que los trabajadores agrícolas. Al trabajar a partir de la herencia anabaptista de separar la iglesia y el estado, los bautistas en los Estados Unidos anunciaron la democracia y la libertad religiosa como sus propios valores (por ejemplo, Kidd y Hankins, *Baptists*, 72-75, 179, 194).

[6] Para la hermenéutica de sentido común de Finney centrada en la oración y el estudio bíblico solo, ver Hardesty, *Women*, 72; también con Phoebe Palmer (73). Para la interpretación populista y de valor nominal en el pentecostalismo temprano, véase Martin, "Introduction", 3; Archer, *Hermeneutic*, 102, 125-26.

[7] Boda, "Word and Spirit", 44, comparando a los intelectuales de Princeton con la tradición bíblica de los escribas y los revivalistas de la calle Azusa con la tradición profética bíblica. Sobre el pensamiento wesleyano como un protesta contra la ortodoxia protestante reformada (principalmente académica), ver Archer, *Hermeneutic*, 21-22 (siguiendo a R. M. Anderson, D. Dayton).

[8] El último polo también incluye a los bautistas calvinistas en la tradición del avivamiento, que creían que solo necesitaban el Espíritu y un llamado a predicar (ver Kidd y Hankins, *Baptists*, 42).

mismo, uno de nuestros ejemplos principales de la vida empoderada por el Espíritu es Pablo, que enseñó a diario en la escuela de Tiranno, utilizando el papel culturalmente inteligible de un intelectual público, mientras que Dios lo usaba en señales y maravillas (Hechos 19:9-12).[9] Asimismo, hizo un uso óptimo de las mejores técnicas retóricas de su época en su discurso de defensa ante Félix.[10] Aunque no todos los primeros predicadores pentecostales fueron formados académicamente, muchos maestros en las primeras escuelas bíblicas de las Asambleas de Dios tuvieron entrenamiento en Alianza Cristiana y Misionera (ACM).[11]

Los pentecostales a menudo emplean textos bíblicos con "propósitos pragmáticos" para transformar vidas en la actualidad;[12] pero ¿qué sucede cuando el punto para el cual aplicamos textos no solo no se encuentra en esos textos, sino que no se enseña en las Escrituras? Y, ¿realmente ganamos una comprensión completa de todo lo que las Escrituras nos tienen que enseñar si encontramos en ella solo lo que planeamos encontrar? Como afirma la académica Olga Zaprometova, "en las manos de al menos algunos ministros (entre ellos predicadores, maestros y teólogos) la Biblia significa lo que quieran que signifique".[13]

Muchas ideas populares pentecostales y carismáticas se prestan a los ya formados estereotipos de la teología pentecostal y carismática. Las lecturas ingenuas de cualquier grupo, sin embargo, darán lugar a estereotipos; pueden ser más comunes en el pentecostalismo global que en algunas tradiciones tradicionales simplemente porque la enseñanza no puede mantenerse al día con el evangelismo pentecostal.

Si el Espíritu realmente nos lleva a decir algo que no está relacionado con el texto, no tenemos que forzar el texto para que encaje; hay otros dones espirituales para comunicar el mensaje de Dios además de enseñar el texto (Rom. 12:6, 8, 1 Cor. 12:29; 14:3). Si el Espíritu nos lleva simplemente a usar el lenguaje del texto para expresar nuestro punto de una manera evocativa, es posible que el libro de Apocalipsis a veces haga lo mismo con las profecías del Antiguo Testamento (por ejemplo, simplemente comunicando juicio), y que los profetas del AT a veces hicieran lo mismo con el lenguaje de los profetas anteriores. Pero eso no es lo mismo que explicar el significado del texto, e incluso si alguien solo se siente inducido a citar textos, su ministerio no reemplaza el don de la enseñanza ni la responsabilidad de los líderes de la iglesia de explicar genuinamente los textos bíblicos de maneras edificantes (cf. 1 Tim. 4:13, 16; 2 Tim. 3: 15-4: 4).

---

[9] Vea a Keener, "Teaching Ministry".
[10] Ver Keener, "Rethorical Techniques".
[11] Véase, por ejemplo, Menzies, *Anointed*, 138. Para obtener una lista de líderes de Asambleas prominentes que se nutrieron anteriormente en la Alianza Cristiana y Misionera, ver Menzies, *Anointed*, 72n37. Para otras conexiones con el Alianza Cristiana y Misionera, vea Menzies, *Anointed*, 56, 66, 70-72, 126-30; McGee, *People of Spirit*, 98-100, 109, 243; Miskov, *Life on Wings* (sobre Carrie Judd Montgomery).
[12] Gray, *Crowd*, 91, descriptivamente.
[13] Zaprometova, "Crisis", 187.

Lecturas "Pentecostales" Inocentes vs Lecturas Pentecostales Bíblicamente Sensibles

El Tipo Equivocado de Lectura Experiencial[14]

Mientras que algunos sectores de la iglesia descuidan la experiencia espiritual personal, otros resaltan tanto la experiencia que tienen que revisar o armonizar continuamente sus puntos de vista a medida que surgen nuevos reclamos de experiencias. Desafortunadamente, las experiencias no siempre son auto interpretadas. Por ejemplo, una experiencia puede ser genuinamente catártica sin ser un exorcismo genuino; un oyente puede aprender una lección valiosa de un sermón sin que el sermón realmente refleje el punto del texto bíblico en el cual dice estar basado.

Además, Dios puede bendecir genuinamente a los buscadores sinceros y celosos sin invitarnos a concluir que todo lo que ocurre en estos círculos es actividad divina. La mayoría de los movimientos de avivamiento en la historia incluyen elementos de fragilidad humana junto con lo divino (nota, por ejemplo, las evaluaciones de Jonathan Edwards sobre el Primer Gran Despertar).[15] Dios obra a través de personas falibles; no hay otro tipo.

Alcanzar el equilibrio correcto entre lo subjetivo y lo objetivo es más fácil decirlo que hacerlo, y no todos dibujaremos la línea en el mismo lugar. Durante las intensas efusiones del Espíritu (como en 1 Sm. 19:20-24; Hch. 10:44-46; 19:6, 11-12), Dios puede actuar de formas inusuales que trascienden nuestras limitaciones habituales. Algunos de los que criticaron la "risa santa" en recientes reuniones de renovación probablemente desconocen que ha ocurrido en algunas efusiones anteriores del Espíritu;[16] el Espíritu no genera exclusivamente llanto (como en algunos avivamientos más conocidos en la historia).[17] Un fruto del Espíritu es, después de todo, el gozo (Gál. 5:22), y esta fue la principal característica registrada de una de las experiencias corporativas del Espíritu en Hechos (Hch. 13:52; ver Rom. 14:17; 15:13; 1 Ts. 1:6).

Con frecuencia, sin embargo, la subjetividad radical genera errores que perjudican a las personas: profecías inexactas, demasiada intensidad emocional para

---

[14] La mayor parte de este material está adaptado y condensado de Keener, "Biblical Fidelity", especialmente, 38.

[15] En *Distinguishing Marks of a Work of the Spirit of God* (1741) y *Religious Affections* (1746), Edwards señala "efectos corporales" (incluidos los desmayos) que acompañaron el resurgimiento de su época pero que fueron incidentales a su carácter transformador.

[16] Ver, por ejemplo, Robeck, *Mission*, 12 (Avivamiento de la calle Azusa, 1906); Anderson, *Ends of Earth*, 173 (metodistas en Chile en 1909), 200 (presbiterianos chinos en 1929); Shaw, *Awakening*, 187 (el avivamiento de Shantung en el norte de China en la década de 1930, sobre la participación bautista, ver Crawford, *Shantung Revival*). También experimenté esto cuando, en 1975, dos días después de mi conversión, fui primero lleno del Espíritu. Todo lo que sabía al respecto en ese momento era que, por primera vez en mi vida, experimenté una alegría genuina y sublime. La alegría espiritual (en oposición a la celebración de eventos deportivos o familiares) es un área en la que los cristianos occidentales tienen mucho de qué aprender, por ejemplo, de nuestros hermanos y hermanas de África, América Latina o incluso la tradición cristiana celta anterior.

[17] Cf. ambos "éxtasis" alegres y, entre los inconversos, lamentación entre los primeros bautistas en los Estados Unidos en Kidd y Hankins, *Baptists*, 87. El desmayo y otras acciones motoras involuntarias también eran comunes en la historia del avivamiento (p. ej., Dunn, *Jesus and Spirit*, 192 ; Wolffe, *Expansion*, 57-59; Vidler, *Revolution*, 238; Synan, *Tradition*, 12-14; Moore, "Quakerism", 338; Rosen, "Psychopathology", 235-37; Kidd y Hankins, *Baptists*, 89).

los espíritus humanos más débiles, interpretaciones erróneas sobre la autoridad espiritual, y así sucesivamente. Sin embargo, hay un camino a seguir: nuestra relación subjetiva con Dios puede estar anclada en el estudio objetivo de la Palabra de Dios.[18]

Hace unos años, Jim Bakker predicó un mensaje de prosperidad en The PTL Club (llamado después "El Show de Jim y Tammy"). Más tarde confesó que estaba tan ocupado con el ministerio que no tuvo mucho tiempo para leer la Biblia por sí mismo; así promovió lo que sus amigos enseñaban, asumiendo que lo habían leído en contexto. Durante su tiempo posterior en prisión, tuvo mucho más tiempo para leer la Biblia que antes. Para su horror, se dio cuenta de que había estado enseñando exactamente lo contrario de lo que Jesús enseñó acerca de las posesiones.[19] (Para su crédito, después cambió su enseñanza, pero su mensaje revisado atrae menos interés en el mercado de consumidores espirituales de los Estados Unidos.) El aceptar como correctas las interpretaciones de las Escrituras de algunas personas solo porque son personas "espirituales" nos hacen inmunes a las Escrituras que nos corrigen. Estas también son "tradiciones", incluso a veces muy nuevas.[20]

Leer la Biblia de manera diferente a como leeríamos textos comparables en género puede ser recomendable si nos referimos a escuchar la voz de Dios en la Biblia. Pero dado que Dios inspiró muchos textos bíblicos en géneros literarios existentes, también deberíamos leer la Biblia como textos en estos géneros. Es decir, los principios literarios a través de los cuales leemos la Biblia no son diferentes de la forma en que leemos textos análogos en los mismos géneros literarios. Aquellos que tratan la Biblia de manera diferente a menudo lo hacen con un juego de ruleta rusa bíblica: aprovechar aleatoriamente versículos aislados del contexto de una manera que nunca haríamos con otros textos.[21] El género de los proverbios proporciona puntos breves y sucintos, siempre que los escuchemos en el marco del género proverbial (es decir, como declaraciones generales de principios), pero la mayoría de los géneros no funcionan de esta manera.

Algunos Predicadores Carismáticos de Televisión

A menos que los más entusiastas hoy sobre la hermenéutica pentecostal estén completamente aislados de los círculos populares, deben ser conscientes de que en el tema, separados de la protección de los estudiosos[22] y la atención al contexto,

---

[18] Keener, "Biblical Fidelity," 38.
[19] Ver Bakker, *Wrong*, 531–44.
[20] Keener, "Biblical Fidelity," 39.
[21] Cf. la queja en Green, *Seized*, 69, sobre el uso de la Biblia "como un libro de citas para obtener apoyo autoritario para neustras propias palabras, como una colección de proverbios para respaldar las convicciones morales, o quizás como un cofre del tesoro de los que comienzan debates".
[22] Algunas interpretaciones fantasiosas pueden aparecer en algunos círculos pentecostales, pero "no se enseñan en las universidades y seminarios pentecostales, y no representan una hermenéutica pentecostal legítima" (Anderson, "Pentecostal Hermeneutics").

Lecturas "Pentecostales" Inocentes vs Lecturas Pentecostales Bíblicamente Sensibles

alguna interpretación carismática popular es indisciplinada y necesita corrección. (Mi queja aquí podría no parecer muy posmoderna, pero ya he mencionado algunos tipos de reclamos populares que circulan en nombre del Espíritu).[23]

Por ejemplo, algunos intérpretes populares vinculan las identificaciones bíblicas sin tener en cuenta los contextos,[24] produciendo frases tan extrañas (y no bíblicas) como esta: somos la voluntad de Dios.[25] Si no se controla, este principio interpretativo puede producir distorsiones sin sentido: por ejemplo, Jesús es la justicia de Dios (1 Cor. 1:30) y nosotros también (2 Cor. 5:21), entonces somos Jesús.[26] Este método puede producir consecuencias devastadoras incluso en textos adyacentes: por ejemplo, Dios es amor (1 Jn. 4:8, 16), y como él es así somos nosotros en este mundo (4:17), entonces somos amor y somos Dios. La "propiedad transitiva de la igualdad" ($a = b$, $b = c$, por lo tanto, $a = c$), valiosa para la geometría euclidiana, conduce a conclusiones erróneas cuando se aplica a la literatura descontextualizada. De hecho, incluso en la lógica geométrica, se debe tener en cuenta que (a) puede incluir (b) sin necesariamente igualar (b) con precisión; y (a) y (b) pueden superponerse sin ser iguales.

En promedio, se obtendrá una mejor exposición de la Biblia de los predicadores evangélicos tradicionales de la televisión que de muchos predicadores carismáticos. Esto no se debe a que los primeros no leen su teología en la Biblia —algunos lo hacen con respecto a su escatología, cese de los dones u otras doctrinas— sino porque los primeros generalmente se enfocan en la exposición bíblica, mientras que los últimos a menudo se centran en sanaciones instantáneas.

De acuerdo, la dieta de los programas televisivos carismáticos populares difiere del alimento estándar en la mayoría de los púlpitos pentecostales y carismáticos; los pastores deben alimentar a su rebaño con una dieta más consistente de lo que permiten muchos ministerios de televisión. Sin embargo, estas cifras solo alcanzan el éxito porque son seguidas y respaldadas por muchas personas, a menudo jóvenes creyentes o analfabetos bíblicos, además de textos de prueba relevantes. Además, conozco y considero como amigos muchas excepciones que realmente buscan proporcionar una enseñanza sólida.

Además, apelar a las necesidades sentidas es una forma de obtener una audiencia para el evangelio en un mercado secular abarrotado de llamados de atención. Ciertamente, Jesús sanó y liberó como señales que llamaron la atención sobre el mensaje del reino y también demostraron su carácter. Esto abordaba directamente las necesidades serias, y Jesús usualmente enseñaba con historias y dichos

---

[23] Si necesito ofrecer otro, estaba presente cuando un candidato a presidente de la clase de primer año en una universidad bíblica afirmó que el Espíritu lo había llevado a huir. Después de ese reclamo ganó fácilmente, pero después de soportar un año de lidiar con compañeros indisciplinados, el Espíritu no lo llevó a postularse para el segundo año de la presidencia.
[24] Por ejemplo, Capps, *Tongue*, 17, 71.
[25] Hagin, "Authority in Prayer " (una conferencia en cinta de cassette).
[26] O, Jesús es Señor y también lo es el Espíritu (2 Cor. 3:17, que interpreta el lenguaje de Éxodo 33-34), así que Jesús es el Espíritu Santo; y si somos Jesús, entonces también somos el Espíritu. Si hemos pecado, y somos Jesús, ¿ha pecado Jesús?

memorables. Sin embargo, también planteó acertijos para hacer pensar a su público y, como hemos visto, conocía las Escrituras en su contexto y su mensaje estaba totalmente de acuerdo con el corazón de las Escrituras.

¿Rompiendo Maldiciones Generacionales?

Sin embargo, hay círculos carismáticos donde este enfoque parece ser la última moda espiritual que se respira. Algunos cabalgan sobre la cresta de estas olas de moda, robando sus palabras proféticas "cada uno de su más cercano" (Jer. 23:30). Para lograr "avances" en la prosperidad financiera, las enseñanzas populares han pasado de sembrar semillas en la fe hasta arrojar espíritus de pobreza y romper maldiciones generacionales.[27] En muchos de estos casos, el predicador ejerce el poder de brindar liberación sobrenatural a los seguidores a través de una oración o fórmula

Nuevamente sabemos que, un concepto como "maldiciones generacionales" puede tener algún precedente bíblico. Los niños a menudo caminan en el comportamiento de sus padres (por ej., Gn. 12:13; 20:2; 26:7), y caminar en la forma de nuestros antepasados puede cosechar sus bendiciones o juicios (por ej., Éx. 20:5-6; Dt. 5:9-10, 7:9). Tampoco niego que los practicantes son a menudo sinceros, y que Dios a menudo responde a un corazón desinformado pero sincero. Pero la solución bíblicamente especificada para la desobediencia ancestral no es la oración de liberación formulada por algún predicador prominente, sino que uno se aparta de los caminos de los antepasados para obedecer la palabra de Dios. Este reconocimiento invita a la enseñanza acerca de cómo reconocer los pecados hereditarios familiares y culturales y cómo apartarse de ellos, no de las experiencias de crisis del consumidor.[28]

Las maldiciones, especialmente en el sentido de brujería en algunas culturas,[29] difieren de los juicios ancestrales. Las Escrituras también son conscientes de la realidad de las maldiciones (por ej., Gn. 27:12-13; Núm. 22:6, 11-12; 24:10; Prov. 26:2), una realidad que se capta más fácilmente en las sociedades que las practican. Las sociedades que practican tales maldiciones pueden practicarlas de maneras diferentes a las culturas bíblicas, y los principios bíblicos aún pueden aplicarse. Ya que pararse contra los ataques del mal (Ef. 6:11-13) requiere fe (6:16), estar de pie con oraciones autorizadas tiene sentido (ver Mc. 11:23). Obviamente, la primera

---

[27] Para la historia y la crítica de algunos ministerios de liberación, vea Collins, *Exorcism*.
[28] En los grandes avivamientos, las experiencias de crisis funcionaron como parte de la narrativa de la conversión. Estas fueron, sin embargo, experiencias profundas de arrepentimiento que normalmente llevaron a vidas transformadas, no simplemente bendiciones repetidas. Caminar con el Señor normalmente producirá muchas experiencias con él, y los carismáticos son buenos al pedir experiencia en respuesta a la enseñanza. Pero la búsqueda habitual de soluciones "nuevas", en algunos círculos, cuando las antiguas no afectaron el cambio deseado, necesita ser seriamente calificada para enfocarse más en servir los propósitos de Dios.
[29] Para que nadie dude de que el poder espiritual hostil puede ser real, véase, por ejemplo, Ex. 7:11, 22; 8: 7; Nm. 22: 6, 12; Mt. 24:24; Mc. 13:22; Hch. 8:11; 13:6; 2 Ts. 2:9; Ap. 13:13. Estos ejemplos representan diferentes formulaciones culturales de tal poder; se puede expresar de varias maneras en varias sociedades.

respuesta de un cristiano debe ser recurrir a Dios en oración o enfrentar ataques en el nombre de Jesús.[30]

Sin embargo, un enfoque a veces perdido de la enseñanza bíblica con respecto a las maldiciones es que debemos evitar merecerlas (Núm. 23:8; 31:16; Prov. 26:2), y que Dios puede ignorar las maldiciones para aquellos que tienen su favor (2 Sam. 16:12). De hecho, aunque Dios normalmente maldecirá a los que nos maldicen (Gn. 12:3; 27:29), Jesús nos invita a bendecirlos a cambio (Lc. 6:28; ver Rom. 12:14; 1 Pe. 3:9). El perdón demuestra la confianza de que dependemos de Dios para defendernos; él luego escucha nuestras oraciones de dependencia (Mt. 6:14-15; ver 1 Pe. 3:7, 12). De hecho, la Escritura es explícita en cuanto a que el no perdonar a alguien que está arrepentido queda en manos del demonio (2 Cor. 2:10-11).

Mi interés no es esta doctrina particular, sino usarla como ejemplo de lo que parece indicar su difusión desenfrenada. Demasiado a menudo seguimos modas que, ya sea originalmente relacionadas con ideas bíblicas o no, se desarrollan de acuerdo con prácticas populares y caprichos espirituales en lugar de un cuidadoso estudio bíblico. Bíblicamente inmaduros y que no creciendo en el conocimiento de Cristo, somos soplados por muchos vientos de enseñanza (Ef. 4:14). Se supone que los verdaderos ministros de la palabra (apóstoles, profetas, evangelistas y pastores-maestros, 4:11) nos protegen de eso (4:11-13), y aquellos que hacen lo contrario funcionan como lo contrario de los verdaderos ministros de la palabra, como sea que se llamen a sí mismos (4:14).

Las Enseñanzas de la Palabra de Fe

Los maestros populares de la Palabra de Fe son conocidos por citar las Escrituras fuera de contexto; no obstante los adherentes a veces insisten en que el Espíritu apoya su lectura. Considere, por ejemplo, el uso de "ahora fe" en Heb. 11:1 con respecto a creer para bendición inmediata.[31] Desafortunadamente, el término griego que las versiones de la Biblia de estos maestros presentan como "ahora" (p. ej., versiones en inglés como, KJV, NASB, NVI, ESV e incluso NRSV) no es el adverbio griego que significa "ahora"; es simplemente una conjunción sin ningún

---

[30] Tenemos un precedente bíblico para ordenar la salida de los demonios que están en las personas; Dios también a menudo honra tales actos, si se dirigen en fe hacia él, con respecto a la actividad espiritual menos directa. Con respecto a los principados celestiales, sin embargo, nuestro conflicto requiere que estemos de pie (Ef. 6:11-14) y perseveremos en la oración (Dn. 10:12-13, 20-21), no nos dirigimos a ellos ni los "rechazamos" como en algunas tradiciones carismáticas. El Espíritu puede dirigirnos a acciones proféticas simbólicas con un significado más amplio (por ejemplo, Ez. 36:1, 4, 6, 8), pero esta no es una fórmula mágica para arrojar poderes angélicos si se hace lo suficiente (véase 2 Pe. 2:10-11, Judas 8-10). Contraste Copeland, *Laws*, 104 (en 105 se dirige a Satanás en una "oración de muestra"); Capps, *Tongue*, 126.

[31] Hagin, *What Faith Is*, 3-4, 6, 12, 18, 20, 30; Nuevos umbrales de fe, 11; véase también *The Word of Faith* (marzo de 1983): 3. Incluso la palabra temporal "ahora" es un adverbio, no un adjetivo para modificar un sustantivo como "fe". Tenga en cuenta que el nivel popular funciona, especialmente por Hagin, pasó por numerosas ediciones y la fecha de publicación no siempre es clara en el libro mismo.

significado temporal.[32] El contexto indica que el tipo de fe articulada aquí es la fe que soporta el sufrimiento presente en la esperanza de una recompensa futura (10:32-39; 11:8, 13-16, 26, 33-40; 12:1-3).

En contexto, el ladrón que viene a robar, matar y destruir en Jn. 10:10 no es específicamente el diablo[33] sino más bien cualquiera que explota a las ovejas para sus propios intereses (10:1, 8, 12), más específicamente ejemplificado en el contexto precedente por los fariseos que expulsaron a un creyente de la sinagoga (9:34-41). Del mismo modo, el "los millares de animales en los collados" (Sal. 50:10) significa que Dios no depende de los sacrificios de su pueblo (50:7-14), no que Dios está ofreciendo vender algo para darnos el dinero en efectivo.[34]

Los ángeles ministradores en Heb. 1:14 no se refieren a ángeles puestos a nuestra disposición y sujetos a nuestro mandato.[35] "Enviados para prestar servicio" no significa "enviados para prestar servicio al mando de", sino "enviados a prestar servicio para el beneficio de". En cambio, el contexto indica que Cristo es más grande que los ángeles que mediaron la ley (1:4-8; 2:2-3), y el texto presumiblemente evoca la idea de ángeles guardianes ya conocidos a la audiencia de ese autor;[36] incluso nuestro Señor Jesús no pretendió ordenar a los ángeles, pero señaló que si los necesitaba, le pediría al Padre (Mt. 26:53).[37]

Confesar la fe con la boca puede reflejar un principio bíblico,[38] pero un texto clave que los maestros de fe usan regularmente para este principio se aplica directamente solo para confesar a Cristo como Señor (Rom. 10:9-10).[39] Dios, y no Abraham, habló lo que encontramos en Rom 4:17.[40] Imitar a Dios en el contexto de Ef. 5:1 no tiene nada que ver con crear realidades con nuestras palabras,[41] sino con

---

[32] A menudo, consultar múltiples traducciones evitaría este tipo de problema, pero en este caso sería necesario verificar el griego o un interlineal.
[33] Pace Copeland, *Laws*, 63.
[34] Para las mil cabezas de ganado que indican la riqueza de Dios, véase, por ejemplo, Hagin, *Redeemed*, 9. Aunque este no es el punto en el contexto, que enfatiza que Dios es dueño de todo, es cierto que los recursos de Dios son ilimitados. El problema hermenéutico es que en la interpretación popular, la aplicación ha reemplazado el punto primario del texto.
[35] Pace Hagin, *Visions*, 126; *Prayer Secrets*, 20; Copeland, *Laws*, 104; Capps, *Tongue*, 57. Enviar a los espíritus a trabajar por nosotros aparece en hechicería en algunas culturas; ver, por ejemplo, Fuchs, "Techniques", 129.
[36] Ejemplo, Tob. 5:22 (el lector informado captará la ironía aquí); Heb. 1:14; Mat. 18:10; *L.A.B.* 11:12; 59: 4; t. *Shab.* 17: 2-3; *Sipre Num.* 40.1.5; *Gen. Rab.* 44: 3; 60:15; *Song Rab.* 3:6, §3; Hermas 1.5. Le Cornu, *Acts*, 654, cita además algunos de estos *L.A.B.* 15: 5; *Jub.* 35:17; b. *Hag.* 16a; *Ta'an.* 11a; ver también Davies y Allison, *Matthew*, 2: 770-72.
[37] Los ángeles guardianes nos protegen como en Salmos 91:11, a las órdenes de Dios ("Él los mandará acerca de ti"), pero andar usándolos según nuestro placer o discreción es usar Sal. 91:11 como Satanás lo usa en Mt. 4:6-7.
[38] Todos los textos citados en apoyo de esto por Capps, *Tongue*, 42, 65-69, 80ff., Se utilizan fuera de contexto.
[39] Para un contexto más completo, ver, por ejemplo, Keener, *Romans*, 125-26.
[40] Pace Hagin, *What Faith Is*, 26-27. Su exposición de Rom. 4 también choca con la variante textual, aunque podemos al menos apreciar su intento de basar su enseñanza sobre la fe en las Escrituras, en contraste con muchos que ignoran el tema en las Escrituras. Él reconoce que uno no puede reclamar lo que las Escrituras no prometen; ver *Matter of a Mate*, 1-2 (diferente de Capps, *Tongue*, 20).
[41] Capps, *Tongue*, 103, 114, 126; cf. su perversión del nacimiento virginal y la encarnación como una confesión positiva en *Tongue*, 15-16. Tales excesos no provienen, aunque son consistentes con, la afirmación de Hagin de que los creyentes son Cristo o divinos (*Auhtority*, 11-12; *Zoe*, 41; *Name of Jesus*, 105-6; ver *Zoe*, 35-36, 40, 42; Copeland, *Laws*, 15). Los asociados que estudiaron en Rhema me aseguran que solo quiso decir que dependemos y servimos a Cristo como su cuerpo; aún así, dado el peligro de las distorsiones de los Hijos Manifestados (por

Lecturas "Pentecostales" Inocentes vs Lecturas Pentecostales Bíblicamente Sensibles

amar y perdonar como él lo hizo (4:32-5:2). Marcos 11:23 es probablemente sobre el hablar profético, y por lo tanto está condicionado al respaldo de Dios. Como señala Lamentaciones, "¿Quién será aquel que diga que sucedió algo que el Señor no mandó?" (Lam. 3:37).

A pesar de tales críticas, algunos de los mismos maestros de la Palabra de Fe han reconocido la importancia del contexto, y que sin prestar atención al contexto uno podría hacer que los textos digan virtualmente cualquier cosa.[42] Algunos de ellos han reconocido que la revelación de la Escritura misma tiene prioridad sobre cualquier otro reclamo de revelación.[43] Otros han sido menos cuidadosos.[44] Sin embargo, si incluso algunos maestros clave de la Palabra de Fe reconocen la importancia del contexto al menos en principio, cuánto más debemos reconocerlo, en la medida en que debemos apelar al contexto para desafiar sus enfoques.

Modelos Genuinos de Fe en la Biblia

Decir que los maestros de fe a menudo han tomado las Escrituras fuera de contexto no es pretender que la Biblia no enseña acerca de la fe.[45] De hecho, proporciona muchos modelos bíblicos de fe que son claros en su contexto; los maestros de la fe podrían abordar su tema de forma más útil y de forma más equilibrada si prestaran más atención al contexto.

Un ejemplo obvio sería Abraham, un modelo prototípico de fe. Abram demuestra fe obediente obedeciendo el llamado de Dios a la luz de la promesa de Dios (Gn. 12:1-4), así como en la fe explícitamente justificadora de Gn. 15:6 que Pablo destaca. Pero se ejemplifica especialmente cuando ofrece a Isaac (22:1-18,

---

ejemplo, Sam Fife, *Seven Steps to Perfection*, 12; ídem, *Why All Things Work for Good*, 9), habría sido útil para él haber calificado dicho lenguaje explícitamente.

[42] Hagin, *Ministering*, 8; Hagin Jr., *Faith Worketh by Love*, 3; ídem, *Itching Ears*, 14. Al menos a veces Kenneth Hagin explicó el contexto cuidadosamente, por ejemplo, 1 Juan 5 en *Visions*, 73; Hechos 13: 28-33 en *Present Day Ministry*, 11; partes de Efesios 1:17-2: 1 (*Authority*, 7-11, aunque gran parte de este libro simplemente repite el trabajo de John A. Macmillan, véase McConnell, *Different Gospel*, 69-71). También cita con aprobación a los eruditos griegos, incluso si es para apoyar una interpretación errónea del griego; por ejemplo, *Zoe*, 9. Tal vez lo más importante, Hagin hacia el final de su vida criticó algunos de los extremos actuales del movimiento (*Midas Touch*, especialmente 131-204).

[43] Hagin, *Ticket*, 5; *Ministering*, 11; *Visions*, 20, 33; *What Fath Is*, 27; cf. *Authority*, 21; *Led By the Spirit*, 84; Hagin Jr., *Faith Worketh by Love*, 3; discusión en Harrell, *Possible*, 234.

[44] Gloria Copeland ha sugerido que Pablo erróneamente no tomó autoridad sobre su aguijón en la carne ("Thorn", 5; este artículo me fue suministrado por cortesía de Jesse K. Moon). Algunos maestros de la Palabra de Fe distorsionan la naturaleza de la Escritura en un simple contrato que deletrea los derechos de los cristianos; ver Capps, *Tongue*, 8, 14, 106, 116; Copeland, *Laws*, 40. Así, las "leyes" bíblicas funcionan igual de bien para cualquiera (por lo tanto, Capps, *Tongue*, 103; Copeland, *Laws*, 20-21; véase 32: "los judíos" las usan). Dios es reducido así a "un Dios de fe" (Hagin, *Name of Jesus*, 11; Capps, *Tongue*, 103), no digno de nuestra fe si causa sufrimiento para su gloria (Hagin, *Don't Blame God*, 3-4) y ser llamado mentiroso si no cumple con su pacto de suplir las necesidades confesadas en fe (Hagin, *Prayer Secrets*, 22). Vea la crítica en Bishop, "Prosperity", 14.

[45] De hecho, algunas de las ideas del movimiento de fe contemporáneo surgieron originalmente, y con un equilibrio global mucho mayor, en la enseñanza bíblica de fe del siglo XIX, como la de Hudson Taylor y A. J. Gordon; ver ampliamente la documentación en King, *Only Believe*.

Heb. 11:17-19, Stg. 2:21-23), que culmina en la narración más amplia de Abraham en Génesis. Rastrear el desarrollo de Abraham como una persona de fe, como un personaje textual, nos anima a que también podamos madurar en la fe caminando con el Dios fiel.

Por lo tanto, reconocemos que Abram ya tiene una fe digna en Gn. 15:6; él confía en la promesa de Dios. Sin embargo, el contexto califica esta fe; Dios ya le había prometido a Abram descendencia y tierra (12:1-2). Sin embargo, en Génesis 15, Abram pregunta acerca de los descendientes (15:2-3). Entonces Dios reitera la promesa más específicamente (15:4-5), y Abram confía en el que realmente es digno de confianza (15:6). Inmediatamente después, Abram pregunta cómo puede saber que Dios le dará la tierra (15:8), inmediatamente después de Dios haber reiterado esa promesa (15:7). Dios entonces confirma esa promesa (15 9-21). La siguiente escena que narra Génesis, sin embargo, representa a Abram y Saraí usando a Agar para llevar a Abram un hijo (16:1-2). Esto no es incredulidad, Dios aún no había especificado que el hijo de Abram vendría directamente por medio de Sara, pero tampoco es el tipo de fe que Abraham expresa en Génesis 22.

Por el contrario, en Génesis 22, Abraham debe actuar con fe en el Dios que le habló, sacrificando incluso la misma promesa por la que había esperado tantos años. La fe justificadora que Dios toma como justicia, como en Gn. 15:6, es fundamental. Pero experimentar la fidelidad de Dios a través de años de prueba nos inicia a un nivel más profundo de fe, un nivel de fe que confía en Dios sin importar qué, porque sabemos que, sea lo que sea, Dios es digno de confianza.[46] Hemos llegado a conocerle, reconociendo su carácter; y entonces confiamos en él. Esta no es una fe por la cual podamos tomar el crédito como si la hubiéramos obtenido con nuestros esfuerzos; es una fe que fluye de la confiabilidad de Dios.

También podríamos considerar a la mujer con un flujo de sangre (Mc. 5:34). Debido a su condición, no debe arriesgarse a tocar a las personas en la multitud, y ciertamente no debe tocar la ropa de Jesús; contacto con su impureza incluso de segunda mano (Lv. 15:26-27). En su desesperación, sin embargo, ella viola las regulaciones de pureza y toca el manto de Jesús (Mc. 5:27-28). Esta es una fe escandalosa, y Jesús responde reconociendo públicamente su toque (5:31-34).[47] Aunque este reconocimiento podría hacer que parezca sucio a los ojos de los demás, Jesús no se avergüenza de identificarse con nosotros en nuestra inmundicia y quebrantamiento. La mujer se va curada.

Hebreos 11 es una obra maestra retórica.[48] Enumera varios héroes de la fe, incluido Abraham, quienes por la fe ofrecieron sacrificios en su presente porque

---

[46] Esto difiere de la forma en que Kenneth Hagin se expresa en *Prayer Secrets*, 22: "La ofrenda fue de aproximadamente $20 por debajo de lo que habíamos reclamado... si no estuviera allí, tendría que ir a todas las iglesias donde había predicado y decirles que Jesús era un mentiroso y que la Biblia no era así. Si no funcionaba, quería tirarlo. Soy así de honesto". De hecho, en la práctica probablemente se le ocurrió otra explicación y esperó (véase *Prevailing Prayer*, 75), pero una redacción desaconsejable como esta puede socavar la fe de las personas.

[47] Los discípulos de Jesús tratan de tocarlo (Marcos 5:31) como el equivalente a tocar sus vestiduras (5:30), como lo hace la paráfrasis de Marcos hecha por Lucas (Lucas 8:45).

[48] Keener, *Background Commentary*, 658: "Sigue la práctica literaria frecuente llamada retrospectiva histórica, un resumen de la historia judía para hacer un punto particular, como en textos como Hechos 7, 1 Macabeos 2:49-69 y

confiaban en la promesa futura de Dios. La narración concluye en 12:2 con el héroe máximo de la fe: el fundador y cumplidor de nuestra fe, Jesús, quien soportó el sufrimiento final con la esperanza de la máxima exaltación. Como Heb. 11:32 reconoce, los ejemplos bíblicos de fe podrían multiplicarse.

Estos relatos representan la fe de múltiples formas, no solo la fe a menudo celebrada por los populares maestros de fe. La mujer con flujo de sangre necesitaba un encuentro inmediato con el poder de Jesús; Abraham y otras personas de fe en Hebreos 11 perduraron porque creyeron en la promesa futura de Dios. La Escritura enseña acerca de ambos tipos de fe.

Muchos ejemplos bíblicos de fe en Dios nos invitan a profundizar en la fe también. Contra algunos profesores populares de fe, no podemos simplemente hacer promesas a otros por nosotros mismos cuando sus circunstancias son diferentes; Dios trabaja de manera diferente con todos nosotros, así como él obró de manera diferente con diferentes personas en la Biblia. Sin embargo, así como el Espíritu dirigió a todas las iglesias a través del mensaje distintivo dado a cada una de las siete iglesias en Asia Menor (Ap. 2:7, 11, 17, 29, 3:6, 13, 22), podemos aprender de la formas en que Dios obró con otros. Las promesas a los demás nos ayudan a darnos cuenta de la variedad de formas en que Dios sí trabaja.

Un Ejemplo Positivo: Releyendo 1 Corintios 14 de Manera Experiencial

¿Qué pasaría si leemos 1 Corintios 14 con simpatía, no solo como un correctivo para los cristianos corintios del primer siglo, sino también como una contra-apelación de Pablo que describía una forma ideal de hacer iglesia (14:5-6, 13-19, 24-33, 39-40) a la que también podemos aspirar? Creo que tal enfoque desafiaría el cesacionismo práctico de la mayoría de nuestras iglesias con respecto al ejercicio público de la mayoría de los dones espirituales (excepto el de pastor-maestro).

Durante sus primeros siglos la iglesia se reunió en gran parte en hogares. Aunque ningún lugar de reunión es obligatorio—y no me arrepiento de mis muchos años como ministro asociado en una mega iglesia bautista afroamericana— la dinámica en nuestros "servicios" tradicionales difiere marcadamente de la dinámica interpersonal de las iglesias hogareñas del NT. Al menos en principio, los grupos más pequeños permiten la participación de todos los miembros, idealmente invitándolos a contribuir con sus dones espirituales. Incluso las iglesias pentecostales típicas que maximizan la participación en la adoración hoy, no pueden permitir que todos los miembros profeticen uno por uno (14:31); ellos son muchos. De hecho, ¡imagínense cuánto duraría un servicio de adoración si mil miembros profetizaran uno por uno! O imaginen, de manera más realista, si cada

---

Eclesiástico 44-50.... El escritor construye el capítulo alrededor de un dispositivo literario llamado anáfora (repetición de una palabra o palabras de apertura), comenzando cada nueva cuenta con la misma palabra griega, "por fe".

uno trajera algún don para edificar a otros, ya sea una canción nueva, una profecía, una enseñanza, etc. (14:26).

La iglesia de Jerusalén tenía disponible un gran espacio público donde, durante algunos períodos de la formación de esta comunidad, podían reunirse a pesar de su creciente número. Por lo tanto, podríamos hablar de una especie de megaiglesia en Jerusalén; enseñar a números grandes de personas simultáneamente no es antibíblico, siempre que tengamos los medios para acomodarlos. Sin embargo, incluso durante este período en Jerusalén, los creyentes también se reunieron de casa en casa, adoptando una dinámica relacional.[49] Las reuniones grandes tienen ventajas claras, pero si perdemos la dinámica de las relaciones cara a cara en la iglesia, como lo que hoy llamamos grupos pequeños,[50] perdemos parte de lo que bíblicamente significa ser el cuerpo de Cristo el uno para el otro. Las iglesias más grandes necesitan encontrar formas (ya sea de grupos celulares u otras) para llevar a las personas a relaciones mutuamente edificantes, aprovechando y cultivando los dones distintivos de los miembros.[51]

En 1 Corintios 14, todos los miembros deben traer sus dones para edificar el cuerpo de Cristo. Debido a que este es un ideal, las circunstancias pueden mitigar su implementación completa. Uno se pregunta, sin embargo, porqué el ideal se mitiga tan ampliamente y si no nos falta algo fundamental sobre lo que significa ser la iglesia en conjunto. Por supuesto, tal observación no debe limitarse a 1 Corintios 14. La vida ideal de la iglesia más antigua representada en Hechos 2 sugiere que debemos estar tan involucrados en las vidas de los demás que sacrificamos nuestras posesiones para asegurarnos de que todos tengan lo suficiente.[52]

Es cierto que cualquier persona que haya pastoreado o asesorado de manera sensible a las personas, reconoce que el rol pastoral del pastor incluye tratar con las personas en sus situaciones reales. Proféticamente convocar a la iglesia al ideal debe equilibrarse con la sensibilidad pastoral. Sin embargo, debemos trabajar para ambos, manteniéndolos en tensión.

---

[49] En el ministerio de la iglesia, también noté, en más de una iglesia, que aunque al menos una persona cada semana explicaba en nuestros servicios cómo saber que uno tenía vida eterna, algunos asistentes regulares entendieron esto solo cuando se lo expliqué personalmente.

[50] También llamados grupos celulares, grupos de discipulado, grupos de estudio bíblico, etc. En el primer siglo, estas eran iglesias de casas; en la década de 1700, John Wesley los llamó Sociedades Metodistas, Reuniones de Clase y Sociedades de Bandas, similar a su propia experiencia anterior en Oxford al dirigir el Holy Club.

[51] Los escritores no carismáticos también han ofrecido exposiciones valiosas y equilibradas de pasajes sobre dones espirituales; estos incluyen Carson, *Showing Spirit*; Hemphill, *Gifted*; sobre escuchar a Dios, Blackaby y King, *Experiencing God*. Aunque uno puede objetar con algunos puntos en estos escritores, los carismáticos no tenemos unanimidad entre nosotros en todos los puntos.

[52] Abordé esta cuestión más extensamente en Keener, *Acts*, 1:1012-28; a nivel popular, ver ídem, "Money". Particularmente extensa y útil, vea Blomberg, *Poverty*.

Lecturas "Pentecostales" Inocentes vs Lecturas Pentecostales Bíblicamente Sensibles

Conclusión

El Espíritu ha usado impulsos populistas para impulsar el movimiento cristiano en todas partes. Sin embargo, las lecturas innecesariamente indisciplinadas y desinformadas han producido enseñanzas que, cuando no se controlan, han producido mucha desilusión y, a menudo, incluso apostasía entre muchos seguidores de Cristo. Las enseñanzas sobre las maldiciones generacionales, la prosperidad y, de diversas maneras, controlar nuestros propios destinos a menudo han demostrado ser más atractivas en nuestra cultura de consumo que en entrenar para la evangelización personal, confiar en Dios durante las dificultades o leer las Escrituras en contexto.

La lectura experiencial es importante, pero debe ser genuinamente coherente con el mensaje del texto que es canónico para el cuerpo de Cristo. Los principios básicos como el contexto literario y la sensibilidad a los antiguos entornos culturales de los libros bíblicos contribuirían en gran medida a restringir la interpretación "carismática" indisciplinada. La hermenéutica del Espíritu genuina para la comunidad debe reconocer y someterse a los parámetros establecidos por la forma del texto bíblico mismo.

CAPITÚLO 18

¿La Comunidad Pentecostal Global como una Red Segura?

Algunos apelan a la comunidad de interpretación pentecostal para mantenernos al día escuchando el Espíritu. Si bien hay algo de valor en este enfoque, creo que es limitado. Cuando nuestros puntos de vista divergen de estándares cristianos más amplios, nos invitan a una mayor inspección. Además, ya exploramos algunos elementos comunes en la hermenéutica del Espíritu, como lecturas humildes, experienciales, escatológicas e interculturales. Pero el pentecostalismo, incluida la erudición pentecostal y carismática, actualmente es demasiado diverso para ofrecer tanta orientación sobre los detalles.

Comunidad e Interpretación

Abordé brevemente el tema de las comunidades de interpretación cuando analicé enfoques orientados al lector en el capítulo 5. Las comunidades de interpretación se han vuelto prominentes en la discusión hermenéutica y teológica, y muchos que hablan de la hermenéutica del Espíritu enfatizan el papel de la comunidad.[1] Los académicos cristianos a menudo encuentran que ellos mismos necesitan cumplir con diferentes reglas básicas en la academia y la iglesia, y esto es comprensible. Sin embargo, para la devoción y la edificación de la iglesia, la exégesis ocurre dentro de la comunidad de creyentes.[2] Hechos 15:28 sugiere el valor de una comprensión comunitaria verdaderamente dirigida por el Espíritu;[3] la comunidad de aquellos que escuchan al Espíritu también es responsable de evaluar los reclamos individuales de revelación (1 Cor. 14:29).

Varios escritores sobre la hermenéutica pentecostal enfatizan la cuestión de la comunidad; tal énfasis no es extraño, dado el papel de la comunidad hoy en día en la teología, la filosofía y las ciencias sociales (por ejemplo, la teoría de sistemas) de manera más general. Naturalmente, cualquier comunidad buscará contextualizar los

---

[1] Por ejemplo, Spawn y Wright, "Emergence", 16, citan aquí, entre otros, Yong, *Spirit-Word-- Community*; ídem, "Trialectic." Ver también Wyckoff, *Pneuma*, 69; Grey, *Crowd*, 129, 170.
[2] Fee, *Listening*, 15. Ir aún más lejos, ver, por ejemplo, Green, *Seized*, 66-79.
[3] Con, por ejemplo, Thomas, "Women", 88, 91.

frutos de su exégesis para su propio entorno, y esto incluye círculos pentecostales y carismáticos.[4]

Comunidad Cristiana

Debido a que el tema de la comunidad cristiana está tan ampliamente enfatizado, resumiré su importancia solo brevemente aquí. Sin embargo, es claramente una noción bíblica; de hecho, los griegos emplearon el término griego ἐκκλησία, traducido en Biblias como "iglesia", para asambleas cívicas, pero también evoca la asamblea del pueblo de Dios en el desierto (ese término hebreo fue traducido al griego con más frecuencia como συναγωγή, "sinagoga"). El amor mutuo se expresa en las relaciones mutuas (Rom. 12:10; 1 Ts. 4:9-10); aquellos que se retiran de la comunión con otros creyentes porque se niegan a amarles se arriesgan a cometer la apostasía de desamar (1 Jn. 2:9-11, 19; 3:10-15, 18-19; 4:8).

Pablo se dirigió a las iglesias en sus cartas y esperaba que las iglesias funcionaran juntas, incluso al disciplinar miembros (1 Cor. 5:4-5; 6:1-2; 2 Ts. 3:14-15). Aunque las iglesias eran grupos sociales que proporcionaban refuerzo mutuo en la fe (ver, por ejemplo, Heb. 3:13, 10:24-25), también eran más que esto; la iglesia es el cuerpo de Cristo de muchos miembros, y se espera que cada miembro contribuya para el bien de un cuerpo más grande (Rom. 12:3-8; 1 Cor. 12:7, 12-26; 14:26; Ef. 4:7, 11-16). Al viajar y fundar iglesias, Pablo y sus colegas inicialmente carecían de una confraternidad directa más allá de su grupo, pero tenían comunión entre ellos. El ministerio de equipo es prominente en las cartas de Hechos y de Pablo (ver, por ej., Hch. 13:1-3; 15:39-40; 16:3; 18:5; 20:4; 27:2; Rom. 16:3, 21; 2 Cor. 8:23; Fil. 2:22, 25; 4:3; Col. 4:10-14; 1 Ts. 3:2; Fil 24).

Por lo menos algunas veces oramos juntos (Hch. 2:42; 1 Tim. 2:1-2), y por eso dirigimos oraciones juntas a nuestro Padre (Mt. 6:9).[5] Algunos aplican 2 Pe. 1:20 para hablar de comunidad en interpretación; pero otros también usan este pasaje para argumentar en contra de los textos que quieren decir lo que queramos (lectura relativista), y en contexto puede referirse a la inspiración de los mismos profetas (1:20-21). Pablo puede apelar al movimiento cristiano global, incluso si a veces lo que la mayoría de nosotros entiende como prácticas culturales limitadas a la esfera en la que los cristianos se movieron (1 Cor. 11:16; 14:33, 36).

Dado que la mayoría de las personas en la antigüedad eran analfabetas en un grado u otro, el estudio de la Biblia entre los cristianos del primer siglo fue más a menudo un ejercicio comunitario, y un elemento clave de las reuniones de los

---

[4] Stibbe, "Thoughts", 185, comparando la práctica de los teólogos de la liberación.

[5] Aunque cf. también manuscritos tempranos de Lucas 11:2. Debido a que la oración nunca debe ser para aparentar, también entramos a nuestra habitación interior y oramos para que solo Dios que ve nuestro corazón lo sepa (Mateo 6:6).

creyentes. Los primeros cristianos practicaban la lectura corporativa y la exposición de las Escrituras,[6] una práctica proveniente de la sinagoga.[7]

Peligros en las Apelaciones a la Comunidad

Aunque Pablo apela a los valores de la comunidad en general, como ya se señaló, nuestros llamamientos a la comunidad corren el riesgo de circularidad. Un conjunto de creencias puede funcionar de manera coherente dentro de una comunidad y enfrentar desafíos serios en el diálogo con otras comunidades.

Además, ¿qué sucede cuando una interpretación generalizada dentro de un movimiento es una moda que se adopta en su día pero que se reconoce como falaz en retrospectiva? En medio del fervor del avivamiento, los moravos, siendo muy utilizados por Dios, a veces se obsesionaron con la sangre de Jesús de maneras grotescas, tales como verse a sí mismos como gusanos chupando su sangre. El conde Zinzendorf más tarde reconoció que habían ido demasiado lejos con este enfoque y volvieron a un mayor equilibrio.[8] En el contexto de los Grandes Avivamientos, la mayoría de los evangélicos estadounidenses del siglo XIX eran postmilenialistas, una posición decididamente minoritaria en la actualidad.

Asimismo, un intérprete carismático entrenado académicamente apoyó en parte su conexión entre la Bendición de Toronto y el río Ezequiel al señalar que "surgió de las experiencias compartidas de la comunidad carismática global".[9] Aunque yo afirmo (contra algunos críticos) el valor de la Bendición de Toronto[10], cuestionaría esta apelación a "la comunidad carismática global". ¿Acaso la mayoría de los fieles

---

[6] 1 Tim. 4:13; Justin 1 *Apol.* 67; más tarde, *Murat. Canon* 73-80. No aparece en Hechos 2:42, 46 (incluso si algunos miembros sabían leer y escribir, la mayoría tendría acceso a los rollos de la Torá solo a través de lecturas públicas en el templo o sinagogas, a menos, como en el caso de Hechos 8:27-28, que fueran ricos), pero la enseñanza de los apóstoles en 2:42 probablemente incluía el tipo de material ahora incluido en los Evangelios, lo que Justino luego llamó "memorias de los apóstoles" (1 *Apol.* 66-67; *Dial.* 100-107) , y leer más una exposición sana fue luego lo mejor para la presencia de un apóstol (véase "hasta que yo venga" en 1 Tim. 4:13).

[7] Lucas 4:16; Hechos 13:15, 27; 15:21; 2 Cor. 3:15; CIJ 2:332-35, §1404 (la inscripción de Theodotus); Philo *Embassy* 156; *Good Man Free* 81; Josephus *Ag. Ap.* 2.175; *Ant.* 16.43; *m. Ber.* 1: 2; ver más allá Oesterley, *Liturgy*, 38-40; Levine, "Synagogue", 15-17; Sanders, *Jesus to Mishnah*, 78-81; Aune, *Environment*, 202; Le Cornu, *Acts*, 692; Dunn, "Synagogue", 219; Graves, "Reading"; Cohen, "Evidence on Synagogue", 164-65, citando entre los testigos cristianos de la práctica, especialmente Justin *Dial.* 72.3; Ps.-Justin, *Exhortation to the Greeks* 13 (PG 6.268); Hippol. *Ref.* 9.12.8 = GCS 26.247; cf. también Justin *Dial.* 29; 55. Cf. anterior Dt. 31:11; Jos. 8:34-35; 2 Cr. 34:30; Neh. 8:3, 8, 18; 9:3; 13:1.

[8] Los estudiosos a menudo notan su afición por la sangre; ver, por ejemplo, Nichols, *History of Christianity*, 85; esp. Walker, *History*, 453. Para mayor influencia positiva de Zinzendorf en himnodia, ver Bailey, *Gospel in Hymns*, 334-37.

[9] Stibbe, "Thoughts", 186. Contextualmente, creo que la imagen de Ezequiel se aplica a la restauración de la era venidera (como en Ap. 22:1-2), pero mi preocupación aquí es la apelación de Stibbe a la comunidad.

[10] Beverley, *Laughter*, ofrece una evaluación equilibrada; trabajos de apoyo incluyen Poloma, *Mystics*; Chevreau, *Catch the Fire*. Históricamente, los avivamientos y las renovaciones a menudo inicialmente exageraron los resultados esperados, pero ejercen una influencia de largo alcance en renovaciones adicionales. Es cierto que mi única experiencia directa no es con la iglesia del aeropuerto de Toronto, sino con Randy Clark, un amigo que ha trabajado de manera encomiable para cerrar las brechas entre el ministerio de sanación y los académicos (ver, por ejemplo, su disertación DMin, Clark, "Effects").

ordinarios llenos del Espíritu en China y África, por ejemplo, habían oído siquiera hablar de este avivamiento?

Lo que es más importante, cuando Pablo apela a la comunidad cristiana global, no es una sola comunión cristiana como anglicanos, luteranos o Asambleas de Dios la que ofrece interpretaciones que se adaptan a las tradiciones de cada movimiento para aislarlas de la corrección de los demás.[11] Pablo está apelando a la iglesia global, el cuerpo de Cristo. Si uno argumenta no por la comunión de los pentecostales autoidentificados, sino por todos los que están bautizados en el Espíritu, incluso los pentecostales de hoy no están de acuerdo en la definición del bautismo en el Espíritu. De hecho, según su definición clásica más común, es decir una experiencia que incluye o culmina con lenguas, solo contaría la mitad de los pentecostales clásicos.

Obviamente, el empoderamiento por el Espíritu otorga una dinámica especial en la interpretación que debemos buscar; pero ¿cómo identificamos quién tiene este don (véase 1 Cor. 12:28; Ef. 4:11; 1 Tim. 4:14; 2 Tim. 1:6), aparte de la probable consistencia de su revelación con la nuestra, o al usar la Escritura como la vara para medir? Mi esfuerzo por adivinar cuáles académicos eran carismáticos (mencionado más adelante en el Apéndice C) a menudo resultó embarazoso, ya que algunos dotados espiritualmente para la enseñanza y la erudición no se identificaron así; claramente el don de la enseñanza no se limita solo a aquellos que oran en lenguas. Además, aquellos que se autoidentificaron como carismáticos definieron su experiencia de diversas maneras. Los eruditos que se identificaron como carismáticos, incluso aquellos que oran en lenguas y son denominacionalmente pentecostales, también tienen una variedad de puntos de vista y utilizan una variedad de enfoques interpretativos.

Autoridad Apostólica y las Comunidades

Además, incluso la apelación de Pablo a la comunidad puede ser más complicada de lo que al principio suponemos. Como Jeremías, que tuvo que enfrentarse a los otros profetas de su tiempo (Jer. 2:8, 26; 5:13, 31; 14:13-15; 15:17; 23:14-21; 26:8;

---

[11] Por ejemplo, en la mayoría del primer siglo de las Asambleas de Dios de EE.UU., el pretribulacionalismo era la visión escatológica dominante, pero la mayoría de los eruditos, incluso, hasta donde puedo decir, la mayoría de los eruditos pentecostales, consideran esta visión exegéticamente insostenible. (Admito que incluso algunos de mis propios mentores, entre ellos Stanley Horton, con quien dialogué sobre este asunto, expresaron sinceramente esta opinión, para mi asombro.) Apelar a las Asambleas como una comunidad para la seguridad doctrinal frente a la erudición a veces puede apelar a las tradiciones populares que influyeron en las Asambleas al principio contra una exégesis posiblemente menos tendenciosa: a la tradición más que a la Palabra de Dios o al Espíritu de Dios. Muchos de los movimientos de tipo apostólico actuales en los Estados Unidos, en contraste, son abiertamente postribulacionales (por ejemplo, el Despertar Global de Randy Clark, la Casa Internacional de Oración). Sin embargo, apelar a las opiniones de las comunidades carismáticas puede ser peligroso; algunos movimientos carismáticos más extremos, en nombre del Espíritu profético, defendieron la escatología de los Hijos Manifestados, que en su forma pura (como propugna Sam Fife) es una profecía falsa y que yo y la mayoría de los demás carismáticos consideramos herética (véase Keener, *Miracles*, 2:612-13).

27:9, 14-18), Pablo a menudo desafió a su círculo de iglesias (1 Cor. 4:21; 2 Cor. 13:2), denunció a los falsos maestros (Gál. 1:8-9) y algunas veces tuvo que enfrentarse a apóstoles genuinos pero equivocados (Gál 2:11-14). Hacia el final de la vida de Pablo, la mayoría de los cristianos en la esfera geográfica de su mayor éxito ministerial se habían apartado de él (2 Tim. 1:15); si hubieran sido nuestra comunidad de interpretación, habríamos rechazado la palabra del Señor.

A nivel local, los profetas juntos evalúan las revelaciones (1 Cor. 14:29). Sin embargo, la autoridad profética y apostólica de Pablo también puede sustituir las creencias de los profetas locales (14:37). Por supuesto, cualquiera puede pretender tener tal autoridad, y este peligro se convierte en un problema en 2 Corintios, donde Pablo debe enfrentar a los apóstoles rivales. Aquí, para defender su autoridad apostólica, Pablo apela a sus sufrimientos y su papel en la fundación de su iglesia por el Espíritu y el evangelio (2 Cor. 2:14-7:4); él denuncia a sus rivales allí como falsos apóstoles (11:13) y agentes de Satanás (11:15). Algunos que afirman hoy tener autoridad apostólica parecen menos aptos que Pablo para narrar lo que han sacrificado y sufrido por su llamado (contraste con Mt. 10:2, 16-20, 1 Cor. 4:9-13).

Algunas denominaciones pentecostales, como las denominaciones más tradicionales, evitarían la dificultad de definir la autoridad apostólica tomando una posición de cesación con respecto a los apóstoles y los profetas de alto nivel. El problema con este enfoque es que ninguna evidencia bíblica justifica este cesacionismo más que por los otros dones (a menos que estemos limitando a los "apóstoles" en el sentido lucano de los Doce, y no en el sentido paulino),[12] y un pentecostal no puede hacer tal caso sin inconsistencia en su hermenéutica. Aún así, la autoridad de los apóstoles bíblicos se deriva de su comisión y mensaje, no del reconocimiento de las iglesias. Son conocidos por su mensaje y su obediencia a Cristo.[13]

La autoridad de la iglesia reconoció posteriormente la autoridad del canon, pero en la medida en que la consideramos como revelación, su autoridad no se derivaba de la comunidad. Los apóstoles y los profetas a menudo desafiaban a la comunidad de Dios, y no siempre fueron escuchados en su generación. La comunidad que debemos prestar atención, entonces, es la de los agentes de revelación de Dios a través de la historia, con una atención inigualable a su revelación probada y ahora disponible para nosotros en las Escrituras. La iglesia puede ser y, a menudo, es un

---

[12] La *Didache* (11.3-6) está un tanto más cerca del uso de Pablo, pero en general los primeros padres de la iglesia adaptan el uso habitual de Lucas: simplemente agregan a Pablo a los Doce. Los usos tanto de Lucas como de Pablo son bíblicos, pero ayudan al diálogo si especificamos qué uso estamos siguiendo. Pocos movimientos apostólicos hoy afirman que sus apóstoles pertenecen a los Doce (a pesar de algunas anomalías históricas, como los doce apóstoles de la Iglesia Apostólica Católica del siglo XIX [ver, por ejemplo, Strachan, *Theology of Irving*, 14; véase Christenson, *Message*, 47-48, 108-9], y, más allá de la ortodoxia cristiana histórica, los orígenes de la iglesia mormona).

[13] Para probar apóstoles y profetas, ver, por ejemplo, 1 Cor. 14:29; 1 Ts. 5:20-21; Ap. 2:2; *Did*. 11.3-12.5. Para un desafío inicial y mayormente equilibrado para algunos movimientos apostólicos modernos, ver Geivett y Pivec, *New Apostolic Reformation*. Reconozco que algunos ministros hoy en día cumplen estos ministerios, pero creo que otros emplean la etiqueta con demasiada arrogancia.

agente de revelación, pero no podemos simplemente equiparar con la revelación, la voz de una parte de la iglesia o la voz de la iglesia de cualquier generación.

¿Quién es la Comunidad Pentecostal?

Apelar a una "comunidad de interpretación" pentecostal tiene un valor limitado a menos que definamos el pentecostalismo. ¿Quienes hablan de interpretación pentecostal se refieren a denominaciones pentecostales clásicas, o al pentecostalismo global, una categoría mucho más amplia que muchos estadísticos llaman renovacionistas?

El pentecostalismo clásico no es pequeño; las Asambleas de Dios, en particular, es ahora una de las denominaciones protestantes más grandes del mundo. Los pentecostales denominacionales superan en número a cualquiera de las otras comuniones protestantes globales tomadas por ellos mismos.[14] Sin embargo, en Occidente, la mayoría de los pentecostales clásicos son teológicamente indistinguibles de otros grupos evangélicos no cesacionistas aparte de la doctrina de la evidencia inicial.[15]

Los primeros críticos del pentecostalismo norteamericano lo ridiculizaron a veces como el "movimiento de lenguas", pero si bien las lenguas eran un distintivo pentecostal (en aquellos días raramente se discutía favorablemente fuera de ese movimiento), no era el corazón de lo que era el pentecostalismo.[16] El empoderamiento del Espíritu era menos distintivo teológicamente, porque muchos otros también lo afirmaron (antes del avivamiento pentecostal, era un fuerte énfasis de los wesleyanos y de Keswick, por ejemplo); sin embargo, muchos observadores sugerirían que el pentecostalismo se extendió por todo el mundo más debido a su énfasis central en el Espíritu que debido a su énfasis distintivo en las lenguas.

Las recientes investigaciones bíblicas proporcionan una analogía para distinguir lo que es central de lo que es distintivo. En el apogeo de la crítica de redacción, los estudiosos destacaron los cambios de Lucas o de Mateo hasta Marcos para determinar qué era distintivo de la teología de Lucas o de Mateo. Este enfoque tiene cierto valor y ofrece más relevancia para la predicación que la crítica primera (dirigida más a preocupaciones históricas). Poco después, sin embargo, los críticos narrativos comenzaron a señalar correctamente que aprendemos la teología de Lucas no solo por lo que él cambia, sino por lo que él retiene. Debemos leer Lucas-

---

[14] En el año 2000, por ejemplo, en términos del número de congregaciones globales, los pentecostales tenían 751,000 congregaciones, 413,000 redes carismáticas independientes, 226,000 bautistas, 106,000 luteranos, 82,000 anglicanos, y así sucesivamente. Había casi 200 millones de pentecostales, mientras que los otros grupos recién nombrados tenían un rango de entre 75 y 100 millones cada uno (Johnstone, *Future*, 115).

[15] Uno podría agregar puntos de vista sobre la subsecuencia del bautismo en el Espíritu Santo, pero esto es compartido por algunos grupos wesleyanos y gran parte de los grupos de santidad.

[16] Véase, por ejemplo, Seymour en Robeck, *Mission*, 163. Incluso Parham se centró más en una metanarración histórica y apocalíptica que en las lenguas (Oliverio, *Hermeneutics*, 53, siguiendo especialmente a Jacobsen, *Thinking in Spirit*, 28-35). De manera similar, lo distintivo de los bautistas difería de su enfoque (Kidd y Hankins, *Baptists*, 249).

Hechos como un todo cohesivo en lugar de como adiciones lucanas al material que Lucas considera como teológicamente superfluo o irrelevante. No es suficiente enfocarse en lo que nos distingue, al igual que Mateo y Lucas decidieron omitir lo que ya había sido cubierto por Marcos. No es solo lo que es distintivo lo que nos define; si actuamos como si lo fuera, permitimos que aquellos fuera de nuestra comunidad moldeen nuestra identidad.

¿Es la hermenéutica pentecostal una que simplemente llega a conclusiones pentecostales clásicas con respecto a la evidencia inicial? Tanto la crítica de redacción como la crítica narrativa se emplean a veces para este fin, pero ¿esto los convierte en métodos pentecostales únicos? Y si los métodos desplegados para llegar a esta conclusión distintiva no son exclusivamente pentecostales, ¿existe una hermenéutica pentecostal única? (Yo uso "exclusivamente" aquí en distinción de "distintivo", pero las características distintivas de la hermenéutica pentecostal, como las lecturas escatológicas y experienciales, no se limitan a los pentecostales clásicos).

Cuando, por el contrario, hablamos de más de 500 millones de pentecostales en todo el mundo, incluimos todos los carismáticos e incluso muchos movimientos independientes que apenas son reconocibles como teológicamente cristianos, pero que se cuentan porque son independientes y están orientados a la experiencia.[17] Incluso en el formas que casi todos los pentecostales clásicos aceptarían como compartir su experiencia del Espíritu, el pentecostalismo global exhibe más diversidad teológica que el pentecostalismo clásico. No está unida con respecto a la doctrina de evidencia inicial o la nomenclatura de "bautismo en el Espíritu" para experiencias posteriores. En la medida en que hablamos del "pentecostalismo global" como una comunidad interpretativa, o incluso de la erudición pentecostal global como comunidad interpretativa, no podemos hablar fácilmente descriptivamente de una teología o hermenéutica pentecostal global monolítica. (Para una discusión de esta realidad con respecto a la comunidad académica pentecostal, consulte el Apéndice C más adelante).

Haciendo que la Distinción Carismática sea Superflua

Como el Apéndice C dejará claro, la división entre carismáticos y otros continuistas no es muy clara, en la medida en que definimos "carismático" como cualquiera que sea un continuista genuino en la práctica (es decir, alguien que afirma los dones espirituales para la iglesia y practica los que tiene)[18] con la limitación adicional, a los efectos de la lista en el Apéndice C, a aquellos que también están dispuestos a aceptar el título. Si tuviéramos que incluir otros académicos explícitamente continuistas que afirmen los dones espirituales, aunque no se consideren

---

[17] Ver Anderson, *Pentecostalism*, 11.
[18] Aunque el significado de las palabras no se deriva principalmente de la etimología, este sería el sentido de "carismático" si seguimos la discusión de Pablo sobre el *carismata*: pertenecen al cuerpo entero de Cristo.

carismáticos, la lista haría que el libro sea demasiado extenso (por ejemplo, Craig Blomberg, D. A. Carson y mi antiguo colega Ronald J. Sider).

Cuando pregunté si algunos eruditos eran carismáticos, para compilar el Apéndice C, a veces recibí respuestas de académicos que decían que no, pero que apreciaban los valiosos énfasis que los carismáticos aportaron al cuerpo de Cristo. En algunos casos, era una cuestión de definición; no asistieron a una confraternidad carismática o no oraron en lenguas, por lo que no aceptaron la etiqueta, aunque algunos de los que aceptaron la etiqueta tampoco tenían ninguna de estas características. (De hecho, la mayoría de mis antiguos alumnos en el Palmer Seminary me recordarán abiertamente carismático, aunque todos también sabían que estaba sirviendo como ministro asociado en una iglesia Bautista).

Sólo una muy pequeña cantidad de contactos pareció desvincularse enfáticamente de una etiqueta carismática, y a veces parecía que lo hicieron a partir de experiencias pasadas negativas con grupos pentecostales o carismáticos. (También he tenido algunas de estas experiencias negativas con algunos tipos de pentecostales o carismáticos, aunque muchas más experiencias positivas con otros tipos de pentecostales o carismáticos para contrarrestarlos).

Durante esta investigación sugerí a Joel Carpenter, un estudioso de historia religiosa del Calvin College, que la tendencia del futuro podría ser que la mayoría de la cristiandad fuera carismática en el sentido de no practicar el cesacionismo (no necesariamente en el sentido de que todos oren en lenguas). En respuesta observó que, "la desaparición de la enseñanza cesacionista, haciendo que la enseñanza 'carismática' sea redundante como una categoría especial," está sucediendo en algunas partes de Occidente; mientras tanto, para empezar, la mayoría de los africanos nunca creyeron en el cesacionismo.[19] ¡No es de extrañar que John MacArthur se haya quejado de la carismatización de la iglesia africana!

Personalmente oro en lenguas a menudo durante mi trabajo académico; las lenguas ayudan a renovar mi espíritu incluso cuando mi mente está absorta en el trabajo.[20] Sin embargo, creo que el título "pentecostal" e incluso el don particular de lenguas no siempre son la mejor manera de determinar quién está practicando genuinamente sus dones espirituales o experimentando bendiciones del Espíritu. Cuando enseñé en el Palmer Seminary, aproximadamente una cuarta parte de los que enseñábamos allí oraba en lenguas, y aproximadamente un tercio tenía relatos significativos de sanidades; sin embargo, no observé una correlación claramente significativa entre esos dos grupos. Mi suegro congoleño no oraba en lenguas, pero muchas sanaciones instantáneas ocurrieron después de sus sencillas y concisas

---

[19] Correspondencia personal, 10 de julio de 2015 (cita); 11 de julio de 2015. No se define a sí mismo como "carismático", pero previamente había observado (9 de julio) que "casi no hay nadie en Calvin College o Calvin Seminary que compre la idea 'cesacionista' de los milagros apostólicos que Juan Calvino enseñó."

[20] También lo encontré útil en tiempos de crisis o dificultades intelectuales o espirituales (o durante tareas desagradables como leer papiros mágicos), así como en momentos de dolor físico. Lo he experimentado beneficiando mi habilidad para hacer mi trabajo académico; pero reconozco que Dios también concede otros dones de su gracia a otros que hacen ese trabajo.

oraciones.[21] Ciertamente oro abundantemente en lenguas y poseo fácilmente el título carismático, pero la gente como mi suegro, o amigos espiritualmente dotados como Danny McCain (quien tiene un ministerio floreciente en toda Nigeria) o Ron Sider, me parecen no menos personas del Espíritu que la mayoría de los carismáticos que conozco.

La mayoría de los cristianos de hoy están abandonando el cesacionismo, y por lo tanto son en esencia continuistas. Al mismo tiempo, muchos no aceptan activamente los dones personalmente o buscan aprender cómo ayudar a sus iglesias a abrazarlos. Es decir, en la práctica, muchos siguen siendo funcionalmente cesacionistas. Esta división desafortunadamente caracteriza a muchos pentecostales occidentales hoy en día, como continuistas en la doctrina pero no en la práctica. Teológicamente, hay poco distintivo acerca de ser no cesacionista hoy; lo distintivo es abrazar activamente un estilo de vida que espera, como Dios determina, la actividad del Espíritu de Dios. Y esa línea de diferencia corre a través de las iglesias pentecostales occidentales así como atraviesa otras, aunque en promedio los pentecostales conservan al menos un aprecio corporativo por la actividad de algunos dones espirituales y, por lo tanto, más espacio para ello.

Sin embargo, si vamos a donde Dios está guiando, el camino del futuro puede ser que la mayoría de la cristiandad activa se vuelva carismática, en el sentido de no practicar el cesacionismo, como se sugirió anteriormente. Si realmente superamos el cesacionismo en la práctica, "carismático" verdaderamente se volverá "redundante como una categoría especial".[22] Para recordar lo que ya sabemos, aquellos que nos identificamos como carismáticos no podemos darnos el lujo de jactarnos de nuestros talentos, como si nos diéramos los dones a nosotros mismos (1 Cor. 4:7), o como si fuéramos los únicos miembros del cuerpo de Cristo dotados de ellos (12:14-21). Tampoco necesitamos ser "especiales" en el sentido de ser diferentes al resto del cuerpo de Cristo; es el amor de Dios que nos hace valiosos para él. Cristo ha dotado todo su cuerpo; a medida que más creyentes reconozcan esta realidad bíblica—ayudándolos a hacerlo es nuestra contribución continua al cuerpo de Cristo—reconoceremos cómo cada miembro es especial y necesario para el cuerpo.

Experiencia Carismática, No Solo Doctrina Carismática

En parte porque venimos de varios puntos de partida, la experiencia carismática por sí misma no conduce a todos a la misma hermenéutica (observe nuevamente la diversidad de nombres en el Apéndice C), aunque en la mayoría de los círculos protestantes y católicos, aquellos con esta experiencia tienden a tener una visión

---

[21] Este ministerio comenzó después de que su amigo Jacques Vernaud, un misionero pentecostal suizo, le impusiera las manos.
[22] Ver el resumen de mi esperanza de Joel Carpenter, citado anteriormente (correspondencia personal, 10 de julio de 2015).

más elevada de las Escrituras y una mayor atención a su mensaje que sus compañeros. (La experiencia carismática hace plausible muchos tipos de experiencias en el texto bíblico que algunos, que carecen de experiencias análogas, están más tentados a descartar). El propósito bíblico de la experiencia carismática en el sentido más estricto es el poder para el ministerio; la eficacia en la interpretación de la Biblia, sin embargo, va complementada con una cercana atención al texto bíblico.

Sin embargo, lo que la experiencia carismática u otra experiencia espiritual ofrecen directamente es un encuentro vivo con el Dios del texto. Naturalmente, esta experiencia, en la medida en que nuestra teología, fe y obediencia le dan la bienvenida a que sea fructífera, cultiva el amor y la emoción por abrazar y obedecer activamente las Escrituras, que no tendríamos si las involucráramos en un nivel exclusivamente racional. Dejando la nomenclatura a un lado, todos los creyentes deberían recibir la guía del Espíritu al escuchar y seguir la voz del verdadero Dios en las Escrituras.

Aparte del no cesacionismo, que está muy extendido, lo que el Espíritu proporciona es una dinámica experiencial que no solo nos da la bienvenida para experimentar el texto, sino que también invade y fortalece nuestras vidas para experimentarlo. Tal dinámica no se limita a pentecostales y carismáticos, sino que a menudo prevalece entre nosotros porque la aceptamos activamente. El experimentar aún más el Espíritu—ya sea que llamemos a la experiencia bautismo en el Espíritu, múltiples llenuras del Espíritu o simplemente experiencias continuas con Dios, nos mantiene abiertos a este abrazo dinámico del poder y amor del Espíritu en nuestros corazones. ¿Cómo puede la presencia y la actividad de la Tercera Persona de la Trinidad que vive en nosotros hacer una diferencia?

Idealmente, debido a que las Escrituras describen los dones como pertenecientes a todo el cuerpo de Cristo y especialmente para edificar el cuerpo de Cristo, todos los cristianos son carismáticos (incluidos los cesacionistas, con respecto a los dones que abrazan y ejercen).

Una hermenéutica pentecostal/carismática no es extraordinariamente distintiva hoy en día, pero eso es cierto principalmente porque el movimiento pentecostal ya realizó su trabajo teológico durante el siglo pasado. Las lenguas como evidencia inicial podrían seguir siendo un tema de debate, pero hoy nadie puede presumir por el simple hecho de que mantenemos un legado de continuismo. En cambio, si alguno de nosotros quiere liderar el camino en el Espíritu hoy, necesitamos abrazar activamente el continuismo en nuestras vidas y nuestras iglesias y no solo en la esencia teológica. Por supuesto, para eso necesitamos el poder de Dios; simular meramente viejos patrones de avivamiento no puede traer de regreso el Espíritu. Sin embargo, él prometió que si reconocemos nuestra dependencia lo suficiente como para pedirle el Espíritu, él no retendrá su bendición (Lc. 11:13).

CONCLUSIÓN

La Escritura Habla Personal e Históricamente

Algunos intérpretes subrayan el contexto antiguo, centrándose así en la Palabra bíblica tal como se formó originalmente, mientras que otros enfatizan la recepción de los lectores modernos, centrándose en la necesidad de la guía del Espíritu. Aunque este último podría ser más distintivo de una hermenéutica neumática, ambos están necesariamente en el núcleo de una hermenéutica del Espíritu que reconoce la inspiración del Espíritu de los autores bíblicos. Necesitamos tanto Palabra como Espíritu.

Aquí resumo algunos principios que el libro ha abordado y menciono algunas aplicaciones que se derivan de estos principios, y por qué una verdadera hermenéutica del Espíritu es en última instancia una hermenéutica cristiana.

El Empuje de este Libro

Como observamos en la Parte I, si seguimos el modelo de la hermenéutica del Espíritu ofrecido en el Nuevo Testamento, así como por las voces de muchos movimientos subsiguientes del Espíritu, leeremos las Escrituras de manera experimental, escatológica y misionera. También leeremos las Escrituras con mayor comprensión y simpatía cuando compartamos el tipo de experiencia espiritual que describen las Escrituras, y cuando leemos con el tipo de personas humildes y quebrantadas a quienes las Escrituras a menudo se refieren y alientan. Podemos leer las Escrituras como el pueblo escatológico de Dios que resuena y abraza el mensaje del texto para nuestras vidas.

Como observamos en la Parte II, la iglesia global puede ayudarnos, ya que podemos aprender de esas partes de la iglesia que están apropiándose con diversos énfasis que el resto de nosotros a veces pasamos por alto o no aplicamos. Tanto la narrativa de Pentecostés como la geografía de la preponderancia de los movimientos del Espíritu de hoy, nos invitan a recibir los dones y la voz de la iglesia global. La Parte III enfatizó la importancia de una lectura disciplinada que comprenda lo que los textos bíblicos significaban en sus contextos antiguos y, por lo tanto, una lectura que pueda empatizar mejor con aquellos a quienes estos textos fueron dirigidos por primera vez.

La Parte IV exploró la contribución del Espíritu a una epistemología distintivamente cristiana, y por lo tanto claramente dirigida por el Espíritu. Esto es necesariamente una epistemología de la Palabra y el Espíritu, a menudo funcionando juntas en un círculo hermenéutico que ayuda a corregir nuestras malas interpretaciones. Tal epistemología proporciona una base necesaria para cualquier hermenéutica del Espíritu, que nace de una relación fiel con Dios y de una sumisión confiada a lo que Dios dice.

Una vez que nuestra epistemología invita a una hermenéutica del Espíritu, ¿cómo es ese enfoque? La Parte V explora cómo los intérpretes inspirados en el Espíritu dentro del canon ofrecen modelos para la hermenéutica del Espíritu. Estos modelos incluyen, por ejemplo, el uso de Jesús de una hermenéutica de misericordia más que sacrificio y la lectura de la ley por parte de Pablo desde el punto de vista de la fe en la promesa cumplida de Dios en Cristo. Dicha lectura será cristocéntrica, pero, en contra de algunos, también tendrá implicaciones para la aplicación personal en el tipo de situaciones análogas en algunos aspectos a aquellas tratadas en las Escrituras.

Sin embargo, no todas las supuestas lecturas del Espíritu reflejan igualmente la mente del Espíritu. Algunas de hecho pueden estar bastante mal. La parte VI pregunta cuál "interpretación carismática" debemos seguir. Por lo tanto, reforcé la importancia de poner a prueba las lecturas a través de su coherencia con el mensaje ya establecido del Espíritu en las Escrituras.

La Hermenéutica Pentecostal como una Hermenéutica Cristiana

El énfasis pentecostal sobre el Espíritu en la interpretación tiene una larga historia previa a los pentecostales; es, por lo tanto, históricamente una hermenéutica cristiana más amplia. Al mismo tiempo, todos los cristianos necesitan que se les recuerde el trabajo del Espíritu al permitirnos escuchar y abrazar el mensaje de Dios; al resaltar este énfasis para todos los creyentes, los pentecostales y los carismáticos continúan ofreciendo una valiosa contribución a la iglesia en general. El enfoque no cesacionista de que los pentecostales comenzaron a proliferar de manera particularmente notable hace un siglo invita a todos los cristianos al mundo bíblico, llamándonos a la expectativa y a la confianza en el presente de Dios, el cual a menudo obra sorprendentemente dentro de su iglesia y en nuestras vidas.

Lo que ha sido más distintivo de la hermenéutica pentecostal clásica ha sido su invitación explícita a leer las Escrituras desde el punto de vista de creer y experimentar que vivimos en la era de los dones espirituales descuidados por la iglesia. Hoy, el pentecostalismo ha tenido tanto éxito en su énfasis principal que este énfasis ya no es tan distintivo; la iglesia global es cada vez más carismática, y el cesacionismo en el sentido tradicional,[1] está en decadencia.

Esto, por supuesto, no significa que los pentecostales clásicos no puedan seguir teniendo una voz distintiva en hermenéutica. Gran parte de la iglesia reconoce los dones espirituales en esencia, pero les dan poco papel en la práctica. Aquí los pentecostales y los carismáticos pueden continuar desempeñando un papel distintivo en la renovación del resto de la iglesia—siempre que los pentecostales y los carismáticos den honra a los dones de Dios y otras experiencias del Espíritu más que a ellos mismos. Ser continuista en principio no garantiza nuestra activa adopción del Espíritu—sin importar cuál sea nuestra etiqueta. Es decir, debemos vivir en dependencia diaria del Espíritu Santo.

Sin embargo, un movimiento nunca puede estar completamente definido solo por elementos más exclusivos de él en cualquier caso. Hay muchos elementos de una hermenéutica del Espíritu que siguen siendo indispensables, aunque ampliamente compartidos entre el cuerpo de Cristo. Estos incluyen el abrazo respetuoso del mensaje que el Espíritu inspiró a los escritores bíblicos a comunicarse en su entorno original. También incluyen abrazar ansiosamente las implicaciones del texto para nuestras vidas hoy, reconociendo que el Espíritu también desea guiarnos durante nuestra exégesis de textos bíblicos, no solo al resaltar las áreas donde el mensaje se aplica a nosotros hoy, y al inspirar nuestra obediencia al mensaje.

En última instancia, una hermenéutica pentecostal—una hermenéutica desde el punto de vista de Pentecostés—es simplemente una hermenéutica cristiana, una hermenéutica de escuchar en el texto al Dios que se revela en Jesucristo. Y, en última instancia, una hermenéutica cristiana no es menos que una hermenéutica del Espíritu: un enfoque que reconoce humildemente que es la voz de Dios, en lugar de la nuestra, la que debemos escuchar en su Palabra. Si no todos los cristianos— incluidos no todos los pentecostales—actualmente experimentan la voz viva de Dios en las Escrituras, podemos reconocer que las Escrituras ahora nos invitan a tesoros aún mayores de conocimiento y revelación acerca de Dios.

El Espíritu y la Aplicación

Podemos y debemos establecer analogías apropiadas, y el Espíritu Santo puede hacer analogías más directas para nosotros, llamando nuestra atención a las promesas hechas a las personas en las Escrituras semejantes a las que también hace al pueblo de Dios en general, o mediante las cuales hace analogías con nuestras propias vidas individualmente. Algunos cristianos que son demasiado cautelosos al

---

[1] Excluyo aquí a los que definen el cesacionismo como simplemente que Dios no hace lo mismo todo el tiempo, que permiten un mayor grado de soberanía en sus dones y efusiones del Espíritu. Esa amplia definición también abarca muchos carismáticos, incluyéndome a mí. No definiría tal posición como cesacionista, pero así es como algunos cesacionistas moderados lo han expresado en conversación conmigo.

permitir que el Espíritu nos hable, se olvidan de que todos los cristianos experimentan la dirección del Espíritu de alguna manera, incluso si solo es el testimonio del Espíritu de que somos hijos de Dios (Rom. 8:15-16; Gál 4:6; 1 Jn. 3:24) o que Dios nos ama (Rom. 5:5). Ser "guiados por el Espíritu" es una característica fundamental de los cristianos (Rom. 8:14; Gál 5:18).[2]

Si creemos que Dios habla, la idea de que Dios a veces nos habla con analogías, recordándonos su obra en las Escrituras, parece una sugerencia bastante dócil. Las Escrituras ayudan a dar forma a nuestra audición de la voz de Dios. Las personas a menudo abusan de escuchar la voz de Dios, así como las personas a menudo abusan de las Escrituras; "Sabemos en parte y profetizamos en parte" (1 Cor.13:9). La existencia de falsificaciones o monedas gastadas no requiere que abandonemos el dinero, y presenciar estructuras en mal estado no nos invita a tirar nuestras herramientas y dejar de construir.

Al mismo tiempo, la aplicación personal del Espíritu Santo a nosotros no cambia el punto original desde el cual tales analogías pueden ser mejor dibujadas. El mensaje original es la base de todos los intérpretes en todas las culturas. Las aplicaciones personales son, por definición, no universales; no son transferibles a todas las personas en todos los entornos. Una lectura que es exclusivamente personal corre el riesgo de encontrar solo lo que queremos o necesitamos personalmente en el momento y nos arriesga a perder "la plena voluntad de Dios" (Hch. 20:27).

Además, estamos mejor calificados para citar la autoridad de la Escritura que respalda incluso nuestras aplicaciones personales cuando son más análogas al punto original. Si saco de las multitudes al comienzo del ministerio de Jesús, el principio de que cumplir la misión de Dios siempre me hará popular, pierdo el punto al igual que Pedro cuando negó que Jesús tendría que ir a la cruz. Impresionados por los milagros de Jesús, la multitud galilea siguió a Jesús, pero en Jerusalén las multitudes clamaron por su crucifixión. Si perdemos del punto del texto, ya no ofrece un anclaje objetivo para nuestra aplicación subjetiva y la experiencia del Espíritu. Algunos se equivocan en el lado de la subjetividad sin un ancla y otros en el lado de la objetividad sin una experiencia; lo ideal es que ambos trabajen en conjunto.

Una voz pentecostal temprana nos invita a unir Palabra y Espíritu—una colaboración que yo consideraría como la mejor exégesis evangélica del texto combinada con el mejor poder carismático para abrazar y llevar a cabo su mensaje. Smith Wigglesworth, uno de los primeros evangelistas pentecostales de sanación más prominentes, se sintió decepcionado hacia el final de su vida debido a que el avivamiento pentecostal no había iniciado directamente en el fin de la era, como lo

---

[2] Pablo enfatiza la dimensión moral de eso en el contexto de estos pasajes, pero Lucas enfatiza la dimensión misional en sus ilustraciones narrativas de la guía del Espíritu (Hechos 8:29; 10:19; 16:6-7), y Juan la dimensión cristocéntrica y reveladora (Juan 16:13-15). El salmista necesita una guía divina (Sal. 25:5; 43:3; 143:10). Cada escritor enfatiza el aspecto del liderazgo del Espíritu relevante para el contexto, pero juntos hablan de una experiencia más amplia.

La Escritura Habla Personal e Históricamente

habían esperado los primeros pentecostales. Sin embargo, no abandonó la esperanza para el futuro. Él creía que, además del derramamiento pentecostal del Espíritu que trajo la restauración de los dones, algún día vendría otro avivamiento enfatizando la Palabra de Dios. "Cuando estos dos movimientos del Espíritu se combinen", profetizó, "veremos el movimiento más grande de la Iglesia de Jesucristo que jamás se haya visto".[3] Que así sea, Señor.

---

[3] Stormont, *Wigglesworth*, 114. Stormont conocía personalmente a Wigglesworth, que solo leyó la Biblia (una Biblia que ahora posee el Andrew White Canon).

APÉNDICE A

Algunos Intentos Teóricos para una Mejor Comprensión

Los estudiosos a menudo han tratado de cerrar las brechas hermenéuticas entre el sentido antiguo y la aplicación contemporánea. Los enfoques para cerrar la brecha varían, desde las lecturas teológicas posmodernas de la Biblia como el libro de la iglesia (que se remonta a los argumentos patrísticos)[1] hasta el enfoque existencial de Bultmann y demás. Wilhelm Dilthey reconoció que cada uno está moldeado por sus contextos,[2] pero abordó la posibilidad de comprensión presuponiendo algunas estructuras compartidas en nuestra humanidad común.[3] Dilthey fue una de varias influencias tanto en Rudolf Bultmann como en Hans-Georg Gadamer, aunque ambos eran más profundamente influenciados por su asociado Martin Heidegger.[4]

Hans-Georg Gadamer señaló acertadamente que los contextos históricos dan forma a todos los intérpretes y que la interpretación es imposible sin tales contextos. Los sesgos en el sentido de prejuicios son inevitables;[5] reconocerlos permite aprender de otros y participar de los sesgos y las presuposiciones. Para Gadamer, todo compromiso con otras perspectivas o textos implica fusionar horizontes entre

---

[1] Ver, por ejemplo, Bauer y Traina, *Inductive Bible Study*, 377-78, que resume los puntos de Robert Wall y otros.

[2] Dilthey, *Pattern*, 81: "Incluso cuando creen que su trabajo no se basa en presuposiciones, están determinados por su horizonte", incluida su generación y lo que hereda de sus predecesores. Sin embargo, las ciencias humanas deberían luchar por la objetividad. Cf. también 147-48.

[3] Dilthey, *Pattern*, 102, 123; para la conexión humana (algo así como el enfoque de sistemas de la psicología moderna), ver caps. 4-6, esp. 122-23, 127, 131, 137-38, 161. Enamorado de la objetividad científica, esperaba superar la relatividad mediante reglas metodológicas (Westphal, *Community*, 32). Por el contrario, Gadamer, *Truth and Method*, 245, critica como puntos de partida inadecuados de Dilthey en "Autorreflexión y autobiografía" (véase Dilthey, *Pattern*, cap.2, especialmente 85-86). Para Gadamer, el texto nos ayuda a encontrar lo universal, en vez de lo inverso (*Truth and Method*, 305); "Un mundo común, incluso si es solo inventado, es siempre el presupuesto del lenguaje" (367).

[4] Al igual que Dilthey, Bultmann ve la coincidencia entre el autor y el intérprete como una condición para la posibilidad de comprensión (Bultmann, "Problem of Hermeneutics", 73; véase Polonia, *Criticism*, 45). Bultmann enfatiza la existencia concreta de las personas en contextos históricos ("Science and Existence", 133; Perrin, *Bultmann*, 39; para Heidegger, ver Thiselton, *Horizons*, 150); cada encuentro es posible solamente a través de elementos comunes, a través de precomprensión (cf. Bultmann, "Problem of Hermeneutics," 85; ídem, "Historicity," 98; Perrin, *Bultmann*, 80; para Heidegger, ver Thiselton, *Horizons*, 166).

[5] Para Gadamer, los prejuicios no siempre son infundados; contra las pretensiones de objetividad de la Ilustración, uno comienza con algunos conocimientos o suposiciones que luego pueden ser aumentadas, ajustadas o corregidas; ver Gadamer, *Truth and Method*, 239-40, 245-46; cf. también Gerhart, "Generic Studies", 314; cf. Osborne, *Spiral*, 388, 412, con respecto a Ricoeur. A pesar del título del trabajo, Gadamer está menos interesado en desarrollar una metodología hermenéutica detallada que en articular una base epistemológica para la hermenéutica.

el mundo del texto y el nuestro.⁶ Existe una distancia temporal que requiere que los lectores más competentes aprendan idiomas y demás,⁷ pero, con Aristóteles, uno debe relacionar el texto a la situación de uno.⁸

Bultmann quería hacer que la teología del Nuevo Testamento fuera relevante para un mundo del siglo XX.⁹ Sin embargo, unirlo con un enfoque particular del siglo XX condenaría el enfoque de Bultmann al mismo destino que los intentos anteriores de conformar a Jesús con los valores dominantes de era de los intérpretes.¹⁰ La mayoría de los estudiosos coinciden en que el Heidegger temprano fue una gran influencia en el pensamiento de Rudolf Bultmann,¹¹ aunque Bultmann pensó que Heidegger descubrió una imagen que concuerda con lo que Bultmann encontró en el NT.¹² Bultmann vio la interpretación existencial no como una parcial, pero como una perspectiva necesaria, como cualquier otro enfoque de la historia.¹³ Insistió en comenzar con el análisis gramatical, formal e histórico,¹⁴ siempre que se reconociera el papel del prejuicio en cualquier trabajo interpretativo.¹⁵

Las suposiciones filosóficas de Bultmann, sin embargo, moldearon no solo el cómo presentó sus resultados exegéticos sino también las limitaciones de su teología académica. Aunque Bultmann rechaza las acusaciones de Barth de que la teología del primero es antropocéntrica más que teocéntrica,¹⁶ Bultmann sostiene que la filosofía y la teología tienen a la humanidad como su objeto.¹⁷

---

⁶ Cf. Gadamer, *Truth and Method*, 404: "el lenguaje tiene su verdadero ser solo en la conversación, en el ejercicio de la comprensión entre las personas"; las visiones de mundo personales son "reveladas".

⁷ Gadamer, *Truth and Method*, 258ff. Incluso la traducción, sin embargo, implica conversación, entendiendo algo que no es precisamente idéntico al mensaje original (348).

⁸ Gadamer, *Truth and Method*, 289 (véase 274 en la solicitud pietista).

⁹ Cf. Perrin, *Bultmann*, 70 (aunque las ideas de ese mundo fluían, véase Perrin, *Bultmann*, 61).

¹⁰ Manson, "Life of Jesus ", 220.

¹¹ Perrin, *Bultmann*, 15; Hasel, *New Testament Theology*, 85. Bultmann se reunió con Heidegger durante diez años antes de que este se uniera formalmente al partido Nazi. Otras influencias incluyen viejo liberalismo (aunque cf. Bultmann, "Mythology", 12-13; Poland, *Criticism*, 26-27, 29), neokantianismo, y su forma extendida de luteranismo (Thiselton, *Horizons*, 205-26; cf. Poland, *Criticism*, 19-20).

¹² Bultmann, "Mythology", 23-25; Thiselton, *Horizons*, 178-79, 226, 232, 262. Bultmann afirmaba que la teología podía aprender de la filosofía (Bultmann, "Historicity", 96, 101), pero que las ideas de la filosofía no podían actualizar la existencia; existencia auténtica es una posibilidad ontológica pero no una óntico (Bultmann, "Historicity", 95, 103; ídem, "Mythology", 25-27; Perrin, *Bultmann*, 30), y se puede lograr solamente por una decisión por Cristo (Bultmann, "Mythology", 28). Todo entendimiento se basa en una forma particular de hacer preguntas (Bultmann, "Problem of Hermeneutics", 72-73); solo la pregunta acerca de Dios nos permite captar la revelación (Bultmann, "Problem of Hermeneutics", 87).

¹³ Bultmann, "Exegesis", 149; cf., por ejemplo, Bultmann, *Word*, 11. Así, lo que Thielicke acusa es una corrupción de la Biblia por la filosofía secular (Thiselton, *Horizons*, 3), Bultmann considera una parte necesaria de la empresa teológica.

¹⁴ Bultmann, "Problem of Hermeneutics", 86. Uno no puede presuponer los resultados de la propia exégesis de antemano (Bultmann, "Exegesis", 145; Thiselton, *Horizons*, 284), aunque uno no puede sino presuponer el método exegético (Bultmann, "Exégesis", "146-47), que está determinado por el objetivo de uno (Bultmann,"Historicity", 92).

¹⁵ Bultmann, "Problem of Hermeneutics", 72-73, 86. Johns y Johns, "Yielding", 50, notan que Bultmann estuvo en lo cierto al enfatizar el prejuicio, pero los pentecostales difieren de él al insistir en la autoridad objetiva del texto.

¹⁶ Bultmann contesta que Barth ha malentendido el punto de análisis existencial, en el sentido de que los humanos existen solo en los encuentros ("Problem of Hermeneutics", 89). Sin embargo, él redefine al Dios de Jesús como algo dentro de los humanos (*Word*, 102-3), y busca que nuestra naturaleza humana sea "realizada" (*Mythology*, 25; aunque comprenda el entendimiento de Pablo de la conformidad con el nuevo Adán). Mientras que la teología de

Algunos Intentos Teóricos para una Mejor Comprensión

Más problemática es su comprensión de la historia. Aunque Dios ha actuado decisivamente en Cristo,[18] Bultmann considera que esta actuación es existencial y no histórica.[19] Explicando la teología a un mundo antisobrenatural, Bultmann acepta en lugar de desafiar su premisa; por lo tanto, ninguna persona madura puede "mantener seriamente" la cosmovisión del Nuevo Testamento.[20] Para él, lo que implica fuerzas sobrenaturales es "mito";[21] el continuo histórico no puede ser interrumpido por intervenciones sobrenaturales.[22]

Muchos eruditos reconocen la reutilización de algunas imágenes y lenguaje "mítico" en el Nuevo Testamento, quizás lo más obvio en simbolismos tales como Ap. 12:1-4. En tales casos, uno podría describir la "desmitologización" como la traducción de un género a otro, en lugar de crear un nuevo sentido ininteligible para los contextos ideales de los autores ideales. ¿Uno usa criterios modernos, cargados con su propio equipaje cultural, para determinar lo qué es "mito"?

Para Bultmann, el mito a menudo exige una interpretación existencial,[23] pero esta no es la única forma de apropiarse del mito, especialmente cuando el sentido original apunta en una dirección diferente. En muchas culturas, los mitos comunican etiología, cosmología, lecciones morales, etc. ¿Por qué, por ejemplo, el universo de tres pisos, el cual prácticamente nadie piensa hoy, debe ser reinterpretado en términos existenciales,[24] y no en términos espaciales? Sabemos que el "cielo" puede estar "afuera" en lugar de "arriba", pero incluso desde el punto de vista de nuestra experiencia geocéntrica, permanece gravitacionalmente "arriba". Los antiguos no tenían ninguna razón para distinguir troposfera, ionosfera y formas más distantes de "afuera", pero ¿se traducen los intervalos más naturalmente en términos existenciales?

Bultmann puede haberse convertido en antropología en la práctica, "esta nunca fue la intención de Bultmann" (Thiselton, *Horizons*, 223). Así como el amor y la bondad no son fenómenos objetivos (Bultmann, "Science and Existence", 140), no es posible hablar de un Dios trascendente como un objeto (véase Perrin, *Bultmann*, 19, 50); por lo tanto, está fuera del ámbito de la investigación científica (Bultmann, "Science and Existence", 131).
[17] Bultmann, "Historicity", 94. Para ejemplos de interpretación antropocéntrica, ver Bultmann, *Word*, 55, 102-3. Gran parte de la teología alemana de principios del siglo XX era antropocéntrica, para consternación de Barth; ver Poewe, *Religions*, 50.
[18] Bultmann, "Mythology", 32-35.
[19] Bultmann, "Demythologizing", 110. Él redefine la invisibilidad de Dios como excluyendo la visibilidad de sus actos ("Demythologizing", 122), aunque las fuentes bíblicas que afirman su invisibilidad también afirman su actuación visible en la historia. Argumentar que Dios no puede causar un evento en la historia o que él no sería Dios (véase Perrin, *Bultmann*, 86) redefine la actividad de Dios de una manera antitética a la creencia monoteísta tradicional. Negar que el acto de Dios pueda considerarse aparte de nuestra existencia, sobre la base de que "Dios no es un fenómeno dentro del mundo" (161), parece presuponer que el acto de Dios es idéntico a Dios, y que no puede estar ambos por encima del mundo y capaz de trabajar en ello. En lugar de equilibrar la trascendencia y la inmanencia de Dios, el Dios de Bultmann es tan completamente distinto que se parece al dios del deísmo, que no actúa en la historia.
[20] Bultmann, "Mythology," 4.
[21] "Demythologizing," 95.
[22] E.g., Bultmann, "Exegesis," 147.
[23] Bultmann, "Mythology," 9.
[24] Bultmann, "Mythology," 1.

Asimismo, para Bultmann, el "futuro" representa una "posibilidad auténtica de ser".[25] Aunque la escatología de Bultmann a menudo recita correctamente el cuadro del Nuevo Testamento,[26] en el Nuevo Testamento, la escatología realizada anticipa, en lugar de suplantar, la escatología del futuro. Sugerir que el Nuevo Testamento debería desmitificarse como la literatura apocalíptica y gnóstica[27] ofrece una comparación incongruente. Las primeras imágenes apocalípticas tenían significados sociopolíticos o místicos, no "existenciales". Uno podría traducir algunos textos gnósticos a un lenguaje "existencial",[28] pero estos textos son posteriores al Nuevo Testamento y no informan directamente los enfoques cristianos más tempranos.[29] Los norteamericanos del siglo XX, con relevancia contextual, probablemente no habrían escrito acerca de los poderes espirituales de la manera en que Pablo lo hace en Rom. 8:38 o Ef. 6:12, pero una interpretación puramente "existencial" de esos pasajes los despojaría de su continua relevancia para el espiritismo en Brasil, Haití, Filipinas, Nigeria o Islandia.

Si todos los textos se traducen en el mismo significado esencial y existencial, ¿por qué molestarse en usar textos diferentes? ¿No se ha desplazado el lugar de la autoridad en este caso del texto (y por lo tanto su complejo de símbolos diseñados para tener sentido en un contexto histórico dado) a la preeminencia existencial del intérprete?[30] Bultmann ha tomado premisas de una cosmovisión no teísta; por eso Jaspers y otros existencialistas preguntan si Bultmann ha ido lo suficientemente lejos.[31] Su crítica contenida ha vuelto infalsificable su posición,[32] al igual que afirmaba que la fe misma no puede ser verificada o falseada por la historia.[33] El fideísmo de Bultmann no puede eliminar la ofensa de la cruz.

Existen muchos otros enfoques para la contextualización, pero lo que estos ejemplos ilustran es el reconocimiento del gremio académico de la brecha entre comprender la gramática y abrazar el mensaje.

---

[25] Bultmann, "Historicity," 96–97.
[26] Por ejemplo, Bultmann, "Between Times", 250-52, 256; ídem, "Mythology", 17-20, 38-39. Aún así, la escatología judía de la era intermedia no fue arreglada ("Between Times", 248).
[27] Bultmann, "Mythology," 14–15.
[28] Ver por ejemplo, Jonas, *Reliion*.
[29] Ver especialmente Yamauchi, *Gnosticism*; ídem, "Gnosticism"; Smith, *Gnostic Origins*. El mito del Redentor gnóstico está ausente incluso en lo que algunos desean llamar trayectorias protognósticas (Drane, "Backgrounds", 123; Bruce, "History", véase Wilson, *Gnostic Problem*, 226).
[30] Así, Bultmann puede considerar a Pablo como involuntariamente inconsistente, porque la resurrección no puede constituir válidamente una unidad con la cruz y, sin embargo, sigue siendo un milagro autentificador (Bultmann, "Mythology", 36-37).
[31] Hasel, *New Testament Theology*, 89.
[32] Thiselton, *Horizons*, 274; cf. 290.
[33] Cf. Ladd, *Bultmann*, 24, 26.

APÉNDICE B

Enfoques Poscoloniales

Las lecturas poscoloniales de la Biblia[1] resaltan la presencia del imperio,[2] que es relevante para varios textos bíblicos.[3] Muchos eruditos, por ejemplo, ven el culto imperial como parte de la experiencia regular de las siete iglesias de Asia Menor en Apocalipsis.[4] Algunos de las declaraciones del NT de "paz" también puede desafiar la hueca *Pax Romana* de Augusto.[5]

Enfoques variados

Los enfoques postcoloniales varían, pero su examen de la dinámica del poder social puede ser fructífero.[6] Aunque algunos estudios poscoloniales iniciales no valoraban estudiar textos en su contexto antiguo, tal descuido no es inherente a los enfoques poscoloniales *per se*;[7] ciertamente el poder social era un problema regular en contextos antiguos, como lo hacen a menudo los enfoques sociológicos y socio-históricos. Tampoco es necesario que los enfoques poscoloniales se opongan a las lecturas liberacionistas bíblicas, aunque de nuevo los primeros estudios a veces se utilizaron de esta manera.[8]

Al mismo tiempo, algunos estudiosos han advertido a los usuarios acríticos de la etiqueta poscolonial que se debe tener en cuenta de que no todos los imperios son

---

[1] Ver Moore y Segovia, *Criticism*; Punt, "Criticism"; England, "Criticism"; para ejemplos, ver Stanley, *Colonized Apostle*; las encuestas en Kahl, "Bibelinterpretation"; Küster, "Kontextualisierung"; para los Evangelios y Hechos, Diehl, "Rethoric"; para enfoques más nuevos en general, por ejemplo, Runesson, "Treasure".
[2] Ver, por ejemplo, Joy, "Transitions"; Moore, "Empire"; ídem, "Turn"; Punt, "Empire"; Barreto, "Affects What I See".
[3] Este apéndice adapta el material de mi libro "Scripture and Context".
[4] Ver ya Ramsay, *Letters*, 231-32, 283, 366-67, 410.
[5] Ver argumentos en Yorke, "Hearing"; Keener, *Acts*, 2:1799-1800; y más claramente en 1 Ts. 5, en el cual vemos, por ejemplo, Weima, "Peace".
[6] Ver, por ejemplo, Rukundwa, "Theory".
[7] Vea amablemente aquí López, "Visualizing", 93; ídem, *Apostle*, 10.
[8] López, *Apostle*, 10, advirtiendo acertadamente que cuando el enfoque se aplica con hostilidad hacia las Escrituras, termina socavando el potencial de las Escrituras para liberar y transformar a las personas. El profesor de Wheaton, Gene Green, quien apoya un enfoque evangélico poscolonial, también advierte que el enfoque debe ser constructivo y crítico. Además, plantea la necesidad de que los intérpretes genuinamente evangélicos equilibren la crítica poscolonial con los "compromisos con las Escrituras y Cristo" evangélicos (Green, "Response", 22). Cf. el enfoque postcolonial pero asocéntrico en Keener, "Asia and Europe".

iguales;[9] uno no puede imponer lentes de un imperio a otro sin sensibilidad a las diferencias.[10] Además, el uso de los eruditos del NT de "estudios imperiales" a menudo necesita familiarizarse mejor con la diversidad incluso en el culto imperial romano, con su rango de variación local y generacional.[11] Sin embargo, una preocupación más amplia desde una perspectiva textual tradicional puede ser simplemente el peligro de leer todo los textos a través de la misma lente, un peligro frecuente en la crítica ideológica (aunque también en lecturas ideológicamente informadas que no son lo suficientemente autocríticas como para reconocer sus ideologías).[12]

Los enfoques poscoloniales particulares varían entre los intérpretes, a menudo dependiendo de sus diferentes ubicaciones sociopolíticas;[13] así, por ejemplo, algunas feministas judías se han quejado de la apropiación del antisemitismo occidental de muchos poscolonialistas de la mayoría de los países en el tratamiento de los antiguos judíos como colonizadores religiosos.[14] De hecho, en algunas manos de eruditos, el poscolonialismo se ha convertido en otra oportunidad para que una elite educada hable en nombre de una clase inferior, y algunas veces se beneficia en su estatus académico al hablar, sin renunciar al privilegio personal o ayudar a los oprimidos.[15]

¿Lecturas poscoloniales?

Al mismo tiempo, parte de la genialidad de los enfoques poscoloniales es que abarcan lecturas de diversos lugares sociales. Aunque las obras fundamentales siguen siendo muy influyentes, a medida que los estudiantes continúan desarrollando sus propios enfoques para una variedad de contextos, uno incluso podría llegar a hablar de los poscolonialismos emergentes, y evaluar cada uno en sus propios términos. Así como los enfoques postcoloniales cuestionan correctamente la hegemonía de los supuestos culturales occidentales tradicionales, su misma diversidad debería acoger voces que divergen de los puntos de vista de algunos destacados pensadores poscoloniales.[16] Es decir, los eruditos bíblicos de los países en desarrollo deberían seguir sintiéndose libres para forjar sus propias

---

[9] Contraste, por ejemplo, el imperio Moghul; colonialismo británico; el imperio soviético; ISIS; Japón en 1930s-40s; la explotación tradicional de los Estados Unidos en América Latina; y el expansionismo chino en Asia hoy. La forma del colonialismo francés difería incluso de una colonia a otra, haciendo algunos más "franceses" que otros. Para diferentes colonialismos, ver Sunquist, *Century*, 18-20.

[10] Ver Fitzpatrick, "Carneades".

[11] Ver Galinsky, "Cult".

[12] Gundry, "Hearing", sostiene que Richard Horsley erróneamente lee el Evangelio de Marcos como anticolonial, pero Horsley (en JSNT 26 [2, 2003]: 151-69) desafía la lectura de Gundry del libro de Horsley.

[13] Ver discusión en Samuel, *Reading*, 14-34; cf. ídem, "Mission", 27-28. Cf. la advertencia en Moore, "Paul after Empire", 21-23.

[14] Ver Levine, "Disease".

[15] Lozano y Roth, "Problem", 187-88, siguiendo a Spivak, *Critique*, 358; y Ramachandra, *Subverting*, 240-42.

[16] Para la capacidad de la teoría poscolonial de adaptarse a perspectivas múltiples y en ocasiones incluso competitivas, ver, por ejemplo, Wills, "Response".

convicciones y comunidades de interpretación, no en deuda con el consenso de nadie, incluido el de grupos dentro de la academia.[17]

No todo lo que se hace en nombre de las lecturas globales realmente implica una escucha intercultural. Algunos intérpretes han creado lentes interpretativas casi uniformes a través de las cuales filtran todos los textos, a menudo forzando textos incómodos para servir a agendas políticas incompatibles, tal como lo hacían las lecturas coloniales anteriores (ya sea mediante lecturas forzadas o contralecturas). Al igual que las lecturas coloniales, pueden servir como afirmaciones de poder dentro de su marco limitado.

La importancia de evitar nuevos etnocentrismos

Escuchar otras voces es crucial; sin embargo, hacer que un determinado conjunto de voces sea normativo puede devolvernos a un tipo de enfoque etnocéntrico con el que comenzamos.[18] Los proponentes pueden terminar imponiendo la ideología de su grupo de manera uniforme en los textos y llamando a este lente ideológico un método.[19] Un peligro, independientemente de cuán digna puede ser la ideología de uno, es que uno simplemente rearticula la misma ideología de múltiples maneras, en lugar de ser desafiado por nuevos conocimientos del texto que se encuentran fuera del alcance de la visión.

Los lectores populares a menudo han hecho de las notas de la Biblia de estudio una norma. Algunos lectores de hoy hacen de los intérpretes patrísticos la norma a través de la cual debemos leer las Escrituras.[20] Algunos intérpretes feministas o liberacionistas hacen de sus lentes hermenéuticas la norma para la interpretación responsable, a veces desafiando otras lecturas liberacionistas como deficientes en una versión particular del liberacionismo.[21] Una minoría de los eruditos hoy cuentan como la norma las voces de los países en desarrollo, a pesar de la diversidad de tales voces y el acceso de la mayoría de los occidentales a las voces de una minoría publicada, a veces una minoría occidental educada dentro de los países en

---

[17] Por la preocupación de que las reconstrucciones teológicas de las élites entrenadas en Occidente a menudo descuidan las verdaderas creencias de base de los cristianos de la países en desarrollo, véase, por ejemplo, Chan, *Grassroots Asian Theology*, 22-27; cf. Hwa Yung, *Quest2*, xiv; Johnson y Wu, *Families*, 11.

[18] Dadas las enseñanzas de Jesús, un poscolonialismo evangélico hibridado, como cualquier otra expresión de la fe cristiana, debe comenzar con Cristo como un Señor sin rival (véase Usry y Keener, *Religion*, 140n4); un enfoque académico o una lealtad étnica no se atreven a volverse tan hegemónicas como para reemplazar a Cristo por los cristianos. La iglesia de Jerusalén efectivamente contextualizaron (Hechos 21:20), pero el nacionalismo y el etnocentrismo limitaron la unidad apropiada con otros cristianos (en este caso, gentiles) (21:21; véase la discusión en Keener, *Acts*, 3:3118-32).

[19] Mientras aprecia y emplea los nuevos enfoques, Moore, "Manifesto", señala que no ofrecen nuevas metodologías en el sentido tradicionalmente entendido durante el giro literario en los estudios bíblicos.

[20] Articulo esta preocupación más completamente en mi "Biblical Fidelity", 34-37.

[21] Curiosamente, muchos de los primeros abolicionistas cristianos y feministas ofrecieron lecturas esencialmente liberacionistas que siguieron el mismo tenor de las Escrituras, por ejemplo, Sunderland, *Testimony* (1835); Booth, *Women* (1861).

desarrollo en lugar de voces del nivel base.[22] En muchos casos, los académicos solo escuchan a otros académicos, y con frecuencia a los que tienen las mismas convicciones teológicas básicas, cualquiera que sea su cultura.

Esto aún no es un problema, pero es una advertencia para el futuro. Siempre que las nuevas voces se convierten en la norma intercultural, debilitamos nuestro caso contra los intérpretes eurocéntricos que continúan asumiendo, como a menudo lo hacen, que su propia perspectiva tradicional es la norma. Si cualquier grupo constituye la nueva norma dominante para todos, hemos vuelto a la exaltación de nuestro propio grupo, ya sea en forma de etnocentrismo, nacionalismo, racismo, sexismo o similar.

Sin embargo, se debe señalar que la mayoría de las voces contemporáneas—por ejemplo, teología africana, teología asiática o teología latinoamericana—no buscan hacer de su propia voz la norma intercultural, sino solo tener un lugar en la mesa. Las lecturas occidentales han sido tan privilegiadas que los lectores occidentales que realmente desean escuchar otras voces ahora tienen la obligación de usar audífonos o proporcionar voces no occidentales con sistemas de sonido superiores. Proporcionar un espacio seguro y una mejor audición para las voces no dominantes es necesario para trascender las anteojeras de la cultura dominante.

---

[22] Ver nuevamente la queja de Chan, *Grassroots Asian Theology*, 22-27. Esta observación no pretende disminuir el valor de las voces académicas, sino considerar una gama más amplia de perspectivas.

APÉNDICE C

La Comunidad Académica Carismática Global

En el capítulo 18 abordamos la pregunta: ¿quién es la comunidad pentecostal? Si reducimos los puntos de vista de los movimientos de renovación de tipo carismático a los académicos entre ellos, la diversidad de puntos de vista seguirá siendo casi tan grande, fuera de su afirmación de experimentar el Espíritu, como las denominaciones y movimientos que representan. Esto es particularmente cierto cuando encuestamos académicos en todo el mundo, pero parece ser cierto incluso si estrechamos la búsqueda aún más a los académicos que trabajan en el oeste anglófono. Este apéndice debería incidentalmente descansar la afirmación mal informada de que los carismáticos no han contribuido en nada a la erudición bíblica o teológica.[1]

En este apéndice enumeraré algunos de los eruditos carismáticos conocidos en el oeste anglófono. Debido a limitaciones de espacio y tiempo, puedo nombrar solo algunos, así que me disculpo de antemano con aquellos a quienes he omitido tanto por ignorancia como por distracción. Debido a que esta lista es solo una muestra, y debido a que aquellos que enseñan o se han retirado de instituciones claramente pentecostales o carismáticas son simplemente demasiado obvios como para ser incluidos en la lista, estoy omitiendo todo un puñado de estos últimos.[2] Esta limitación es desafortunadamente algo arbitraria, ya que algunas de estas escuelas, incluidas Regent University, Oral Roberts University y escuelas denominacionalmente pentecostales,[3] tienen facultades con obras ampliamente

---

[1] Cf., por ejemplo, MacArthur, *Fire*, xviii, 113 y videos en línea. También respondí a esta afirmación más brevemente en Keener, "Review of Strange Fire", 46; este fue el reclamo que inicialmente me impulsó a responder a su crítica, así como a comenzar esta lista (no publicada previamente). Si la crítica de MacArthur se centrara solo en ciertos tipos de carismáticos, sería cierto que no están bien representados en la academia, pero sus afirmaciones son más radicales (véase, por ejemplo, MacArthur, *Fire*, xiii-xix, 137, notado en Keener, "Review of Strange Fire", 43-45). Otras respuestas a MacArthur, *Fire*, incluyen Brown, *Authentic Fire*; Graves, *Strangers*; y, amablemente, Kendall, *Fire*.

[2] Aunque algunos académicos en las instituciones pentecostales también tienen afiliaciones en otros lugares, por ejemplo, John Christopher Thomas en la Bangor University.

[3] Para nombrar solo algunas de las instituciones donde conozco la facultad, podría enumerar muchos académicos, algunos de ellos mis amigos, en Alphacrucis, Evangel, Lee, North Central, Northwestern, Southeastern, Southwestern, Valley Forge y Vanguard Universities, Emmanuel College, así como los institutos bíblicos (como SUM), los seminarios (Westminster Theological Center, Reino Unido) y otras instituciones, por ejemplo. Algunos de estos eruditos son tan publicados como otros eruditos enumerados a continuación y no citados en ninguna otra parte del libro (por ejemplo, Daniela Augustine, de Lee, en ética teológica). Otros eruditos publicados, como Paul

publicadas que no he tenido ocasión de citar en ningún otro lugar del libro, como por ejemplo, la facultad de psicología y consejería en Regent University (incluyendo, entre otros, Benjamin Keyes, Jennifer Ripley, James Sells y Mark Yarhouse).

También excluyo a un gran número de académicos más jóvenes que no han publicado tanto o que todavía no tienen un puesto docente a tiempo completo (aunque incluyo a algunos que han tenido dichos puestos y se han jubilado o diversificado sus ministerios).[4] (Sí incluyo algunos académicos más jóvenes si sus posiciones están en instituciones de élite.) Estas son solo muestras; aunque pregunté a un número inmenso de colegas si se consideraban carismáticos, de ninguna manera hice una encuesta amplia. Indudablemente, he omitido a muchos carismáticos, probablemente incluyendo algunos viejos amigos, simplemente por haber olvidado que eran carismáticos o que nunca lo habían sabido (ya que, aparte de las discusiones de pneumatología, este no suele ser el primer tema que los eruditos discuten). Nuevo Testamento está desproporcionadamente representado simplemente porque conozco a más colegas en esa disciplina.

No todos los que respondieron definen "carismático" de la misma manera. Por ejemplo, mi suposición aproximada es que tal vez solo la mitad ha orado en lenguas (el paradigma pentecostal clásico, aunque también se ha estimado que solo la mitad de los pentecostales confesionales oran en lenguas). Algunos lo definen simplemente como una forma espiritual profunda durante una estadía anterior en círculos carismáticos; algunos otros asisten a servicios carismáticos o pentecostales. Algunos lo definen como una oración abierta por los enfermos o por la liberación. Algunos lo definen como involucrado en la renovación espiritual en su denominación, con aprecio por los dones espirituales y la adoración.[5] Algunos eruditos que oran en lenguas pidieron no estar en la lista, porque la experiencia fue tan íntima para ellos que me confiaron no darlo a conocer públicamente. Los nombres representan un rango de denominaciones, incluyendo católicos,

---

King y Derek Morphew, son especialmente líderes de capacitación en contextos menos tradicionales, o están en entornos de investigación, como Harold Hunter.

[4] Uno podría nombrar tantos académicos más jóvenes, incluyendo a Mary Catherine Brown (PhD Asbury), Matt Croasman (PhD Yale, trabajando en Yale), T. Michael W. Halcomb (PhD Asbury), Brittany Kim (PhD Wheaton, enseñando en Roberts Wesleyan College), Kris Miller (PhD Durham, enseñando en la Lipscomb University), Jack Poirier (DHL Jewish Theological Seminary), Michael Raburn (PhD Duke, enseñando en Wake Forest), David Sloan (PhD, Trinity), Joel Soza (Malone). Hay un gran número de pentecostales y carismáticos trabajando en doctorados al momento de escribir; solo algunos que me han sido mencionados: Joy Ames Vaughan (Asbury), Camilla Belfon (Iliff), Benjamin Dwayne Cowan (Claremont), Anna Marie Droll (Fuller), Wilmer Estrada-Carrasquillo (Asbury), Samantha Fong (Duke), Janna Gonwa (Yale), Alicia Jackson (Universidad de Birmingham, Reino Unido), Thomas Lyons (Asbury), Caleb JD Maskell (Universidad de Princeton), Leila Ortiz (Lutheran Seminary of Philadelphia), Meghan Musy (McMaster Divinity College), Judith Odor (Asbury) y Ekaputra Tupamahu (Vanderbilt).

[5] Claramente, la línea entre continuista y carismático es difícil de dibujar; de hecho, algunos se identificaron a sí mismos como carismáticos pero no se los conocía como tales, o no se autoidentificaron como carismáticos (por lo tanto, no figuran en esta lista) aunque sus colegas los identificaron como tales.

metodistas, anglicanos, bautistas, luteranos, presbiterianos, menonitas, (especialmente) pentecostales, y así sucesivamente.[6]

En la mayoría de los casos, observo sus puestos docentes para ilustrar el rango de instituciones representadas. Un beneficio adicional de la lista es que nos recuerda que ser carismático no garantiza los resultados teológicos ni los enfoques hermenéuticos; por ejemplo, no es necesario decir que Wayne Grudem podría diferir en muchos puntos de N. T. Wright; de manera similar, Christopher Stanley y Richard Hays representan enfoques bastante diferentes al uso de la Escritura por parte de Pablo. Algunos estudiosos podrían considerar a otros demasiado liberales o conservadores.[7] Esto podría sugerir lo elusivo de una hermenéutica distintivamente carismática, a menos que sea simplemente lo mismo que una hermenéutica continuista. (Creo que sí, algunos resaltan ese continuismo más que otros, pero este no es el único elemento que determina los resultados hermenéuticos).

Estudios de la Iglesia Negra:

Valerie Cooper (Duke Divinity School)
Felicia Howell Laboy (Louisville Presbyterian Theological Seminary)
Yolanda Pierce (Princeton Theological Seminary)

En evangelismo, misionología o cristianismo global:
Afe Adogame (Edinburgh)
Kwame Bediako (Akrofi-Christaller Institute)
Peter Bellini (United Theological Seminary)
David Daniels (McCormick Theological Seminary)
Lyle Dorsett (Wheaton, Beeson)
Robert Gallagher (Wheaton College)
Sarita Gallagher (George Fox University)
Michael Green (Wycliffe Hall, Oxford)

---

[6] Para solo una muestra de la diversidad: los anglicanos incluyen a Allan Anderson, Lyle Dorsett, Michael Green, Michael Knowles y N. T. Wright; los bautistas incluyen a mí mismo, Loida Martell-Otero, Luke Powery y William Turner; los católicos incluyen a Mary Healy y Peter Williamson (los dos editores del Comentario Católico de las Sagradas Escrituras), Teresa Berger, Luke Timothy Johnson y George Montague (ex editor de Catholic Biblical Quarterly); de la Alianza Cristiana y Misionera incluye a Robert Gallagher y Paul King; los luteranos incluyen a Mark Hillmer, Mark Allan Powell y Joy Schroeder; los menonitas incluyen a Alan Kreider; oresbiterianos, Ogbu Kalu y Lalsangkima Pachauri; cuáqueros, Richard Foster; etcétera. Fuera de los pentecostales, los metodistas podrían ganar el premio en mi lista, pero solo porque mi ubicación inmediata y el lugar de mi trabajo de doctorado me dieron acceso para aprender de muchos más de ellos, incluidos William Abraham, Valerie Cooper, Gene Green, Richard Hays, Israel Kamudzandu, Fred Long, Lutero Oconor, Lester Ruth, Steve Seamands, Howard Snyder, Timothy Tennent, Robert Tuttle, David Watson y Ben Witherington.

[7] Incluso aparte de los elementos carismáticos, muchos de los seguidores de John MacArthur podrían considerar que los elementos menos conservadores contaminan toda la muestra; el pastor MacArthur pertenece a una tradición que rechaza a los católicos y a los protestantes tradicionales y desconfía mucho de aquellos que tienen comunión con ellos. Sin embargo, supongo que la mayoría de los lectores de este libro estarán interesados en la lista más amplia.

Jehu Hanciles (Emory University)
Dale Irvin (New York Theological Seminary)
Ogbu Kalu (McCormick Theological Seminary)
Charles Kraft (Fuller Theological Seminary)
Peter Kuzmic (Gordon-Conwell)
Wonsuk y Julie Ma (Oxford Center for Mission Studies; Wonsuk es el director)
Philip Meadows (Nazarene Theological College)
Lalsangkima Pachuau (Asbury Theological Seminary)
Angel Santiago-Vendrell (Asbury Theological Seminary)
Scott Sunquist (Fuller Theological Seminary)
Timothy Tennent (Asbury Theological Seminary)
Al Tizon (North Park Theological Seminary)
Robert Tuttle, Jr. (Asbury Theological Seminary, emeritus)
Randy Woodley (George Fox Theological Seminary)

En Nuevo Testamento (donde tengo más conocimiento de mis colegas):
Efrain Agosto (New York Theological Seminary)
Norbert Baumert (St. Georgen)
Holly Beers (Westmont College)
Ben Blackwell (Houston Baptist University)
Lisa Bowens (Princeton Theological Seminary)
Douglas Campbell (Duke)
Daniel Darko (Gordon College)
Peter Davids (editor de Word Biblical Commentary)
James D. G. Dunn (Durham)
Paul Eddy (Bethel University)
Janet Meyer Everts (Hope College)
Gordon Fee (Gordon-Conwell, Regent College; editor de la serie NICNT)
Crispin Fletcher-Louis
J. Massyngberde Ford (University of Notre Dame)
Eric Greaux (Winston-Salem State University)
Gene L. Green (Wheaton College)
Joel Green (Fuller Theological Seminary)
Richard Hays (Duke)
Mary Healy (Sacred Heart Major Seminary)
William Heth (Taylor University)
Jamal-Dominique Hopkins (Crichton College)
Jeff Hubing (Northern Seminary)
David Instone-Brewer (Tyndale House, Cambridge)
Luke Timothy Johnson (Candler, at Emory)
Israel Kamudzandu (Saint Paul School of Theology)
Craig Keener (Asbury Theological Seminary)

La Comunidad Académica Carismática Global

William Kurz (Marquette University)
Kenneth Litwak (Azusa Pacific University)
Fred Long (Asbury Theological Seminary)
Francis Martin (Dominican House of Studies)
Scot McKnight (Northern Seminary)
George Montague (St. Mary's University)
Stephen Noll (Trinity School for Ministry)
John C. Poirier
Mark Allan Powell (Trinity Lutheran Seminary)
Emerson Powery (Messiah College)
Siegfried Schatzmann (Southwestern Baptist Theological Seminary)
Russell Spittler (Fuller Theological Seminary)
Christopher Stanley (St. Bonaventure University)
Sam Storms (vicepresidente, Evangelical Theological Society)
Max Turner (London School of Theology)
Graham Twelftree (London School of Theology)
Robert W. Wall (Seattle Pacific University and Seminary)
Steve Walton (St. Mary's University)
David Watson (United Theological Seminary)
Rikk Watts (Regent College)
Cynthia Westfall (McMaster Divinity College)
Peter Williamson (Sacred Heart Major Seminary)
Mark Wilson (Asia Minor Research Center)
Ben Witherington (Asbury Theological Seminary)
N. T. Wright (University of St. Andrews)

En Antiguo Testamento/Biblia hebrea:
Harold Bennett (Morehouse College)
Mark Boda (McMaster Divinity College)
Michael Brown (Fire School of Ministry)
Jamie Coles (Seattle Pacific University)
Robert E. Cooley (Gordon-Conwell)
John Goldingay (Fuller Theological Seminary)
Gary Greig (United Theological Seminary)
Mark Hillmer (Luther Seminary)
Rebecca Idestrom (Tyndale Seminary)
Sandra Richter (Wheaton College)
Kevin Spawn (Regent University)
Beth Stovell (Ambrose College)
Wilhelm Wessels (University of South Africa)

Teología práctica (comunicación, homilética, estudios de liderazgo, estudios litúrgicos, estudios de reconciliación, formación espiritual, etc.):
  Christena Cleveland (Duke Divinity School)
  Richard Foster (Friends University)
  Reg Johnson (Asbury Theological Seminary)
  Michael Knowles (McMaster Divinity College)
  George A. Maloney
  Luke Powery (Duke Divinity School)
  Abraham A. Ruelas (Patten University)
  Siang-Yang Tan (Fuller Theological Seminary)
  William Turner Jr. (Duke Divinity School)
  Dallas Willard

En historia religiosa o de la iglesia:
  Estralda Alexander (William Seymour College)
  Linda Ambrose (Laurentian University)
  Allan H. Anderson (University of Birmingham, UK)
  Chris Armstrong (Wheaton College)
  James Bradley (Fuller Theological Seminary)
  Stanley M. Burgess (Missouri State University)
  Meesaeng Choi (Asbury Theological Seminary)
  David William Faupel (Wesley Theological Seminary)
  Peter Hocken
  Scott Kisker (United Theological Seminary)
  Alan Kreider (Anabaptist Mennonite Biblical Seminary)
  Timothy Larsen (Wheaton College)
  Michael McClymond (Saint Louis University; University of Birmingham, UK)
  Gerald McDermott (Roanoke College)
  A. G. Miller (Oberlin College)
  Luther Oconor (United Theological Seminary)
  Daniel Ramírez (University of Michigan)
  Mel Robeck (Fuller Theological Seminary)
  Lester Ruth (Duke Divinity School)
  Joy Schroeder (Trinity Lutheran Seminary

En sociología de la religión:
  Margaret Poloma (University of Akron)
  Michael Wilkinson (Trinity Western University)

En ética, teología y filosofía:
  William Abraham (Perkins School of Theology)

La Comunidad Académica Carismática Global

Adetekunbo Adelekan (Palmer Theological Seminary)
Paul Alexander (Palmer Theological Seminary)
William Atkinson (London School of Theology)
Garth Kasimu Baker-Fletcher (Claremont School of Theology)
Karen Baker-Fletcher (Southern Methodist University)
Teresa Berger (Yale Divinity School)
Gregory Boyd (antiguamente Bethel University)
Daniel Castello (Seattle Pacific University and Seminary)
Paul Copan (Palm Beach Atlantic University)
Ralph Del Colle (Marquette)
Donald Gelpi (Jesuit School of Theology, Berkeley)
Douglas Groothuis (Denver Seminary)
Wayne Grudem (Phoenix Seminary)
Mareque Steele Ireland (Fuller Theological Seminary)
Veli-Matti Kärkkäinen (Fuller Theological Seminary)
William Kay (Chester University; Glyndwr University)
Daniel Keating (Sacred Heart Major Seminary)
Robert A. Larmer (University of New Brunswick)
Loida Martell-Otero (Palmer Theological Seminary)
Ralph Martin (Sacred Heart Major Seminary)
Kilian McDonnell (Saint John's School of Theology and Seminary)
J. P. Moreland (Talbot Seminary)
Heribert Mühlen (University of Paderborn)
Cherith Fee Nordling (Northern Seminary)
Edward O'Connor (University of Notre Dame)
Andrew Sung Park (United Theological Seminary)
Clark Pinnock (McMaster Divinity College)
Jon Ruthven (United Theological Seminary)
Steve Seamands (Asbury Theological Seminary)
Thomas Allan Smail (St. John's College)
James K. A. Smith (Calvin College)
Howard Snyder (Manchester Wesley Research Centre en el Nazarene Theological College, Manchester)
Robert Stamps (Asbury Theological Seminary)
Steve Studebaker (McMaster Divinity College)
Bernie Van De Walle (Ambrose University)
Eldin Villafañe (Gordon-Conwell Theological Seminary)
Miroslav Volf (Yale Divinity School)
Wolfgang Vondey (Regent University)
Frederick Ware (Howard Divinity School)
Nimi Wariboko (Andover Newton)
Eric Lewis Williams (Harvard University)
Amos Yong (Fuller Theological Seminary)

Esto no incluye a los actuales o anteriores líderes de instituciones, como Robert Cooley (ex presidente del Gordon-Conwell Seminary), Robert Herron (rector de la Oklahoma Wesleyan University) y otros, mencionados anteriormente, como el presidente del New York Theological Seminary, Dale Irvin, y el presidente del Asbury Seminary, Timothy Tennent.

Muchos destacados teólogos y eruditos de la religión en los países en desarrollo son pentecostales o carismáticos (además de varios de los que he enumerado anteriormente), incluidos algunos ejemplos africanos, el Obispo Dapo Asaju (Crowther Graduate Theological Seminary, Nigeria), Kwabena Asamoah-Gyadu (Trinity Theological Seminary, Ghana), Deji Ayegboyin (Universidad de Ibadan, Nigeria); o para ejemplos asiáticos, Simon Chan (Trinity Theological College en Singapur) y el profesor retirado y obispo metodista Hwa Yung de Malasia.

La lista de pensadores carismáticos crecería aún más si incluimos escritores populares carismáticos o continuistas académicamente formados y, a menudo, académicamente entrenados, como R. T. Kendall, el fallecido Walter Martin, Eric Metaxas, John Piper y Frank Viola. Además, entre los líderes de la iglesia, uno puede incluir al actual arzobispo de Canterbury, Justin Welby, y, según algunos, el Papa Francisco (que al menos apoya mucho el movimiento carismático católico y su compromiso evangelístico). Desde hace varias décadas, el predicador oficial de la casa papal ha sido un sacerdote capuchino italiano, el padre Raniero Cantalamessa, quien habla abiertamente sobre su experiencia carismática. Mientras que John MacArthur, nuestro querido pero cesacionista hermano en Cristo, podría lamentar todo esto como la proliferación de una peligrosa levadura, yo agradezco a Dios por cómo, a través del testimonio de los movimientos pentecostales y carismáticos y ahora de la Tercera Ola, la aceptación de los dones espirituales se ha vuelto bastante convencional.

Esta lista pretende abordar dos problemas. El primero es combatir la afirmación absurda de que los carismáticos y los pentecostales como tal no contribuyen en nada a la erudición bíblica o teológica. El segundo es ilustrar la diversidad de las perspectivas carismáticas y pentecostales y los enfoques hermenéuticos, y así cuestionar hasta qué punto es posible hablar de cualquier hermenéutica monolítica "carismática" o "pentecostal", además de la dependencia del empoderamiento del Espíritu.

Bibliografía Resumida de las Fuentes Citadas[1]

Akhtar, "Miracles." • Akhtar, Shabbir. "Miracles as Evidence for the Existence of God." *SJRS* 11 (1, 1990): 18–23.
Albright, *Biblical Period*. • Albright, William Foxwell. *The Biblical Period from Abraham to Ezra*. New York: Harper & Row, 1963.
Albright, *Yahweh*. • Albright, William Foxwell. *Yahweh and the Gods of Canaan*. Jordan Lectures,1965. Garden City, NY: Doubleday, 1968.
Allen, "Whole Person Healing." • Allen, E. Anthony. "Whole Person Healing, Spiritual Realism, and Social Disintegration: A Caribbean Case Study in Faith, Health, and Healing." *IntRevMiss* 90 (356/357, January-April 2001): 118–33.
Althouse, *Spirit*. • Althouse, Peter. *Spirit of the Last Days: Pentecostal Eschatology in Conversation with Jürgen Moltmann*. New York: T&T Clark International, 2003.
Anderson, *Glossary*. • Anderson, R. Dean, Jr. *Glossary of Greek Rhetorical Terms Connected to Methods of Argumentation, Figures, and Tropes from Anaximenes to Quintilian*. Leuven: Peeters, 2000.
Anderson, *Rhetorical Theory*. • Anderson, R. Dean, Jr. *Ancient Rhetorical Theory and Paul*. Rev. ed. CBET 18. Leuven: Peeters, 1999.
Archer, *Hermeneutic*. • Archer, Kenneth J. *A Pentecostal Hermeneutic: Spirit, Scripture and Community*. Cleveland, TN: CPT Press, 2009.
Archer, "Hermeneutics and Society." • Archer, Kenneth J. "Pentecostal Hermeneutics and the Society for Pentecostal Studies: Reading and Hearing in One Spirit and One Accord." *Pneuma* 37 (3, 2015): 317–39.
Archer, "Horizons." • Archer, Kenneth J. "Horizons and Hermeneutics of Doctrine: A Review Essay." *JPT* 18 (2009): 150–56.
Asamoah-Gyadu, "Hearing." • Asamoah-Gyadu, Kwabena. " 'Hearing in Our Own Tongues the Wonderful Works of God': Pentecost, Ecumenism and Renewal in African Christianity." *Missionalia* 35 (3, November 2007): 128–45.
Aune, *Revelation*. • Aune, David E. *Revelation*. 3 vols. WBC 52, 52b, 52c. Dallas: Word, 1997.
Bailey, *Gospel in Hymns*. • Bailey, Albert Edward. *The Gospel in Hymns: Backgrounds and Interpretations*. New York: Scribner's, 1950.
Bailey, *Peasant Eyes*. • Bailey, Kenneth Ewing. *Through Peasant Eyes: More Lucan Parables, Their Culture and Style*. Grand Rapids: Eerdmans, 1980.
Baker, "Pentecostal Bible Reading." • Baker, Robert O. "Pentecostal Bible Reading: Toward a Model of Reading for the Formation of the Affections." 94–108 in *Pentecostal Hermeneutics: A Reader*. Edited by Lee Roy Martin. Leiden: Brill, 2013.
Baker, *Testaments*. • Baker, David L. *Two Testaments, One Bible: A Study of the Theological Relationship between the Old and New Testaments*. Downers Grove, IL: InterVarsity, 1991.
Barrett, *Acts*. • Barrett, C. K. *A Critical and Exegetical Commentary on the Acts of the Apostles*. 2 vols. Edinburgh: T&T Clark, 1994–98.
Barrett, *World Christian Encyclopedia*. • David B. Barrett, *World Christian Encyclopedia*. 2nd ed. New York: Oxford University Press, 2001.

---

[1] Nota del Editor: Para la presente edición al español, sólo se colocará una porción resumida de toda la Bibliografía citada por Craig Keener en su trabajo original.

BIBLIOGRAFÍA RESUMIDA DE LAS FUENTES CITADAS

Barrett, Johnson, and Crossing, "Missiometrics 2006." • Barrett, David B., Todd M. Johnson, and Peter F. Crossing. "Missiometrics 2006: Goals, Resources, Doctrines of the 350 Christian World Communions." *IBMR* 30 (1, January 2006): 27–30.

Barrett, Johnson, and Crossing, "Missiometrics 2007." • Barrett, David B., Todd M. Johnson, and Peter F. Crossing. "Missiometrics 2007: Creating Your Own Analysis of Global Data." *IBMR* 31 (1, January 2007): 25–32.

Barth, *Church Dogmatics.* • Barth, Karl. *Church Dogmatics.* Edinburgh: T&T Clark, 1956–75.

Barth, *Doctrine.* • Barth, Karl. *The Doctrine of the Word of God.* Vol. 1.1 of *Church Dogmatics.* Edited by G. W. Bromiley and T. F. Torrance. Translated by G. W. Bromiley et al. Edinburgh: T&T Clark, 1956.

Bartholomew, *Hermeneutics.* • Bartholomew, Craig G. *Introducing Biblical Hermeneutics: A Comprehensive Framework for Hearing God in Scripture.* Grand Rapids: Baker Academic, 2015.

Bauckham, *Gospels for Christians.* • Bauckham, Richard, ed. *The Gospels for All Christians: Rethinking the Gospel Audiences.* Grand Rapids: Eerdmans, 1998.

Bauer, "Function." • Bauer, David R. "The Literary and Theological Function of the Genealogy in Matthew's Gospel." 129–59 in *Treasures New and Old: Recent Contributions to Matthean Studies.* Edited by David R. Bauer and Mark Allan Powell. SBLSymS 1. Atlanta: Scholars Press, 1996.

Beale, *Revelation.* • Beale, Gregory K. *The Book of Revelation: A Commentary on the Greek Text.* NIGTC. Grand Rapids: Eerdmans, 1999.

Beale and Carson, *Commentary.* • Beale, Gregory K., and D. A. Carson, eds. *Commentary on the New Testament Use of the Old Testament.* Grand Rapids: Baker Academic, 2007.

Beasley-Murray, "Kingdom." • Beasley-Murray, George R. "The Kingdom of God and Christology in the Gospels." 22–36 in *Jesus of Nazareth, Lord and Christ: Essays on the Historical Jesus and New Testament Christology.* Edited by Joel B. Green and Max Turner. Grand Rapids: Eerdmans; Carlisle, UK: Paternoster, 1994.

Beckwith, *Argument.* • Beckwith, Francis J. *David Hume's Argument against Miracles: A Critical Analysis.* Lanham, MD: University Press of America, 1989.

Benson, "Ignorant." • Benson, Bruce Ellis. " 'Now I Would Not Have You Ignorant': Derrida, Gadamer, Hirsch and Husserl on Authors' Intentions." 173–91 in *Evangelicals and Scripture: Tradition, Authority and Hermeneutics.* Edited by Vincent Bacote, Laura C. Miguelez, and Dennis L. Ockholm. Downers Grove, IL: InterVarsity, 2004.

Bird, "Inerrancy." • Bird, Michael F. "Inerrancy Is Not Necessary for Evangelicalism outside the USA." 145–73 in *Five Views on Biblical Inerrancy.* Edited by J. J. Merrick and Stephen M. Garrett. Grand Rapids: Zondervan, 2013.

Blackaby and King, *Experiencing God.* • Blackaby, Henry T., and Claude V. King. *Experiencing God: How to Live the Full Adventure of Knowing and Doing the Will of God.* Nashville: Broadman & Holman, 1994.

Blackman, "Exegesis." • Blackman, E. C. "The Task of Exegesis." 3–26 in *The Background of the New Testament and Its Eschatology: Essays in Honour of Charles Harold Dodd.* Edited by W. D. Davies and D. Daube. Cambridge: Cambridge University Press, 1964.

Blomberg, *Believe.* • Blomberg, Craig L. *Can We Still Believe the Bible? An Evangelical Engagement with Contemporary Questions.* Grand Rapids: Brazos, 2014.

Blomberg, "Globalization." • Blomberg, Craig L. "The Globalization of Hermeneutics." *JETS* 38 (4, December 1995): 581–93.

Blomberg, *Poverty.* • Blomberg, Craig L. *Neither Poverty nor Riches: A Biblical Theology of Material Possessions.* Grand Rapids: Eerdmans, 1999.

Blumhofer, *Faith.* • Blumhofer, Edith Waldvogel. *Restoring the Faith: The Assemblies of God, Pentecostalism, and American Culture.* Urbana: University of Illinois Press, 1993.

Bibliografía Resumida de las Fuentes Citadas

Blumhofer, Spittler, and Wacker, *Currents*. • Blumhofer, Edith L., Russell P. Spittler, and Grant Wacker. *Pentecostal Currents in American Protestantism.* Urbana: University of Illinois Press, 1999.
Bomann, *Faith in Barrios*. • Bomann, Rebecca Pierce. *Faith in the Barrios: The Pentecostal Poor in Bogotá.* Boulder, CO, and London: Lynn Rienner, 1999.
Bonhoeffer, *Ethics*. • Bonhoeffer, Dietrich. *Ethics.* New York: Macmillan, 1955.
Bonhoeffer, "Lectures." • Bonhoeffer, Dietrich. "Lectures on Preaching." 123–80 in *Bonhoeffer: Worldly Preaching.* Edited and translated by C. E. Fant. Nashville: Thomas Nelson, 1975.
Booth, *Women*. • Booth, Catherine Mumford. *Let the Women Speak: Females Teaching in Church.* Liskeard: Diggory, 2007 (originally 1861).
Bovon, *Theologian*. • Bovon, Francois. *Luke the Theologian: Thirty-Three Years of Research (1950–1983).* Translated by Ken McKinney. Allison Park, PA: Pickwick, 1987.
Boyd, *Benefit of Doubt*. • Boyd, Gregory A. *Benefit of the Doubt: Breaking the Idol of Certainty.* Grand Rapids: Baker, 2013.
Bray, *Corinthians*. • Bray, Gerald, ed. *1–2 Corinthians.* ACCS: New Testament 7. Downers Grove, IL: InterVarsity, 1999.
Bray, *Romans*. • Bray, Gerald, ed. *Romans.* ACCS: New Testament 6. Downers Grove, IL: InterVarsity, 1998.
Breggen, "Miracle Reports." • Breggen, Hendrik van der. "Miracle Reports, Moral Philosophy, and Contemporary Science." PhD dissertation, University of Waterloo, 2004.
Brown, *Answering*. • Brown, Michael L. *Answering Jewish Objections to Jesus,* vol. 3, *Messianic Prophecy Objections.* Grand Rapids: Baker, 2006.
Brown, *Authentic Fire*. • Brown, Michael L. *Authentic Fire: A Response to John MacArthur's Strange Fire.* Lake Mary, FL: Excel, 2014.
Brown, *Death*. • Brown, Raymond E. *The Death of the Messiah—From Gethsemane to Grave: A Commentary on the Passion Narratives in the Four Gospels.* 2 vols. New York: Doubleday, 1994.
Brown, *Essays*. • Brown, Raymond E. *New Testament Essays.* Garden City, NY: Doubleday, 1968.
Brown, "Jeremiah." • Brown, Michael L. "Jeremiah." 7:23–572 in *The Expositor's Bible Commentary.* Rev. ed. Edited by Tremper Longman III and David E. Garland. Grand Rapids: Zondervan, 2010.
Brown, *Miracles*. • Brown, Colin. *Miracles and the Critical Mind.* Grand Rapids: Eerdmans, 1984.
Brown, *Testing Prayer*. • Brown, Candy Gunther. *Testing Prayer: Science and Healing.* Cambridge, MA: Harvard University Press, 2012.
Bruce, *Commentary*. • Bruce, F. F. *Commentary on the Book of the Acts: The English Text with Introduction, Exposition, and Notes.* NICNT. Grand Rapids: Eerdmans, 1977.
Bruce, *History*. • Bruce, F. F. *New Testament History.* Garden City, NY: Doubleday, 1972.
Bruce, "History." • Bruce, F. F. "The History of New Testament Study." 21–59 in *New Testament Interpretation: Essays on Principles and Methods.* Edited by I. Howard Marshall. Grand Rapids: Eerdmans, 1977.
Bruce, "Holy Spirit in Acts." • Bruce, F. F. "The Holy Spirit in the Acts of the Apostles." *Interpretation* 27 (2, 1973): 166–83.
Bruce, "Interpretation." • Bruce, F. F. "Interpretation of the Bible." 565–68 in *Evangelical Dictionary of Theology.* Edited by Walter Elwell. Grand Rapids: Baker, 1996.
Bruce, *John*. • Bruce, F. F. *The Gospel of John: Introduction, Exposition and Notes.* Grand Rapids: Eerdmans, 1983.
Bultmann, "Demythologizing." • Bultmann, Rudolf. "On the Problem of Demythologizing." 95–130 in *New Testament Mythology and Other Basic Writings.* Edited by Schubert Ogden. Philadelphia: Fortress, 1984.
Bultmann, "Exegesis." • Bultmann, Rudolf. "Is Exegesis without Presuppositions Possible?" 145–53 in *The New Testament and Mythology and Other Basic Writings.* Edited by Schubert Ogden. Philadelphia: Fortress, 1984.

BIBLIOGRAFÍA RESUMIDA DE LAS FUENTES CITADAS

Bultmann, *Mythology.* • Bultmann, Rudolf. *The New Testament and Mythology and Other Basic Writings.* Edited by Schubert Ogden. Philadelphia: Fortress, 1984.

Bultmann, *Theology.* • Bultmann, Rudolf. *Theology of the New Testament.* Translated by Kendrick Grobel. 2 vols. New York: Scribner's, 1951.

Burgess, "Evidence." • Burgess, Stanley M. "Evidence of the Spirit: The Medieval and Modern Western Churches." 20–40 in *Initial Evidence: Historical and Biblical Perspectives on the Pentecostal Doctrine of Spirit Baptism.* Edited by Gary B. McGee. Peabody, MA: Hendrickson, 1991.

Burhenn, "Miracles." • Burhenn, Herbert. "Attributing Miracles to Agents—Reply to George D. Chryssides." *RelS* 13 (4, 1977): 485–89.

Burridge, *Gospels.* • Burridge, Richard A. *What Are the Gospels? A Comparison with Graeco-Roman Biography.* SNTSMS 70. Cambridge: Cambridge University Press, 1992.

Calvin, *Catholic Epistles.* • Calvin, John. *Commentaries on the Catholic Epistles.* Translated by John Owen. Grand Rapids: Eerdmans, 1948.

Calvin, *Corinthians.* • Calvin, John. *Commentaries on the Epistles of Paul the Apostle to the Corinthians.* Translated by John Pringle. Grand Rapids: Eerdmans, 1948.

Calvin, *Institutes.* • Calvin, John. *Institutes of the Christian Religion.* 2 vols. Translated by John Allen. Revised by Benjamin B. Warfield. Philadelphia: Presbyterian Board of Christian Education, 1936.

Carson, "Mirror-Reading." • Carson, D. A. "Mirror-Reading with Paul and against Paul: Galatians 2:11–14 as a Test Case." 99–112 in *Studies in the Pauline Epistles: Essays in Honor of Douglas J. Moo.* Edited by Matthew S. Harmon and Jay E. Smith. Grand Rapids: Zondervan, 2014.

Carson, *Showing Spirit.* • Carson, D. A. *Showing the Spirit: A Theological Exposition of 1 Corinthians 12–14.* Grand Rapids: Baker, 1987.

Chambers, *Psychology.* • Chambers, Oswald. *Biblical Psychology.* Grand Rapids: Discovery House Publishers, 1995 (orig. 1962).

Childs, *Canon.* • Childs, Brevard S. *The New Testament as Canon: An Introduction.* Philadelphia: Fortress, 1984.

Childs, *Scripture.* • Childs, Brevard S. *Introduction to the Old Testament as Scripture.* Philadelphia: Fortress, 1979.

Childs, *Theology.* • Childs, Brevard S. *Biblical Theology of the Old and New Testaments: Theological Reflections on the Christian Bible.* London: SCM, 1992.

Clark, "Hermeneutics." • Clark, Matthew S. "Pentecostal Hermeneutics: The Challenge of Relating to (Post-)modern Literary Theory." *Acta Patristica et Byzantina* 12 (2001): 41–67.

Clark, "Pentecostal Hermeneutics." • Clark, Matthew S. "Pentecostal Hermeneutics: The Challenge of Relating to (Post-)modern Literary Theory." *Spirit & Church* 2 (1, 2000): 67–93.

Collins, *Babel.* • Collins, John J. *The Bible after Babel: Historical Criticism in a Postmodern Age.* Grand Rapids: Eerdmans, 2005.

Copan, *Monster.* • Copan, Paul. *Is God a Moral Monster? Making Sense of the Old Testament God.* Grand Rapids: Baker, 2011.

Copan and Flannagan, *Genocide.* • Copan, Paul, and Matt Flannagan, *Did God Really Command Genocide? Coming to Terms with the Justice of God.* Grand Rapids: Baker, 2014.

Crossan, "Metamodel." • Crossan, John Dominic. "A Metamodel for Polyvalent Interpretation." *Semeia* 9 (1977): 105–47.

Cullmann, *Salvation.* • Cullmann, Oscar. *Salvation in History.* New York: Harper & Row, 1967.

Daube, *Exodus Pattern.* • Daube, David. *The Exodus Pattern in the Bible.* All Souls Studies 2. London: Faber & Faber, 1963.

Davies, *Healer.* • Davies, Stevan L. *Jesus the Healer: Possession, Trance, and the Origins of Christianity.* New York: Continuum, 1995.

Davies, "Read as Pentecostal." • Davies, Andrew. "What Does It Mean to Read the Bible as a Pentecostal?" 249–62 in *Pentecostal Hermeneutics: A Reader.* Edited by Lee Roy Martin. Leiden: Brill, 2013.

Bibliografía Resumida de las Fuentes Citadas

Dawson, "Urbanization." • Dawson, John. "Urbanization and Mental Health in a West AfricanCommunity." 305–42 in *Magic, Faith, and Healing: Studies in Primitive Psychotherapy Today*. Edited by Ari Kiev. Introduction by Jerome D. Frank. New York: Free Press, 1964.

Deiros, "Cross." • Deiros, Pablo A. "Cross and Sword." *Christian History* 35 (1992): 30–31.

Dempster, Klaus, and Petersen, *Globalization*. • Dempster, Murray W., Byron D. Klaus, and Douglas Petersen. *The Globalization of Pentecostalism: A Religion Made to Travel*. Foreword by Russell P. Spittler. Carlisle: Paternoster; Oxford: Regnum, 1999.

Dodd, *Preaching*. • Dodd, C. H. *The Apostolic Preaching and Its Developments*. London: Hodder & Stoughton, 1936. Repr., Grand Rapids: Baker, 1980.

Dominy, "Spirit, Church, and Mission." • Dominy, Bert B. "Spirit, Church, and Mission: Theological Implications of Pentecost." *SWJT* 35 (2, 1993): 34–39.

Donahue, "Redaction Criticism." • Donahue, John R. "Redaction Criticism: Has the *Hauptstrasse* Become a *Sackgasse?*" 27–57 in *The New Literary Criticism and the New Testament*. Edited by Edgar V. McKnight and Elizabeth Struthers Malbon. Valley Forge, PA: Trinity Press International; Sheffield, UK: JSOT Press, 1994.

Drane, "Background." • Drane, John W. "The Religious Background." 117–25 in *New Testament Interpretation: Essays on Principles and Methods*. Edited by I. Howard Marshall. Grand Rapids: Eerdmans, 1977.

Duke, *Irony*. • Duke, Paul D. *Irony in the Fourth Gospel*. Atlanta: John Knox, 1985.

Dunn, *Acts*. • Dunn, James D. G. *The Acts of the Apostles*. Narrative Commentaries. Valley Forge, PA: Trinity Press International, 1996.

Dunn, *Baptism*. • Dunn, James D. G. *Baptism in the Holy Spirit: A Re-examination of the New Testament Teaching on the Gift of the Spirit in Relation to Pentecostalism Today*. SBT, 2nd ser., 15; London: SCM, 1970.

Dunn, *Jesus and Spirit*. • Dunn, James D. G. *Jesus and the Spirit: A Study of the Religious and Charismatic Experience of Jesus and the First Christians as Reflected in the New Testament*. London: SCM, 1975.

Dunn, "John." • Dunn, James D. G. "Let John Be John: A Gospel for Its Time." 293–322 in *The Gospel and the Gospels*. Edited by Peter Stuhlmacher. Grand Rapids: Eerdmans, 1991.

Dunn, "Justice." • Dunn, James D. G. "The Justice of God: A Renewed Perspective on Justification by Faith." *JTS* 43 (1, 1992): 1–22.

Dunn, *New Perspective*. • Dunn, James D. G. *The New Perspective on Paul*. Rev. ed. Grand Rapids: Eerdmans, 2008.

Dunn, "Old Perspective." • Dunn, James D. G. "What's Right about the Old Perspective on Paul." 214–29 in *Studies in the Pauline Epistles: Essays in Honor of Douglas J. Moo*. Edited by Matthew S. Harmon and Jay E. Smith. Grand Rapids: Zondervan, 2014.

Dunn, "Reconstructions." • Dunn, James D. G. "Reconstructions of Corinthian Christianity and the Interpretation of 1 Corinthians." 295–310 in *Christianity at Corinth: The Quest for the Pauline Church*. Edited by Edward Adams and David G. Horrell. Louisville: Westminster John Knox, 2004.

Dunn, "Role." • Dunn, James D. G. "The Role of the Spirit in Biblical Hermeneutics." 154–59in *Spirit and Scripture: Exploring a Pneumatic Hermeneutic*. Edited by Kevin L. Spawn and Archie T. Wright. New York: Bloomsbury, 2012.

Dunn, "Synagogue." • Dunn, James D. G. "Did Jesus Attend the Synagogue?" 206–22 in *Jesus and Archaeology*. Edited by James H. Charlesworth. Grand Rapids: Eerdmans, 2006.

Dunn, *Unity*. • Dunn, James D. G. *Unity and Diversity in the New Testament: An Inquiry into the Character of Earliest Christianity*. Louisville: Westminster John Knox, 1984.

Ebeling, *Theology*. • Ebeling, Gerhard. *Theology and Proclamation: A Discussion with Rudolf Bultmann*. London: Collins, 1966.

Edgar, "Messianic Interpretation." • Edgar, S. L. "The New Testament and Rabbinic Messianic Interpretation." *NTS* 5 (1, 1958): 47–54.

Edwards, *Affections*. • Edwards, Jonathan. *Religious Affections*. Works of Jonathan Edwards. New Haven: Yale University Press, 1959.

Edwards, *Marks*. • Edwards, Jonathan. *The Distinguishing Marks of a Work of the Spirit of God.* Works of Jonathan Edwards. New Haven: Yale University Press, 1972.

Edwards, "Parallels." • Edwards, James R. "Parallels and Patterns between Luke and Acts." *BBR* 26 (2016): forthcoming.

Ellin, "Again." • Ellin, Joseph. "Again: Hume on Miracles." *HumSt* 19 (1, April 1993): 203–12.

Elliott, *Feelings*. • Elliott, Matthew. *Faithful Feelings: Emotion in the New Testament.* Leicester, UK: Inter-Varsity, 2005.

Estrada, "Hermeneutic." • Estrada, Rodolfo Galvan. "Is a Contextualized Hermeneutic the Future of Pentecostal Readings? The Implications of a Pentecostal Hermeneutic for a Chicano/Latino Community." *Pneuma* 37 (3, 2015): 341–55.

Evans, *Texts*. • Evans, Craig A. *Ancient Texts for New Testament Studies: A Guide to the Background Literature.* Peabody, MA: Hendrickson, 2005.

Evans and Sanders, *Luke and Scripture*. • Evans, Craig A., and James A. Sanders. *Luke and Scripture: The Function of Sacred Tradition in Luke-Acts.* Minneapolis: Fortress, 1993.

Evans and Tov, *Exploring*. • Evans, Craig A., and Emmanuel Tov, eds. *Exploring the Origins of the Bible: Canon Formation in Historical, Literary, and Theological Perspective.* Grand Rapids: Baker Academic, 2008.

Fee, *Gospel*. • Fee, Gordon D. *Gospel and Spirit: Issues in New Testament Hermeneutics.* Peabody, MA: Hendrickson, 1991.

Fee, "Historical Precedent." • Fee, Gordon D. "Hermeneutics and the Historical Precedent: A Major Problem in Pentecostal Hermeneutics." 118–32 in *Perspectives on the New Pentecostalism.* Edited by Russell P. Spittler. Grand Rapids: Baker, 1976.

Fee, *Listening*. • Fee, Gordon D. *Listening to the Spirit in the Text.* Grand Rapids: Eerdmans, 2000.

Fee, *Revelation*. • Fee, Gordon D. *Revelation.* New Covenant Commentary Series. Eugene, OR: Cascade, 2011.

Fee and Stuart, *Worth*. • Fee, Gordon D., and Douglas Stuart. *How to Read the Bible for All Its Worth: A Guide to Understanding the Bible.* 2nd ed. Grand Rapids: Zondervan, 1993.

Fitzmyer, *Acts*. • Fitzmyer, Joseph A. *The Acts of the Apostles: A New Translation with Introduction and Commentary.* AB 31. New York: Doubleday, 1998.

Flemming, *Contextualization*. • Flemming, Dean. *Contextualization in the New Testament: Patterns for Theology and Mission.* Downers Grove, IL: InterVarsity, 2005.

Foller, "Luther on Miracles." • Foller, Oskar. "Martin Luther on Miracles, Healing, Prophecy, and Tongues." *SHE* 31 (2, October 2005): 333–51.

Fuchs, *Hermeneutik*. • Fuchs, Ernst. *Hermeneutik.* 4th ed. Tubingen: J. C. B. Mohr, 1970.

Fuller, "Analogy." • Fuller, Daniel. "Biblical Theology and the Analogy of Faith." 195–213 in *Unity and Diversity in New Testament Theology: Essays in Honor of George E. Ladd.* Edited by Robert A. Guelich. Grand Rapids: Eerdmans, 1978.

Geerlof, "Augustine and Pentecostals." • Geerlof, Derek M. "Augustine and Pentecostals: Building a Hermeneutical Bridge between Past and Present Experience in the Psalms." *Pneuma* 37 (2, 2015): 262–80.

George, "Introduction." • George, Timothy. "General Introduction." ix–xxxiv in *Galatians, Ephesians.* Edited by Gerald Bray. Reformation Commentary on Scripture, New Testament 10. Downers Grove, IL: IVP Academic, 2011.

Geivett and Pivec, *New Apostolic Reformation*. • Geivett, R. Douglas, and Holly Pivec. *A New Apostolic Reformation: A Biblical Response to a Worldwide Movement.* Wooster, OH: Weaver Book Company, 2014.

George, "Introduction." • George, Timothy. "General Introduction." ix–xxxiv in *Galatians, Ephesians.* Edited by Gerald Bray. Reformation Commentary on Scripture, New Testament 10. Downers Grove, IL: IVP Academic, 2011.

Gillespie, "Authority." • Gillespie, Thomas W. "Biblical Authority and Interpretation: The Current Debate on Hermeneutics." 192–219 in *A Guide to Contemporary Hermeneutics: Major Trends in Biblical Interpretation.* Edited by Donald K. McKim. Grand Rapids: Eerdmans, 1986.

Bibliografía Resumida de las Fuentes Citadas

Glasson, *Advent*. • Glasson, T. Francis. *The Second Advent: The Origin of the New Testament Doctrine.* 3rd rev. ed. London: Epworth, 1963.
Gleason, "Letter." • Gleason, Randall C. " 'Letter' and 'Spirit' in Luther's Hermeneutics." *Bibliotheca Sacra* 157 (628, 2000): 468–85.
Gonzalez, *Acts*. • Gonzalez, Justo L. *Acts: The Gospel of the Spirit.* Maryknoll, NY: Orbis, 2001.
Gonzalez, *Months*. • Gonzalez, Justo L. *Three Months with the Spirit.* Nashville: Abingdon, 2003.
Gonzalez, *Tribe*. • Gonzalez, Justo L. *Out of Every Tribe and Nation: Christian Theology at the Ethnic Roundtable.* Nashville: Abingdon, 1992.
Green, *Practicing Theological Interpretation*. • Green, Joel B. *Practicing Theological Interpretation: Engaging Biblical Texts for Faith and Formation.* Grand Rapids: Baker Academic, 2011.
Green, *Seized*. • Green, Joel B. *Seized by Truth: Reading the Bible as Scripture.* Nashville: Abingdon, 2007.
Green, *Theology*. • Green, Chris E. W. *Toward a Pentecostal Theology of the Lord's Supper: Foretasting the Kingdom.* Cleveland, TN: CPT Press, 2012.
Grenz, *Renewing*. • Grenz, Stanley L. *Renewing the Center: Evangelical Theology in a Post-Theological Era.* 2nd ed. Grand Rapids: Baker, 2006.
Grey, *Crowd*. • Grey, Jacqueline. *Three's a Crowd: Pentecostalism, Hermeneutics, and the Old Testament.* Eugene, OR: Pickwick, 2011.
Gundry, "Hearing." • Gundry, Robert H. "Richard A. Horsley's Hearing the Whole Story: A Critical Review of Its Postcolonial Slant." *JSNT* 26 (2, 2003): 131–49.
Gundry, *Use*. • Gundry, Robert H. *The Use of the Old Testament in St. Matthew's Gospel: With Special Reference to the Messianic Hope.* NovTSup 18. Leiden: Brill, 1975.
Hagin, *Don't Blame God*. • Hagin, Kenneth E. *Don't Blame God.* Tulsa, OK: Kenneth Hagin Ministries, 1979.
Hagin, *Led By the Spirit*. • Hagin, Kenneth E. *How You Can Be Led By the Spirit of God.* Tulsa, OK: Kenneth Hagin Ministries, 1978.
Hagin, *Redeemed*. • Hagin, Kenneth E. *Redeemed from Poverty, Sickness, Death.* Tulsa, OK: Rhema Bible Church; Kenneth Hagin Ministries, 1983.
Hagin Jr., *Itching Ears*. • Hagin, Kenneth, Jr. *Itching Ears.* Tulsa, OK: Rhema Bible Church, 1982.
Hahn, *Kinship*. • Hahn, Scott. *Kinship by Covenant: A Canonical Approach to the Fulfillment of God's Saving Promises.* New Haven: Yale University Press, 2009.
Hall, *Reading*. • Hall, Christopher A. *Reading Scripture with the Church Fathers.* Downers Grove, IL: InterVarsity, 1998.
Harms, *Paradigms*. • Harms, Richard B. *Paradigms from Luke-Acts for Multicultural Communities.* AUSt, series 7, Theology and Religion 216. New York, Bern: Lang, 2001.
Harrell, *Possible*. • Harrell, David Edwin, Jr. *All Things Are Possible: The Healing and Charismatic Revivals in Modern America.* Bloomington: Indiana University Press, 1975.
Harrington, *Interpreting*. • Harrington, Daniel J. *Interpreting the New Testament: A Practical Guide.* New Testament Message. Wilmington, DE: Michael Glazier, 1979.
Harrison, *Overwhelmed*. • Harrison, Randall A. *Overwhelmed by the Spirit: A Biblical Study on Discovering the Spirit.* N.p.: Entrust Publications, 2013.
Hauerwas, *Unleashing*. • Hauerwas, Stanley. *Unleashing the Scripture: Freeing the Bible from Captivity to America.* Nashville: Abingdon, 1993.
Hays, *Conversion*. • Hays, Richard B. *The Conversion of the Imagination: Paul as Interpreter of Israel's Scripture.* Grand Rapids: Eerdmans, 2005.
Hays, *Echoes*. • Hays, Richard B. *Echoes of Scripture in the Letters of Paul.* New Haven: Yale University Press, 1989.
Hays, *First Corinthians*. • Hays, Richard B. *First Corinthians.* IBC. Louisville: John Knox, 1997.
Hays, *Reading Backwards*. • Hays, Richard B. *Reading Backwards: Figural Christology and the Fourfold Gospel Witness.* Waco: Baylor University Press, 2014.
Hedgespeth, "Power." • Hedgespeth, Joanne. "The Healing Power of the Will to Live." 235–48 in *Medical and Therapeutic Events.* Vol. 2 of *Miracles: God, Science, and Psychology in the Paranormal.* Edited by J. Harold Ellens. Westport, CT; London: Praeger, 2008.

Helm, "Miraculous." • Helm, Paul. "The Miraculous." *ScChrB* 3 (1, 1991): 83–95.
Hemphill, *Gifted*. • Hemphill, Ken. *You Are Gifted: Your Spiritual Gifts and the Kingdom of God.* Nashville: B&H Publishing Group, 2009.
Hemphill, *Gifted*. • Hemphill, Ken. *You Are Gifted: Your Spiritual Gifts and the Kingdom of God.* Nashville: B&H Publishing Group, 2009.
Hengel, *Jesus and Paul*. • Hengel, Martin. *Between Jesus and Paul: Studies in the History of Earliest Christianity.* Philadelphia: Fortress, 1983.
Hengel, "Messiah." • Hengel, Martin. "Jesus, the Messiah of Israel: The Debate about the 'Messianic Mission' of Jesus." 323–49 in *Authenticating the Activities of Jesus.* Edited by Bruce Chilton and Craig A. Evans. NTTS 28.2. Leiden: Brill, 1999.
Herms, "Invoking." • Herms, Ronald. "Invoking the Spirit and Narrative Intent in John's Apocalypse." 99–114 in *Spirit and Scripture: Exploring a Pneumatic Hermeneutic.* Edited by Kevin L. Spawn and Archie T. Wright. New York: Bloomsbury, 2012.
Hernando, *Dictionary*. • Hernando, James D. *Dictionary of Hermeneutics: A Concise Guide to Terms, Names, Methods, and Expressions.* Springfield, MO: Gospel Publishing House, 2005.
Hickson, *Heal*. • Hickson, James Moore. *Heal the Sick.* 2nd ed. London: Methuen, 1924.
Hill et al., "Attendance and Mortality." • Hill, Terrence D., Jacqueline L. Angel, Christopher G. Ellison, and Ronald J. Angel. "Religious Attendance and Mortality: An 8-Year Follow-up of Older Mexican Americans." *JGPSSS* 60 (2, 2005): S102–9.
Hoffman and Kurzenberger, "Miraculous." • Hoffman, Louis, and Marika Kurzenberger. "The Miraculous and Mental Illness." 65–93 in *Parapsychological Perspectives.* Vol. 3 in *Miracles: God, Science, and Psychology in the Paranormal.* Edited by J. Harold Ellens. Westport, CT; London: Praeger, 2008.
Hollenweger, *Pentecostals*. • Hollenweger, Walter J. *The Pentecostals.* London: SCM, 1972. Repr., Peabody, MA: Hendrickson, 1988.
Holwerda, *Spirit*. • Holwerda, David Earl. *The Holy Spirit and Eschatology in the Gospel of John: A Critique of Rudolf Bultmann's Present Eschatology.* Kampen: J. H. Kok, 1959.
Hort, "Plagues." • Hort, Greta. "The Plagues of Egypt." Parts 1 and 2. *ZAW* 69 (1957): 84–103; 70 (1958): 48–59.
Horton, *Corinthians*. • Horton, Stanley M. *I and II Corinthians: A Logion Press Commentary.* Springfield, MO: Gospel, 1999.
Horton, *Spirit*. • Horton, Stanley M. *What the Bible Says about the Holy Spirit.* Springfield, MO: Gospel, 1976.
Houston, *Miracles*. • Houston, J. *Reported Miracles: A Critique of Hume.* Cambridge: Cambridge University Press, 1994.
Hume, *History of Religion*. • Hume, David. *The Natural History of Religion.* Edited by H. E. Root. London: Adam & Charles Black, 1956.
Hume, *Miracles*. • Hume, David. *Of Miracles.* Introduction by Antony Flew. La Salle, IL: Open Court, 1985.
Hurtado, *Lord Jesus Christ*. • Hurtado, Larry W. *Lord Jesus Christ: Devotion to Jesus in Earliest Christianity.* Grand Rapids: Eerdmans, 2003.
Ilan, *Women*. • Ilan, Tal. *Jewish Women in Greco-Roman Palestine.* Tubingen: Mohr, 1996.
Ironson et al., "Spirituality." • Ironson, G., G. F. Solomon, E. G. Balbin, et al. "Spirituality and Religiousness Are Associated with Long Survival, Healthy Behaviors, Less Distress, and Lower Cortisol in People Living with HIV/AIDS: The IWORSHIP Scale, Its Validity and Reliability." *AnnBehMed* 24 (2002): 34–48.
Irwin, "Stoic Inhumanity." • Irwin, Terence H. "Stoic Inhumanity." 219–41 in *The Emotions in Hellenistic Philosophy.* Edited by Juha Sihvola and Troels Engberg-Pedersen. TSHP 46. Dordrecht, Neth.: Kluwer Academic, 1998.
Israel, Albrecht, and McNally, "Hermeneutics." • Israel, Richard D., Daniel E. Albrecht, and Randal G. McNally. "Pentecostals and Hermeneutics: Texts, Rituals, and Communities." Papers of the Society for Pentecostal Studies Annual Meeting. Dallas, TX, November 1990.

Bibliografía Resumida de las Fuentes Citadas

Jackson, *Quest.* • Jackson, Bill. *The Quest for the Radical Middle: A History of the Vineyard.* Foreword by Todd Hunter. Cape Town: Vineyard International, 1999.
Jacobs, *Exegesis.* • Jacobs, Louis. *Jewish Biblical Exegesis.* New York: Behrman House, 1973.
Jenkins, *Next Christendom.* • Jenkins, Philip. *The Next Christendom: The Coming of Global Christianity.* New York: Oxford University Press, 2002.
Jeremias, *Parables.* • Jeremias, Joachim. *The Parables of Jesus.* 2nd rev. ed. New York: Scribner's, 1972.
Johns, "New Directions." • Johns, Donald A. "Some New Directions in the Hermeneutics of Classical Pentecostalism's Doctrine of Initial Evidence." 145–67 in *Initial Evidence: Historical and Biblical Perspectives on the Pentecostal Doctrine of Spirit Baptism.* Edited by Gary B. McGee. Peabody, MA: Hendrickson, 1991.
Johns, *Pentecostal Formation.* • Johns, Cheryl Bridges. *Pentecostal Formation: A Pedagogy among the Oppressed.* Sheffield: Sheffield Academic Press, 1993.
Johnson, *Acts.* • Johnson, Luke Timothy. *The Acts of the Apostles.* SP 5. Collegeville, MN: Liturgical Press, 1992.
Johnson, *Romans.* • Johnson, Luke Timothy. *Reading Romans: A Literary and Theological Commentary.* Macon, GA: Smyth & Helwys, 2001.
Johnston, "Commandments." • Johnston, Robert Morris. " 'The Least of the Commandments': Deuteronomy 22:6–7 in Rabbinic Judaism and Early Christianity." *AUSS* 20 (1982): 205–15.
Jonas, *Religion.* • Jonas, Hans. *The Gnostic Religion: The Message of the Alien God and the Beginnings of Christianity.* 2nd rev. ed. Boston: Beacon Press, 1963.
Judge, *First Christians.* • Judge, Edwin A. *The First Christians in the Roman World: Augustan and New Testament Essays.* Edited by James R. Harrison. WUNT 229. Tubingen: Mohr Siebeck, 2008.
Kalu, *African Pentecostalism.* • Kalu, Ogbu. *African Pentecostalism: An Introduction.* Oxford: Oxford University Press, 2008.
Kauffman, "Introduction." • Kauffman, Richard A. "Introduction." 6–9 in *Essays on Spiritual Bondage and Deliverance.* Edited by Willard M. Swartley. Occasional Papers 11. Elkhart, IN: Institute of Mennonite Studies, 1988.
Keene, "Possibility of Miracles." • Keene, J. Calvin. "The Possibility of Miracles." *CrQ* 26 (3, July 1949): 208–14.
Keener, *Acts.* • Keener, Craig S. *Acts: An Exegetical Commentary.* 4 vols. Grand Rapids: Baker Academic, 2012–15.
Keener, "Asia and Europe." • Keener, Craig S. "Between Asia and Europe: Postcolonial Mission in Acts 16:8–10." *AJPS* 11 (1–2, 2008): 3–14.
Keener, *Background Commentary.* • Keener, Craig S. *The IVP Bible Background Commentary: New Testament.* 2nd rev. ed. Downers Grove, IL: InterVarsity, 2014.
Keener, "Beheld." • Keener, Craig S. " 'We Beheld His Glory': John 1:14." 15–25 in *Aspects of Historicity in the Fourth Gospel.* Edited by Paul N. Anderson, Felix Just, and Tom Thatcher. Vol. 2 of *John, Jesus and History.* SBL Early Christianity and Its Literature 2. Atlanta: SBL, 2009.
Keener, *Bible in Context.* • Keener, Craig S. *The Bible in Its Context: How to Improve Your Study of the Scriptures.* Mountlake Terrace, WA: Action International, 2013.
Keener, *Corinthians.* • Keener, Craig S. *1 and 2 Corinthians.* NCamBC. Cambridge: Cambridge University Press, 2005.
Keener, "Expectation." • Keener, Craig S. "Messianic Expectation." Prepared for "Expectation and Human Flourishing," Yale Center for Faith and Culture, New York City, June 22, 2015.
Keener, *Galatians.* • Keener, Craig S. *Galatians.* NCamBC. Cambridge: Cambridge University Press, forthcoming.
Keener, *Gift.* • Keener, Craig S. *Gift and Giver: The Holy Spirit for Today.* Grand Rapids: Baker, 2001.
Keener, *Historical Jesus.* • Keener, Craig S. *The Historical Jesus of the Gospels.* Grand Rapids: Eerdmans, 2009.

Keener, *John*. • Keener, Craig S. *The Gospel of John: A Commentary.* 2 vols. Peabody, MA: Hendrickson; Grand Rapids: Baker Academic, 2003.
Keener, "Kiss." • Keener, Craig S. "Kiss, Kissing." 628–29 in *DNTB*.
Keener, *Mind*. • Keener, Craig S. *The Mind of the Spirit: Paul's Approach to Transformed Thinking.* Grand Rapids: Baker Academic, 2016.
Keener, *Miracles*. • Keener, Craig S. *Miracles: The Credibility of the New Testament Accounts.* Grand Rapids: Baker Academic, 2011.
Keener, *Paul*. • Keener, Craig S. *Paul, Women, and Wives: Marriage and Women's Ministry in the Letters of Paul.* Peabody, MA: Hendrickson; Grand Rapids: Baker Academic, 1992.
Keener, *Questions*. • Keener, Craig S. *Three Crucial Questions about the Holy Spirit.* Grand Rapids: Baker, 1996.
Keener, *Revelation*. • Keener, Craig S. *Revelation.* NIVAC. Grand Rapids: Zondervan, 2000.
Keener, *Spirit*. • Keener, Craig S. *The Spirit in the Gospels and Acts: Divine Purity and Power.* Peabody, MA: Hendrickson, 1997. Repr., Grand Rapids: Baker Academic, 2010.
Kidd, *Awakening*. • Kidd, Thomas S. *The Great Awakening: The Roots of Evangelical Christianity in Colonial America.* New Haven: Yale University Press, 2007.
Kidd and Hankins, *Baptists*. • Kidd, Thomas S., and Barry Hankins. *Baptists in America: A History.* Oxford: Oxford University Press, 2015.
Kim, "Mission." • Kim, Sung Hwan. "The Holy Spirit's Mission in the Book of Acts: Its Repetition and Continuation." ThM thesis, Fuller School of World Mission, 1993.
King, *Moving Mountains*. • King, Paul L. *Moving Mountains: Lessons in Bold Faith from Great Evangelical Leaders.* Grand Rapids: Chosen, 2004.
Kinnear, *Tide*. • Kinnear, Angus. *Against the Tide: The Story of Watchman Nee.* Wheaton, IL: Tyndale House, 1978.
Kitchen, *Reliability*. • Kitchen, Kenneth A. *On the Reliability of the Old Testament.* Grand Rapids: Eerdmans, 2003.
Klein, Blomberg, and Hubbard, *Introduction*. • Klein, William W., Craig L. Blomberg, and Robert L. Hubbard Jr. *Introduction to Biblical Interpretation.* Dallas: Word, 1993.
Klutz, *Exorcism Stories*. • Klutz, Todd. *The Exorcism Stories in Luke-Acts: A Sociostylistic Reading.* SNTSMS 129. Cambridge: Cambridge University Press, 2004.
Koester, *Symbolism*. • Koester, Craig R. *Symbolism in the Fourth Gospel: Meaning, Mystery, Community.* Minneapolis: Fortress, 1995.
Kruger, *Question*. • Kruger, Michael J. *The Question of Canon: Challenging the Status Quo in the New Testament Debate.* Downers Grove, IL: IVP Academic, 2013.
Kurz, *Reading Luke-Acts*. • Kurz, William S. *Reading Luke-Acts: Dynamics of Biblical Narrative.* Louisville: Westminster John Knox, 1993.
Kyle, *Last Days*. • Kyle, Richard. *The Last Days Are Here Again: A History of the End Times.* Grand Rapids: Baker, 1998.
Ladd, *Bultmann*. • Ladd, George Eldon. *Rudolf Bultmann.* Chicago: InterVarsity, 1964.
Ladd, *Theology*. • Ladd, George Eldon. *A Theology of the New Testament.* Grand Rapids: Eerdmans, 1974.
Ladd, *Young Church*. • Ladd, George Eldon. *The Young Church.* Nashville: Abingdon, 1964.
Land, "Passion." • Land, Steven J. "A Passion for the Kingdom: Revisioning Pentecostal Spirituality." *JPT* 1 (1992): 19–46.
Land, *Pentecostal Spirituality*. • Land, Steven J. *Pentecostal Spirituality: A Passion for the Kingdom.* Sheffield: Sheffield Academic Press, 1994.
LaSor, Hubbard, and Bush, *Survey*. • LaSor, William Sanford, David Allan Hubbard, and Frederic W. Bush. *Old Testament Survey: The Message, Form, and Background of the Old Testament.* 2nd ed. Grand Rapids: Eerdmans, 1996.
Lenski, *Acts*. • Lenski, R. C. H. *The Interpretation of the Acts of the Apostles.* Columbus, OH: Lutheran Book Concern, 1934. Repr., Minneapolis: Augsburg, 1961.

Bibliografía Resumida de las Fuentes Citadas

Lewis, "Epistemology." • Lewis, Paul W. "Towards a Pentecostal Epistemology: The Role of Experience in Pentecostal Hermeneutics." *Spirit & Church* 2 (1, 2000): 95–125.
Licona, Resurrection. • Licona, Michael R. *The Resurrection of Jesus: A New Historiographical Approach.* Downers Grove, IL: InterVarsity; Nottingham, UK: Apollos, 2010.
Lightfoot, Acts. • Lightfoot, J. B. *The Acts of the Apostles: A Newly Discovered Commentary.* Vol. 1 of The Lightfoot Legacy Set. Edited by Ben Witherington III and Todd D. Still. Downers Grove, IL: IVP Academic, 2014.
Lightfoot, Commentary. • Lightfoot, John. *A Commentary on the New Testament from the Talmud and Hebraica, Matthew—I Corinthians.* 4 vols. Grand Rapids: Baker, 1979.
Livingston, Pentateuch. • Livingston, G. Herbert. *The Pentateuch in Its Cultural Environment.* Grand Rapids: Baker, 1974.
Longenecker, Exegesis. • Longenecker, Richard N. *Biblical Exegesis in the Apostolic Period.* Grand Rapids: Eerdmans, 1975.
Longenecker, Rhetoric. • Longenecker, Bruce W. *Rhetoric at the Boundaries: The Art and Theology of the New Testament Chain-Link Transitions.* Waco, TX: Baylor University Press, 2005.
Loughlin, Story. • Loughlin, Gerard. *Telling God's Story: Bible, Church, and Narrative Theology.* Cambridge: Cambridge University Press, 1996.
MacArthur, Fire. • MacArthur, John. *Strange Fire: The Danger of Offending the Holy Spirit with Counterfeit Worship.* Nashville: Thomas Nelson, 2013.
Macchia, "Babel." • Macchia, Frank D. "Babel and the Tongues of Pentecost—Reversal or Fulfilment? A Theological Perspective." 34–51 in *Speaking in Tongues: Multi-disciplinary Perspectives.* Edited by Mark J. Cartledge. SPCI. Waynesboro, GA, and Bletchley, Milton Keynes, UK: Paternoster, 2006.
MacNutt, Healing. • MacNutt, Francis. *Healing.* Notre Dame, IN: Ave Maria, 1974.
Marguerat, Historian. • Marguerat, Daniel. *The First Christian Historian: Writing the "Acts of the Apostles."* Translated by Ken McKinney, Gregory J. Laughery, and Richard Bauckham. SNTSMS 121. Cambridge: Cambridge University Press, 2002.
Marshall, Beyond Bible. • Marshall, I. Howard. *Beyond the Bible: Moving from Scripture to Theology.* With essays by Kevin J. Vanhoozer and Stanley E. Porter. Grand Rapids: Baker Academic, 2004.
Marshall, Enmity. • Marshall, Peter. *Enmity in Corinth: Social Conventions in Paul's Relations with the Corinthians.* WUNT 2.23. Tubingen: Mohr Siebeck, 1987.
Marshall, Origins. • Marshall, I. Howard. *The Origins of New Testament Christology.* 2nd ed. Downers Grove, IL: InterVarsity, 1990.
Martin, Reader. • Martin, Lee Roy, ed. *Pentecostal Hermeneutics: A Reader.* Leiden: Brill, 2013.
Martyn, Galatians. • Martyn, J. Louis. *Galatians.* AB 33A. New Haven: Yale University Press, 1997.
McCain and Keener, Understanding and Applying. • McCain, Danny, and Craig Keener. *Understanding and Applying the Scriptures.* Bukuru, Nigeria: Africa Christian Textbooks, 2003.
McClymond and McDermott, Theology of Edwards. • McClymond, Michael J., and Gerald R. McDermott. *The Theology of Jonathan Edwards.* New York: Oxford University Press, 2012.
McConnell, Different Gospel. • McConnell, D. R. *A Different Gospel: A Historical and Biblical Analysis of the Modern Faith Movement.* Peabody, MA: Hendrickson, 1988.
McGee, Miracles. • McGee, Gary B. *Miracles, Missions, and American Pentecostalism.* AmSocMissS 45. Maryknoll, NY: Orbis, 2010.
McGee, People of Spirit. • McGee, Gary B. *People of the Spirit: The Assemblies of God.* Springfield, MO: Gospel, 2004.
McGrath, Universe. • McGrath, Alister E. *A Fine-Tuned Universe: The Quest for God in Science and Theology.* Louisville: John Knox, 2009.
McKay, "Veil." • McKay, John W. "When the Veil Is Taken Away: The Impact of Prophetic Experience on Biblical Interpretation." 57–80 in *Pentecostal Hermeneutics: A Reader.* Edited by Lee Roy Martin. Leiden: Brill, 2013.
McLaughlin, Ethics. • McLaughlin, Raymond W. *The Ethics of Persuasive Preaching.* Grand Rapids: Baker, 1979.

McQuilkin, Understanding. • McQuilkin, Robertson. *Understanding and Applying the Bible.* Rev. ed. Chicago: Moody, 2009.

Menzies, "Methodology." • Menzies, William W. "The Methodology of Pentecostal Theology: An Essay on Hermeneutics." 1–14 in *Essays on Apostolic Themes: Studies in Honor of Howard M. Ervin.* Edited by Paul Elbert. Peabody, MA: Hendrickson, 1985.

Mickelsen, Interpreting the Bible. • Mickelsen, A. Berkeley. *Interpreting the Bible.* Grand Rapids: Eerdmans, 1963.

Moore and Segovia, Criticism. • Moore, Stephen D., and Fernando F. Segovia. *Postcolonial Biblical Criticism: Interdisciplinary Intersections.* London: T&T Clark, 2005.

Moreland and Issler, Faith. • Moreland, J. P., and Klaus Issler. *In Search of a Confident Faith: Overcoming Barriers to Trusting God.* Downers Grove, IL: InterVarsity, 2008.

Moule, Mark. • Moule, C. F. D. *The Gospel according to Mark.* Cambridge: Cambridge University Press, 1965.

Moule, Messengers. • Moule, C. F. D. *Christ's Messengers: Studies in the Acts of the Apostles.* New York: Association, 1957.

Neill, History of Missions. • Neill, Stephen. *A History of Christian Missions.* Harmondsworth, UK: Penguin, 1964.

Oliverio, Hermeneutics. • Oliverio, L. William, Jr. *Theological Hermeneutics in the Classical Pentecostal Tradition: A Typological Account.* Global Pentecostal and Charismatic Studies 12. Leiden: Brill, 2012.

Osborne, "Hermeneutics." • Osborne, Grant R. "Hermeneutics/Interpreting Paul." 388–97 in *DPL.*

Osborne, Spiral. • Osborne, Grant R. *The Hermeneutical Spiral: A Comprehensive Introduction to Biblical Interpretation.* Downers Grove, IL: InterVarsity, 1991.

Otte, "Treatment." • Otte, Richard. "Mackie's Treatment of Miracles." *IJPhilRel* 39 (3, 1996): 151–58.

Packer, Acts. • Packer, J. W. *Acts of the Apostles.* CBC. Cambridge: Cambridge University Press, 1966.

Padilla, Speeches. • Padilla, Osvaldo. *The Speeches of Outsiders in Acts: Poetics, Theology, and Historiography.* SNTSMS 144. Cambridge: Cambridge University Press, 2008.

Palmer, Hermeneutics. • Palmer, Richard. *Hermeneutics: Interpretation Theory in Schleiermacher, Dilthey, Heidegger, and Gadamer.* Studies in Phenomenology and Existential Philosophy. Evanston: Northwestern University Press, 1969.

Patte, Structural Exegesis. • Patte, Daniel. *What Is Structural Exegesis?* Philadelphia: Fortress, 1976.

Penney, Missionary Emphasis. • Penney, John Michael. *The Missionary Emphasis of Lukan Pneumatology.* JPTSup 12. Sheffield, UK: Sheffield Academic, 1997.

Perrin, Kingdom. • Perrin, Norman. *The Kingdom of God in the Teaching of Jesus.* Philadelphia: Westminster, 1963.

Pfeiffer, Ras Shamra. • Pfeiffer, Charles F. *Ras Shamra and the Bible.* Grand Rapids: Baker, 1962.

Pinnock, "Foreword." • Pinnock, Clark H. "Foreword." vii–viii in *The Charismatic Theology of St. Luke* by Roger Stronstad. Peabody, MA: Hendrickson, 1984.

Pinnock, "Work of Spirit." • Pinnock, Clark H. "The Work of the Spirit in the Interpretation of Holy Scripture from the Perspective of a Charismatic Biblical Theologian." 233–48 in *Pentecostal Hermeneutics: A Reader.* Edited by Lee Roy Martin. Leiden: Brill, 2013.

Piper, Glory. • Piper, John. *A Peculiar Glory: How the Christian Scriptures Reveal Their Complete Truthfulness.* Wheaton, IL: Crossway, 2016.

Piper, Glory. • Piper, John. *A Peculiar Glory: How the Christian Scriptures Reveal Their Complete Truthfulness.* Wheaton, IL: Crossway, 2016.

Piper and Grudem, Recovering. • Piper, John, and Wayne Grudem, eds. *Recovering Biblical Manhood and Womanhood: A Response to Evangelical Feminism.* Wheaton, IL: Crossway, 1991.

Polkinghorne, Science and Providence. • Polkinghorne, John. *Science and Providence: God's Interaction with the World.* Boston: New Science Library, Shambhala, 1989.

Bibliografía Resumida de las Fuentes Citadas

Popper, *Myth of Framework*. • Popper, Karl R. *The Myth of the Framework: In Defense of Science and Rationality*. Edited by M. A. Notturno. London: Routledge, 1994.
Porter, *Paul*. • Porter, Stanley E. *The Apostle Paul: His Life, Thought, and Letters*. Grand Rapids: Eerdmans, 2016.
Ramm, *Interpretation*. • Ramm, Bernard. *Protestant Biblical Interpretation: A Textbook of Hermeneutics*. 3rd rev. ed. Grand Rapids: Baker, 1970.
Ramsay, *Letters*. • Ramsay, William M. *The Letters to the Seven Churches of Asia*. London: Hodder & Stoughton, 1904. Repr., Grand Rapids: Baker, 1979.
Remus, *Healer*. • Remus, Harold. *Jesus as Healer*. UJT. Cambridge: Cambridge University Press, 1997.
Ridderbos, *John*. • Ridderbos, Herman N. *The Gospel according to John: A Theological Commentary*. Translated by John Vriend. Grand Rapids: Eerdmans, 1997.
Ridderbos, *Speeches of Peter*. • Ridderbos, Herman N. *The Speeches of Peter in the Acts of the Apostles*. Tyndale New Testament Lecture, 1961. London: Tyndale, 1962.
Ross, "Preaching." • Ross, Kenneth R. "Preaching in Mainstream Christian Churches in Malawi: A Survey and Analysis." *JRelAf* 25 (1, February 1995): 3–24.
Sanders, *Figure*. • Sanders, E. P. *The Historical Figure of Jesus*. New York: Penguin, 1993.
Sanders, *Jesus and Judaism*. • Sanders, E. P. *Jesus and Judaism*. Philadelphia: Fortress, 1985.
Sanders, *Jesus to Mishnah*. • Sanders, E. P. *Jewish Law from Jesus to the Mishnah: Five Studies*. London: SCM; Philadelphia: Trinity Press International, 1990.
Schreiner, *Galatians*. • Schreiner, Thomas R. *Galatians*. Zondervan Exegetical Commentary on the New Testament. Grand Rapids: Zondervan, 2010.
Schweitzer, *Quest*. • Schweitzer, Albert. *The Quest of the Historical Jesus*. Translated by W. Montgomery. Introduction by James M. Robinson. New York: Macmillan, 1968.
Scott, "Pattern." • Scott, John Atwood. "The Pattern of the Tabernacle." PhD dissertation, University of Pennsylvania, 1965.
Seung, *Semiotics*. • Seung, Hirsch T. K. *Semiotics and Thematics in Hermeneutics*. New York: Columbia University Press, 1982.
Shaw, *Awakening*. • Shaw, Mark. *Global Awakening: How Twentieth-Century Revivals Triggered a Christian Revolution*. Downers Grove, IL: IVP Academic, 2010.
Shogren, "Prophecy." • Shogren, Gary Steven. "Christian Prophecy and Canon in the Second Century: A Response to B. B. Warfield." *JETS* 40 (4, 1997): 609–26.
Shuler, *Genre*. • Shuler, Philip L. *A Genre for the Gospels: The Biographical Character of Matthew*. Philadelphia: Fortress, 1982.
Solivan, *Spirit*. • Solivan, Samuel. *The Spirit, Pathos, and Liberation: Toward an Hispanic Pentecostal Theology*. JPTSup 14. Sheffield, UK: Sheffield Academic, 1998.
Spawn and Wright, "Introduction." • Spawn, Kevin L., and Archie T. Wright. "Introduction." xvii–xviii in *Spirit and Scripture: Exploring a Pneumatic Hermeneutic*. Edited by Kevin L. Spawn and Archie T. Wright. New York: Bloomsbury, 2012.
Spence, *Palace*. • Spence, Jonathan D. *The Memory Palace of Matteo Ricci*. New York: Viking Penguin, 1984.
Stein, *Guide*. • Stein, Robert H. *A Basic Guide to Interpreting the Bible: Playing by the Rules*. 2nd ed. Grand Rapids: Baker Academic, 2011.
Stronstad, *Charismatic Theology*. • Stronstad, Roger. *The Charismatic Theology of St. Luke*. Peabody, MA: Hendrickson, 1984.
Stuart, *Missionaries*. • Stuart, John. *British Missionaries and the End of Empire: East, Central, and Southern Africa, 1939–64*. Grand Rapids: Eerdmans, 2011.
Stuhlmacher, *Criticism*. • Stuhlmacher, Peter. *Historical Criticism and Theological Interpretation of Scripture: Toward a Hermeneutic of Consent*. Philadelphia: Fortress, 1977.
Swinburne, *Miracle*. • Swinburne, Richard. *The Concept of Miracle*. NSPR. London: Macmillan, 1970.
Talbert, *Acts*. • Talbert, Charles H. *Reading Acts: A Literary and Theological Commentary on the Acts of the Apostles*. Rev. ed. Macon, GA: Smyth & Helwys, 2005.

Talbert, *Apocalypse*. • Talbert, Charles H. *The Apocalypse: A Reading of the Revelation of John.* Louisville: Westminster John Knox, 1994.
Talbert, *Corinthians*. • Talbert, Charles H. *Reading Corinthians: A Literary and Theological Commentary on 1 and 2 Corinthians.* New York: Crossroad, 1987.
Thiselton, *Horizons*. • Thiselton, Anthony C. *The Two Horizons: New Testament Hermeneutics and Philosophical Description.* Grand Rapids: Eerdmans, 1980.
Thiselton, "New Hermeneutic." • Thiselton, Anthony C. "The New Hermeneutic." 78–107 in *A Guide to Contemporary Hermeneutics: Major Trends in Biblical Interpretation.* Edited by Donald K. McKim. Grand Rapids: Eerdmans, 1986.
Tomkins, *History*. • Tomkins, Stephen. *A Short History of Christianity.* Grand Rapids: Eerdmans, 2005.
Tozer, *Pursuit*. • Tozer, A. W. *The Pursuit of God.* Camp Hill, PA: Christian Publications, [1948, 1982,] 1993.
Turner, *Hands*. • Turner, Edith. *The Hands Feel It: Healing and Spirit Presence among a Northern Alaskan People.* DeKalb: Northern Illinois University Press, 1996.
Turner, *Healers*. • Turner, Edith. *Among the Healers: Stories of Spiritual and Ritual Healing around the World.* Religion, Health, and Healing. Westport, CT: Praeger, 2006.
Vanhoozer, *Meaning*. • Vanhoozer, Kevin J. *Is There a Meaning in This Text? The Bible, the Reader, and the Morality of Literary Knowledge.* Grand Rapids: Zondervan, 1998.
Venter, *Reconciliation*. • Venter, Alexander. *Doing Reconciliation: Racism, Reconciliation, and Transformation in the Church and World.* Cape Town: Vineyard International, 2004.
Vermes, *Jesus and Judaism*. • Vermes, Geza. *Jesus and the World of Judaism.* Philadelphia: Fortress, 1984; London: SCM, 1983.
Waddell, *Spirit in Revelation*. • Waddell, Robert C. *The Spirit of the Book of Revelation.* JPTSup 30. Blandford Forum, UK: Deo, 2006.
Wall, "Acts." • Wall, Robert W. "The Acts of the Apostles." *NIB* 10:1–368.
Walton, *Genesis One*. • Walton, John H. *The Lost World of Genesis One.* Downers Grove, IL: IVP Academic, 2009.
Walton, *Thought*. • Walton, John H. *Ancient Near Eastern Thought and the Old Testament: Introducing the Conceptual World of the Hebrew Bible.* Grand Rapids: Baker Academic, 2006.
Ward, "Miracles and Testimony." • Ward, Keith. "Miracles and Testimony." *RelS* 21 (1985): 134–45.
Webster, *Methodism and Miraculous*. • Webster, Robert. *Methodism and the Miraculous: John Wesley's Idea of the Supernatural and the Identification of Methodists in the Eighteenth Century.* Asbury Theological Seminary Series: The Study of World Christian Revitalization Movements in Pietist/Wesleyan Studies, 12. Lexington, KY: Emeth, 2013.
Wenham, *Bible*. • Wenham, John W. *Christ and the Bible.* Downers Grove, IL: InterVarsity, 1977.
Westerholm, "New Perspective." • Westerholm, Stephen. "What's Right about the New Perspective on Paul." 230–42 in *Studies in the Pauline Epistles: Essays in Honor of Douglas J. Moo.* Edited by Matthew S. Harmon and Jay E. Smith. Grand Rapids: Zondervan, 2014.
Wright, *Mission*. • Wright, Christopher J. H. *The Mission of God: Unlocking the Bible's Grand Narrative.* Downers Grove, IL: IVP Academic, 2006.
Wright, *Paul*. • Wright, N. T. *Paul and the Faithfulness of God.* 2 vols. Vol. 4 of *Christian Origins and the Question of God.* Minneapolis: Fortress, 2013.
Wright, *Victory*. • Wright, N. T. *Jesus and the Victory of God.* Vol. 2 of *Christian Origins and the Question of God.* Minneapolis: Fortress, 1996.
Wyckoff, *Pneuma*. • Wyckoff, John W. *Pneuma and Logos: The Role of the Spirit in Biblical Hermeneutics.* Eugene, OR: Wipf & Stock, 2010.
Yong, *Spirit Poured*. • Yong, Amos. *The Spirit Poured Out on All Flesh: Pentecostalism and the Possibility of Global Theology.* Grand Rapids: Baker, 2005.

www.ingramcontent.com/pod-product-compliance
Lightning Source LLC
Chambersburg PA
CBHW080833230426
43665CB00021B/2834